educación

LECTURA, ESCRITURA Y MATEMÁTICAS COMO PRÁCTICAS SOCIALES
Diálogos con América Latina

coordinadores
JUDITH KALMAN
BRIAN V. STREET

textos de
NANCY H. HORNBERGER * MARILDES MARINHO
GUNTHER KRESS * JEFF BEZEMER
BRIAN V. STREET * MARCIA FARR
MERCEDES NIÑO-MURCIA * JUDITH KALMAN
ELISA CRAGNOLINO * MARÍA DEL CARMEN LORENZATTI
GLORIA HERNÁNDEZ * INGE SICHRA
ALICIA AVILA * IRMA FUENLABRADA
MARÍA FERNANDA DELPRATO * DAVE BAKER
JULIET MCCAFFERY * ELSIE ROCKWELL
ILEANA SEDA * VIRGINIA ZAVALA * CATHERINE KELL

epílogo por
JOSÉ RAMÓN JOUVE-MARTÍN

CREFAL

CENTRO DE COOPERACIÓN REGIONAL
PARA LA EDUCACIÓN DE ADULTOS
EN AMÉRICA LATINA Y EL CARIBE

siglo
veintiuno
editores

siglo xxi editores, s.a. de c.v.
CERRO DEL AGUA 248, ROMERO DE TERREROS, 04310, MÉXICO, D.F.

siglo xxi editores, s.a.
GUATEMALA 4824, C1425BUP, BUENOS AIRES, ARGENTINA

siglo xxi de españa editores, s.a.
MENÉNDEZ PIDAL 3 BIS, 28036, MADRID, ESPAÑA

traducción de los capítulos de nancy h. hornberger, gunther kress, jeff bezemer,
    brian v. street, marcia farr, judith kalman, dave baker, juliet mccaffery,
    elsie rockwell y catherine kell: victoria schussheim
corrección de estilo: irán guerrero tejero
cuidado de la edición: irán guerrero tejero y gabriela parada valdés

primera edición en español, 2009
© siglo xxi editores
en coedición con el centro de cooperación
regional para la educación de adultos
en américa latina y el caribe (crefal)

isbn 978-607-03-0126-1

AGRADECIMIENTOS

Este libro es el resultado de varios años de conversaciones y planeación entre sus coordinadores. Nuestro agradecimiento a Raúl Valdés por su apoyo en las etapas iniciales y por hacer posible la conjunción de estos capítulos; así como a Mercedes Calderón, actual directora del CREFAL, por apoyar su publicación. José María Castro y María Oscos de Siglo XXI Editores, fueron clave en el proceso de producción, así como Gabriela Parada, a quien queremos hacer un reconocimiento especial, por su dedicación y cuidado en el proceso la edición y revisión del contenido.

Un proyecto como éste es una gran empresa que sólo puede lograrse con la ayuda de mucha gente que participa "detrás del telón". El número de autores, tres idiomas, así como las múltiples versiones de los capítulos, requirieron un seguimiento cuidadoso y una reorganización continua. Nuestro agradecimiento a Irán Guerrero, estudiante de doctorado del Centro de Investigación y Estudios Avanzados del IPN en la ciudad de México. Ella mantuvo registros impecables, se hizo cargo de la correspondencia entre los editores y autores, e hizo un trabajo asombroso al mantener ordenados los materiales durante la integración y preparación del libro. Su revisión de estilo y lectura minuciosa de las diversas versiones, sobre todo de los textos traducidos del inglés al español, fue métodica e indispensable para lograr la fluidez deseada.

La participación de Ana Rosa Díaz, Julieta Fernández y Tonatiuh Paz fue crucial en el proceso de preparación de los materiales para su publicación. Gracias también a Myriam de Jarmy, María del Carmen Lorenzatti y Guadalupe Noriega. Benjamín de Buen, alejado de las traducciones y sus múltiples versiones, intervino en la etapa final con el encargo de leer con ojos frescos, lo cual permitió dar los toques finales y pulir la redacción. Agradecemos su participación expedita, precisa, crítica y propositiva. Sin la ayuda de todos ellos el libro hubiera sido otro.

INTRODUCCIÓN

JUDITH KALMAN y BRIAN V. STREET

DIÁLOGOS

La investigación actual acerca de la cultura escrita en América Latina es casi desconocida en otros lugares del mundo; para muchos la primera y quizás única referencia es Paulo Freire cuyas importantes contribuciones han tenido resonancia en todo el mundo. El propósito de este libro es difundir las nuevas direcciones que toman los estudios en este campo recurriendo a los avances recientes de las perspectivas de las prácticas sociales, *New Literacy Studies* (Nuevos Estudios de Cultura Escrita —NLS por sus siglas en inglés—) y la sociolingüística. Un resultado de este volumen, que se publica en español en América Latina y en inglés en Europa y América del Norte, consistirá en difundir la teoría y la investigación empírica vigentes a un público más amplio en ambos contextos y en otros más. Nuestra intención consiste en hacer progresar este campo de estudio al darle mayor visibilidad a los nuevos estudios de cultura escrita realizados en América Latina y ayudar a que los lectores comprendan de qué manera la sinergia con el trabajo desde otras perspectivas y otros lugares del mundo puede contribuir al campo más amplio de la investigación y a sus implicaciones para la teoría y la práctica. Prevemos que el trabajo en materia de la cultura escrita y matemática tanto en América Latina como en otros lugares se verá estimulado por este encuentro, en la medida en que los investigadores involucrados en la exploración de su relación aprendan unos de otros. Hasta ahora la falta de trabajos traducidos entre América Latina y, en particular, el Reino Unido, América del Norte y Europa, ha implicado que importantes coincidencias entre las distintas áreas de estudio pasen inadvertidas. En tal sentido este volumen es el primero en su género.

Es posible ver que los capítulos que integran esta compilación hacen las siguientes contribuciones:

- Presentan aspectos distintivos de los Nuevos Estudios de Cultura Escrita realizados en Latinoamérica (NLS-LA) y un intercambio de ideas entre estos investigadores y los de otras regiones, en especial los del Reino Unido y los de América del Norte.
- Exploran el potencial de los enfoques de las prácticas sociales de la cultura escrita y la matemática para contribuir a los NLS-LA con el objetivo de que surjan nuevas direcciones tanto para la teoría como para la práctica.
- Señalan el significado de los avances logrados en América Latina para la investigación y la práctica en otros lugares del mundo.

- Enmarcan la investigación en América Latina en el contexto de los desarrollos teóricos y los estudios recientes, tanto sobre prácticas letradas locales como sobre programas de alfabetización en otros lugares del mundo.
- Vinculan el mundo de los estudios de cultura escrita con trabajos recientes en otros campos, específicamente las matemáticas como práctica social y la multimodalidad como recurso semiótico social.

En la preparación de este libro enfrentamos uno de los retos más delicados para el diálogo entre los investigadores de diferentes partes del mundo: la traducción y adecuación de los términos y los conceptos. Tan es así que en varios capítulos se plantean discusiones acerca de la complejidad del concepto y su denominación (véase por ejemplo, Farr y Street en este volumen). El término *literacy* en inglés se refiere simultáneamente a los aspectos más restringidos de la lectura y la escritura y sus aspectos culturales más amplios. Desde la publicación del ensayo *The Consequences of Literacy* por Jack Goody e Ian Watt en 1963 (y su reedición en 1968), se ha dado un debate profundo y prolongado sobre los impactos de lo escrito en el desarrollo comunicativo, intelectual, científico, cultural, epistemológico, económico y político de los seres humanos. Usar el término *literacy*, entonces, ubica a los hablantes y escritores en un amplio espectro de discusiones, a veces de manera explícita y a veces de manera implícita pero siempre se sitúan en algún lugar de este debate. En el contexto de esta discusión el uso de *literacy* ha dado lugar a otros términos cercanos como *literacies* (en plural), *biliteracy* (saber leer y escribir en dos idiomas) y, más recientemente *numeracy*, un concepto análogo para el conocimiento matemático.

Tradicionalmente, en español y en portugués, *literacy* se traducía como alfabetización (alfabetizaçao en portugués) y su significado está ligado a la idea de aprender a leer y escribir en un sentido tradicional. Pero desde hace tiempo ya, investigadores en América Latina han sentido este término insuficiente para dar cuenta del significado de *literacy*, y han buscado diferentes formas de traducirlo. De hecho, en 1993 Kalman dio cuenta de esta dificultad en un artículo publicado en México donde plantea la necesidad de buscar una palabra nueva. En ese entonces escribió acerca de las dificultades de traducción:

…en cuanto pasamos a hablar de fenómenos que rebasan los aspectos más concretos y tangibles de la lectura y la escritura, abandonamos la palabra "alfabetización" y comenzamos con la torpeza del lenguaje, los núcleos y nexos y las frases explicativas, recurrimos a estructuras indirectas como "el uso de la lengua escrita", "el complejo fenómeno de la escritura" o "el aspecto social de la lengua escrita" (Kalman, 1993, p. 94).

En diferentes países de la región latinoamericana se han propuesto diferentes soluciones: en Perú y Argentina, por ejemplo, algunos investigadores utilizan el término *literacidad*, con variaciones como literacidades y biliteracidades; en México se prefiere *cultura escrita*, con el plural *culturas escritas*; en Brasil se utiliza *letramento*. En este volumen, hemos optado por dejar en manos de los autores latinoamericanos esta decisión, evidenciando las diferentes opciones que actualmente circulan en medio. Y en el caso de las traducciones, hemos utilizado sobre todo el término *cultura escrita*; aunque también utilizamos *alfabetización* para referir a programas educativos de cierto corte, políticas de alfabetización, estadísticas de alfabetización.

Algo parecido ocurre con la díada *numeracy/numeracies*, un término paralelo a *literacy* que busca plasmar la riqueza y complejidad de las prácticas matemáticas en la vida cotidiana. Dave Baker (en este volumen) plantea que es sinónimo de matemáticas, así que lo hemos traducido como cultura matemática o, simplemente matemáticas. En algunos casos hemos dejado el vocablo en inglés, sobre todo cuando ha sido el uso elegido por el autor.

El libro está organizado en tres secciones:
• Sección 1: Discusiones teóricas actuales.
• Sección 2: Cultura escrita y matemáticas como prácticas sociales: perspectivas latinoamericanas.
• Sección 3: Cultura escrita y matemáticas en la educación: perspectivas internacionales.

SECCIÓN 1: LAS DISCUSIONES TEÓRICAS ACTUALES

Esta sección se ocupa de nuevas direcciones en materia de investigación y teoría en el campo de los estudios de cultura escrita. El capítulo inicial, de Nancy Hornberger, pone en perspectiva teórica e internacional muchos de los siguientes capítulos [colaboraciones, artículos]. Ubica la discusión de las lenguas indígenas de América Latina en un contexto más amplio, al revisar tres casos de políticas multilingües en los Andes, en Paraguay y en Aotearoa (Nueva Zelanda). Su contribución a este volumen, "Voz y biliteracidad en la revitalización de lenguas indígenas: prácticas contenciosas en contextos quechua, guaraní y maorí", hace surgir dos preguntas clave: ¿cuáles son los mejores enfoques educativos para los niños de las minorías lingüísticas (indígenas e inmigrantes)?, y ¿qué medidas, programas y circunstancias apoyan o promueven la preservación y revitalización de los lenguajes minoritarios? El análisis de tres casos de políticas multilingües se lleva a cabo desde un punto de vista ecológico del lenguaje, que plantea la reciprocidad entre la lengua y su entorno, concentrándose en la descripción del contexto social y psicológico en el cual se sitúa el lenguaje, así como en el efecto de tales contextos en las prácticas y las políticas (Haugen, 1972). Tomando esto como telón de fondo, la exploración ecológica que aquí se presenta sigue tres pistas: la biliteracidad, la revitalización de las lenguas y la voz. El modelo define la biliteracidad como cualquier caso en el cual la comunicación tiene lugar en dos (o más) idiomas en torno a un texto escrito; la revitalización de las lenguas puede entenderse como un intento por añadir nuevas formas lingüísticas o formas sociales a un lenguaje minoritario en riesgo a fin de aumentar su uso o sus usuarios; la voz se analiza desde un punto de vista bajtiniano, que considera al individuo en diálogo activo con lo que

lo rodea. A la luz de las cuestiones asociadas con la voz bajtiniana y el concepto de
prácticas locales continuas, se analizan cuatro casos de biliteracidad para entender de
qué manera el uso de las lenguas indígenas como medio de instrucción en las comunidades indígenas puede contribuir a un mejor aprendizaje por parte de los niños y
a la revitalización de la lengua.

El siguiente capítulo, de Marildes Marinho, de Brasil, titulado "Nuevas alfabetizaciones en los procesos sociales de inclusión y exclusión", describe el ingreso del
término "cultura escrita" en ese país. La autora analiza dos conceptos clave de los
nuevos estudios de cultura escrita, las "prácticas" y "eventos" de la cultura escrita,
tomando en cuenta un análisis discursivo/enunciativo. El capítulo representa el
inicio de un esfuerzo por operacionalizar el significado de la práctica social en la investigación, de los fundamentos de una perspectiva etnográfica que toma en cuenta
el alfabetismo social. Esta perspectiva puede encontrarse ya en ensayos, tesis y tesis
doctorales de América Latina, así como de otros lugares del mundo, y se le sigue
abordando con detalle en capítulos posteriores. Los estudios de Brasil, por ejemplo, han arrojado luz, por un lado, sobre la opción de un concepto de letramento
que está fuertemente anclado en su contexto sociológico, antropológico, histórico
y político y, por otro, la necesidad de mayor coordinación de los componentes lingüísticos, que en este caso se encuentran en el campo del discurso lingüístico, las
teorías enunciativas y pragmáticas, en particular inspiradas por el trabajo de Bajtín
y sus seguidores. Por ejemplo, el concepto de discurso de género ha ejercido gran
influencia tanto en la investigación como en la formulación de propuestas educativas para enseñar a leer y escribir en Brasil. Dentro del marco de referencia de esas
discusiones teóricas y metodológicas en torno al concepto de literacidad, Marinho
busca una visión de un lenguaje enunciativo, que reúna los conceptos de condiciones de producción, situaciones de comunicación y discurso de género.

Luego Gunther Kress y Jeff Bezemer, que trabajan en este momento en el Reino
Unido, se ocupan de ese aspecto de las "nuevas culturas escritas" al que con frecuencia se denomina "multimodalidad". En un capítulo titulado "Escribir en un mundo
de representación multimodal" afirman que escribir es cada vez más tan sólo uno
de varios *modos de representación* utilizados en textos modalmente complejos, y en
muchos casos no representa el medio central para la creación de significado. El
capítulo procura demostrar cómo podría verse una descripción *semiótica-social* de
los cambios en la representación modal. Explora la relación entre la "creación", la
"forma" de los *textos* y las implicaciones que tienen para lo que significa ser escritor,
lector o estudiante en el siglo XXI, sugiriendo la necesidad de prestar nueva atención a los orígenes sociales de los textos tanto como a sus efectos semióticos; a los
potenciales de los modos al igual que a sus interacciones con un texto multimodal,
y a los potenciales y restricciones de los medios. En ese sentido, el trabajo propone
un cambio de enfoque, de metáforas y "orientación": de *escribir* a *crear textos*; de *composición* a *diseño*, y de (adhesión a la) *convención* a la *retórica*. Las transformaciones de
las prácticas de creación de textos involucran una nueva atención al *modo* y al *medio*,
al *género* y a los *sitios de despliegue*. En síntesis, comprender esos desarrollos, por no

hablar ya de especular acerca de las futuras direcciones de la escritura, requiere un conjunto nuevo de herramientas teóricas. El capítulo toma en consideración tales herramientas y sondea después las implicaciones de la multimodalidad para una pedagogía de la escritura. Afirma que cualquier pedagogía de la escritura tiene que verse como parte integral de una pedagogía de la comunicación que la enmarque, en la cual *escribir* tenga un lugar específico. Los componentes de esa pedagogía son la representación multimodal y la sensibilidad a los medios y sus posibilidades. Las implicaciones de estos cambios teóricos para el trabajo sobre los Estudios Latinoamericanos de Cultura Escrita y, comparativamente, en contextos internacionales, se exploran en varios de los capítulos de este volumen (véanse por ejemplo, los de Kalman y de Lorenzatti).

De manera similar, Brian V. Street, también del Reino Unido, escribe desde el punto de vista de los NLS (Nuevos Estudios de Cultura Escrita), considerando las implicaciones de nuevos enfoques de cultura escrita para las políticas y los programas. En un capítulo titulado "Perspectivas etnográficas y políticas sobre cultura escrita: el poder de nombrar y definir", selecciona un número de las cuestiones planteadas ya en relación con el nombre y la definición de conceptos clave, tales como "nuevas culturas escritas" y "multimodalidad", y las compara, junto con otras desarrolladas desde una perspectiva de Nuevos Estudios de Cultura Escrita, como las prácticas letradas y el modelo "ideológico" de alfabetización, en las que se basan gran parte de las medidas internacionales, en especial las nociones de "desigualdades en materia de alfabetismo" y, sobre todo, un enfoque de "capacidades". Se concentra en la noción de "contribución" que se destaca en los enfoques en materia de política y describe dos contribuciones que pueden identificarse en los Nuevos Estudios de Cultura Escrita: 1] que las perspectivas etnográficas y la comprensión de que las prácticas letradas son múltiples y culturalmente diversas pueden contribuir a evitar aseveraciones simplistas y con frecuencia etnocéntricas en relación con las consecuencias de la alfabetización basadas en categorías y definiciones unidimensionales y culturalmente restringidas; y 2] que una perspectiva etnográfica puede sensibilizarnos hacia las formas en las cuales el poder de nombrar y definir constituye un componente esencial de la desigualdad. En vinculación con buena parte de la discusión que se presenta en las secciones 2 y 3, pasa revista a una cantidad de debates teóricos y luego los aplica a un caso de lo que él y sus colegas han denominado "culturas escritas ocultas" y a un programa de educadores de alfabetización para adultos denominado *Learning for Empowerment Through Training in Ethnographic Research* (LETTER) [Aprender para Empoderar a través de Formación en Investigación Etnográfica]. Aplica entonces las ideas desarrolladas en estas áreas a los debates en torno a las habilidades y desigualdades entre autores tales como Sen, Nussbaum y Maddox, y dirige esas discusiones al trabajo sobre América Latina que se describe en este volumen. Esas descripciones, sostiene, brindan:

excelentes terrenos de prueba para explorar esas cuestiones, y espero que el volumen en su conjunto nos permita avanzar en ambos propósitos: el de los enfoques etnográficos para programar el desarrollo y el de los enfoques de medidas más acordes con los significados culturales locales de literacidad.

Street aduce que, por ello, hacen avanzar este campo tanto en América Latina como en contextos comparativos internacionales, gracias a una combinación de ricos datos descriptivos y etnográficos, por un lado, y un análisis teórico y conceptual reflexivo, por el otro.

Otro trabajo que se ocupa de cuestiones relativas a las definiciones de *literacy* es el capítulo de Marcia Farr, "Ideologías de la alfabetización: prácticas locales y definiciones culturales". La autora sostiene que la investigación ha avanzado a partir de las primeras definiciones, que trataban prácticas complejas que diferían de una cultura a la otra como una habilidad cognoscitiva uniforme o un conjunto de habilidades aplicadas en diferentes contextos. Examina estudios que describen diversas poblaciones que usan la lengua escrita para sus fines, pero señala asimismo que la mayoría de los estudios no se han ocupado de la significación más amplia de esta nutrida descripción. Para lograrlo, amplía el modelo ideológico de cultura escrita de Street con el concepto de *ideologías del lenguaje*, tomado de la antropología lingüística, en un intento por vincular las prácticas locales con formaciones culturales más vastas.

Las dos siguientes secciones del libro continúan con la exploración de algunos de los temas ya indicados, así como de otros, y brindan estudios detallados de prácticas y programas de alfabetización en esos contextos.

SECCIÓN 2: CULTURA ESCRITA Y MATEMÁTICAS COMO PRÁCTICAS SOCIALES: PERSPECTIVAS LATINOAMERICANAS

La sección 2 recoge las discusiones teóricas planteadas en la primera sección y las elabora con referencia especial a los estudios de América Latina. Presenta un conjunto de estudios recientes que analizan las prácticas letradas y matemáticas en una diversidad de contextos sociales y culturales. En estos trabajos aparecen temas recurrentes en relación con el carácter distintivo de la región por lo que toca a su historia, sus encuentros coloniales, la ideología de la alfabetización como seleccionador social y la voz de los pueblos indígenas a través de sus lenguas y textos, que se discuten en el contexto de los hallazgos de cada autor.

Un tema constante de discusión es la difundida presencia de la escritura vernácula, los usos de comunicación escrita cercanos a las experiencias de los redactores (y sus comunidades); éstos involucran descripciones escritas de conocimiento local, aprendido informalmente y con frecuencia fuera de los confines de las convenciones dominantes en cultura escrita; por lo general se trata de variedades de poco prestigio (Barton y Hamilton, 1998). Mercedes Niño-Murcia, en su capítulo "Prácticas letradas exuberantes en la periferia de la república de las letras", por ejemplo, estudia Tupicocha, una comunidad de los Andes centrales de Perú. Aquí toda actividad comunal es un evento letrado —ya se trate de la reparación de un camino o un pozo, del marcado de los animales o de la distribución de leche para los niños—, que los miembros de la comunidad registran debidamente en forma de actas. La comunidad campesina ha tenido una larga trayectoria en el uso del alfabeto, generada en la organización social prehispánica por el empleo de *khipus*, sistema de registro basado en nudos, aunque su producción escrita no es bien conocida afuera, es reconocida como alfabetización y valorada por las personas letradas de Lima. Las antiguas tradiciones de escritura comunitaria y la copiosa producción de textos cuestionan algunas de las construcciones ideológicas más arraigadas en relación con el poder transformador de la cultura escrita.

Judith Kalman, investigadora que radica en la ciudad de México, interesada también en el tema de la escritura vernácula, analiza cartas manuscritas dirigidas a San Antonio de Padua. Su texto, titulado "San Antonio ¡Me urge! Preguntas sin respuesta acerca de la especificidad de dominio de los géneros textuales y las prácticas letradas", analiza la coexistencia de múltiples campos sociales dentro de un contexto particular, que está densamente decorado con representaciones multimodales, simbolismo religioso y artefactos de diversos tipos. Estudia de qué manera su presencia simultánea puede tener impacto en las decisiones que toman los escritores en el proceso de componer sus textos. De todas las claves contextuales que se ofrecen al escritor ¿cuáles se construyen como focales, cuáles se convierten en parte del fondo y cuáles, simplemente, se ignoran? Con base en una discusión de estas preguntas la autora afirma que los contextos no son constructos singulares —como tampoco lo son las prácticas letradas, los modos de representación, la simbolización y la intertextualidad—, y que los autores escogen y seleccionan múltiples campos sociales para escribir sus cartas.

Otro tema que está presente en estos estudios es la construcción social de la dicotomía alfabetismo/analfabetismo. En su trabajo, Elisa Cragnolino, desde Argentina, describe un artículo periodístico que se refería al estatus de familias campesinas iletradas en Córdoba, en ese país. Este capítulo, titulado "Condiciones sociales para la apropiación de la cultura escrita en familias campesinas", analiza los rasgos ideológicos del discurso alfabetismo/analfabetismo contenidos en el artículo y ubica los principales eventos mencionados en el contexto histórico y económico de la Argentina actual. Señala que la periodista se ocupa del acceso a la cultura escrita como si se tratase de un fenómeno individual, ignorando las dimensiones sociales y políticas que dificultan o facilitan la participación social a través de la lectura y la escritura. Propone una posición analítica que revele en qué medida los hogares rurales usan y se apropian de recursos y habilidades en relación con la cultura escrita. Con ese fin centra su análisis en las nociones de los Nuevos Estudios de Cultura Escrita como práctica social, apropiaciones, trayectorias y estrategias de reproducción social.

María del Carmen Lorenzatti, una investigadora argentina, usa como título de su capítulo una cita de una de sus sujetos de investigación, Marta Graciela: "¡¿Qué me empide a mí no sabe leer y escribir?! Prácticas de cultura escrita en distintos espacios sociales". En su estudio, sigue cuestionando la construcción de personas alfabetas y analfabetas, tal como lo hace Cragnolino, analizando las actividades letradas experimentadas por una mujer que, de acuerdo con los criterios de la prensa, de los programas políticos y de gran parte de la ciudadanía sería considerada iletrada. La acompaña por una diversidad de instituciones (bancos y escuelas para adultos), y usa los conceptos centrales de los Nuevos Estudios de Cultura Escrita (NLS) y un acercamiento sociohistórico al lenguaje para analizar e ilustrar cómo participa Marta en una gran variedad de eventos letrados. Desde esta perspectiva teórica, las acciones, propósitos y recursos de cultura escrita de Marta Graciela pueden verse enmarcados en prácticas sociales más amplias, así como en relaciones sociales asimétricas. El análisis de Lorenzatti recoge, asimismo, la discusión sobre multimodalidad introducida por Kress y Bezemer (véase la sección 1) y Kalman (véase arriba), al observar cómo Marta utiliza diferentes modos de representación para construir significado a partir de materiales impresos. Lorenzatti concluye demostrando cómo esta mujer es un sujeto activo en el mundo social en relación con la cultura escrita, y cómo está dispuesta a involucrarse en situaciones que requieren lectura y escritura, a pesar de su falta de educación formal o de "habilidades" letradas fáciles de reconocer.

En su capítulo "Identidades juveniles y cultura escrita" Gloria Hernández, de México, analiza la relación con la cultura escrita en la vida de los jóvenes, alejándose de investigaciones llevadas a cabo con jóvenes que vivían en la pobreza. Afirma que apenas en el curso de los últimos quince años los autores de documentos internacionales, políticas educativas y pronunciamientos han comenzado a hablar explícitamente del alfabetismo y la juventud. Según sostiene, esto ha redefinido a los jóvenes pobres en términos de sus múltiples involucramientos con la cultura escrita, colocándolos en el mapa epistemológico e identificando a este grupo como sujeto potencial de investigación. Con una perspectiva de práctica social, estudia los múltiples usos del lenguaje escrito para jóvenes trabajadores y estudiantes de un entorno urbano marginado, y subraya el valor significativo que tiene en su vida leer y escribir. En oposición a la visión de que los jóvenes que luchan por subsistir son iletrados, detalla de qué forma la cultura escrita está presente e intrincadamente vinculada con las experiencias de los jóvenes con el poder institucional, las expresiones creativas, la construcción de su identidad y otras formas de comprender los valores sociales y el sentido del futuro.

En vista de la gran presencia de hablantes de lenguas indígenas, un tercer tema presente en los capítulos sobre cultura escrita en América Latina es el bilingüismo. Inge Sichra es una investigadora radicada en Bolivia; su capítulo se titula "Cultura escrita quechua en Bolivia: contradicción en los tiempos del poder". Escribe que la mayoría de las lenguas indígenas de Sudamérica han permanecido vivas en un terreno de tensiones históricas, sociales, políticas y educativas, caracterizadas por múltiples contradicciones. Dos años después de establecerse un gobierno que se ha declarado "oficialmente" no hegemónico, subordinado y del pueblo, la Asamblea Constituyente legisló la oficialización de 36 lenguas nacionales. Además, ordenó el bilingüismo obligatorio español/alguna lengua indígena y determinó que los funcionarios públicos hablen un idioma indígena. Sin embargo, a pesar de ello, los hablantes de quechua parecen estar retirando su lengua de espacios formales que antes habían reclamado, y la están manteniendo en condición de oralidad. Hay una ausencia notable de quechua escrito en los espacios públicos, y pocas evidencias de su adaptación a nuevas funciones sociales. De manera que pese al clima favorable al cambio social, político y lingüístico demostrado en Bolivia, el mismo no se traduce en el reforzamiento o el desarrollo lingüístico de la cultura escrita.

Alicia Avila, de México, aborda las matemáticas desde una perspectiva social similar a la utilizada por otros autores con respecto a la cultura escrita (véanse también el siguiente capítulo y Baker en la sección 3), se pregunta "¿Del cálculo oral al cálculo escrito? Constataciones a partir de una situación de proporcionalidad". ¿Adquieren en la educación básica los jóvenes y los adultos las herramientas que constituyen los procesos expertos que forman parte de las matemáticas escritas convencionales? El capítulo investiga si la educación escolar básica de jóvenes y adultos influye o modifica sus formas de conceptualizar y manejar la noción de "proporcionalidad". Avila, quien por un lado considera la supuesta utilidad de la noción de proporcionalidad en la vida cotidiana y su importancia conceptual en la disciplina de las matemáticas, y por otro, el desarrollo de habilidades espontáneas de las personas para resolver esos tipos de problemas, observa el contraste entre el conocimiento desarrollado por medio de la experiencia y el conocimiento formal. Sugiere que la escuela no ha influido de manera determinada sobre las capacidades de cálculo de las personas a las que entrevistó: no hay ninguna relación entre su nivel de escolaridad y su habilidad para resolver los problemas planteados. Las estrategias espontáneas predominan sobre los procesos mismos de las matemáticas escolares; al mismo tiempo, ello revela el valor de la actividad diaria como fuente de desarrollo de procesos útiles para resolver problemas de proporcionalidad. Tal como ocurre con el capítulo de Baker, este trabajo pone de relieve la consideración de los aspectos matemáticos de la comunicación para complementar y, tal vez, redirigir el énfasis de muchos programas de alfabetización.

El último trabajo de esta sección analiza también cuestiones matemáticas (*numeracy*). Fue escrito por Irma Fuenlabrada, de México, y María Fernanda Delprato, de Argentina. En su artículo, "Prácticas matemáticas en organizaciones productivas de mujeres con baja escolaridad: construir una mirada que cimiente propuestas de enseñanza", procuran estudiar situaciones matemáticas entre mujeres artesanas de una comunidad p'urhépecha que trabajan en cooperativas económicas. Una de las preguntas centrales que guía su investigación es: ¿qué tipos de problemas numéricos y de cálculo les plantea su participación en sus respectivas organizaciones? Una premisa importante de su trabajo es que las organizaciones productivas que van más allá de la estructura familiar requieren el uso de nuevas herramientas matemáticas, y que las prácticas de la comunidad y el conocimiento local entretejen esas herramientas, lo que lleva a la segunda pregunta de las investigadoras: ¿cuáles son las inquietudes sociales que sustentan las estrategias para resolver problemas aritméticos? Al develar las estrategias matemáticas que utilizan las mujeres y entender el razonamiento social y matemático que sirve de base a sus representaciones y procedimientos, el objetivo de las investigadoras consiste en ilustrar de qué manera los estudios de este tipo pueden tender un puente entre el mundo de las matemáticas cotidianas y las propuestas educativas para adultos.

La tercera sección recoge algunos de los temas recurrentes desarrollados aquí —escritura, bilingüismo, matemáticas— y los reubica en el contexto internacional de la escuela y la educación.

SECCIÓN 3: CULTURA ESCRITA Y MATEMÁTICAS EN LA EDUCACIÓN: PERSPECTIVAS INTERNACIONALES

En "Usar la arena para contar su número: desarrollar la sensibilidad cultural y social de los maestros", Dave Baker, del Reino Unido, considera posibles implicaciones al ver las matemáticas como una práctica social para la enseñanza de matemáticas para adultos. El texto se concentra en un trabajo, que menciona asimismo Street en el capítulo 3, llevado a cabo por LETTER [*Learning for Empowerment Through Training in Ethnographic Research*, Aprender para Empoderar Mediante la Formación en Investigación Etnográfica] en programas y talleres de formación de maestros en el sur de Asia y en Etiopía. Baker relaciona los debates sobre cultura escrita en éste y otros contextos con algunos de los antecedentes e inquietudes de la enseñanza de matemáticas para adultos, y bosqueja las bases teóricas para el programa. Las descripciones de prácticas y eventos matemáticos que hicieron los participantes en los talleres se presentan y comentan a la luz de las intenciones, estructuras y bases del programa, y se extraen sus implicaciones para la teoría, la investigación, la política y la práctica.

En "*Gitanos* y *viajantes*: involucramiento con la autoridad, cultura escrita, discurso y práctica comunicativa" Juliet McCaffery, del Reino Unido, explora los usos letrados y las prácticas comunicativas por parte de *gitanos* y *viajantes* ingleses en relación con el sentido de agencia, el mantenimiento cultural y la autodeterminación. La investigación emprendida para este capítulo sugiere que la tradición de los Nuevos Estudios de Cultura Escrita y el concepto de multimodalidad pueden contribuir a conceptualizar estas cuestiones desde una perspectiva tanto teórica cuando empírica. McCaffery describe los diferentes orígenes históricos de las dos comunidades y explica sus diferencias religiosas y culturales. Luego revisa documentos clave de medidas políticas y esboza la educación y capacitación disponibles y accesibles para los *gitanos* ingleses y los *viajantes* irlandeses en Inglaterra y en Irlanda, concentrándose en la alfabetización de adultos y la enseñanza de las matemáticas. Se toman en cuenta los incentivos y barreras a la participación, incluyendo la hostilidad de la comunidad establecida. En el contexto de la exploración que realiza este volumen de la cultura escrita y las matemáticas en América Latina, esta descripción de los *gitanos* ingleses y los *viajantes* irlandeses, miembros de la diáspora romaní, plantea interrogantes relativas a las comunidades romaníes de América Latina que tal vez sea necesario aclarar.

En "La escolarización del francés escrito" Elsie Rockwell, una investigadora mexicana, aprovechó la oportunidad de llevar a cabo trabajo de campo etnográfico en escuelas primarias parisinas, para observar prácticas y representaciones letradas muy diferentes de las que había estudiado durante años en los salones de clase mexicanos. Es un caso interesante de un estudio de una investigadora del sur en un contexto del norte, fórmula que vemos pocas veces. Si bien inicialmente estaba interesada en la dinámica de la diversidad lingüística dentro del sistema en francés exclusivo que predomina en las escuelas de París, se encontró con que esta cuestión se subordinaba a la profunda brecha ideológica entre el francés oral y el escrito que permeaba toda la práctica del aula, tema que atañe en distintas medidas a todos los casos considerados en este volumen. Esta distinción tenía profundas raíces en la historia de las escuelas francesas: el francés escrito se había convertido en norma y medio de instrucción a mediados del siglo XIX, cuando la mayor parte del país seguía hablando una lengua o una variante que difería del dialecto parisino dominante. La mayoría de las escuelas primarias de Francia, incluidas las que ella visitó, funcionaban aún de acuerdo con esas premisas, usando el francés escrito como medio de "integrar" a la nación a los hijos de los inmigrantes, configurando al mismo tiempo una relación con la lengua escrita que afecta a todos los niños. Las formas específicas en las que se lograba esto cuestionaban la noción de una "cultura escrita escolar" única descrita por gran parte de las investigaciones sobre cultura escrita, lo que llevó a Rockwell a considerar que hay muchas formas de "cultura escrita escolar". Sobre la base de esta investigación afirma que, tal como existen múltiples culturas escritas, múltiples tradiciones culturales de hacerse cargo de la escritura, puede haber también múltiples tradiciones culturales de cultura escrita escolar. Las formas particulares en las que la cultura escrita se enseña en cada sociedad, quizás en cada escuela, se relacionan no sólo con las especificidades de los sistemas de lengua y escritura, sino también con las esferas más amplias de la cultura, la política y la ideología en la medida en que inciden sobre el contexto local. Aunque se requiere mucha investigación comparativa, la autora asevera que ciertas prácticas son propias de cada tradición educativa. La investigación en materia de cultura escrita en el salón de clases en otros países sugiere ciertas diferencias, y Rockwell sienta las bases para una posterior investigación comparativa de este tema clave en los estudios de cultura escrita.

Ileana Seda observa también la cultura escrita escolar en un capítulo titulado "Prácticas alfabetizadoras, ¿desde la escuela?", en este caso en el contexto de México. El capítulo analiza ciertos procesos por medio de los cuales los programas educativos procuran promover las prácticas letradas, así como algunas de las dificultades a las que se enfrentan; como marco teórico conceptual explora las reformas a la educación secundaria en México, específicamente en la materia de español. Las diversas reformas que se han llevado a cabo en cada uno de los niveles de la educación básica han tenido el propósito de que las prácticas de lengua en el aula respondan a los usos del lenguaje y las funciones sociales que existen fuera de la escuela.

No obstante, afirma la autora, sigue hablándose poco del aprendizaje que tiene lugar fuera de la escuela. La relación entre las experiencias de vida y el colegio no es recíproca. Esto puede verse en la dificultad de adaptar los programas educativos oficiales a los contextos en los que se desarrollan y que, en consecuencia, deberían adaptarse de acuerdo con las políticas educativas. Sin embargo, según Seda, las principales dificultades no están en los programas sino en su interpretación. En ese sentido se describen las diversas maneras en que algunos maestros interpretan, en su práctica y en su discurso, los enfoques de los nuevos programas de la materia de español. Este estudio sugiere que el programa para la educación secundaria está en transición y debe reforzarse actualizando a los maestros en servicio y ocupándose de estas cuestiones en programas de enseñanza previos al servicio.

Si pasamos de la literacidad escolar a la universidad, y nos basamos en una investigación de otro país latinoamericano, Virginia Zavala, de Perú, pregunta "'¿Quién está diciendo eso?' Literacidad académica, identidad y poder en la educación superior". Desarrolla aún más algunos de los temas relacionados con el bilingüismo que se analizan en la sección 2 al ocuparse de cuestiones de biliteracidad en el contexto de la educación superior. En su capítulo explora el involucramiento de estudiantes quechuas con la literacidad académica en las universidades peruanas, y muestra que los problemas relacionados con la producción y recepción de textos académicos no son exclusivamente, de origen lingüístico. Tampoco es centralmente un asunto de ser hablantes de una lengua indígena. Una serie de entrevistas con una estudiante bilingüe hablante de quechua y español en una universidad de Lima revela las dificultades que tienen algunos de ellos cuando redactan textos académicos, debido en parte a su poca familiaridad con los discursos académicos, pero también al reto al que se enfrentan para conservar su voz cuando escriben ceñidos a las convenciones del discurso erudito.

La base conceptual de este estudio también está enmarcada por los Nuevos Estudios de Cultura Escrita, que la autora interpreta como un enfoque interdisciplinario que concibe la literacidad como un sistema simbólico basado en la práctica social, y que se ocupa de diversos valores sociales y culturales. Cuando analizan las prácticas letradas académicas, los investigadores coinciden en que el supuesto general de que la literacidad es un medio neutro y transparente es falso. De hecho, aunque la redacción académica ha existido siempre, ha estado encerrada en un "discurso de transparencia" que es efecto de la conceptualización de la lengua en la tradición intelectual occidental. Al respecto, el capítulo discute la literacidad académica tal como lo experimenta una estudiante hablante de quechua en términos de epistemología, identidad y poder, y termina haciendo un llamado a un diálogo más elaborado entre los campos de la teoría poscolonial de América Latina y la literacidad académica. Afirma que la literacidad académica debería desempeñar un papel crítico, más que de enmienda, en la educación superior, y que la formación de estudiantes por medio de discursos de déficit de lógica y racionalidad debería ser sustituida por la conciencia crítica de la literacidad.

Finalmente, en una especie de síntesis teórica de lo que se ha visto antes, Catherine Kell (Nueva Zelanda) somete muchas de las ideas exploradas por otros autores a un cuidadoso escrutinio con base en su propio trabajo de campo en Sudáfrica. El capítulo, titulado "Situar las prácticas: Nuevos Estudios de Cultura Escrita y estudios etnográficos de Sudáfrica", ubica en un lugar central el constructo teórico de las prácticas letradas, herramienta conceptual clave de los Nuevos Estudios de Cultura Escrita. Ubica y orienta las formas en las que Kell ha visto y trabajado con este constructo en estudios etnográficos realizados en Sudáfrica desde principios de los noventa, y las sitúa en relación con debates más amplios que tuvieron lugar en los Nuevos Estudios de Cultura Escrita durante el mismo periodo. Aporta una perspectiva desde el sur, desde la tensión que surge cuando se trabaja con teorías que "han venido de otra parte". La idea de *situar* es un tema clave del capítulo. Se explora en relación con las formas en las que enmarcamos algo cuando lo situamos; en el nivel de la teoría académica, y como eco del principio fundamental de los Nuevos Estudios de Cultura Escrita, a saber, que al estudiar la cultura escrita tenemos que entenderla siempre ubicada, vista en contexto y en la práctica social. El capítulo utiliza los datos etnográficos de tres proyectos distintos para volver a reflexionar y analizar los constructos teóricos que contribuyeron, desde el primer momento, a enmarcar la compilación de esos datos.

En el "Epílogo" José Ramón Jouve-Martín busca los elementos comunes y vincula las discusiones que se presentan en las distintas secciones.

Creemos que esta compilación de ensayos teóricos, hallazgos de investigación y reflexiones sobre la cultura escrita echará a andar un diálogo entre la investigación latinoamericana y el trabajo llevado a cabo por especialistas de otras latitudes. Su singularidad consiste, por un lado, en la especificidad de las posturas regionales en la práctica social, la cultura escrita, la representación y el bilingüismo, así como en las posibilidades que brinda para situar estos estudios en los debates teóricos vigentes en otros lugares del mundo. Esperamos que los investigadores, docentes y responsables de la elaboración de políticas encuentren sumamente sugerente su contenido para comprender las prácticas letradas, las tendencias globales y los programas de alfabetización.

REFERENCIAS

Barton, D. y M. Hamilton (1998), *Local literacies: Reading and writing in one community*, Londres y Nueva York, Routledge.
Goody, J. e I. Watt (1968), "The Consequences of Literacy", en J. Goody (ed.), *Literacy in Traditional Societies*, Cambridge, Cambridge University Press,
Haugen, E. (1972), *The ecology of language*, Stanford, Stanford University Press.
Kalman, J. (1993), "En búsqueda de una palabra nueva: la complejidad conceptual y las dimensiones sociales de la alfabetización", *Revista Latinoamericana de Estudios Educativos*, México, vol. XXIII, núm. 1, pp. 87-95.

DISCUSIONES TEÓRICAS ACTUALES

VOZ Y BILITERACIDAD EN LA REVITALIZACIÓN DE LENGUAS INDÍGENAS: PRÁCTICAS CONTENCIOSAS EN CONTEXTOS QUECHUA, GUARANÍ Y MAORÍ[1]

NANCY H. HORNBERGER[2]

Hace veinte años, hice una investigación etnográfica comparativa en dos comunidades quechuas del altiplano de Puno, y de sus escuelas, una de las cuales implementaba el proyecto Experimental de Educación Bilingüe y la otra que seguía el currículo tradicional en castellano, una investigación que mostró la mayor participación de los alumnos —en términos absolutos, lingüísticos y sociolingüísticos— cuando se les enseñaba en quechua. En ese entonces, escribí lo siguiente:

Se dice a menudo que los niños quechuas, y los niños indígenas en distintos lugares del planeta dado el caso, son por naturaleza tímidos y reticentes, y que ello sería la causa de que hablen muy raramente en el salón de clase; por consiguiente, no deberíamos interferir con sus patrones culturales alentándolos para que hablen más. A la luz de observaciones como las hechas más arriba, sin embargo, creo que debemos preguntarnos a nosotros mismos si algo de dicha reticencia se debe al hecho de que la lengua de la escuela en muchos de tales casos es completamente ajena al alumno.

Por cierto, allí puede estar involucrado algo más que la lengua. En algunos sitios del planeta, los niños son tímidos en la escuela aun cuando la lengua materna y la de la escuela es la misma. Philips (1983) ha demostrado que, para el caso de los niños indígenas norteamericanos de Warm Springs, al menos, son los patrones culturales en sí mismos los que constituyen precisamente la clave en la participación de los alumnos. Dadas las estructuras participatorias más congruentes con las de sus propios patrones culturales los niños de Warm Springs participan más en la escuela. Las estructuras participatorias pueden ser también un factor en el caso de los alumnos quechuas. Sin embargo, un problema mucho más fundamental parece ser la lengua. ¿Quién, después de todo puede hablar en una lengua que no conoce?

Por ejemplo, yo tuve la oportunidad de observar a una niña tanto en el escenario del salón como en el hogar. Esta niña de siete años raramente hablaba en clase, y esto si lo hacía alguna vez; pero en casa se parecía a una ardilla. Ella me hablaba sin parar (en quechua), diciéndome los nombres y edades de toda su familia, mostrándome las decoraciones de los muros de su casa, las frazadas tejidas por su abuela, prestándose mi sombrero; todo esto mientras sal-

[1] *Qinasay* 3: 119-136 (2005), publicado por PROEIB Andes, Universidad Mayor de San Simón, Cochabamba, Bolivia. Este texto es una republicación. Una versión en inglés está por aparecer en *Journal of Language, Identity, and Education*.
[2] Universidad de Pensilvania.

taba sobre la cama, hacía saltos mortales, cuidaba de sus dos hermanitos y así sucesivamente (Hornberger, 1989a, pp. 270-271; véase también Hornberger, 1985, 1988).

En ese entonces, como también ahora, se me ocurrió que esa niña, a quien la llamaremos Basilia, perdía su voz en la escuela y la encontraba de nuevo en su hogar, y que el uso de su propia lengua en un contexto conocido y familiar era clave en la activación de su voz. En los veinte años que han transcurrido desde entonces, nuestras concepciones de voz se han desarrollado y ampliado, gracias en gran parte a la influencia del ruso Mijail Bajtín. En lo que sigue, quisiera considerar el ejemplo que presenté, así como otros tres ejemplos más recientes de educación en lengua indígena, a la luz de nuestro mayor entendimiento del concepto de voz.

Las dos grandes preguntas que incentivaban mi investigación de entonces, y que siguen incentivando mi trabajo son: 1] ¿cuáles son los mejores enfoques educacionales para niños de minorías lingüísticas (indígenas e inmigrantes)?, y 2] ¿cuáles políticas, programas y circunstancias apoyan o promueven el mantenimiento y revitalización de lenguas minoritarias (indígenas e inmigrantes)? En trabajos empíricos y teóricos he sostenido que las políticas lingüísticas multilingües, implementadas por medio de la Educación Intercultural Bilingüe o EIB, pueden ser factores positivos en respuesta a ambas preguntas, o sea en pro del mejoramiento del aprendizaje de niños minoritarios y también del mantenimiento y revitalización de lenguas minoritarias.

En cuanto a la primera pregunta, mi argumento se apoya en las investigaciones y análisis que se han realizado en relación con el modelo de la continuidad en la biliteracidad (Hornberger 1989b, 2003; véase más abajo) que se basa fundamentalmente en la premisa que aprendemos mejor con base en lo que ya conocemos; en cuanto a la segunda pregunta, se refuerza en el esquema que Fishman ha desarrollado en apoyo a los esfuerzos de revocar el desplazamiento lingüístico, la llamada "Reversing Language Shift" (RLS), en la cual el punto clave es que para que una lengua perdure hasta la próxima generación es imprescindible que los niños la hablen (Fishman, 1991, 2000).

Aquí veremos tres contextos de política lingüística multilingüe: en los Andes, el Paraguay, y la Aotearoa/Nueva Zelanda. En el caso de los Andes, la política lingüística del Perú en los setenta abrió espacio para la implementación de programas experimentales de educación bilingüe en comunidades indígenas quechuas y aimaras (y otras) durante los ochenta; y en Bolivia, la Reforma Nacional de la Educación de 1994 buscó introducir la educación bilingüe intercultural a nivel nacional, en todas las 30 lenguas indígenas, empezando con las tres mayores, quechua, aimara, y guaraní (Hornberger y López, 1998; López y Küper, 2004). A partir de 1992 en el Paraguay, la nueva Constitución posdictadura y la nueva política democrática de la educación busca implementar el uso del guaraní como medio de enseñanza, al lado del castellano, en todos los grados y todas las escuelas de la nación (Choi, 2003, 2004; Corvalán, 1998; Gynan, 2001 a, b). Y en Aotearoa/Nueva Zelanda, un movimiento que nació en los ochenta busca revitalizar la lengua indígena maorí, por vía de programas de inmersión, empezando con los nidos preescolares, llamados *kohanga reo,* y de ahí aumentando año tras año escuelas primarias, secundarias, y hasta programas de educación universitaria, todo ahora bajo el Ministerio de Educación Nacional (Durie, 1999; May, 1999, 2002; Spolsky, 2003).

Dentro de tales contextos de políticas lingüísticas multilingües y de la EIB, enfocamos aquí el nexo de la voz, la biliteracidad, y la revitalización de lenguas indígenas, a través de cuatro instancias tomadas de los tres casos arriba. Todo ello se basa en una perspectiva ecológica del lenguaje, la cual tomo como primer punto de discusión.

LA ECOLOGÍA DE LENGUAJE

En su obra intitulada *La ecología de lenguaje* el sociolingüista Haugen (1972) plantea la reciprocidad entre la lengua y su entorno, enfatizando en la descripción de los contextos social y psicológico en los cuales se sitúa la lengua, así como el efecto de tales contextos en la lengua (Haugen, 1972, p. 334). Haugen apunta hacia la ecología biológica como metáfora para un enfoque hacia el lenguaje que comprenda la ciencia no sólo de su descripción, sino también de su cultivo y preservación (Haugen, 1972, pp. 326-329).

Tres temas sobresalen en los escritos de Haugen y también de otros investigadores más recientes sobre la ecología del lenguaje (Mühlhaüsler, 1996; Phillipson y Skutnabb-Kangas, 1996; Kaplan y Baldauf, 1997; Ricento, 2000, y otros), temas que son de utilidad en la construcción e implementación de políticas lingüísticas multilingües. Estos temas son: primero, que las lenguas, al igual que las especies biológicas, crecen, cambian, viven y mueren en relación con otras lenguas (lo que podemos llamar el tema de la evolución del lenguaje); segundo, que las lenguas, al igual que las especies biológicas, interactúan con los múltiples factores de su ambiente: sociopolíticos, económicos, culturales, educativos, históricos, demográficos, y otros (lo que podemos identificar como el tema del entorno del lenguaje), y tercero, que algunas lenguas, al igual que algunas especies y ambientes, pueden llegar a estar en peligro de extinción, y la ecología no es tan sólo cuestión de estudiar y describir esos procesos, sino también de actuar para contrarrestarlos (lo que podemos denominar el tema de la extinción del lenguaje) (Hornberger, 2002b).

La ecología de lenguaje reconoce, entonces, que planificar para una lengua en un contexto dado implica planificar para todas las lenguas en ese contexto. Por ende, no se pueden ignorar las dinámicas del poder entre las lenguas y sus hablantes. Nos sirve de trasfondo este panorama ecológico, para tomar ahora las tres vías de nuestra exploración: la biliteracidad, la revitalización de lenguas y la voz.

LA BILITERACIDAD

Biliteracidad es un modelo ecológico que propongo como instrumento y guía para
la investigación, la enseñanza, y la planificación de lenguas en contextos multilingües. El modelo define a la biliteracidad como toda instancia en la cual la comunicación se desarrolla en dos (o más) lenguas en torno a un texto escrito (Hornberger, 1990, p. 213).

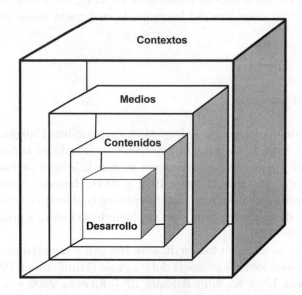

Figura 1. Espacios encajados en los continuos de la biliteracidad.

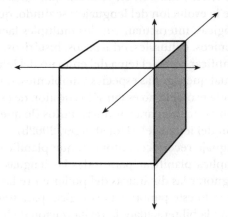

Figura 2. Espacios tridimensionales de los continuos de la biliteracidad.

El modelo consiste en cuatro espacios tridimensionales y encajados, compuestos de los continuos (o las continuidades) que caracterizan los contextos, medios, contenidos y desarrollo de la biliteracidad (figuras 1 y 2). Utiliza el concepto de continuo o continuidad para enfatizar la interrelación entre puntos extremos y para romper las dicotomías que acostumbramos crear. El modelo sugiere que cuanto más los contextos de aprendizaje y de uso de la lengua oral y escrita permitan que los usuarios puedan recurrir a todas las continuidades de la biliteracidad, tanto más son posibles el desarrollo y expresión amplios de la misma (Hornberger, 1989b, p. 289).

Específicamente, el modelo describe el desarrollo de la biliteracidad a través de las continuidades comprensión-expresión, lengua oral-escrita, y lengua primera-segunda (tercera, cuarta, etc.); por medio de dos (o más) lenguas cuyas estructuras varían en su relación entre sí desde lo diferente a lo similar, cuyas escrituras se distribuyen desde lo más divergente a lo más convergente, y que se adquieren en procesos que fluctúan desde lo simultáneo a lo sucesivo; en contextos que comprenden

BILITERACIDAD

conlleva *menos* poder ←————→ conlleva *más* poder
en las políticas y prácticas educativas tradicionales

Contextos de la biliteracidad
micro ←————→ macro
multilingüe ←————→ monolingüe
oralidad ←————→ literacidad

Medios de la biliteracidad
estructuras disimilares ←————→ estructuras similares
escrituras divergentes ←————→ escrituras convergentes
adquisición simultánea ←————→ adquisición sucesiva

Desarrollo de la biliteracidad
lengua 1 ←————→ lengua 2
lengua oral ←————→ lengua escrita
comprensión ←————→ expresión

Contenidos de la biliteracidad
vernáculos ←————→ literarios
minoritarios ←————→ mayoritarios
contextualizados ←————→ descontextualizados

Figura 3. Biliteracidad.

niveles desde lo micro hasta lo macro y se caracterizan por variadas combinaciones de oralidad-literacidad y multilingüismo-monolingüismo; y contenidos que abarcan experiencias y perspectivas desde lo minoritario hasta lo mayoritario, estilos y géneros desde lo vernacular a lo literario, y textos que varían de lo contextualizado a lo descontextualizado (figura 3).

Hay que reconocer que en la mayoría de los casos, no ha habido atención a todos los puntos de las continuidades. En las prácticas y políticas educativas, hay una tendencia a favorecer o privilegiar un extremo de cada continuo, de manera que conlleva más poder que el otro extremo (véase la figura 3). Por ende, es imperativo equilibrar los poderes en las políticas y prácticas de la educación, donde tradicionalmente ha habido demasiada atención en un extremo de los continuos de la biliteracidad a costa del otro extremo. Contrapesar ese balance desigual requiere una atención y reconocimiento especial y consciente hacia las voces y prácticas que tradicionalmente ocupan los márgenes menos poderosos de los continuos de la biliteracidad (Hornberger y Skilton-Sylvester, 2000, p. 99).

Este modelo, al igual que la metáfora de la ecología de lenguaje, tiene como premisa una orientación hacia el multilingüismo como recurso. También incorpora los tres temas de la ecología de lenguaje, ya que el concepto de biliteracidad postula el desarrollo de una lengua en relación con otra (la evolución), sitúa a ese proceso en relación con los contextos, contenidos, y medios en y por los cuales se produce (el entorno), y provee una heurística para contrarrestar el balance desigual entre lenguas (contra la extinción).

LA REVITALIZACIÓN DE LENGUAS

La revitalización de lenguas ha surgido desde los noventa como campo de investigación y acción, junto con el reconocimiento de la pérdida de miles de lenguas del mundo. También es heredera de otros conceptos sociolingüísticos como la vitalidad (Stewart, 1968), y el revivamiento (Fellman, 1974; Edwards, 1993), y más recientemente de las actividades de renovar la lengua (Brandt y Ayoungman, 1989) y revocar el desplazamiento lingüístico (Fishman, 1991). Se puede definir a la revitalización de lenguas como el intento de añadir nuevas formas lingüísticas o funciones sociales a una lengua minoritaria amenazada a fin de aumentar sus usos o usuarios (King, 2001, p. 23). Va más allá del mantenimiento de una lengua, ya que busca recuperar algo ya perdido en vez de reforzar algo débil pero que todavía existe (Hornberger, 2002a).

Sumamente importante en la revitalización de lenguas es la iniciativa desde abajo, en vez de la planificación desde arriba, o sea el esfuerzo tiene que partir desde la comunidad de los mismos hablantes, dado que se trata de alterar no sólo el cuerpo tradicional de la lengua, sino también su uso, hacia el futuro y lo moderno, tanto en el nivel micro de interacción como en el nivel macro de la distribución social.

En ese sentido, se trata no tanto de re-vitalizar la lengua (hacia atrás) sino de pro-vitalizarla (hacia adelante). En ese proceso, ¿quiénes podrían ser mejores guías que los mismos hablantes de la lengua?, ¿quiénes la llevarán hacia el futuro? (Hornberger y King, 1996, p. 315).

LA VOZ

Como vimos en la introducción, voz es lo que la niña Basilia expresaba en su propia lengua y en compañía de personas y objetos conocidos. Basilia ejemplifica el individuo en diálogo activo con su entorno, o sea el dialogismo que constituye un tema en la obra de Bajtín. Según Holland y Lave, este tema bajtiniano parte de la premisa de que los seres sensibles —solos y en grupos— están siempre en un estado de existencia activa; están siempre en un estado de ser abordado y en el proceso de responder (Holland y Lave, 2001, pp. 9-10).

Los mismos autores siguen con una explicación tomada de Holquist:

La existencia se me viene en forma de un caos de mensajes posibles...

Algunos de los mensajes vienen en forma de estímulos primitivos fisiológicos, algunos en forma de lenguaje natural, y algunos como códigos sociales o ideologías. En cuanto existo, me encuentro en un lugar específico y tengo que responder a todos estos estímulos, o ignorándolos o en una respuesta que toma la forma de hacer sentido, de producir —porque es una forma de trabajo— sentido de estas emisiones (Holquist, 1990, p. 47, citado en Holland y Lave 2001, traducción mía).

O sea, pareciera que Basilia ignoraba los estímulos que se presentaban en la escuela y respondía activamente a los de la casa; la voz que se perdía en la escuela fue exuberantemente encontrada en casa.

Dialogismo, la noción de que el individuo está siempre en diálogo activo con su entorno, constituye entonces el primer tema bajtiniano identificado por Holland y Lave. El segundo es la autoría propia —que en la construcción de sentidos, somos autores del mundo y de nosotros en el mundo, haciendo uso de lenguas, dialectos, géneros culturales, y palabras de otros a las cuales hemos sido expuestos, y así construyendo nuestro sentido de identidad propia y de nuestros grupos. El tercer tema es que estos procesos de dialogismo y de autoría propia son animados por los discursos circulantes, y el cuarto, que en todos estos procesos tomamos una postura activa hacia otros y los dialectos, lenguas, géneros y formas culturales que producen (Holland y Lave, 2001, pp. 10-14).

Holland y Lave plantean además una conexión entre historia y persona, o sea entre contexto histórico-político-social e identidad personal, por medio de la voz. Nos dicen que en las luchas sociales continuas se forjan las voces e identidades de los sujetos humanos por medio de prácticas locales contenciosas (Holland y Lave,

2001, p. 109). Tomaremos este planteamiento para considerar la forja de las voces e identidades de los niños indígenas por medio de prácticas locales contenciosas en las escuelas, dentro del contexto de las largas luchas de los pueblos indígenas en sus trayectorias nacionales.

A la luz de estos temas bajtinianos de voz y de la noción de prácticas locales contenciosas, veamos el caso de Basilia y otras tres instancias de biliteracidad para entender cómo es que el uso de lenguas indígenas como medio de enseñanza en comunidades indígenas puede contribuir al mejor aprendizaje de los niños y a la revitalización de la lengua indígena.

DESARROLLO DE LA BILITERACIDAD Y VOCES DIALÓGICAS: QUECHUA EN EL PERÚ DE LOS OCHENTA

La primera instancia de biliteracidad que ya consideramos es la de Basilia hace veinte años en Kinsachata, Perú. Vimos que Basilia participaba en un dialogismo activo con su entorno cuando se encontraba en casa, hablando en lengua quechua, pero que en la escuela se encontraba silenciada. Su voz fue activada en casa y silenciada en la escuela. Según el modelo de la continuidad en la biliteracidad, podemos inferir que las consecuencias para el desarrollo de su biliteracidad serían que hasta que ella pueda hacer uso de su primera lengua (L1) tanto para la expresión como para la comprensión, y en forma escrita como también oral, será difícil que desarrolle su segunda lengua (L2) en forma plena y libre.

CONTENIDOS EN LA BILITERACIDAD, GÉNEROS CULTURALES, Y AUTORÍA PROPIA: QUECHUA EN EL BOLIVIA DE LOS NOVENTA

La segunda instancia de biliteracidad que consideramos ocurre en una escuela rural del departamento de Cochabamba, Bolivia:

Después de una hora de viaje en la comodidad del jeep de PROEIB, el chofer Elio y yo llegamos a la escuela de Kayarani a las 10:30 horas. Allí nos reciben varias docenas de niños y niñas que se acercan al coche para saludarnos. Nos acercamos al edificio de adobe donde los maestros viven durante la semana escolar y allí nos recibe la directora Berta junto con la maestra Angélica, reemplazante de la maestra de K-1er grado quien ha de dar a luz estos días. La tercera maestra no está presente hoy. Berta, oriunda de Tarija, enseña aquí hace tres años y viene implementando la educación intercultural bilingüe como parte de la Reforma. Su clase está ahora en 2do-3er grado.

Se inauguró un edificio nuevo el año pasado y las aulas son muy lindas, con mobiliario nuevo, mesas y sillas organizadas para trabajo en grupos. El aula de 2do-3ro está decorada con muchos textos en quechua, incluyendo modelos de un cuento, un poema, una canción, y una receta; y también los alfabetos en quechua y castellano, que los niños recitan luego en coro. También en la pared está el periódico de la clase, *Llaqta Qapariy* (Voz del Pueblo), con un artículo escrito por el alumno Calestino sobre la necesidad de conseguir mejores precios para la papa, que es la subsistencia de su comunidad agrícola.

Un aspecto clave de la REFORMA EDUCATIVA de Bolivia es el establecimiento de una biblioteca de aula en todos los salones de clase de la nación, cada biblioteca proveída de una colección de 80 títulos donados por el Ministerio de Educación con auspicio de la UNESCO. Incluidos en la biblioteca son 6 Librotes, 3 de ellos basados en tradiciones orales del quechua, aimara y guaraní, respectivamente: El Zorro, el Puma, y los Otros; La Oveja y el Zorro; y La Chiva Desobediente. Los Librotes, con letra grande e ilustrados a colores, son de un tamaño que se ve claramente por todos cuando se les muestra delante de la clase. Esta aula también tiene su rincón biblioteca y Berta pide a un alumno a que vaya adelante y lea uno de los Librotes en voz alta a la clase. Después, cuando los niños salen al recreo, una niña y un niño se dan cuenta de mi interés en los Librotes y se acercan felices a mostrármelos (14 de agosto de 2000, Kayarani).

Aquí, la instancia de biliteracidad que quisiera subrayar como práctica local contenciosa es el uso de la tradición oral indígena dentro de los materiales educativos en castellano: una instancia de la inclusión de contenidos minoritarios, vernaculares, y contextualizados en textos de la segunda lengua. Esta práctica puede resultar contenciosa desde dos puntos de vista: por un lado, la perspectiva purista indigenista, que pudiera rechazar la presentación de contenidos indígenas pero no en lengua indígena, y por otro lado, la perspectiva hispano-asimilacionista, que pudiera rechazar la inclusión de contenidos indígenas en textos castellanos. Sin embargo, desde el punto de vista de la biliteracidad, esta práctica constituye un apoyo fuerte al estudiante o usuario de los textos. Dado que, en el sentido bajtiniano, un individuo desarrolla su sentido de identidad propia haciendo uso de las lenguas, dialectos, géneros y palabras de otros en su alrededor, esta práctica ofrece una voz conocida y familiar que los niños y niñas indígenas pueden incorporar en sus propias voces.

CONTEXTOS DE LA BILITERACIDAD, ENCUENTRO DIALÓGICO,
Y DISCURSOS CIRCULANTES: GUARANÍ EN EL PARAGUAY DE LOS NOVENTA

La tercera instancia de biliteracidad que consideramos se sitúa en una reunión con el equipo curricular del Ministerio de Educación y Cultura del Paraguay:

Tengo reunión durante una mañana con los miembros del equipo curricular del Ministerio de Educación y sus dos asesores, Delicia Villagra y Nelson Aguilera (ambos también paraguayos, egresados de estudios superiores fuera del país). El equipo está trabajando el diseño del currículo para la enseñanza de lengua y literatura guaraní y castellano para el nivel secundario del sistema escolar. La Reforma Educativa de Paraguay introdujo la lengua guaraní como medio de instrucción, al lado del castellano, empezando con el primer grado en 1993 y aumentando un grado por año progresivamente; en el año 2001 se completaría el ciclo de la primaria (grados 1 a 9) y la instrucción a nivel secundario por medio guaraní se iniciaría en febrero de 2002. Así que tienen que decidir el currículo cuanto antes para que los materiales estén listos para febrero.

La complejidad de factores a considerarse es abrumante; no sólo porque es la primera vez en Sudamérica (según nuestro conocer) que se introduce en la secundaria una lengua con poca tradición de uso técnico, científico, o literario, sino también porque hay una multitud de desafíos no resueltos que se quedan después de los nueve años del uso del guaraní en la primaria. Éstos incluyen una falta de maestros bilingües preparados, una pedagogía inadecuada, una falta de acuerdo en cuanto al alfabeto y variedad de guaraní a usarse, actitudes negativas por parte de algunos padres y comunidades hacia el uso del guaraní en la escuela, y además de eso, una naciente demanda de instrucción en inglés. Ninguno de estos problemas es único a la situación del guaraní; según el sociolingüista Fishman (1982), estos "problemas en la legitimización socio-educacional de lenguas y variedades" siempre acompañan a la introducción de lenguas vernáculas en la educación. Sin embargo, son problemas verdaderos y urgentes, que realmente necesitan atención si es que el uso de guaraní en la secundaria se va a promover.

Mientras tanto, como medida estratégica y pragmática, el equipo optó por solicitar la enseñanza de la literatura guaraní por medio de guaraní, dejando libre a la escuela la decisión en cuanto a medio de instrucción para las otras áreas curriculares —matemáticas, ciencias sociales, y ciencias naturales. Como estrategia hacia la promoción del guaraní, sin embargo, el equipo planifica para el área de lengua y literatura un currículo orientado hacia la producción de textos en una variedad de géneros, con la intención de así crear una generación de escritores de guaraní, quienes con confianza y destreza podrán desarrollar y intelectualizar la lengua, para que después sea incluida en todas las áreas curriculares de la secundaria (4 de octubre de 2001, Asunción).

Aquí, la instancia de la biliteracidad que quisiera subrayar como práctica local contenciosa es el enfoque ecológico hacia el uso del castellano como lengua de enseñanza al lado del guaraní, aún en pleno contexto de promoción de un mayor uso del guaraní en la educación. En términos de los contextos de biliteracidad, éste es un caso en el que se cede espacio a los macrocontextos monolingües y alfabetizados más poderosos, como estrategia para que los microcontextos multilingües y orales menos podorosos, ganen terreno. Dado que, en el sentido bajtiniano, los seres dialógicos nos animamos por los discursos circulantes a nivel micro y también macro, esta práctica ofrece a los niños y niñas paraguayos la oportunidad de incorporar los discursos castellanos y guaraníes en sus propias voces, y así contribuir al desarrollo de su biliteracidad.

MEDIOS DE LA BILITERACIDAD Y LA POSTURA ACTIVA:
MAORÍ EN AOTEAROA/NUEVA ZELANDA A PARTIR DE LOS OCHENTA

La cuarta instancia de biliteracidad que consideramos se observa en una escuela primaria de inmersión maorí en Aotearoa/Nueva Zelanda:

Nosotros tres —mi colega Stephen May de la Universidad de Waikato, su colega Karaitiana Tamatea, padre de familia y líder del whanau (ayllu) de la escuela, y yo— nos acercamos al kura kaupapa maori (escuela de inmersión maorí) siguiendo el protocolo tradicional (powhiri). Esto significa que, antes que nosotros pisemos el terreno de la escuela, el vice-director nos saluda desde el patio con una canción tradicional maorí, a la cual nosotros también respondemos cantando; luego entramos poco a poco, al compás de un intercambio de frases cantadas. Todos nos reunimos en un aula, donde los 80 niños y niñas de la escuela (grados 1-6) nos esperan, y allí continúa el protocolo, todo en lengua maorí, durante unos veinte minutos. Sólo después de terminar esta introducción tradicional, nos invitan a otra aula, donde nos ofrecen refrescos y galletas. Se prohíbe estrictamente el uso del inglés en todo el recinto de la escuela; por lo que soy la única no hablante de maorí en esta aula, que puede conversar con los maestros y los líderes de la escuela.

Me presentan al actual líder del whanau. El whanau ha sido un elemento indispensable en el establecimiento y existencia de ésta y las otras 58 escuelas kura kaupapa maori en Aotearoa/Nueva Zelanda. La escuela se fundó por el whanau, y sólo después de dos años de funcionamiento se ha pedido apoyo y reconocimiento del gobierno. Esta escuela se fundó en 1995 y hace varios años que ganó estatus reconocido y también su propio terreno y edificio.

En conversación con el líder del whanau, él me pregunta, "¿Qué opina usted de la educación bilingüe?" Continuamos la conversación y me doy cuenta de que para él, la educación bilingüe y la inmersión maorí están opuestas, mientras que para mí, siempre se han considerado como puntos en un continuo. La ideología del uso exclusivo de maorí en la kura kaupapa maori es de tan fundamental importancia a la estrategia de inmersión que el uso de dos idiomas (maorí e inglés) que se implica en el término "educación bilingüe", viene a ser antitético al esfuerzo de la revitalización maorí (28 de junio de 2002, Hamilton).

Aquí la instancia de la biliteracidad que quisiera subrayar como práctica local contenciosa es la prohibición absoluta del uso del inglés en la escuela kura kaupapa, una política de adquisición sucesiva de los medios de la biliteracidad, estrictamente implementada. Dado que, en el sentido bajtiniano, los seres dialógicos no sólo hacemos uso de las palabras de otros, sino también adoptamos una postura activa delante de ellas, esta práctica representa una postura activa tomada por la kura kaupapa en busca de maximizar la activación de las voces indígenas y la revitalización de la lengua indígena.

Una maestra muy famosa de niños maoríes, Sylvia Ashton-Warner, entendió la importancia de la voz indígena de los niños, a pesar de que les enseñaba por medio del inglés. En los años treinta, ella creó y utilizó un enfoque que llamaba la lectura orgánica y la escritura orgánica, las cuales describió en su libro *Teacher* [*Maestra*].

Escribió: "Las primeras palabras han de tener significado para el niño" y luego, "Las primeras palabras han de tener significado intenso para el niño. Tienen que formar parte de su ser" (Ashton-Warner, 1963, p. 33). Continuaba, comentando en los escritos de los niños y niñas maoríes:

Estos libros que escriben son las cosas más dramáticas, patéticas y vivas que he visto en la página escrita. Pero son cosas privadas, confidencias, y no criticamos su contenido. No importa si leemos que odia la escuela, o que se va incendiar mi casa, o de la pelea en la aldea (pa) anoche, lo esencial es siempre lo mismo: no es asunto de qué se dice, sino de la libertad para decirlo (1963, pp. 52-54, traducción mía).

Con sus medidas extraordinarias, Ashton-Warner pudo activar las voces de sus alumnos maoríes, aun sin hacer uso de su lengua. ¿Pero en cuántos casos no ocurre que prohibirles a los niños el uso de su lengua les quita también su voz?

CONCLUSIÓN

Haugen (1973) esclarece que ninguna lengua es en sí problema, pero cuando se la manipula para propósitos de la discriminación social, sí lo es. McCarty, viendo la lucha para la autodeterminación de los indígenas norteamericanos, plantea que si bien "la lengua puede ser instrumento de la opresión cultural y lingüística, también puede ser vehículo para avanzar los derechos humanos y el empoderamiento de comunidades minoritarias" (McCarty, 2003, p. 160, traducción mía). Yo sugiero que, tratándose del uso de la lengua indígena en la escuela, es precisamente la activación de la voz indígena que inhibe la tendencia hacia la discriminación y la opresión y en cambio lo inclina hacia la emancipación, la autodeterminación, y el empoderamiento.

"La lengua representa una fuerza central en la lucha por la voz … la lengua tiene la capacidad de influir en la forma en que los individuos y los grupos codifican y se comprometen con el mundo" (Giroux, 1986, p. 59, citado en Ruiz, 1997, p. 320, traducción mía). Esto viene a ser cierto tanto para los estudiantes inmigrantes como para los indígenas. La autora Maxine Hong Kingston, quién escribió el prefacio para la nueva publicación de *Teacher* de Ashton-Warner en 1963, describe en su propia novela algo sobre la voz silenciada de los niños chinos en escuelas norteamericanas:

Cuando entré al kinder y tuve que hablar en inglés por primera vez, me volví silenciosa. Mi silencio era lo más abrumador —un silencio total— durante los tres años que cubría mis pinturas escolares de tinta negra… En el primer año de silencio no hablaba con nadie en la escuela, nunca pedí permiso para ir al baño, ni dejé de ir al kinder. Me gustó el silencio. Al comienzo, no se me ocurrió que debía hablar o pasar kinder. Yo hablaba en casa y con uno o dos de los otros niños chinos en mi clase. Hacía gestos y hasta chistes... me gustaron más los niños negros porque se rieron más y me hablaban como si yo también fuera habladora atrevida.

Cuando me di cuenta de que tenía que hablar en la escuela, ésta se volvió penosa, el silencio se volvió sufrimiento. No hablaba y cada vez me sentía mal al no hablar... las otras niñas chinas tampoco hablaban, así que sabía que el silencio tenía que ver con el hecho de ser una niña china.

Después de la escuela americana, tomábamos nuestros cajoncitos de cigarro, en los cuales teníamos nuestros libros, pinceles, y tintas bien ordenados, y nos íbamos a la escuela china, de 17:00 a 19:30 horas. Allá recitábamos juntos todos, nuestras voces se alzaban y se caían, fuertes y suaves, algunos niños gritaban, todos leían juntos, recitando juntos y no solos en una voz solitaria ... No todos los niños que mantenían silencio en la escuela americana encontraban su voz en la escuela china (Kingston, 1975, pp. 165-168, traducción mía).

Ciertamente, no todos los niños inmigrantes, indígenas o de minorías lingüísticas encuentran su voz por medio del uso de su lengua en la escuela. "Es mucho más que asunto de lengua", le dicen a la investigadora Freeman cuando ella emprende observaciones etnográficas queriendo documentar la planificación lingüística en una escuela bilingüe de Washington, D. C. y termina describiendo su planificación de identidades (Freeman, 1998). Ruiz también nos señala que:

Aunque la lengua y la voz se relacionan, también es importante distinguir entre ellas. Me he convencido de esta distinción después de considerar ciertas instancias de la planificación lingüística en que la inclusión de la lengua de un grupo ha coincidido con la exclusión de su voz... La lengua es indeterminada, abstracta, sujeta a una normalización arbitraria; la voz es concreta y muy particular. La lengua tiene una existencia propia —existe aún cuando se la suprime; cuando la voz es suprimida, no se le escucha— no existe. Negar a un pueblo su lengua, como en las situaciones coloniales... es, sin duda alguna, negarles su voz; pero permitirles "su" lengua... no es necesariamente lo mismo que permitirles su voz (Ruiz, 1997, pp. 320-321, traducción mía).

No es necesariamente lo mismo. Sin embargo, he querido mostrar que aunque no todos los niños indígenas encuentran su voz por medio del uso de su lengua, muchos sí lo hacen; y cuando ocurre así, es tal vez porque el uso de su lengua como medio de enseñanza viene a ser mediador del dialogismo, de la construcción de sentidos, del acceso a discursos, y de la toma de una postura activa que son dimensiones de la voz. Y son esas voces indígenas las que pueden ser unas fuerzas poderosas en pro del mejoramiento del aprendizaje de niños indígenas y también del mantenimiento y revitalización de lenguas indígenas.

REFERENCIAS

Ashton-Warner, S. (1963), *Teacher*, Nueva York, Simon and Schuster.
Brandt, E. A. y V. Ayoungman (1989), "Language renewal and language maintenance: A practical guide", *Canadian Journal of Native Education*, 16(2), pp. 42-77.
Choi, J. K. (2003), "Language attitudes and the future of bilingualism: The case of Paraguay", *International Journal of Bilingual Education and Bilingualism*, 6(2), pp. 81-94.
Choi, J. K. (2004), "La planificación lingüística y la revivificación del guaraní en el Paraguay: Comparación, evaluación e implicación", *Language Problems and Language Planning*, 28(3), pp. 241-259.
Corvalán, G. (1998), "La educación escolar bilingüe del Paraguay: Avances y desafíos", *Revista Paraguaya de Sociología*, 35(103), pp. 101-118.
Durie, A. (1999), "Emancipatory Maori education: Speaking from the heart", en S. May (ed.), *Indigenous community-based education*, pp. 67-78, Clevedon, Multilingual Matters.
Edwards, J. (1993), "Language revival: Specifics and generalities", *Studies in Second Language Acquisition*, 15, pp. 107-113.
Fellman, J. (1974), "The role of Eliezer Ben Yehuda in the revival of the Hebrew language: An assessment", en J. Fishman (ed.), *Advances in language planning*, pp. 427-455, La Haya, Mouton.
Fishman, J. A. (1982), "Sociolinguistic foundations of bilingual education", *The Bilingual review/La revista bilingüe*, 9(1), pp. 1-35.
—— (1991), *Reversing language shift: Theoretical and empirical foundations of assistance to threatened languages*, Clevedon, Multilingual Matters.
Fishman, J. A. (ed.) (2000), *Can threatened languages be saved? "Reversing language shift" revisited*, Clevedon, Multilingual Matters.
Freeman, R. D. (1998), *Bilingual education and social change*, vol. 14, BEB, Clevedon, Multilingual Matters.
Gynan, S. N. (2001a), "Language planning and policy in Paraguay", *Current Issues in Language Planning*, 2(1), pp. 53-118.
—— (2001b), "Paraguayan language policy and the future of Guaraní", *Southwest Journal of Linguistics*, 20(1), pp. 151-165.
Haugen, E. (1972), *The ecology of language*, Stanford, Stanford University Press.
—— (1973), "The curse of Babel", en M. Bloomfield y E. Haugen (eds.), *Language as a human problem*, pp. 33-43, Nueva York, W. W. Norton.
Holland, D. y J. Lave (eds.) (2001), *History in person: Enduring struggles, contentious practice, intimate identities*, Santa Fe, School of American Research Press.
Holquist, M. (1990), *Dialogism: Bakhtin and his world*, Londres, Routledge.
Hornberger, N. H. (1985), *Bilingual education and Quechua language maintenance in highland Puno, Peru*, tesis doctoral, University of Wisconsin-Madison.
—— (1988), *Bilingual education and language maintenance: A Southern Peruvian Quechua case*, Berlín, Mouton.
—— (1989a), *Haku Yachaywasiman: La educación bilingüe y el futuro del quechua en Puno*, Lima-Puno, Programa de Educación Bilingüe de Puno.
—— (1989b), "Continua of biliteracy", *Review of Educational Research*, 59(3), pp. 271-296.
—— (1990), "Creating successful learning contexts for bilingual literacy", *Teachers College Record*, 92(2), pp. 212-229.
—— (2002a), "Language shift and language revitalization", en R. B. Kaplan (ed.), *The Oxford handbook of applied linguistics*, pp. 365-373, Nueva York, Oxford University Press.
—— (2002b), "Multilingual language policies and the continua of biliteracy: An ecological approach", *Language Policy*, 1(1), pp. 27-51.

Hornberger, N. H. (ed.) (2003), *Continua of biliteracy: An Ecological framework for educational policy, research and practice in multilingual settings*, Clevedon, Multilingual Matters.

Hornberger, N. H. y K. A. King (1996), "Bringing the language forward: School-based initiatives for Quechua language revitalization in Ecuador and Bolivia", en N. H. Hornberger (ed.), *Indigenous literacies in the Americas: Language planning from the bottom up*, pp. 299-319, Berlín, Mouton.

Hornberger, N. H. y L. E. López (1998), "Policy, possibility and paradox: Indigenous multilingualism and education in Peru and Bolivia", en J. Cenoz y F. Genesee (eds.), *Beyond bilingualism: Multilingualism and multilingual education*, pp. 206-242, Clevedon, Multilingual Matters.

Hornberger, N. H. y E. Skilton-Sylvester (2000), "Revisiting the continua of biliteracy: International and critical perspectives", *Language and Education: An International Journal*, 14(2), pp. 96-122.

Kaplan, R. B. y R. B. Baldauf (1997), *Language planning from practice to theory*, Clevedon, Multilingual Matters.

King, K. A. (2001), *Language revitalization processes and prospects: Quichua in the Ecuadorian Andes*, vol. 24, BEB, Clevedon, Multilingual Matters.

Kingston, M. H. (1975), *The woman warrior: Memoirs of a girlhood among ghosts*, Nueva York, Vintage International.

López, L. E. y W. Küper (2004), *La educación intercultural bilingüe en América Latina: Balance y perspectivas*, La Paz-Cochabamba, Cooperación Técnica Alemana (GTZ)-PINSEIB-PROEIB Andes, 2a. ed.

May, S. (1999), "Language and education rights for indigenous peoples", en S. May (ed.), *Indigenous community-based education*, pp. 42-66, Clevedon, Multilingual Matters.

—— (2002), *Accommodating multiculturalism and biculturalism in Aotearoa/New Zealand: Implications for language education*, inédito.

McCarty, T. L. (2003), "Revitalising indigenous languages in homogenising times", *Comparative Education*, 39(2), pp. 147-163.

Mühlhaüsler, P. (1996), *Linguistic ecology : Language change and linguistic imperialism in the Pacific region*, Londres, Routledge.

Phillipson, R. y T. Skutnabb-Kangas (1996), "English only worldwide or language ecology?", *TESOL Quarterly*, 30(3), pp. 429-452.

Ricento, T. (2000), "Historical and theoretical perspectives in language policy and planning", *Journal of Sociolinguistics*, 4(2), pp. 196-213.

Ruiz, R. (1997), "The empowerment of language-minority students", en A. Darder, R. Torres y H. Gutiérrez (eds.), *Latinos and education: A Critical reader*, pp. 319-328, Nueva York, Routledge.

Spolsky, B. (2003), "Reassessing Maori regeneration", *Language in Society*, 32(4), pp. 553-578.

Stewart, W. (1968), "A sociolinguistic typology for describing national multilingualism", en J. Fishman (ed.), *Readings in the sociology of language*, pp. 531-545, La Haya, Mouton.

NUEVAS ALFABETIZACIONES EN LOS PROCESOS SOCIALES DE INCLUSIÓN Y EXCLUSIÓN[1]

MARILDES MARINHO[2]

A diferencia de lo que ocurrió en Brasil, no todos los países de América Latina adoptaron un término específico para la traducción de *literacy*, término muy frecuente en la literatura en lengua inglesa que circula en dichos países. Mientras que en México *literacy* es *alfabetización*, en Brasil *literacy* puede ser *alfabetización, cultura escrita* y también *letramento*. Expresiones y conceptos comunes en Brasil tales como *ideological model and autonomous model of literacy* (Street, 1984), *literacy events* son recurrentemente traducidos como *modelo autónomo* e *ideológico* de *letramento* y eventos de *letramento*. Sin embargo, el término alfabetización y sus correspondientes permanecen y son resignificados, indiciando los procesos históricos de producción de sentidos.

Esa influencia de la producción anglófona en nuestros trabajos nos muestra que aunque lidiáramos siempre con la palabra y el concepto *literacy*, en nuestras lecturas no teníamos una expresión que lo tradujera con más propiedad. En 1995, la obra de Olson y Torrance (1995), *Literacy and orality*, fue traducida como *Cultura escrita y oralidad*. Ya en 2006, el título atribuido a la obra clásica de Goody y Watt (2006), *The consequences of literacy*, fue *As conseqüências do letramento*.

En un número especial de la revista *Educação e Pesquisa*, de 2001, dedicado a la educación de jóvenes y adultos, tres artículos tratan de cuestiones relacionadas con la alfabetización y el *letramento*, volviéndose por eso un objeto interesante para la discusión de los significados discurrentes del uso de uno y otro término. Sugerido por la propia coordinadora de dicho número especial de la revista, nos llama la atención, en particular, el artículo de una investigadora estadounidense. Mientras que la investigadora usa un único término —*literacy*— y sus adjetivos —*literate* e *iliterate*—, en la traducción al portugués la traductora sustituyó *literacy* y sus adjetivos correspondientes por los términos *letramento, alfabetização, analfabetismo, alfabetizados, analfabetos, iletrado*. Curiosamente no es usado el término *analfabetismo* que, antes de la llegada de la palabra *letramento*, buscaba circunscribir las múltiples facetas relacionadas con ese fenómeno. Ya en el resumen del artículo se puede percibir uno de los efectos producidos por la elección de uno u otro elemento léxico: *alfabetización* es la palabra usada para las políticas de los gobiernos y agencias internacionales, mientras que *letramento* se refiere a los discursos de académicos —lingüistas, antropólogos— educadores populares y feministas. Es decir, usar uno u otro término puede

---

[1] Agradezco a Gilcinei T. Carvalho y a Ana Gomes por las valiosas sugerencias.
[2] Centro de Alfabetização, Leitura e Escrita da Universidade Federal de Minas Gerais.

significar pertenencia a formaciones discursivas o grupos diferentes y/o también la focalización de aspectos específicos del fenómeno en cuestión.

[...] **governos e agências internacionais** [primeiro grupo] considera que a **alfabetização** oferece um caminho crucial para o desenvolvimento nacional ao produzir mão-de-obra mais preparada e cidadãos mais informados em muitas dimensões da vida coletiva, desde criar crianças mais saudáveis até gerar maior participação política em eleições. O segundo grupo é formado por **acadêmicos,** principalmente nas áreas de **lingüística e antropologia.** Este grupo considera que o **letramento** é mais que um conjunto de habilidades abstratas, uma prática social e assim argumenta não haver um único **letramento,** mas múltiplos *letramentos*. O **terceiro grupo**, que inclui **educadores populares e feministas,** vê o **letramento** como uma ferramenta de que indivíduos precisam para se capacitar e se tornarem agentes na sua própria luta por justiça social e cidadania plena (Stromquist, 2001).[3]

En esa búsqueda de comprensión de los procesos históricos de la construcción de los significados de nuestros referenciales teórico-metodológicos, lo que pasa en otros países nos puede ser útil.

No sólo en Brasil se vive una cierta turbulencia en ese proceso de acomodo de *literacy/letramento*. También en Francia el "afrancesamiento" de la noción anglófona de *literacy* (Chiss, 2004, p. 43) se encuentra en fase de "adaptación" o de "reinserción". Tanto en México como en Brasil el acomodo de los términos trae cuestiones propias de un proceso de traducción y de interlocución con producciones teóricas extranjeras. En Francia, además de las cuestiones de orden teórico-metodológico, las resistencias al término *littératie* y variantes, pueden ocurrir también, según Jaffré (2004) por el rechazo de los franceses a neologismos. La propia falta de consenso sobre la convención ortográfica de la palabra indica su fase inicial y todavía poco consensual de entrada a la lengua. En una antología de artículos intitulada *La littéracie: Conceptions théoriques et pratiques d'enseignement de la lecture-écriture*, organizada por Miniac, Brissaud y Rispail (2004, p. 14), la palabra aparece escrita de tres maneras —*littéracie, littératie, litéracie*. En la introducción, bajo el título *La littéracie, Constantes et Variations*, las autoras afirman que el término *littéracie* es utilizado por una minoría de investigadores franceses, en un fenómeno contrario al neologismo *illettrisme*, forjado en los años setenta, y con rápida difusión. La decisión de aceptar la variación ortográfica en el propio libro resultó de un acuerdo coherente con la

---

[3] [...] **gobiernos y agencias internacionales** [primer grupo] consideran que la **afabetización** ofrece un camino crucial para el desarrollo nacional al producir mano de obra más preparada y ciudadanos más informados en muchas dimensiones de la vida colectiva, desde la crianza de niños más saludables hasta generar mayor participación política en elecciones. El segundo grupo está formado por académicos principalmente en las áreas de **lingüística y antropología**. Este grupo considera que el **letramento** es más que un conjunto de habilidades abstractas, una práctica social y así argumenta no tener un único **letramento,** sino múltiples *letramentos*. El **tercer grupo**, que incluye **educadores populares y feministas,** ve el **letramento** como una herramienta de la que los individuos necesitan para capacitarse y volverse agentes de su propia lucha por la justicia social y ciudadanía plena (Stromquist, 2001) (negritas de la autora).

posición adoptada en relación con el problema abordado: el de aceptar la diversidad de concepciones.

Reconociendo, entonces, el carácter polémico del concepto de *letramento*, dentro y fuera de Brasil, me propongo presentar algunos elementos propios de las condiciones de producción o de entrada de dicho neologismo en la lengua portuguesa y del contexto sociohistórico que lo hicieran formarse, cada día, con mayor tendencia en la producción académica y en las propuestas pedagógicas de enseñanza de la lecto-escritura. Argumento aquí que esas elecciones son históricamente condicionadas. Hemos tenido y aún tenemos alguna resistencia al término; pero, como muchas veces ha comentado Magda Soares, "con la lengua no se discute, *letramento* fue el que 'pegó'". Y llegó para quedarse. Nuestro desafío es el de interrogar cuáles serían los efectos de sentido o consecuencias cuando lo utilizamos en propuestas pedagógicas y en investigaciones.

La primera parte de este trabajo presenta un poco de la historia del término *letramento* de Brasil; en seguida, se indican algunos elementos propios de las condiciones de producción de discursos que ponen en circulación un concepto heterogéneo, polémico, en construcción, realzando algunas cuestiones relacionadas con nuestras investigaciones. Para finalizar, presentaré algunos elementos para una discusión en torno de los *nuevos letramentos* o de la presencia de concepciones diferenciadas de *letramentos* en comunidades "tradicionales", consideradas poco letradas o predominantemente orales.

UN POCO DE LA HISTORIA DEL TÉRMINO "LETRAMENTO" EN BRASIL

Hasta el final de los años ochenta las palabras *alfabetización* y sus correspondientes (alfabetizado, analfabeta, semi-analfabeta, semi-alfabetizado, analfabeta funcional, alfabetismo), *lectura* y *escritura* eran las principales palabras de nuestro repertorio para hablar de la relación de las personas, de la escuela o de la sociedad con la escritura. Las actividades de escritura eran *prácticas* (de alfabetización, de lectura, de escritura, de producción de textos): *prácticas sociales, prácticas escolares, prácticas no escolares*. Era común también sumar a esas palabras la expresión "en un sentido amplio", para ampliar su alcance semántico y discursivo: "alfabetización en un sentido amplio", "lectura en un sentido amplio", "escritura en un sentido amplio", etc. Hace más o menos veinte años la palabra *letramento* apareció en tierras brasileñas, en el campo de la lingüística y de la educación.

Tanto Soares (1988) como Kleiman (1995) indican que fue la lingüística de Kato (1986, p. 7) en donde, por primera vez, se hizo circular por escrito el término *letramento*, en una obra sobre la lectura desde una aproximación psicolingüística, pero tratando de cuestiones de interés escolar, relacionadas con la enseñanza-aprendizaje. Tal vez hoy, principalmente por intereses comerciales, el libro podría tener el título *En el mundo del letramento*, en vez de *En el mundo de la escritura*. En la presentación, Mary

Kato crea por analogía la expresión *letramento* funcional (recordemos que teníamos, en aquella época, el término "alfabetismo funcional"), para definir "el sujeto [ciudadano] capaz de hacer uso del lenguaje escrito para cubrir su necesidad individual de crecer cognitivamente y para atender a las varias demandas de una sociedad que prestigia ese tipo de lenguaje como uno de los instrumentos de comunicación".

Siguiendo las hipótesis de Soares, *Tfouni* (1988) fue la primera publicación que propuso discutir ese concepto. Las publicaciones de mediados de los noventa son la comprobación de que el término ya circulaba más ampliamente en los círculos académicos. De hoy en adelante, ¿qué perspectivas tendrán los términos *iletrado*, *letrado* cuando se reconfiguren las concepciones y modos de relación de los sujetos y de la sociedad con una cultura escrita? ¿Al sujeto que tiene dominio del sistema de lengua escrita, decodifica, lee textos simples, pero no participa plenamente de prácticas de escritura lo llamaríamos *iletrado funcional*? ¿Tendríamos ahora *letramento digital, tecnológico, científico, imagético, musical*? ¿Y al sujeto que no posee esas capacidades y condiciones de acceso a esos conocimientos lo llamaríamos *iletrado digital*, *iletrado tecnológico* y otros tantos *iletrismos*? Finalmente, ¿cuál sería la especificidad del término y de los referenciales teórico-metodológicos cuando lo situamos en el campo de la cultura escrita, de los procesos de interacción mediados por la escritura?

Es razonable aceptar que el término de *letramento* puede facilitar el campo de investigaciones principalmente por recubrir aspectos además de aquellos específicos de las habilidades de leer y escribir, y por propiciar el diálogo con otros campos disciplinarios necesarios para la comprensión de tal fenómeno o de los fenómenos subyacentes a él. Mientras tanto, como cualquier concepto, especialmente ése, todavía poco establecido, puede generar también dificultades; basta recordar las polémicas en torno a los métodos de alfabetización, de las políticas e instrumentos de evaluación que pretenden evaluar los niveles de *letramento* en Brasil, así como las diferentes concepciones de *letramento* o, hasta sus usos poco claros en investigaciones.

La oficialización del término también es reciente. Su registro ocurre, por primera vez, en 2001, en el *Dicionário Houaiss da Língua*, abriendo aún más las puertas para nuevos neologismos. Su diccionarización, obviamente, no nos llevará a un consenso sobre su significado, en función de la compleja problemática que éste evoca de las propias condiciones de producción con que un concepto se inscribe en el discurso científico y pedagógico, instaurando divergencias y negociaciones. También Fijalkow (Fijalkow y Pasa, 2004, p. 53), operando con una lógica de funcionamiento de la lengua, concibe esa variedad como resultado de un trabajo en torno de su significado:

Le terme "littératie", nouveau venu dans le petit monde de la lecture et de l'écriture (Fijalkow, 2000), apparaît comme un concept capable de circonscrire de manière économique un champ de recherches et de pratiques aux contours variables, en fonction des choix théoriques de ceux qui le travaillent et qu'il travaille d'ailleurs en retour.[4]

[4] El término "letramento", recién llegado al pequeño mundo de la literatura y de la escritura, aparece como un concepto capaz de circunscribir de manera económica un campo de investigación y de prácticas de contornos variables, en función de las elecciones teóricas de aquellos que lo trabajan y del trabajo que el término hace, es decir, en la dirección inversa sobre las elecciones teóricas.

En ese trabajo semántico y discursivo, ya inventamos la dupla *alfabetización y letramento* o *letramento y alfabetización, alfabetización con letramento, alfabetizar letrando, letrar alfabetizando*. Son expresiones originadas por la necesidad de nombrar y calificar contextos de uso y significados.

En síntesis, el término llega a Brasil, como una herramienta para comprender un fenómeno cultural, los modos y condiciones con que la sociedad brasileña enfrenta la escritura, también como presupuesto pedagógico, como fundamento metodológico para la enseñanza de la lectura y de la escritura. Pero, como suele ocurrir también con otras herramientas teóricas, el *letramento* viene entrando en el salón de clases, en los libros y materiales didácticos destinados a la enseñanza de la escritura. En el debate sobre los métodos de alfabetización y presiones para el *back to phonics*, fuimos (y todavía estamos) presionados para evaluar los discursos y las prácticas de alfabetización en la escuela brasileña, sobre todo la influencia del concepto de *letramento* y de presupuestos constructivistas sobre las acciones del profesor, en el salón de clases. Un caluroso debate se llevó a cabo en 2003, cuando el Congreso Nacional realizó un seminario sobre alfabetización, reuniendo un grupo de investigadores que defienden la conciencia fonológica como condición para que un niño se alfabetice. En este polémico debate, muchas veces equivocado, se atribuyó el fracaso de la alfabetización al constructivismo y las orientaciones originarias del concepto de *letramento* (cf. Soares, 2004).

Sabemos que, no sólo en Brasil, esa polémica de los métodos y las propuestas de regreso a los "métodos tradicionales", aunque revestida de supuestos argumentos de especialistas, se presta a intereses propios de una arena político-ideológica más que educacional. Mientras tanto, esa polémica nos obligó, a los especialistas, a reflejarnos sobre el declarado *fracaso de la alfabetización*. El proceso de construcción de dicho concepto resulta de embates, de procesos, de negociaciones, aún poco analizados. Soares (2004) directamente nombró ese momento histórico como *la invención del letramento, la desinvención de la alfabetización*.

La autora analiza ese momento histórico, situando la influencia del constructivismo y de un concepto de *letramento* sobre las prácticas de alfabetización en la escuela brasileña. El movimiento de regreso a los métodos tradicionales habría sido alimentado por el retorno de una denuncia del fracaso de la alfabetización, acusada, ahora, por una piedra de la especificidad de la alfabetización, en su dimensión de adquisición del sistema de lengua escrita.

Es interesante observar que, en el mismo momento en el que el término *letramento* gana aliento, realzando el carácter político, ideológico, social de la alfabetización de las prácticas de lectura y escritura, el término alfabetización (aparentemente debilitado) se fortalece, en la tentativa de recuperar la faceta lingüística del proceso de la apropiación de la lengua escrita, una práctica predominantemente escolar. Para la autora, esa recuperación es también políticamente convincente, siempre que el *letramento* y la *alfabetización* no sean entendidos como procesos independientes o que uno tenga prevalencia en relación con el otro (Soares, 2004).

Entre varias explicaciones para la entrada de la palabra *letramento* en Brasil, se puede alegar que el concepto encontró terreno fértil, preparado por los cambios epistemológicos en el área de las ciencias del lenguaje y de la educación, los cuales llevaron también a cambios en el objeto de enseñanza de la lengua portuguesa: la entrada del texto, de los géneros y la valoración de los usos sociales de la lengua, enviando al fondo del escenario, la lengua como sistema y una cierta concepción de gramática que se aprenden y se objetivan en forma de habilidades lingüísticas. No obstante, vale también decir que la concepción del *letramento* que ha tenido más influencia, en Brasil, reporta a los Nuevos Estudios sobre el Letramento-*New Literacy Studies* (NLS). Además de otras razones que explican esa influencia, esos estudios guardan una gran aproximación con el pensamiento de Paulo Freire, profundamente marcado por fundamentos políticos, sociales y antropológicos de la *alfabetización*, de la lectura y de la escritura. No es gratuita la presencia de la obra de Paulo Freire en los trabajos de varios estudiosos del NLS y el lugar de la ideología, de las relaciones de poder que identifican esa producción. Así como en esos estudios, en la obra de Freire el concepto de *alfabetización* (*literacy*) sobrepasa el nivel de habilidades lingüísticas, de dominio de código escrito o de habilidades técnicas neutras.

En un clima de tensión y disputa por modelos o concepciones de *alfabetización*, de *letramento*, de lectura y de escritura, la respuesta dada a los adeptos del *back to phonics* es la "reinvención de la alfabetización", de forma que recupere su especificidad, sus múltiples facetas y su integración con los procesos de *letramento* (Soares, 2004). Esa saludable búsqueda de una tercera vía o de un cierto apaciguamiento, en ese embate político, refuerza la idea de que, por razones propias al contexto sociocultural brasileño, es inevitable y legítima la convivencia de los términos *alfabetización* y *letramento* y de las diferentes concepciones subyacentes a éstos.

Por esas y otras razones, podemos decir que el concepto de *letramento*, en Brasil, además de generar controversias, se encuentra en construcción, principalmente porque recubre tanto fenómenos antiguos como fenómenos nuevos, resultantes de cambios en la sociedad brasileña, en los modos como nos relacionamos con la cultura escrita, principalmente en tiempos de *nuevas tecnologías de la escritura* y de crecientes presiones de inclusión venidas de los movimientos sociales.

LETRAMENTO Y OCUPACIÓN DEL LATIFUNDIO DEL SABER

En 2006, por ejemplo, al finalizar un curso ofrecido a los integrantes del *Movimento dos Sem Terra* (MST),[5] oímos de una de las futuras profesoras, líder de ese grupo, un enunciado pronunciado con visible contento, "finalmente ocupamos el latifundio del saber", en una estratégica actualización del principal motivo deflagrador de ese movimiento, la ocupación de la tierra y de los latifundios improductivos.

---

[5] *Movimento dos Trabalhadores Rurais Sem Terra*: Es un movimiento social, iniciado a mediados de los años ochenta, con el objetivo de luchar por la reforma agraria en Brasil.

Así, podemos afirmar que, "en Brasil los conceptos de *alfabetización* y *letramento* se mezclan, se superponen, frecuentemente se confunden" (Soares, 2004, p. 7) podemos también sumar a ellos los conceptos de *cultura escrita, lectura* y *escritura,* que consecuentemente, en ese cuadro, también se multiplican. Después de las primeras balanzas y perspectivas sobre la entrada del término *letramento* en Brasil, hechos por Kleiman (1995), en particular (Soares, 1998), es muy importante dar continuidad al mapeo de sus usos y concepciones, por al menos tres razones: primero, por la rapidez con que éste ha aparecido en discursos académicos, en las políticas, programas y propuestas educacionales, así como también, poco a poco, viene apareciendo en los medios masivos de comunicación; segundo, por la diversidad de concepciones y por dificultades que ese concepto ha generado a los profesores y alfabetizadores, en su práctica pedagógica; tercero, por la necesidad de explicitación de los fundamentos teórico-metodológicos subyacentes a una diversidad de concepciones, proporcionalmente a la diversidad de objetos y de posicionamientos de los investigadores. Un análisis de las condiciones de producción de los discursos que lo hacen circular, ciertamente, nos mostrará que los campos disciplinarios, los grupos y las instituciones, los debates y embates políticos, a los cuales se afilian esos discursos tienen gran influencia en las concepciones que se le atribuyen. Estamos enfrentando a una tríada conceptual: *letramento, alfabetización* y *cultura escrita.* Incluso el orden con que usamos esos términos puede generar efectos positivos o negativos para quien los enuncia. Asumir la heterogeneidad y la opacidad del concepto, podrá economizar los esfuerzos de aquellos que van en busca de una definición acabada y fácilmente aplicable a sus intereses y objetivos.

Es fundamental, también —principalmente cuando trabajamos con grupos considerados predominantemente orales— atender una nueva cuestión presentada a los estudios sobre los *nuevos letramentos*: el lugar ocupado por otras modalidades de comunicación, de interacción y de producción de sentidos, de conocimiento, ya sea en copresencia con la escritura, o bien, funcionando de forma autónoma. También los textos escritos y las interacciones mediadas por éstos son construidas multimodalmente, por lo tanto exigen teorías semióticas que traspasan el terreno de la lingüística. En ese caso estaríamos atentos a lo que nos alerta Kress (2003), quien señala el carácter multimodal de las representaciones y de la comunicación, de otros sistemas semióticos que conviven con el lenguaje verbal.

Si existen tantos *letramentos*, bien fundamentados por los *New Literacy Studies* (NLS), como ya hemos visto, también es importante atender a los *letramentos multimodales*, los *letramentos híbridos* concebidos en esos contextos. Y aún más, cabe interrogar el lugar que atribuimos a la escritura y la oralidad, cuando interactuamos con jóvenes y adultos "poco letrados".

Esa complejidad del concepto de *letramento* se amplía cuando consideramos la diversidad de demandas en el contexto sociocultural y educacional brasileño, en el interior de las cuales esos conceptos de desarrollan, se imponen y son trabajados. Eso nos permite afirmar que nuestras concepciones de *letramento* y de *alfabetización* son diferentes en relación con los países de donde heredamos la palabra *letramento*.

Las concepciones de *alfabetización,* de *letramento* y de *cultura escrita* están estrictamente relacionadas con los procesos sociales de producción y de distribución del conocimiento, con los procesos de inclusión de grupos sociales, étnicos en la escuela de enseñanza elemental, en las universidades y en los espacios socioculturales de los cuales han sido excluidos.

"COMUNIDADES TRADICIONALES", NUEVOS LETRAMENTOS Y PROCESOS DE INCLUSIÓN Y EXCLUSIÓN

En los años setenta pasamos por una democratización de la enseñanza elemental. Hoy Brasil ensaya modos de democratizar la enseñanza superior, el acceso a la universidad. Algunas universidades brasileñas, como es el caso de la Universidad Federal de Minas Gerais (UFMG), está creando cursos superiores especiales, destinados a la formación de profesores indígenas, de profesores para las escuelas de campo, del mismo modo ha invertido en proyectos dirigidos a negros y jóvenes excluidos de la enseñanza elemental, media y superior. Grupos "tradicionales" —indios, *quilombolas, gerazeiros, assentados,* negros, *riberinhos*— exigen la apertura de universidades para el acceso al "saber". Estamos al mismo tiempos, relacionados con la investigación en una escuela de comunidad indígena, en la Amazonia (los poyanawa),[6] con los proyectos de gestión económica y la escolarización de indios xacriabá en Minas Gerais (sudeste de Brasil), con educación de campo, en el interior de los movimientos sociales de lucha por la reforma agraria,[7] así como en otras comunidades rurales "tradicionales".[8]

No obstante, finalmente, ¿qué sabemos sobre esas poblaciones, sobre sus conocimientos y expectativas en relación con la cultura escrita? Las concepciones de *letramento,* de *alfabetización* y de *cultura escrita,* en cada uno de esos contextos, tienen sus especificidades. Y también en el interior de cada uno de esos contextos, aunque se encuentran semejanzas, se pueden encontrar diferencias significativas. Además de lo que esa categoría "tradicionales" —indios, *quilombolas, geraizeiros, assentados,* negros, *ribeirinhos*— no nos garantiza un cuadro sólido y, menos aún, claridad en cuanto a sus contornos y fronteras. Estamos seguros de que es preciso invertir en investigaciones sobre esos grupos, prestando atención al hecho de que ellos pueden ser, por un lado, "excluidos", y, por otro, "emergentes", porque están pasando por procesos rápidos de cambios. En estas comunidades se viene construyendo una élite de intelectuales, de gestores, predominantemente profesores, que nos llevan a pensar en investigaciones y proyectos en colaboración, en coautoría, colocándonos en un lugar distinto en esas relaciones de conocimiento y poder.

---

[6] Investigación de una estudiante de doctorado, bajo mi orientación, Maria Dolores O. S. Pinto: Las prácticas escolares de *letramento* en los procesos de apropiación de la escritura, en un contexto de "revitalización de la lengua" poyanawa.

[7] V. A. Costa. y M. Marinho (2007).

[8] G. M. Silva, y M. Marinho (2007).

Las presiones sociales nos exigen, por un lado, acciones inmediatas para la inclusión; por el otro, la diversidad cultural nos exige investigaciones para comprender las diferencias, las especificidades, de modo que se conciban esas acciones con un mínimo de interlocución y percepción de esa alteridad.

En contextos de educación de jóvenes y adultos, una concepción de *alfabetización* y *letramento* no se pueden esperar de las expectativas contemporáneas presentadas por éstas. Di Pierro (2005, p. 1122), destaca las prioridades evidenciadas en el interés de jóvenes y adultos, cuando buscan "mayores niveles de escolarización". Esos jóvenes según la autora, son motivados por las

[...] *múltiplas necessidades de conhecimento ligadas ao acesso aos meios de informação e comunicação, à afirmação de identidades singulares em sociedades complexas e multiculturais, assim como às crescentes exigências de qualificação de um mundo do trabalho cada vez mais competitivo e excludente* (Di Pierro, 2005, p. 1122).[9]

Esas expectativas y necesidades recobran un campo complejo de competencias, habilidades y disposiciones que traspasan el nivel de adquisición de un diploma y de posibilidad de "acceso a los medios de información y comunicación, a la afirmación de identidades singulares" y de "calificación para un mundo de trabajo cada vez más competitivo y excluyente". Mientras tanto, se contrasta la existencia de un gran número de jóvenes y adultos sin o con baja escolaridad y poca formación profesional. También son significativos los indicadores del PNAD del IBGE[10] de 2003, con sus 14.6 millones de analfabetos, en su mayoría negros (67%), nordestinos (54%) y con edad superior a los 35 años (80 por ciento).

Es en el interior de ese cuadro complejo, con demandas sofisticadas de conocimiento, de nuevas formas de relaciones y de poder, que todavía constatamos una discriminación y marginalización de jóvenes y adultos, ya sea en las etapas de acceso a la tecnología de la escritura, a la alfabetización, al dominio de las habilidades referentes al funcionamiento del sistema de la escritura.

En lo relativo a la esfera del trabajo y de las complejas expectativas y demandas de los jóvenes y adultos hacia la escuela, necesitamos tener más elementos para responder a las constantes quejas sobre la escuela respecto a su distanciamiento entre las *prácticas de letramento* y el mundo del trabajo. La complejidad de las esferas de las actividades humanas así como las dimensiones, objetivos, límites y posibilidades de la escuela contemporánea precisan ser mejor comprendidas. Aunque tengan sentido esas quejas, es necesario dimensionar lo que se quiere y lo que es posible cuando se pide a esa escuela que hace siglos conocemos, la transferencia de conocimientos, capacidades y habilidades específicas de *alfabetización* y *letramento*.

Algunas investigaciones en el campo de la sociología del trabajo y de la socio-

[9] [...] múltiples necesidades de conocimiento ligadas al acceso a los medios de información y comunicación, la afirmación de identidades singulares en sociedades complejas y multiculturales, así como a las crecientes exigencias de calificación de un mundo de trabajo cada vez más competitivo y excluyente.

[10] Pesquisa Nacional por Amostra de Domicílios del Instituto Brasileiro de Geografia e Estatística.

logía de la escritura —de sociólogos, ergónomos y lingüistas (Fabre, 1993, 1997; Lahire, 1993; Boutet, 1993a, 1993b; Fraenkel, 1993, 2001)— parecen decirnos que por más que la escuela intervenga en la formación de sus jóvenes y adultos, hay una lógica de funcionamiento y un modo de ser de la escritura *del* trabajo y *en el* trabajo, que, ciertamente, sólo se aprende cuando se insertan en esas prácticas. La comprensión del modo de funcionamiento del mercado de trabajo, de las múltiples formas y espacios de organización del trabajo, así como de concepciones de los géneros discursivos, a la luz de la teoría enunciativa o sociocultural de los *géneros discursivos* (cf. Bakhtin, 1997), podrán explicar, en parte, esa hipótesis: los *géneros discursivos* son producidos y aprendidos en las *prácticas culturales* y esferas de las actividades humanas.

Una aproximación interdisciplinaria de investigación sobre *letramento,* escuela y trabajo nos podrá orientar en el análisis y la comprensión de la supuesta distancia entre lo que se concibe como deseable y la práctica corriente en el proceso enseñanza-aprendizaje de la lectura y de la escritura en propuestas de educación de jóvenes y adultos (EJA), y más aún, entre lo deseable (o más pertinente) y lo que se supone que ocurre en el mundo del trabajo. Para así reconcebir las prácticas escolares, precisamos interrogar lo que ocurre fuera de ellas y qué les es pertinente como objeto:

¿Qué produciría, hoy, la exclusión de los "iletrados" en el mundo de trabajo, del aparato de producción? ¿Cómo se organiza esa exclusión? ¿Se justifica por los cambios efectuados en las técnicas de producción? ¿Cómo la modernización de las industrias transformó el universo de la escritura *del* y *en el* trabajo? ¿El trabajo permitiría la actualización o "aplicación" de todas las habilidades, competencias y disposiciones letradas en el sujeto? ¿Qué relaciones habría entre los procesos de ocupación de puestos de trabajo, la escolarización y las capacidades de lectura y escritura?

Vivimos un momento en que los llamados "movimientos sociales" y las nuevas identidades socioculturales, según el discurso del Movimiento dos Sem Terra, "ocupan el latifundio del saber", "invaden nuestro territorio", nos moviliza a los académicos hacia otros lugares y referencias. Es en este movimiento de "ocupación" o de "invasión", de permisión o resistencia, y sobre todo, de la necesidad del diálogo que el término *letramento* entra en nuestro diccionario, en nuestros discursos y prácticas.

En resumen, en Brasil vivimos un momento de construcción de fundamentos teórico-metodológicos en sintonía con una perspectiva etnográfica, social y discursiva del *letramento* y de la *alfabetización,* muy presentes en ensayos, tesis y disertaciones.

En la siguiente parte de este trabajo presentaré algunos elementos para el comienzo de una discusión en torno de *nuevos letramentos* o de la presencia de percepciones diferenciadas de *letramentos* en comunidades "tradicionales", consideradas poco letradas o que organizan sus prácticas sociales, predominantemente por la oralidad.

Junto con una cierta concepción de *letramento,* heredamos también los conceptos de *evento de letramento* y de *prácticas de letramento*, sobre todo a través de los trabajos de Brian Street y de Shirley Heath.

UNA NOTA SOBRE EVENTOS Y PRÁCTICAS DEL LETRAMENTO

Existe un número significativo de investigaciones que discuten esos conceptos (cf. Heath, 1982; Street, 1988, 2003; Barton e Ivanic, 1991; Barton y Hamilton, 1998; entre otros). Por esa razón, presento sólo algunos elementos de contextualización de esos conceptos.

De una forma sumaria, en la perspectiva orientada por Brian Street, el *letramento* es una *práctica social*, no simplemente una habilidad técnica y neutra. Éste es sustentado por principios epistemológicos socialmente construidos (Street, 2003). Así el *evento de letramento* es algo observable, objetivado en una situación de interacción mediada por el texto escrito, mientras que "*literacy practices, [then], refer to the broader cultural conception of particular ways of thinking about and doing reading and writing in cultural contexts*" (Street, 2003, p. 79). Las prácticas no son actividades directamente observables, porque involucran procesos internos, muchas veces inconscientes, valores, actitudes, sentimientos y relaciones sociales (Barton y Hamilton, 1998, citado por Zavala, 2002).

Por razones específicas al contexto brasileño, he argumentado que los conceptos de prácticas y eventos de *letramento*, necesariamente, buscan articularse con tendencias contemporáneas de los estudios de la lengua, en el campo de una lingüística del discurso, de teorías enunciativas y pragmáticas, particularmente inspiradas en los trabajos de Bajtín y seguidores (cf. Marinho, 2007, 2008a, 2008b). Hoy es prácticamente imposible discutir el concepto de *letramento* sin concretarse con los cambios paradigmáticos en el campo de los estudios lingüísticos y de las innovaciones en torno del objeto de enseñanza de la lengua portuguesa, en Brasil (Cf. Geraldi, 1984; Soares, 1996; Franchi, 1977; Marinho, 2001; Castilho, 1990, entre otros).

La vuelta pragmática en el campo de los estudios lingüísticos nos orienta a una concepción enunciativa de la lengua, focalizando el contexto sociohistórico (condicionantes políticos, ideológicos) y la situación inmediata de comunicación, así como una aproximación de los géneros discursivos textuales. Luego, las concepciones de *letramento*, prácticas de *letramento*, eventos de *letramento* son engendradas en ese cuadro de referencias.

Para describir las *prácticas letradas*, Shirley Heath adopta una perspectiva sociolingüística, inspirándose en el concepto de *evento de habla*, propuesto por el sociolingüista Hymes (1972). La autora concibe el "evento de *letramento*" como una "herramienta conceptual" destinada a analizar "las formas y las funciones de las tradiciones orales y letradas y las relaciones coexistentes entre la lengua hablada y la escrita". Un "evento de *letramento*" envuelve, entonces, los procesos interpretativos discurrentes de la interacción de los sujetos en torno de un texto escrito (Heath, 1982, p. 93).

Analizar los eventos de *letramento*, en cualquier espacio social, significa describir las reglas subyacentes a éstos, llevando en contra la situación de interacción (los sujetos y sus objetivos, el referente u objeto de la interacción), el material escrito (los géneros textuales y sus soportes), y modos de relación con ese material escrito, las interacciones verbales distinguiéndolas de las negociaciones de significados y de efectos de sentido que se constituyen en torno o a partir de esos textos (cf. Marinho, 2007; Marinho y Murta, 2008). Para comprender los significados de esos eventos, elevándolos a la categoría de prácticas de *letramento*, es necesario situarlos en el contexto sociohistórico de las prácticas culturales y de las instituciones que los producen, así como confrontarlos con las relaciones de poder. Los usos de los textos, los *procesos interpretativos* que se constituyen en torno de éstos, ya sea en la lectura o en la escritura, no están circunstanciados sólo por la situación de comunicación, por los objetivos inmediatos de los interlocutores, sino que se insertan en un plano mayor, en el contexto sociohistórico del discurso o de sus condiciones de producción.

Otro aspecto importante, cuando tratamos las prácticas y eventos de *letramento*, se refiere al lugar de la oralidad. En el análisis de los eventos y prácticas, la alternancia y complementariedad entre el papel de la oralidad y de la escritura son elementos fundamentales, en cualquier situación de la vida social. Blot y Collins (2003), así como Heath (1982), enfatizan el lugar de la realidad como condición y contexto para la realización de la escritura.

Las concepciones de *letramento* subyacen tanto a las propias prácticas orales como a los géneros discursivos y textuales que se tornan objeto y mediadores de las relaciones; a las formas de leer, de escribir y de manipular conocimientos lingüísticos, conocimientos del mundo y del uso de competencias y disposiciones constitutivas de los procesos interpretativos de un texto.

NUEVOS LETRAMENTOS:
¿UN DIÁLOGO POSIBLE ENTRE ACADÉMICOS E INDÍGENAS?

En las dos últimas décadas, las comunidades indígenas xacriabá pasan por un proceso de cambios significativos en sus modos de relacionarse con la cultura escrita, particularmente, por tres motivos: la creación y la consolidación de escuelas de enseñanza elemental, la llegada de la televisión, de la computadora y de las demandas de formulación de proyectos de autogestión, en una red de varias asociaciones comunitarias y una asociación unificada para asuntos educacionales, incluyendo todas las comunidades de esa reserva. Aunque se tenga una demanda externa, orientada por reglas y principios, la formulación de proyectos en las asociaciones comunitarias está orientada por el principio de la *gestión colectiva*, que funciona en esas comunidades. Esas propuestas de gestión de proyectos han generado también una demanda de comunicación interna, a través de la escritura. Otro factor de influencia en esas relaciones con la escritura es la presencia de la universidad (alumnos y profesores), que vienen participando del proceso de implantación de las escuelas, implementando actividades de investigación y de apoyo a proyectos educacionales, económicos y culturales en esa tierra indígena. En 1995 se inició un proceso de formación de profesores, en el cual se diplomaron 100 profesores, hasta 2003. La mayoría de ellos hoy está matriculada en un curso universitario en la UFMG. Otros setenta están en formación con miras a hacer el examen de ingreso a la universidad en 2008.

Ese grupo de universitarios, académicos, se enfrenta frecuentemente con la necesidad de mediar situaciones de producción de textos escritos, en parte inéditas para ellos mismos, y completamente inéditas para los indígenas. Esa mediación pone en contacto dos grupos pertenecientes a universos culturales distintos, particularmente en lo que refiere a las relaciones con el mundo de la cultura escrita. En los encuentros entre indígenas y universitarios, un rasgo identitario del segundo grupo es el uso de agendas, cuadernos, lápices, bolígrafos, cámaras fotográficas y de video y grabadoras de mano. En las reuniones de trabajo, la lectura y la escritura van progresivamente construyéndose, incluso para los indígenas, como estrategias complementarias a las prácticas orales.

Además de las demandas de otras instituciones, como en el caso de proyectos y otros documentos que se dirigen a ministerios, secretarías municipales y estatales, la presencia de la universidad contribuyó para el agenciamiento en esas comunidades de nuevas relaciones con la oralidad y con la escritura: la comunicación a distancia, por teléfono, e-mail, cartas, recados; un énfasis en el uso de la agenda, de las anotaciones, en reuniones de trabajo y en una producción de textos escritos, que se vuelven objeto de apoyo de procesos de producción, de interpretación en equipo, en co-enunciación marcada por la constante búsqueda de aproximación de objetivos, expectativas y conocimientos, muchas veces diferentes y divergentes.

Entre esas situaciones, se encuentran los proyectos que deberán ser producidos por las asociaciones comunitarias, para obtener financiamientos junto al Gobierno Federal, por ejemplo del programa *Fome Zero*, citado en la escena 1, que sigue. Para apoyar la producción de dicho proyecto la UFMG desarrolló un conjunto de acciones con esa población, como el diagnóstico de la economía local, proyecto para el cual una de las asociaciones ya había obtenido recursos y necesitaba apoyo para su implementación. La respuesta a esa solicitud se dio en el ámbito de un trabajo más amplio y sistemático, que se desarrolló durante tres años, con la participación de representantes, líderes, presidentes de asociaciones comunitarias de las aldeas xacriabá, en *talleres* de elaboración y de gestión de proyectos con la participación de representantes, líderes y presidentes de asociaciones.

Los *eventos de letramento* constituido, a través de esos *talleres*, para la producción de dichos textos suscitaron cuestiones instigantes, privilegiadas, desde nuestro punto de vista, para comprender aspectos de cultura escrita, los cuales no podrían emerger en las prácticas cotidianas[11] o "tradicionales" de los grupos aquí tratados. Estamos construyendo una perspectiva de investigación para analizar, además de las

---

[11] En la investigación con los xacriabá, ya fueron hechas algunas descripciones y análisis sobre los usos de la escritura (cf. Gerken, Gomes y Álvares, 2003; y Gomes, Gerken y Álvares, 2003).

prácticas lectoras, los modos por los cuales el acto de escribir constituye e instituye aspectos significativos de las identidades de esos grupos o de otros.[12]

Conviene resaltar aquí la amplitud del encuadramiento de este recorte, cuando verificamos que existe un número significativo de estudios sobre *comunidades lectoras*, pero pocos son —principalmente en Brasil— aquellos que tratan del acto de inscribirse en la escritura y por la escritura. La escritura es algo constitutivo de una identidad personal y colectiva (cf. Fabre, 1998).

Las escenas siguientes representan situaciones particulares de la relación con la escritura vivida por grupos socioeconómicamente desfavorecidos y considerados excluidos de ciertas prácticas de escritura. El análisis de dichas situaciones puede revelar cuáles habilidades, disposiciones letradas y relaciones de poder están relacionadas con prácticas de letramento, de producción de una escritura circunstanciada por la necesidad de mediar relaciones con instituciones centrales, fuera de lo cotidiano se esos sujetos. Dicha demanda de un documento, de una escritura hasta entonces desconocida, instaura una interlocución nueva, cuyos interlocutores, objetivos y estrategias enunciativas son diferentes de aquellos propios de la escritura ordinaria, con la cual dichos sujetos están familiarizados.

AUTORÍA, CAMBIOS Y MEDICIONES EN LA PRODUCCIÓN DE TEXTOS ESCRITOS

Escena 1

El Ministerio del Desarrollo Agrario (MDA) creó el programa *Fome Zero*, destinado a poblaciones carentes. Los indios xacriabá necesitan escribir un proyecto para conseguir recursos junto a dicho Ministerio, pero no saben exactamente lo que es ese proyecto, ni cómo escribirlo (Marinho, 2008a).[13]

Esa tarea parecía ser, en un primer momento, menos compleja de lo vivido durante el proceso. Aparentemente, bastaría sentarse con los interesados frente a una computadora e ir llenando los datos requeridos por el Ministerio. La parte técnica o de búsqueda de información sobre cómo planear una hortaliza por ejemplo, fue realizada por los estudiantes, uno de ellos ya tenía experiencia en prestar asesorías de esta naturaleza. Finalizado el texto, él sería enviado al Ministerio. Con todo, la tarea de escribir el proyecto de sujetar las demandas de dicha escritura institucional es bastante espinosa, aun para los "más letrados" de nuestra sociedad. Además, sa-

---

[12] Proyecto de investigación en curso: *Letramento y cultura escrita en comunidades tradicionales y/o rurales*: indios xacriabá, comunidades rurales de la región metropolitana de Belo Horizonte y asentamiento del MST, en el Valle de Rio Doce, con la participación de Marildes Marinho (coord.), Ana María R. Gomez, Carlos Henrique S. Gerken, Giane Maria da Silva, Suzana Escobar y Vânia Costa.

[13] La propuesta de *Fome Zero* para poblaciones indígenas es la llamada "Carteira Indígena", que está en el Ministerio del Medio Ambiente (MMA). El proyecto desarrollado por la UFMG con financiamiento del MDA fue propuesto en el ámbito de la Secretaría de Agricultura Familiar del MDA, en un componente de financiamiento que llevaba en consideración las especificidades de poblaciones indígenas.

bemos que el éxito de un proyecto o propuesta no depende exclusivamente (y no siempre) de su contenido.

Además de eso, imprevistos y novedades ocurren en esta trayectoria. Según la coordinadora del trabajo propuesto por la universidad "cruzaban en campo, componentes de diferentes ministerios para actuar con los pueblos indígenas, lo que muchas veces generaba sobreposiciones y, no raramente, disputas, atropellos y confusiones" (Lia, entrevista, nov. 2005).[14] Esa coordinadora percibió luego que entre lo vivido y lo que debería ser planeado para el proyecto había una distancia que debería ser comprendida y traspuesta. Para ella "la actividad de escribir las cosas en un pedazo de papel es una cosa, la rosa que ellos van a plantar es otra. Entre una cosa y la otra hay un mundo para que la gente construya". La concepción del tiempo y del modo como se vive y se organiza la vida cotidiana, y como de ella se habla, es diferente del tiempo con que se planea esta vida cotidiana, a través de la escritura:

Lo más pesado, más denso es la idea de que ellos van a organizarse programáticamente para realizar alguna cosa que es del orden de lo absoluto cotidiano, del orden de lo casi no dicho —explicar cómo es que yo planto una rosa— a través de un documento escrito que tiene que ser de autoría de ellos (Lia, entrevista, noviembre de 2005).

La constatación de que esa mediación del grupo de universitarios puede llevar a "una escritura producida *ad hoc*, años luz de distancia de la realidad de éstos" se manifestó en los primeros talleres de producción de los proyectos y en el proceso de aplicación de los cuestionarios para el diagnóstico de la economía local. Pero lo más importante, en esta experiencia, es el hecho de que esta y otras constataciones exigen que nosotros, universitarios, repensemos nuestras estrategias y nuestro lugar en dicha relación.

Una buena pregunta para la reformulación de estas estrategias sería: ¿cómo estructurar alternativas para que los principales interesados de los proyectos sean, de hecho, sus autores, se apropien de dicha escritura, reconociéndose en el texto escrito y comprendiendo la lógica de esa escritura, sus destinatarios —locales y no locales— sus implicaciones y efectos en sus acciones, en el contexto de gestión colectiva? ¿Cómo conducir ese proceso, de forma que ellos asuman todas las condiciones y consecuencias de la implementación del proyecto? Es razonable presuponer que ellos precisarían tener claridad de cómo funciona el pacto o el contrato sociocomunicativo discurrente de esta escritura. Aunque producido colectivamente, quien firma el proyecto es el presidente de la asociación; luego es él su autor institucional, quien, por lo tanto deberá responsabilizarse por el uso adecuado del dinero, por la prestación de cuentas, dentro de un determinado tiempo. Si esto no fuera hecho, habría consecuencias serias para él y para la asociación. Podríamos interrogar, entonces, ¿ese conocimiento es transmisible? ¿Cómo se enseña a las personas esa lógica pragmática escrita?

---

[14] Por acuerdos sobre ética en la investigación, son utilizados seudónimos para identificación de los sujetos.

Por otro lado, si consideramos el ámbito de las relaciones entre ellos y nosotros, estarían ellos "repasando" a los universitarios esa tarea por total desconocimiento o porque, al participar de la producción escrita, esos "escribas", de cierta forma, ¿estarían asumiendo también los desdoblamientos de dicha escritura, las responsabilidades que en ella y por ella se constituyen? ¿Ese trabajo de los universitarios no constituiría también una moneda de cambio, como vimos siempre ocurrir entre "indios" y "civilizados"? ¿Es nuestra contribución por lo que cosechamos de esa relación en especial, la investigación, el espacio de formación de nuestros alumnos? Atendiendo al cariz político de dichas relaciones, ¿en qué medida, por los acuerdos tácticos de la relación es posible entregarles en las manos los instrumentos de esa escritura?

UNA FUNCIÓN CUESTIONABLE DE LA ESCRITURA

Escena 2

En un proyecto de alfabetización de adultos, en las comunidades indígenas xacriabá implementado por instituciones gubernamentales, algunos grupos fueron cerrados porque los alfabetizadores pasaron meses sin recibir remuneración. Se alega que los alfabetizadores no consiguieron realizar las acciones necesarias para que se efectuara tal pago.

La escena presenta una situación aparentemente simple, para quien ésta le es familiar. Al contrario, para otros, lo que se esconde detrás de ésta puede significar una laboriosa trama propia de los procesos de exclusión. Lo anterior se debe a que no son obvios las acciones y los conocimientos compartidos necesarios para que se alcance el objetivo principal deseado, el pago de la remuneración de los alfabetizadores.

Seccionando dichos conocimientos o acciones, veamos lo que los alfabetizadores deberían saber y poder hacer: 1] Saber lo que es el género hoja de frecuencia, según la concepción de la coordinación del proyecto, reconocer los usos y efectos jurídicos del género. En ese caso, debería ser una lista diaria con las firmas de los alumnos. Sin embargo algunos alumnos todavía no sabían firmar o escribir su nombre, por lo que los alfabetizadores, no sabían cómo ejecutar o concebir el texto "hoja de frecuencia". 2] El destinatario: ¿a quién y cómo entregar dicha lista? ¿Quiénes eran los destinatarios empíricos de la lista de frecuencia? Muchos de ellos no habían tenido ningún contacto con la coordinación del proyecto y no sabían exactamente quién lo administraba. Además de esto, la distancia entre los grupos de alfabetización y los órganos administrativos es muy grande, tanto desde el punto de vista geográfico, como de la comunicación. En algunas aldeas el único transporte disponible puede ser el caballo. 3] Plazos para el envío de la lista. Existía una fecha —también desconocida para ellos— prevista por la coordinación, para la remisión de la lista. 4] El reparto del dinero sería hecho por un banco. Los alfabetizadores no tienen cuenta bancaria y, lo más importante, no hay todavía banco en esta tierra indígena. Hubo casos, según la coordinadora, en que el dinero fue depositado y el interesado no fue a retirarlo. Lo anterior ocurrió, supimos después, porque el interesado no fue lo suficientemente informado.

Esas cuestiones fueron evidentes en una reunión entre la coordinadora del proyecto y los alfabetizadores. La representante de la coordinación del proyecto —que funciona en una ciudad a unos 200 km de la aldea— afirmó que toda la información había sido repartida a los alfabetizadores, pero quedó claro, en esa misma reunión, que existía un problema de incomprensión o de estrategias de negociación entre los alfabetizadores y la coordinación. También fue muy explícita la sorpresa de la coordinadora ante la "inercia", "incomprensión" y "falta de habilidad" de los alfabetizadores indígenas. Además del modo de dar o explicitar la información, faltaron mediaciones y planeación de la comunicación y de las acciones. Las mediaciones dicen respeto, particularmente, a la comprensión del modo de funcionamiento de dichas instituciones con las cuales las comunidades no están familiarizadas pues, hasta entonces, esas instituciones no se habían presentado a estos grupos indígenas como una necesidad.

En el contexto de estas demandas externas, de instituciones poco conocidas en la vida de estos sujetos, cabría interrogar: ¿en qué medida estas personas hacen uso de una escritura jurídica, destinada a instituciones que organizan la sociedad? La hoja de frecuencia tendría la finalidad de comprobar que se habían llevado a cabo las clases, condición para que se efectuase el pago. ¿Cuáles otros mecanismos, estrategias y géneros cumplirían finalidades jurídicas, en las prácticas sociales de estos sujetos? Sabiendo de la existencia de estas finalidades en otros contextos sociales e históricos en que la escritura no se hacía presente, es necesario suponer que ellas existen. En varias situaciones, se puede observar que la oralidad cumple también esa función. Cuando alguien envía un recado con contenidos importantísimos, un pedido urgente, el recado llega a su destinatario y el pedido es atendido. Eso nos llamó mucho la atención. Siempre que enviamos un recado para alguien de la comunidad, quedábamos ansiosos, con recelo de que el mensaje no llegara al destinatario, pero después veíamos que las cosas sucedían dentro de lo previsto. Existe un ritmo, un tiempo y un modo propios de establecer compromisos, hacer acuerdos y contratos, que no pasan necesariamente por el registro escrito.

En resumen, parece que hay modos de comunicarse, ya sea oralmente o haciendo uso de la escritura, que, de cierta manera se repiten, independientemente de la tecnología, del soporte. Estos modos son orientados por presupuestos, concepciones y conocimientos compartidos. Para comprenderlos mejor, es necesario una observación y un análisis con mayor profundidad.

Esta situación de la hoja de frecuencia es particularmente punzante para reflexionar sobre los significados de los proyectos y políticas de alfabetización en estas comunidades. La propia viabilidad del proyecto exige de los principales agentes (los alfabetizadores) habilidades y disposiciones letradas poco familiares y cuya funcionalidad (en caso de que el objetivo sea el mismo que el de la funcionalidad) parece cuestionable.

EL PODER DE LA ESCRITURA EN LOS PROCESOS DE EXCLUSIÓN Y DE INCLUSIÓN

En las dos escenas presentadas anteriormente, existe un confrontamiento entre la exigencia de una escritura para responder a instituciones gubernamentales. La falta de atención a esta exigencia puede generar efectos serios para sus interesados preferenciales, los indígenas. En éstas se confrontan modelos de funcionamiento de la escritura y la oralidad, que ponen en evidencia la alternancia y la complementariedad de una en relación con la otra. Los conocimientos subyacentes a ellas —de mundo, lingüísticos— se actualizan en un contexto de articulación o de convivencia entre la oralidad y la escritura. Como nos recuerda Heath (1982) los eventos de habla pueden repetir, reforzar, ampliar, ajustar o contradecir lo que está escrito. Por eso es necesario que los sujetos de la interacción sepan identificar cuándo es que lo escrito asume precedencia sobre lo oral.

Esta articulación entre oralidad-escritura se manifiesta de maneras particulares, en esas relaciones entre indios xacriabá e instituciones externas. En el proceso de producción de estos proyectos de gestión autosustentable, en un determinado momento se descubrió que ellos no producían, como estaba previsto en las normas, el acta de reunión de la asociación, que discutió y aprobó el proyecto. Posteriormente, cuando el Ministerio devolvió el proyecto, reclamando dicha acta, se constató que escribir el acta no sería un gran problema, finalmente hay personas capaces de realizar dicha tarea. En general, quien ejecuta este tipo de tareas son los profesores. El problema, de nuevo, fue el de atribuir a ese texto su legitimidad y estatuto jurídico. El acta debería contener las firmas de los participantes. Como no había tiempo suficiente para convocar una reunión, se abrió la posibilidad de ir de casa en casa recolectando las firmas. No obstante alguien se dio cuenta de que el ritual de la reunión pública era lo que preservaba la transparencia de las decisiones y no podrían dejar que se levantaran sospechas en torno de dicha transparencia o de que el documento pudiera haber sido modificado. Aunque el documento escrito tuviera, para el Ministerio, preferencia sobre la discusión oral, la aprobación por la manifestación a través del gesto de levantar la mano era también importante y precedía el acto de la escritura. ¿Frente al corto plazo para enviar el proyecto al ministerio, cómo resolver esa cuestión de escritura de orden jurídico?

Esta y otras dificultades en torno a los usos y funciones de la escritura, en las relaciones con instituciones gubernamentales, distantes de su cotidiano, ha llevado a algunas personas a sugerir la sustitución del texto escrito por registros audiovisuales; es decir, estas reuniones han sido recurrentemente registradas en video. Mientras tanto, parece prudente reflexionar sobre los factores políticos relacionados con las prácticas y modelos de *letramento* con los cuales estas comunidades se enfrentan.

Sería difícil imaginar que las instituciones, regidas, estructuradas con un énfasis en el documento escrito tendrían condiciones para enfrentar un video como un documento jurídico y como una práctica organizacional. Otro elemento que complica la situación al respecto de las relaciones de poder son los efectos discriminatorios que podrán ser proyectados sobre estas comunidades por no saber lidiar con un tipo de escritura. En otros términos, esta sustitución del documento escrito podría ser entendida como un atestado de "analfabetismo", de "analfabetismo funcional" o de "iletrados". Aunque de forma inconsciente, el hecho de no corresponder a las expectativas de sus interlocutores puede generar una imagen estigmatizada de estos sujetos y crear indisposiciones de los agentes del Misterio, responsable por los proyectos y procesos de interés de estas comunidades.

Si, por un lado, hay una escritura que crea situaciones embarazosas, existen otras propiciadoras de una interlocución más ágil y cada día más sustentadas por patrones de uso de una escritura, de soportes, tecnologías y funciones contemporáneas sofisticadas de la escritura que conectan y llevan los sujetos de estas comunidades indígenas a interactuar entre ellos mismos y con personas y situaciones de otros universos socioculturales, en ese caso, consideradas más letradas, como a continuación.

"ANALFABETOS", MEDIADORES DE PRÁCTICAS DE LETRAMENTO

En el trabajo de producción de proyectos para el programa Carteira Indígena, del Ministerio del Medio Ambiente (MMA), mediado por la universidad, uno de los líderes más activos de la comunidad —presidente de la Asociación Comunitaria responsable de guiar el proyecto— se declara analfabeta y fortalece su propia clasificación manifestando interés en matricularse, como alumno, en un grupo de alfabetización. Mientras tanto, él es uno de los interlocutores principales en la relación con la coordinación del proyecto en esa universidad. Veamos por ejemplo, el intercambio de correspondencia por correo electrónico entre la coordinadora y este líder comunitario: La interacción comienza con un mensaje de la coordinadora para varios representantes, entre ellos, el señor Mario, presidente de una asociación indígena. En un texto resumido, la coordinadora Lia envía un boletín —producido por universitarios— para ser reproducido y distribuido para la comunidad:

Sigue boletín núm. 4, febrero de 2006
    Prefectura São João das Missões
    Asociaciones Indígenas xakriaba
    CAA/NM
    UFMG
    (archivo parte de dentro y archivo parte de fuera) para reproducción y divulgación.
    Un abrazo
    Lia

Mario responde con "dos palabras", confirmando el recibimiento e implementación de las acciones (imprimir y distribuir los boletines) y agregando una nueva información extra, la adición de la fecha de un curso:

lia vae ai duas palavras. recebi suas mençagems imprimir os boletims e vou distribuir so que foe tambem adiado pra novenbro o curço da muxila um abraço. mario.[15]

En la secuencia de intercambio de correspondencia, Lia sugiere la corrección de la información sobre el curso en el boletín. Sabiendo que Mario no sabría lidiar con el programa de producción del boletín, ella indica a quién recurrir (Pedro).

Mario
    que bom receber seu retorno!
    Veja se tem alguem que pode modificar a data do curso no boletim (acho que o Pedro do Inrpe consegue fazer isso). Assim vc distribui o boletim com a data correta.
    Por aqui temos que correr com a preparaçao dos projetos.
    Um abraço
    Lia.[16]

Es interesante observar que el texto producido, de modo autónomo, por Mario incluye conocimientos discursivos, pragmáticos, semánticos y gramaticales, los cuales nos permiten delinear lo que significa saber lidiar con la interacción mediada por la escritura. La evaluación del nivel pragmático del mensaje nos muestra que ella funcionó, al cumplir su objetivo sociocomunicativo, pues el destinatario realiza la petición de la coordinadora, y todavía revela que percibió el efecto que una información equivocada en el boletín podría causar (la fecha del "curso de la mochila"). Mario leyó el mensaje, el boletín e hizo proyecciones de efectos y acciones que el lenguaje produce. Estas proyecciones o cálculos traspasan conocimientos lingüísticos, gramaticales, propios al sistema de lengua. Es claro que, para producir su texto, él precisaba conocer mínimamente ese sistema de la forma de producir un texto coherente, semánticamente bien estructurado, aunque, a nivel ortográfico, revele desconocimiento de algunas reglas (*vae, mençagems, curço, muxila, foe*, por ejemplo). No obstante, este desconocimiento no impidió (ni tampoco dificultó) la comprensión entre ambos. Cabe mencionar que, aunque por motivos diferentes (probablemente la configuración de la computadora y el modo de comunicación propia del género) el texto de Lia tampoco obedece algunas normas ortográficas (*alguem, prepraçao, Mario, vc*).

Ciertamente lo que hace de este señor un líder comunitario, un sujeto capaz de estar al frente de los proyectos de la comunidad, además de otras razones, es el he-

---

[15] Lia van ahí dos palabras. Recibí sus mensajes imprimir los boletines y los voy a distribuir, sólo que fue añadido para noviembre el curso de *muxila*, un abrazo. Mario.

[16] Mario Que bueno recibir su respuesta! Vea si hay alguien que pueda modificar la fecha del curso en el boletín (creo que Pedro del Inrpe puede hacer eso). Así usted distribuye el boletín con la fecha correcta. Por aquí tenemos que correr con la preparación de los proyectos. Un abrazo. Lia.

cho de poseer un tipo de conocimiento (del mundo, de lenguajes, de las prácticas orales, de la vida de esa comunidad) que se manifiestan en estrategias situadas en el ámbito discursivo, pragmático de las interacciones. Esos conocimientos, estrategias y disposiciones no fueron aprendidos en procesos de escolarización o de relación directa con textos escritos. El mundo que se traduce por y para la escritura tiene su fuente y contexto de realización en la experiencia vivida, en las prácticas culturales, atravesadas por múltiples lenguajes, incluso la oralidad.

En reuniones con los moderadores de estas comunidades para discutir los rumbos que ellos deseaban dar a sus proyectos educacionales, económicos, culturales, Mario es el principal mediador en las discusiones entre ellos y los universitarios. Él es un negociador de sentidos, articulador de procesos interpretativos en estas relaciones interinstitucionales e interculturales. Situaciones semejantes, de sujetos "analfabetas" o "semianalfabetas" mediando los usos e interpretaciones de textos escritos (cf. Marinho, 1991a, 1991b).

En síntesis, esas situaciones presentan un cuadro de contradicciones y de factores complejos implicados en los objetos de estudios relacionados con *cultura, cultura escrita, letramento* y alfabetización. Una vez más, continuamos indagando sobre la pertinencia y efectos de las categorizaciones oficiales, ampliamente diseminadas por los medios masivos de comunicación —"semianalfabetas, analfabetas funcionales, iletrados y analfabetas"— que colocan a estos sujetos al margen de la cultura escrita, considerándolos como destituidos de conocimientos, habilidades, disposiciones, capacidades y tecnologías de la escritura a los que sólo tienen acceso los "letrados" o los "más letrados".

En el caso específico de estas comunidades, esta situación nos llevaría a reflexionar sobre el papel de los grupos letrados presentes en dichas comunidades, ya sean grupos locales, o grupos externos, agentes de ONG, profesores y estudiantes universitarios, etcétera.

Más que nunca antes, estos grupos se convierten en agentes de prácticas de *letramento*. Queda a ellos, a nosotros, interrogarnos con más claridad cómo queremos y podemos constituir e instituir ese lugar de "agentes de nuevas prácticas de *letramento*", prácticas interesadas en un diálogo intercultural y en procesos de inclusión de estos sujetos en prácticas de gestión económica, educacionales, culturales, entre otras.

Brian Street (1984) y Shirley Heath (1982) lanzan serias críticas a las clasificaciones oficiales de sujetos y grupos, así como a sus capacidades y conocimientos letrados. Street describió actividades de *letramento* extremadamente complejas en comunidades atrasadas y analfabetas, en Irán. Heath criticó a los medios por el énfasis puesto en los bajos niveles de alfabetización e interrogó sobre el empleo real, en la vida cotidiana, de las habilidades de lectura y de escritura aprendidas en la escuela. Continuamos, todavía, interrogándonos cuáles serían las restricciones reales impuestas a grupos considerados analfabetos, iletrados y qué factores producen esas restricciones en las sociedades modernas. Las fronteras entre analfabetos y alfabetizados son poco evidentes y parece valer todavía la desconfianza lanzada por

Heath sobre las distinciones entre comunidades con alfabetizaciones restringidas y alfabetizaciones plenas:

[...] descriptions of the concrete context of written communication which given attention to social and cultural features of the Community as well as to the oral language surrounding written communications may discredit any reliance on characterizing particular communities as having reached either restricted or full development of literacy or as having language forms and functions associated more with the literate tradition than the oral, or vice-versa (Heath, 1982, p. 94).

Para finalizar, retomo la cuestión que abre este artículo, la de la necesidad y legitimidad de los usos del término *letramento*, en Brasil. Las escenas aquí presentadas refuerzan la importancia de este concepto, por posibilitar, desde que se trabaja adecuadamente, recubrir una multiplicidad de aspectos envueltos en los fenómenos relacionados con el mundo de la escritura. Los sujetos, en las prácticas del *letramento*, actualizan y resignifican las potencialidades que una determinada cultura escrita les propicia, cuando éstos se insertan en ellas.

REFERENCIAS

Bakhtin, M. (1997), *Estética da criação verbal*, São Paulo, Martins Fontes.
Barton, D. y M. Hamilton (1998), *Local literacies: Reading and writing in one community*, Londres, Routledge.
Barton, D. y R. Ivanic (1991), *Writing in the community*, Newbury Park, Sage.
Boutet, J. (1993a), "Écrits au travail", en B. Fraenkel (dir.), *Illettrismes, Variations historiques et anthropologiques,* pp. 253-266, París, BPI-Centre Georges-Pompidou.
—— (1993b), "Quelques proprietés des écrits au travail", *Cahiers Langage et Travail*, 6, pp. 21-28.
Brissaud, C. y M. Rispail, *La littéracie: Conceptions théoriques d'enseignement de la lecture-écriture*, París, L'Harmattan.
Castilho, A. T. de (1990), "Português falado e ensino de gramática", *Letras de Hoje,* 25 (1), marzo, pp. 103-136.
Chiss, J. L. (2004), "La littératie: Quelques enjeux d'une reception dans le contexte éducatif et culturel français", en C. Barré-De Miniac (dir.), C. Brissaud y M. Rispail, *La littéracie: Conceptions théoriques d'enseignement de la lecture-écriture,* pp. 43-52, París, L'Harmattan.
Collins, J. y R. Blot (2003), "Situated approaches to the literacy debate", en J. Collins y R. Blot (eds.), *Literacy and literacies: Texts, power and identity,* pp. 35-66, Nueva York, Cambridge Universty Press.
Costa, V. A., M. Marinho y M. Ribeiro (2007), "Letramento em escolas do campo", en R. V. Gracindo (org.), *Educação como exercício de diversidade: estudos em campos de desigualdades sócio-educacionais,* pp. 237-258, Brasilia, ANPED/MEC/SECAD.
Di Pierro, M. C. (2005), "Notas sobre a redefinição da identidade e das políticas públicas de educação de jovens e adultos no Brasil. Educação e sociedade", *Campinas,* 26 (92), pp. 1115-1139.
Fabre, D. (ed.) (1993), *Ecritures ordinaires*, París, Centre Georges Pompidou-P.O.L.

Fabre, D. (1997), *Par écrit: Ethnologie des écritures quotidiennes*, París, Éditions de la Maison des Sciences de L'Homme.

—— (1998), "L'atelier des héros", en P. Centlivres, D. Fabre y F. Zonabend (eds.), *La fabrique des héros*, pp. 233-318, París, Éditions de la Maison des Sciences de L'Homme.

Fijalkow, J., Y. Fijalkow y L. Pasa (2000), "Vous avez dit 'littératie'?", en V. Leclerq y J. Vogler (dir.), *Maitrise de l'écrit: Quels enjeux et quelles réponses aujourd'hui?*, pp. 43-57, París, L'Harmattan.

—— (2004), "Littératie et culture écrite", en C. Barré-De Miniac, C. Brissaud y M. Rispail (eds.), *La littéracie: Conceptions théoriques d'enseignement de la lecture-écriture*, pp. 53-70, París, L'Harmattan.

Fraenkel, B. (1993), "Enquète sur les pratiques d'écriture em usine", pp. 267-284, París, Bibliothèque Publique d'Information du Centre Georges Pompidou.

—— (2001), "Enqueter sur les écrits dans l'organisation", en B. Fraenkel y A. Borzeix (eds.), *Langage et travail: Communication, cognition, action*, pp. 210-261, París, CNRS.

Franchi, C. (1977), "Linguagem, atividade costitutiva", *Cadernos de Estudos Lingüísticos*, 22, pp. 9-41.

Geraldi, J. W. (org.) (1984), *O texto na sala de aula: Leitura e produção*, Cascavel, Assoeste.

Gerken, C. H. S., A. M. R. Gomes y M. Álvares (2003), "Escolarização e apropriação da escrita entre os xacriabá", Trabajo presentado en Anais II Encontro Internacional Linguagem, Cognição e Cultura: reflexões para o ensino, Belo Horizonte, Faculdade de Educação, UFMG.

Gomes, A. M. R., C. H. S. Gerken y M. Álvares (2003), *Relatório de pesquisa sujeitos socioculturais na educação indígena de Minas Gerais: Uma investigação interdisciplinar UFMG, UFSJ*, Belo Horizonte, FAE/UFMG.

Goody, J. e I. Watt (2006), *As conseqüências do letramento*, traducción de W. F. Netto, São Paulo, Paulistana.

Heath, S. B. (1982), "Protean shapes in literacy events: Ever-shifting oral and literate traditions", en D. Tannen (ed.), *Spoken and written language: Exploring orality and literacy*, pp. 91-117, Norwood, Ablex.

Houaiss, A. y M. S. Villar (2001), *Dicionário Houaiss da Língua Portuguesa*, São Paulo, Objetiva.

Hymes, D. (1972), "On communicative competence", en J. Pride y J. Holmes (eds.), *Sociolinguistics*, pp. 269-294, Harmondsworth: Penguin.

Jaffré, J. P. (2004), "La literacy: Histoire d'un mot, effets d'un concept", en C. Barré-De Miniac (dir.), C. Brissaud y M. Rispail, *La littéracie: Conceptions théoriques d'enseignement de la lecture-écriture*, pp. 21-42, París, L'Harmattan.

Kato, M. (1986), *No mundo da escrita: Uma perspectiva psicolingüística*, São Paulo, Ática.

Kleiman, A. B. (org.) (1995), *Os significados do letramento: Uma nova perspectiva sobre a prática social da escrita*, Campinas, Mercado de Letras.

Kress, G. (2003), *Literacy in the new media age*, Londres y Nueva York, Routledge.

Lahire, B. (1993), *La raison des plus faibles: Rapport au travail, écritures domestiques et lectures en milieu populaires*, París, Presses Universitaires de Lille.

Marinho, M. (1991a), *Os usos sociais da escrita no cotidiano de camadas populares*, tesis de maestría, Belo Horizonte, Faculdade de Educação, UFMG.

—— (1991b), "Os usos da escrita no cotidiano", *Leitura: Teoria e Prática*, 20, pp. 17-33.

—— (2001), *A oficialização de novas concepções para o ensino de Português, no Brasil*, tesis doctoral, IEL, Unicamp, Campinas.

—— (2007), "Que novidades trouxeram os novos estudos sobre o letramento?", trabajo presentado en Anais do VIII Encontro de Pesquisa em Educação da Região Sudeste, Vitória, UFES.

—— (2008a), "A cultura escrita em meios populares", en G. C. Antonio, A. Castillo (dir.) y V. Sierra (ed.), *Mis primeros pasos. Alfabetización, escuela y usos cotidianos de la escritura*, Gijón, Trea.

Marinho, M. (2008b), "Letramento, trabalho e educação: O que sabemos sobre?", trabajo presentado en eI Seminário do EPIEJA (Formação e produção científica e tecnológica na educação profissional integrada à educação de jovens e adultos - um projeto em parceria), FAE-CEFET-UFMG.

Marinho, M. y S. F. Murta (2008), "Gênero jornalístico ou parábola do bom ladrão? (O que nos revela um evento de letramento na sala de aula)", trabajo presentado en el XIV ENDIPE – Encontro Nacional de Didática e Prática de Ensino, Porto Alegre, PUCRS.

Olson, D. y N. Torrance (1995), *Cultura escrita e oralidade,* traducción V. L. Siqueira, São Paulo, Ática.

Silva, G. M. y M. Marinho (2007), "Concepções de leitura em práticas de letramento na educação de jovens e adultos do meio rural", trabajo presentado en el 16 Congresso de Leitura do Brasil: No mundo há muitas armadilhas e é preciso quebrá-las, Campinas, ALB.

Soares, M. B. (1996), "Português na escola, história de uma disciplina curricular", *Revista da Educação da AEC,* 101, octubre-diciembre, pp. 9-26.

―― (1998), *Letramento: Um tema em três gêneros,* Belo Horizonte, Autêntica.

―― (2004), "Letramento e alfabetização: As muitas facetas" [versión electrónica], *Revista Brasileira de Educação* <http://www.scielo.br/pdf/rbedu/n25/n25a01.pdf>, núm. 25, pp. 5-17, descargado en junio de 2008.

Street, B. (1984), *Literacy in theory and practice,* Cambridge, Cambridge University Press.

―― (1988), "Literacy practices and literacy myths", en R. Saljo (ed.), *The written word: Studies in literate thought and action,* pp. 59-72, Springer-Verlag.

―― (2003), "What's 'new' in New Literacy Studies? Critical approaches to literacy in theory and practice", *Current Issues in Comparative Education,* Teachers College, Columbia University, 5(2), pp. 77-91.

Stromquist, N. P. (2001), "Convergência e divergência na conexão entre gênero e letramento: Novos avanços", *Educação e Pesquisa,* 27 (2), julio-diciembre, pp. 301-320.

Tfouni, L. V. (1988), *Adultos não alfabetizados: O avesso do avesso,* Campinas, Pontes.

Zavala, V. (2002), *Desencuentros con la escritura: Escuela y comunidad en los Andes peruanos,* Lima, Red para el Desarrollo de las Ciencias Sociales en el Perú.

ESCRIBIR EN UN MUNDO DE REPRESENTACIÓN MULTIMODAL[1]

GUNTHER KRESS
JEFF BEZEMER[2]

El mundo comunicativo multimodal contemporáneo plantea preguntas agudas acerca del futuro desarrollo de la escritura. Escribir se convierte con mayor frecuencia, en sólo uno de varios *modos de representación* utilizados en textos modalmente complejos, y en muchos de estos textos, la escritura no constituye el medio central para la creación de significado. Cuando comparamos un libro de texto de 1935 con uno contemporáneo, advertimos que tiende a haber menos escritura y la que hay difiere tanto sintáctica como textualmente de la de setenta años atrás. Aunque los libros de texto de aquel entonces contenían imágenes, los de ahora contienen más; y estas imágenes se ven y funcionan de forma diferente a las de antes. La escritura y la imagen también interactúan de maneras que, no fueron concebidas en los primeros comentarios de Roland Barthes acerca de este tema, en la década de los sesenta (Barthes, 1973). El contenido curricular se representa de otra forma; y la manera en la que los materiales se distribuyen y organizan en la página sugiere cambios sociales y epistemológicos que no pueden explicarse concentrándose sólo en prácticas de representación. La *página* se usa de forma distinta que antes; ahora tiene una función semiótica diferente. Se ha convertido en *un sitio de despliegue* con potencialidades sociales y semióticas específicas. Incluso si ahora comparamos un libro de texto contemporáneo con "páginas" web, encontraremos discusiones similares, pues veremos que otros modos de representación, distintos a la imagen y la escritura —la imagen en movimiento y el habla, por ejemplo— se han abierto paso en el diseño y configuración de los textos, lo que ha tenido efectos significativos sobre la escritura.

Aquí pretendemos demostrar cómo podría ser una explicación *semiótica* (*social*) (Hodge y Kress, 1988) más que (*socio*) *lingüística*. Exploramos la relación entre la "composición", la "forma" de los textos —sus diseños— y las implicaciones que eso tiene para quienes desean ser escritores, lectores o educandos en el siglo XXI (cf. New London Group, 1996). Se requiere reconocer los orígenes sociales de los textos tanto como sus efectos semióticos; las potencialidades de los modos así como sus interacciones dentro de un texto multimodal; se necesita apreciar los

[1] Agradecimientos: Este capítulo se basa en un proyecto vigente: "Gaines and looses: Changes in representation, knowledge and pedagogy in learning resources" (2007-2009), auspiciado por el Economic and Social Research Council (RES-062-23-0224).

[2] Ambos autores forman parte del Centre for Multimodal Research, Faculty of Culture and Pedagogy, Institute of Education, University of London.

alcances y límites de los medios, ya sean los impresos, como el libro, o los medios electrónicos desplegados en pantallas, como la web. Para indicar las diferencias fundamentales debemos cambiar de enfoque, de metáforas y de "orientación", por ejemplo, pasar de *escribir* a *confeccionar textos*; de *composición* a *diseño* y de la *convención* (adherencia a la misma) a *la retórica*. Los cambios en las prácticas de producción de textos implican nuevas apreciaciones del *modo* y el *medio*, el *género*, y de los *sitios de despliegue*. En pocas palabras, comprender dichos cambios, sin hablar de especulaciones acerca de las direcciones futuras de la escritura, requiere un conjunto nuevo de herramientas teóricas.

Los debates en torno a los efectos culturales de las prácticas contemporáneas de escritura están dominados por perspectivas divergentes, contradictorias y confusas que suelen evocar "viejas" prácticas. Las perspectivas van desde el pesimismo cultural (Tuman, 1992; Postman, 1993) hasta la preocupación por el desempeño económico, como lo atestiguan estudios auspiciados por la OCDE, tales como PISA, TIMMS y PIRLS. Menor importancia tienen —aunque se expresan con igual firmeza— las creencias en torno al potencial de empoderamiento de tales cambios (Kaplan, 1995). El marco teórico que aquí se presenta debería contribuir a colocar el debate en torno a la escritura sobre bases más firmes que la nostalgia o la euforia.

LA REPRESENTACIÓN COMO PRÁCTICA SOCIAL Y SEMIÓTICA: ALGUNOS CONCEPTOS

Nuestro enfoque teórico es semiótico social, más que lingüístico, lo que tiene consecuencias de largo alcance. Los textos se ven siempre como multimodales; el resultado es que el marco de referencia pertinente sean los textos y la producción de los mismos. El término "escritura" ya no es más sinónimo de texto o producción de texto (por ejemplo al decir "no llego a ningún lado con mi escritura"); sino que se refiere tanto al *modo* de escribir como a las *prácticas/procesos* de escritura. De tal forma que al pensar en el "futuro de la escritura" entendemos que se trata del modo de escribir como tecnología cultural. Escribir-como-modo debe verse siempre en conjunción con medios específicos. Los modos se observan en términos de sus potenciales semióticos, de manera que es posible plantear preguntas muy similares respecto a la imagen y a la escritura; no en un marco de referencia lingüístico: "¿tienen las imágenes palabras y oraciones?", sino semiótico: "¿cuáles son los recursos para su 'configuración'?" (por ejemplo sintaxis, distribución del espacio) o para hacer énfasis (como tipo de fuente tipográfica, uso de negritas) y, en términos más generales, "¿cuáles son los recursos semióticos de este modo?" Creemos que al usar esta perspectiva podemos empezar a proporcionar una versión más completa, perceptiva y plausible del lugar, los usos y las funciones de la escritura en el siglo XXI.

Desde este posicionamiento teórico introduciremos algunas categorías centrales de la teoría que sustenta estos supuestos.

SIGNOS Y CREADORES DE SIGNOS

En una visión semiótica social de la representación como creación de significado, tanto quienes producen, como quienes "usan" los textos —artistas visuales, editores, escritores, maestros, estudiantes— son *creadores de signos*. Los *signos* son unidades en las que se reúnen significado y forma en una relación *motivada* por el *interés* del creador de signos. El proceso de creación de signos siempre está sujeto a la disponibilidad de recursos semióticos y a la *idoneidad* de los mismos para los significados que el creador de signos desea elaborar. En principio siempre hay limitaciones de recursos, aunque siempre de maneras diferentes. En muchos salones de clase de todo el mundo existen rigurosísimas restricciones de recursos tanto para los maestros como para los alumnos. Sin embargo, tratamos el diseño de un texto como la representación adecuada del interés del creador de signos.

INTERÉS

El *interés* del productor de textos es doble: *representacional* —"¿cuál es la mejor manera para plasmar mi interés por este fenómeno en vista de los recursos que tengo a mi disposición?"— y *comunicativo* —"¿cómo puedo alcanzar mejor mi relación social con este público?"—. Los intereses del productor del texto (así como los del *re*productor del texto) están conformados por los entornos social, cultural, económico, político y tecnológico en los cuales se elaboran los signos. Al mismo tiempo, los productores de signos tienen que ser conscientes de los medios de distribución para los mismos, y esa conciencia está presente en la construcción del signo.

DISEÑO

En vista de la compleja relación entre la potencialidad modal, el interés del hablante y la variabilidad y complejidad de los entornos sociales, el *diseño* se convierte en el centro de la atención en la producción de signos-como-textos complejos. El cambio conceptual de la *composición* al *diseño* refleja un cambio social de la competencia en una práctica específica, concebida en términos de entender y adherirse a una convención que rige el uso de un modo —escribir, por ejemplo— a concentrarse en el *interés* y la *agencia* del *hablante* y el *diseñador* en la elaboración de signos-como-textos. El *diseño* es la práctica mediante la cual los modos, medios y sitios de despliegue se reúnen con los propósitos, los intereses del diseñador y las características del público en una coherencia y alineamiento potenciales. Desde la perspectiva del diseñador, el *diseño* es el proceso de mediación que consiste en dar forma a los intereses, propósitos e intenciones del diseñador en relación con las características asumidas de un público específico, con los recursos semióticos disponibles para realizar/materializar estos propósitos como material apropiado, como signos complejos, es decir, como *textos*.

TEXTO

El texto es la forma material en la cual se realizan los propósitos retóricos y los procesos de diseño a través de los recursos semióticos disponibles para el diseñador. Un texto es una entidad semiótica cohesiva y coherente en significado; los textos tienen relaciones de coherencia con entidades semióticas relevantes en su entorno. Un texto es una entidad semiótica *completa*, esta *completud* es ocasionada por la situación social en la que fue producida. En la comunicación un texto funciona como un mensaje.

MODO

El *modo* es un recurso social y culturalmente configurado para crear significado; es decir, es el producto de un trabajo semiótico-social sobre un *material* específico a lo largo de periodos significativos. Imagen, escritura, distribución de la página, habla, imagen en movimiento, gesto, son ejemplos de modos, todos ellos utilizados en textos. Lo que debe considerarse un modo es algo que deciden las comunidades y sus necesidades sociales de representación. Para el usuario "común" de la escritura, la fuente tipográfica es parte de ese modo. Para un tipógrafo o un diseñador gráfico, los potenciales de significado —las potencialidades— de la fuente son tales que es posible usarla como modo; es decir, el significado puede construirse a través del uso de las potencialidades de la fuente.

Los significados se crean en una diversidad de modos, y siempre con más de uno de éstos. Los modos tienen diversos *recursos semióticos*. El modo de la escritura, por ejemplo, tiene recursos sintácticos, gramaticales, léxicos y textuales; cuenta con recursos gráficos como el tipo de fuente, su tamaño; y tiene recursos para delimitar, como la puntuación y el uso del sitio en el cual aparece la escritura. Los modos del habla y la escritura tienen en común aspectos de gramática, sintaxis y lexis; estos son recursos culturales producto del trabajo social durante periodos prolongados. El habla y la escritura difieren de manera absoluta en su materialidad: el sonido, en un caso, y marcas gráficas sobre una superficie, en el otro. Más allá de los recursos culturales compartidos, el habla tiene los recursos materiales de sonoridad/suavidad (intensidad de la energía), el tono y sus variaciones —la entonación— (frecuencia de vibración de las cuerdas vocales), calidad tonal/calidad vocal, longitud, silencio. La imagen tiene recursos tales como la posición de los elementos en un espacio delimitado, tamaño, forma, color, diversos tipos de iconos —líneas, círculos—, al igual que recursos tales como las relaciones espaciales entre los elementos representados y, en el caso de las imágenes con movimiento, la sucesión temporal de las mismas, el "movimiento", así como las relaciones cambiantes con cada uno de los demás elementos de una imagen.

De manera que los modos tienen diferentes *posibilidades*, potenciales y restricciones para crear significado. Estas diferencias en cuanto a potencialidades significan que los modos pueden emplearse para hacer diferentes tipos de trabajo semiótico. Ello permite que los creadores de signos diseñen textos en relación con sus intereses y sus intenciones retóricas para construir significados que, en conjuntos modales, coincidan de la mejor manera con el interés del diseñador y su sentido de las características de la audiencia.

MEDIO

El *medio* tiene un aspecto material y uno social. Materialmente el medio es la sustancia en la cual y por medio de la cual se realiza el significado y a través de la cual ese significado se pone a disposición de otros (cf. "óleo sobre tela"). Desde esta perspectiva el papel (como papel impreso) es un medio; por extensión, también lo es el libro, aunque en forma diferente; la pantalla es otro medio, e incluso el "hablante como cuerpo y voz". Socialmente, un medio de distribución implicado en la comunicación es resultado de prácticas semióticas, socioculturales y tecnológicas (cf. película, periódico, cartelera, radio, televisión, teatro, un salón de clases y así sucesivamente). Desde este punto de vista un "libro de texto" es un medio y los recursos de aprendizaje para el estudiante basados en la web se están convirtiendo en otro.

Las reconfiguraciones del *panorama de los medios* —de manera destacada la propagación de la pantalla— tendrán efectos en la escritura. Semióticamente, tendrán efectos en los cambios de usos, formas y valoraciones del modo de la escritura. La lógica de escribir ha proporcionado la lógica para organizar el libro. La pantalla es el medio dominado por la imagen y su lógica: cuando la escritura aparece en ella, las lógicas de la imagen configurarían cada vez más el modo de escritura en todos los aspectos (Kress, 2003). Socialmente, el libro y la pantalla brindan potenciales de acción semiótica diferentes para los creadores de signos.

SITIO DE DESPLIEGUE

Si tomamos una hoja de papel tamaño A4 podemos escribir un anuncio en ella y clavarla sobre la pared: habremos creado un cartel. También podemos doblarla, escribir un anuncio en la primera página y llenar las otras tres con una diversidad de información: habremos creado un folleto. También podemos doblarla dos veces cortarla en cuatro partes y escribir un anuncio en las mismas: habremos creado volantes. En los tres casos hemos reconfigurado el medio material del papel para crear un *sitio de despliegue* adecuado para nuestros intereses. Es el espacio que se vuelve disponible como medio para el despliegue de un texto como signo complejo.

En los libros de texto de la década de los años treinta, el capítulo era el sitio de exhibición de una "unidad de conocimiento" coherente e integral (por ejemplo, una explicación del sistema digestivo humano); ahora, en los libros de texto contemporáneos, la doble página se usa como sitio de despliegue para una "unidad de trabajo" (una "lección", una "demostración"). Como sitio de despliegue, un capítulo se organiza, en primer lugar, como un "sitio" conceptual epistemológico; la *doble página* se organiza antes que nada como un sitio material, semiótico y pedagógico. El tamaño de un capítulo en un libro de texto de 1930 estaba determinado por el sentido de "completud" y de "hacerle justicia al tema" que un autor tenía; en contraste, en los libros de texto contemporáneos *el espacio de la doble página* es el que configura qué contenido aparecerá y de qué manera. Tanto los libros más antiguos como los modernos están integrados en otras unidades y categorías: desde un currículum por ejemplo, y sus programas de estudio, hasta la organización de la enseñanza, como la cantidad y extensión de las lecciones. La representación responde a factores sociales en una cadena compleja a través de diversos recursos culturales y semióticos, con efectos de largo alcance en el futuro del modo de la escritura.

DE LA ESCRITURA Y COMPOSICIÓN AL DISEÑO MULTIMODAL DE TEXTOS

Mientras que antes se consideraba que la *competencia* en relación con un modo, el de la *escritura*, bastaba para la *composición*, ahora debemos comprender los potenciales semióticos de todos los modos relacionados con el *diseño* y la elaboración de textos multimodales. Cuando los textos consisten, en imagen y escritura, surgen formas específicas de cohesión y coherencia textual y se requieren nociones teóricas para darles sentido. Mientras que antes, las rutinas convencionales podían servir de guías confiables para la composición, en un mundo multimodal se requiere valorar, en cada ocasión en la que se crea texto, cuáles son las relaciones sociales con un público, qué recursos existen para crear el texto, qué medios se utilizarán y cómo éstos coinciden con lo que se desea comunicar y con una clara comprensión de las características de la audiencia. Por eso resulta esencial un acercamiento retórico a la creación del texto.

La creación del texto es un *acto semiótico* en el cual el significado *es* relevante en todos los aspectos, debido a que es también un *acto social* con consecuencias sociales. De manera que la *composición*, vista como desempeño competente, es remplazada por el *diseño*, visto como un esfuerzo por hacer efectivos propósitos retóricos que varían constantemente. En un acercamiento multimodal no es posible pensar acerca de la representación en general y de la escritura en particular, sin considerar los profundos cambios en formas, estructuras y procesos sociales que caracterizan al presente y que seguirán haciéndolo en el futuro previsible. Los mismos tienen efectos de configuración sobre las formas semióticas, los procesos y las posibilidades de significado, de representación, de creación de textos y, en este último aspecto, de escritura. Los cambios actuales de *poder* y de *principios* y *agencias de control* tienen que ver —entre otras cosas— con el cambio de estructuras "verticales" a "horizonta-les", de relaciones sociales jerárquicas a otras más abiertas y participativas que. tiene efectos tales como la desintegración de los marcos sociales, lo que conlleva cambios en los *géneros*, el acceso y las nociones de autoría y canon. El cambio generalizado en las relaciones sociales significa que la *participación en la producción semiótica* describe ahora con más precisión las características de la comunicación.

La idea anterior tiene, de dos maneras, efectos profundos en la escritura. La nueva producción de textos es multimodal; en ella la imagen puede tener un papel principal y la escritura uno menor, lo que influye en el rol, en las funciones y en las formas de escritura. El cambio *social* ha originado el énfasis en la agencia como *producción semiótica*. Podría considerarse una ilusión cuando se ve en marcos más amplios, pero puede apreciarse en el caso en el que los jóvenes actúan a partir de esas comprensiones de su poder en relación con la escritura, la lectura y con la ela-boración de textos en general. En otras palabras, los cambios sociales se manifiestan en un supuesto de agencia significativa de los jóvenes en el dominio de su propia producción cultural/semiótica.

Los cambios sociales-representacionales caracterizan también ciertos rasgos del panorama contemporáneo de los medios: por las *potencialidades participativas* de las actuales tecnologías, que vuelven difusas las distinciones previas entre producción y consumo, entre "leer" y "escribir"; el *"alcance" global y local* de los medios (que borra la diferencia entre global y local), con serios efectos sobre los géneros; por los *conte-nidos tanto globales como locales*; por la *propagación, convergencia y conectividad*, de modo tal que las situaciones de producción semiótica —creación de textos/"escritura"— no están amarradas a lugares y tiempos; y por la *multimodalidad*, es decir, las repre-sentaciones en muchos modos, cada uno de los cuales se escoge por la conveniencia de sus potenciales comunicativos.

La *producción* y la *participación* como metáforas dominantes en la comunicación y las consecuentes disposiciones individuales de agencia, tienen profundos efectos sobre los procesos de lectura, escritura y textuales. Con las anteriores estructuras de poder, la caracterización de la relación entre el "público" de los medios y la produc-ción de éstos había sido el "consumo". Con las nuevas distribuciones de poder la *producción* y la *participación* son las características dominantes de quienes habían sido vistos previamente como "público". En You Tube (creado en 2006 y vendido al cabo de 18 meses a Google por 1600 millones de dólares) se suben todos los días 60 mil videos. Ésta puede constituir una metáfora de la transformación de las relaciones sociales con los medios: *producción* para un grupo desconocido y potencialmente vasto, *distribución* a través de "sitios" existentes, nuevos o aún por crearse: *producción* para los nuevos medios, nuevos sitios, en una plena *participación* ¿"democrática"?

Todos los aspectos de la creación de medios, se incorporan así, con efectos de largo alcance. En muchas prácticas sociales contemporáneas parece haber poco o ningún interés sobre cuestiones que eran centrales, más o menos hasta mediados de los ochenta, por ejemplo las de "autenticidad" de la autoría de ciertos tipos de textos. Al *descargar*, "*mezclar*", *cortar y pegar*, "*muestrear*", *recontextualizar*, no parecen tener relevancia algunas preguntas como "¿de dónde salió esto?", "¿quién es el autor original/de origen?" De manera muy parecida a como, en tiempos lejanos, un castillo o un monasterio en ruinas se usaba como cantera, como fuente de materiales de construcción —un gran trozo aquí, como dintel; otro allá, parte de una pared—, los textos se toman como recursos de los que pueden "extraerse" elementos para la creación de nuevos textos. Es absolutamente necesario comprender la práctica, la estética, la ética y la epistemología de las formas contemporáneas de producción de textos. En este momento se discute en términos de modelos decimonónicos, y frecuentemente se recurre a expresiones como "plagio" o "simple copia"; es decir, se invocan modelos de una época en la cual las concepciones de autoría eran claras y estaban fundamentadas legalmente.

NUEVAS CONFIGURACIONES MODALES

En esta sección pasaremos revista a una cantidad de textos multimodales tomados de libros de texto y de recursos de aprendizaje basados en la web, para demostrar de qué manera las configuraciones modales contemporáneas brindan nuevas implicaciones y compromisos epistemológicos, así como nuevas relaciones sociales entre los diseñadores y los lectores.

ESCRITURA E IMAGEN

Las figuras 1-3 muestran ejemplos de recursos de aprendizaje de ciencia en la escuela secundaria. Todas tienen que ver con el sistema digestivo. La figura 1 es de un libro de texto publicado en 1935, la figura 2 de uno de 2002, y la 3 de un recurso de enseñanza en línea mediado por la pantalla, al que se tuvo acceso en noviembre de 2005. El texto de 1935 usa tanto la imagen como la escritura para presentar los principales órganos involucrados en la digestión. ("La faringe y la parte superior del esófago están en el cuello... el esófago es un delgado tubo de músculo.") En los recursos de enseñanza contemporáneos los órganos sólo se presentan con imágenes. El texto sugiere, así, un cambio a partir de un diseño previo, en el cual la imagen

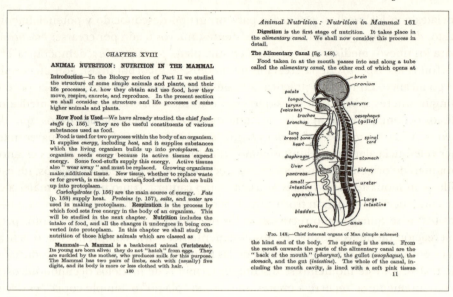

Figura 1. Tomado de Fairbrother, Nightingale y Wyeth, 1935, pp. 161-162.

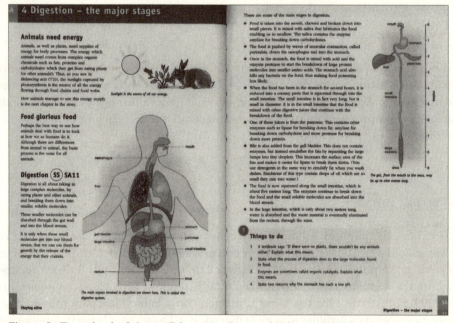

Figura 2. Tomado de Science Education Group, 2002, pp. 90-91. Reproducida con permiso de Harcourt Education.

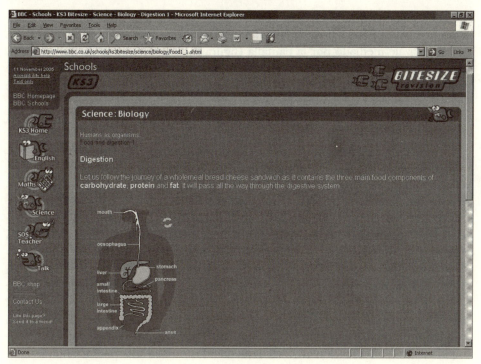

Figura 3. Fotografía de un monitor de <www.bbc.co.uk/bitsize>, obtenida el 1 de noviembre de 2005. Reproducida con permiso de BBC.

ilustraba una versión escrita detallada, al diseño actual, en el cual una constelación de imágenes y escritos desempeñan funciones *complementarias*.

De observaciones como éstas se desprende una pregunta comunicativa general (en este caso pedagógica): los cambios en el diseño gráfico, ¿representan una diferencia en la forma en que los lectores/observadores se involucran con el texto, con lo que observan los estudiantes y con la forma en que aprenden? Donde se usa escritura el texto está ordenado por la lógica de la secuencia. Podría afirmarse que esto define la relación con el texto. Al escribir, tal como sucede con el habla, hay que mencionar algo primero, otra cosa en segundo lugar y otra al final, y se puede atribuir significado a este hecho del orden de presentar o mencionar los elementos en último o primer lugar. En el libro de texto de 1935 la oración "Empezando por la boca, las partes del canal alimentario son 'la parte posterior de la boca' (*faringe*), el *esófago*, el *estómago* y el *intestino*" precede a la oración "La faringe y la parte superior del esófago", y éste es el orden "lógico", secuencial, que se espera sigan los lectores en su intento por encontrarle sentido al sistema digestivo.

En contraste, cuando se usa una imagen, parece actuar una "lógica" diferente: los órganos del sistema digestivo no se presentan en secuencia; en la imagen están todos presentes simultáneamente. Por eso el dibujo no especifica una ruta de lectura, como lo hace la escritura: los lectores/observadores (estudiantes) pueden decidir por sí mismos a qué órganos prestar atención y en qué orden. Sin embargo, en el recurso de aprendizaje mediado por la pantalla (figura 3) se usa el modo de animación, y los órganos se "iluminan" en secuencia, uno tras otro. De esta forma quien aprende vuelve a perder parcialmente, por la acción del diseñador, control sobre la ruta de lectura. Así, el diseñador utiliza las potencialidades del modo de animación y el medio de la pantalla para dar forma a la pedagogía (y al aprendizaje de los estudiantes) sin perder las potencialidades epistemológicas del modo de imagen.

La posibilidad de la imagen tiene otras implicaciones para los diseñadores y los estudiantes. En un dibujo, los diseñadores tienen que mostrar la posición y el tamaño relativos del esófago, mientras que al escribir podrían hacerlo aunque no es necesario: pueden referirse al esófago sin detallar en absoluto tales características (espaciales). Si lo hacen, como en el caso de "el esófago es un delgado tubo", la "imagen" que se sugiere es mucho menos específica de lo que debe serlo el dibujo, y deja mucho espacio a la interpretación por parte del estudiante. El "compromiso epistemológico" de la escritura y la imagen es diferente. Si se muestra que el esófago tiene un ancho determinado, el observador está autorizado a inferir cuánto mide de ancho; de la versión escrita no se desprende un compromiso similar. La elección que hace el diseñador entre el texto y la imagen, entonces, tiene implicaciones significativas para lo que pone o no a disposición de los estudiantes para su aprendizaje. Además, tiene implicaciones para el orden en el cual quedan disponibles esas potencialidades.

ESCRITURA, HABLA E IMAGEN EN MOVIMIENTO

En la web la *imagen en movimiento* y el *habla* pueden utilizarse junto con la escritura o en lugar de ella. Estos modos brindan todo un nuevo conjunto de recursos para representar al mundo de la ciencia, las matemáticas y otras materias escolares. En otras palabras, ahora pueden hacerse diferentes "traducciones" —"transducciones"— (Kress, 2003) de un modo a otro. El libro de texto puede "transducir" artefactos y acciones a escritura e imagen; en la web, los artefactos y las acciones pueden transducirse a imagen en movimiento y habla, como lo muestra la toma de la pantalla que se observa en la figura 4. Es una foto fija de una animación sobre transformaciones rotacionales. La "escena" usa varios modos: *muestra* —modo de imagen—, *dice* —modo de habla— y *describe* —modo de escritura— cómo rotar un ángulo.

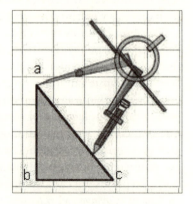

Figura 4. Adaptada de <lgfl.skoool. co.uk>, obtenida el 1 de agosto de 2007.

Debajo de la imagen del transportador hay un elemento textual; está allí en modo de escritura; pero también se lee en voz alta —se interpreta— está presente también en el modo de habla. El texto dice lo siguiente:

Coloque la punta del compás en el punto "a". Abra el compás para que alcance el largo de "ac". Trace una curva que pase por "c". Así se garantiza que la longitud de las líneas de la imagen será igual a la del triángulo original. Así se asegura que la longitud de "ac" (la imagen) es la misma que la de "ac" (el original), porque el tamaño de un objeto no cambia durante la rotación.

Aquí surge una transducción de un *artefacto* (un modo de entidades materiales tridimensionales) a *escritura*, con efectos similares a los que se analizaron antes: sobre la especificidad y la generalidad, así como sobre el ordenamiento. La lectura en voz alta del "guión" escrito usa el *habla* para la transducción de los modos de *artefacto* y *acción*. Se usa el modo de *imagen en movimiento* para la transducción de la *acción*. En este ejemplo se utiliza el "tono" para destacar determinados elementos léxicos; en el texto escrito se hace lo mismo sintácticamente. Debajo aparece nuestra transcripción de la versión leída en voz alta; hemos marcado los límites entre *unidades de entonación* con una doble diagonal, y subrayamos aquellos en los que se produce el principal elemento de altura tonal (en todos los casos es una "caída"). El elemento con el mayor movimiento de altura tonal se señala, por consiguiente, como el que brinda "nueva información". Se crea un contraste entre información "dada" y "nueva" dentro de cada "unidad de información" (cf. Halliday, 1967).

Coloque la punta del <u>compás</u> // en el punto a. <u>Abra</u> // el compás para que alcance el largo de <u>a c</u>. Trace una <u>curva</u> // que pase por <u>c</u>. Así se <u>garantiza</u> // que la longitud de las líneas de la <u>imagen</u> // será igual a la del <u>triángulo</u> original //. Así se asegura que la longitud de <u>a c</u> // (la imagen) // es la misma que la de <u>a c</u> // el <u>original</u>, porque el <u>tamaño</u> // de un <u>objeto</u> // no cambia durante la <u>rotación</u>.

Si comparamos los elementos del texto escrito y hablado, veremos que los dos modos proporcionan dos lecturas distintivas (y diferentes potenciales de aprendizaje) en cada caso. En los tres primeros enunciados del elemento escrito, la atención del lector es atraída hacia el elemento que se menciona primero,—la *acción* que debe realizarse: *coloque, abra, trace*— y en tono imperativo, destacando así la *acción* como una *orden*.

En la versión hablada la atención del oyente se dirige hacia *el objeto involucrado* —"compás"—, su *ubicación* —"punto a"—, *alcance de la acción* —"abra"—, etc. Lo que sigue es una organización en contrapunto, en la cual el modo de escritura destaca las acciones como órdenes —*coloque, abra, trace*—, y el modo de habla destaca los *objetos* y las *circunstancias relativas*: *ubicación, forma*.

En este ejemplo se presenta también el uso del modo de *imagen en movimiento*, que combina las posibilidades de la imagen fija y su organización espacial con la

organización temporal: se despliega en el tiempo. Esto aporta aumentos percep-
tibles de recursos semióticos. Ahora los elementos pueden aparecer y desaparecer
y, gracias a ello, es posible sugerir el movimiento. En la escena que observamos, el
primer elemento que aparece es el triángulo. Luego aparece el compás, ubicado
con la punta en "a". Después tienen lugar dos movimientos; la "apertura" del compás y la inscripción de una curva. El compás desaparece. La imagen en movimiento,
como tal, representa la demostración de cómo usar un compás, de forma bastante
distinta de los elementos de texto escritos y orales. Por ejemplo, es *específico* en lo
que se refiere a "abrir" y "trazar una curva". "Trazar una curva" se muestra como un
movimiento del compás en el cual uno de los brazos mantiene su posición y el otro,
que deja una huella, da una suave vuelta en el sentido de las agujas del reloj.

Los ejemplos muestran que, a medida que transducimos a un complejo de imagen, escritura, habla e imagen en movimiento, se hacen disponibles diferentes recursos para usarse, entre ellos, recursos de *lexis* o de *representación*, con implicaciones
para la generalidad y la especificidad, y recursos sintácticos con implicaciones para
la disposición de elementos constituyentes, así como para las relaciones sociales del
creador del mensaje y del "lector": la relación de "dar una orden", por ejemplo. De
manera que para el diseñador del recurso de aprendizaje la cuestión se vuelve de
"nivel adecuado de especificidad-generalidad y disposición" para la ocasión específica. También hay implicaciones para la pedagogía: en un modo se dan consignas
(escritura y habla), en otro, los actores pueden tener un contexto (imagen [en mo-
vimiento]); en un modo, las rutas de lectura están determinadas por quien aprende
(imagen), en otro, por el diseñador (imagen en movimiento). Eso, a su vez, conducirá a tomar decisiones de diseño respecto al uso de los modos. También determina
en gran medida el "terreno" para el involucramiento y el aprendizaje.

TEXTOS MULTIMODALES: NUEVAS FORMAS DE COHESIÓN, ¿NUEVAS PRÁCTICAS DE LECTURA?

Las ideas actuales acerca de coherencia y cohesión fueron desarrolladas en una época en la cual el "lenguaje" era social y semióticamente dominante. Las relaciones
entre las imágenes y la escritura, digamos, no se veían como parte de la explicación
referida por las teorías lingüísticas. Si queremos entender la conformación de los
textos multimodales, cómo funcionan en un entorno más amplio y, sobre todo,
comprender la forma en que nos involucramos con ellos y les encontramos sentido,
debemos plantear preguntas acerca de los principios de cohesión y coherencia que
se les aplican. Aquí exploraremos algunas nociones que se establecieron originalmente para el lenguaje (con la lingüística) y analizaremos si son necesarias o pueden resultar útiles como categorías semióticas.

FRAGMENTACIÓN

Sigamos por ahora con el mismo ejemplo de libros de texto o recursos de aprendizaje; podemos decir que a pesar del impacto del cambio social, económico y político, y de las reformas educativas, muchas entidades curriculares, como "el poema"; o pedagógicas, como los ejercicios, intervienen todavía en los recursos de aprendizaje. En el libro de texto de 1935 que aparece en la figura 5, encontramos una introducción que brinda el contexto histórico de un poema que aparece en las páginas del libro. Luego se plantean preguntas acerca del poema. La siguiente sección del libro continúa con el "estudio del lenguaje", que introduce entidades curriculares como la *metáfora* y el *símil* empleando ejemplos tomados del poema, y también plantea preguntas respecto a las mismas.

Reconocemos el estatus curricular y pedagógico especial de las entidades textuales no sólo lexicalmente (mediante encabezados), sino también gracias al empleo de sangrías, tipos de letra y números. El uso de márgenes distintivos nos dice qué partes del texto general tienen que ir juntas para formar un poema o un párrafo. La numeración de las preguntas nos dice que esa parte del texto va junta y representa un *ejercicio*, una serie de cosas que hay que hacer. En otras palabras, los diseñadores utilizaron un conjunto limitado de recursos semióticos para "textualizar" ciertas

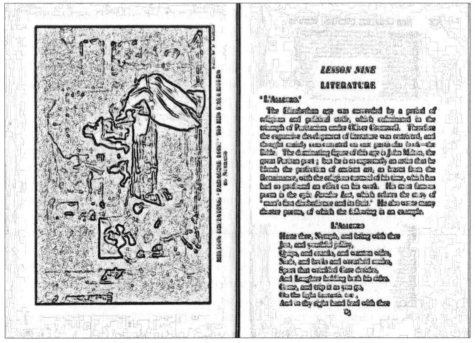

Figura 5. Tomado de Xacriabá, 1934, p. 85 [imagen editada por razones de copyright y analíticas].

entidades curriculares y pedagógicas. En los libros de texto de la década de los ochenta, no vemos diferencias significativas. Encontramos las mismas entidades curriculares: introducción/antecedentes del poema, presentación del mismo seguida por preguntas, todo ello textualizado mediante el uso de los mismos recursos semióticos: numeración, sangrado, fuentes. Pero si comparamos los dos anteriores con la figura 6, tomada de un libro de texto del año 2000, vemos cambios dramáticos. Están presentes las mismas entidades curriculares y pedagógicas, pero la variedad de recursos semióticos empleados para convertirlas en entidades textuales distintivas es más amplia y diferente. Además de las sangrías , los tipos de letra y la numeración, se utilizan fuentes en color, fondos de color, listas con elementos tipográficos ornamentales (viñetas), líneas. En otras palabras, lo que tiene que verse como unidad se destaca ahora mucho más que antes. El texto se *fragmenta* en entidades de fácil reconocimiento.

DISTRIBUCIÓN

A la par de la tendencia hacia la *fragmentación,* podemos observar que la *ubicación* de los diversos elementos textuales ha cambiado. En los años treinta y ochenta la ubicación era estrictamente lineal: las entidades textuales se "incrustaban" en las páginas sin prestarle demasiada atención a cómo se distribuían espacialmente. Los autores incluían instrucciones del tipo: "Insertar figura 4 más o menos por aquí". Lo que importaba no era en qué parte de la página aparecía un enunciado, sino dónde aparecía una entidad curricular en una secuencia de entidades. El "contenido" proporcionaba el principio del ordenamiento. En otras palabras, las entidades textuales no se disponían de acuerdo con principios semióticos ("distribuyendo") la página, sino que se organizaban en una secuencia determinada por los requisitos del contenido. En contraste, en el libro de texto contemporáneo, la disposición en la página —la distribución— se ha convertido en un recurso para crear significado. Podemos cambiar la disposición de las entidades textuales en la página y observar que cada distribución tiene un significado diferente, así como descubrir que hay distribuciones "no gramaticales". En los ejemplos de 1935 y 1980 las diversas entidades curriculares formaban una secuencia clara: se suponía que debía leerse desde la página 1 hasta la última, y que, para leer cada página, se iba de la esquina superior izquierda a la inferior derecha. El orden que seguían los estudiantes para ver las distintas entidades era fijo, y el diseñador era quien lo determinaba. En los textos contemporáneos las entidades son claramente semióticas y no están organizadas necesariamente de esa forma. Están mejor secuenciadas, distribuidas a través de las páginas y le corresponde al lector decidir cuál abordar y en qué orden, como se puede ver en los ejemplos de las imágenes y los bloques de texto de la página izquierda de la figura 6. Los elementos están presentes de manera simultánea, y corre por cuenta del lector decidir si leer el bloque que da "algunos detalles" antes o después

Figura 6. Tomado de Brindle, Machin y Thomas, 2002, pp. 100-101 [imagen editada por razones de copyright y analíticas].

de "leer" la foto. No obstante, la *ruta de la lectura* sigue estando restringida. Debido a las convenciones semióticas "occidentales" relacionadas con la dirección de la lectura, no se espera que leamos la página derecha antes que la izquierda.

LA CREACIÓN DE "TEXTO"

Las observaciones sobre la creciente *fragmentación* del texto y la aparición de la *distribución* como recurso semiótico plantea la pregunta: ¿cómo se unen esos fragmentos entre sí?; ¿cómo se relacionan unos con otros? ¿De qué manera forman una unidad, en lugar de ser una colección de entidades no relacionadas? Para responder a esta pregunta nos parece útil seguir la distinción que proponen Halliday y Hasan (1976) entre la estructura de la información y la cohesión. La estructura de la información tiene que ver con el ordenamiento del texto en unidades de información con base en la distinción entre lo dado y lo nuevo. La cohesión se refiere a "un potencial para relacionar un elemento del texto con otro, donde quiera que estén, y sin implicar que todo lo que contiene el texto forma parte de él" (p. 27).

Consideramos la distinción entre la información dada y la nueva como requisito básico de toda (inter)acción semiótica: en la interacción tenemos que presentarlo como punto de partida común, a partir del cual podemos construir en un nuevo terreno informacional. En los viejos libros de texto la *estructura de la información* se basaba en la linealidad. En el ejemplo de 1935 la información sobre los antecedentes de poema *precedía* al poema mismo. En el del 2000 esa estructura de la información se logra, no mediante la ubicación en secuencia (linealidad), sino gracias a la ubicación en el espacio de la doble página (distribución): las entidades textuales que aparecen a la izquierda de las páginas constituyen lo dado, mientras que lo que figura a la derecha es lo nuevo. Buena parte del libro de texto está organizada de esa forma. Las dos páginas siguientes, por ejemplo, muestran el poema en la página izquierda y la "exploración del poema" en la derecha: para entonces ya conocemos el poema y es posible colocarlo como "punto de partida" para el siguiente fragmento de información.

En un texto escrito la cohesión se logra por medio de la referencia, sustitución, elipsis, conjunción o cohesión léxica. La pregunta que plantean los textos multimodales en la comunicación contemporánea es: ¿pueden relacionarse los "fragmentos" de la página contemporánea tal como se haría en un texto escrito? Nuestra respuesta sería "sí" en términos de principios semióticos generales, y "no" por lo que se refiere a los medios específicos de un modo en particular.

Veamos un solo ejemplo, el de la *referencia*. Los elementos lingüísticos pueden tener la propiedad de la *referencia*, es decir, "en lugar de ser interpretados semánticamente por derecho propio, hacen referencia a otra cosa para su interpretación" (Halliday y Hasan, 1976, p. 31). Podemos encontrar ejemplos de esos elementos en el poema que aparece del lado derecho de las dos páginas que se presentan en la figura 6. "Ellos", en la línea 3, se refiere a "la gente de Vietnam"; es un elemento de referencia. Si consideramos el título escrito en la parte superior de la página izquierda (y repetido en la derecha): "¿Cómo eran ellos?", tenemos otro elemento de referencia, "ellos", pero ahora queda menos claro a qué elemento se hace referencia. Puede referirse a "las personas involucradas" en el "fragmento" de la esquina superior izquierda, o a cualquier otro grupo de personas que se nombran por escrito. También puede referirse a las personas ilustradas en una de las imágenes o en ambas. Si bien este ejemplo podría sugerir una "pérdida" de cohesión, o al menos una creciente ambigüedad de la referencia, nuestro análisis sugiere que también hay "ganancias", o nuevos potenciales de cohesión, que son resultado de la creciente disponibilidad de recursos gráficos, entre ellos *forma, tamaño, color, nitidez, puntuación, sangrado, ubicación, líneas* (*recuadros, vectores*), *tipo de fuente*.

LA SELECCIÓN DE LOS PÚBLICOS

En los libros de texto la coherencia se basa en gran medida en una retórica consistente: se dirigen al mismo público en todo momento. Si las series de libros de texto distinguen entre públicos diferentes, cosa que suelen hacer en términos de "etapa clave", "año" o "nivel", hay distintos libros para cada uno de ellos. En otras palabras, se prescriben medios diferentes para públicos diferentes. Cuando la escritura era el modo dominante, estos medios podían variar en su escritura para construir diferentes audiencias. En el libro de texto contemporáneo se utiliza toda la gama de recursos léxico-gramaticales y gráficos para lograr dicha construcción.

En la web esa diferenciación funciona de otra manera. Los que desean aprender no sólo seleccionan el texto que consideran idóneo para su aprendizaje, también tienen acceso a todos los demás textos: no sólo los dirigidos a los de su mismo u otro grupo de edad, sino también a aquellos pensados para los maestros o los "expertos". The Poetry Archive [El Archivo de Poesía], un sitio web que "existe para contribuir a hacer que la poesía resulte accesible, importante y fácil de disfrutar para un gran público", puede servir como ejemplo de ello pues tiene entradas distintas para estudiantes, maestros y niños.

Lo que queremos señalar reitera lo que hemos dicho varias veces respecto a la generación social de formas semióticas. En este caso nos encontramos con una entidad-texto que se dirige a un público muy diferente del que tiene el libro de texto, con efectos significativos en todos los aspectos del texto multimodal, incluida la escritura.

LA PERSPECTIVA: ESCRIBIR EN UN MUNDO DE COMUNICACIÓN MULTIMODAL

¿Cuáles son las implicaciones de la multimodalidad para una pedagogía de la escritura y para la escritura misma? Los usos, formas y potenciales futuros de la escritura, así como la concepción de las pedagogías de la misma, tienen que considerarse dentro de un sentido claro de los entornos sociales. La pedagogía es un ejemplo específico de una práctica social de nivel más amplio, con sus relaciones, procesos y estructuras, caracterizada por enfocarse en selecciones y configuraciones particulares del "conocimiento" (como "currículum") y del aprendizaje (como involucramiento y transformación de ese "currículum" en relación con los intereses de quien aprende), dentro o fuera de instituciones tales como escuelas, universidades, etc. Las relaciones sociales en entornos pedagógicos definen el involucramiento con las tecnologías culturales de la representación (modos), la producción ("herramientas") y la difusión (medios); actúan en la selección y configuración de modos que se usarán en la representación. De esa manera dan forma a las valoraciones de la *escritura* (comparadas con la *imagen*, por ejemplo), las concepciones del "canon" y la forma de las disposiciones individuales, y hacen que lo que se produjo socialmente y está culturalmente disponible parezca natural, normal, rutinario y habitual.

A partir de este momento, la escuela está atrapada entre diferentes concepciones de autoridad y agencia en relación con la producción de conocimiento, la autoría de textos, la autoría/canon del conocimiento y de las formas semióticas. Pero el aprendizaje salió desde hace mucho de los confines de instituciones tales como las escuelas, institutos, universidades, etcétera, y las formas de la pedagogía han tenido que adaptarse al aprendizaje "a lo largo y ancho de la vida"; es decir, aprender en *todo momento* por parte de quienes tienen todo el derecho a que sus intereses sean tomados en cuenta con la máxima seriedad, en *todos los sitios,* en *todas las fases* de la vida profesional y personal. En la escuela muchos jóvenes se perciben a sí mismos como autores del conocimiento que desean, de los tipos de textos que resuelven sus necesidades sociales, personales y afectivas, y en ese sentido entran en conflicto con las prácticas y concepciones de la escuela, las cuales son drásticamente diferentes de las suyas. Por eso las concepciones de la pedagogía que sostiene "la escuela" están en disonancia con las que detentan —aunque sea implícitamente— quienes están en la escuela. En ese distanciamiento será necesario desarrollar concepciones de pedagogía que abran paso al conflicto de intereses de las generaciones, del poder, de la política y de una economía, cada vez más globalizada, dominada por el mercado. Es evidente que la intervención de quienes aprenden debe verse como el elemento central; también lo es que las percepciones, comprensiones, valores, conocimientos, que son resultado de siglos y milenios de trabajo social y cultural, no pueden ni deben descartarse de golpe.

Estas consideraciones también pueden aplicarse a la pedagogía para/de *la escritura. Pedagógicamente,* la agencia y la centralidad de los escritores y de los lectores, de quienes crean el conocimiento, tiene que ser el punto de partida. *Semióticamente,* la escritura debe verse en todo momento como parte de un *diseño multimodal* que se desprende de un *interés retórico* específico. En esos diseños se juzgan las potencialidades de todos los modos y se utilizan en relación con ello. En vista de su larga historia de preponderancia social, la *escritura* ha presentado valoraciones sociales que forman parte de sus posibilidades sociales. El *diseño* es prospectivo y por consiguiente siempre es necesariamente innovador y transformador, es más que una simple implementación competente de prácticas convencionalmente dadas. La agencia social y el proceso intencionado de diseño, se articulan —social y semióticamente— con las potencialidades de los medios y de los significados/recursos de producción.

En ese contexto una pedagogía de la escritura debe verse como parte integral de una pedagogía de la comunicación que la enmarca, en la cual la *escritura* ocupa un lugar específico. Los componentes de esa pedagogía son la representación multimodal y la sensibilidad a los medios y a sus potencialidades. En un entorno globalizador, tanto en sus manifestaciones locales, por ejemplo Londres como microcosmos de lo global, como en manifestaciones que están más allá de lo local —con concepciones profundamente diferentes de las posiciones sociales, los recursos semióticos y las nociones "del dominio público"—, las pedagogías de la comunicación tienen que ser sensibles a las particularidades de la localidad específica.

REFERENCIAS

Barthes, R. (1973), *Mythologies,* St. Albans, Paladin.
Brindle, K., R. Machin y P. Thomas (2002), *Folens GCSE English for AQA/A,* Dunstable, Folens.
Fairbrother, F., E. Nightingale y F. J. Wyeth (1935), *General science,* parte III, Londres, G. Bell and Sons.

Halliday, M. A. K. (1967), *Intonation and grammar in British English*, Mouton, The Hague.

Halliday, M. A. K. y R. Hasan (1976), *Cohesion in English*, Londres, Longman.

Hodge, R. y G. Kress (1988), *Social semiotics*, Cambridge, Polity Press.

Kaplan, N. (1995), "Politexts, hypertexts, and other cultural formations in the late age of print, *Computer-Mediated Communication Magazine*, 2, 3.

Kress, G. (2003), *Literacy in the new media age*, Londres, Routledge.

Mamour, A. (1934), *The complete English, Book I*, Londres, Macmillan.

New London Group (1996), "A pedagogy of multiliteracies: Designing social futures", *Harvard Education Review*, 66, pp. 60-92.

Postman, N. (1993), *Technopoly: The surrender of culture to technology*, Nueva York, Vintage.

Science Education Group (2002), *Salters GCSE science Y11*, Oxford, Heinemann.

Tuman, M. (1992), *Word Perfect: Literacy in the computer age*, Pittsburgh, Pittsburgh University Press.

PERSPECTIVAS ETNOGRÁFICAS Y POLÍTICAS SOBRE CULTURA ESCRITA: EL PODER DE NOMBRAR Y DEFINIR

BRIAN V. STREET[1]

Los capítulos de este libro y el trabajo que describen en América Latina, así como en contextos comparativos, brindan fructíferos escenarios de estudios para explorar cuestiones asociadas con la definición de alfabetización y con los consiguientes enfoques del diseño de políticas y programas. En este trabajo tocaré algunos de los temas que han surgido en relación con esas denominaciones y definiciones, comparando los conceptos y perspectivas desarrollados a través de la visión de los NLS (Nuevos Estudios de Cultura Escrita por sus siglas en inlgés) con aquellos en los que se basa gran parte de la política internacional, sobre todo las nociones de "desigualdades en alfabetización" y, en particular, las de un enfoque de "capacidades". En contextos internacionales se utilizan con frecuencia estadísticas de alfabetismo como indicadores de desigualdad social más en general (Street, 2004; Unesco, 2006; Maddox, 2008), y como base para las medidas dirigidas a mejorar los derechos, los logros educativos, etcétera. ¿Pero, a qué se refieren exactamente cuando citan "alfabetización" en este contexto? ¿Y en qué medida los niveles de alfabetismo (o las diversas versiones de "falta de alfabetismo") pueden verse como expresión de una descripción válida de la "desigualdad" en el contexto internacional general? Trabajos recientes sobre cultura escrita desde una perspectiva etnográfica han cuestionado la categorización internacional de una cosa única, uniforme, de la cual puedan extraerse consecuencias, y se han concentrado, más bien, en los significados locales y las variaciones culturales en lo que cuenta. Este enfoque, a su vez, ha sido criticado con respecto a "los límites de lo local" (Brandt y Clinton, 2002) y los peligros del "relativismo" (Nussbaum, 2006), y se ha afirmado que la dimensión "global" de la alfabetización debería seguir siendo un elemento central para la definición de políticas a seguir. En este contexto mayor de afirmaciones y definiciones de políticas, ¿qué tiene que ofrecer, entonces, una perspectiva etnográfica sobre las prácticas letradas y la comprensión de las "desigualdades"? En este trabajo sostendré que, en este nivel mayor, existen dos contribuciones principales: 1] que las perspectivas etnográficas y la comprensión de las prácticas letradas como múltiples y culturalmente variadas pueden contribuir a evitar las aseveraciones simplistas, y muchas veces etnocéntricas, relacionadas con las consecuencias de alfabetización a partir de categorías y definiciones unidimensionales y culturalmente limitadas; 2] que una perspectiva etnográfica puede sensibilizarnos en relación con las formas en las que el poder de nombrar y definir constituye un componente crucial de la desigualdad.

---

[1] King's College, Londres.

Profundizaré más en torno a estas dos "contribuciones", e indicaré otras, establecidas quizá de forma más habitual, con referencia tanto a los debates teóricos del terreno de los NLS (Nuevos Estudios de Cultura Escrita) en años recientes, como a ejemplos tomados de contextos internacionales indicativos: el de las culturas escritas "ocultas" en Pakistán y el de un programa de aprendizaje de lengua escrita que utiliza perspectivas etnográficas.

Una contribución de una perspectiva etnográfica a la comprensión de la variación cultural en general y de cultura escrita en particular es que puede ayudarnos a "deshacer el nudo"[2] que se deriva de la tendencia (¿natural?) a describir la diferencia como una especie de déficit. La historia de la tortuga y el pez, que encontré en un sitio web budista como refutación del etnocentrismo, plantea esta tendencia en vívidos términos metafóricos.

Para ilustrar el error del etnocentrismo los budistas cuentan la historia de la tortuga y el pez. Había una vez una tortuga que vivía en un lago con un grupo de peces. Un día la tortuga se fue a pasear por la tierra. Estuvo alejada del lago unas cuantas semanas. Cuando regresó se encontró con algunos de los peces. Los peces le dijeron "¡Hola, señora tortuga! ¿Cómo está? No la hemos visto durante varias semanas. ¿Dónde andaba?" La tortuga respondió: "Estuve en la tierra, me pasé un tiempo en la tierra firme." Los peces se quedaron un poco desconcertados, y dijeron: "¿En la tierra firme? ¿De qué está hablando? ¿Qué es esa tierra firme? ¿Está mojada?" La tortuga les dijo: "No, no lo está." "¿Es fresca y deliciosa?" "No, no lo es." "¿Tiene olas y ondulaciones?" "No, no tiene olas ni ondulaciones." "¿Se puede nadar en ella?" "No, no se puede." Entonces los peces dijeron: "No está mojada, no es fresca, no hay olas, no se puede nadar en ella. Así que esa tierra firme que dice tiene que ser algo totalmente inexistente, una cosa imaginaria, nada real." La tortuga dijo, "Bueno, puede ser", se alejó de los peces y se fue a dar otra vuelta por la tierra.

En otra versión los peces le dicen: "No nos cuente lo que no es, díganos lo que es." "No puedo —dijo la tortuga—. No tengo ningún lenguaje para describirla."

Ésta es la versión que puede ayudarnos a comprender lo que involucra la etnografía. Si vamos a otro lugar nuestra primera inclinación es describirlo en términos de lo que nos es familiar y *no* tiene: tierra mojada, olas, para los peces; tal vez ciencia o Coca-Cola para los occidentales que viajan por Oriente; religión o arroz para los orientales que recorren Europa, etcétera. Una perspectiva etnográfica nos saca de nuestra configuración mental y nos ayuda, primero, a "imaginar" cosas que no existen en nuestro mundo, y después a describirlas en sus propios términos, en lugar de verlas, en nuestros términos, como simples "déficits".

Se puede ver que la política internacional en relación con la alfabetización cae precisamente en el discurso del "no" en el que están atorados los peces; los que diseñan las políticas y los educadores de las sociedades "letradas" ven que a las prácticas de los demás les falta "alfabetismo"; igual que los peces en el agua, piden "tener x"

---

[2] *Untie the (k)not*, en el original. Es un juego de significados que también alude a plantearse sistemáticamente la posibilidad de dejar de pensar en las características del "otro" por lo que "no" es, "no" tiene, etcétera.

—agua, olas, cultura escrita—, y cuando sus lentes les impiden ver lo que realmente hacen otras personas invocan el "no": "analfabetismo". Pero tal vez las personas del lugar tengan usos significativos de la lectura o la escritura que no son exactamente iguales a los que llevan consigo los viajeros; tal vez, como lo han demostrado los etnógrafos por todo el mundo, las prácticas letradas de otras culturas sólo son diferentes de las que definen algunos educadores y estadígrafos (cf. Aikman, 1999; Besnier, 1995; Collins, 1998; Hornberger, 1998; Kalman, 1999; King, 1994; Maddox, 2001; Prinsloo y Breier, 1996; Robinson-Pant, 2004; Street, 1993; Wagner, 1993). A fin de verificarlo, necesitamos unos lentes diferentes de los que usan los comentaristas dominantes (en general, pero no siempre) occidentales. La tortuga se percató de que había un problema y fue a echar otra mirada. Empezó a considerar qué otras experiencias podrían tener las personas en la tierra, a usar su imaginación y, con el tiempo, a desarrollar un lenguaje de descripción para explicar cómo era esa gente cuando volviera a su casa. En los últimos veinte años los etnógrafos han viajado, en efecto, a muchos lugares del mundo a observar diferentes culturas escritas (*multiple literacies*) y regresaron con múltiples y enriquecedoras descripciones. El lenguaje de la descripción se ha refinado para acoplarse a este abundante conjunto de datos; hablamos de eventos letrados y de prácticas letradas, de culturas escritas múltiples y de diferentes "modelos" para conceptualizar este campo, por ejemplo de modelos autónomos e ideológicos (Street, 1984). Me gustaría tocar tan sólo las implicaciones de la adopción de un modelo ideológico de alfabetización para la forma en que lo conceptualizamos en contextos internacionales y de qué manera puede luego derivarse una política.

Un acercamiento ideológico de los significados culturales reconoce la importancia central del poder de nombrar y definir (Parkin, 1984). Si podemos prescribir el membrete que se le adjudicará a un fenómeno determinado, tenemos un considerable poder sobre cómo se verán los eventos y prácticas asociados con él y qué implicaciones se extraerán para definir políticas. En un artículo sobre problemas similares con la definición del término "cultura" sostuve:

"Parte del problema que aqueja a nuestros actuales esfuerzos por comprender la cultura es el deseo de definirla, de decir claramente qué es. Definir algo significa especificar su significado con la suficiente claridad como para que las cosas que se le parezcan puedan distinguirse claramente de ello. Las definiciones claras son parte esencial de toda ciencia exitosa, o del habla correcta y el pensamiento lúcido" (Thornton, 1988, p. 26). No obstante, el problema es que luego tendemos a creer en las categorías y definiciones que construimos de manera esencialista, como si con ello hubiésemos descubierto qué es la cultura. En realidad "no tiene mayor sentido tratar de decir qué es la cultura... Pero lo que puede hacerse es decir qué hace la cultura." Porque lo que hace la cultura es precisamente la labor de "definir palabras, ideas, cosas y grupos... Todos vivimos nuestra vida en términos de definiciones, nombres y categorías creados por la cultura." El trabajo de estudiar la cultura no consiste en encontrar sus definiciones y luego aceptarlas, sino en "descubrir cómo y qué definiciones se hacen, en qué circunstancias y por qué razones". Esas definiciones se usan, cambian y a veces quedan en desuso. De hecho, el mismo término "cultura", igual que esas otras ideas y definiciones, cambia sus significados y cumple propósitos que muchas veces, en distintos momentos, compiten entre sí. La cultura es un proceso activo de crear significado y cuestionar definiciones, incluida la suya propia. A esto es a lo que me refiero cuando afirmo que "cultura" es un verbo (Street, 1993, p. 25).

Es posible plantear argumentos similares en relación con las definiciones de cultura escrita. Los que proponen un modelo "autónomo" de cultura escrita, por ejemplo, pueden aducir que no están adoptando una perspectiva cultural sino más bien una visión "natural", "conocida" u "objetiva". Cuando comparan sus propias prácticas letradas con las de, por ejemplo, los aldeanos de India o los jóvenes norteamericanos de clase trabajadora, pueden afirmar que no están siendo etnocéntricos, que no son simples peces que exigen que todo sea como su propio entorno acuático, sino que así es como es: los otros tienen un "déficit", les falta alfabetización... o "adecuada alfabetización", o alfabetización "funcional", o cualquier otro membrete que califique el término pero conserve su enfoque restringido de una sola manera de hacer las cosas. Esta visión autónoma —que el alfabetismo, en sí mismo, autónomamente, tendrá efectos, creando desigualdad para quienes "carecen" de él y ventajas para quienes lo consigan— es a su vez, desde luego, profundamente ideológica. Uno de los mecanismos más poderosos con los que cuenta la ideología es el de disfrazarse (Street, 1993). Las personas, atinadamente sospechan si alguien afirma que deberíamos definir un fenómeno o actuar en relación con él en términos de política porque se conforma a sus propias y atesoradas costumbres y creencias. Pero si se les dice que no tiene nada que ver con sus propias preconcepciones, sino que se trata de una descripción natural, objetiva, es posible instar a otros a actuar al respecto, a proporcionar fondos para desarrollar esta visión, para aceptar la política planteada. En relación con la cultura escrita, esto significa que el poder de definir y nombrar lo que cuenta como alfabetismo y analfabetismo conduce también al poder de determinar las políticas a seguir, de financiar y desarrollar programas de alfabetización en contextos internacionales, de prescribir formas de enseñar, de desarrollar materiales educativos, libros de texto, evaluaciones, etc. De modo que desde este punto de vista lo que cuenta como "desigualdad" depende, de manera crucial, de quién tiene el poder de definir lo que cuenta como cultura escrita y en qué marcos de referencia teóricos y conceptuales se basa. La "desigualdad", entonces, no es simplemente algo dado a lo que nosotros, como reformistas moralistas y comprometidos, debemos responder, sino un constructo que requiere cuidadoso análisis y justificación.

Sugeriré algunos ejemplos que podrán ayudarnos a seguir las implicaciones de este argumento con respecto tanto a los pronunciamientos políticos como a los ejemplos de programas de alfabetización, y luego trataré de presentar una propuesta calificada para las direcciones de las medidas a tomar en el futuro. Una manera de enfrentarse al problema de la práctica de las visiones alternativas de cultura escrita que he venido esbozando, consiste en concentrarse en contextos en los que la cultura escrita se esté definiendo, en efecto, para otros. Un trabajo reciente de Rafat Nabi, una profesora y organizadora de cursos de alfabetización para adultos de Pakistán, ofrece vívidos y concretos ejemplos de la imposición de definiciones y las respuestas a tal poder.

CULTURAS ESCRITAS "OCULTAS"[3]

Nabi, Rogers y Street (en preparación) describen, por ejemplo, una cantidad de estudios de caso en los cuales personas del lugar, en Pakistán, demostraron que sabían leer y escribir pero aceptaban la definición de "analfabetos" que hacía de ellos gente de fuera:

Varios de los que respondieron en los estudios de caso afirmaron enérgicamente que son "analfabetos", tal vez porque nunca habían ido a la escuela o a clases de alfabetización para adultos.

—No he sido educado y no sé leer ni escribir —dice Amen, el verdulero, y lo repite—: No he sido educado y no sé leer ni escribir, pero eso no quiere decir que sea tonto y no tenga sabiduría. Zia el plomero es más firme en su autoidentificación: —Ya se lo dije, nunca fui a la escuela, así que ¿cómo voy a saber leer y escribir? —fue su respuesta cuando el investigador le preguntó si sabía leer y escribir. Cuando el mismo lo cuestionó, se mostró incluso más enérgico.

—Escribe muy bien, ¿por qué dijo que era *jahil* [analfabeto]?

—No tengo ningún certificado, ningún papel que diga que estoy alfabetizado, lo que quiere decir que soy analfabeto. Las personas educadas como usted pueden decirme analfabeto. Tal vez la decisión de la gente educada respecto a mí sea correcta, soy analfabeto.

—Los analfabetos no saben leer ni escribir —dije—, pero usted sí, así que está alfabetizado.

—*Bibi*, me siento bien —contestó—. Confío en Dios cuando dice que estoy alfabetizado.

También Razia, la sirvienta, afirma que no tiene educación: cuando se le pide que muestre algo que escribió, responde:

—Usted es muy educado y yo ni siquiera fui a la escuela, se va a reír de mí.

Y Amen, como suele hacerlo, se repite:

—Nunca vi una escuela por dentro. Así que la gente me considera analfabeto.

Su falta de habilidad letrada se percibe como un estigma y una desventaja:

—Ahora —dice Zia— ya no estoy incapacitado. Puedo hacer muy bien mi trabajo. Con la práctica en el trabajo soy capaz de leer y escribir.

[3] *Hidden literacies* [*Culturas escritas ocultas*], de Rafat Nabi, con una introducción de Alan Rogers y Brian Street, está en preparación para su publicación. Los autores me han permitido, gentilmente, usar algunas citas de esa obra, y quisiera expresarles mi gratitud.

Y sin embargo, todos ellos escriben y leen muchas cosas. Razia lee el programa que hay en la cocina en el cual los miembros de la familia han indicado su preferencia en materia de desayuno, así como las etiquetas de los especieros; escribió un mensaje breve sobre una llamada telefónica y una lista de ingredientes que había que comprar para una comida, y en una libreta llevaba el control de las prendas que se entregaban a la tintorería. Pero si el investigador le hubiese preguntado qué hacía en cada ocasión, no hubiese dicho "leía" o "escribía", sino simplemente "preparaba el desayuno", "contestaba el teléfono" o "atendía al de la tintorería". Las prácticas letradas estaban inmersas tan profundamente que se habían vuelto inconscientes. Karima, la mendiga, escribía su propio nombre y fechas. El vendedor de brazaletes y Zia, el plomero, ofrecieron proporcionar recetas (en el caso de Zia en dos idiomas), mientras afirmaban que eran "analfabetos". Como dijo Zia, "Cuando me lo piden les doy un recibo, y apunto todos los nombres de las piezas que compré, lo que cuestan y lo que cobro por mi mano de obra." Amen, el verdulero, había aprendido solo y a su manera una considerable cantidad de lectura y escritura. Sakina, la que tiñe telas, le ponía una etiqueta a cada una de los lienzos que hacía. Dentro de las ocupaciones a las que se dedicaban esas personas estaban inmersas muchas culturas escritas y *numeracies*[4] de las que escasamente eran conscientes.

Nabi reflexiona sobre su experiencia a la luz de su propio papel al contribuir a desarrollar un programa de alfabetización para adultos en Pakistán:

Amen [el verdulero] me ha enseñado una gran lección: que las prácticas letradas tienen que ser relevantes para cada alumno, y pocos programas de alfabetización reconocen este hecho fundamental. Así como Amen creó su propio plan de aprendizaje, me gustaría que los que diseñan los programas y los promotores de alfabetización pudiesen aprender una lección de Amen y desarrollar programas de alfabetización acordes con las necesidades de los interesados. Lo que se requiere es reconocer y pensar más allá de los límites actuales, y una visión nueva de la cultura escrita de los adultos. Nos rodean faros como Amen. No necesitamos más que verlos desde dentro.

De manera similar, la experiencia de Rozina, que tenía telas y que aprendió de sus colegas las prácticas letradas necesarias para su profesión, y no en una clase formal, la llevan a pensar en las formas en que se han definido e implementado los programas de alfabetización, incluyendo el suyo.

¿Cómo puede desarrollarse un curso de alfabetización teniendo presentes el conocimiento y las prácticas locales? ¿Es posible que haya un tipo de alfabetización eficaz para toda la nación? ¿Cómo pueden los cursos de cultura escrita conservar el conocimiento indígena y transferirlo a la siguiente generación? ¿Se requiere un centro de alfabetización o hay otras maneras alternas de aprender, tal como Rozina aprendió de sus colegas?

---

[4] Una traducción aproximada de *numeracy* es cultura matemática, en el mismo sentido que *literacy* se traduce como cultura escrita.

Los que diseñan las políticas de alfabetización ¿están aprendiendo a fondo las lecciones de Rozina, que la alfabetización puede ir más allá de los centros y de los manuales y los registros de asistencia? Es una pregunta profunda y hay que analizarla. ¿Dónde encaja este ejemplo de alfabetización social en el panorama global de la cultura escrita?

Pero los programas que ha visto adoptan la visión más usual, amarran el nudo del déficit [del "no"...] y prescriben que sus alumnos son "analfabetos". De forma parecida, cuando Zia, el plomero, intenta entrar a una clase de alfabetización para adultos a fin de aprender lo suficiente para obtener su licencia de conducir, se enfrenta a la misma falta de comprensión de las habilidades letradas que poseen esos estudiantes:

En mi área una ONG abrió un centro de alfabetización para adultos. Pensé que sólo era cuestión de unos tres meses; conseguiría mi certificado y aprendería más. Así que conseguí entrar a ese centro de alfabetización. Empezaron enseñándome el abecé. Les dije que sabía escribir unas cuantas palabras, que sólo me enseñasen algunos términos que tenían que ver con manejar. Pero la maestra se negó y me dijo: "Vamos a enseñarte de acuerdo con nuestro programa, no con el tuyo." Me parecía inútil. Lo que estaban enseñando yo ya lo sabía. Fui ahí para aprender más, no lo que ya sabía, y a conseguir un certificado que iba a resultarme útil. Así que me fui del centro."

Nabi vuelve a reflexionar sobre las implicaciones de esas experiencias para nuestra comprensión de la cultura escrita y el desarrollo de programas:

Zia me había planteado cuestiones serias. ¿Por qué el centro de alfabetización no respetaba su conocimiento? Con sus conocimientos y sus habilidades Zia podría haber sido un gran recurso para ayudar a la maestra. ¿Por qué dice que es analfabeto? ¿Hasta dónde se justifica eso, que la gente como nosotros le dé ese título, que él se limitó a aceptar? ¿Cuándo tomarán en cuenta a esos volcanes dormidos los organismos de ayuda económica, las ONG, las organizaciones internacionales y el gobierno? ¿Cuándo desarrollarán programas que utilicen los conocimientos existentes, como los de Zia? ¿Cuándo dejaremos de llamarlos analfabetos? ¿Son analfabetos? ¿Es una cuestión de la que hay que ocuparse? ¿Quién es analfabeto? A mí Zia me abrió una puerta para hacer más ubicuo el alfabetismo.

El poder para calificar a alguien como "analfabeto", como una persona que "no" tiene habilidades que aquel que define considera fundamentales, significa que los programas que se desarrollan sobre esta base no logran distinguir el aporte de los alumnos. No tiene nada de raro que en todo el mundo esas personas abandonen los centros mientras los maestros dicen "Vamos a enseñarte de acuerdo con nuestro programa, no con el tuyo." Aquí el problema de los maestros es precisamente de definición, pero es probable que no fueran ellos quienes nombraron y definieron el estado de alfabetizado; que ellos, como Zia, Amin, Rozina y e innumerables otros hayan estado sujetos a los tipos de definiciones que transmiten los que tienen poder: descripciones que ofrecen, por ejemplo, economistas como Sen y Nussbaum, o educadores como los que se citan en el *Global Monitoring Report*, o que se desarrollan en la Estrategia Nacional de Alfabetización del Reino Unido o en el programa estadounidense "Ningún Chico se Queda Atrás".

Un enfoque etnográfico puede presentar, fuentes alternas para definir y nombrar, como lo atestiguan estos ejemplos y muchos otros de este volumen; pero no necesariamente son capaces de cuestionar el poder de nombrar, que va de la mano de las respectivas posiciones que ocupan las primeras. Si queremos ocuparnos de cuestiones de desigualdad en el mundo de la economía y de la cultura escrita, también tendremos que analizar, en primer lugar, las cuestiones de desigualdad en el mundo de la elaboración de medidas políticas y definiciones académicas.

EL PROYECTO LETTER

Quiero dar un ejemplo de cómo los educadores han adoptado efectivamente esta perspectiva más amplia, aplicando percepciones etnográficas al desarrollo de programas para enseñar a facilitadores y alumnos de alfabetización para adultos. El proyecto se llamó *Learning for Empowerment Through Training in Ethnographic Research* (LETTER) [Aprender para Empoderar Mediante la Formación en Investigación Etnográfica], y se proponía brindar apoyo a los facilitadores para su trabajo con adultos a fin de desarrollar un programa y una pedagogía que ayudase a los estudiantes a adquirir las culturas escritas específicas que necesitaban en contextos culturales dados. El proyecto, diseñado por mí y por el profesor Alan Rogers de los *Uppingham Seminars in Development* (Reino Unido), comenzó en 2001, después que se puso en contacto con nosotros Nirantar, una organización para mujeres de Delhi dedicada a la capacitación de mujeres *dalit* (intocables) por medio de la educación. Nos pedían cierta formación en materia de enfoques etnográficos para detectar las prácticas de cultura escrita y matemáticas existentes entre las mujeres involucradas en sus programas y las epistemologías sobre las cuales se basaban las mismas (cf. Heath y Street, 2008).

El antecedente de esa petición era que Nirantar, que se dedica a desarrollar programas alternativos de educación para adultos con un grupo de mujeres *dalit* del sur de Uttar Pradesh, India, había descubierto que las mujeres tenían visiones alternas del mundo, de las cuales Nirantar no sabía mucho, y que los maestros a veces despreciaban; mientras que las mujeres mismas en gran medida no eran conscientes de su peculiaridad. Por ejemplo, decían que creían que los ríos eran objetos animados y no inanimados, como sostienen las categorías científicas occidentales. Sin saber cuáles eran esas opiniones, pero conscientes de que muchas veces había sensibilidad respecto a cómo se percibían esas visiones en diferentes grupos de personas con las que se encontraban las estudiantes, el personal de Nirantar creía que era necesario llevar a cabo un estudio cuidadoso de las prácticas y lenguajes de las comunidades con las que estaban trabajando, y les parecía que las aproximaciones etnográficas constituirían el cimiento de dicha investigación y la base de una relación más respetuosa entre las participantes. Bautizaron el proyecto como LETTER. Los enfoques que delineamos en el proyecto eran los de los Nuevos Estudios de Cultura Escrita y de las aproximaciones etnográficas, como se esbozó más arriba. Alan Rogers, en su carácter de educador para adultos, aportó un enfoque del aprendizaje de los adultos que destacaba la importancia de que quienes ayudan a los adultos a aprender comprendiesen la necesidad de "empezar donde están [los alumnos adultos]", la necesidad de construir a partir del conocimiento previo (formal e informal) que las personas adultas llevan consigo a los nuevos programas de aprendizaje; asimismo, contribuyó con una extensa experiencia internacional de trabajo de este tipo con estudiantes y facilitadores (Rogers, 2002, 2004, 2008). Mientras que quienes forman a los maestros de educación para adultos exhortan a los tutores/facilitadores a tomar en cuenta la necesidad de averiguar cuáles son las prácticas y conocimientos de los alumnos participantes, les resulta más difícil ayudarles a comprender *cómo* puede recabarse esa información *en la práctica*. Escribe:

Está claro que uno no puede limitarse a preguntarles a los alumnos. Por un lado, muchos estudiantes adultos (aunque no todos) acuden a los programas de educación para adultos creyendo que no saben nada sobre el tema del programa, que no tienen nada que ofrecerle al programa en términos de conocimiento o experiencia, y con frecuencia aceptan el estereotipo externo de que son simples "analfabetas" (cf. Nabi, Rogers y Street, en preparación). O, en segundo lugar, incluso si los participantes sienten que saben algo acerca del tema, preguntarles directamente a los adultos dará por resultado, muchas veces, lo que se conoce como "efecto de eco", es decir, los interrogados le dirán al investigador lo que creen que éste desea saber. Formular juicios unos sobre otros constituye parte de la relación entre los investigadores y los investigados que se va construyendo durante el encuentro de investigación. El investigador controla la situación, provocando resistencia (con frecuencia inconsciente) entre los interrogados; y esta resistencia se expresa a veces en la forma de devolverle, como un eco, el lenguaje y los conceptos que da la impresión de estar buscando. Recientes avances respecto a la "reflexividad" en la investigación etnográfica se han ocupado directamente de este tema (véase más arriba), y requieren que los investigadores sean más conscientes de los "efectos" que su presencia misma tiene sobre sus informantes.

Pero en tercer lugar —y tal vez sea lo más importante— una comprensión recientemente desarrollada del aprendizaje informal (Eraut, 2000; Coffield, 2000; Hager, 2001), que los adultos llevan a cabo a lo largo de toda su vida, ha llevado a ver que han construido, por medio de la experiencia, cantidades muy vastas de "conocimiento tácito" y de "habilidades ocultas", conocimiento y habilidades que constituyen la base de las prácticas que llevan a cabo y de los discursos que emplean. Pero esto es en gran medida inconsciente; los participantes-interrogados muchas veces no sabrán qué epistemologías tienen, qué "fondos de conocimiento" (Moll, Amanti, Neff y González, 1992) y bancos de habilidades han creado por medio de ese aprendizaje experiencial informal (Rogers y Street, en prensa).

Los organizadores de los talleres de LETTER afirmaron, entonces, que:

quienes llevan a cabo los programas de educación para adultos no pueden simplemente pedirles a los participantes —aunque las discusiones informales con los alumnos formarán parte de la batería de metodologías de investigación que aportarán a su trabajo— que encuentren las formas de conocimiento existentes de los estudiantes que participan. Tienen que hacer más que eso. Será mediante el desarrollo de aproximaciones de estilo etnográfico a esta investigación que podrán sentar bases más sólidas para crear nuevos programas de aprendizaje para adultos, que tomen en cuenta las prácticas existentes y los sistemas de conocimiento de los educandos (Papen, 2005). La observación de las prácticas empleadas dentro de las comunidades de las que provienen y que comparten, el análisis del lenguaje que usan, las colecciones de artefactos empleados para expresar su cultura, así como las discusiones informales con los participantes, constituirán la base sobre la cual podrán construirse juicios e interpretaciones (Rogers y Street, en prensa).

El objetivo de este proyecto era, entonces, preparar a algunos especialistas en educación para adultos (planificadores de programas y capacitadores) en la investigación de estilo etnográfico (Green y Bloome, 1997), tomando como punto central las prácticas letradas y numeracidad de los educandos y de las comunidades de las que provenían. Los capacitadores, a su vez, adiestrarían a los facilitadores (maestros de adultos) para que llevasen a cabo esa investigación con sus respectivos grupos de aprendizaje. De esta manera todos los que enseñan lengua escrita y matemáticas a adultos, al tratar de conocer y construir a partir de las experiencias de sus alumnos en esos dos terrenos, se involucrarían en la investigación a su manera. Los informes de los primeros talleres, en Delhi (Nirantar, 2007; Street, Baker y Rogers, 2006) y en Etiopía (Rogers, en prensa) ya están disponibles, y les brindan a los lectores la oportunidad de valorar por sí mismos la relación entre las visiones más teóricas de la etnografía que se presentan en la primera parte de este capítulo con la práctica real en programas educativos que se describe aquí. Podría afirmarse que es exactamente en esta interfaz donde somos capaces de ver la contribución que pueden hacer las perspectivas etnográficas a la descripción y el trabajo con ellas en contextos educativos.

LA ETNOGRAFÍA Y EL ENFOQUE DE LAS CAPACIDADES

Recientemente Bryan Maddox, un etnógrafo cuyo trabajo en Bangladesh es parte del movimiento de los estudios de cultura escrita que hace uso de perspectivas etnográficas que cuestionan el modelo autónomo, ha tratado de dilucidar de qué manera es posible reconciliar un enfoque de ese tipo con las perspectivas de la política dominantes sobre la desigualdad (Maddox, 2001, 2008). Su análisis del trabajo, sobre todo de Nussbaum (2006) y Sen (2002) en el enfoque de las capacidades nos brinda una importante comprensión de cómo es posible reconciliar, efectivamente, ese enfoque con la etnografía.

En el panorama político internacional existen tres maneras principales de abordar las "desigualdades en cultura escrita": los enfoques de capital humano, basados en la "tasa de utilidad", como las mejoras económicas y los beneficios políticos; los enfoques "basados en los derechos", por ejemplo, tratar la cultura escrita como un derecho humano que debe enunciarse entre otros derechos universales, como el de la salud y, de hecho, "la igualdad, y por lo tanto tendría que apoyarse antes de cualquier 'utilidad' económica específica y sin importar ésta", y el enfoque de las "capacidades", que ofrece una explicación más sutil de las capacidades y el funcionamiento humanos básicos, que determina un umbral mínimo universal por debajo del cual no es posible alcanzar el bienestar de los seres humanos. Los tres enfoques asumen que el objeto de tal "desigualdad" puede ser definido y observado en términos de "tasas" nacionales gracias a las cuales puede compararse el número de personas con o sin una capacidad específica, como ser letrado. Está claro que tales definiciones se derivan de un modelo autónomo de cultura escrita, y no cabe duda que Nussbaum, sobre todo, elabora una postura muy crítica de los enfoques en prácticas sociales alternativas basados en la etnografía, a los que califica de "relativistas". Ve la cultura escrita como un bien universal, junto con otros "conceptos de una buena vida que se valoran en diversos contextos culturales", y sostiene que "esas virtudes constituyen una base del desarrollo humano y la justicia social" (Nussbaum, 2006, citado en Maddox, 2008, p. 191). La cultura escrita se incluye en su lista de diez "capacidades humanas centrales", en una categoría relacionada con "sentidos, imaginación y pensamiento". Igual que los primeros exponentes del modelo autónomo, como Goody y Ong (cf. Street, 1984), considera que la cultura escrita hace posible la capacidad "de usar el sentido, de imaginar, pensar y razonar", como si quienes son clasificados como iletrados por los indicadores de alfabetismo fuesen, de alguna manera, incapaces de ello. Opina que esas cualidades son derechos universales:

El enfoque de las capacidades es completamente universal; las capacidades en cuestión se consideran importantes para todos y cada uno de los ciudadanos, en todas y cada una de las naciones, y cada una [de las capacidades] debe ser tratada como un fin (Nussbaum, 2006, p. 78).

De igual manera, Sen incluye la cultura escrita en una larga lista de capacidades básicas y afirma que es una "condición necesaria para el bienestar" (Sen, 1990, p. 126). Como señala Maddox, "Sen observa también la incompatibilidad entre las desigualdades de las capacidades básicas y el desarrollo humano efectivo" (Maddox, 2008, p. 189). Con base en datos censales, afirma que la cultura escrita no sólo se correlaciona con factores públicos tales como la mortalidad infantil, el empleo, etcétera, sino que, de hecho, es causal de efectos que superan esas condiciones. Igual que en el modelo autónomo, aquí se confunden la correlación y la causa con respecto a los objetivos internacionales: la preocupación de Sen por la cultura escrita "parece basarse en una inquietud consecuencialista por el logro de libertades y capacidad de acción y una conciencia del impacto de la distribución desigual" (Maddox, 2008, p. 190). Enumera seis formas en las que la escolaridad y la cultura escrita (como señalaron Scribner y Cole en 1980, muchos comentaristas de ese tipo siguen confundiendo ambas categorías) contribuyen a "reducir la inseguridad humana", superando las carencias, el desempleo, etcétera, y conduciendo a la participación política y la paz.

Maddox, que se ubica más dentro de la corriente de los NLS (Nuevos Estudios de Cultura Escrita) y que ha llevado a cabo trabajo de campo etnográfico en Bangladesh, ve con bastante cautela tales afirmaciones grandilocuentes, pero de todos modos le gustaría poder reconciliar parte del pensamiento de esos dos enfoques sobre la cultura escrita. Emplea como inicio su propio trabajo de campo en Bangladesh, y describe dos sitios en los que personas del lugar, Kamrul, que maneja un *rickshaw*, y Halima, una mujer casada, luchan contra la pobreza y alcanzan cierta cultura escrita como forma de tratar de superarla. En ambos casos consiguen algunos logros, como confianza y participación en los sistemas de crédito de los tenderos, aunque los dos seguían viviendo en la pobreza cuando Maddox volvió a visitarlos unos años después de su trabajo de campo inicial. Él utiliza esa evidencia para tratar de vincular las perspectivas etnográficas con el enfoque de las capacidades. En el caso de Kamrul, por ejemplo, todavía era vulnerable a los accidentes y a la mala salud, "No obstante, en el umbral de la capacidad, la cultura escrita había contribuido a su bienestar y al de su familia. Algunos de los cambios se relacionaban con 'realizar' la lectoescritura, mediante funcionamientos instrumentales de la cultura escrita y sus beneficios. Otros logros eran menos tangibles, como los relacionados con la confianza en sí mismo y el estatus social" (Maddox, 2008, p. 199).

Aunque veo con beneplácito el esfuerzo de Maddox por salvar la brecha entre el enfoque de las capacidades y la etnografía, me pregunto hasta dónde estarían dispuestos Nussbaum y Sen a llevar a cabo un intento similar en la misma dirección de Maddox. Sospecho que no es muy probable que la gente de Bangladesh a la que describe y la que vimos antes, en el relato que hace Rafat Nabi sobre Pakistán, fuera tomada en cuenta en su definición de capacidades de cultura escrita. Los planteamientos que hacen dependen de tasas de alfabetización predefinidas como de cierto tipo. Los usos muy locales y muchas veces mínimos de cultura escrita que describen Maddox y Nabi no pasarían las pruebas que utilizan los organismos que evalúan la capacidad de la gente con la lectura y la escritura. Como lo señala Campbell en *Measures of success* [*Medidas del éxito*] (2007), los "tipos de herramientas de evaluación" que se emplean en las mediciones estándar de "talla única" pueden caracterizarse como herramientas de evaluación estandarizada diagnóstica, de capacidad y desempeño. Es improbable que Kamrul y Halima, de Bangladesh, o Amen y Zia, de Pakistán, figurasen en esta forma de medición. Y sin embargo, son precisamente las "tasas" basadas en esas mediciones las que están utilizando Nussbaum y Sen para hacer sus afirmaciones sobre la alfabetización y su "impacto". Para Sen, esas personas no encajarían en el programa de las desigualdades, ya que seguirían siendo "iletradas" y, por lo tanto, "desiguales". Para Nussbaum no entrarían en su [medición estándar] universal; buen criterio, ya que seguirían estando por debajo del umbral en el que ubica los estándares "universales". Si fuese posible reelaborar la visión de Maddox para refinar las definiciones de Nussbaum y Sen y para ampliar la base de poder a partir de la cual definen y nombran la cultura escrita, tal vez sería posible darle cabida hasta cierto punto al enfoque etnográfico y al de las capacidades. Esto no es en absoluto el tipo de "relativismo" que Nussbaum atinadamente rechaza, sino más bien un llamado a aplicar el mismo rigor a nuestro aparato conceptual para nombrar y definir, que el que estos autores exigen para la labor estadística de comparación sobre la cual se basa su trabajo. Está por verse si existe la probabilidad de que den tal giro, y el trabajo de Maddox podría considerarse, precisamente, como indicador de la brecha de poder que hay en este campo: él sí está dispuesto a pasar de una perspectiva etnográfica al enfoque de capacidades. ¿Estarán igualmente dispuestos los autores de ese campo a reconocer siquiera su poder y a avanzar en esa dirección? En su conclusión, Maddox escribe: "El enfoque de las capacidades proporciona una percepción distintiva de la importancia de la cultura escrita para el desarrollo humano" (Maddox, 2008, p. 200). Pero ¿a qué significado de "cultura escrita" se está haciendo referencia? La importancia de las definiciones de la cultura escrita universal estadísticamente precisadas no son en absoluto lo mismo que las descripciones etnográficas de los usos y significados de la cultura escrita en diferentes contextos, del tipo de los que describen Maddox para Bangladesh y Nabi para Pakistán. Si para Nussbaum "las tasas de alfabetización adulta indican el número de personas que han podido (o no) alcanzar el umbral mínimo de capacidad (p. 201), y el trabajo de Sen describe "los beneficios intrínsecos e instrumentales de la alfabetización", ¿entonces dónde ubicarían a esas personas ellos y otros autores del campo internacional? Y si esa gente sigue estando "por debajo del umbral", todos los esfuerzos etnográficos de Maddox y Nabi resultan irrelevantes para su postura desde las capacidades. Ése sería, en mi opinión, el reto del debate de las "desigualdades en la cultura escrita": que puede plantearse en términos del poder de nombrar y definir, más que en términos de asumir el objeto de indagación y después plantear afirmaciones y supuestos que de ahí parezcan derivarse, una vez establecido lo anterior. El objeto de indagación —los eventos y prácticas letrados— no está de manera alguna tan claro ni es tan universal como lo sugiere la bibliografía, y las políticas al respecto no pueden limitarse a tomar la "cultura escrita" como una sola cosa que puede manejarse por medio de programas diseñados sobre un "modelo de talla única".

CONCLUSIÓN

He procurado plantear algunas de las características de las aproximaciones de los NLS (Nuevos Estudios de Cultura Escrita) y considerar su aplicación para comprender y definir las "necesidades", capacidades y desigualdades en relación con la misma. Utilicé ejemplos tomados de dos contextos internacionales que pueden servir de estudios de caso (cf. Mitchell, 1984; Heath y Street, 2008), respecto a cómo podemos pensar y refinar las formas en las que nombramos y definimos tales cuestiones y sus implicaciones para la política y la práctica. Uno de esos contextos reveló de qué manera las personas pueden definirse como "analfabetas" incluso cuando están involucradas, de hecho, en una diversidad de eventos y prácticas letradas; un factor clave que se deriva de esas descripciones es cómo tomamos en cuenta su conocimiento previo para construir programas. Expuse también un programa de alfabetización que está construido sobre tales principios y que, por lo tanto, podría funcionar como respuesta concreta a los modelos dominantes de creación internacional de programas. Los capítulos de este libro y el trabajo en América Latina que describen brindan excelentes terrenos de prueba para explorar esas cuestiones, y espero que el volumen en su conjunto nos permita avanzar en ambas líneas de investigación: la de los enfoques etnográficos para programas de desarrollo y la de los enfoques de políticas más acordes con los significados locales de la cultura escrita.

REFERENCIAS

Aikman, S. (1999), *Intercultural education and literacy: An Ethnographic study of indigenous knowledge and learning in the Peruvian Amazon*, Amsterdam, Benjamins.
Besnier, N. (1995), *Literacy, emotion and authority: Reading and writing on a Polynesian atoll*, Cambridge, Cambridge University Press.
Brandt, D. y K. Clinton (2002), "Limits of the local: Expanding perspectives on literacy as a social practice", *Journal of Literacy Research*, 34 (3), pp. 337-356.
Campbell, P. (2007), *Measures of success; Assessment and accountability in adult basic education*, Alberta, Edmonton.
Coffield, F. (2000), *The necessity of informal learning*, Bristol, Policy Press.
Collins, J. (1998), *Understanding Tolowa histories: Western hegemonies and Native American response*, Nueva York, Routledge.
Eraut, M. (2000), "Non-formal learning, implicit learning and tacit knowledge in professional work", en F. Coffield (ed.), *Informal Learning*, Bristol, The Policy Press, pp. 12-31.
Green, J. y D. Bloome (1997), "Ethnography and ethnographers of and in education: A situated perspective", en J. Flood, S. Heath y D. Lapp (eds.), *A handbook of research on teaching literacy through the communicative and visual arts*, pp. 181-202, Nueva York, Simon and Schuster.
Hager, P. (2001), "Lifelong learning and the contribution of informal learning", en D. Aspin, J. Chapman, M. Hatton y Y. Sawano (eds.), *International handbook of lifelong learning*, pp. 79-92, Dordrecht, Boston y Londres, Kluwer Academic Publishers.
Heath, S. B. y B. Street (2008), "On ethnography: Approaches to language and literacy research", National Conference on Research in Language and Literacy, Teachers College, Columbia.
Hornberger, N. (ed.) (1998), *Language planning from the bottom up: Indigenous literacies in the Americas*, Berlín, Mouton De Gruyter.
Kalman, J. (1999), *Writing on the plaza: Mediated literacy practices among scribes and clients in Mexico City*, Cresskill, Hampton Press.
—— (2003), *Escribir en la plaza*, México, Fondo de Cultura Económica.

King, L. (1994), *Roots of identity: Language and literacy in Mexico*, Palo Alto, Stanford University Press.

Maddox, B. (2001), "Literacy and the market: The economic uses of literacy among the peasantry in North-West Bangladesh", en B. Street (ed.), *Literacy and development*, pp. 137-151, Londres, Routledge.

—— (2008), "What good is literacy? Insights and implications of the capabilities approach", *Journal of Human Development*, 9 (2), pp. 185-206.

Mitchell, J. (1984), "Typicality and the case study", en R. F. Ellen (ed.), *Ethnographic research: A guide to conduct*, pp. 238-241, Nueva York, Academic Press.

Moll, L., C. Amanti, D. Neff y N. Gonzalez (1992), "Funds of knowledge for teaching: Using a qualitative approach to connect homes and classrooms", *Theory Into Practice*, 31 (2), pp. 3-9.

Nabi, R., A. Rogers y B. Street (en preparación), *"Hidden literacies": Case studies of literacy and numeracy practices in Pakistan*.

Nirantar (ONG) (2007), "Exploring the everyday: Ethnographic approaches to literacy and numeracy, versión electrónica, <http://uppinghamseminars.com/page2.htm>.

Nussbaum, M. (2006), *Frontiers of justice: Disability, nationality, species membership*, Harvard, Belknap Press.

Papen, Uta (2005), *Adult literacy as social practice*, Londres, Routledge.

Parkin, D. (1984), "Political language", *Annual Review of Anthropology*, 13, pp. 345-365.

Prinsloo, M. y M. Breier (1996), *The social uses of literacy*, Benjamins/Sacched.

Robinson-Pant, A. (ed.) (2004), *Women, literacy and development: Alternative perspectives*, Londres, Routledge.

Rogers, A. (2002), *Teaching adults*, Buckingham, Open University Press.

—— (2004), *Non-formal education: Flexible schooling or participatory education?*, Dordrecht y Hong Kong, Hong Kong University Press/Kluwer Academic Publishers.

—— (2008), "Informal learning and literacy", en B. Street y N. H. Hornberger (eds.), *Encyclopedia of Language and Education*, pp. 133-144, Nueva York, Springer, 2a. ed.

Rogers, A. y B. Street (en prensa), "As researchers: Adult literacy facilitators in developing societies and the LETTER project", en *Studies in the Education of Adults*.

Sen, A. K. (2002), *Rationality and freedom*, Cambridge, Harvard University Press/Cambridge University Press.

Street, B. (1984), *Literacy in theory and practice*, Cambridge, Cambridge University Press.

—— (1993), "Culture is a verb: Anthropological aspects of language and cultural process", en D. Graddol, L. Thompson y M. Byram (eds.), *Language and Culture*, pp. 23-43, Clevedon, BAAL and Multilingual Matters.

—— (2004), *Understanding and defining literacy: Scoping paper for EFA Global Monitoring Report 2006*, Unesco, París.

Street, B. (ed.) (1993), *Cross-cultural approaches to literacy*, Cambridge, Cambridge University Press.

Street, B., D. Baker y A. Rogers (2006), "Adult teachers as researchers: Ethnographic approaches to numeracy and literacy as social practices in South Asia", *Convergence*, 39 (1), pp. 31-44.

Thornton, R. (1988), "Culture: A contemporary definition", en E. Boonzaeir y J. Sharp (eds.), *Keywords*, Ciudad del Cabo, David Philip.

Unesco (2006), EFA *Global Monitoring Report 2006*, Unesco, París, disponible en: <http://portal.unesco.org/education/en/ev.php-URL_ID=43283&URL_DO=DO_TOPIC&URL_SECTION=201.html>.

Wagner, D. (1993), *Literacy, culture and development: Becoming literate in Morocco*, Cambridge, Cambridge University Press.

IDEOLOGÍAS DE LA ALFABETIZACIÓN:
PRÁCTICAS LOCALES Y DEFINICIONES CULTURALES

MARCIA FARR[1]

Este trabajo pretende aclarar algunas cuestiones relacionadas con el concepto *alfabetización*, en particular aquellas que involucran definiciones de la misma. Los especialistas en esta área han logrado un avance teórico significativo en las definiciones de dicha noción, que pasa de las más tempranas, que tratan la alfabetización como una aptitud cognoscitiva uniforme o un conjunto de habilidades que se aplican en todos los contextos, a definiciones de orientación más etnográfica, que tratan la alfabetización en forma pluralista, como prácticas complejas que varían en diversas culturas y contextos. De hecho Szwed (1981), propuso el estudio de "una pluralidad de alfabetizaciones" en los contextos locales, y Street (1984) criticó el modelo monolítico y autónomo de alfabetización, y se declaró a favor de un modelo ideológico que permitiese comprender las diversas prácticas letradas inmersas en contextos políticos y sociales más amplios. Los *New Literacy Studies* (NLS) examinaron el modelo en términos etnográficos, en busca de significados locales insertos en eventos específicos de cultura escrita (por ejemplo Heath, 1983). Collins y Blot (2003) actualizaron todo este trabajo al hacer una síntesis crítica de los estudios etnográficos e históricos de alfabetización, donde indicaron que, para muchos especialistas en el tema ya está bien establecido un modelo ideológico.

Al documentar los usos reales de la lectura y la escritura en diversas poblaciones, los *New Literacy Studies* (NLS) desprestigiaron las concepciones reduccionistas de la alfabetización, demostrando, al hacerlo, la competencia no reconocida de la gente común y corriente (tal como lo hace gran parte del trabajo etnográfico). El resultado es que ahora tenemos una variedad de estudios detallados que describen de qué manera las personas de diferentes culturas y sociedades usan el lenguaje escrito para sus propios fines, pero en términos generales aún no nos hemos ocupado de la significación ideológica más amplia de esta abundante descripción. En este trabajo exploro una manera de hacerlo, mediante una ampliación del modelo ideológico de cultura escrita de Street con el concepto de *ideologías de lenguaje* tal como se le emplea en el campo de la antropología lingüística (Schieffelin, Woolard y Kroskrity, 1998; Kroskrity, 2000). Mi objetivo es permitir conexiones más claras y concretas entre el nivel micro de las prácticas locales y el nivel macro de los contextos sociales y políticos más generales, conexiones que con frecuencia nos han esquivado en nuestras descripciones y análisis de las prácticas letradas. Es decir, al concentrarme

---

[1] Ohio State University.

en las ideologías del lenguaje pretendo conectar el lenguaje y las prácticas letradas con la teoría social. Primero analizaré cómo el marco de referencia conceptual que se entiende con el término *ideologías de lenguaje* puede contribuir a elaborar definiciones críticas de la noción alfabetización. Posteriormente ubicaré, dentro de ese marco, parte de mi investigación descriptiva previa sobre las prácticas letradas entre familias mexicanas transnacionales (Farr, 1994a, 1994b).

IDEOLOGÍAS DE LENGUAJE Y DEFINICIONES DE ALFABETIZACIÓN

Como ha sido establecido, muchas de las cuestiones que rodean el concepto de alfabetización entrañan definiciones. ¿Cómo se define la alfabetización? ¿Quién la define? ¿En qué contextos? ¿Con qué fin? Las definiciones, sobre todo las que se sustentan en ideologías aceptadas ampliamente, tienen serias implicaciones sociales, económicas, políticas y de otros tipos. Como observó Raymond Williams, "una definición de lenguaje siempre es, implícita o explícitamente, una definición de seres humanos en el mundo" (1977, p. 21, citado en Woolard, 1998, p. 3). En otras palabras, el acto de definir organiza relaciones sociales, de manera que definir lo que se considera alfabetización ubica a grupos de personas en posiciones sociales específicas. Por ejemplo, si definimos alfabetización como la capacidad funcional de leer y escribir, de decodificar y codificar un sistema escrito para construir significado, cualquiera que tenga habilidades letradas básicas puede considerarse alfabetizado (como en el caso de los inmigrantes mexicanos de mis investigaciones de 1994). A la inversa, definir la alfabetización como algo que requiere pensamiento crítico de un orden más elevado en el lenguaje escrito, lo que Heath (1987) denominó "comportamientos letrados", ubica a los que no tienen más que habilidades básicas en las categorías de "analfabetos" o "semianalfabetos", aunque sepan leer y escribir. En la medida en que nuestra definición de alfabetización ubica a la gente en relaciones jerárquicas de ese tipo, es una *ideología de la alfabetización*. La forma de definir ideas tales como *alfabetización* crea una realidad social (por ejemplo, los migrantes mexicanos como analfabetos) que tiene consecuencias materiales reales.

Las definiciones de alfabetización pueden parecer una extraña controversia para las personas de sociedades en cuyo lenguaje se define dicho concepto simplemente como la capacidad de leer y escribir, pero, al menos en Estados Unidos, el término *alfabetización* es ambiguo, y cada vez menos preciso. No sólo hay ambigüedad respecto a la definición de alfabetización como "habilidades letradas " o "comportamientos letrados" (Heath, 1987), sino que el término, con creciente frecuencia, ni siquiera se limita a los usos del lenguaje escrito. Ahora se están proclamando muchas clases de alfabetización que proponen esencialmente "comportamientos letrados" (o cierto tipo de pensamiento crítico abstracto) que pueden involucrar, aunque no necesariamente, la lectura o la escritura; entre ellos figuran alfabetización científica, alfabetización en materia de salud, alfabetización médica, alfabetización computacional, alfabetización informativa, alfabetización visual, alfabetización del diseño y hasta alfabetización de la interpretación (en música y danza, por ejemplo). En realidad quienes promueven esas nuevas alfabetizaciones consideran que la tradicional, la "alfabetización del lenguaje escrito", es simplemente otro tipo de alfabetización, a saber: *alfabetización verbal*. Aquí me baso en mi experiencia como parte de una reciente iniciativa intercampus en la Ohio State University, organizada por Harvey Graff, denominada *Literacy Studies*. Esta iniciativa reúne a quienes proponen todas estas nuevas alfabetizaciones (de los colegios de humanidades, educación, ciencias sociales, artes, arquitectura, ciencias físicas, medicina, profesiones médicas vinculadas, etc.) para examinarlas críticamente, y una especialización interdisciplinaria en *Literacy Studies*, desarrollada por Graff y por mí, que involucra en este proceso a estudiantes de licenciatura (véase <http://literacystudies.osu-edu/academics.gis.cfm>). Aunque tengo reservas para un uso tan amplio del término *alfabetización* se trata de una realidad innegable que tiene, evidentemente, implicaciones ideológicas.

Una de las razones por la que hay tantos significados para el término *alfabetización*, se encuentra en la historia de la palabra *literacy*, en inglés. El término latino original, *literatus*, se refería a una persona, un clérigo, por lo general, con conocimiento del griego y el latín, lo que implicaba la capacidad de leer y escribir, ya que en esa época ésos eran los lenguajes que se utilizaban para escribir, mientras que el inglés era meramente hablado (Clanchy, 1979). Desde un principio, entonces, una bifurcación del significado permitió dos interpretaciones: significaba *conocimiento* y también quería decir *lectura y escritura*. Es decir, tenía una definición cognoscitiva y otra lingüística. Muchos otros lenguajes no manifiestan esta ambigüedad, y por eso es difícil traducir el concepto inglés de *literacy* al español, por ejemplo. *Alfabetización* se refiere al proceso de "adquirir letras", es decir, de aprender el alfabeto. He experimentado con el término *alfabetismo* para referirme a la alfabetización como práctica, mientras que otros prefieren *lectoescritura*, que sin ambigüedad alguna se refiere al uso de habilidades (lingüísticas) letradas, o *cultura escrita*.

Tanto el japonés como el chino contienen varias opciones para referirse a lo que se llama *literacy* en inglés (Unger, comunicación personal; Rohsenow, comunicación personal).

Japonés

yomikaki n_ryoku ("leer y escribir" + "capacidad"; es el término preferido)
shikiji-ritsu (literalmente "tasa de reconocimiento de caracteres")
dokkairyoku (literalmente "poder de interpretación de lectura", más cercano a "comprensión")
riterashi (préstamo del término inglés *literacy*)

Chino

shi zi ("reconocer caracteres"; es el término habitual)
you wenhua ("tener cultura"; la última palabra está compuesta por caracteres que
   literalmente significan "literaturizar")
shi zi nengli ("la capacidad de leer y escribir"; más similar al término inglés *literacy*)
weng-mang ("analfabetismo", literalmente "ceguera ante palabras")

El chino y el japonés, entonces, tienen diferentes palabras y frases para los significados que están contenidos en esa única palabra en inglés, *literacy*. Mientras
ambos lenguajes favorecen la expresión del significado lingüístico de alfabetización
(simplemente la capacidad de leer y escribir), el chino tiene también una expresión
que vincula ser "culto" con el conocimiento del lenguaje escrito, más allá del mero
conocimiento de los caracteres (para lo cual se usa la expresión preferida). De esta
forma, el conocimiento de la literatura escrita, y no sólo el de los caracteres, hace
que alguien sea culto.

Estos ejemplos demuestran que diferentes lenguajes y culturas definen alfabetización de distintas maneras, aunque todos los que he investigado (con excepción
del inglés) incluyen un término que significa simplemente leer y escribir, es decir,
habilidades letradas antes que comportamientos letrados, y por lo tanto habilidades lingüísticas, más que cognoscitivas. Esto hablaría en favor de una definición
transcultural y funcional de la alfabetización que se restringe a habilidades básicas
de lectura y escritura. De hecho, me he manifestado a favor de esta definición en
un trabajo previo (Farr, 1994b), porque funciona en diversos lenguajes y culturas
y también porque permite que las personas con habilidades letradas básicas sean
consideradas alfabetizadas (más que analfabetas o semianalfabetas). La definición
dominante de alfabetización en Estados Unidos, no obstante, es la cognoscitiva, que
destaca los comportamientos letrados, como resulta evidente en el uso difundido
de este término para referirse a formas de pensamiento que no necesariamente
involucran de manera alguna al lenguaje escrito (como en alfabetización científica,
etc.). Debido a que esta definición organiza las relaciones sociales en una jerarquía
de estatus con consecuencias materiales, funciona como una *ideología de la alfabetización* (Woolard, 1998).

En un esfuerzo por amortiguar los efectos de esta ideología (cognoscitiva) de la
alfabetización en las poblaciones que sólo tienen habilidades letradas básicas (Gee,
1989; Vásquez, 1989), algunos especialistas han cuestionado esta representación dominante de alfabetización, y la han aplicado al lenguaje oral, además del escrito. En
otras palabras, usar comportamientos letrados en el lenguaje oral es aceptado como
alfabetización. En mi opinión, esto crea más problemas que los que resuelve. Es evidente que las personas que no tienen conocimientos de un sistema escrito pueden
pensar de manera crítica, pero esto no las hace alfabetizadas. Homologar de esta
manera la oralidad con la alfabetización es ignorar la tremenda significación del
desarrollo de sistemas de escritura en distintos lugares del mundo (primordialmen-

te en China, el Cercano Oriente y Centroamérica). La escritura fue una conquista importante para cada una de esas civilizaciones y, junto con otros factores sociales (por ejemplo el desarrollo del papel), permitió un cambio cultural notable (Finnegan, 1988). Borrar las diferencias entre el lenguaje oral y el escrito implica ignorar tales logros sin resolver el problema de una ideología de la alfabetización que tiene efectos materiales reales sobre las personas "menos letradas" que, por ejemplo, no pueden aprobar un examen de graduación de preparatoria para obtener un mejor empleo. Además, esta concepción dominantemente cognoscitiva de alfabetización (como formas específicas de pensamiento complejo), subvalora no sólo las habilidades letradas básicas, sino también la oralidad. Un ejemplo serían las pruebas de alfabetización que se usan habitualmente en Estados Unidos como parte de las solicitudes de empleo, incluso cuando los puestos no requieren niveles elevados de alfabetización. Las pruebas eliminan a los solicitantes que pueden emplear ese pensamiento crítico en el lenguaje oral, pero no en el escrito. De esta manera la palabra *alfabetización* resulta sobrevaluada, mientras que la oralidad es subvaluada porque se le considera lo opuesto a alfabetización. Esta dicotomía funciona en paralelo con otra dicotomía (véase el modelo más abajo), la de analfabetismo en oposición a alfabetización, de tal manera que la oralidad adquiere las connotaciones de analfabetismo, ya que ambas se oponen a la alfabetización en la imaginación pública. De esa forma poblaciones enteras se consideran pertenecientes a "culturas orales" o "analfabetas", aunque puedan tener habilidades letradas básicas.

| ORALIDAD | ⇔ | ALFABETIZACIÓN |
| ANALFABETISMO | ⇔ | ALFABETIZACIÓN |

La categorización de pueblos como analfabetos o semianalfabetos no tendría tanta importancia si estas categorías no se asociasen con otras cualidades indeseables (en la siguiente cita le agregué entre corchetes el término *alfabetización* a *lenguaje*, ya que alfabetización, en la definición que prefiero, es lenguaje escrito).

… las ideologías de lenguaje [y alfabetización] no son sólo sobre el lenguaje. Más bien ven y ponen en práctica vínculos del lenguaje [y la alfabetización] con la identidad, con la estética, con la moralidad y con la epistemología. Por medio de esas vinculaciones dichas ideologías sustentan, no sólo la forma y el uso lingüísticos, sino también la noción misma de la persona y el grupo social, así como instituciones sociales tan fundamentales como el ritual religioso, la socialización de los niños, las relaciones de género, el estado-nación, la escuela y el derecho (Woolard, 1998, p. 3).

De esta manera, una ideología de la alfabetización que la define como el uso de tipos específicos de pensamiento crítico vincula a quienes sólo poseen habilidades letradas básicas con nociones de inadecuación como personas e intelectos, y hasta con inmoralidad y otras fallas sociales. Esto resulta evidente en los frecuentes artículos periodísticos que suelen enumerar el analfabetismo junto con el crimen, la dependencia de la asistencia pública y las familias "desintegradas". El hecho de que ese supuesto "analfabetismo" se asocie tan fácilmente con lo que se consideran fallas morales y sociales muestra la fuerza de la ideología definitoria.

Afortunadamente, aunque tales ideologías son hegemónicas, hay "intersticios" en la hegemonía que pueden ser explotados —y lo son— por quienes resultan definidos de modo adverso por la ideología. Es decir, siempre hay múltiples ideologías en juego en una comunidad determinada:

...debido a la multiplicidad de divisiones sociales significativas (clase, género, clanes, élites, generaciones y demás) dentro de los grupos socioculturales que tienen el potencial para producir perspectivas divergentes que se expresan como índices de pertenencia al grupo (Kroskrity, 2000, p. 12).

Es decir que, aunque algunas ideologías son dominantes, no son monolíticas. Así como existen variaciones en las poblaciones de acuerdo con la clase social, el género, la etnicidad, la edad, la religión, etcétera, también existen en sus perspectivas y creencias, es decir, en sus ideologías. Un ejemplo de esto se encuentra en las concepciones sobre la lengua escrita de las familias mexicanas con las que trabajé durante el decenio de 1990 (Farr, 1994a; 1994b; 2005a; 2005b). Más que ver la alfabetización como formas específicas de pensamiento complejo, la definían lingüísticamente, como la capacidad de usar el alfabeto, ya fuese en español o en inglés. Antes de describir esas concepciones relatadas en sus propias palabras, quiero proporcionar algunos antecedentes del estudio global.

LENGUAJE Y LITERACIDAD EN UNA COMUNIDAD MEXICANA TRANSNACIONAL

A lo largo de quince años llevé a cabo una etnografía a largo plazo del lenguaje, la alfabetización y la identidad dentro de una red social de familias mexicanas que constituían una comunidad transnacional. Inicié este estudio en Chicago y lo amplié, gracias a su invitación, a su pueblo de origen en el noroeste de Michoacán, México. La comunidad es transnacional porque mantiene conexiones sociales, económicas, políticas, religiosas, emocionales y discursivas por encima de las fronteras nacionales. Viajan con frecuencia de un país a otro, sobre todo para ritos religiosos como bautizos, matrimonios y celebraciones de quince años; y se comunican asiduamente, ahora con teléfonos celulares, con planes de llamadas y tarjetas que reducen los costos. Además, su discurso está repleto de referencias a personas y lugares "en el otro lado". (Ahora que he vivido en ambos lugares, entiendo mucho mejor este discurso.)

Las percepciones derivadas de este estudio a largo plazo se expresan en diversas publicaciones (por ejemplo Farr, 1994a; 1994b; 1994c; 1998; 2005a; 2005b; 2006); estas comprensiones se basan en análisis de un gran conjunto de datos que abarca grabaciones de audio, notas de campo de observación participante, entrevistas informales y materiales históricos de archivos mexicanos. Aunque el documento que describe el estudio global (Farr, 2006) se concentra por entero en el habla cotidiana y la identidad, las publicaciones previas abordan las prácticas letradas entre las familias. Como ya se señaló, gran parte del trabajo anterior sobre la cultura escrita fue primordialmente descriptivo, y aquí lo uso, en parte, para repensar las implicaciones más vastas de esta descripción.

Estas familias son parte de un subgrupo de la sociedad rural mexicana. Aunque la creencia habitual homologa lo *rural* primordialmente con los mexicanos indígenas (por ejemplo Bonfil Batalla, 1996), estas familias se identifican como *rancheros*, una subpoblación que ha sido mucho menos estudiada que la indígena (o antes indígenas; véase Frye, 1996). Se les denomina "rancheros" porque provienen de los ranchos y porque descienden de personas que integraban "la sociedad ranchera" después de la conquista española de México (Barragán, 1997). Esta sociedad emergente se formó en las fronteras rurales de Nueva España y después de México, y estaba integrada primordialmente por españoles de bajo estatus (mineros, marineros, campesinos) que se casaban con indias o africanas, y que actuaban como intermediarios entre la élite (urbana) de españoles terratenientes y sus trabajadores indígenas. De manera que estas familias son mestizas (aunque nunca emplean este término), pero se identifican primordialmente con el lado hispano de su herencia, y muchas familias de mi estudio evidencian esta herencia genética, con cabello rubio, ojos verdes o azules y piel blanca, a veces con pecas, que se quema con el sol. Otros parecen ser más evidentemente mestizos, aunque, como mencionó una ranchera: "Sí, hay morenos aquí, pero no son indígenas." De hecho, los rancheros no son considerados indígenas por los indígenas mismos (quienes no los estiman), y manifiestan esta orientación no indígena en su compromiso con la propiedad, la manifestación de una especie de individualismo y autonomía, y sus objetivos empresariales. Su manera primordial de hablar, que construye su identidad, es lo que he llamado "franqueza", un estilo de habla directa, franca, afirmativa y muy directa. Esta forma primaria de hablar se complementa con el "respeto", un estilo de habla que indica el respeto por las tradicionales jerarquías de edad y género, y por el "relajo", un estilo de broma que permite que la gente desafíe el *status quo* con un comportamiento lingüístico que se consideraría inapropiado en el habla normal cotidiana. Estos estilos de habla, así como la información histórica y de otro tipo, se presentan de forma extensa en mi libro (Farr, 2006). Ofrezco esta breve sinopsis a manera de información contextual para los posteriores comentarios que ellos hacen sobre alfabetización.

Las actitudes en relación con la educación y los niveles de la misma también constituyen aquí un antecedente importante (véase el capítulo 4 de Farr, 2006). En pocas palabras, aunque la mayoría de los adultos de esta red de familias sólo tienen entre dos y cinco años de educación formal, ya que las escuelas públicas llegaron a su pueblo apenas en la década de 1950, casi todos tienen habilidades básicas letradas y de cultura matemática. Las generaciones posteriores, con más años de escolaridad, ya sea en México o en Chicago, tienen niveles de alfabetización más altos. De hecho la generación es el factor más importante de los niveles crecientes de escolarización; un segundo factor en importancia es la ubicación en Chicago, y el tercero es el género femenino. No obstante, para la primera generación de adultos las habilidades letradas y de cultura matemática necesarias se adquirieron gracias a una escolaridad limitada o se aprendieron informalmente de otros, mediante un proceso de aprendizaje al que se refieren como "lírico" (Farr, 1994a). De manera congruente con sus valores culturales, aprendieron lo que necesitaban saber (por ejemplo cómo calcular la cantidad de fertilizante que se necesitaba para sus cultivos) por su propia cuenta, solicitando apoyo y recursos de otras personas más enteradas, en general de alguien de la misma red social. Con su forma típica de hablar, muchas veces poética, un hombre describió así el aprendizaje lírico:

Lírico es… puro hablado… que no "hayan" libros ni nada.
    Puede ser también con maestro, pero que no haya nada de libros.
    La voz, pues, nada más pura voz.
    La voz y la palabra.

Otros enfatizaban la naturaleza intensamente social de ese proceso de aprendizaje: puede hacerse sin libros pero no sin otras personas, como lo explica a continuación un hombre con típica franqueza y autoridad del ranchero:

Bueno, te voy a decir la pura verdad: Mira, no hay persona que se enseñe por sí mismo a nada. Tiene que haber una base, tiene que haber un, ¿cómo te dijera? Nosotros decimos un pie. O sea, una base para empezar, porque, simplemente, para que tú te enseñes a algo, tienes que aprenderlo de otro.

Este hombre, en realidad, aprendió la lengua escrita "líricamente", primero de otros de su rancho y después, tras haber emigrado a Chicago a trabajar, de alguien a quien describe como un verdadero amigo, a quien conoció allí. Relata cómo empezó a aprender a leer y escribir en su rancho cuando era niño, en parte de sus breves experiencias escolares y en parte de otros que podían ir a la escuela más que él:

Es que teníamos que trabajar. Mira, como no había jefa [madre de familia], mi papá siempre estuvo acá en los Estados Unidos. Entonces pues, teníamos que trabajar para comer… o sea que a los ocho años ya empieza uno a trabajar en México. Desgraciadamente allá, tienes ocho años, ya puedes caminar bien, tienes que ir a ver los animales.

Aunque tuvo cierta educación escolar formal, fue muy limitada, porque tuvo que trabajar desde los ocho años, ya que su madre había muerto y su padre estaba trabajando en Estados Unidos (mientras su tía lo cuidaba). Sus breves experiencias en la escuela, sin embargo, le dieron una base a partir de la cual construir, cosa que hizo con ayuda de otros y practicando por su cuenta con los materiales que tuviese a la mano. Al describir este temprano proceso de aprendizaje, brinda detalles concretos acerca de los materiales disponibles y su uso de los mismos. Además, distingue claramente el proceso de aprender a leer y el de aprender a escribir:

Por ejemplo, tú traes una cajetilla de cigarros… Ves las letras y dices "Pues, ésta es ésta, y ésta", así, ¿verdad?, y las vas juntando, entonces ya está, después te vas empezando a practicar tú mismo, y hasta que llega el día que ya conociendo todas las letras, las puedes juntar.

Entonces yo después empecé a escribir solo, a escribir. Y cuando les platicaba a mis amigos, "Mira, fíjate que ya sé escribir, y esto ya se escribe así de este modo, de este otro." Entonces seguí practicando y practicando…

Algunos amigos allí ya mayores tenían revistas, cuentos, sí, revistas de historietas. Y me las prestaban. Entonces, como en esas revistas me gustaba leer, yo creo que fue la base de donde aprendí yo más también, porque ya cuando empiezas a leer una revista, cuando terminas una revista y la lees completa, ya allí vienen todas las palabras. Entonces me fue mejor, o sea, sí fui mejorando la lectura mía.

Para escribir pues, eso sí batallé más, pa' eso sí era, era más complicado. Pero, cajetilla de cigarros que me encontraba por allí tirada y toda la dejaba rayada. Yo traía un lápiz y lo sacaba y me acordaba de lo que había leído en la revista. Y las ponía a veces que le sobraban letras, a veces le faltaban. Pero era parecido.

Después de emigrar a Chicago, cuando era un adulto joven, mejoró sus habilidades letradas con ayuda de un buen amigo al que conoció allí. Su deseo de mejorar esa capacidad estaba estimulado por la necesidad de escribir cartas a su casa. Si bien podía haber contratado a alguien para que le escribiese una carta (véase Kalman, 1998), prefería llevar a cabo lo que denominaba su "obligación" escribiendo sus propias cartas, a fin de saber exactamente qué decían. Es decir, si no conocía al traductor y no podía entender perfectamente lo que éste escribía, ¿cómo iba a saber si escribía *hello*, siguiendo sus instrucciones, o *go to hell* [vete al diablo] (el sagaz juego de palabras en inglés es suyo). En lo que sigue destaca la importancia de la ayuda que recibió de su amigo de Chicago para mejorar sus habilidades letradas:

Él era del estado de México, siendo que yo lo conocí aquí en Chicago, y éramos muy amigos aquí en Chicago. Entonces, pues, muy sencillo… muchas de las veces tú encuentras algún amigo que en verdad es amigo, ¿verdad? Y cuando eso sucede el amigo sí se preocupa por ti. Sin, pos, yo digo sin ventajas, o son amigos, que decimos acá nosotros, un amigo derecho, que te estima. Entonces ésa es una de las razones que yo creo que él me ayudó porque viéndolo por el otro lado, qué le podía emportar yo a él. Te imaginas, no somos ni siquiera vecinos, ni parientes, ni mucho menos. Entonces este hombre, creo que hizo mucho, mucho por mí.

Estas citas extensas de un hombre brindan detalles valiosos para nuestra comprensión de la lengua escrita adquirida de manera autodidacta. Nos recuerda, en primer lugar, la naturaleza aprendida de la escritura, en contraste con la naturaleza adquirida del habla. Indica también que aprender a leer y escribir por uno mismo es difícil y requiere mucha práctica para ir mejorando gradualmente; además, que aprender a leer no es el mismo proceso que aprender a escribir. Señala que escribir es "más difícil", y que va después de aprender a leer. Sin embargo, y en contraste, otro hombre que aprendió a leer y escribir de manera lírica después de emigrar a Chicago, y por la misma razón (para escribir cartas a su casa), comenta que primero aprendió a escribir y después a leer. Esto nos dice que no hay un orden necesario en el aprendizaje de estas habilidades. Ésta es su propia narración del aprendizaje lírico de la lengua escrita:

Bueno, yo empecé a escribir cuando salía de mi tierra, cuando empecé a escribir para mi casa. Entonces había un señor que me decía, "Mira, así, así se hacen las letras", me las apuntaba. Entonces yo empecé a pensar y hacerle la lucha a escribir y yo escribía. Ya me empezaban a contestar y yo me sentía contento porque sí me daba gusto lo que decía, ¿no? Ya, ya, ya la estoy, ya la estoy haciendo…

Yo me ponía a escribir a mi casa… me acuerdo que la primer carta que mandé me duré como dos días, bueno, después del trabajo… Y entonces yo escribía mal hechito, como podía, y me llegaba la carta… pero no podía yo leerlas. Yo la daba a leer porque no podía. Hasta, después ya con el tiempo ya fui a, poco a poquito a poderlas ir leyendo.

Vemos una vez más el arduo trabajo que implica aprender lengua escrita fuera de la escuela, lo que también habla de un gran deseo de adquirirla y la disposición de aprender por uno mismo, con ayuda de los demás. A pesar de todo ese trabajo duro y automotivado, y pese a su alfabetización funcional, estos dos hombres hubiesen sido clasificados como "analfabetos" por las ideologías sobre alfabetización que prevalecen en Estados Unidos.

Otra ideología dominante con respecto a alfabetización, tanto en Estados Unidos como en otros países, es la del *purismo letrado*. Esta ideología es paralela a la ideología difundida del *purismo del lenguaje* (Hill y Hill, 1980, 1986), que considera que una forma de hablar es la única correcta. El purismo del lenguaje y el letrado se asocian especialmente con la educación formal, en la cual los maestros suelen insistir en las versiones "correctas" de los lenguajes estándar (Milroy y Milroy, 1998). Un ejemplo de purismo del lenguaje se dio durante mi trabajo de campo en México, cuando en una casa observé a la hija mayor de una familia corregir el dialecto ranchero de su padre. Él había usado la forma verbal "semos" (típica del español arcaico de los ranchos) y ella lo corrigió, diciéndole que "semos" era incorrecto y que la forma correcta era "somos". Desde luego yo lo había entendido cuando usó "semos", y me inquietó su posible incomodidad cuando su propia hija lo corrigió delante de mí. Esta anécdota es un claro ejemplo de ideologías dominantes que tienen consecuencias perjudiciales. Otra anécdota revela consecuencias tanto educativas como económicas: Un primo de la hija, que iba a la secundaria en Chicago, padeció una vergüenza parecida cuando su maestra de español, que era argentina, lo corrigió en la escuela, lamentando su "españolranchereado". También en la clase de inglés a este joven le costaba escribir ensayos, así que aprendió, y creyó, que su español y su inglés "no eran muy buenos". Como le iba mal en la escuela secundaria trató de cursar un año en el colegio comunitario, pero finalmente lo abandonó porque no pudo aprobar la clase de composición en inglés.

El *purismo letrado* es reconocido, y a veces compartido, incluso por quienes padecen sus consecuencias adversas. Los dos hombres descritos que aprendieron la lengua escrita de manera "lírica" indican que se dan cuenta de que su escritura no es "como la escritura de la escuela". Uno de ellos me detalló cómo a veces tenía que usar la escritura en su trabajo de capataz con otros trabajadores hispanohablantes en *el traque* (la vía del ferrocarril). Cuando debía tomar notas utilizaba el alfabeto español que había aprendido "lírico" para escribir fonéticamente las palabras en inglés:

El inglés que yo escribía... no era exactamente como lo escriben en la escuela, ni mucho menos siendo que yo lo escribía a la manera que se pronuncia, o sea más bien, lo escribía yo en español. Sería decirlo así, verdad, yo lo escribía en español... por ejemplo... me decían eso se llama *coffe cup*, yo le ponía, verdad, como se pronuncia.

Pero ya que yo escriba, yo sé que no las voy a escribir como debe de ser. Ahora, puntos y acentos. ¿Dónde los lleva? Quién sabe, no tengo idea... a lo mejor pensándolo dicho, "ah, caray, pos sí, a lo mejor lleva el acento aquí", pero eso de que punto, coma y eso, eso sí no sé nada. Nomás las letras.

Y continúa, defendiéndose por no conocer esos detalles letrados señalando que adquirió la lengua escrita por su propio esfuerzo, fuera de la escuela, lírico:

Porque los que aprendemos a leer y escribir acá lírico, qué vamos a saber de ortografía, qué vamos a saber dónde va un acento, qué vamos a saber que donde está un punto se tiene uno que detener cuando está leyendo, ¿qué sabe uno de eso? Uno le sigue derecho. ¿Sí o no? Yo no me fijo en eso... Y la gente que está educada, que ha tenido su escuela, pos oye, ve un punto y se para. O ve unas rayitas allí que les dicen signos... le dan su sonido a la lectura. Yo no, yo parejo. Nada de bajadas y subidas, no, no, no, no, ¿qué es eso?

En una típica postura ranchera de autoafirmación, este hombre reconoce lo que no sabe de la escritura tal como se practica en las escuelas, mientras mantiene su apariencia pública de hombre competente y trabajador, al menos frente a mí. Esto, desde luego, no quiere decir que en otros contextos no se avergüence o experimente otros efectos adversos.

IDEAS FINALES

Mi objetivo en este trabajo, ha sido destacar el contraste entre las ideologías sobre alfabetización prevalecientes y las considerables habilidades letradas de personas a las que con frecuencia se clasifica como analfabetas. Los comentarios de estos individuos indican la fuerza hegemónica de las ideologías preponderantes, pero expresan asimismo concepciones contra hegemónicas de la alfabetización —en tanto habilidades lingüísticas, no cognoscitivas— que les permiten leer y escribir de forma funcional en su propia vida. Aunque podrían existir argumentos para decir que las habilidades letradas más desarrolladas brindarían el acceso a mejores posibilidades sociales y económicas, la investigación ha demostrado que no es así en todos los casos (por ejemplo Graff, 1979). Este argumento sí aplica, sin duda, a ciertos individuos, como el joven primo de Chicago; no por las habilidades letradas mismas sino porque la alfabetización le permitiría terminar la universidad, y un título universitario ofrece oportunidades. Para la generación de sus padres, sin embargo, esto no es así, ya que están en Chicago para trabajar, no para ir a la escuela (como lo expresó poéticamente una mujer, "Chicago es para trabajar, México, para descansar"). Además, si todos estuviesen "perfectamente" alfabetizados, ¿tendrían siempre un trabajo bien pagado elegido por ellos? No sin que se produzcan cambios dramáticos en la economía. Irónicamente, son los estándares y las ideologías predominantes de alfabetización que se analizaron aquí, sobre todo la ideología purista, las que impiden el éxito en las clases de alfabetización. El joven al que le dijeron que ni su inglés ni su español eran adecuados no experimentó el éxito en lengua escrita en ninguno de ambos, y eso tuvo un costo social. Esperaría que los investigadores logren convencer algún día a los educadores y al público en general de dos aspectos importantes de la "realidad de la cultura escrita"; uno, que son el purismo del lenguaje y letrado (no las características dialectales) los que actúan como impedimentos para el aprendizaje de la lengua escrita (Adger, Wolfram y Christian, 2007) y dos, que la "alfabetización" en sí tiene distintas definiciones, desde las puramente lingüísticas (que se aplican en diversas culturas y épocas) hasta las cognoscitivas (que están culturalmente determinadas). En las investigaciones futuras debemos tener presente que "no se trata simplemente de analizar y criticar las raíces sociales de las ideologías lingüísticas [y sobre alfabetización], sino de analizar su eficacia, el modo en que transforman la realidad material sobre la cual comentan... ya que la ideología crea y actúa en un mundo social, al mismo tiempo que se disfraza de descripción de ese mundo" (Woolard, 1998, p. 11).

REFERENCIAS

Adger, C., W. Wolfram y D. Christian (2007), *Dialects in schools and communities*, Mahwah, Erlbaum.
Barragán, L. E. (1997), *Con un pie en el estribo: Formación y deslizamientos de las sociedades rancheras en la construcción del México moderno*, Zamora, El Colegio de Michoacán.
Bonfil Batalla, G. (1996), *México profundo: Reclaiming a civilization*, Austin, University of Texas Press.
Clanchy, M. (1979), *From memory to written record 1066-1307*, Londres, E. Arnold.

Collins, J. y R. Blot (2003), *Literacy and literacies: Texts, power and identity*, Nueva York, Cambridge.

Farr, M. (1994a), *"En los dos idiomas*: Literacy practices among *mexicano* families in Chicago", en B. Moss (ed.), *Literacy across communities*, pp. 9-47, Cresskill, Hampton Press.

—— (1994b), "Biliteracy in the home: Practices among *mexicano* families in Chicago", en D. Spener (ed.), *Adult biliteracy in the United States*, pp. 89-110), McHenry y Washington, D. C., Delta Systems and Center for Applied Linguistics.

—— (1998), "El relajo como microfiesta", en H. Pérez M. (ed.), *México en fiesta*, pp.457-470, Zamora, El Colegio de Michoacán.

—— (2005a), *"¡A mí no me manda nadie!* Individualism and identity in Mexican *ranchero* speech", en M. Farr (ed.), *Latino language and literacy in ethnolinguistic Chicago*, Mahwah, Erlbaum.

Farr, M. (2005b), "Literacy and religion: Reading, writing, and gender among Mexican women in Chicago", en M. Farr (ed.), *Latino language and literacy in ethnolinguistic Chicago*, Mahwah, Erlbaum.

—— (2006), *Rancheros in Chicagoacán: Language and identity in a transnational community*, Austin, University of Texas Press.

Finnegan, R. (1988), *Literacy and orality*, Nueva York, Blackwell.

Frye, D. (1996), *Indians into Mexicans: History and identity in a Mexican town*, Austin, University of Texas Press.

Gee, J. (1989), *What is literacy?*, Tech. Report núm. 2, Cambridge, Education Development Center.

Graff, H. (1979), *The literacy myth: Literacy and social structure in the 19th century city*, Nueva York, Academic Press.

Heath, S. (1987), "Foreword", en H. Graff, *Labyrinths of literacy*, pp.vii-ix, Nueva York, Cambridge University Press.

—— (1983), *Ways with words: Language, life, and work in communities and classrooms*, Nueva York, Cambridge University Press.

—— (1980), "Mixed grammar, purist grammar, and language attitudes in modern Nahuatl", *Language in Society*, (9), pp. 321-348.

Hill, J. y K. Hill (1986), *Speaking mexicano: Dynamics of syncretic language in Central Mexico*, Tucson, University of Arizona Press.

Kalman, J. (1998), *Writing on the plaza: Mediated literacy practice among scribes and clients in Mexico City*, Cresskill, Hampton Press.

Kroskrity, P. (ed.), (2000), *Regimes of language: Ideologies, polities, and identities*, Santa Fe, School of American Research Press.

Milroy, J. y L. Milroy (1998), *Authority in language: Investigating standard English*, Londres, Routledge.

Schieffelin, B., K. Woolard y P. Kroskrity (eds.) (1998), *Language ideologies: Practice and theory*, Oxford, Oxford University Press.

Street, B. (1984), *Literacy in theory and practice*, Cambridge, Cambridge University Press.

Szwed, J. (1981), "The ethnography of literacy", M. Farr Whiteman (ed.), *Variation in writing: Functional and linguistic-cultural differences*, Hillsdale, Erlbaum.

Vásquez, O. (1989), *Connecting oral language strategies to literacy: Ethnographic study among four Mexican immigrant families*, tesis doctoral, Stanford University.

Woolard, K. (1998), "Language ideology as a field of inquiry", en B. Schieffelin, K. Woolard y P. Kroskrity (eds.), *Language ideologies: Practice and theory*, Oxford, Oxford University Press.

CULTURA ESCRITA Y MATEMÁTICAS
COMO PRÁCTICAS SOCIALES:
PERSPECTIVAS LATINOAMERICANAS

PRÁCTICAS LETRADAS EXUBERANTES EN LA PERIFERIA DE LA *REPÚBLICA DE LAS LETRAS*

MERCEDES NIÑO-MURCIA[1]

El hecho de que los escritores desde Lisboa hasta Cracovia pudieran escribir en latín les daba el sentido de pertenecer a una comunidad internacional que ellos llamaron la *República de las letras* (*Respublica Litterarum*) (Burke, 2004, p. 54). Esta expresión apareció temprano en el siglo xv, se popularizó con Erasmo de Rotterdam (1469-1536) y permaneció en uso hasta el siglo xviii (Burke, 2004, p. 54; Waquet, 2001, pp. 173-229; Hall, 2006). Los lectores y escritores del latín, según Stock (1983), formaron una *comunidad textual*. Dicha comunidad experimentó tensiones entre los centros urbanos dominantes y los que quedaban en la periferia y, en consecuencia, se produjo una jerarquización que estuvo vigente hasta el siglo xviii. A pesar de los esfuerzos de la escuela y de la imposición oficial, muchos nunca dominaron el latín (Waquet, 2001).

El latín de entonces funcionaba no solamente como vehículo de comunicación, sino como un símbolo; señalaba a quienes participaban en la cultura escrita del momento. Es decir, el latín simbolizaba características de superioridad social de los letrados, como saber leer y escribir significa hoy en día en Latinoamérica.

Dominar el latín incluía a unos y excluía a otros. Hoy, en la moderna *República de las letras*, el dominio de la escritura también incluye a unos y excluye a otros. Generalmente se considera que se lee y se escribe en las comunidades urbanas y letradas, pero no en las campesinas, periféricas en la órbita letrada, y se minusvalora la producción rural escrita por razones que explicaré más adelante.

Este trabajo forma parte de un estudio etnográfico de mayor alcance llevado a cabo en Tupicocha, provincia de Huarochirí, departamento de Lima, Perú. Los andinos tienen una larga relación con la escritura alfabética y se apropiaron de ella con verdadero entusiasmo. Esta relación ha sido muy productiva en cuanto a la documentación vernácula. Cuando los españoles llegaron a los Andes en 1532, como lo plantea Rama (1984), entre los conquistadores europeos la palabra escrita gozaba del estatus de *logos*; es decir, tenía un desarrollo creativo, y no se limitaba simplemente a su sentido referencial. Escribas, notarios, abogados, clérigos y misioneros, arguye Rama, convirtieron la *letra escrita* en instrumento del poder y se distanciaron del ámbito de la comunicación vernácula. El poder de la escritura, por tanto, obró como factor crucial en la formación de la *República de las letras* fuera de Europa, con los letrados urbanos,

---

[1] University of Iowa, Estados Unidos.

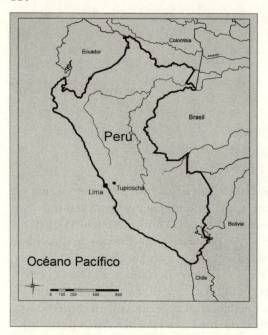

Figura 1. Mapa donde se señala Tupicocha, en la provincia de Huarochirí.

maestros de la palabra escrita investida de autoridad, a la cabeza del proceso cultural colonizador. En Latinoamérica, la palabra escrita propagó el discurso con *autoridad*. Sin embargo, no se consideró partícipes en la actividad letrada a las comunidades indígenas, o más tarde a las campesinas. Ni siquiera fueron vistas como consumidoras de la palabra escrita, mucho menos como generadoras de textos escritos.

No obstante, la etnografía en los pueblos de los Andes muestra una cara diferente de la moneda. El estudio del que forma parte este trabajo corresponde al caso de una comunidad campesina andina que ha hecho parte vital de su vida social la técnica del alfabeto (Salomon y Niño-Murcia, en prensa).[2]

LOCAL DEL ESTUDIO TERRITORIO

Tupicocha (provincia de Huarochirí, departamento de Lima) es una pequeña población agropastoral en la sierra central del Perú. Es cabecera del municipio de San Andrés, está ubicada a 3321 metros sobre el nivel del mar. La municipalidad tiene aproximadamente 1550 habitantes, según el censo de la posta de salud en el año 2001. El *corpus* del estudio consiste en los documentos de la vida interna de la comunidad, particularmente del siglo XX. Nos ocuparemos de esta producción y de una muestra de cómo el afán de documentarlo todo se ha extendido fuera de lo comunitario y social hacia el espacio familiar y al personal que registra las actividades diarias del individuo.

Hay que enmarcar el análisis del material de nuestro *corpus* con la mención somera de tres de las características de la comunidad campesina de Tupicocha, pues ellas aclaran, en parte, los valores y sentidos con los que el texto escrito se ha aso-

---

[2] Frank Salomon y M. Niño-Murcia (en prensa), *Archives of adobe: A Peruvian village's way with letters*. Proponemos que la exploración será de las franjas remotas y menos estudiadas de la *República de las letras*, ensanchará y modificará la noción prevalente de *literacidad*.

Don Gregorio Javier, un anciano de Tupicocha, demuestra un "quipocamayo" que pertenece a su *ayllu*. Foto de Frank Salomon.

Secretario en una junta comunal toma notas para el acta correspondiente a la sesión, Tupicocha, 2006.

ciado y las funciones que éste ejerce: *a*] en esta comunidad se conserva el *ayllu*, la organización social de los tiempos prehispánicos; *b*] se mantiene el uso de los *khipus* como objetos patrimoniales, y *c*] se documentan por escrito TODAS las actividades del pueblo.

Cada una de estas características dilucida el hecho de que la comunidad, aunque periférica a la *República de las letras* peruanas, sea tan productiva como las comunidades consideradas centrales a la *cultura escrita*.

a] El *ayllu* es una organización de origen prehispánico. Tupicocha cuenta actualmente con diez: conserva seis de los antiguos y cuatro son de formación más reciente. La cultura de los *ayllus* o *parcialidades* (grupos corporativos de parentesco) se describe en el único documento escrito en quechua que se conoce, el *Manuscrito de Huarochirí* (*c*. 1608). A la fecha, esa organización ha sobrevivido como el eje de la comunidad campesina. Para ser miembro de un *ayllu* se necesita ser descendiente en línea masculina de los antepasados, de los fundadores del *ayllu*, por lo que el apellido parterno es un importante criterio de elegibilidad. Al contraer matrimonio, las mujeres pasan a formar parte del *ayllu* de su esposo. Cada *ayllu* tiene gobierno propio y un ritual complejo, del cual la escritura forma parte constitutiva.

Tanto la comunidad ancestral, como se describe en el *Manuscrito de Huarochirí*, como los diez grupos *ayllu/parcialidades* que la componen hoy en día, han producido una gran cantidad de documentos; la primera desde 1620, y los *ayllus* desde 1870. La literacidad vernácula antecede por mucho al reconocimiento jurídico de la comunidad (1935) y la construcción de la carretera que hoy fomenta el ciclo "semiproletario" de labor urbano-rural la conecta con el mercado laboral de la capital. La existencia de documentos desde tan temprano, cuando la educación impartida por el estado no había llegado hasta estas regiones alejadas de la ciudad, muestra cómo la escritura prosperó en ciertos ámbitos, independientemente de las campañas nacionales de *alfabetización rural*. Aunque la documentación generada internamente en los *ayllus* de Tupicocha no tenga reconocimiento legal fuera del pueblo, en su vida comunal es el soporte de su organización y funcionamiento. Son, precisamente, los documentos que existen en abundancia, los que han regulado y garantizado su funcionamiento.

b] El *khipu*. La segunda característica de esta comunidad es que allí se conservan los *khipus*, sistemas de cordeles que registraban datos por referencia directa para los asuntos públicos. Estos registros "contenían modelos de espacio, listas de objetos, identificación de personas y objetos, y registros de decisiones no numéricas" (Salomon, 2001, p. 21). Los *ayllus* mantienen el *khipu* como objeto ceremonial.

El alfabeto llegó, entonces, a una sociedad que ya poseía sus propios recursos avanzados para registrar información y la escritura alfabética; por lo tanto, no se desarrolló en un vacío gráfico. El medio antiguo de registro de los *khipus* o cordeles anudados prosperaba y continuó haciéndolo, por lo menos durante el primer siglo de la Colonia. La relación entre las tradiciones andinas de lo legible y la "escritura propiamente dicha" no fue simplemente una sustitución, sino que se inició una coexistencia que sería duradera. La difundida visión colonial de la escritura como una revolución cognitiva en las sociedades llamadas "orales" se contradice con abundante evidencia histórica (Salomon, 2001).

El valor del *khipu* postinca consiste en su independencia del alfabeto. Garcilaso Inca de la Vega, escribió que, entre los años 1540 y 1550, en su juventud, los Señores étnicos locales solían pedirle a él que les leyera las partidas de contabilidad en español para comprobar que los datos sobre tributos en el *khipu* no estaban falsificados. En 1554, los Señores étnicos de Huanca litigaron con sus *khipus* contra los españoles por los bienes confiscados durante los primeros días de la invasión española. El *khipu* con los datos allí registrados, junto con la escritura alfabética fueron efectivos y las cortes reconocieron como válidas las cuentas así presentadas (Murra, 1975), aunque el Consejo de Indias nunca las hubiera autorizado.

c] Una *cultura escrita exuberante*. La tercera característica es el objeto de este trabajo: la tradición escrita de esta comunidad andina. Cada *ayllu* ha documentado su funcionamiento de manera muy completa y detallada. De igual manera lo están haciendo otras instituciones como la Junta de Regantes, las cofradías religiosas, el municipio, la escuela, los clubes de madres, y aun los equipos locales de futbol. En libros manuscritos se registra todo lo que el grupo y sus miembros hacen individual o comunitariamente para llevar a cabo tareas encargadas por el grupo. No solamente se registran los gastos y entradas a la caja, que sería algo más usual; sino que se describe, se comenta y se fijan las maneras de controlar si se han cumplido a cabalidad las tareas del grupo.

Nos preguntamos: ¿fueron y actualmente son escritores estos campesinos en Tupicocha? ¿Qué hacen con la escritura hoy en día? Es decir, ¿es letrada en su sentido más profundo esta comunidad andina, o simplemente es una sociedad subalterna en las redes del poder letrado?

EL PODER DEL TEXTO
Y EL PODER SOBRE EL TEXTO

Es preciso distinguir entre el poder *de* la escritura y el poder *sobre* la escritura, como lo propone Roger Chartier (1999). El poder *de* la escritura alude a la imposición de autoridad, derechos o prerrogativas mediante el texto escrito. Es decir, en este caso, la escritura delimita un territorio (literal o figurativamente) apropiado por quien está investido de poder, en este caso, el grupo, el *ayllu*, todos los presentes. Por otro lado, el poder *sobre* la escritura alude a los mecanismos sociales para prescribir las formas de escritura, para definir las normas, los usos legítimos de la escritura según diferentes estamentos sociales o géneros.

La teoría social de la literacidad descansa sobre tres conceptos: *a*] *eventos letrados*, *b*] *prácticas letradas* y *c*] *textos* (Barton y Hamilton, 1998). Veamos la manifestación en el caso de Tupicocha, donde una "faena" cualquiera (día de trabajo comunal) *es* siempre un evento letrado donde se produce el documento. El *texto* y la *discusión* del mismo con los participantes en el *evento*, dentro de los *rituales* acostumbrados, constituye la *práctica letrada*. Es decir, en Tupicocha la vida comunitaria y las prácticas letradas coexisten en una relación directa. A mayor actividad comunitaria, mayor cantidad de documentos generados.

La abundante documentación es percibida como la *autoridad* que delimita y regula la interacción social, es un instrumento de autoridad del *ayllu* o grupo donde se ha generado. Ilustra el *poder de la escritura* en el sentido que menciona y un carácter de *desempeño del poder* del texto escrito (*perfomativity)* del texto escrito, pues sin el texto es como si la actividad en cuestión no se hubiera llevado a cabo. De aquí que estos libros manuscritos no consistan en una documentación *a posteriori* sino que el texto crea, recrea y es una forma de ejercer el poder colectivo. Como mecanismo de control y de mejora, se revisa si todo lo acordado se ha llevado a cabo y el mismo texto ofrece la posibilidad de verificar el cumplimiento de las obligaciones al "pie de la letra".

De aquí que podamos considerar el texto así generado como *acto multifuncional*, pues establece obligaciones con el grupo o del grupo hacia sus miembros, refleja los vínculos que los unen, establece o incrementa el prestigio de sus miembros, identifica a los individuos o al *ayllu* mismo y consigna la manera de entender la dinámica social en la que viven. La vida del *ayllu* moldeada y reafirmada a través del registro escrito de la vida pública promueve también el sentido de continuidad cultural, conecta a sus miembros con el pasado en medio de circunstancias históricas cambiantes, y además les permite ejercer el control sobre los recursos humanos y materiales. Solamente cuando se ha firmado el documento se considera cumplida la faena (Niño-Murcia, 2004).

El poder *sobre* la escritura, por el contrario, es ejercido por los codificadores de la lengua; esto es, quienes prescriben las reglas y proponen los modelos considerados muestras del ideal de una lengua. Por ejemplo, se propuso a Dante Alighieri (1265-1321) como el modelo para el italiano estándar, y para el castellano muchos han propuesto a los autores del *Siglo de Oro español*. Estos modelos constituyen el estándar o el ideal, que se debe aprender y dominar, ya sea porque se consideran el modelo de corrección o porque representan una edad dorada en el desarrollo de la lengua en cuestión.[3]

El grado de adhesión a ciertos modelos revela las nociones de corrección lingüística de los hablantes, usuarios de la lengua oral o escrita. Los hablantes más educa-

---

[3] El término "estándar", para esta referencia lingüística, se acuñó en Gran Bretaña en 1858, en la propuesta para la creación del *Oxford English Dictionary*. El término describía el objetivo del diccionario, según sus autores. Desde entonces ha sido fuente de confusión y de debates acerca del papel del sistema de educación en su reproducción, sobre todo en la escritura.

dos toman como modelo la literatura, los trabajos canónicos, autores distinguidos y manuales de estilo. Los hablantes con menos educación formal emulan a los hablantes más educados y a quienes consideran de mayor estatus social (profesionales, maestros, sacerdotes, pastores, oficiales gubernamentales, trabajadores sociales y de salud, empresarios). Cada comunidad de escritores adopta, por lo general, modelos más cercanos en el tiempo y en el espacio que sirven de referencia en cuanto a la corrección y estilo. No obstante, aunque las nociones de corrección se impongan desde arriba, siempre interactúan con las tendencias de la comunidad, que van en dirección contraria al prescriptivismo, de abajo hacia arriba.

Estas dos fuerzas que operan en toda comunidad de habla van en dos direcciones: una *centrípeta* (prescriptiva) y otra *centrífuga* (interpretación y realización de la prescripción en cada comunidad de práctica). De la tensión entre ellas surge el texto generado. De todos modos, el resultado de mayor o menor adhesión al estándar sirve como criterio para marcar las jerarquías de los hablantes y/o los escritores. Son marcas sociales de jerarquías basadas en el dominio de los cánones lingüísticos impuestos: el llamado estándar.

TEORIAS DE LA CORRECCIÓN LINGÜÍSTICA Y EL ENTORNO VERNÁCULO

Para descubrir los modelos en la comunidad de Tupicocha se llevó a cabo el trabajo de campo, cuya hipótesis se basó en dos presupuestos: 1] la *literacidad vernácula* adquirida informalmente se distancia de la denominada *estándar,* y 2] las *normas lingüísticas* en uso resultan de la *interpretación de corrección* basada en los modelos escritos que se han seguido. Estos dos principios regirían el uso tupicochano.

NORMAS LINGÜÍSTICAS: NACIONALES Y LOCALES

Al estudiar los usos lingüísticos de una comunidad, generalmente aludimos a dos puntos de referencia: por un lado a los *usos locales* y por otro, a los *modelos*; es decir, oscilamos entre lo concreto (*habla, parole*) y lo abstracto (*sistema, langue*). El *habla* materializa el sistema abstracto, que en realidad no es hablado por ninguna comunidad en particular dentro de la gran comunidad de los hablantes de una determinada lengua.

Lima fue una de las sedes latinoamericanas de la norma de la lengua culta peninsular. Sin embargo, como en cualquier otra comunidad lingüística, el castellano en el Perú presenta muchas variedades regionales, una de ellas considerada la de mayor prestigio: la *variedad limeña*. Esta variedad, prestigiosa desde la Colonia, fue celosamente mantenida por el sector criollo limeño y hoy compite con las diferentes normas de los inmigrantes que han llegado a la capital desde diferentes puntos del país. En la región andina la norma tiene sus propias características que reflejan la interacción con el quechua o el aimara (Niño-Murcia, Godenzzi y Rothman, 2008).

La *norma local* está formada por los usos particulares que se van imponiendo socioculturalmente y llegan a naturalizarse entre los hablantes en una comunidad particular. Cuando algún uso se aparta de ella, suena como una aberración o, en el mejor de los casos, como un fenómeno foráneo. Se detecta de inmediato cuando un hablante no usa los términos o construcciones que se han "naturalizado" como la norma local. Incluso los niños detectan estas "desviaciones" de la norma local, regional o nacional a la que han sido expuestos. En Tupicocha fueron las niñas, entre 4 y 7 años, quienes hacían burla de mi manera de hablar y entre risas les decían a sus madres: "ella no sabe decir '*momentito*' ni

Figura 2. Una página manuscrita.

'*gatito*' y dice '*momentico*' y '*gatico*'". Eventos como éstos exponen la confrontación de dos normas: por un lado la de la investigadora, una norma colombiana que forma los diminutivos en −*ico,* con la norma peruana que los forma en −*ito*. Reacciones similares ocurrían cuando se usaba un término léxico perteneciente a otra variedad; por ejemplo, localmente llaman *mandil* a lo que en mi variedad se llama *delantal* y el uso de este término provocaba risa.

En 1975, Pozzi-Escot reportaba la variedad de normas que convivían en Lima y se manifestaban en el hecho de que, en una universidad limeña, las tesis de grado debían pasar por un revisor de castellano para ser aceptadas; no se concedía el título sin esta aprobación. En los trabajos escritos de los estudiantes no había concordancia de género y número entre el nombre y los modificadores; ni concordancia de número y género entre los pronombres directos y sus antecedentes. Es decir, en sus escritos los universitarios seguían la norma oral de la región de procedencia sin ceñirse a la norma limeña.

Lo que hay que resaltar aquí es que los veinte informantes del estudio de Pozzi-Escot (1975) eran todos maestros: cinco de primaria, cinco de secundaria, cinco normalistas de Ayacucho y cinco universitarios de Huamanga. Todos ellos eran bilingües quechua-castellano, nacidos y educados en Ayacucho; excepto cinco con estudios superiores en Lima y tres en el Cuzco. Los resultados mostraron que ni aún siendo maestros usaban la esperada concordancia y develaron divergencias respecto a la norma limeña, por lo que se concluyó que había otra norma difundida y aceptada entre los hablantes del estudio provenientes de zonas andinas.

En la plaza de Tupicocha, el foco de la vida del pueblo, por ejemplo, leemos lo siguiente:

Esta pileta es tuyo
Cuídalo

Figura 3. Letreros en las calles de Tupicocha: *Funiraria* y *Domecilio*.

Igualmente se usan expresiones como *camisa negro, falda negro* y otras por el estilo. Estos ejemplos muestran que no se utiliza la concordancia de género entre sustantivo y adjetivo. Además, los fonemas vocálicos en uso ponen en evidencia el llamado trivocalismo andino (véase la figura 3). Todo esto forma parte del paisaje lingüístico de Tupicocha. Estos elementos, entre otros, llevan a los letrados urbanos a ignorar la participación campesina en la *República de las letras*.

Por otro lado, los escritores de Tupicocha acuñan expresiones alternativas que llenan las mismas funciones de las expresiones usadas por los letrados urbanos o que provienen de los modelos que han seguido. Por ejemplo: *Unánimente* > "en voz de todos" (Mojica,[4] folio 38); *De puño y letra* > "con puños y letras" (Cacarima, 1916, folio 46; Mojica, 1975, folio 38); *Bienio* > *benio ~ venio* "su venio de seguir" (Cacarima, 1905, folio 1); "siendo en mi benio" (Cacarima, 1929, folio 131); "en su benio como de mayordomo" (Cacarima, 1929, folio 132); (Mojica, 1977, folios 52; 1976, folio 44). Se anota así al margen cuando las autoridades elegidas han cumplido con su bienio:

Presidente o Camachico á Don Favio Laimito
   Vice presidente i Secretario á Don Serilo Ramos
   Anotación al margen: "Cumplido los tres *benios* (Cacarima, 1939, folio 199).[5]

Estos documentos constituyen una muestra del español andino peruano el cual, a la vez que exhibe las características regionales, también exhibe características de

[4] Mojica corresponde al nombre de uno de los *ayllus* del pueblo. Lo mismo, Cacarima. Estos dos ejemplos fueron tomados de los libros de estos *ayllus*, fechados y paginados como aparecen en el texto.

[5] La autoría de estos documentos nunca corresponde a un individuo, ni siquiera al secretario que lo ha escrito. La autoría se considera colectiva. Esto se debe a que el texto se lee en voz alta, se discute y se enmienda hasta que refleja el consenso grupal. Luego todas las firmas de los presentes que se hacen responsables del documento firmado, aunque las obligaciones y multas individuales se hayan registrado y posteriormente se revisen para controlar su cumplimiento.

otras variedades fuera de la sierra andina peruana (léxico, morfología popular y erosión fonética). En este aspecto, grupos rurales homólogos en regiones geográficamente distantes revelan más similitudes que diferencias con comunidades como la de Tupicocha. Documentar y analizar estos registros populares es dar el primer paso para poner la lengua popular al mismo nivel con la "norma culta" ampliamente documentada.

Como dijimos anteriormente, hoy Tupicocha es una comunidad monolingüe en español. Los escribas designados (secretarios) escriben en la variedad llamada *español andino*, producto de una situación *multilingüe* y *multicultural* donde los hablantes de las zonas del altiplano andino están en contacto con el quechua y el aimara. Bajo esta denominación general se incluye el español hablado en la sierra boliviana, peruana, ecuatoriana, sur colombiana y en el noroeste argentino. Sin embargo, en este trabajo nos referimos únicamente al español andino peruano, por ser Perú el lugar de origen de los documentos analizados.

Los textos en Tupicocha se *escriben en una variante del español* que refleja un multilingüismo y multiculturalismo de un pasado hoy casi olvidado, que yuxtapuso el español y las lenguas andinas. En documentos del siglo XIX de Tupicocha, consta explícitamente que los testigos en juicios hablaban español y en ningún caso se menciona falta de comprensión por no saber esta lengua, ni tampoco la necesidad de usar intérpretes, y se anotaba este aspecto. Por ejemplo, "versado en el idioma castellano"; "indio la dio [ladino] y versado en el idioma castellano" (Auto de la Redonda, 1a. Satafastaca, 1819, folio 76) y "presento por testigo á Benito Perez = natural del mismo pueblo indio ladino versado en el idioma castellano" (*idem* folio 78). De aquí que dejemos de lado el tema del español de los bilingües. Esta escritura "no ha pasado por la escuela", circunstancia que los escribas han suplementado con sus destrezas "caseras". Al principio copiaban e imitaban modelos hasta formar su propio estilo.

Antes de describir el contexto local, veamos someramente cuál ha sido el contexto nacional donde ha surgido dicha cultura escrita.

LA CULTURA ESCRITA EN EL CONTEXTO NACIONAL

Mientras la independiente República del Perú se consolidaba después de 1825, ya el orden gráfico se había internalizado totalmente entre los campesinos, según lo demuestra la documentación en los *ayllus* del pueblo. Algunos aprendieron las letras en Huarochiri y otros fueron autodidactas, si no completamente, sí de manera parcial, pues aprendieron las primeras letras con otra persona y siguieron perfeccionando sus habilidades de lectura y escritura. Por otro lado, aunque no tuvieran escuelas propias, contrataban maestros, generalmente mestizos. Además, otros aprendían las letras mientras servían en el ejército, cárceles, haciendas y conventos.

La enseñanza impartida por quienes regresaban a su comunidad fue muy efectiva; tanto, que ya en el censo de 1876 un tercio de los hombres en Huarochirí aparecen como alfabetizados. De ahí que la intervención de la escuela pública rural, con su ideología de alfabetismo universal, marca el impacto relativamente reciente en un orden letrado ya cimentado desde hacía tiempo. En la mayoría de los lugares la educación rural no se implementó sino a partir de 1920. Las poblaciones más remotas en las alturas recibieron educación pública apenas en la década de 1960. En la ciudad se percibían (y todavía se perciben) los pueblos de las áreas rurales en los Andes al margen de la *República de las letras*, pues son comunidades lingüística y racialmente estigmatizadas.

LA CULTURA ESCRITA EN EL CONTEXTO LOCAL

En las entrevistas, los mayores del pueblo afirman haber usado un manual que dejó huellas en la manera como llevan sus libros: *El Mosaico*. Es un compendio que presenta muestras de manuscritos que ellos leían y copiaban varias veces, prestando mucha atención al detalle de los diversos géneros de textos, desde la factura comercial hasta la carta personal. La copia encontrada en Tupicocha en el año 2006 estaba en poder de un anciano de 90 años. Es la edición número 54 y dice así:

Colección de autógrafos de algunos hombres célebres contemporáneos y de distinguidos literatos, profesores, comerciantes, industriales, etc. Literario Epistolar para ejercitarse los niños en la lectura de manuscritos compilado por A.J. Bastinos y L. Puig Sevall... Obra declarada de texto en la Península, Cuba y Puerto Rico y en las Repúblicas Argentina Oriental, Perú y Guatemala.

Figura 4. *El Mosaico.*

Tiene una sección de modelos de cartas, una de textos literarios, otra de cartas comerciales, contabilidad y, finalmente, una sección con datos geográficos e históricos que describe ciudades como Roma, Habana, Manila y tiene el *Nihil Obstat* del arzobispo de Lima, con la fecha de 1870.

Basta mirar los archivos de la comunidad y sus *ayllus* para ver que *El Mosaico* ha tenido una influencia duradera en los hábitos letrados locales. *El Mosaico* no era para principiantes, pues su propósito era contribuir a formar a los líderes de la comunidad. A comienzos del siglo XXI, los ancianos del pueblo todavía recuerdan cómo, a medida que llegaban a ser hombres, practicaban copiando y repitiendo las copias de estos textos decimonónicos. Los mayores entre estos ancianos se emocionan recordando estas prácticas y el significado de lograr algo importante cuando dominaban el arte del "mosaico". Los que sabían leer. *El Mosaico* enseñaban a los otros, según contaba don Alberto Vilcayauri Medina, nacido en 1924, entrevistado en agosto de 2004. Isabel Llaullipoma es recordado con gran afecto como uno de estos expertos en *El Mosaico*. La mayoría de los tupicochanos creen que aprender *mosaico* (que para ellos significa descifrar escrituras antiguas) era la manera principal en la que los ancestros aprendieron "latín" y español antiguo y así pudieron crear una documentación completa de sus tierras para defenderse contra quienes quisieran explotarlos o quitarles sus terrenos.

En años más recientes se publicó otro texto que los tupicochanos recuerdan con especial afecto: *Espejito,* escrito por un maestro de escuela en la capital provincial Huarochirí, don Sixto Cajahuaringa Inga (1907-2003), hijo de la misma provincia, comenzó a enseñar en 1932-1937 y sirvió en la docencia la mayor parte de su vida. Los habitantes del pueblo que en 2006 tenían entre 23 y 55 años de edad, recuerdan con veneración tanto al maestro como a su libro. En efecto, Cajahuaringa Inga publicó muchos materiales escolares y textos, pero es *Espejito* el que se conserva

en un sitio de honor. Muchos hombres y mujeres afirman que *Espejito* fue su primer libro de lectura y lo conservan como algo muy preciado (Niño-Murcia, 2004). Luego se publicó un segundo tomo de *Espejito* para el siguiente grado. Cuando el autor fue entrevistado en el 2001, ya estaba muy enfermo y fue muy difícil obtener respuestas completas a las muchas preguntas que nos habría gustado hacerle. La editorial Escuela Nueva, en Lima, muestra que estos textos tuvieron demanda hasta 1999 y que se usaron en muchas escuelas rurales peruanas.

Los casos mencionados, de tanto aprecio por los textos que sirvieron para desarrollar las destrezas letradas, nos llevan a pensar en la relación entre la palabra impresa y la posesión de otros materiales impresos en el pueblo. En las áreas

Figura 5. *Espejito.*

Figura 6. León Modesto Rojas Alberco, en 2006 con su colección personal de libros.

rurales en el Perú, llama la atención de propios y forasteros el tener en casa materiales impresos, más allá de los básicos y de los libros oficialmente distribuidos por el gobierno o por la iglesia evangélica o católica. Muy pocas personas tienen cierto número de libros y revistas, acumulados a lo largo de los años, que son consultados frecuentemente y también son guardados con afecto y esmero. Se guardan los libros de cantos religiosos, los almanaques Bristol, *Agronoticias* y cualquier material que hayan traído quienes van y vienen de la capital. Se leen mucho los diarios que llegan de Lima y es muy frecuente ver a las mujeres que atienden las tiendas del pueblo leer los periódicos mientras atienden su negocio.

Es frecuente encontrar en las casas copias de las monografías de grado de quienes han obtenido un diploma o *licenciatura*. Éstas generalmente han sido escritas por maestros locales y contienen el folclor local y datos de la comunidad. En 2001, tres familias (Alberco, Ramos y Vilcayauri Medina) conservaban sus copias de *El Tupicochano, Órgano de difusión del Comité ejecutivo central de Tupicocha residentes en Lima metropolitana* de 1975. Finalmente, algunas casas poseen materiales distribuidos por las ONG sobre la crianza de los cuyes (conejillos de Indias) o técnicas agropecuarias.

León Modesto Rojas Alberco (1947-), es un campesino del lugar que pasó parte de su juventud en Lima y que es un verdadero autodidacta. En el lugar se le considera el mejor experto en *El Mosaico*. Él copia documentos viejos para la comunidad y para su propio uso. Personas como él son consideradas las más dotadas en el arte de escribir y de alguna manera son los sucesores de los letrados de la época colonial.

LA COMUNIDAD TEXTUAL FUERA DE LOS AYLLUS

En una comunidad donde las actividades letradas tienen una larga historia, son multifuncionales y forman parte intrínseca de la vida social, no debería sorprendernos el hecho de que el texto escrito se use incluso para cultivar las relaciones entre individuos en la misma familia y para llevar minuciosos diarios. Además de la carta familiar que se usa ampliamente en la sierra andina, veamos otro tipo de documento significativo. Éste es el acuerdo entre hermanos respecto al cuidado de la madre anciana, en donde queda la constancia del tiempo que la madre estará bajo el cuidado de cada hijo y cómo la madre confiere sus bienes entre los hijos para que se organice su vivienda. La muestra que sigue es copia fiel del documento firmado en 1963, que se conserva en los cartapacios con el resto de los documentos familiares.

En la casa residencia de Doña M (nombre suprimido) y presentes sus hijos e hijas que al final suscribimos hemos llegado á un acuerdo familiar que sus hijos A y B desde hoy en adelante vivirán separados libres de su estado y también la Sra. (nombre suprimido) estará libre en su casa. En la condición siguiente, que la hermana A vivira en la casa del frente o sea la cocina donde guardara sus cosas y su estado vivienda y mama M en la casa donde siempre vive y el hermano B se retirara y buscara un cuarto para (ilegible) su vivienda.

La Sra. M da en donacion varias cosas y alimentos para comensar su estado de vivienda a A: 2 vacas, y un toro, 4 burros y un potro, 5 carneros. Como alimentos medio saco de trio, habas medios saco y saco de cebada, etc. una frazada y de sus propios trabajos 2 mantas (ilegible).

El otro caso es del diario de un joven que trabaja con su padre y hermano en la chacra o parcela de tierra que cultivan. El padre es miembro de un *ayllu*, pero no sus hijos. El joven escribe en sus cuadernos lo que hace cada día, con quién lo hace y luego, si lo ha cumplido. Esto se asemeja al sistema usado por los *ayllus*, aunque el formato es diferente, ya que es más esquemático; pero resulta ser una indicación más de que en este pueblo la escritura es endémica. Nótese que incluso si es un día de descanso, se registra como tal (véase la figura 7). Nadie revisa este registro. Es simplemente la mejor manera de sentir que tiene su vida organizada y muestra su actitud ante la escritura.

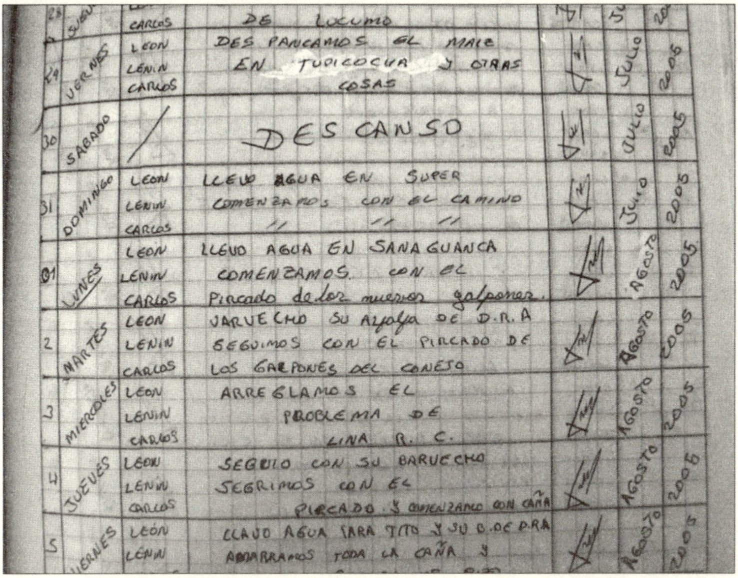

Figura 7. El diario de un joven tupicochano en el año 2006.

CONCLUSIÓN

Los españoles trajeron el alfabeto a una sociedad que ya poseía sus propios recursos avanzados para registrar información. La propagación de la literacidad en Tupicocha no creció en un vacío gráfico, sino que llegó a un medio que usaba el *khipu*. El antiguo registro de los *khipus* prosperaba, y continuó haciéndolo. Primero, durante el primer siglo de la Colonia, en conjunto con el alfabeto; luego, de manera complementaria, y finalmente se redujo a una función de objeto patrimonial.

Los campesinos son usuarios activos del alfabeto y su producción es grande, aunque no reconocida por los encargados de conseguir materiales para archivos y bibliotecas, en las que se coleccionan las obras consagradas de los miembros de la *República de las letras.* No es suficiente ensanchar su *corpus* ni las listas de sus catálogos, sino que hace falta ensanchar nuestras perspectivas al mirar la cultura escrita de nuestros pueblos.

En las escuelas del Perú, como en la mayoría de las escuelas rurales en Latinoamérica, las prácticas escolares de lectura y escritura desarraigan a los alumnos de su realidad cultural y están descontextualizadas. Además, se conciben como un fin en sí mismas, sin proyección fuera del ámbito escolar (Street y Street, 1991). Pero comunidades como Tupicocha demuestran que, aunque existe una cultura escrita rica, abundante y relevante a la vida de los comuneros, no sigue totalmente las pautas consideradas canónicas o estándar. Aún hoy en día la institución de la escuela sigue al margen de la institución de los *ayllus,* dada la gran difusión de la ideología de la alfabetización que no considera la literacidad rural a la par de la escritura impartida por la escuela.

En el Perú, el dominio letrado, la tasa de alfabetismo, se mide con base en los años de escuela. Las estadísticas sobre el analfabetismo fundamentan el impulso a las campañas de alfabetización y a los proyectos de "letrar" comunidades (Zavala, 2002a y 2002b). El proyecto educativo en el Perú de las primeras décadas del siglo XX incluyó la reforma educativa y un aumento en los índices de escolaridad; pero básicamente, hasta la fecha, la educación ha seguido siendo privilegio de la población urbana y el país continúa siendo predominantemente rural.

He tratado de mostrar cómo estos escritores, al separarse gradualmente del *khipu* y luego de los sistemas que les sirvieron de modelo originalmente, crearon su propio estilo y con él manifiestan la autonomía de sus prácticas letradas. Si aislamos la producción de una comunidad textual de otras producciones culturales, no podremos ver la configuración total del espacio compartido por la cultura escrita y el resto del universo cultural en el que inserta la producción de textos.

REFERENCIAS

Barton, D. y M. Hamilton (1998), *Local literacies: Reading and writing in one community*, Londres y Nueva York, Routledge.

Burke, P. (2004), *Languages and communities in early Modern Europe*, Cambridge, Cambridge University Press.

Cajahuaringa, I., S. Cajahuaringa y T. Cajahuaringa (s. f.), *Espejito: Libro de lectura inicial, primer grado*, Lima, Editorial Escuela Nueva, 4a. edición.

—— (s. f.), *Espejito: Libro de lectura segundo grado*, Lima, Editorial Escuela Nueva.

Chartier, R. (1999), *Cultura escrita, literatura e historia*, México, Fondo de Cultura Económica.

Hall, D. D. (2006), "Hombre de libros: La República de las letras", *América Moderna. Cultura Escrita y Sociedad*, 2, pp. 108-127.

Murra, J. V. (1975), "Las etno-categorías de un khipu estatal", en J. V. Murra (ed.), *Formaciones económicas y políticas en el mundo andino*, pp. 243-254, Lima, Instituto de Estudios Peruanos.

Niño-Murcia, M. (2004), "'Papelito manda'": Literacidad vernacular en una comunidad andina de Huarochirí", en V. Zavala, M. Niño-Murcia y P. Ames (eds.), *Escritura y sociedad: Nuevas perspectivas teóricas y etnográficas*, pp 347-365, Lima, Red para el Desarrollo de las Ciencias Sociales en Perú.

Niño-Murcia, M., J. C. Godenzzi y J. Rothman (2008), "Spanish as a world language: The interplay of globalized localization and localized globalization", *International Multilingual Research Journal*, 2 (1), pp. 1-19.

Pozzi-Escot, I. (1975), "Norma culta y normas regionales del castellano en relación con la enseñanza", en *Lingüística e indigenismo moderno de América*, pp. 321-330, Lima, IEP.

Rama, A. (1984), *La ciudad letrada*, Hanover, Ediciones del Norte.

Salomon, F. (2001), "Para repensar el grafismo andino", en L. Millones (ed.), *Perú: El legado de la historia*, pp. 107-127, Sevilla, El Monte y Promperú.

Salomon, F. y Niño-Murcia, M. (en prensa), *Archives of adobe: A Peruvian village's way with letters* (título tentativo).

Stock, B. (1983), *The implications of literacy: Written language and models of interpretation in the eleventh and twelfth centuries*, Princeton, Princeton University Press.

Street, J. y B. Street (1991), "The schooling of literacy", en D. Barton y R. Ivanic (eds.), *Writing in the community*, pp. 143-166, Londres, Sage.

Waquet, F. (2001), *Latin or The empire of a sign: From the sixteenth to the twentieth centuries*, traducción de J. Howe, Londres, Verso.

Zavala, V. (2002a), *(Des)encuentros con la escritura: Escuela y comunidad en los Andes peruanos*, Lima, Red para el Desarrollo de las Ciencias Sociales en el Perú.

Zavala, V. (2002b), "Vamos a letrar nuestra comunidad": Reflexiones sobre el discurso letrado en los Andes peruanos", en S. L. Maguiña *et al.* (eds.), *Estudios culturales. Discursos, poderes, pulsiones*, pp. 233-252, Lima, Red para el Desarrollo de las Ciencias Sociales en el Perú.

SAN ANTONIO ¡ME URGE! PREGUNTAS SIN RESPUESTA ACERCA DE LA ESPECIFICIDAD DE DOMINIO DE LOS GÉNEROS TEXTUALES Y LAS PRÁCTICAS LETRADAS

JUDITH KALMAN[1]

A lo largo de los últimos veinte años, el trabajo teórico sobre la cultura escrita como práctica social ha destacado dos de sus aspectos hasta entonces omitidos: primero la consideración de que la cultura escrita es un constructo múltiple, y es preferible pensar en culturas escritas (*literacies*) que en cultura escrita (*literacy*); y, segundo, que la cultura escrita está ideológicamente vinculada con contextos institucionales, procesos históricos y relaciones de poder que van más allá de la inmediatez de los eventos de lectura y escritura (Street, 1984; Street, 1993; Street, 1995). Más recientemente, se han hecho importantes consideraciones conceptuales para refinar estas características, que les recordaron los "límites de lo local" a los investigadores que trabajan sobre este paradigma (Brandt y Clinton, 2002).

Asimismo se ha señalado que la creación de significados es un propósito multimodal, y que las culturas ofrecen otros recursos y representaciones, además de los del lenguaje, tanto para la construcción de mensajes como para su difusión (Kress, 2003). Esta reciente postura teórica les brinda a los investigadores premisas valiosas para analizar eventos de cultura escrita, así como consideraciones conceptualmente sugerentes cuando se observan los datos. Así, por ejemplo, la distinción entre la lógica del texto escrito y la lógica de las imágenes representa un principio poderoso para repensar cómo se aproximan los lectores a los sitios web y a las páginas impresas multimodales.

El denominador común entre estas dos contribuciones teóricas es el concepto de multiplicidad, una característica del lenguaje, la cultura escrita y la representación simbólica cuya importancia no debe menospreciarse. "Intertextualidad" es otro concepto plural, y apunta a la naturaleza dialógica del significado y a las diferentes fuentes de la comprensión: conversaciones previas, textos familiares, discursos, símbolos e imágenes, experiencias en situaciones diversas (Bakhtin, 1981). Creamos significado, entonces, al confrontar —y manejar— las consecuencias y los resultados sociales que nuestras prácticas y posturas comunicativas han tenido en nuestra vida (Kalman, 1999).

En vista de nuestro reconocimiento de las culturas escritas múltiples, de la representación multimodal y de la intertextualidad, me parece que deberíamos fijarnos también en las nociones de contexto y ámbito desde el punto de vista de la multi-

---

[1] DIE CINVESTAV, ciudad de México.

plicidad. Desde luego, la idea de que el contexto influye sobre la manera en que se crea significado y se realiza la cultura escrita no es nueva. La lectura y la escritura han sido estudiadas en múltiples dominios, como el hogar, la escuela, el sitio de trabajo, la iglesia, las organizaciones de grupos y la comunidad, por investigadores educativos, antropólogos y sociolingüistas, quienes han proporcionado una detallada descripción de la forma en que se alcanza y valora la cultura escrita, y cómo se inserta en la vida comunicativa de las comunidades. Estos estudios plantean, atinadamente, que la cultura escrita tiene una fuerte influencia de su contexto de uso (Street, 1993; Ferdman, 1994; Barton y Hamilton, 1998).

En este trabajo me propongo analizar la coexistencia de múltiples campos sociales en un contexto de uso, y observar cómo la presencia simultánea de esos campos puede tener impacto en la redacción de textos. Para ello presentaré un análisis preliminar de datos de un proyecto de investigación en proceso que involucra representaciones iconográficas religiosas, además de la lectura y la escritura, ubicadas en un contexto social muy complejo en el que se intersectan diversos campos sociales. Sostengo que los contextos no son constructos singulares sino que son múltiples, a semejanza de la noción de alfabetizaciones, los modos de representación, la simbolización y la intertextualidad, y en el sentido en el que cualquier situación dada se ubica muchas veces en la encrucijada de varios dominios relacionados con campos sociales simultáneos. En el caso que se aborda, para que los escritores puedan tomar decisiones en relación con el discurso, tienen que construir al mismo tiempo un contexto a partir de múltiples posibilidades: el entorno físico y social se ubica en los límites de lo sagrado y lo profano, lo piadoso y lo irreverente. Este análisis me permitirá explorar interesantes puntos teóricos, tarea digna de hacerse por su propio derecho. No obstante, mi motivación para ello va más allá de la conceptualización de la cultura escrita: me intereso también por cuestiones relacionadas con la educación y las políticas de alfabetización, temas sobre los que volveré a hablar al final de este capítulo.

El proyecto que proporciona evidencias empíricas para este análisis es un estudio de cartas escritas a San Antonio de Padua entre 1997 y 2007. En Portugal, Brasil, México y otros lugares de América Latina, San Antonio es reconocido como el santo de los matrimonios, el patrono de los niños y de los objetos perdidos. En algunos sitios, las mujeres solteras compran figurillas de San Antonio y lo ponen de cabeza, amenazándolo con no enderezarlo hasta que les cumpla sus peticiones. San Antonio de Padua es un santo especialmente popular, objeto de veneración, y de intensa comercialización incluso a través de las tecnologías de la información: hay literalmente centenares de miles de páginas web dedicadas a él, y la compañía papelera mexicana Scribe sacó recientemente al mercado un cuaderno

Figura 1. Cuaderno *Scribe*.

con San Antonio puesto de cabeza (figura 1), dirigido a sus clientas adolescentes, que continúan la tradición popular y antigua tradición española de escribirle cartas al santo. La portada del cuaderno tiene una colorida ilustración de una caricatura de San Antonio de cabeza y una "carta" que le escribe una joven que promete hacer sus tareas si responde a sus plegarias. La organización y el contenido de la carta se asemejan en muchos aspectos a los de algunas misivas que se encuentran en nuestro conjunto de datos. También hay un espacio para que la dueña del cuaderno pueda pegar una foto del joven que tiene en la mira.

El conjunto de cartas a San Antonio que describiré aquí cayó literalmente del firmamento (o del cielo, si lo prefiere el lector). Un par de años atrás me invitaron a comer a un restaurante de Morelia, una ciudad mediana del centro de México donde se había instalado un altar a San Antonio, como parte de la decoración y ambientación. [2] Los dueños del restaurante construyeron varios rincones temáticos, entre los que figura el que denominaban "Rincón de las Solteronas" (figura 2).

En el centro de esta área hay una estatua de San Antonio de dos metros de altura que está puesta de cabeza, igual que en la portada del cuaderno arriba mencionado. El espacio está lleno de objetos que recuerdan una iglesia católica, la repisa de la chimenea se usa como altar, y los devotos dejan allí velas encendidas. Pero, en yuxtaposición con la santidad del altar, la frase "Rincón de las Solteronas" está pintada en la base del estante y se observa un gran retrato del santo que los dueños colgaron al revés, de cabeza, como lo indica la costumbre popular. Hay también un tablero cubierto de terciopelo en el cual los visitantes clavan obsequios y ofrendas para el santo; las paredes están cubiertas con una apiñada colección de artefactos, algunos de naturaleza religiosa o satírica; otros más contienen frases de doble sentido que

Figura 2. San Antonio en el Rincón de las Solteronas.

[2] Mi más sincera gratitud a los propietarios por su generosidad y apoyo a este proyecto. Pusieron a mi disposición la colección íntegra de cartas, financiaron parte de nuestro trabajo de campo y me brindaron información y comentarios inapreciables.

se refieren claramente al sexo, el matrimonio y el amor. La mayoría de los objetos fueron colocados por los dueños, pero a lo largo de los años los clientes también han contribuido con fotos, textos, figuritas de San Antonio, rosarios y listones, entre otras cosas. No se sabe bien cuándo comenzó la tradición de escribirle cartas a San Antonio, aunque las referencias remontan a varios siglos atrás, como en el caso de la novela *El capitán Alatriste*, de Arturo Pérez-Reverte (1996), que se sitúa en la España del siglo XVII, y donde aparece una referencia directa a las peticiones escritas a San Antonio.

Cuando los propietarios abrieron su restaurante, en la década de 1990, empezaron a encontrar cartas pegadas a la estatua central de San Antonio. Cuando notaron que el número de las mismas iba en aumento, decidieron crear un espacio para escribir y colocaron un atril y un gran libro de actas en el que la gente podía redactar sus cartas. Desde entonces y hasta la fecha, el conjunto total de cartas enviadas a San Antonio rebasa ya las 18 mil, sigue creciendo y se encuentran distribuidas en 14 volúmenes compilados durante los últimos 11 años. Este altar a San Antonio es tan conocido que hay personas, mujeres en su mayoría, que acuden especialmente a rezar y a dejarle una carta al santo.

Es digna de destacarse otra particularidad de este recinto: históricamente las peregrinaciones y el turismo religioso son prácticas comunes; los espacios sacros son muchas veces destinos turísticos. Las iglesias, las reliquias religiosas y los santuarios de distintos tipos han recibido la atención de los viajeros durante siglos, transformando terrenos sagrados en atracciones para los turistas (Dallen y Olsen, 2006). Pero en este caso ha ocurrido lo contrario: una atracción turística se ha transformado en un espacio sagrado para muchos de los visitantes (aunque no para todos). Los dueños permiten que los peregrinos entren al restaurante, recen y dejen sus peticiones, incluso si no desean comer allí o si no pueden hacerlo por razones económicas. Además, debemos mencionar que la página web del restaurante no es la única que existe dedicada al Rincón de las Solteronas, hay por lo menos otros dos sitios en Internet con este contenido , y actualmente la propietaria tiene también una colección de varios cientos de correos electrónicos. Sus autores solicitan a la dueña que se los "dé" a San Antonio.

En las páginas siguientes analizaré unos pocos ejemplos que hemos seleccionados del total de las cartas.[3] En el centro del análisis se encuentran algunas preguntas: ¿Cuál es la relación entre textos, géneros y ámbitos? ¿Cómo coexisten en un determinado contexto de uso? ¿Cuáles son las implicaciones que tiene para nuestra comprensión de la cultura escrita en la vida contemporánea?

---

[3] Mi agradecimiento a Myriam De Jarmy, Citlali López, Erika Valentino y Guadalupe Noriega por su colaboración para la organización de las cartas y la creación de la primera base de datos. Sin su dedicación este proyecto no habría sido posible.

EL PAPITO, EL MUCHACHITO Y EL FANTASMA:
PRÁCTICAS SAGRADAS Y SIGNIFICADOS POPULARES

Escribirles a los seres espirituales es algo que se remonta a la antigüedad, como por ejemplo, las tabletas con maldiciones grabadas en placas de plomo que son "un tipo de inscripciones notorias por su lenguaje vulgar... a veces en letras griegas, otras latinas" (Pulgram, 1978, p. 222).[4] Otros santos también reciben mensajes escritos de sus seguidores. Los devotos de San Charbel y San Ramón, por ejemplo, escriben sus peticiones en una larga cinta que luego cuelgan del brazo de las estatuas, o le rezan de la manera tradicional y cuando sus plegarias son respondidas expresan su gratitud con una faja de brillantes colores. Hay muchas tradiciones populares relacionadas con San Antonio. Por ejemplo, se ha informado que en Vélez Benadalla, un pueblecito de España:

Cuando una mujer era fea o sosa, o era "mocica vieja" (solterona) era frecuente que recurriera a San Antonio para que le proporcionara un novio. Con este objetivo le hacía al santo un nudo en el cordón de su hábito o le ponía una luz "mariposa" en pago por el favor concedido. También se conoce la costumbre de tirar un garbanzo al ombligo del mismo santo, de tal manera que si acertaba dentro conseguiría novio en ese año (Bautista-Morente, 1991).

En México el catolicismo es una mezcla de prácticas indígenas y cristianas. Pese a los esfuerzos de la jerarquía católica por eliminar las religiones prehispánicas, las culturas locales incorporaron símbolos cristianos a sus rituales y los dotaron de significados familiares. Los tres siguientes ejemplos ilustran apropiaciones locales de artefactos y creencias cristianos y su inclusión en rituales y procesos de creación de significado: los huicholes del norte de México tratan al peyote con reverencia y en sus ceremonias muchas veces combinan rituales con imaginería cristiana, en los que incluyen imágenes de santos y de la virgen de Guadalupe. En el sur, durante el periodo colonial, la cruz ejercía una especial atracción para los mayas, que provenía sobre todo de sus significados prehispánicos de fertilidad, agua, espacio sagrado y sacrificio asociado con esa forma. Y en Chiapas los chamulas tienen una relación muy ríspida con los santos: los insultan mientras oran sentados o arrodillados en el piso, rodeados de velas encendidas, tomando al mismo tiempo bebidas locales tradicionales (que en las últimas décadas han sido sustituidas por la Coca-Cola).

En cada uno de esos casos, las prácticas simbólicas se reconfiguran mediante cambios en el contexto sociopolítico derivados de la conquista de México por parte

[4] Un ejemplo que Pulgram (p. 236) tradujo al inglés: "Dioses del otro mundo, les confío, si tienen algún poder divino, y les entrego, a Tiquene, la hija (¿sirvienta, esclava?) de Carisus: haga lo que haga, que todo le salga mal. Dioses del otro mundo, les confío sus extremidades, piel, figura, cabeza, cabello, sombra, cerebro, frente, cejas, boca, nariz, mejillas, labios, habla, alimento, cuello, hígado, hombros, corazón, intestinos, vientre, brazos, dedos, manos, ombligo, vejiga, muslos, piernas, tobillos, planta de los pies y dedos. Dioses del otro mundo, si logro ver que se consume, prometo alegremente hacerles un sacrificio todos los años a ustedes, sus divinos creadores. Mi propiedad (¿)... Ojalá la consuman."

de España y de la imposición del catolicismo sobre la población local por parte de la jerarquía colonial. Las dos religiones resultaron cambiadas: las formas de adoración indígena incorporaron imágenes, figuras y símbolos europeos en sus creencias y rituales; el catolicismo se fusionó con costumbres vernáculas, que crearon versiones locales de vírgenes y santos, como la virgen de Guadalupe, santa patrona de México, conocida como la Virgen Morena. Se dice que apareció en 1507, pocos años después de la conquista, en el espacio sagrado en el que se rendía culto a Tonantzin, diosa azteca de la fertilidad, en el cerro del Tepeyac.

Una tradición católica de largo arraigo ha sido la de convertir sitios seculares en espacios sagrados, grutas, lomas y lugares de descanso pueden convertirse en altares, como ocurrió con el restaurante al que nos hemos referido. A la vera de los caminos de México es usual encontrar cruces que marcan sitios de accidentes en los que alguien falleció; también pueden encontrarse altares dedicados a la virgen de Guadalupe en talleres mecánicos, sitios de taxis y fábricas, así como en muchísimos lugares más. Los devotos de la virgen le encienden velas y le llevan flores de manera habitual. En junio de 2006, un periódico de la ciudad de México informó que frecuentemente se reportan apariciones de la virgen de Guadalupe, hasta 360 veces en un solo año (Uriarte y Olivas, 2006). Su imagen ha sido vista en "rocas, tinacos, tortillas, el vidrio de las ventanas, árboles y hasta en un horno de microondas" (p. 2A). En muchos de estos casos los devotos locales construyen santuarios improvisados, y llegan peregrinos de toda la ciudad y el país para contemplar y rezarle a la imagen sagrada.

Los santos y sus imágenes han desempeñado un importante papel en la difusión del catolicismo y su naturaleza híbrida, al mismo tiempo terrenal y divina, que ejerce una especial atracción sobre la gente. Los usos y costumbres cotidianas relacionadas con las plegarias, las frases sagradas y las imágenes crean significados alternativos y sugieren que los devotos se apropiaron de los contenidos, el lenguaje y el sentido religiosos que están fuera del control de la iglesia: un *blogger* de Internet apunta que a principios de los años sesenta, entre ciertos intelectuales y artistas, la expresión "el papito, el muchachito y el fantasma"(the Daddy, the Laddy, and the Spook) sustituía al Padre, el Hijo y el Espíritu Santo <http://www.janegalt.net/blog/archives/004696.html>.

Tal como ocurre con todos los santos, se cree popularmente que entre más seguidores tenga, mayores serán sus poderes y conexiones para interceder directamente ante Dios. Los textos escritos sirven de testimonio y evidencia de las visitas que los santos reciben de los devotos, y lo mismo pasa con otras ofrendas y dones materiales que se dejan a los pies de las figuras o prendidos a su ropaje en iglesias de todo México. En Real de Catorce, un pueblo ubicado en las montañas de San Luis Potosí, hay una sala dedicada a ex votos o retablos pintados a mano, creados por los peregrinos que van a la iglesia local, cuyo santo patrón es San Francisco de Asís. Allí cuelgan de las paredes representaciones de los milagros realizados o solicitados, que se remontan por lo menos a principios del siglo xx. Entre las contribuciones más recientes hay fotocopias de pasaportes dejadas allí por migrantes que fueron a Estados Unidos y que le dan gracias a San Francisco por haberles ayu-

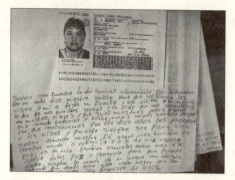

Figura 3. Agradecimiento a San Francisco.

dado a obtener sus documentos de viaje, incluidas las codiciadas visas para entrar a ese país.

Ese ejemplo comienza a ilustrar cómo la escritura es parte de una historia vigente, incluso cuando se lee y se escribe en una iglesia en la cual el uso de la cultura escrita se inserta en el dominio de la religión, y el contexto es una combinación tanto de lo sagrado como de lo profano, de las preocupaciones familiares y de las instituciones poderosas (Alcock y Osborne, 1996). Luke y Carrington (2002, p. 18) afirman que los campos sociales son "campos institucionales, y los discursos abarcan desde los lugares de trabajo y las instituciones de la comunidad, hasta terrenos de estudio disciplinarios y profesionales específicos". Los campos se refieren a contextos que son vistos aquí como una forma predecible de interacción social; se refieren al contenido, los temas y el uso del lenguaje que se encuentran de modo consistente dentro de esos contextos.

Esta caracterización del discurso y de los campos sociales se asemeja a la relación de los géneros con los dominios descritos por los especialistas en cultura escrita, ya que ambos procuran conectar textos (orales o escritos) con contextos (dominios, ámbitos o esferas sociales). En general, varios autores coinciden en que el género se refiere a tipos de texto reconocibles. En la literatura esto ha significado, tradicionalmente, novelas, historias, obras de teatro y otros. En la década de 1960, con el surgimiento del interés por la cultura popular, la noción se amplió para incluir cine, música, danza, arte iconográfico y ficción popular (Blommaert, 2005; Kress, 2003). En la actualidad, los géneros comprenden también usos más cotidianos de la lectura y la escritura, como diarios personales, libros de cuentas, volantes, *graffiti*, entre otros (Kalman, 2001).

De manera análoga al uso que hace Luke de *campo/discurso, géneros/dominios* se refiere a ciertos tipos de texto en ciertos ámbitos. Sin embargo, esto no implica que el género sea un concepto en torno al cual no se debate actualmente; para algunos autores, el énfasis está en las "características formales que hacen que un evento comunicativo determinado sea reconocible como caso de un tipo" (Blommaert, 2005, p. 43). Para otros, no obstante, la acción social es el punto de partida para comprender el género. Kress (2003, p. 85) escribe: "el punto significativo es que las acciones sociales dan forma al texto que resulta de las mismas. Si las acciones son relativamente estables y persistentes, las formas textuales llegarán a ser relativamente estables y persistentes. En ese momento, además, se hace aparente la convención... y también en ese momento la convención se hace significativa, ya que se vuelve esencial para tomar en cuenta qué convenciones actúan en ese dominio de la práctica."

En este capítulo el término género se emplea como sinónimo de formas de texto reconocibles producidas por medio de la acción social. Es un lugar en el cual las relaciones de poder y el conocimiento cultural se codifican (Blommaert, 2005). El discurso viene envuelto en género: el significado y la forma son inseparables.

UN MARCO PARA ANALIZAR LAS CARTAS A SAN ANTONIO

Varios años atrás algunos sociolingüistas como Gumperz (1984), Gumperz y Hymes (1986), Duranti y Goodwin (1992) y Saville-Troike (1982) proporcionaron elementos sustanciales para comprender cómo se desenvuelve el habla en el contexto de la interacción social. Definen el contexto en términos de la situación de uso, de la dinámica interactiva que se produce entre los participantes en un evento comunicativo dado. Gumperz (1984; Gumperz y Hymes, 1986) señala cuidadosamente que los eventos comunicativos siempre tienen lugar en espacios plenos de significados sociales y culturales: cada hablante o lector/escritor aporta su visión del mundo, sus prácticas de lenguaje, historia y experiencia junto con los demás participantes de un determinado evento comunicativo. Gumperz plantea que el contexto es la intersección de dinámicas de interacción situada específicamente dentro de los procesos sociales, históricos, culturales y económicos relevantes.

Desde un punto de vista sociolingüístico "los participantes tratan en forma selectiva el flujo de actividad (habla, movimiento, etc.) de los demás. Lo que quiere decir que cada hablante elige entre los comportamientos de los otros y construye lo que es focal y lo que es trasfondo. La labor del analista consiste en delinear esto" (Duranti y Goodwin, 1992, p. 3). No obstante, en este proyecto los datos con los que contamos no son hablados, sino textos escritos como resultado de prácticas comunicativas situadas en eventos que muy probablemente pudieron involucrar el habla: en el restaurante, ocurre cuando se escribe o antes, ya fuese en relación con acudir al Rincón de las Solteronas o para charlar sobre él en un contexto religioso. El hecho de que existan por lo menos dos sitios web dedicados a ese espacio en particular y que el sitio temático del restaurante haya sido nombrado como una capilla en la prensa local, sugiere que frecuentemente se comenta acerca del Rincón y que puede ser un tema de conversación previo a los momentos en los que se escriben las cartas.[5] Quienes escriben tienen a la mano la multitud de cartas que aparecen en los volúmenes que allí se exhiben, además de contar con el entorno iconográfico, el restaurante, las mesas puestas y decoradas, así como lo que cada uno de ellos aporta a ese evento de cultura escrita, de modo similar a lo que más arriba observa Gumperz.

---

[5] <http://www.terra.com/mujer/articulo/html/hof20690.htm>; <http://ponle-una-vela-a-san-antonio.barriosesamo.com/blog/san-antonio/2007/11/03/el-rinc-n-de-las-Solteronas>.

Figura 4. Iconografía sagrada y profana en el Rincón de las Solteronas.

Lo anterior, a su vez, requiere una postura metodológica para examinar las cartas: ¿cuáles son los aspectos que deben considerarse pertinentes y relevantes para ese propósito? Muchas de las cartas son textos persuasivos; el intento, por parte de la devota, de convencer al santo de que le conceda su deseo o de que interceda por ella ante poderes más altos aunque se expresan en términos como "Dios", "Jesucristo nuestro señor", "el niño Jesús". Sin embargo, las cartas distan mucho de ser homogéneas; algunas son textos piadosos parecidos a oraciones, pero también muchas incluyen múltiples tipos de texto mezclados, superpuestos y traslapados (Blommaert, 2005) en torno al propósito de persuasión: podemos encontrar un uso inteligente de anuncios, versos, narrativa y representaciones multimodales que incluyen fotos, dibujos, estampitas religiosas, "milagritos" y otros objetos pegados en los libros de actas.

A juzgar por la descripción de los ex votos de Real de Catorce y de las cartas a San Antonio, parece que no hay un entorno social establecido: parte de lo que hacen los escritores (e ilustradores) consiste en diseñar el entorno social a fin de construir el género. Un aspecto importante del entorno social en el que se escriben estas misivas lo conforman la iconografía y los muchos objetos materiales que hay en exhibición y que crean el ambiente particular del Rincón de las Solteronas. Bartlett y Holland (citado por Heath y Street, 2008), proponen analizar el espacio en el que se produce cultura escrita, señalando que los lectores y los escritores interpretan y significan los artefactos y las actividades que intervienen:

Se invocan, animan, refutan mundos figurados, y se los pone en acción por medio de artefactos, actividades e identidades en práctica. Los mundos culturales se figuran continuamente en la práctica mediante el uso de artefactos culturales... Estos objetos se construyen como parte de actividades reconocidas y en relación con ellas. Los artefactos significativos para el mundo figurado de la cultura escrita pueden incluir pizarrones o libros de texto (en el salón de clases), escalas de valoración de la lectura, señalamientos carreteros o ceremonias de firma (en el espacio público). Esos artefactos "abren" mundos figurados; son los medios por los cuales los mundos figurados se evocan, crecen individualmente y se desarrollan en forma colectiva (pp. 7-8).

La descripción que hacen Bartlett y Holland de los objetos culturales que constituyen nuestros escenarios cotidianos como parte de la ubicación de prácticas de cultura escrita proporciona una vía conceptual para comprender las conexiones que existen entre la dimensión fenomenológica cara a cara de los eventos de cultura escrita y sus conexiones con mundos sociales más amplios. Un análisis de la cultura escrita como práctica social requiere comprender las mediaciones y los vínculos que hay entre lo que podemos observar directamente y lo que es subyacente, como las relaciones sociales, culturales, económicas e históricas (Heath, 1983; Street, 1984). Desde este punto de vista, hay una pregunta que adquiere importancia para este trabajo: de todas las pistas contextuales de las que dispone el escritor, ¿cuáles construye como focales, cuáles se convierten en trasfondo y cuáles, simplemente, se ignoran?

En el análisis de los documentos escritos hay una tendencia a destacar los aspectos lingüísticos y de género de los textos (estructura, diagramación, ortografía, sintaxis y lexis, por ejemplo), por encima de la materialización de relaciones sociales que se presentan en cualquier entorno dado. Para pensar cómo diseñan los escritores su dominio social, cabría preguntar: ¿Qué relaciones sociales se materializan a través de las cartas? ¿Cómo se representan las identidades? ¿Qué pistas multimodales se toman en cuenta? Lo que sigue es un análisis preliminar de cómo responden los escritores al contexto simbólico en el cual tuvo lugar su escritura. Para ello, es necesario observar más de cerca el entorno iconográfico y los artefactos, primero, para después ver algunas de las cartas.[6]

EL ENTORNO ICONOGRÁFICO

El Rincón de las Solteronas se ubica en la parte posterior del salón. Mide aproximadamente doce por doce metros, lo bastante grande como para que quepan có-

---

[6] Dado el tamaño del *corpus* (4321 textos seleccionados de cuatro volúmenes y del trabajo de campo), estamos en el proceso de examinar las cartas en Atlas.ti, una base de datos especializada para la investigación cualitativa que facilita la búsqueda entre los datos, la redacción de memos y el desarrollo de categorías analíticas.

modamente seis mesas grandes para seis personas cada una. Está separado del resto del restaurante por un barandal de madera y se crea una entrada con un armario en miniatura decorado y pintado a mano, y con una figura de San Antonio. Los tres muros que rodean la zona de las mesas están literalmente cubiertos de objetos diversos: pinturas, cruces, estampitas religiosas, figurillas de todos los tamaños y formas que cuelgan de cabeza, velas, revistas, ex votos, *collages* y así sucesivamente. Hay más de quinientas figurillas de San Antonio de distintas calidades y materiales. Según la propietaria del lugar, muchas de ellas le fueron obsequiadas al restaurante por sus clientes. Los dueños encargaron a artesanos y artistas locales la creación de algunas de las mejores figuras, pinturas y *collages* de San Antonio, con ellas cubrieron las paredes con obras de arte y artesanías que están a la venta. Crearon ese espacio deliberadamente, con la intención de aprovechar la cultura católica de profundo arraigo en México y las tradiciones populares; en armonía con el resto del establecimiento.

Hay una diversidad de objetos en exhibición. Los materiales visuales, estatuillas, cartas, fotos y demás parecen estar colocados al azar sobre una superficie apiñada y densamente decorada. La mayoría de las imágenes y las figuras se relacionan directamente con San Antonio, aunque hay varios objetos misceláneos, como el retrato antiguo de una muchacha que parece estar allí debido a su tono romántico, un llavero con la foto de una pareja de jóvenes, un medallón dorado y algunos otros.

No obstante, una mirada más atenta revela que no todos estos artefactos son de naturaleza religiosa y que hay una sagaz mezcla de lo sagrado y lo profano. Por un lado, se exhiben piezas y artefactos realmente bellos, de la mejor calidad. Los clientes han enriquecido esa colección aportando testimonios de su creación personal, como el que aparece en la figura 5, que combina una foto y un texto escrito.[7]

Pero también hay piezas cómicas y con insinuaciones sexuales, aunque a primera vista parezcan apropiadas para un entorno religioso. Compárese por ejemplo el pri-

Figura 5. Un texto piadoso. "San Antonio, venimos a darte las gracias por el milagro de este amor que Dios y tú nos han regalado. El 18 de julio de 2002 te pedí un milagro que hoy es una maravillosa realidad. Ayúdanos para que nuestro amor sea para toda la vida y nuestro matrimonio base sólida de un hogar cristiano. Olga Sigüenza y Justin Coakley."

[7] Las transcripciones reproducen los textos originales y conservan la ortografía y terminología de los mismos.

Figura 6. Una rogatoria seria. "Ho glorioso San Antonio te lo pido de corazón que me mandes un compañero lo mas pronto pocible ya que tengo mis añitos y no quiero quedarme solterona Caro."

Figura 7. "Señor San Antonio haz que el desgraciado de Manuel regrese y en la noche me haga muy feliz y oiga otras quejas qu no sean chillidos del niño."

mer ex voto (figura 6), con el segundo (figura 7). El primer ex voto es una rogatoria seria a San Antonio, al que se representa de cabeza en un buró o mesa de noche. Está rodeado por un aura y parece flotar en el aire. En el muro se observa el retrato de una monja y se ve a la mujer que hace la petición, en ropa de dormir, sentada en la cama, debajo de un dosel, orando. El texto escrito es piadoso, se refiere con deferencia al santo como glorioso y usa el corazón, ideograma católico frecuente, en la frase "lo pido de corazón", que simboliza amor, el centro del conocimiento espiritual y de la felicidad; en el simbolismo católico el corazón va acompañado frecuentemente por una azucena, una cruz o una corona (Cirlot, 1997). Al término de su plegaria la autora le ofrece una buena razón a San Antonio para que le ayude. Su estrategia de convencimiento consiste simplemente en afirmar que no quiere quedarse soltera por el resto de su vida. En su plegaria pone el corazón como mediador entre su ser mortal y el santo glorioso.

El segundo, en cambio, no es tan piadoso. En su rogativa, la escritora apela al santo en relación con cuestiones carnales en un lenguaje directo y terrenal, muy diferente de las referencias al corazón espiritual del ejemplo previo. Primero se refiere a Manuel como un "desgraciado". Segundo, es una mujer a la que abandonaron con un niño y tercero, es evidente que pide la intervención del santo para que regrese su amante, no el padre de la criatura (aunque sea la misma persona). Su texto no es tanto una plegaria como una lista de exigencias, escritas en imperativo: "haz que Manuel regrese, haz que en la noche me haga muy feliz y haz que los chillidos no sean los del niño".

Estos ejemplos de textos, reverentes y satíricos, se exhiben lado a lado en los muros que rodean el espacio. Su contenido y su lenguaje transforman los géneros: ambos parecen ser ex votos pero el segundo lo es sólo por su materialidad, ya que el lenguaje y los significados representados son una parodia de esa expresión tradicional de piedad, gratitud y fe. El propósito de uno es sagrado y el del otro, terreno y carnal.

Alrededor de la habitación coexiste la combinación de lo sagrado y lo profano: rosarios, crucifijos, velas en el altar de la repisa de la chimenea, novenas, estampitas religiosas, un tablero de avisos y una vitrina para ofrendas, yuxtapuestas con un buzón para "las desesperadas", una barra de jabón de San Antonio, ex votos ilustrados que ruegan por un hombre que les haga "cositas", ejemplares de la revista *Confidencias* llenos de anuncios personales y representaciones humorísticas de San Antonio al revés, una de las cuales lo muestra con el hábito en la cabeza y la ropa interior a la vista.

QUERIDO SAN ANTONIO: MÁNDAME ALGUNOS MODELOS NUEVOS

Igual que el espacio en el cual se erige el atril, las cartas contenidas en los libros de actas son heterogéneas y diversas. Aparte de algunas de las diferencias obvias en lo que se refiere a letra, convenciones ortográficas, dibujos y demás, los textos mismos van de lo piadoso y sagrado a lo sumamente profano, de lo más serio a lo más hilarante. Leer una carta tras otra es al mismo tiempo tedioso y fascinante (Alber-Llorca, 1997). Hay múltiples elementos repetitivos y de fórmula, pero también hay algunas cartas que se destacan entre las demás.

Una de las preguntas que me planteé al leer los textos es quiénes son los posibles destinatarios. A diferencia de las cartas convencionales que se envían por correo, éstas no van a ningún lado. En principio se las escriben a San Antonio, un ser invisible, o a su representación silenciosa e inanimada. Keane (1997, p. 48) señala que esto plantea una serie de preguntas pragmáticas para el escritor: "¿Por qué medios

Lo piadoso y lo popular en el espacio iconográfico. © Judith Kalman.

Escribiendo una carta a San Antonio en el libro de actas. © Judith Kalman.

y de qué manera podemos hablar con interlocutores invisibles? ¿Cómo podemos hacer que respondan?" La conversación hablada asume la presencia de un otro cooperativo, que comparte los supuestos acerca de cómo funciona la conversación, que participa, pero "las premisas que cuentan como contexto relativo del 'aquí' y el 'ahora' en las situaciones de plegaria y de solicitudes escritas quedan canceladas" (Howell, en Keane, 1997, p. 50). En las cartas a San Antonio hay evidencias de que las autoras las dirigieron a más de un lector potencial; son cartas que constituyen rogativas religiosas, pero que al mismo tiempo incluyen información personal, como dirección, un número de teléfono o una dirección de correo electrónico, de manera que lectores más terrenales puedan comunicarse con la remitente. Por ejemplo:

San Antonio te pido con el corazón en la mano le mandes un buen hombre que creas la meresca es todo cuanto te pido espero me escuches una madre desesperada. (Dirección completa.)

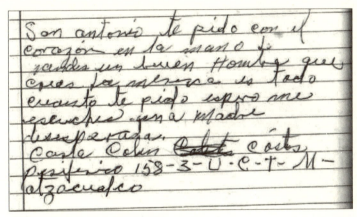

Figura 8. Carta con información personal.

El ruego de la autora es por su hija, no por sí misma, y la inclusión de su domicilio puede responder al conocimiento previo sobre cuáles son las partes de una carta o bien, puede ser una indicación para que futuros lectores sepan dónde encontrarla. Muchas otras escritoras dejan el número de teléfono, el del celular o la dirección de correo electrónico; también hay quienes escriben notas en otros mensajes pidiendo el número telefónico de quien los redactó.

Los próximos párrafos dan idea de la diversidad de géneros textuales que se encuentran en el conjunto de cartas; las que se incluyen aquí son sólo unos cuantos ejemplos de la variedad de textos escritos por los visitantes del Rincón de las Solteronas. En teoría, escribirle a un santo correspondería al dominio de las prácticas religiosas, pero en vista de la complejidad del espacio simbólico y sus propias relaciones con él, los escritores parecen hacer una selección entre el gran despliegue de artefactos exhibidos y sus significados. He clasificado tentativamente las cartas en "piadosas", "comerciales", "avisos oportunos"[8] e "híbridas", aunque estas categorías se traslapan y es probable que la investigación ulterior implique nuevas clasificaciones.

TEXTOS PIADOSOS

San Antonio, Sólo Dios y yo conocemos mi camino. Te suplico intercedas ante Él para brindarme la oportunidad de conocer y disfrutar un amor compartido, maduro y total con el hombre que deseo y necesito. Alguien tan bello que me ayude a descubrir la belleza que llevo dentro y tan fuerte que sea capaz de defenderme de todo y de todos, incluso de mí misma (im. 119).

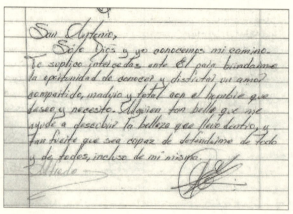

Figura 9. Un texto piadoso.

Este primer ejemplo muestra un texto escrito dentro del género de la plegaria; es una solicitud seria y convincente al santo, pidiendo su intercesión directa ante Dios para determinar el destino de quien la escribe. Su ruego está en armonía con muchos de los objetos y textos religiosos en exhibición: cartas de agradecimiento al santo por un matrimonio reciente, peticiones de bendición a San Antonio, crucifijos, rosarios y las imágenes más solemnes. Para esta escritora su carta es algo serio; se ubica horizontalmente en la página y presenta una estructura del texto común a muchas misivas de este tipo, que consiste en un inicio, una petición de intercesión al santo y una explicación de lo que se desea en el amor: belleza, protección y reciprocidad. A partir de esta carta es posible

---

[8] "Aviso Oportuno" es el título de la sección de anuncios clasificados en un diario mexicano de circulación nacional. Este nombre ha pasado a ser la forma popular de llamar a dicha sección en todos los periódicos.

identificar a la escritora como miembro de la iglesia e inferir su deferencia hacia las formas y creencias institucionales. Expresa su fe en términos reconocibles como "religiosos": su destino está en manos de Dios, el santo es visto como un intercesor poderoso, emplea una E mayúscula para referirse a Él cuando utiliza un pronombre para mencionar a Dios. A diferencia de otras cartas, ésta es un ruego, más que una exigencia, está escrita en modo subjuntivo (no en imperativo), lo que vuelve tentativa la solicitud y reconoce implícitamente la importancia de apelar a la voluntad del santo.

CARTAS COMERCIALES/"OFICIALES"

Fulano de Tal 39 años
   3932 Alamo St. #106
   San Rafael California 94901 U. S. A
   A quien corresponda,
   Por medio de la presente me gustaría entablar comunicación con fines matrimoniales a corto plazo con dama de 25-34 años que quiera vivir en los Estados Unidos…

Esta carta es directa y formal, pero no religiosa. El autor hace una bien meditada oferta a una lectora de sexo femenino, afirmando que desea entrar en comunicación con una mujer interesada en casarse. Ocupa toda una página para describirse a sí mismo en términos de las virtudes que podría ofrecer como marido, así como lo que le gustaría hallar en una esposa. Parece dirigirse a las potenciales lectoras del volumen, más que al santo mismo, y cabe señalar que esta invitación al matrimonio está escrita en el contexto de un altar para el "santo de los casamientos". El escritor incluye su edad y su domicilio personal, y da inicio a la carta como si fuese correspondencia comercial, usando fórmulas reiteradas: "A quien corresponda" y "Por medio de la presente". Coloca su dirección en el ángulo superior derecho de la carta, como suele hacerse en la correspondencia formal.

No hay indicación alguna de sus convicciones religiosas ni mención de San Antonio, ni siquiera en el inicio. El autor parece interpretar la oportunidad de escribir en el libro como un servicio de citas, más que como una situación para rezar o comunicarse con San Antonio. Lo anterior se puede atribuir a que en la icono-

Figura 10. Una carta comercial.

grafía que se muestra en ese espacio hay más de una docena de fotos de novios en sus bodas o de parejas. Desde donde se ubica el atril, las imágenes son fáciles de interpretar; mientras que los mensajes manuscritos resultan difíciles de leer. La mayoría de ellos se ubican en la pared que se encuentra a la izquierda del atril. En el momento de elaborar este trabajo, la única evidencia escrita de su ubicación es una línea vertical a lo largo del margen izquierdo que dice "Restaurante San Miguelito, Morelia, Michoacán", en la que el autor anota su ubicación exacta. Escribe una nota biográfica muy breve en la que explica que nació en un pueblito del estado de México y emigró a la capital del país, donde vivió y trabajó durante treinta años. Es el mayor de ocho hermanos, fue dos años a la universidad y de momento es trabajador indocumentado en Estados Unidos. Esto implica que, por lo menos dos veces en su vida, se ha mudado por razones económicas. Mientras en México era un trabajador capacitado que laboraba como mecánico industrial, en Estados Unidos es garrotero en un restaurante y portero de un hotel. Se pinta a sí mismo como de buen ver, muy trabajador, ahorrativo y simpático. Reconoce que su situación legal en Estados Unidos es precaria e invita a responder a una lectora potencial diciendo: "si está dispuesta a cambiar de vida conmigo, de ley, de frontera política, quedo en espera de su respuesta". Aunque su postura frente a las fronteras y las leyes de migración

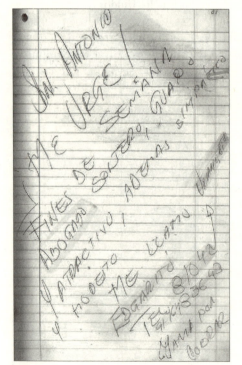

Figura 11. Aviso.

es desafiante, se muestra respetuoso ante la institución del matrimonio. Al final de la carta firma con su nombre e inmediatamente debajo escribe la fecha en inglés (June 11, 2000).

El autor indica un dato importante que ayuda a ubicar su vida en un contexto y una línea temporal más amplios: en 2000 tenía 39 años, lo que significa que había nacido en 1961. Fue niño en una época de gran migración rural-urbana en México; los campesinos abandonaban los pueblos para encontrar trabajo en las ciudades. La capital era el principal destino para la migración económica de este tipo. Para mediados de los noventa la migración interna fue remplazada por un pico de migración a Estados Unidos, y Tijuana y toda la frontera norte se convirtieron en una de las regiones de más rápido crecimiento de México. A partir de este texto es posible ubicar su vida en esta tendencia económica.

AVISO OPORTUNO

San Antonio ¡ME URGE! Fines de semana Abogado soltero, guapo y atractivo, además simpático y modesto. Me llamo Edgarito Tel… Uriangato llama por cobrar. Número de teléfono.

En este ejemplo el autor escribe diagonalmente a todo lo ancho de la página, con grandes letras, en su mayoría mayúsculas. Este tipo de entrada no sólo no es religiosa, sino que tampoco es seria o formal. En esta ocasión quien escribe es un hombre y utiliza el formato y el lenguaje de un anuncio, enumera atributos personales, deja un número de teléfono e indica que las lectoras le hablen por cobrar. Sólo el principio, la inserción de "San Antonio", identifica el texto como una carta a un santo, en armonía con la ubicación real en la que tuvo lugar la escritura. El texto en sí mismo es divertido e irónico; el redactor comienza por declarar "¡Me urge!" y luego se describe en términos halagüeños y graciosos. En el Rincón hay ciertos elementos que el autor pudo haber usado para producir este texto: los ex votos satíricos, las revistas *Confidencias,* un anuncio enmarcado titulado "Compro marido" (figura 12), presuntamente escrito por la ganadora de la lotería nacional. Este anuncio continúa, para afirmar: "joven de 27 a 35 años, guapo, bueno y dispuesto a hacerme feliz en una relación seria. Por dinero, no hay problema. Soy totalmente… ¡Rica!".[9]

En el caso que examinamos, el redactor ha creado lo que parece una parodia de una plegaria a San Antonio. Contiene los mismos elementos que se describen en el ejemplo de la carta piadosa (véase arriba), pero representa una transformación del género. Una parodia es una burla de un estilo, género o tópico que suele tratarse con solemnidad y representa un ejemplo claro de intertextualidad (Bernstein, 2004). Una de las cuestiones que plantea su uso es la referencia implícita del objeto del que se está burlando. ¿Se trata del tipo de texto (plegaria escrita) o de las prácticas y creencias subyacentes al mismo? La parodia marca distancia y divergencia entre el autor y el género original: quien escribió esta carta no tenía inconveniente en burlarse de las oraciones a un santo. Parece ridiculizar la santidad de San Antonio y emplea una forma textual —el anuncio— para contradecir la idea de plegaria o rogatoria. El enlistado de sus características y frases tales como "¡Me urge!", "Fines de semana", insinúan que su interés consiste más en encuentros casuales que en la institución del matrimonio o en "un amor tan maravilloso" como

Figura 12. Anuncio.

[9] La última frase es una parodia de la campaña publicitaria de una conocida tienda departamental de la ciudad de México.

el que se menciona en las dos primeras cartas. No es posible afirmar con certeza si esta carta es producto de una persona no religiosa: el entorno del restaurante y las muchas pistas satíricas promueven sin duda este tipo de respuesta tanto como las más piadosas. Sin embargo, sugiere que la relación del redactor con la religión —o más específicamente, con la veneración de los santos— difiere de la de quien escribió la primera carta.

HÍBRIDOS

Hay muchas muestras que constituyen híbridos de los ejemplos previos, como los siguientes:

San Antonio: Yo te pido que intercedas por mi para que si es tu voluntad ya mi novio se anime, pero solo si me trata bien y que me ame mucho y que nunca me pinte el cuerno, que me respete y se case conmigo, y si mi novio no es el ideal, me mandes al que realmente es. Cualidades: Tierno, romántico, guapo, trabajador, sincero, fiel, noble, simpatico, con dinero, bueno, y que este bueno, y que me ame mucho y que no ronque y que yo sea lo maximo para el. Pero ya contestame
Gracias

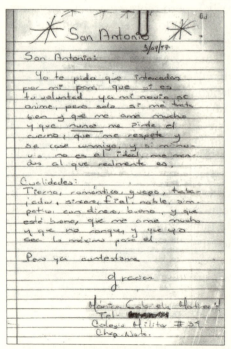

Figura 13. Ejemplo de un texto híbrido.

Este texto es mucho más complejo que los anteriores. El inicio tiene claras características de lenguaje religioso, que permiten que el lector identifique a la autora como devota del santo, es posible reconocerla como una de sus fieles que le pide al santo que abogue por ella. La petición inicial es clara: quiere casarse con su novio, pero sólo si el santo piensa que él es adecuado para ella, lo que es señal de deferencia a la voluntad divina. Si el santo no considera que sea el hombre apropiado, le solicita uno que sea "Tierno, romántico, guapo, trabajador, sincero, fiel", como si fuese una lista o un anuncio de periódico similar a la parodia. La redactora trata de convencer y complacer a San Antonio, dota de los atributos humanos de la volición y la agencia a un ser invisible o un objeto inanimado, y posiciona al santo como su oyente, pues le pide a cambio una señal.

El lenguaje fluctúa desde lo solemne: "te pido que intercedas… si es tu voluntad" a lo coloquial: "que no me pinte el cuerno"; desde lo esperanzado ("y si mi novio no es el ideal, me mandes al que realmente es") a lo exigente ("Pero ya contéstame"); desde lo romántico ("que me ame mucho") a lo cómico ("y que no ronque"). En cada movimiento la escritora se recoloca frente al santo: de una posición de deferencia a una de negociación y a otra de exigencia. Se ha señalado que:

los medios por los cuales los seres humanos se comunican con los invisibles suelen reflejar supuestos subyacentes acerca de la naturaleza de tales seres, del sujeto humano y de las relaciones sociales que hay entre ellos. En algunas tradiciones las plegarias se conforman por la deferencia humana hacia los seres a los que se las dirige (Robson, 1994, citado en Keane, 1997); otros, como los zuñi, "no se humillan ante lo sobrenatural sino que negocian con ello" (Bunzel, 1932b, p. 618, citado en Keane, 1997).

Esta escritora revela una idea de un San Antonio poderoso, con la facultad divina de interactuar con Dios, capaz de configurar su destino, como un ser espiritual bueno con la habilidad de hacer que se cumpla su deseo —algo parecido a las cartas que los niños le escriben a Santa Claus— y, al mismo tiempo, como un subordinado, alguien a quien ella puede darle órdenes.

Este texto brinda una visión compleja de una mujer urbana que vive en el México contemporáneo. En un país en el cual más del 90 por ciento de la población es católica, no resulta sorprendente que la mujer muestre cierto grado de deferencia y respeto hacia la iglesia y sus prácticas discursivas. Esto queda claro en las primeras líneas, y su representación de la institución del matrimonio dentro de este contexto religioso se basa en el amor y el respeto. Al mismo tiempo, se muestra hostil a ciertas tendencias sociales, no parece estar dispuesta a someterse a un futuro esposo y, desde luego, tampoco a tolerar situaciones desfavorables. Las mujeres de México que se han visto limitadas tradicionalmente a las esferas domésticas y subordinadas a la voluntad de su marido no hacen afirmaciones como las que se encuentran en esta misiva, y "las mujeres decentes" no hablan de un hombre que sea "bueno, que esté bueno". En este caso las palabras que escoge la redactora están en el límite de lo ordinario y lo impropio. Desde este punto de vista sus deseos están lejos de los de la escritora de la primera carta, y de los valores asociados con el amor y el matrimonio en el discurso católico. La autora puede reconocerse como católica en el sentido tradicional pero, al mismo tiempo, contemporánea en su contexto. Es asertiva, exigente y decidida.

Su carta no puede asignarse o identificarse con un género único; lo que tenemos, de hecho, es la presencia de varios géneros al mismo tiempo. No obstante, el texto es más que la suma de sus tres partes; el traslape de los tipos de texto (plegaria, anuncio, exigencia) y los cambios de lo piadoso a lo jovial a lo irreverente, crean un texto complejo que responde a un contexto complejo. Aún queda por preguntarse cómo su presencia simultánea altera el significado. La redactora ha respondido a una colección de artefactos y simbolizaciones gráficas que están a la mano, y su carta a San Antonio es al mismo tiempo una representación de dónde se ubica ella en el mundo, de su relación con diversas instituciones y del cambiante lugar de la mujer en las esferas sociales del México urbano. La manera en la que se posiciona en el texto es en parte una respuesta al contexto y, más específicamente, su respuesta al contexto es resultado de la manera en que se ubica en el mundo; en síntesis, puede escribir su texto porque así es como se ve a sí misma. Su identidad, tal como se retrata en la carta, es explicable en la medida en que está social, histórica y culturalmente situada en un mundo cambiante.

PREGUNTAS SIN RESPUESTA ACERCA DE GÉNEROS DE TEXTO, DOMINIOS Y CONTEXTOS

El entorno en el cual los redactores dejan sus peticiones a San Antonio es rico en textos, imágenes y artefactos. En ese espacio específico están presentes múltiples culturas escritas, usos de lectura y escritura que "varían de acuerdo con el tiempo y el espacio, pero también se disputan en relaciones de poder" y arreglos institucionales (Street, 2003, p. 77). En sus cartas expresan su relación social con el santo y con otros, como se señaló antes. También hay ejemplos claros de representación multimodal. De acuerdo con Bezemer y Kress (2008), un modo es "un recurso social y culturalmente reconfigurado para crear significado". En el Rincón de las Solteronas la imagen, la escritura y la diagramación están todas presentes y los participantes pueden involucrarse además en interacción verbal con otros asistentes de su mesa o en situaciones previas a su llegada.

Los elementos enunciados coinciden con lo que Barton y Hamilton (1998) llaman los "eventos observables" o "eventos letrados" en el sentido de Heath (1983), y cada carta escrita a San Antonio podría describirse de acuerdo con la definición clásica de "práctica" de Scribner y Cole (1981), la habilidad, la tecnología y el conocimiento social necesarios para leer y escribir en un contexto específico, aunque Street sostiene que es una definición de práctica restringida. No obstante, también en la noción de práctica reside la idea de lo interpretable, aquellos aspectos de participación en eventos comunicativos a los que los sociolingüistas se han referido como significados sociales y culturales aportados por los hablantes/oyentes y los lectores/escritores. Define Street, ampliando a Scribner y Cole, así como a Heath, las diferencias entre los "eventos" y las "prácticas", donde utiliza:

prácticas de cultura escrita como un concepto más amplio, llevado a un nivel más alto de abstracción y que se refiere tanto a comportamientos como a conceptualizaciones relacionados con el uso de la lectura y/o la escritura. Las prácticas de cultura escrita no sólo incorporan "eventos de cultura escrita" como ocasiones empíricas en las cuales el alfabetismo es integral, sino también "modelos populares" de esos eventos y las preconcepciones ideológicas que los sustentan (Street, 1993, p. 61).

De modo que, apelando a estas interpretaciones y también a las nociones de modalidad de Kress, ahora tomamos nota de la ubicación y de la posición del escritor que observa el Rincón de las Solteronas. Al parecer, todos los que escribieron las cartas se pararon en el mismo lugar y frente al mismo atril mientras redactaban sus peticiones. ¿O no?

¿Cómo explicamos la gran diversidad de respuestas a lo que parece ser un mismo lugar? Dicho de otro modo, ¿cómo explicamos las respuestas que parecen estar fuera de lugar? Las claras diferencias en términos de géneros entre los textos de las figuras 9, 10 y 11, y lo híbrido del texto de la figura 12, nos hacen cuestionar si realmente se redactaron en el mismo sitio. Es obvio que así fue en términos de su ubicación física, pero en los de su geografía simbólica, no resulta tan claro. ¿Dónde se sitúan estas prácticas? ¿Están en un espacio sagrado, se ubican en una empresa comercial, se piensa que el Rincón de las Solteronas es un servicio de citas?

En vista del conjunto de posibles primeros planos, resulta que no hay uno sino varios ámbitos e ideologías potencialmente presentes, y por consiguiente distintas maneras apropiadas de responder: el dominio de la religión, del entretenimiento, del romance y el amor, y del matrimonio. El contexto no está determinado de modo exclusivo por el entorno físico; es una construcción que llevan a cabo los redactores: es el resultado del significado que les dan a los artefactos y textos —orales y escritos— que los rodean cuando escriben y las relaciones sociales vinculadas a ellos. Esto significa que una parte importante de ser letrado consiste en ser capaz de construir un dominio, en saber dónde se está parado, por así decirlo. En este pequeño espacio hay ideologías contrastantes acerca de la sexualidad, los roles de género y las creencias religiosas. Todos estos elementos son parte de un contexto *multidominio* y *multimodal*, y está lleno de múltiples prácticas de lenguaje y cultura escrita.

La escritora del último ejemplo tiene la tarea de construir un contexto para sí misma por medio de un proceso de selección, separando algunos de los significados semióticos, ideologías y dominios presentes en el entorno de otros, y desarrollando coherencia para los elementos escogidos. Antes de tomar decisiones respecto al texto mismo (o como una parte de ellas), hay que ocuparse de la cuestión de articular un dominio. Los resultados de este proceso son textos como los que se analizan en este capítulo, en línea con ciertos discursos y prácticas, y en algunos casos escritos híbridos que responden a más de un dominio, lo que sugiere que el redactor puede abarcar, de hecho, dos o más campos sociales cuando compone su carta. El texto no puede asignarse a ningún género específico, pues tiene características de por lo menos tres: una solicitud convincente, un aviso oportuno, una carta. Al observar el texto híbrido que vimos antes (figura 12), ¿a qué dominio parece pertenecer? Si "el dominio de práctica resulta claro a partir del contenido/tipo de documento y es identificable por el texto que lo acompaña" (Barton, Hamilton, e Ivanic, 1998, p. 31), ¿podríamos decir sin temor a errar que el texto *a* (la plegaria de la figura 9) corresponde a un dominio religioso, el texto *b* (la carta formal de la figura 10) a un dominio burocrático y el *c* (el aviso de la figura 11) a un dominio comercial? ¿Y qué ocurre con el texto *d* (el híbrido de la figura 13), que es una combinación de un texto persuasivo, anuncio e irreverente lista de demandas? ¿A qué dominio pertenece?

La primera mitad de la carta *d* parece sugerir una misiva piadosa, y pone a su autora en el mismo lugar simbólico que a la que escribió la carta *a*; en ambos casos las redactoras le piden a San Antonio amor y matrimonio, pero reconocen su voluntad y determinación de lo que resulte apropiado para ellas. En la segunda mitad, en cambio, la escritora enuncia las cualidades deseadas de una manera que la coloca junto al que escribió la carta *c*.

Los géneros textuales pueden desarrollarse históricamente en un dominio dado de la vida social, pero su producción y uso no necesariamente se limitan siempre al dominio de origen. Tal como ocurre en el caso de las prácticas religiosas, las formas de usar las palabras (Heath, 1983) son transformadas continuamente por los cambios que se producen en el mundo social: los pueblos indígenas incorporaron a su vida espiritual simbolizaciones cristianas, y los autores de estas cartas incorporaron la religión a las relaciones laborales, comerciales y románticas contemporáneas (y viceversa). La capacidad creativa de hablantes y escritores se ve restringida por las convenciones y determinada por las relaciones sociales, como lo expresa en forma tan sucinta Gee (2005, p. 65): "los significados situados no están sólo dentro de la cabeza; son negociados por las personas en interacción". Sin embargo, su creatividad les permite al mismo tiempo mover los géneros por diferentes dominios y usarlos en sus propios diseños (Kress, 2003). Parece que no existiese una relación de uno a uno entre dominio, género y discurso, hipótesis que requiere más investigación y atención en el proceso de análisis. En general se piensa que los textos son resultado de un contexto, y que el contexto está situado en un dominio, pero aquí tampoco parece aplicarse.

Una pregunta adicional es cómo influyen los entornos complejos cuando el contexto de uso está lleno de representaciones multimodales, artefactos, prácticas literarias y contextos que se intersectan, en la manera en que los redactores toman decisiones acerca de sus textos. ¿Es posible que un contexto dado se encuentre en una encrucijada de más de un campo social y para más de un discurso y práctica a fin de brindar recursos para una respuesta adecuada? De ser así, la cultura escrita involucraría no sólo la fluidez dentro de los discursos sino también fluidez en la capacidad de movilizarlos y combinarlos, de maneras similares a la movilización de recursos multimodales para el diseño de textos significativos. Esto implicaría que un aspecto importante del conocimiento de un redactor tiene que ver con la combinación de recursos genéricos y discursivos y con cómo tomar decisiones respecto a combinaciones, transformaciones y orden apropiados en el diseño de textos híbridos.

Se ha pensado que hay diferentes tipos de culturas escritas asociadas con distintos dominios de la vida. No obstante, estas cartas parecen sugerir que, en este caso, el dominio no queda tan claro a partir del contexto social o simbólico, o del tipo de documentos que lo acompañan. El contexto no está en el entorno físico ni es explicado necesariamente sólo por la interacción de los comensales que se sientan alrededor de una mesa, aunque ambas cosas pueden intervenir, sin duda, en las elecciones que hace el redactor. La cultura escrita parece estar más vinculada con la auto ubicación de los escritores en un campo social dado, con las elecciones resultantes que hacen en materia de discurso, sus propósitos comunicativos y los resultados o consecuencias esperados de sus textos. Así se podría explicar por qué algunos visitantes del restaurante actúan como si de hecho estuviesen en una iglesia, mientras que otros construyen sus textos como si estuviesen escribiendo un anuncio personal para un servicio de citas.

Pensar acerca de la relación entre prácticas, géneros y contextos tiene implicaciones importantes para comprender la cultura escrita, sobre todo en la educación. Keane (1997) apunta que "lo que es relevante para el contexto, e incluso para saber si el contexto debe ser considerado relevante en general, es el resultado de procesos sociales, expectativas de género e ideologías del lenguaje en curso" (p. 184). Esto queda especialmente claro en el desarrollo de programas para las clases del área de lenguaje, comúnmente conocida como la clase de español. En México, por ejemplo, la Secretaría de Educación Pública introdujo una reforma curricular para la enseñanza del español en la escuela secundaria que relaciona directamente un género de texto con un dominio: en el dominio llamado "Participación ciudadana" se espera que los estudiantes lean y escriban documentos administrativos y legislación, y que discutan temas tales como la diversidad lingüística, los medios de comunicación de masas y los derechos humanos. El dominio de la "literatura" se limita a leer y escribir ficción, poesía y ensayos literarios. El dominio de prácticas de cultura escrita escolares ("estudio") se define al buscar información en diferentes fuentes y formatos, escribir sinopsis, informes y esbozos, y participar en diferentes eventos comunicativos denominados "formales".

Este enfoque de la enseñanza y el aprendizaje de la cultura escrita quizá sería satisfactorio si los géneros fueran específicos y estables en relación con los dominios. Pero si no lo son, comprender las cuestiones relacionadas con las dimensiones sociales de la toma de decisiones, el marco, y el desarrollo de interpretaciones y respuestas apropiadas representa una seria omisión en los esfuerzos curriculares y de medidas pedagógicas. Además, genera interrogantes respecto a lo que debe incluirse o excluirse de los programas de educación formal. Kress (2003, p. 85) plantea preguntas importantes para la educación vinculada a la cultura escrita. "¿Deben enseñarse los géneros como formas ideales y estables? ¿Son los géneros más poderosos de una sociedad los que deben enseñarse con preferencia a otros? ¿Deben incluirse también en el currículum los géneros de grupos marginales?" Es posible postular preguntas similares también en relación con los contextos: mientras los dominios son contextos estructurados, establecidos (Barton y Hamilton, 1998), ¿debe enseñárselos como escenarios ideales y estables? ¿Sólo hay que reconocer oficialmente a las instituciones poderosas, o en la escuela se explorarán también otros dominios?

La investigación y el análisis aquí presentados sobre la relación de los géneros con los contextos comunicativos puede arrojar luz sobre esta cuestión y cabe esperar que un análisis de mayor amplitud y profundidad de las cartas a San Antonio proporcione evidencias para ese fin. A su vez, espero que informe a aquellos educadores que buscan comprender la práctica de la cultura escrita como una manera de pensar en torno al currículum.

REFERENCIAS

Alber-Llorca, M. (1997), *Le courier du ciel. Par ecrit. L'ethnologie des ecrits quotidienne*, D. Fabre, París, Éditions de la Maison de Sciences de L'homme, pp. 138-221.

Alcock, S. E. y R. Osborne (1996), *Placing the Gods: Sanctuaries and sacred space in Ancient Greece*, Oxford, Oxford University Press.

Bakhtin, M. M. (1981), *The dialogic imagination: Four essays by M. M. Bakhtin*, Austin, University of Austin Press.

Barton, D. y M. Hamilton (1998), *Local literacies: Reading and writing in one community*, Londres y Nueva York, Routledge.

Bautista-Morente, M. (1991), "Apuntes etnográficos sobre costumbres de noviazgo y fiestas de galanteo", *Gazeta de Antropología*, 8, pp. 8-12.

Bernstein, H. (2004), *Diccionario de Retórica y Poética*, México, Porrúa.

Bezemer, J. y G. Kress (2008), "Writing in multimodal texts", *Written Communication*, 25(2), pp. 166-195.

Blommaert, J. (2005), *Discourse, A critical introduction*, Cambridge, Cambridge University Press.

Brandt, D. y K. Clinton (2002), "The limits of the local: Expanding perspectives on literacy as a social practice", *Journal of Literacy Research*, 34, pp. 337-356.

Cirlot, E. (1997), *Diccionario de símbolos*, Barcelona, Ediciones Siruela.

Dallen, T. y D. Olsen (2006), *Tourism, religion and spiritual journeys*, Londres, Routledge.

Duranti, M. A. y C. Goodwin (eds.) (1992), *Rethinking context, language as an interactive phenomenon*, Cambridge, Cambridge University Press.

Ferdman, B., W. Rose-Marie y A. Ramírez (eds.) (1994), *Literacy across languages and cultures*, Nueva York, State University of New York Press.

Galt, J. (2004), Asymetrical information. An opinion ridden free-for-all, <http://www.janegalt.net/blog/archives/004696.html>.

Gee, J. (2005), *An introduction to discourse analysis. Theory and method*, Londres, Routledge.

Gumperz, J. (1984), "Introduction, language and communication of social indentity", *Language and Social Identity*, pp. 1-21, Cambridge, Cambridge University Press.

Gumperz, J. y D. Hymes (eds.) (1986), *Directions in sociolinguistics. The ethnography of communication*, Nueva York, Basil Backwell.

Heath, S. (1983), Ways with words, language, life and work in communities and classrooms, Cambridge, Cambridge University Press.

Heath, S. B. y B. Street (2008), *On ethnography: Approaches to language and literacy research*, Nueva York y Londres, Teachers College, Columbia University National Conference on Research in Language and Literacy.

Kalman, J. (1999), *Writing on the plaza. Mediated literacy practices among scribes and clients in Mexico City*, vol. 5, Cresskill, Hampton Press.

—— (2001), "Every paperwork: Literacy and practices in the daily life of unschooled and underschooled women in a semiurban community of Mexico City", *Linguistics and Education*, 12(4), pp. 367-391.

Keane, W. (1997), "Religious language", *Annual Review of Anthropology*, 1997(26), pp. 41-67.

Kress, G. (2003), *Literacy in the new media age*, Londres, Routledge.

Luke, A. y V. Carrington (2002), "Globalization, literacy and curriculum practice", en R. Fisher, G. Brooks y M. Lewis (eds.), *Raising literacy standards*, pp. 231-250, Routledge, Londres.

Pérez-Reverte, A. (1996), *Capitán Alatriste*, Madrid, Alfaguara.

Pulgram, E. (1978), *Italic, Latin, Italian, 600 b. C. to a. D. 1260. Texts and commentaries*, Heidelberg, Carl Winter.

Saville-Troike, M. (1982), *The ethnography of communication. An introduction*, Nueva York, Basil Blackwell.

Scribner, S. y M. Cole (1981), *The psychology of literacy*, Cambridge, y Londres, Harvard University Press.

Street, B. (1995), *Social literacies: Critical approaches to literacy in development, ethnography and education*, Londres y Nueva York, Longman.

—— (2003), "What's 'new' in new literacy studies? Critical approaches to literacy in theory and practice", *Current Issues in Comparative Education*, 52(2), pp. 77-102.

——, (1984), *Literacy in theory and practice*, Cambridge y Nueva York, Cambridge University Press.

Street, B. (ed.) (1993), *Cross cultural approaches to literacy*, Cambridge, Cambridge University Press.

Uriarte, A. y O. Olivas (2006), "Proliferan apariciones marianas", *El Nacional*, México, p. 2A.

CONDICIONES SOCIALES PARA LA APROPIACIÓN DE LA CULTURA ESCRITA EN FAMILIAS CAMPESINAS

ELISA CRAGNOLINO[1]

Los espacios rurales han sido considerados tradicionalmente como "espacios iletrados", tanto desde el sentido común, como en el ámbito educativo. En el discurso de los docentes es frecuente encontrar explicaciones acerca de las dificultades y el fracaso escolar de los niños rurales, que tendrían que ver con la nula o escasa escolarización de los integrantes de la familia y la inexistencia de materiales de lectura y escritura en el espacio doméstico. Pero esta ausencia no es reconocida simplemente como un problema educativo, sino que el analfabetismo se presenta al mismo tiempo como síntoma y causa de la pobreza y se le relaciona con innumerables padecimientos de la gente del campo.

Este capítulo se centra precisamente en estas cuestiones, y examina cómo se concibe a los *analfabetos rurales* y la relación entre *analfabetismo* y pobreza. Para ello, parto de la presentación de una nota periodística en la que se liga directamente "la pobreza educativa" de las familias campesinas con el desalojo de sus tierras.

En el diario *La Voz del Interior*, de la ciudad de Córdoba, Argentina, el 6 de febrero de 2004, se publicó un artículo titulado "El norte sufre la falta de educación"[2] en el que se hace referencia a los "altos niveles de analfabetismo y escaso nivel de escolaridad" que se observan en el norte de la provincia de Córdoba. Esta problemática educativa se introduce a partir de la situación de desalojo de las tierras ocupadas por una anciana, doña Ramonita Bustamante, a quien se presenta como "ignorante" y desprovista de los conocimientos necesarios para evitar la pérdida de su predio.

La autora de la nota aborda la cuestión de lo que denomina "pobreza social y educativa" y lo hace desde perspectivas que ignoran la complejidad de estas problemáticas. Sus planteamientos remiten a determinadas maneras de entender el analfabetismo y a las personas que "no manejan", al menos en apariencia, la lectura y la escritura. Está implícito, además, un enfoque desde el que se aborda el *acceso a la cultura escrita* que lo presenta como un *déficit* y una *dificultad individual*, desconociendo su carácter social y político.

Desde la perspectiva en la que trabajo, en cambio, la *lectura* y la *escritura* son visualizadas *como prácticas sociales*, contextualizadas e implicadas en *relaciones sociales* y que no pueden reducirse a habilidades técnicas y personales.

El análisis de las *condiciones sociales* permite comprender en qué medida las fa-

---

[1] Centro de Investigaciones de la Facultad de Filosofía y Humanidades y Centro de Estudios Avanzados. Universidad Nacional de Córdoba, Argentina.

[2] La nota completa puede verse en <http://www.lavoz.com.ar/2004/0206/UM/index.htm>.

milias rurales utilizan y se apropian de *recursos* y *usos* respecto a la *cultura escrita*. Esto plantea de inmediato la necesidad de proponer herramientas conceptuales y procedimientos analíticos para entender estas condiciones sociales y cómo aproximarnos a ellas. En este capítulo también presentamos una manera de abordar estas cuestiones.

RAMONITA Y LA "POBREZA EDUCATIVA" EN EL NORTE CORDOBÉS

En el artículo "El norte sufre la falta de educación", que fue publicado en el diario más prestigioso y de mayor tirada de la provincia de Córdoba, se presenta a los departamentos de Río Seco y Tulumba como "enclaves de ignorancia" y se introducen las referencias a esta situación a partir de la mención del "caso de doña Ramonita Bustamante". La nota comienza planteando:

Aunque se trata de áreas de escasa densidad demográfica, el analfabetismo y la poca instrucción de los pobladores del norte y noroeste de Córdoba son el trasfondo de una realidad que atrajo la atención pública a partir del desalojo de "Ramonita" Bustamante. La anciana de la zona rural de Sebastián Elcano no sabe leer ni escribir; puede estampar una firma, pero su escasa preparación le impide comprender las razones legales expuestas en las notificaciones y tomar los recaudos necesarios. No es ella la única ignorante. Las personas de su entorno tampoco estaban en condiciones de advertirle que le iban a quitar la vivienda.

Como vemos, la periodista plantea ingenuamente que si Ramona, su familia y sus vecinos supieran leer, la señora no habría sido despojada de sus tierras. En la nota se liga el "analfabetismo" y la supuesta ignorancia acerca del valor de los documentos escritos con la imposibilidad de resolver la situación de precariedad de los títulos de tenencia de la tierra, desconociendo los múltiples y complejos factores que intervienen en este tipo de situaciones y que no se limitan a cuestiones educativas.

La señora fue expulsada de su casa y de su campo porque, como plantearemos, existen razones estructurales y políticas que hicieron posible el despojo, y no debido al inexistente o precario manejo del código escrito de estos pobladores rurales.

El desalojo de la familia Bustamante ha sido considerado en diferentes denuncias sobre la "expropiación de tierras" que se producen en la provincia de Córdoba. Según presentaciones del Movimiento Campesino de Córdoba y un Informe de la Defensoría del Pueblo de la Nación del 30/09/2006,[3] éste sería sólo uno de los muchos casos ocurridos en los últimos años, en diferentes parajes de los departamentos de Río Seco, Tulumba, Ischilin, Cruz del Eje, Minas, Pocho, San Alberto y San Javier, en la provincia de Córdoba.

---

[3] El informe se incorpora a la actuación N° 3084/06 y constituye una parte de la investigación general sobre "Uso sustentable de la tierra" que se lleva adelante en la actuación N° 6062/03 de la Defensoría del Pueblo de la Nación. El informe puede consultarse en la página web: <www.defensor.gov.ar>.

Al vincular el desalojo de doña Ramonita con su "pobreza educativa", la periodista ignora, o pasa por alto, que las situaciones de expropiación de tierras se relacionan con las transformaciones de la estructura agraria de la región, el avance de grandes explotaciones de tipo capitalista a partir de la extensión de la siembra directa de soja y la consiguiente valorización de tierras que hasta hace poco tiempo eran consideradas "improductivas".

Se observa en esta región norte (N) y noroeste (NO) un proceso de concentración en la superficie que se da a partir del estrato de las 2500 hectáreas y un mayor incremento (84%) en el rango de 5000 a 10000 hectáreas. De manera correlativa e inversa, las superficies menores de 25 hectáreas, dedicadas a la ganadería extensiva con uso "libre" del monte, disminuyeron en número de establecimientos y superficie en un 50% (Hocsman y Preda, 2005).[4]

Se trata de una zona por cuyas condiciones agroecológicas históricamente ha sido marginal para la producción agrícola y donde, consecuentemente, el valor comercial de la tierra ha sido muy bajo. Debido al reciente avance de la frontera agropecuaria, esas tierras comienzan a ser requeridas para la producción capitalista, lo que ha generado nuevos conflictos con relación a la titularidad. La disputa se presenta porque las familias campesinas ejercen la posesión por sucesivas generaciones sin el dominio legal y sin la documentación comprobatoria correspondiente. Según estudios realizados recientemente, más del 70% de los poseedores no tienen títulos de los inmuebles donde viven, lo que los coloca en una situación de gran vulnerabilidad, y en cierto riesgo de perder las tierras que habitan y en las que producen desde hace varias generaciones (Romano, 2006).

En los últimos años se ha extendido la denuncia de *usurpación,* efectuada por empresarios, inversionistas y especuladores del mercado inmobiliario, lo que implica la criminalización y judicialización en la que intervienen diferentes dispositivos del Estado. Aquéllos presentan documentos aparentemente avalados desde alguna instancia de la administración estatal, intentando desalojar a los campesinos con apoyo de la fuerza pública y mediante el uso de trascabos que destruyen viviendas, corrales y alambrados.

Podemos preguntarnos si con una mayor "inclusión educativa", podría haberse evitado la situación de desalojo o se habrían mejorado las condiciones de pobreza de los pobladores. Una respuesta afirmativa implicaría ignorar la complejidad de la situación, las causas estructurales del conflicto por la tierra; los múltiples intereses puestos en juego y en los que convergen sectores dominantes pertenecientes al poder económico, jurídico y político.

Aparentemente se alude a consecuencias sociales de la nula o baja escolaridad. Pero la argumentación que se presenta en el artículo sólo oculta las causas estructurales de esta situación educativa; ignora las causas económicas de la pobreza y las causas estructurales de la situación de vulnerabilidad de campesinos como Ramo-

---

[4] Respecto a las transformaciones de la estructura agraria, el avance de las grandes explotaciones capitalistas y el proceso de "descampesinización" del departamento Tulumba, donde se ubica el paraje Las Maravillas en el que vive Ramona, véase Cragnolino (2001).

nita, y convierte el desalojo de la anciana en un problema individual, que podría haberse superado si ella y sus allegados hubieran contado con mayores niveles de instrucción. Así presentada, la causa del problema es la falta de educación; la pobreza y el desalojo son culpa del campesino que nunca ha ido a la escuela ni se ha alfabetizado. En el artículo además se da por supuesto que estas familias campesinas desconocen el valor de la documentación escrita y señalan "su incapacidad para comprender las razones legales y tomar los recaudos necesarios".

Esto es una falacia o implica, cuando menos, ignorancia de parte de la periodista. En el momento en que la maquinaria pesada entraba a su terreno, el hijo de Ramonita, Orlando Bustamante, estaba realizando los trámites para registrarse como poseedor de las tierras en el marco de la ley provincial 9.100 y el amparo de la Ley de Posesión Veinteñal que prevé el Código Civil en el artículo 2.468. La familia Bustamante conocía sus derechos sobre la tierra y estaba dispuesta a reclamarla. La imposibilidad de resolver la situación de precariedad de los títulos de tenencia de la tierra no tendría que ver con una supuesta "ignorancia" acerca del contenido y el valor de los documentos escritos, sino con las dificultades objetivas de concretar los trámites, dadas las trabas burocráticas y económicas que supone la legislación dominial y que ha sido denunciada por las organizaciones campesinas.

En situación similar se encontrarían numerosas familias del norte y noroeste cordobés, ya que en los últimos años se han presentado más de doscientas solicitudes de registro, que no habían sido resueltas por la autoridades competentes a pesar de que la ley prevé un presupuesto para realizar las mensuras pertinentes.

Estas familias campesinas hicieron frente a la orden de desalojo y a los citatorios del juzgado, presentaron argumentos para defender su legítima posesión de la tierra y efectuaron trámites. Conservaban algunos documentos que usaron para demostrar que ellos eran los verdaderos dueños.

Podemos plantear entonces que reconocían la importancia y el valor de la lengua escrita para los asuntos legales. No desconocían que la escritura y los documentos escritos son un instrumento de poder y pueden ser usados como un medio para engañarlos y perjudicarlos. Admiten que, en ciertas circunstancias, es necesario recurrir a terceros que tienen conocimientos especializados sobre los documentos, como son los abogados, los profesionistas dedicados a leer, escribir, interpretar y defender este tipo de documentos.

Además, en algunas ocasiones, han hecho un uso estratégico de la "condición de analfabeto", para conseguir ciertas "ayudas" o "beneficios" de políticas sociales focalizadas. Me refiero por ejemplo al reclamo y la obtención de subsidios monetarios como beneficiarios de un plan asistencial[5] dirigido a los jefes de hogares desemplea-

---

[5] Se trata del "Plan Jefes y Jefas de Hogar", y "Plan Familia por la reinserción social", que parten del reconocimiento de las carencias de sus beneficiarios, y aborda específicamente los problemas de la "vulnerabilidad" e "incapacidad" de determinados grupos sociales de hacer frente a su sobrevivencia debido a la ausencia de ingresos estables y regulares. Comparte características comunes al programa Bolsa Familia de Brasil, Bono de Desarrollo Humano de Ecuador, Oportunidades de México, y Chile Solidario de Chile.

dos, a cambio de la inserción o reinserción en escuelas de adultos; compromiso que muchas veces no sostienen (se matriculan, pero no asisten regularmente o sólo lo hacen los días en que los maestros certifican su escolarización), pero que los libera de otro tipo de contraprestaciones laborales, que es la condición para recibir la asignación mensual.

"POBRES, RURALES Y ANALFABETOS".
CARACTERIZACIONES Y ESTIGMATIZACIONES

En el tratamiento que el artículo periodístico hace de la problemática de la educación y alfabetización es posible advertir al menos dos cuestiones: en primer lugar, el modo en que se caracteriza a los "pobres rurales" y su condición de "analfabetos"; en segundo lugar, las maneras como se aborda el acceso a la cultura escrita.[6]

Respecto al primer punto, en el artículo se presenta a aquellos que no han logrado acceder o permanecer en la escuela como incapaces de

[…] ir al mercado y no ser engañados en precios y contenidos; conocer los derechos y obligaciones de las personas y las instituciones; asistir a un consultorio o despacho y hacerse entender y entender las explicaciones de profesionales o funcionarios; saber qué vacunas hay que ponerse; saber qué comer y dar de comer; concretar transacciones mínimas sin riesgo de estafa, etcétera.

Podemos preguntarnos ¿cómo ha logrado sobrevivir Ramonita o cualquier miembro de las familias de esta zona rural que no dominan el alfabeto o no han accedido a las escuelas, si se ha visto comprometida de tal modo su existencia?

Desde mi punto de vista, al presentar la situación de esta manera se evidencia un cierto sentido común cristalizado acerca de las características de "los pobres rurales" y los "analfabetos", que son estigmatizantes. Al mismo tiempo, remiten a determinadas perspectivas que los definen sólo por las carencias y por el grado de desviación en relación con el conjunto urbano integrado y moderno. Son el ejemplo vivo del mundo del pasado, una "rémora" que hay que superar; representan el atraso ya que, según la periodista "las circunstancias de esta campesina de 76 años, son incompatibles con el mundo actual".

Se trataría de enfoques pertenecientes a lo que Valentine (1972) llama "la tradición peyorativa", también denominada por Oliven (1981) "culpemos a los pobres"; es decir, planteamientos en los que subyace la imputación a los mismos pobres de la responsabilidad por la situación en la que se encuentran.

---

[6] En el artículo periodístico se pone en evidencia además la manera como se entiende la relación "alfabetización-desarrollo social y económico". Por cuestiones de extensión de este trabajo no nos detendremos aquí en este tema. Un interesante análisis de los "mitos" que supone la alfabetización puede verse en Zavala (2005).

La manera en que se presenta a estas familias remite a aquellos enfoques en los que se describe la pobreza como "autocontenida". Se están escamoteando del análisis las variables macroestructurales que posibilitan plantear las relaciones económicas, sociales, políticas, jurídicas e ideológicas que determinan y condicionan el funcionamiento de estos sectores sociales dentro del todo social global (Jaume, 1989).[7] Se define a los pobres y analfabetos a parti. de una serie de atributos y disposiciones negativas y no de relaciones sociales; también se trata a la lectura y a la escritura como variables independientes, y como el único conocimiento reconocible y válido. Se naturaliza la condición de pobreza y la de analfabeto que aparece asociado a ella; se las esencializa y reifica en lugar de comprender su carácter estructural, relacional e histórico. Es decir: se oculta el hecho de que estas condiciones sociales han sido creadas por seres humanos y se las presenta como *naturales*, por lo tanto, fuera del control del hombre e inmutables.

El analfabetismo se presenta también como un desfase o disfuncionalidad y termina siendo el resultado de pautas culturales tradicionales, de la escasa integración de los pobladores rurales en la sociedad moderna y deficiente asimilación de sus patrones de comportamiento.

Ramonita y sus vecinos, según la reportera, son parte de "los enclaves de ignorancia", en donde las acciones educativas del Estado no podrían llegar eficazmente debido a las "características culturales". Así lo señala en el artículo la funcionaria a cargo de la Dirección de Educación del Adulto de la Provincia de Córdoba:

Uno de los obstáculos con los que tropieza la institución es la falta de interés del alumnado potencial, o el interés en concurrir sólo para obtener un certificado y no para instruirse. La desmotivación es producto de la resignación, a veces ancestral, de esos pobladores. Y la que sella el círculo de la pobreza y la exclusión.

De acuerdo con estos planteamientos, estas pautas y disposiciones (por ejemplo la apatía, la desidia) se conservarían además de manera inmutable "cerrando el círculo" e impidiendo el reconocimiento del valor de la educación (quieren el certificado y no pretenden instruirse) y el acceso a las oportunidades educativas que se les brindan.

Sin embargo, en esta declaración de la representante del Ministerio de Educación, aparece una cuestión interesante que contrasta con los dichos anteriores: si, como señala los pobladores rurales, se acercan a los programas educativos "sólo por el certificado", no serían ya "tontos culturales", ni tampoco desconocerían la importancia de contar con una documentación que los habilite socialmente. Esa utilización estratégica de la certificación tendría poco que ver con la desidia y apatía y puede hacernos pensar hasta qué punto en estos espacios rurales se reconoce el valor social de alfabetización.

---

[7] Una interesante revisión sobre los diferentes enfoques acerca de "la pobreza", puede verse en Gutiérrez (2004).

PERSPECTIVAS ACERCA DE LA ALFABETIZACIÓN:
¿UN PROBLEMA TÉCNICO O UN PROBLEMA SOCIAL?

La segunda cuestión que podemos plantear a partir de la lectura del artículo periodístico es la manera en que se entiende la *alfabetización* y se aborda el acceso a la cultura escrita. Ya hemos intentado mostrar en párrafos anteriores cómo la situación
de Ramonita se explica como resultado de un problema individual: ella no lee ni
escribe y, según el artículo periodístico, esta deficiencia tiene serias consecuencias
para su vida práctica. Se vería imposibilitada para la resolución de múltiples actividades y, dada las supuestas implicaciones cognitivas de esta carencia, se le dificulta-
ría el desarrollo de pensamientos abstractos complejos. No estaría en condiciones
de hacer previsiones ni de producir y poner en juego un pensamiento "lógico" y
"crítico", como si la lectoescritura por sí misma constituyera *la* llave que provee el
desarrollo de habilidades cognitivas superiores.

De acuerdo con esta perspectiva, cada persona debe aprender a trazar letras y
asignarles sonidos. Y una vez conocido el código y el funcionamiento del alfabeto,
se daría el salto cognitivo necesario para transformarse en un sujeto *competente*. Pero
el éxito y fracaso dependen de un empeño individual, de una voluntad individual,
y no de oportunidades socialmente construidas para acceder y hacer uso de esta
tecnología. Recordemos que la funcionaria de la Dirección de Educación del Adulto señalaba que las personas como Ramonita no son capaces de aprovechar los
servicios educativos, como si la sola existencia de la "oferta" garantizara el acceso,
en lugar de interrogarse acerca de cuáles han sido las posibilidades históricamente
definidas de apropiarse de esos servicios.

No me detendré aquí en los múltiples cuestionamientos que se realizan a esta
visión autónoma de la alfabetización (Street, 1993). Sólo señalaré que en los últimos
años se multiplicaron las investigaciones de tipo etnográfico que proponen superar las visiones sobre la lectura y escritura como *competencia* universal, conjunto de
destrezas que se centran en la *manipulación mecánica de letras*. Se indaga, en cambio,
desde lo que se han llamado *Nuevos estudios sobre la lengua escrita* (Street, 1993), acerca de la *organización social* de la lectura y escritura para dar cuenta de sus múltiples
usos en los contextos locales (las *múltiples alfabetizaciones* existentes). Se parte de la
premisa que sostiene que la alfabetización no se adquiere "neutralmente", sino en
contextos culturales, políticos e históricos específicos. Por consiguiente, la comprensión de estas prácticas depende de la exploración del contexto social para
percibir cómo se configura socialmente. Desde allí se avanza hacia una concepción
de la *cultura escrita* que reconoce la diversidad de formas posibles de relacionarse
con la lectura y la escritura y que discute el modelo evolucionista que presupone
un desarrollo lineal de la oralidad hacia la escritura, particularmente la escritura
alfabética (Street, 1993, 2003, 2005; Barton y Hamilton, 1998; Barton e Ivanic, 1991;
Kalman, 2004; Zavala, 2002 y 2005).

Esta perspectiva ofrece varias herramientas conceptuales. En primer lugar la de
la lengua escrita como una *práctica social*. Esta noción contempla los *usos sociales de*

la lectura y *la escritura,* las concepciones que las personas poseen acerca de ellas y las relaciones sociales implicadas. Supone considerar la distribución desigual y las relaciones de poder, ya que el *acceso a la cultura escrita* está inmerso en posicionamientos sobre quién lee y escribe, qué se lee y escribe, quién decide las convenciones y ejerce poder a través de la lengua escrita (Kalman, 2004). Se asocia a otras nociones, como *disponibilidad* y *acceso*, para distinguir la distribución de los materiales propios de la lengua escrita de los procesos sociales subyacentes a su *apropiación, diseminación* y *uso* (Kalman, 2004). Y aquí otro concepto importante es el de *apropiación*, una categoría propuesta por Chartier (1993) y retomada, entre otros, por Kalman (2004) y por Rockwell (2000, 2001, 2005).

Esta última autora señala que el proceso de apropiación de saberes y prácticas no significa simplemente hacer uso individual o colectivo de diversos elementos de la cultura circundante, sino también considerar la relación activa entre las personas y la multiplicidad de recursos y usos culturales objetivados en sus ámbitos inmediatos. En este sentido, poner el concepto de *apropiación* en un primer plano supone reconocer el papel activo de los *actores sociales* en las *prácticas culturales* y considerar todos los procesos a través de los cuales siempre se transforma, reformula y excede lo que se recibe.

Estas referencias conceptuales (*práctica social, acceso y disponibilidad, apropiación*) hacen posible complejizar la mirada y avanzar en la comprensión de los procesos que en relación con la lectura y escritura ocurren en el contexto rural que actualmente estudiamos y al que hemos hecho referencia al presentar el caso de Ramonita.

He escrito en trabajos previos[8] sobre el proceso que acerca paulatinamente a los niños del campo del norte cordobés a la posibilidad de "alfabetización escolar". El acceso a la lectura y escritura por parte de las familias rurales estudiadas estuvo ligado a la escuela. Sin embargo, no fue resultado sólo de la presencia del Estado, la instalación del sistema educativo y la imposición de la obligatoriedad escolar, sino que se relaciona con el lugar que la alfabetización ocupó en las estrategias de reproducción social de estas familias, que a su vez se relacionan con las transformaciones estructurales y simbólicas que se sucedieron en la zona de estudio a lo largo del siglo XX. En este análisis se subraya la relación entre la historia educativa y los procesos estructurales más amplios, en particular las transformaciones en la estructura agraria y el mercado de trabajo.

Esta perspectiva sirve también para relacionar la alfabetización escolar con las vicisitudes de doña Ramonita Bustamante y su familia u otras familias campesinas. Su historia personal puede entenderse como parte de una historia social regional, como parte de la trayectoria de una generación[9] y no simplemente como caso individual. En este sentido consideramos que deben incluirse en el análisis cuáles son

---

[8] Véase Cragnolino (2007 y 2008, en prensa).

[9] Una generación supone contemporaneidad cronológica, pero no se extiende a todo el espacio social. La "situación generacional" está ligada a la "situación de clase" y comporta además de una misma edad, condiciones similares de existencia que se derivan de posiciones similares en el espacio social. Seguimos en estos planteamientos a Bourdieu (1988b).

las estrategias de reproducción social de las familias campesinas y el modo en que la alfabetización se incorpora a esas estrategias.

OTRA POSIBLE LECTURA SOBRE LA ALFABETIZACIÓN: LA ALFABETIZACIÓN COMO PARTE DE LAS ESTRATEGIAS DE REPRODUCCIÓN SOCIAL [ERS]

Pensar las prácticas sociales en términos de estrategias implica apelar a una noción cuyo uso en ciencias sociales es bastante controvertido. Los cuestionamientos en este sentido se refieren al margen real que tienen los actores para efectuar sus elecciones y la apelación a una racionalidad consciente que guía la acción. Se trata de considerar que los individuos optan por diferentes alternativas, que sus elecciones no son azarosas, y que pueden y deben ser explicadas socialmente.

En estas opciones es posible identificar ciertas concordancias; es decir, se pueden definir un conjunto de acciones que tienden a seguir pautas comunes entre individuos que ocupan posiciones semejantes en la estructura social. La pregunta que sigue es ¿cuál es el principio a partir del que los agentes sociales estructuran sus prácticas?

Buscando respuestas a esta cuestión Pierre Bourdieu (1988a) propone la noción de *estrategia* y le da el sentido de *lógica práctica*, lo que implica considerarla siempre ligada a posiciones estructurales y disposiciones construidas en el tiempo y productos de la historia y no abordarlas como "resultado de la obediencia a reglas" o producto de la "libre iniciativa del actor" y del "cálculo consciente y racional".

Este análisis supone identificar el *interés* propio como *principio* a partir del cual el *agente social* estructura su *acción*, que se convierte así en un medio (*estrategia*) a través del cual busca mantener o mejorar su posición. Interés que se define no subjetivamente, desde lo que quiere o desea, sino con relación a una posición social, a las *condiciones objetivas*. Dichas condiciones están constituidas por dos dimensiones: las *condiciones objetivas externas* (el *campo*) y lo incorporado como *resultado del proceso de socialización* (los *habitus*).[10]

Según este planteamiento, la *práctica social* es un arbitrario histórico y en este sentido no supone la existencia del interés transhistórico y universal de las teorías utilitaristas.[11] Es el resultado de un *campo* y de un *habitus* hechos de historia y cuya relación también es "naturalmente histórica" (Bourdieu, 1990, p. 70).

---

[10] Bourdieu entiende por campo un sistema de posiciones y relaciones entre posiciones y por *habitus* un sistema de estructuras internalizadas, subjetivo pero no individual, que estructura prácticas y representaciones (Bourdieu, 1988a). No es nuestra intención desarrollar aquí estos conceptos centrales en la construcción teórica de este autor. Una inteligente y clara presentación de los mismos puede verse en Gutiérrez, A. (1994).

[11] Estas teorías plantean un análisis que se sustenta en la libre iniciativa de un actor, cuyas estrategias estarían sometidas esencialmente a las coerciones estructurales externas y que sólo consideran este sistema de relaciones en su posición sincrónica, sin tener en cuenta la historia de la estructura y la historia incorporada en forma de *habitus*. Nos referimos a individualismo metodológico: los trabajos de Raymond Boudon (1983): la Teoría de la acción racional y los trabajos de Becker (1993). Un mayor desarrollo sobre esta cuestión puede verse en Cragnolino (2001 y 2006).

En el caso de las familias campesinas podemos pensar las prácticas relativas a la lectura y la escritura como *estrategias* y en este sentido intentar comprender cómo se fueron configurando conforme transcurría el tiempo y se modificaban las condiciones objetivas (sus posiciones en los campos económicos, políticos, sociales, culturales); pero también de acuerdo con las transformaciones de las disposiciones adquiridas a lo largo de las trayectorias. Disposiciones que se actualizaban al momento de la acción; es decir, cuando las familias tenían que tomar "decisiones prácticas".

Planteo también que es posible considerar que las *prácticas de cultura escrita* forman parte de las *estrategias de reproducción social* (ERS), entendidas como ese conjunto de prácticas por medio de las cuales los individuos y las familias tienden, de manera consciente o inconsciente, a conservar o mejorar su posición en la estructura de las relaciones de clase (Bourdieu, 1988b).

Esta definición nos sugiere caminos analíticos para la investigación:

- Las estrategias de reproducción social dependen del "estado del sistema de los instrumentos de reproducción" que varían según los distintos tiempos históricos y espacios contextuales. Esto significa pensar de qué modo no sólo el sistema escolar y la oferta educativa configuran oportunidades objetivas para acceder a la cultura escrita, sino también tener en cuenta cómo lo hacen también la estructura productiva, el mercado de trabajo, la ley sucesoria, la ley que regula el dominio de la tierra, las políticas sociales, los sistemas de seguridad social, etc. Es decir, si bien el sistema escolar se constituye en nuestra sociedad en una vía principal de acceso a la lectura y escritura y se impone como la vía "legítima", hay que considerar también cómo los otros instrumentos e instituciones producen, consagran y permiten la circulación y apropiación de la cultura escrita. Me refiero concretamente a los espacios de trabajo, las iglesias, las organizaciones políticas y comunitarias, los ámbitos recreativos, etcétera. Mi hipótesis es que en cada uno de estos espacios hay recursos y se despliegan prácticas que ayudan a configurar las oportunidades y la manera en que las familias rurales se apropian de la lectura y la escritura.

- El rendimiento diferencial que estos instrumentos de reproducción pueden ofrecer según la posición objetiva, es decir, según el volumen (cantidad) y estructura (conformación) de sus recursos, los capitales económicos, culturales y sociales de que disponen. Es importante identificar determinados recursos disponibles que facilitan el acceso a la cultura escrita: hay capitales culturales objetivados (bibliotecas, libros, revistas, pero también otros materiales de lectura vinculados a la vida doméstica, religiosa, comunitaria); hay además recursos incorporados (conocimientos, información, habilidades). Asimismo es relevante para los fines analíticos reconocer cómo los capitales económicos y sociales facilitan o no el acceso a estos recursos culturales. Por ejemplo: de qué manera y en qué medida la participación en determinadas redes y organizaciones o instancias de representación sectorial como las organizaciones campesinas brindan recursos y espacios de participación en la cultura escrita.

• El sistema de disposiciones, los *habitus* incorporados a lo largo del proceso de socialización en la clase, en este caso la campesina, que llevan a pensar, a percibir, a definir "lo posible" y lo "no posible", "lo pensable" y lo "no pensable", aquello "que es para nosotros" y aquello "que no es para nosotros". En relación con la alfabetización se trata de identificar el sistema de representaciones que enmarcan y dan sentido a la utilización de los recursos de la cultura escrita. Estos *habitus* se constituyen en principios de generación y percepción de prácticas, y ayudan a explicar cómo y en qué medida las familias implementan ciertas alternativas de acción en relación con la cultura escrita y desechan otras, instrumentan ciertos mecanismos y despliegan esfuerzos. Pero las estrategias que se refieren a la alfabetización se definen no sólo a partir del volumen y la estructura de los capitales en el momento considerado y de las posibilidades que éstos les aseguran. También se definen de acuerdo con la evolución en el tiempo de los mismos, es decir de su trayectoria social y de las disposiciones, también en trayectoria, que son constituidas en la relación prolongada con cierta estructura objetiva de posibilidades.

En síntesis, intentar comprender la alfabetización como parte de las ERS que ponen en marcha las familias campesinas supone el reconocimiento de varias dimensiones analíticas que implican considerar las condiciones objetivas y simbólicas y en una mirada no sólo sincrónica, sino fundamentalmente histórica. Se trata de una historia individual y una colectiva, a través de las cuales se constituyen las condiciones sociales y oportunidades para la utilización y apropiación de la cultura escrita.

Las prácticas de las familias campesinas en relación con la cultura escrita se entienden en este marco como "razonables", producto de condiciones objetivas externas e incorporadas. Implican un *sentido objetivo* y un *sentido vivido* que deben ser entendidos dialécticamente.

Esta perspectiva permite así reconocer la capacidad de acción de los agentes, las originales combinaciones que realizan y la manera en que resignifican la oferta educativa y los otros recursos que provienen de los demás campos sociales a partir de sus trayectorias (de posiciones y disposiciones), no sólo en el campo cultural sino en el económico y el social.

Introducimos entonces otra noción importante: la de *trayectoria*, que supone reconstruir las *posiciones* sucesivamente ocupadas por los actores en los distintos *campos sociales*, identificando las relaciones sociales particulares y las "tomas de posiciones", vinculadas a las mismas (Bourdieu, 1997).

La noción de *trayectoria* nos sirve, justamente, para intentar entrelazar los recorridos particulares de los individuos con las historias sociales. Recorridos que también hablan de la condición activa de los sujetos en un campo de opciones socialmente producidas.

Las evidencias empíricas nos muestran que tras la homogeneidad aparente de las estrategias puestas en juego por las familias campesinas es posible observar diferencias. Advertimos que hay variaciones en ciertas condiciones objetivas que enmarcan las prácticas posibles de los miembros de las familias, y que influyen en las acciones y percepciones respecto a la cultura escrita: me refiero, por ejemplo, a la incidencia de la experiencia migratoria hacia la ciudad, a determinados trabajos o a la ocupación de ciertos cargos de representación sectorial o comunitaria (dirigente de una organización campesina o integrante de la cooperadora de la escuela).

Menciono, sólo a modo de ejemplo, los aprendizajes que refiere don Juan, un anciano del departamento Tulumba, que nunca concurrió a la escuela, pero que "conoció de letras y números" con el dueño de un "boliche" (almacén) en donde trabajaba y durante experiencias migratorias en el sur de Santa Fe, al participar de ciertas actividades en las que "unos muchachos socialistas los practicaban" (a los peones y jornaleros rurales); saberes y usos de la lectura y escritura que luego profundiza durante las transacciones comerciales que realiza comprando y vendiendo cabritos.

CONSIDERACIONES FINALES

La perspectiva acerca de la alfabetización como resultado de relaciones sociales tiene un lugar propio en los ambientes académicos de los últimos años. Sin embargo, no se encuentra suficientemente instalado en el resto del ámbito educativo ni tampoco en distintas esferas sociales.

La idea de que el analfabetismo se trata de un problema individual y técnico, que se encuentra asociado a innumerables padecimientos que ponen en riesgo el bienestar y la felicidad de las personas, y que se reproduce casi naturalmente inhabilitando a sucesivas generaciones, está extendida.

A través de ciertos medios como la prensa escrita, se ayuda a construir visiones estigmatizantes de los analfabetos. El análisis del artículo periodístico referido al "caso de Ramonita Bustamante", muestra la manera en que son caracterizados los analfabetos y cómo se liga la "privación educativa" con la presencia de dificultades objetivas de existencia que exceden absolutamente el manejo de las habilidades de lectura y escritura. Plantear que la expropiación de las tierras de la familia Bustamante se produjo por el supuesto desconocimiento o por la ausencia en el manejo del código escrito implica no sólo negar las razones estructurales y políticas que hicieron posible el desalojo, sino dar la razón al argumento que plantea que la alfabetización, por sí misma, es la clave del bienestar personal y el desarrollo social.

Desde las políticas sociales y educativas, la caracterización de los analfabetos como "débiles", "marginales", "carentes", "inadaptados a los requerimientos de una sociedad moderna y de progreso" y la asignación de la posición de "beneficiarios de los esfuerzos del Estado", en lugar de percibirlos como detentadores de un derecho, implica también una forma particular de establecer relaciones sociales con los destinatarios de esas políticas que no es inocua, que asigna identidad y transfiere significados. Recordemos, en este sentido, cómo eran presentados los habitantes rurales del norte de Córdoba, y cómo los describía la funcionaria responsable de Educación del Adulto en la nota del diario a la que hicimos mención.

Si además, como puede verse en el mismo artículo, se considera que la alfabetización es una habilidad neutra y universal, en realidad se está ocultando cómo las prácticas de lectura y escritura están socialmente construidas, materialmente producidas y atravesadas por las relaciones de poder existentes en la sociedad.

Recuperando los aportes de los *nuevos estudios sobre la lengua escrita*, en este capítulo planteo que, para explicar lo que sucede con la alfabetización entre las familias campesinas del norte cordobés, es necesario pensar histórica y relacionalmente a la cultura escrita. Esto supone centrar el análisis en las condiciones sociales que determinan las prácticas, interacciones y las representaciones que los actores tienen de la alfabetización, de su posición frente a ella, de sus intereses y posibilidades.

Ahora bien, si reconocemos que las condiciones sociales explican el acceso a la cultura escrita; si acordamos que los esfuerzos en materia de alfabetización deben traducirse en programas significativos para los alumnos, y que para eso hace falta explicar de qué modo la cultura escrita se inserta en la vida de las personas, desde la investigación tenemos que buscar las herramientas conceptuales que hagan posible la comprensión de esas condiciones sociales.

En las páginas anteriores mencioné las nociones de *alfabetización como práctica social, disponibilidad, acceso* y *apropiación*, y agregué luego la noción de *estrategia*, y en particular la propuesta de analizar las prácticas vinculadas a la cultura escrita como parte de las *estrategias de reproducción social*. Estas nociones fueron puestas en juego en una investigación que comenzó analizando el lugar de la alfabetización escolar entre familias del norte cordobés[12] y que continúa en la actualidad profundizando el estudio sobre la presencia y relaciones que las familias construyen con la cultura escrita en los múltiples espacios sociales por los que transitan.[13]

En estos estudios, varias investigadoras trabajamos desde la premisa de que las prácticas de cultura escrita no pueden ser comprendidas al margen de las estructuras sociales. Pero entonces, cabe preguntarse por las mediaciones a partir de las cuales ambas se relacionan.

Encuentro en la propuesta de Bourdieu algunas respuestas que están permitiendo avanzar en estas interrogantes, en cuanto a que las prácticas de alfabetización y las percepciones de las mismas se definen en el encuentro entre las posibilidades ofrecidas por los distintos campos sociales y las disposiciones socialmente diferen-

---

[12] Véase Cragnolino (2001).

[13] Proyectos: "Condiciones sociales para el acceso y apropiación de la cultura escrita por parte de jóvenes y adultos en contextos de pobreza". Acreditado y financiado por la Agencia Córdoba Ciencia y la Secretaría de Ciencia y Tecnología de la UNC, que se encuentran bajo mi dirección y de la licenciada M. C. Lorenzatti. Y línea de trabajo "La educación como derecho y componente del desarrollo sustentable" en el proyecto "Bases para el ordenamiento territorial comunitario", dirigido por la doctora Alicia Barchuk, FONCYT- PICTO's 2005 UNC.

ciadas, los *habitus*, que asociadas a los ámbitos específicos, definen el interés por estas posibilidades.

Este tipo de perspectivas permite, desde mi entender, superar los *análisis ambientalistas* y *deterministas* de la relación entre las condiciones sociales y escolares, y la alfabetización; es decir, aquellos que argumentando un déficit sociocultural ligado a los contextos de pobreza, promueven la descalificación de las familias pobres, y refuerzan planteamientos discriminatorios y excluyentes. Se trata, por el contrario, de intentar de comprender de qué modo las condiciones sociales objetivas y subjetivas y las trayectorias hacen posible la apropiación de la cultura escrita.

Las investigaciones realizadas y las que están en proceso permiten plantear que las familias campesinas fueron construyendo una relación con la cultura escrita, que estuvo mediada en un primer momento por la escuela; pero que luego se profundiza y complejiza a partir de la migración con destino rural y urbano, el acceso a ciertos trabajos y más recientemente a partir de la participación en organizaciones campesinas.

El enfoque puesto en juego es siempre relacional: las prácticas relativas a la cultura escrita se explican a partir de los conjuntos de relaciones sociales que los constituyen, relaciones que son siempre históricas.

REFERENCIAS

Barton, D. y M. Hamilton (1998), *Local literacies: Reading and writing in one community*, Londres y Nueva York, Routledge.
Barton, D. y R. Ivanic (eds.) (1991), *Writing in the community*, vol. 6, Newbury Park, Sage.
Becker, G. (1993), "Nobel lecture: The economic way of looking at behavior", *Journal of Political Economy*, 101 (3), pp. 65-79.
Boudon, R. (1983), *La desigualdad de oportunidades*, Barcelona, Laia.
Bourdieu, P. (1988a), *Cosas dichas*, Buenos Aires, Gedisa.
—— (1988b), *La distinción. Criterios y bases sociales del gusto*, Madrid, Taurus.
—— (1990), *Sociología y cultura*, México, Grijalbo.
—— (1997), *Razones prácticas. Sobre la teoría de la acción*, Barcelona, Anagrama.
Chartier, R. (1993), *Libros, lecturas y lectores en la edad moderna*, Madrid, Alianza.
Cragnolino, E. (2001), *Educación y estrategias de reproducción social. Un estudio de casos en unidades domésticas de origen campesino*, tesis doctoral, Universidad de Buenos Aires.
—— (2006). *Trayectorias sociales y apropiación de la cultura escrita en un grupo de mujeres de Córdoba*, en CD del VIII Congreso Argentino de Antropología Social, Universidad Nacional de Salta, Salta, EDUNSA.
—— (en prensa), "El analfabetismo de los campesinos del norte cordobés. Una mirada histórica y social", en R. Bottarini y R. P. Spregelburd (coords.), *La alfabetización de un siglo a otro: Desafíos y tendencias*, Luján, Imprenta de la Universidad Nacional de Luján.
—— (en prensa) "Infancia, escolarización y apropiación de la lectura y la escritura en familias rurales", trabajo presentado en Niños y Jóvenes Dentro y Fuera de la Escuela. Debates en la Etnografía y la Educación, XI Simposio Interamericano de Investigación Etnográfica en Educación, Buenos Aires.

"El norte sufre la falta de educación" (2004), *La Voz del Interior*, 6 de febrero.

Gutiérrez, A. (1994), *Pierre Bourdieu. Las prácticas sociales*, Buenos Aires, CEAL.

—— (2004), *Pobres como siempre. Estrategias de reproducción social en la pobreza*, Córdoba, Ferreira Editor.

Hocsman, L. y G. Preda (2005), "Desarrollo agrario, estructura parcelaria y economía familiar en la provincia de Córdoba", ponencia presentada en Actas: IV Jornadas Interdisciplinarias de Estudios Agrarios y Agro-industriales, CIEA/FCE/UBA, Buenos Aires, noviembre.

Jaume, F. (1989), "El concepto de marginalidad", *Cuadernos de Antropología Social*, 2 (1), pp. 25-42.

Kalman, J. (2004), *Saber lo que es la letra*, México, Siglo XXI.

Oliven, R. (1981), "Aspectos económicos, políticos y culturales de la marginalidad en América Latina", *Revista Mexicana de Sociología*, 4, pp. 1627-1643.

Rockwell, E. (2000), "La otra diversidad: Historias múltiples de apropiación de la escritura, versión electrónica, *DiversCité Langues*, V, recuperado el 24 de julio de 2006 de la página <http://www.teluq.uquebec.ca/diverscite/entree.htm>.

—— (2001), "The uses of orality and literacy in rural México: Tales from Xaltipan", en *The making of literate societies*, pp. 225-247, Oxford, Blackwell Publishers.

—— (2005), "La apropiación, un proceso entre muchos que ocurren, en ámbitos escolares", en *Memoria, conocimiento y utopía. Anuario de la Sociedad Mexicana de Historia de la Educación*, pp. 28-38, México, Pomares.

Romano, M. (2006), *Tenencia y conflictos de tierra en Traslasierra*, informe final de becas, Córdoba, Secretaría de Extensión Universitaria, Universidad Nacional de Córdoba, mimeo.

Street, B. (1993), *Cross-cultural approaches to literacy*, Cambridge, Cambridge University Press.

—— (2003), "The limits of the local – 'autonomous' or 'disembedding'?", *International Journal of Learning*, 10, pp. 2823-2828.

—— (2005), "Recent applications of New Literacy Studies in educational contexts", *Research in the Teaching of English*, 39 (4) (NCTE), pp. 417-423.

Valentine, C. (1972), *La cultura de la pobreza*, Buenos Aires, Amorrortu.

Zavala, V. (2002), *(Des)encuentros con la escritura: Escuela y comunidad en los Andes peruanos*, Lima, Red para el Desarrollo de las Ciencias Sociales en el Perú.

—— (2005), "Un Perú que LEE, ¿un país que cambia? Una mirada a los mitos de la lectoescritura", versión electrónica, *Boletin de Foro Educativo*, 6 (2), recuperado el 20 de diciembre de 2006 de la página <www.foroeducativo.org.pe/comunicaciones/revista6/zavala.htm>.

¡¿QUÉ ME EMPIDE A MÍ NO SABER LEER Y ESCRIBIR?! PRÁCTICAS DE CULTURA ESCRITA EN DISTINTOS ESPACIOS SOCIALES

MARÍA DEL CARMEN LORENZATTI[1]

Desde hace años los organismos internacionales, la prensa gráfica y la opinión de la mayoría de los ciudadanos sostienen que las personas que no leen y escriben son marginadas y vulnerables. Recientemente, una periodista argentina escribió: "El desalfabetizado queda afuera, no entiende, no simboliza, no hace dobles lecturas."[2] Para dar respuesta se alzan voces y se crean programas que ofrecen "alternativas para reinsertarlos socialmente". Estas "alternativas" plantean que "saber leer y escribir abre puertas", "permite el acceso a mejores trabajos", "significa mejorar la calidad de vida". En ellas, se considera a la alfabetización como una variable independiente de los procesos políticos y de las condiciones sociales en que se desenvuelven; es presentada como si fuera neutra y universal, y ayuda a enmascarar las relaciones de poder existentes en la sociedad (Street, 2005).

En el presente artículo pretendo cuestionar esta caracterización de las personas de baja y nula escolaridad. La protagonista de la historia que me permitirá entablar esta discusión es Marta, una mujer boliviana emigrada a Argentina. Nunca fue a la escuela durante su infancia, lo hizo por primera vez cuando su hijo entró a primer grado. Asistió a la misma escuela que él, en el horario nocturno, en una institución de adultos. Estuvo allí cuatro años y desistió porque sentía que "no aprendía". Cuando su hijo tenía 28 años, en el año 2005, Marta se inscribió en otra escuela de adultos ubicada a cinco cuadras de su casa. La conocí en ese momento y lugar, cuando comencé la investigación cuyos avances presento en este trabajo.

Marta nació en Bolivia, no sabe cuándo ni en qué lugar. Durante su infancia trabajó en el campo, se escapó de la casa en dos ocasiones, por la violencia a la que era sometida por su padre, y en cada caso la policía la devolvió al hogar. A los 16 años, la policía le permitió ingresar a nuestro país, debido al estado de su cuerpo por los golpes recibidos cuando la encontraron en la frontera entre Bolivia y Argentina. Con la ayuda de un señor, logró llegar a Salta, una ciudad del norte de Argentina. Allí trabajó y después se estableció en Córdoba. Siempre ha trabajado como empleada doméstica. Entre otras cosas, aprendió los números para entender el manejo del dinero y para circular por la ciudad en los colectivos;

---

[1] Facultad de Filosofía y Humanidades, Universidad Nacional de Córdoba, Córdoba, Argentina.

[2] "Lo latinoamericano", por Sandra Russo, contratapa del diario *Página 12*, 29/12/2007. Sobre el tratamiento que se le da a los "analfabetos" en la prensa gráfica y las implicancias de esta caracterización puede verse el trabajo presentado por Elisa Cragnolino en este mismo libro.

también aprendió a usar el teléfono para comunicarse. Tuvo un hijo y se casó. En su vida actual, Marta vive sola, está divorciada de su esposo, tiene dos nietos, trabaja y también asiste a la escuela de adultos. En la primera entrevista, Marta se comparó con un ciego "como ser... al no saber leer" pero destacó: "yo tengo ojos y veo que está la nube, que está el árbol, que está la piedra, que está todo eso... ¡¡¿por qué no sobrevivir la vida?!!".[3] Marta posee conocimientos legales, financieros, domésticos, conoce el dinero y los números. En las entrevistas ella reconoce los aprendizajes realizados a lo largo de su vida: "Nunca dejé de conocer. Como que nací conociendo. Como que nací conociendo...".

Este capítulo presenta algunos resultados de una investigación cualitativa realizada en Córdoba, Argentina. Se centra en el estudio de los usos de la lengua escrita de personas que asisten a la escuela para adultos. En estas páginas, la atención se concentra en las actividades específicas de lectura y escritura que una estudiante adulta desarrolla en diferentes contextos y cómo las relaciones sociales, las relaciones de poder y la organización institucional permean y delimitan su participación en eventos de lengua escrita.

A partir del análisis del uso de la lengua escrita en la vida comunicativa y social de Marta, propongo cuestionar la versión dominante sobre los llamados *analfabetas*. Su historia aporta elementos para proponer que las personas que no leen y no escriben de manera convencional poseen conocimientos sobre el uso de la lengua escrita construidos en contextos cotidianos y en el mundo social, a través de la interacción con otros lectores y escritores. Las formas de interpretar textos y hacer uso de la escritura las han aprendido en múltiples contextos sociales en los que las personas desarrollan sus actividades (religioso, familiar, laboral, entre otros).

Una premisa central de esta investigación es que los estudiantes jóvenes y adultos tienen saberes acerca del mundo social, del sistema democrático y de las instituciones sociales, que de algún modo se expresan en el contexto escolar. Los conocimientos que los sujetos poseen sobre el mundo tienen un origen social y se construyen en el sistema de relaciones en la sociedad, a partir de la comunicación que se produce a través del lenguaje. Sin embargo, estos conocimientos que los estudiantes adultos movilizan y desarrollan en su vida día a día son escasamente retomados por los docentes en sus prácticas educativas, aún cuando los aprendices adultos los despliegan en el contexto escolar formal. Se produce, de esta manera, una ruptura entre lo que el sujeto sabe de la lengua escrita y de su uso en el mundo social, y lo que el sujeto lee y escribe en la escuela.

En este estudio opté por un enfoque etnográfico porque permite: comprender las condiciones y procesos concretos que los sujetos desarrollan en el mundo social relacionados con la cultura escrita; considerar el contexto específico de la institución y el aula; ver de qué manera se producen las interacciones de los estudiantes en torno a los textos propuestos por la maestra; tener en cuenta las visiones del mundo

---

[3] Las citas de la señora corresponden a las entrevistas y acompañamientos realizados entre los meses de agosto y octubre de 2007, y a las observaciones de clase realizadas entre agosto y noviembre de 2005.

expresadas y las resignificaciones que los adultos pueden hacer a partir de esta participación, todo ello en el marco de los procesos sociales, históricos, económicos y culturales más amplios.

En este trabajo me interesa complejizar el concepto de *literacy* como práctica social a partir de dos actividades que realiza Marta. Para lograrlo, intentaré desanudar las prácticas de cultura escrita en una actividad desarrollada en varios contextos institucionales y otra realizada en una clase de educación de adultos. En cada una analizaré las huellas de diferentes contextos sociopolíticos en el contexto singular donde se desenvuelven las actividades, realizadas en el marco de las relaciones de poder que permean la cultura escrita.

LITERACIDAD COMO PRÁCTICA SOCIAL:
ALGUNOS CONCEPTOS CENTRALES

Lejos de ofrecer una visión simplificada sobre el acceso a la lengua escrita, la descripción inicial que realicé de la señora Marta nos permite complejizar el significado de alfabetización. *Literacy* (Street, 1993, 2003), *literacidad* (Zavala, 2002), *letramento* (Masagao, 2003) son conceptos que nos ayudan a bucear en los significados que adquiere la cultura escrita en la vida de las personas dentro de contextos sociales más amplios. Diversos autores (Barton y Hamilton, 1998; Barton e Ivanic, 1991; Kalman, 2003, 2004; Street, 1993, 2003, 2005; Zavala, 2002; Gee, 1996) desde sus investigaciones han aportado diferentes elementos que nos permiten analizar y comprender estas prácticas en diversos contextos.

En lecturas de investigaciones histórico-culturales, encuentro una relación conceptual entre los *Nuevos Estudios de Literacy* y los planteamientos de Vygotsky, profundizados posteriormente por Leontiev (1981). El concepto *actividad* permite desagregar y deshacer el concepto de *práctica social* y, a su vez, rehacerlo para comprender cómo los *usos situados* forman parte de otras prácticas globales. Los procesos de la actividad del sujeto son los que intervienen en sus relaciones con el mundo real; la actividad es la que media en la comunicación con las personas y la que genera procesos de apropiación de los conocimientos acumulados en el género humano.

Desde el enfoque psicológico de Leontiev (1981, 1994), la actividad del sujeto constituye un sistema comprendido en el conjunto de relaciones en la sociedad y no existe fuera de estas relaciones. Se realiza en distintas condiciones, con otras personas o solo; pero lo cierto es que cada actividad depende del lugar que ocupa cada persona en la sociedad, de las condiciones en que ha nacido y vivido. Se trata de aquellos procesos que, a partir de relaciones del hombre con el mundo, satisfacen una necesidad especial y son detonados por los motivos del sujeto que las realiza. Para el autor ruso, la actividad y la acción constituyen realidades no coincidentes entre sí. Porque una misma acción puede formar parte de distintas actividades, puede pasar de una actividad a otra, revelando con ello su propia independencia relativa. También puede ser que un mismo motivo puede concretarse en distintos objetivos y generar distintas acciones.

Street (2005, 1984), desde los *Nuevos Estudios de Literacidad,* diferencia el *modelo autónomo* y el *modelo ideológico* de alfabetización. Considera que las prácticas de alfabetización varían de un contexto a otro; se trata de una práctica social, con principios epistemológicos socialmente construidos. Es decir, las actividades y las acciones se diferencian según las condiciones operativas de los usos situados. A su vez, están vinculadas con contextos sociales más amplios que ofrecen, por su parte, diversos escenarios que propician otras acciones. Street (1984) propone la noción de modelo ideológico para dar cuenta de la dimensión del poder en los procesos de lectura y escritura y no sólo los significados culturales. Dice "Alfabetización, en este sentido, es ya, entonces, parte de una relación de poder"[4] (Street, 1984, p. 3).

Si se conceptualiza la alfabetización como práctica social se tiene en cuenta la noción de *contexto* y su lugar específico en el acceso a la cultura escrita. Este posicionamiento teórico no supone una relación causal directa entre los contextos generales y lo que sucede en la cotidianeidad de los sujetos. Se trata de comprender esta cotidianeidad para encontrar indicios del contexto general en las múltiples interacciones y relaciones de los sujetos entre sí. Achilli *et al.* (2000) sugieren analizar los diferentes *niveles contextuales* como configuraciones temporo-espaciales y sociales que remiten a distintos ámbitos, considerados según la escala en que se producen determinados procesos. Cada uno de los niveles tiene dinámicas y actores diferentes que se interrelacionan y en esa relación, a su vez, se configuran mutuamente y configuran las condiciones y los límites de los procesos y las relaciones sociales y educativas. De esta manera, el conocimiento de las interrelaciones mutuas entre los diferentes contextos permitirá alcanzar mayor visibilidad de los procesos de cultura escrita de los sujetos estudiados.

LITERACIDAD: PRÁCTICA SOCIAL CONFORMADA POR ACTIVIDADES, ACCIONES Y PROPÓSITOS EN DIVERSOS CONTEXTOS

Kalman (2004) presenta en su investigación el concepto de *alfabetización* como mosaico de prácticas sociales que varían según el contexto de uso. En este marco concentro mi análisis en una actividad específica que desarrolla la señora Marta para estudiar sus acciones, sus propósitos y los recursos de cultura escrita involucrados. Trabajar desde un *enfoque contextual* y *relacional* permite buscar las huellas de los distintos contextos que las atraviesan. En este caso particular me interesa observar de qué manera estas prácticas de cultura escrita se entretejen y vinculan con un contexto más amplio, como es el de las políticas sociales y educativas.

---

[4] "Literacy, in this sense, is, then, already part of a power relationship" (Street, 1984, p. 3).

MARTA HACE TRÁMITES EN EL CENTRO DE LA CIUDAD

La señora Marta es una de las numerosas personas que viven en situación de pobreza en Argentina desde hace muchos años. Entre sus condiciones concretas de vida está la ausencia de un trabajo estable, lo que la llevó a salir a la calle para pelear por sus derechos. La necesidad de "sobrevivir la vida" la posicionó de una manera beligerante y la incentivó para desarrollar diversas acciones dentro de procesos sociales en donde está presente la cultura escrita. Una de esas acciones que Marta realiza es ir a cobrar un subsidio social.

Para una amplia franja de la población en situación de vulnerabilidad social, el gobierno de Córdoba asigna un aporte mensual mínimo cuyo requisito es llevar a cabo tareas en alguna institución. A partir de 2005, el gobierno agrega un monto fijo por escolaridad. Frente a esto, Marta dejó de limpiar la iglesia evangélica y retomó la escuela de adultos. Ésta es una primera huella del contexto de las políticas asistenciales que encontramos en la vida cotidiana de Marta: ella acude a la escuela para cobrar el monto extra asignado por el gobierno. Para hacer efectivo el cobro de esta asignación, Marta debe ir al Banco de la Provincia de Córdoba, en la sucursal ubicada en el centro de la ciudad. El día que la acompañé, muy temprano por la mañana, ella tenía dos objetivos muy claros: cobrar el subsidio y pagar la boleta de teléfono que se había vencido.

Marta recorrió varias instituciones ese día. En primer lugar acudió al citado banco. Se trata de un espacio amplio, alargado, con diez cajas de cobro. La señora conocía este lugar, sabía hacia dónde dirigirse. No había gente esperando y entró directamente a una caja atendida por una mujer, haciendo caso omiso al timbre que indica el número de cajero que corresponde. Entregó el documento nacional de identidad, que se entrega en todo trámite de cobro bancario; la cajera preguntó su apellido y luego su nombre y apellido para corroborar el dato que estaba leyendo en el documento. Después de consultar en la computadora le informó que no se encontraba registrado el pago de ese mes. La señora vive con una mensualidad de cincuenta dólares a la que suma lo ganado en su trabajo como empleada doméstica. Ella sabía que en el Ministerio de Trabajo no habían decidido suspender el pago, porque la responsable de enviar la información sobre su asistencia escolar es la directora de la escuela. Con esta situación muestro una primera evidencia de cómo una decisión que se toma en un espacio institucional alejado del banco impacta de inmediato en lo que le ocurre a Marta y la empuja a tomar decisiones inmediatas.

Marta salió a buscar una respuesta urgente. Se dirigió a la institución que le otorgó el subsidio, el Ministerio de Trabajo. Conocía la ubicación física del lugar aunque no la dirección exacta. Marta indicó al taxista el camino para llegar. Llevaba en su mano el documento de identidad porque insistía en que debía presentarlo. Al llegar cerca del lugar, la señora se detuvo. Me preguntó qué decía el cartel. En principio interpreté que se refería a un anuncio grande de una compañía telefónica, ubicado en la esquina, pero ella señaló otro cartel, más pequeño que estaba pegado a una pared. En él podía leerse: "Ministerio de Trabajo" y se encontraba en la entrada de lo que parecía ser una obra en construcción.

Marta conocía muy bien el lugar. Me indicó: "Tenemos que ir al fondo. Al ascensor". Caminamos hacia el final, en donde encontramos un elevador viejo, de los que permiten ver hacia el exterior a medida que se asciende. Marta apretó el botón del cuarto piso, pero al subir se dio cuenta de que la oficina donde hay que efectuar el reclamo se encuentra ubicada en el segundo piso. Bajamos, entramos a un amplio salón todo vidriado y con mucha gente trabajando. Se podían observar computadoras, mucha papelería y gente sentada en sus máquinas. En la entrada había dos escritorios con dos computadoras y una persona en cada una. A ellas se dirigió Marta, explicó que no le pagaban el subsidio e identificó el tipo de ayuda recibida. Pudo defender su condición de estudiante de la escuela de adultos y que por esa razón la directora de la escuela pasa sus datos todos los meses al Ministerio. Al cabo de una hora, un empleado le dio la información correcta: se había trasladado el pago a otro banco, situado en la zona céntrica de la ciudad.

Hacia allá nos dirigimos. Marta también conocía muy bien la nueva institución. Para ser atendida, fue necesario que obtuviera un número y se formara. Había muchísima gente. En el rato que esperó entabló charla con las personas que estaban a su alrededor y conmigo. Para corroborar la información que recibió en el Ministerio de Trabajo, Marta preguntó al cajero del banco si era cierto que cobraba en ese lugar.

Su preocupación en ese momento, a partir de lo que hablaban sus vecinos de asiento, era la "tirilla", esto es, el comprobante del cobro del mes anterior. Este documento no era un requisito en el Banco de la Provincia de Córdoba, Marta identificaba ese documento pero no lo traía. En la espera ella evidenciaba cierto temor frente a lo que podría ser un obstáculo para el cobro. Sin embargo, este pedido no se efectuó porque su plan no lo requería. La cajera entregó el dinero y un nuevo comprobante de cobro. Marta preguntó a dónde firmar y se le indicó: "allí donde dice 'Recibí conforme'". Marta escribió su apellido en el lugar correcto, lo hizo porque "estaban los puntitos".

El relato sobre las acciones realizadas por Marta da cuenta del cruce de contextos que rodean estas prácticas de cultura escrita. Por un lado, los *aspectos estructurales del contexto global*. Hablo de *la política asistencialista* provincial que ingresa en la vida de Marta y le impone la asistencia a la escuela para recibir un beneficio económico; del contexto *institucional* de la escuela de adultos, dado que una maestra certifica las asistencias de Marta y de ella depende el cobro del subsidio; de la *burocracia* del sistema financiero que transfiere el lugar del cobro y, no informa a la interesada las razones por las cuales a partir de ese mes se paga en otro banco, que es de jurisdicción nacional, diferente al que Marta asistía en los últimos tiempos. En este último caso, cabe preguntar: ¿Quién lo decidió? ¿Por qué no informaron oportuna y correctamente? ¿Qué significa este cambio? Para Marta, cobrar en el otro banco implica acudir a otro lugar físico, con otra distribución de carteles de colores diferentes.

Por otro lado, en el relato encontramos también *los conocimientos* que Marta tiene en torno a las informaciones que tienen que ver con su problema. En primer lugar, Marta *sabía* que la institución responsable es la escuela (porque la directora tiene el poder/responsabilidad de informar al Ministerio sobre su asistencia). Tiene conocimientos sobre los documentos que deben ser presentados y en relación con la cultura escrita, en particular, ella *sabía* que en la pantalla de la computadora consultada por el empleado en el Ministerio de Trabajo aparecían datos sobre su situación, sobre el monto y sobre el lugar donde debía cobrar. En este ejemplo que presento podemos visualizar diferentes acciones en torno a la cultura escrita donde circulan formularios, documentos, boletas, entre muchos otros. Se trata de recursos e interacciones que están enmarcadas en prácticas sociales más amplias.

¿Cuáles fueron las *acciones* que desplegó Marta a partir de las decisiones tomadas con base en sus conocimientos?: acudió al Banco de la Provincia de Córdoba; debido a que no le pagaron el subsidio en ese banco Marta se dirigió a otra dependencia estatal, que funciona en el Ministerio de Trabajo; después de averiguar en qué estado se encontraba el otorgamiento del Plan para ese mes, Marta acudió a otro banco, el Banco de la Nación Argentina; cobró el dinero y pagó una boleta de teléfono en la oficina correspondiente.

En todas estas acciones Marta se relacionó con *diversas personas*: cajeras (del Banco de la Provincia, del Banco de la Nación, del lugar donde pagó la boleta de teléfono), taxista, empleados del Ministerio de Trabajo, gente que estaba esperando cobrar. A cada uno de ellos le explicó su problema y sus propósitos.

¿Cuáles fueron los *recursos*[5] de *cultura escrita* que estuvieron presentes en estas acciones? Uno de los recursos disponibles de cultura escrita que Marta encontró fueron los *carteles* que le permitieron recorrer la ciudad y las instituciones: los nombres de las calles, identificación de las instituciones, de los negocios. A modo de ejemplos, Marta distinguió el cartel del Banco de la Provincia, del Ministerio de Trabajo, el anuncio que señalaba el lugar del ascensor de esta institución, el aviso de la casilla donde compró los boletos del transporte urbano de pasajeros, el cartel del ómnibus que tomó para llegar de su casa al centro y viceversa. Marta reconoció/leyó los letreros: identificó al de CTI (la empresa telefónica) y también el del Ministerio de Trabajo, que es una placa colocada en la pared, de color celeste y blanco, con el logo de la Provincia de Córdoba (que dice "Corazón de mi país") y en el medio del cartel dice: "Ministerio de Trabajo". En los acompañamientos realizados estamos en condiciones de establecer que el reconocimiento/lectura de estos carteles se realizó a partir de los colores, los tamaños y los signos o señales que presentan de forma diferenciada cada uno de ellos.

Otro de los recursos de cultura escrita lo constituyeron los *documentos*: los formularios para acceder al subsidio, el certificado médico que presentó en la escuela, las boletas de teléfono, la tirilla del pago del mes anterior, el indicador del número que le corresponde en la espera del banco, el documento nacional de identidad. Ella

---

[5] Dada la extensión de este trabajo no vamos a referirnos a los diferentes modos de acceso a la cultura escrita que pone en juego Marta en su vida cotidiana.

conoce y maneja cada uno de éstos. También se constituyen en recursos que documentan la situación de Marta las computadoras consultadas por la cajera del banco y por los empleados del ministerio, adonde la señora intentaba mirar la pantalla para conocer lo que sucedía con su subsidio.

La única demanda directa de escritura que recibió Marta en esta actividad fue la firma del recibo de pago en el banco. Allí firma su nombre y apellido. Esta descripción y análisis de las distintas acciones desarrolladas por Marta dan cuenta del origen social de la actividad, tanto por el entrecruzamiento de diversos contextos políticos (políticas sociales, políticas educativas) como por las múltiples oportunidades de interacción con otros y de participación en eventos de lengua escrita. También pone en evidencia la diversidad de textos escritos presentes en la configuración de estas prácticas que ella conoce y maneja.

¿Puede considerarse que Marta es una persona que está fuera del sistema social? Para parafrasear a la periodista citada al inicio de este capítulo, ¿se puede afirmar que Marta no entiende, no simboliza, no hace dobles lecturas? Lejos de ello, a Marta le sucede tal como señalan Barton y Hamilton (1998): los conocimientos que las personas tienen sobre la *literacidad* constituyen un aspecto clave de su aprendizaje y terminan por guiar las acciones que se puedan realizar en torno a ella. Por eso Marta insistió siempre en que a ella nada le "empide", es decir, para ella no existen obstáculos, aunque no sepa leer y escribir.

MARTA EN LA ESCUELA DE ADULTOS

Las escuelas de jóvenes y adultos constituyen un tramo del sistema educativo al que asisten personas que no completaron la escolaridad obligatoria en el tiempo correspondiente. Se trata de escuelas que funcionan, en su mayoría, en horario nocturno y en establecimientos donde, por lo general, se desarrollan actividades de niveles primario y secundario regular del sistema. El grupo de estudiantes es heterogéneo en edades, intereses, necesidades y niveles de conocimientos alcanzados. Los docentes que trabajan con adultos han sido formados inicialmente para educar a niños, no reciben ningún tipo de capacitación específica para desarrollar sus prácticas con adultos y muchos de los maestros también trabajan en escuelas primarias con población infantil. En la reforma educativa de la última década la problemática de esta franja poblacional no obtuvo lugar ni respuesta. A nivel nacional, no existe un desarrollo curricular específico para la modalidad, razón por la cual, entre otros factores, el espacio áulico se infantiliza a partir de la transferencia de metodologías para niños.[6] En trabajos anteriores (Lorenzatti, 2004) sostuve que estas escuelas se convierten en escenarios donde el Estado ofrece respuestas asistencialistas a los problemas, sin proponer medidas y acciones específicas para el sector.

---

[6] Para ver otros análisis consultar "Saberes y conocimiento acerca de la cultura escrita: Un trabajo con maestros de jóvenes y adultos" (Lorenzatti, 2007).

La escuela a la que asiste Marta está ubicada a cinco cuadras de su casa y funciona en una parroquia católica. Las clases se desarrollan en un aula pequeña, construida con bloques de hormigón con ventanas y puerta de chapa, que se encuentra ubicada en el primer piso de la institución. En las paredes del aula no hay carteles. Sólo el pizarrón va dando cuenta del contenido de la escritura a partir de lo que escribe la maestra cotidianamente. Los alumnos se sientan en mesas angostas, para dos personas. Hay dos filas de mesas y en cada fila hay tres mesas con dos sillas cada una. A lo largo de las observaciones registramos que los alumnos se sientan siempre en el mismo lugar, uno detrás del otro; en algunos casos por parejas, mantienen la ubicación, guardando los lugares y no permitiendo que otro estudiante ocupe el lugar.

El grupo de compañeros de Marta está compuesto por nueve personas de diferentes edades: cinco mujeres (dos argentinas y tres bolivianas) y cuatro hombres (dos jóvenes menores de 20 años y dos señores de 30 y 74 años).[7] En la clase que analizo se aborda el tema "trabajo", de la siguiente manera: la maestra reparte a cada estudiante fotocopias con dibujos de personas realizando distintos trabajos: albañil – planchadora – vendedor de empanadas y pizzas (donde se pueden leer dos carteles) – mecánicos de automóviles – un señor escribiendo en la máquina de escribir en un escritorio; finalmente, un dibujo con artículos de limpieza con el cartel pertinente.

La maestra interroga sobre lo que los adultos ven en la fotocopia y se contesta a sí misma inmediatamente: "acciones que nosotros conocemos". La consigna de trabajo es: "Ver lo que estuvimos charlando recién. No cuento lo que veo en el dibujo sino voy a escribir algo que tenga que ver con lo que hago"… "Contamos cosas que nos interesan a nosotros".

Los alumnos observan y dialogan con la docente, enuncian lo que ven en las fotocopias: "fábrica de autos, de motores", "tornero"; "un señor trabajando con ladrillos", "¿este chiquito limpia?", "un albañil", "la señora está planchando y el chi-

---

[7] Lo que aquí presento es producto de mi trabajo de campo desarrollado durante tres meses en el aula observando clases y entrevistando a distintos estudiantes del grupo de alfabetización.

quito limpiando", "está vendiendo", "cocina", "este señor está escribiendo a… y otra alumna contesta: "a máquina", "puede ser un escritor", "es una rosticería, en una casa", "hay hombres trabajando en línea".

Los estudiantes informan dónde trabajan y qué tipo de trabajo realizan. Algunos relatan sus actividades domésticas (mirar las novelas por televisión, cocinar) y también laborales, especialmente aquellas personas que tienen un negocio en la casa, como una verdulería, o como el caso de Marta, que vende productos Avon en el vecindario. Simultáneamente recortan y pegan las figuras de la fotocopia; luego escriben en los cuadernos.

Los recursos de cultura escrita que intervienen en esta actividad son los cuadernos de los alumnos, el pizarrón, la fotocopia con las imágenes de los trabajadores. En el caso de Marta, también está presente el catálogo de los productos que vende porque recurre a él para escribir la palabra "AVON" a partir de una estrategia de copiado.

Esta actividad singular con la cultura escrita demanda a Marta una serie de acciones más específicas que las desarrolladas en el mundo social. Se trata de dos horas en las que Marta mantiene otro contacto con los recursos de cultura escrita: necesita descifrar la copia con imágenes y traducirla en letras y palabras. La maestra, por su parte, invita a encontrar relaciones entre el contenido de la copia y la vida de cada uno de los alumnos. Intenta relacionar el tema tratado con las situaciones cotidianas de los alumnos. Sin embargo, el tema del trabajo es abordado sólo en forma superficial, a modo de charla en la que cada uno de los estudiantes aporta un comentario.

Marta introduce en el diálogo una expresión sobre la situación socioeconómica del país, en relación con el desempleo y la necesidad de aceptar cualquier oferta laboral debido a la situación de inestabilidad laboral.

Maestra: Hay distintos oficios, antes se podía elegir trabajar en la fábrica o en otro lado.
Marta: …Hoy agarramos lo que venga. No se puede decir "hoy no trabajo, me quedo". Ah,… no voy.

La maestra deja pasar la oportunidad de profundizar la dimensión histórica del trabajo, de relacionar con las posibilidades laborales en diferentes momentos y las condiciones sociales y de producción de las mismas, con los nuevos aprendizajes que demandan los cambios sociales. En este sentido, debo destacar que si bien se "habla" de los tipos de trabajo, la maestra no avanza sobre un análisis más detallado acerca del trabajo, la situación del desempleo o sobre las semejanzas y diferencias entre las condiciones laborales del propietario de un negocio y el cuentapropista, en relación con la inserción laboral de los adultos participantes.

En esta clase, el contexto sociopolítico y laboral de los alumnos coexiste con la actividad que propone la maestra, pero sólo como una especie de envoltura previa a la realización de ejercicios escolares. Sobre el trabajo (y otros temas) no se profundiza. La enseñanza de la lengua escrita responde al contexto escolar. Los estu-

diantes presentan conocimientos de la escritura aunque les cueste "hacer hablar a las letras". Presentan dudas ortográficas, lo que da cuenta de la identificación de la letra. Es necesario destacar que los alumnos deletrean y silabean lo que van escribiendo. Lo hacen en voz alta como si fuera un coro donde intervienen tantas voces como alumnos están presentes:

Marta: vendo ¿cómo se pone?
    Juana: vendo con v corta.
    ....
    Marta: ¿cómo se pone vendo? ¿Con la v corta o larga?
    Maestra: TEN[8] (le contesta a otra alumna)
    Marta: VE VE VE
    Maestra: TEN repetilo (sigue hablando con otra alumna)
    ....
    Marta: VENDO YO VEN DO VEN DO O VENDO AJO VENDO
    Seño ¿cómo lo hago? VENDO Señorita se terminó acá"

De una clase de dos horas, el diálogo ocupó cuarenta minutos y la escritura en el cuaderno de Marta se redujo a oraciones y palabras sueltas:

"VENDO AVON = VENDO FULLER Y PERFUME
MARTA SIENBRA LECHUGA EN I JARDIN
ELEFANTE - DELFN – FLOR- MARTA PLANCHA"
(Cuaderno de Marta, clase día 17 de noviembre de 2005)

La maestra considera que ella introdujo una problemática sentida por los estudiantes, como es el tema trabajo. Sin embargo, el tratamiento superficial y neutro que se le

---

[8] En las citas de este apartado las letras mayúsculas significan que Marta hablaba a gritos cuando escribía esas palabras.

dio a la temática, el abordaje metodológico centrado en la transcripción del fonema en grafema, las respuestas dadas a los estudiantes sobre "¿cómo escribir?" "¿qué poner acá?" desenmascaran una realidad cotidiana en las aulas de adultos: el uso escolar de la lengua escrita. Implica propiciar el acceso a la misma a partir de un abordaje formal del lenguaje, como si fuera un objeto existente por sí mismo, que no tiene relación con lo que ellos conocen en su vida cotidiana; como si hubiera una sola manera correcta de escribir condicionada por reglas específicas, donde la forma termina por convertirse en prioridad y el contenido en algo secundario (Zavala, 2002).

En el marco de este abordaje escolar de la lengua escrita, observamos que Marta es una estudiante activa. Así como ella pregunta y repregunta sobre sus dudas en las instituciones públicas por donde transita, la escuela se le presenta como una institución en donde, de la misma manera que en otros espacios, ella demanda permanentemente atención a la maestra y requiere ayuda de sus compañeros. Manifiesta sus dudas ortográficas, deletrea a gritos y es notorio su descontento cuando no recibe la respuesta que pretende. Marta escribe en el cuaderno, busca palabras y letras en el catálogo de venta de productos Avon, contrasta su escritura en el cuaderno de su compañera de banco. Sin embargo, el producto final de su escritura depende de lo que la maestra le sugiere a partir del dictado de palabras, o en los distintos ejercicios que debe realizar. En el caso de la escritura de oraciones Marta espera que la docente le indique cómo se escriben las letras o palabras de una manera mecánica y de reproducción formal del grafema, aunque en algunas ocasiones se observa un esfuerzo para la comprensión de la frase u oración. ¿Es éste el lugar de la cultura escrita en la escuela? ¿Qué sucede en ese contexto institucional tan diferente a los otros espacios por donde circula Marta?

¿MOSAICO DE PRÁCTICAS O PRÁCTICAS CONFORMADAS POR DIVERSOS CONTEXTOS?

En este trabajo presenté una relación conceptual entre los Nuevos Estudios de Literacidad (Street, 1993, 2003, 2005; Zavala, 2002; Barton y Hamilton, 1998) que analizan la alfabetización como práctica social y la perspectiva histórico cultural de Vygotsky (1979) que aporta elementos teóricos para profundizar el estudio de las actividades y acciones de los sujetos. Este abordaje teórico subyace al análisis, aquí presentado, de dos actividades desarrolladas por una misma persona en diferentes contextos en el que está presente la cultura escrita. En ambas examiné las acciones implicadas, los propósitos, los recursos de cultura escrita y de qué manera representan prácticas sociales enmarcadas en prácticas más amplias, permeadas por relaciones de poder. Focalicé la mirada en el contexto singular de estas prácticas pero, a la vez, busqué las huellas del contexto global y las relaciones entre ellos.

Me interesa en este apartado final plantear algunas cuestiones en relación con los contrastes de ambas actividades. ¿Qué ocurre cuando Marta hace uso de la lengua escrita en los diferentes contextos institucionales y qué sucede cuando Marta lee y escribe en el aula? En ambos observamos diferentes niveles contextuales que favorecen distintas formas de participación de Marta. En el primero, encontramos una mujer que se apropia (en el sentido de Chartier, 1993, de "resignificar, reelaborar") de distintos textos y contenidos. El concepto de apropiación alude siempre a una acción, por lo tanto, no podemos decir que los sujetos sean actores pasivos. Podemos observar que Marta conoce sus derechos y lucha por ellos en un contexto social donde los empleados de instituciones públicas naturalizan la lectura y escritura como si toda persona que se acerca al mostrador leyera y escribiera. Marta interpreta significados a partir de las letras y otros signos, dando cuenta de otros modos de otorgar sentido a la realidad. Desde esta perspectiva se puede decir que la señora lee.

En la escuela de adultos, Marta también participa pero lo hace de una manera diferente. La tarea alrededor de la cultura escrita en el contexto escolar está centrada en las partículas del lenguaje, en el fonema y en el grafema. La señora se remite a lo que la maestra, persona que está legitimada por el Estado y la sociedad como la "que sabe leer y escribir", le indica. A ella le pregunta, llama, solicita atención. Permanentemente pregunta: "¿está bien?", "¿cómo se hace?"

En estas prácticas de cultura escrita, en los distintos espacios sociales, se puede ver cómo se entrelaza el contexto sociopolítico con las prácticas específicas. Las prácticas desarrolladas por Marta en el cobro del subsidio estatal y en la escuela de adultos se pueden analizar desde la perspectiva del modelo ideológico (Street, 2005). Los análisis realizados en esta investigación me permiten sostener que tanto el uso de la lengua escrita en la escuela, como la lectura y escritura fuera de ella se enmarcan en prácticas sociales más amplias, donde hay una distribución y organización social y política de la lectura y escritura y donde los adultos construyen sus significados acerca de la cultura escrita. En la medida en que los contextos específicos se modifican, los usos sociales en cada uno de ellos se diferencian también, aunque mantengan cuestiones en común:

a] Son *prácticas comunicativas* y los *propósitos* de las mismas dependen del contexto de uso. Este contexto específico es permeado por decisiones de *estructuras políticas globales* pero a la vez se configura también por la participación y apropiación dinámica, negociada y forjada por los diferentes actores involucrados.

b] Los *conocimientos* que los sujetos poseen sobre la lengua escrita *trascienden el conocimiento del sistema alfabético*. Tanto en la escuela (espacio donde la maestra organiza la actividad de enseñanza y aprendizaje de la lengua escrita) como en otros espacios (donde ocurren eventos comunicativos en los cuales la lectura y escritura tienen un papel central) los adultos dan cuenta de conocimientos sobre los usos y las consecuencias de la cultura escrita.

c] Esta posición de los sujetos adultos frente a las prácticas de cultura escrita muestra indicios de una *organización social y política* de los eventos comunicativos en ambos espacios. En este punto, es necesario destacar que en el contexto escolar se transparentan las relaciones de poder que atraviesan estas prácticas, a partir de la configuración del aula, el rol de la maestra, y los textos trabajados.

Estos tres puntos comunes entre las prácticas de cultura escrita presentadas permiten avanzar en el análisis de los procesos de literacidad y sus implicaciones en la educación de jóvenes y adultos. Las miradas a los contextos y sus vinculaciones dan elementos teórico-metodológicos para visibilizar los procesos de acceso y apropiación de la cultura escrita en los sujetos estudiados. Este enfoque nos ayuda a profundizar en el conocimiento sobre cuáles son los eventos y prácticas involucradas; quiénes son los sujetos que las realizan; cuáles son sus conocimientos cotidianos; cuáles son sus intereses, motivos y propósitos en los procesos de acceso y apropiación de la cultura escrita.

Estos conocimientos, producto de la investigación, aportan insumos para reflexionar sobre el lugar de la cultura escrita en la escuela y en otros espacios sociales. No pretendo enfrentar ni confrontar ambos espacios. Este acompañamiento a una persona en los distintos espacios sociales me permite pensar a la escuela como un contexto social más, donde se desarrollan prácticas específicas en relación con la enseñanza de la lengua escrita. Por otro lado, los eventos comunicativos donde Marta participó en otros espacios sociales, invitan a reflexionar sobre los procesos curriculares y de formación docente en este campo de la educación de jóvenes y adultos; ayudan a desenredar la complejidad de un acto que, desde el sentido común, sólo se asocia con "la enseñanza de la palabra, la sílaba y la letra".

REFERENCIAS

Achilli, E., C. Edith, L. Giampani, M. Nemcovsky, S. Sánchez y J. Shapiro (2000), *Escuela y ciudad. Contextos y lógica de fragmentación sociocultural*, Rosario, Editorial de la Universidad de Rosario.
Barton, D. y M. Hamilton (1998), *Local literacies: Reading and writting in one community*, Nueva York, Routledge.
Barton, D. y R. Ivanic (1991), *Writing in the community*, Londres, Sage.
Brandt, D. y K. Clinton (2002), "Limits of the local: Expanding perspectives on literacy as social practice", *Journal of Literacy Research*, 34, pp. 337-356.
Chartier, R. (1993), *Libros, lecturas y lectores en la edad moderna*, Madrid, Alianza Editorial.
Gee, J. P. (1996), *Social linguistics and literacies. Ideology in discourses*, Nueva York, Routledge, Falmer, Taylor & Francis, 2a. edición.
Kalman, J. (2003), *Escribir en la plaza*, México, Fondo de Cultura Económica.
—— (2004), *Saber lo que es la letra. Una experiencia de lectoescritura con mujeres de Mixquic*, México, Siglo XXI.
Leontiev, A. N. (1981), *Actividad, conciencia personalidad*, traducción de L. Leyva Soler, R. Biblao Crespo y J. C. Potrony García, La Habana, Editorial Pueblo y Educación.
—— (1994), "Uma contribuicao a teoria do desenvolvimento da psique infantil", en L. S. y A. L. Lev Vigostsky (eds.), *Linguagem, desemvolvimento e aprendizagem*, p. 227, São Paulo, Icone Editora.

Lorenzatti, M. del C. (2004), *Contextos, sujetos y procesos en escuelas de jóvenes y adultos* [CD], VII Congreso Argentino de Antropología Social, Córdoba, Argentina.

Lorenzatti, M. del C. (2007), *Saberes y conocimiento acerca de la cultura escrita: Un trabajo con maestros de jóvenes y adultos*, Córdoba, Imprenta de la Facultad de Filosofia y Humanidades, Universidad Nacional de Córdoba, Argentina.

Masagao, V. (2003), "El concepto de letramento y sus implicaciones pedagógicas", *Decisio. "Saberes para la acción en educación de adultos"*, núm. 6, septiembre-diciembre, pp. 10-13.

Street, B. (1984), *Literacy in theory and practice*, Cambridge, Cambridge University Press.

—— (1993), *Cross-cultural approaches to literacy*, Cambridge, Cambridge University Press.

—— (2003), "The limits of the local–¿'Autonomous' or 'disembedding'?", *International Journal of Learning*, 10, pp. 2823-2828.

—— (2005), "Recent applications of new literacy studies in educational contexts", *Research in the Teaching of English*, 39, 4, pp. 417-423.

Vygotsky, L. (1979), *Los procesos psicológicos superiores*, Barcelona, Grupo Editorial Grijalbo.

Zavala, V. (2002), *(Des)encuentros con la escritura: Escuela y comunidad en los Andes peruanos*, Lima, Red para el Desarrollo de las Ciencias Sociales en el Perú.

IDENTIDADES JUVENILES Y CULTURA ESCRITA

GLORIA HERNÁNDEZ[1]

Hace ya un poco más de una década que la juventud se incorporó a la denominación del campo de educación de adultos como sujeto emergente de la exclusión social y educativa; ahora se le llama Educación de Personas Jóvenes y Adultas (EPJA). Este reconocimiento se explicita en muchos documentos nacionales e internacionales de diversos tipos como programas, ponencias, pronunciamientos, etcétera. La incorporación se debe, tanto en México como en la región latinoamericana, al hecho alarmante de que la juventud no cuenta con las condiciones para el ejercicio de sus derechos sociales, entre ellos la educación, de tal manera que "una significativa parte de la juventud empobrecida del continente [tiene] trayectorias educativas inconsistentes y acentuado atraso escolar" (Di Pierro, 2006, p. 1).

Esta situación es alarmante no sólo porque la juventud es parte fundamental de la población económicamente activa, sino sobre todo por la situación de desigualdad en que vive. En México este grupo etario tiene una representación lamentablemente alta en los índices de pobreza[2] así como en la exclusión escolar,[3] de ahí que su emergencia como sujeto de "educación de adultos" y su presencia mayoritaria en los programas educativos gubernamentales de carácter compensatorio hayan sido referentes centrales para la actual denominación de EPJA. Estas estancias en los espacios educativos gubernamentales se sitúan sobre todo en relación con el nivel de secundaria y con el propósito de certificación a corto plazo, entre otras necesidades simbólicas y de socialización que los jóvenes satisfacen a través de su participación en ellos (Hernández Flores, 2007). A pesar de esta carga de significado que los jóvenes le atribuyen, resultan espacios en los que el apoyo para la construcción de su propia escritura, como recurso para pensar, generar comunicación y conocimiento es limitado, dada la consideración de que se trata de personas ya "alfabetizadas".

De esta manera, la juventud no representa mayoría en la población caracterizada

---

[1] Instituto Superior de Ciencias Educativas del Estado de México (ISCEEM), México.

[2] De acuerdo con un estudio de la Comisión Económica para América Latina y el Caribe "la pobreza entre los jóvenes se ubica por sobre los promedios nacionales respectivos, especialmente entre los adolescentes de 15 y 19 años de edad. La situación de los niños de 10 a 14 años es todavía más crítica; lo contrario ocurre con la población de 30 a 59 años, demostrando así una relación inversa entre edad y nivel de pobreza" (CEPAL, 2000, p. 67).

[3] El Instituto Nacional de E tadística, Geografía e Informática señala que "es la población joven, de 15 a 29 años, que constituye el 'capital humano' de particular importancia para el desarrollo del país, por estar en su etapa de formación académica e incorporación a la actividad productiva, la que concentra el mayor volumen de población rezagada con 10.7 millones" de un total de 33.3 millones para el año 2000 (INEGI, 2004, p. 5).

en el país como "analfabeta" debido, por un lado, a que la cobertura de la educación básica se ha ampliado, y por otro lado, a la división tajante entre alfabeto-analfabeto que toma como criterio de base un concepto de *alfabetización* definido como habilidades técnicas. De ahí que este grupo de población, una vez que maneja la lectura y escritura en el contexto escolar, deja de ser sujeto de indagaciones en el tema de la *alfabetización*. Al ampliar el concepto de ésta como un proceso permanente y diverso en el que "ser alfabetizado significa entonces aquella persona que utiliza la lengua escrita para participar en el mundo social" (Dyson, citada en Kalman, 2003, p. 7), se abre una enorme posibilidad de estudio que pone el énfasis en las formas, procesos y sentidos que las personas construyen en su relación con el lenguaje escrito. Para los estudiosos de la juventud, este cambio de mirada permite ampliar el horizonte hacia los *usos sociales* de la lectura y la escritura en el *proceso de construcción de identidades juveniles* con un viraje singular en el caso de la población en condición de pobreza. Para los estudiosos de la EPJA se constituye como un campo que atiende a la incorporación de la juventud no sólo como sujeto de atención, sino como sujeto de estudio en el tema de la alfabetización; mientras que para el campo de las prácticas de alfabetización con jóvenes en condición de pobreza se abre un camino rico en consideraciones para el trabajo pedagógico.

La constitución social de lo que en México se denomina el "rezago educativo",[4] es decir, la población mayor de 15 años en *condición de analfabetismo* o sin educación básica, encuentra sus raíces en la *desigualdad social* y en las propias *prácticas educativas* de una cultura escolar que no pone en el centro de su acción a los sujetos y sus aprendizajes. De esta manera, se genera lo que la Secretaría de Educación Pública denomina el "rezago fresco" o sea el grupo de jóvenes recién salidos de la educación básica sin éxito y que se constituyen como la "clientela potencial" de programas de la EPJA.

Algunos años de trabajo en la EPJA nos invitaron a volver la mirada hacia los procesos educativos de constitución de ese *rezago* y, estudiar lo que acontece con esos jóvenes provenientes de estratos urbanos marginales en torno a sus propias prácticas sociales con la letra escrita. Intentamos comprender de una forma cualitativa las *prácticas sociales de alfabetización* de jóvenes desfavorecidos a partir de investigaciones de corte comprensivo que permitió no sólo el acercamiento a los sujetos y sus contextos, con observaciones y entrevistas, sino con prácticas concretas durante ocho meses con un grupo de tercer grado de una escuela de una zona urbano marginal en la zona norte del estado de México.

El trabajo se ubica en el debate desarrollado en el campo de estudio de la *cultura escrita juvenil* que modifica la mirada al pasar de la pregunta de "¿por qué a los niños

---

[4] En otros trabajos expongo las razones que me impiden adoptar el término "rezago educativo" para definir al sujeto de la exclusión educativa. De manera sintética, señalo junto con Ruiz que [...] incorpora una connotación peyorativa de "rezagados" a quienes han sido excluidos del sistema escolar por diferentes vías; así, esa frase refiere analfabetas, fracasados escolares, desertores, reprobados, indisciplinados, ignorantes, en suma, grupos sociales estereotipados desde la no inclusión a la cultura escolar y la carencia de su legitimación social, la certificación (Ruiz y Hernández, 2005, p. 480).

y a los jóvenes no les gusta leer? que trata de indagar más acerca de sus límites y obstáculos para tratar de argumentar la riesgosa afirmación de falta de interés, a la pregunta de ¿qué y por qué están leyendo los niños y los jóvenes de hoy?" (Abreu, 2002, p. 9). Es decir, de cara a la discusión acerca de que los jóvenes no leen debido a la indolencia, las modificaciones en las estructuras de comunicación y el impacto de las tecnologías como reza la opinión mayoritariamente docente, se encuentra el desarrollo de investigaciones con aportes teóricos que redefinen el propio concepto de *lectura*, el papel del *contexto* como aspecto constitutivo de los usos sociales de la lengua escrita y el lugar del sujeto en estas prácticas sociales (Abreu, 2002; Freire, 1989; Hernández Zamora, 2005; Kalman, 2003; Petit, 1999; Street, 1993; Lluch, 2004).

Asimismo el trabajo se inscribe en la discusión acerca del papel de la lectura y la escritura en la constitución de *identidades juveniles*. El debate toma dos dimensiones: por un lado, argumenta a favor de las posibilidades que ofrecen la lectura y la escritura como recursos para la construcción de sí mismo (Petit, 1999) y, por otro lado, se abre al debate que descarta el uso lineal e instrumental de la lengua escrita con el propósito de "observar cómo se encuentran las prácticas escriturarias inmersas en diversas situaciones sociales" cuyo análisis hace visible la diversidad en oposición de la mirada de la linealidad (Rockwell, 2000). De esa manera, nuestro análisis se centra en las formas, las prácticas, los sentidos, los usos que derivan de vidas juveniles particulares, efectivamente, cargadas de vulnerabilidad, contradicción, posibilidad y esperanza.

Un tercer aspecto de discusión lo constituye el tema de los usos juveniles de la lengua escrita en el contexto escolar. Se han documentado desde múltiples investigaciones y en diferentes países de la región latinoamericana (Gatti, 2004; Lerner, 2001; Hernández Zamora, 1996; Castrillón, 2004) problemáticas y posibilidades que anudan la discusión en torno a la distancia entre la *lectura por placer* y la *lectura obligada* del aula. Nosotros no ubicamos en el texto *per se* esta división tajante (Hernández Flores, 2008), ya que son las prácticas sociales y pedagógicas que se entretejen con los textos las que pueden construir sentidos diversos; en palabras de Kalman "las prácticas de la cultura escrita no están en los textos, están en lo que hacemos con ellos y se insertan en los contextos sociales y en las relaciones de poder" (2007, p. 83). Es por ello que la lectura y la escritura tampoco son buenas o malas en sí mismas (Castrillón, 2004), sino que se trata de prácticas sociales cargadas de contradicción, usos asimétricos del poder y diversidad de significados que hunden sus raíces en los códigos históricamente sedimentados de la cultura escrita escolar, la institución, por cierto encargada de la democratización de la lengua escrita y de los conocimientos. Los temas que abonan en esta discusión vuelven a considerar el tema de lo que se entiende por lectura y escritura, los tipos de textos que se leen y escriben en las aulas, el rol de los docentes en el acercamiento a las prácticas con la cultura escrita y lo que hacen los estudiantes en sus vidas con ello.

Este uso asimétrico de poder se hace visible desde acercamientos, profundos o no, en las aulas. El trabajo que hemos desarrollado con jóvenes en condición de pobreza y en el contexto escolar nos ha planteado de frente la necesidad de transformar los códigos culturales del contexto escolar desde los cuales, efectivamente, no sólo se impone el texto sino se intenta también imponer significado. Se trata de redefinir el sentido de la función de la escuela (Lerner, 2001) para avanzar hacia prácticas que posibiliten la democratización de la lengua escrita y el conocimiento, así como el fortalecimiento de los sujetos.

Un apunte más en esta discusión: recuperamos la *apropiación de textos académicos* y *usos dominantes de la lengua escrita* como otra de las posibilidades que la escuela puede brindar para que los jóvenes estudiantes tomen postura, fortalezcan sus miradas, desarrollen un pensamiento propio y argumentado; en fin, para que las prácticas de cultura escrita en la escuela de jóvenes de zonas de pobreza encuentren en ella una posibilidad abierta a sus expectativas y proyectos y no uno más de los lugares de *confinamiento* (Hernández Zamora, 2005). Finalmente, no nos sostendremos de una parte de la disyuntiva práctica social de la cultura escrita por placer y la lectura y escritura en el aula por obligación, y tampoco en la postura de la *lectura académica* no placentera, preferimos hablar de las prácticas de cultura escrita en el contexto escolar como un uso social más, inmerso en un código cultural particular que a la vez es constituido de manera cotidiana por sujetos social, histórica y culturalmente situados.

Lo que expongo en seguida es la experiencia vivida con jóvenes y la *cultura escrita* en un *contexto de pobreza* y las posibilidades pedagógicas que de ella derivaron a la luz de las formas juveniles de uso de la cultura escrita en un contexto escolar. Destaco sólo tres aspectos de esta rica experiencia. En primer lugar, el tránsito de la *lectura* desde la alfabetización situada como habilidad técnica hacia la *lectura social* que ofrece la posibilidad de instalar la relación *poder escritura* en el marco de una sociedad constituida por grandes desigualdades, procesos excluyentes y usos de poder diversos con la juventud. En segundo lugar, me acerco a los usos juveniles de la letra escrita para reconstruir sus propias identidades. En tercer lugar, destaco la relación entre el espacio educativo y la cultura escrita juvenil.

JUVENTUD, PODER Y CULTURA ESCRITA

El interés por estudiar a la juventud como sujeto social y culturalmente diferenciado es relativamente reciente, apenas data de las últimas décadas del siglo pasado. Esta preocupación responde a la manifestación de conflictos sociales protagonizados por estos grupos, a sus escasos logros escolares y al reconocimiento de la fractura entre el discurso adulto y el juvenil (Medina, 2000). De acuerdo con esa visión, la fractura rompe lazos de solidaridad social, impide la preparación de las generaciones futuras y, debido a sus manifestaciones rebeldes, pone a la esperanza social bajo sospecha.

El avance en las formas de mirar la juventud se desplazó de un concepto definido como etario, biológico y un estado de tránsito entre la niñez y la adultez, a una constitución social y culturalmente construida de acuerdo con contextos diversos. "El enfoque sociocultural de la juventud profundiza en 'realidades ocultas' que permiten develar nuevas aproximaciones epistemológicas a la diversidad juvenil" (Mafesoli, 1995 citado en Medina, 2000, p. 83) e incorpora la dimensión de la subjetividad que posibilita la comprensión de los significados que los jóvenes atribuyen a sus experiencias. Este cambio de foco abre, al igual que el *enfoque sociocultural de la lengua escrita*, posibilidades de análisis acerca del papel que juega ésta en la constitución de identidades juveniles. No obstante que, como lo señala Bourdieu (1990) "la juventud no es más que una palabra", esta palabra nombra una condición social; produce identidades; designa sujetos y formas de comportamiento; asigna roles; define, cuestiona y delimita culturas. Así, la juventud como sujeto social y como sujeto de estudio abre amplias miradas para la comprensión del análisis social hoy en día.

En las formas de definir la juventud se encuentra fuertemente enraizado un uso de poder en el plano generacional cuyo ejercicio supone el bien social, el aseguramiento de futuro de la nación, la formación de las generaciones próximas. En contextos como el familiar, el laboral y el escolar subyace una fuerte cultura del poder adulto ejercido por el bien de los jóvenes quienes se desenvuelven en estos espacios con muy escasos apoyos legales, personales, económicos y sociales.

En el ámbito de la cultura escrita institucionalizada a través de la escuela, este ejercicio desigual del poder es evidente en las prácticas de enseñanza y aprendizaje, y es precisamente en este *desencuentro* que se forma el denominado "rezago fresco" al que aludimos anteriormente. Esta exclusión educativa por la vía escolar se produce en un círculo vicioso de reproducción y combate que justifica las acciones compensatorias gubernamentales al tiempo que cuestiona las posibilidades de la escuela por formar a los jóvenes en los diferentes usos de lectura y escritura socialmente prestigiados. Pero me parece importante insistir que tiene su origen en la desigualdad social y no es, como algunos lo señalan, productor de ésta ya que son precisamente los jóvenes que viven en condición de pobreza quienes concentran mayores rezagos escolares.

Pese a que la premisa social de la generación adulta se impone en las visiones de los jóvenes, éstos sortean de manera táctica las acciones en el marco de sus propias vidas. En su calidad de *agentes sociales* producen infinidad de prácticas culturales, grupos de pertenencia y usan la palabra escrita como forma de poder para manifestar su postura ante el mundo y ante sí mismos. Si superamos una lectura de la juventud en pobreza que sólo los sitúa en el déficit o la carencia, podremos aproximarnos al conocimiento de las otras prácticas sociales de estos grupos que algunos han definido como subculturas (De Certeau, 2000; Duschatzky, 1999; Hernández Flores, 2007). De esta manera, habrá que hallar los indicios de la constitución de este "rezago fresco" en la huellas de una pedagogía social vertical, en el ejercicio autoritario del poder generacional e institucional y en la desigualdad social, económica y política.

Ante esto, se hace necesario incorporar las prácticas juveniles de la cultura escrita en el proceso socioeducativo orientado a la toma de conciencia de su cultura escrita (Meek, 2004) y de su identificación como lectores y escritores, como personas autorizadas para pensar, hablar y participar (Hernández Zamora, 2005) y con ello alejarnos del discurso del "rezago fresco" que se transforma rápidamente en un estigma para esta juventud en pobreza al ser calificados socialmente como los rezagados.

LA CULTURA ESCRITA EN LA CONSTITUCIÓN DE IDENTIDADES JUVENILES

La idea que pretendo sostener en este apartado surge de algunos estudios que he realizado con jóvenes en condición de pobreza y refiere a que la cultura escrita juega un papel fundamental en la constitución de las identidades juveniles y que lo hace de manera particular en jóvenes en condición de pobreza. Si bien la cultura escrita cruza de manera diferente a las juventudes actuales, en este grupo particular cobra sentido al ser un recurso central en la constitución de su conciencia discursiva (Giddens, 1998). Es decir, el contacto con la escritura, la lectura y el lenguaje oral son medios a través de los cuales las personas desarrollan formas de comprensión y expresión de sus posturas en la sociedad, esto es, de sí mismos, de sus pensamientos y acciones y de las razones y deseos que los sostienen.

Estas posturas son diversas, como se podrá apreciar en los jóvenes de quienes hablaremos en seguida, y su identidad también lo es, no sólo por los roles que asumen en el correr de sus vidas, sino sobre todo porque la propia identidad no es una unificación. Las identidades nunca son "singulares, sino construidas múltiplemente a través de diferentes discursos, prácticas y posiciones, frecuentemente cruzadas y antagónicas" (Hall, 2000 p. 232) y es justamente en esta construcción múltiple en donde las prácticas de cultura escrita ocupan un lugar importante y hallan significado diverso. Como lo señala Petit (2001) desde la experiencia francesa, hay una idea de lecturas juveniles que intenta situar la relación sujeto/texto desde la identificación que podría ubicarse sólo en la "adhesión a determinada figura"; pero, como lo señala la autora, se trata de la construcción de la historia del propio sujeto. Las lecturas y escrituras desplegadas con estos jóvenes nos enseñaron que no se trata, efectivamente, sólo de identificaciones con personajes de los textos, sino de procesos de construcción de identidades propias desde los márgenes de su estancia en la escuela y los diversos contactos con la lengua escrita que ésta les aporta, y de los usos de la lengua escrita que desarrollan desde los roles diversos de sus propias vidas, como estudiantes, hijos, trabajadores, parejas, etcétera.

Para comprender la cultura escrita hay que considerar que el lenguaje hablado abarca un amplio rango de actividades y que está entretejido en todos y cada uno de los aspectos de nuestra vida (Meek, 2004); de este modo, lenguaje y cultura forman un vínculo indisociable en la vida del ser humano al ser el primero una forma simbólica que construye mundo (Mèlich, 1996). Existen diversas formas de lenguaje a través de las cuales nos expresamos y constituimos, una de ellas es el lenguaje oral y escrito. En la trama de constitución sociocultural de la juventud, la diversidad de lenguajes, hablados o no, juegan un papel central en la medida que, objetivados en formas de ser, de vestir, de relacionarse, constituyen un "concepto, un estilo" (Reguillo, 2000), un mundo de vida, una identidad juvenil. Estos estilos se explotan a través de la mercadotecnia y son resignificados a la luz de las posibilidades de vida de grupos jóvenes como, por ejemplo, los que viven en condiciones de enorme desigualdad social. Así, ser joven pobre implica tener un teléfono celular y un *iPod* comprados en el mercado negro o robados; ir a bailes con los grupos actuales, aunque de manera clandestina porque son menores de edad; vestimenta específica, con marcas "clonadas"; tener pareja y estudiar, no importa si esto sucede en programas compensatorios que finalmente se provee del estatus de estudiante identificado en el ideal social con el *ser joven.*

La diversidad en la constitución de las identidades juveniles emerge de un ejercicio de reapropiación de los artefactos de consumo cultural en la cual se distinguen también los usos diversos de los lenguajes, particularmente del lenguaje escrito. Las formas de apropiación de este lenguaje y lo que hacen con él los jóvenes en sus vidas y sus contextos, deriva hacia prácticas sociales de cultura escrita enmarcados en interacciones de alta vulnerabilidad, al tiempo que se configuran como espacios de construcción de significado.

En otros trabajos he explorado la diversidad de prácticas juveniles de cultura escrita con el propósito de mostrar que no son sólo sujetos de consumo, que en la propia construcción de sus identidades son *productores* de una gran cantidad de textos que los configuran como *agentes sociales* de la propia cultura juvenil. Evidencias de este papel *productor de identidades* es la práctica del *graffiti* como un proceso que incorpora afinidades con grupos culturales, es decir, con esos otros difundidos por los medios de comunicación y el mercado que designan en buena medida sus formas de ser y de presentarse ante la sociedad; también lo son las pertenencias a colectivos, que refieren a procesos de inscripción en la multiplicidad de formas de agrupación juvenil; del mismo modo, lo son los medios de expresión de inconformidades o simplemente maneras de pensar y ser, así como la toma de espacios públicos con códigos particularizados para unos cuantos a través de la construcción del uso de lenguaje como forma simbólica específica, que incorpora formas de escritura que se mueven entre la convención del lenguaje escrito y la enorme creatividad de escrituras e imágenes.

Quisiera destacar lo significativo, no sólo de la letra, sino también de la *superficie de escritura* en la medida que se trata de espacios en suma prohibidos, ya sean públicos (bardas de las calles), bancas de la escuela, o bien, privados (casas). Planteo como hipótesis que, en el caso del *graffiti,* puede significar una lucha de poder en la medida que evidencia la posibilidad de "ganar la batalla" al violar la prohibición; pero también es una forma de hacerse visible, de hacerse público en el espacio público, de expresar inconformidades y preferencias; es por ello que representa simultáneamente identidad y rechazo a cánones establecidos.

De la misma manera, el uso de los tatuajes merece una reflexión particular, ya que el cuerpo como súperficie de escritura adquiere significados de gran peso. La práctica juvenil de marcar el cuerpo, muy probablemente para siempre, si no significa la más alta de las valoraciones de la escritura, sí por lo menos es una de las más significativas. Estos jóvenes usan la piel para escribir signos que movilizan sentidos en torno al amor, a creencias religiosas, a grupos musicales y a símbolos creados por ellos mismos para marcar su identidad y pertenencia a grupos particulares. La superficie más cercana, que es la propia piel adquiere uno de los más altos grados de sanción por la generación adulta, sobre todo por sus padres y maestros. Al tiempo que esta escritura los identifica en su grupo de pares, los estigmatiza socialmente; así, pertenencia y estigma van de la mano en la práctica juvenil de tatuajes.

Quisiera entrar ahora a otros usos de las escrituras juveniles derivadas también de su condición de pobreza: en el contexto del trabajo. Dada su condición económica, estos jóvenes se ven obligados a incorporarse al mundo del trabajo a temprana edad; para ellos el circuito que iba de la familia a la escuela, al trabajo y a formar su propia familia se rompe. El subempleo o el empleo informal como contexto de escritura, permitió documentar prácticas como elaboración y presentación de solicitudes de trabajo, recados solicitados por sus empleadores, listas para comprar diversos artículos, el pedido de comensales en un restaurante, rutas de transporte público, entre muchas otras, que obedecen a demandas laborales específicas. Analizadas en el contexto laboral, se puede ver que marcan la diferencia entre mantener el empleo o perderlo, de ahí que los jóvenes realizan estas prácticas con singular cuidado atendiendo sobre todo a las solicitudes de sus empleadores. Se trata de prácticas demandadas por otros, laboralmente sancionadas e individualmente vigiladas en cuanto a su contenido, por las implicaciones que de su buen o mal ejercicio pueden derivar. En estos usos de la cultura escrita, los jóvenes se juegan su propia identidad como trabajadores, como proveedores de sus familias y como personas independientes para satisfacer sus necesidades a través de la protección de su trabajo. La lectura, por su parte, se liga en gran medida con la posibilidad de seguir instrucciones, se trate de un recado de su empleador o de manuales propios de su empleo. Además de leer el recado, los jóvenes deben leer bien el propósito de la demanda; de esta *doble lectura* depende también su estancia en el empleo. Así, en esta lectura, se lee el objetivo, del otro, el empleador, el contenido, la tarea y la acción que se deriva; es decir, se lee mucho más que las letras propiamente dichas. Más allá del texto, el significado de la lectura está en cómo el joven la inserta en sus actividades y relaciones laborales. En este contexto la palabra escrita signa al joven trabajador desde la responsabilidad, capacidad de trabajo, roles familiares y autonomía en la posibilidad de satisfacción de sus propias necesidades juveniles.

Por otro lado, en las vidas de estos jóvenes hay huellas de una enorme cantidad de usos de la letra escrita a través de la escritura de poemas, diarios, acrósticos, cuentos, canciones, cartas, recados, entre muchos otros, que les posibilitan el tránsito de lo íntimo a lo público (Petit, 2001) con sus grupos de pares de manera muy particular. Desde luego hay muchos otros evocados en sus escritos, pero sobresale la manifestación de la vida juvenil en sus formas de ver y vivir el mundo. Desahogo propio y sustitución del lenguaje oral ante la imposibilidad del diálogo cara a cara, representan apenas algunos de los sentidos de estas escrituras. En relación con la lectura, las prácticas tienen como rasgos característicos la condición de género y la influencia mediática en cuanto a preferencias se refiere; es decir, se liga con roles y estereotipos identitarios de ser hombre o mujer. Estas lecturas les resultan importantes en la medida que les permiten ampliar sus perspectivas del mundo, identificaciones con personajes y situaciones diversas e incorporar miradas diferentes del mundo juvenil en sus repertorios hablados y en la producción de textos.

En el ámbito escolar emergen otras prácticas juveniles de la cultura escrita, además de las propiamente académicas, con una gran carga de clandestinidad. Tal es el caso de la elaboración colectiva del *chismógrafo*,[5] el pintado de paredes, bancas y bardas en las cuales, de manera central, los contenidos son de protesta hacia las autoridades, referidas a la sexualidad, a los sentimientos y en relación con sus grupos favoritos de música.

En suma, hasta aquí he tratado de mostrar que la diversidad de los usos de la lengua escrita de jóvenes en condición de pobreza además de permitir el desciframiento de la propia experiencia y resistir su condición de vulnerabilidad, resulta una práctica constitutiva de su propia identidad (Petit, 1999). Los contextos de sus escrituras, las superficies, los propósitos, así como los roles que de ellas dependen, confirman que las prácticas de alfabetización no son autónomas, sino que se "encuentran siempre asimiladas en un contexto social y cultural" (Street, 1993).

ESPACIO ESCOLAR Y ESCRITURA JUVENIL

La institucionalización de la cultura escrita por la vía de la escuela, representa una forma de vinculación social de los jóvenes con el mundo adulto y con su grupo de pares. En este espacio educativo se constituye una forma de identidad juvenil muy particular que define en gran medida las posibilidades de vinculación con la palabra escrita. Me refiero al rol del joven como estudiante, como alumno.

En las líneas que siguen expondré dos reflexiones: la relación entre el concepto de escritura y de sí mismo (*self*) y la afirmación acerca de que, en el contexto de estudio, al andamiaje pedagógico de la cultura escrita se suma la interacción social basada en cánones de orden ético.

Iniciaré con la referencia al contexto empírico del cual surgen estas reflexiones. Se trata de una experiencia desarrollada con un grupo de 23 jóvenes, 11 mujeres y 12

---

[5] El *chismógrafo* es un cuaderno que pertenece al grupo de estudiantes y que es resguardado por una persona, generalmente una estudiante colectivamente identificada como responsable y social. Incorpora información general del grupo en cuanto a género y edad, pero también tiene rubros referidos a la virginidad, sexualidad, preferencias musicales, diversiones y grandes secretos personales. Contiene normas muy elaboradas para su uso y elaboración, y sanciones para quien las viole. La más significativa es no socializarlo con los adultos, centralmente padres, madres y docentes, es decir figuras que representan autoridad. Esto es bastante impresionante, me encantaría que se incorporara al texto directamente.

hombres, cuyas edades fluctúan entre los 14 y los 16 años. De ellos 16 son nativos de ese municipio, 6 de municipios aledaños, y uno del Distrito Federal. Esta situación les provee de arraigo a la comunidad y sus tradiciones, ya que se trata de un lugar con rasgos rurales y afectado por el avance de la mancha urbana y todo lo que ellos imprimen a las lógicas comunitarias. Sus padres trabajan en oficios y en el comercio informal y se trata de familias con situación económica apremiante, grandes problemas de violencia intrafamiliar, alcoholismo y separaciones entre los padres. Dada su corta edad, casi la mitad de ellos trabajan en condiciones muy desventajosas como ayudantes de varios oficios, como meseros, ayudantes en comercios familiares o de otros dueños, lavando los microbuses, en el trabajo doméstico y en el cuidado de animales. Adán, por ejemplo, gana cien pesos diarios trabajando de cuatro de la tarde a doce de la noche lavando los microbuses; Griselda, en cambio, trabaja en una casa por doscientos pesos a la semana, de dos de la tarde a nueve de la noche diariamente.

En el trabajo con estos jóvenes me centré en la organización de actividades en el aula relacionadas con la lectura y producción de textos a partir de tres ejes sustanciales: el primer eje pretende trabajar la lectura y producción de textos a partir del reconocimiento de sí mismos como lectores y escritores; el segundo, surge de la necesidad de trabajar las identidades juveniles a través de la palabra escrita con el eje "somos jóvenes"; y la tercera, rescata la potencialidad de la cultura escrita juvenil para reconstruir su experiencia en este contexto educativo y mirarse a través de su escritura compartida. Para el desarrollo de estos ejes propuse la realización de una gran cantidad de lecturas de textos que yo llevé y algunos que ellos propusieron y que se relacionaban directamente con los ejes mencionados pero también fueron importantes sus propios textos como recursos para la lectura. Propuse también escrituras que referían a sus entornos, sus biografías, sus lugares de pertenencia y a las lecturas mismas realizadas en el aula con lo que traté de construir opinión frente a los textos de otros por medio de la construcción de textos propios; asimismo, se abrieron espacios para comentarios verbales y su discusión grupal, la lectura de imágenes, películas, y situaciones particulares, como el fin de cursos. Todo ello pretendió abrir el ambiente del aula de tal modo que diera cabida a esta diversidad de prácticas para la apropiación de las convenciones del lenguaje escrito.

Un aspecto que resulta relevante para el análisis de esta experiencia es la relación entre prácticas de lectura y escritura, y el contexto. Contexto deviene tanto en lugar y tiempo, como en las relaciones que en él se entablan, interacciones en efecto simbólicas, en las cuales se participa, se apropia y se produce sentido; de esta manera, se alude a condiciones cambiantes y, al mismo tiempo, estructuralmente establecidas. El contexto no sólo es el telón de fondo desde donde se lee y se escribe, sino que forma parte constitutiva de los modos y sentidos con los que se hace, "el contexto en el cual se lee y escribe constituye una parte orgánica de la lengua escrita y el espacio donde se construye su significado social" (Halliday, 1978 y Erickson, 1984, citados en Kalman, 2001, p. 7), en este caso el espacio institucionalizado de prácticas de alfabetización.

Pero como los sujetos *forman parte* de ese contexto, es decir constituyen el contexto a la vez que *están* en él, se encuentran constituidos por él, a las concepciones de la lectura y escritura se suman las concepciones de sí mismos frente a estas prácticas sociales. De esta manera, sentirse lectores o escritores entraña imaginarios, roles, posturas y acciones diversas derivadas del ejercicio de poder de estos jóvenes. En esta misma ruta de pensamiento, Meek sostiene que "la letra escrita puede también convertirse en un instrumento de poder" (2004, p. 11) en la medida que "la cultura escrita aporta algo a su sentido del valor y la dignidad humana" y que "leer permite" "cuestionar". Como se señaló en reciente Foro Iberoamericano (2007). "Se requiere aprender a firmar, pero también saber qué se firma" y, agregamos, saber para qué hay que hacerlo. Desde esta perspectiva, las prácticas de lectura y escritura pueden ser un importante recurso para generar conocimiento frente y con el mundo que nos rodea: de manera análoga se aprende a leer y escribir pero también saber qué se lee y se escribe y para qué hacerlo. Esta postura se aleja de la concepción utilitarista de la lectura y escritura en pos sólo de un medio importante para seguir aprendiendo, para pasar a un concepto que sitúa al sujeto con mayor conciencia frente a nuestro mundo, que le permite producir más y mejores conocimientos y posicionarse en el mundo social de manera deliberada.

Ello exige una buena apropiación de las herramientas necesarias para la lectura y escritura de textos, además del reconocimiento de que existen también *actitudes*, formas encaminadas a comprender el lenguaje como medio y como objeto de estudio (Heath y Mangiola, 2001, pp. 40-41). De esta manera, interpretar, comentar, compartir y opinar son algunas de estas actitudes puestas en juego en los usos de la lengua escrita que, desde luego, requieren herramientas específicas.

Al lado de la afirmación acerca de que las prácticas de alfabetización implican la propia concepción que se tiene de ellas (Street, 1993) se encuentra el hecho de que en *el vínculo sujeto-práctica de alfabetización se ubica la mediación de la concepción de sí mismo como escritor o lector, así como los contextos que los configuran*, es decir, el trabajo, la calle, la escuela. Estos jóvenes miran en cada uno de estos contextos una especie de asunción del rol de lector o no con base en el criterio de que la única forma posible de serlo es en relación con la escuela o la escritura y lectura académicas. Adicionalmente, estos jóvenes ligan la edad a esta concepción; es decir, es una forma de vincular a los escritores con los "viejos", con los adultos, gente sabia que sí tiene algo que decir en menoscabo de la carencia de importancia de la palabra escrita de estos jóvenes, esto es, de su valor social devaluado y de su escasa experiencia en la vida. Así, edad y experiencia se configuran como una dualidad que articula el concepto de sí mismo como lector y escritor. Es por ello que Miguel señala "no tengo nada que decir" ya que lo que hay que leer es la experiencia de los otros y no escribir la propia, dado que no existe.

Miguel Ángel señaló lo siguiente:

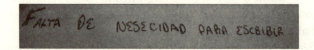

Una interpretación de este texto, puede guiarnos hacia la necesidad de fomentar la cultura escrita que llene esta carencia y posibilite a los jóvenes el uso del lenguaje escrito. ¿Cómo interpretar esta ausencia "de necesidad para escribir"? Es posible que una afirmación de esta naturaleza nos conduzca a la reflexión acerca de que estar en un espacio escolar no garantiza contar con *comportamientos letrados* (Heath y Mangiola, 2001). Estar con la letra escrita no necesariamente es *convivir con ella*, usarla en su propio provecho ya que en la escuela estos jóvenes realizan a diario actividades de lectura y escritura sin que ello les sea positivamente significativo. Una afirmación de esta naturaleza abre la posibilidad de incorporar a los jóvenes como sujetos de la alfabetización y los sitúa en el centro de propuestas pedagógicas que tratan de apoyar sus propias realizaciones sociales a través de la cultura escrita, como la expresión de sus emociones, la reconstrucción de sus propias historias, la comunicación con sus pares, con los conocimientos, entre otros usos.

Por otro lado, es posible interpretar que no tienen nada que decir *de esta manera,* es decir a través de la escritura. Como lo mencioné se trata de un grupo de jóvenes que trabajan en varios oficios y desarrollan a través de éstos o de otras actividades cotidianas, usos de la escritura como diarios, recados, etcétera. Pero para escribir hay que tener por qué hacerlo y cuando se trata de un "texto libre" simplemente no hay nada que decir. Cuando esta tarea se llena de contenido en las actividades antes señaladas, casi todos ellos expresaron opiniones, relatos, experiencias: en fin, escribieron diversos textos.

LA REFLEXIÓN SOBRE LAS PRÁCTICAS PROPIAS

Durante el desarrollo de los tres ejes antes señalados se hicieron altos en repetidas ocasiones para reflexionar con el grupo acerca de sus propias prácticas de lectura y escritura. Al inicio de estos trabajos había una franca oposición, sobre todo para escribir; casi la totalidad de los jóvenes señalaron que no escriben debido a que tienen "mala ortografía". Lo anterior sugiere que es necesario incentivar el uso de la palabra escrita a partir de sus propios intereses y sentidos pero también el uso de los medios convencionales para hacerlo. Pero apunta también hacia otros aspectos relevantes.

Como se observa, los jóvenes tienen un concepto de la escritura como una práctica que requiere herramientas ortográficas, disposición y contenido para realizarla, y es desde este concepto acerca del uso de la letra escrita que se definen como escritores o no escritores y despliegan actitudes en torno a esta definición. Los estudiantes expusieron las insistencias docentes en torno al uso de los signos de puntuación y reglas ortográficas sin explicaciones comprensibles y la poca importancia que éstos le atribuyen a sus textos precisamente porque se encuentran mal escritos.

Es probable que se sobreponga el convencionalismo a la necesidad de comunicación y a su propio contenido; o bien que, sabedores de esta carencia, abandonan la tarea; no obstante cabe reflexionar sobre cómo de alguna forma la escuela fomenta este concepto de escritura rigurosa e ilustrada al tiempo que no la promueve en la práctica en este caso particular.

La realización con ellos de actividades en torno a la manera en que los usos de los signos de puntuación cambian el sentido de nuestros textos y obstaculizan una buena comunicación permitieron la producción de escritos usando diversos signos de interrogación, admiración, coma y puntuación. Estos aspectos, no sólo son técnicos, sino también están ligados al logro de la comunicación deseada. La enseñanza que nos dejó esta experiencia fue que a la necesidad de comunicación y de que se comprenda lo que uno quiere decir se suma la regla ortográfica y no al revés: el uso de la letra y sus signos habilitan para comunicar y no son recursos vacíos de significado. En esta experiencia *sentido* y *convención* llegaron a formar parte de una concepción juvenil de la escritura.

Una actividad vinculada a diversos usos del lenguaje en la vida diaria se convirtió en una puerta de entrada en la que cruzamos y, una vez adentro, desarrollamos una multiplicidad de actividades ligadas a: leer en voz alta para otros, en silencio para sí mismos, comprender en conjunto, debatir lo comprendido, escribir las opiniones y razones, describirnos y expresar para unos y otros nuestros sentimientos. Esta actividad condujo a considerar un aspecto no visible hasta ese momento. Los jóvenes señalaron que "para leer en voz alta se necesita respeto y aceptar que todos nos equivocamos". Es decir, los actos de lectura y escritura involucran otra parte constitutiva de los contextos en el sentido de crear ambientes caracterizados por valores de trabajo como el respeto y la solidaridad en grupo, que favorezcan las actividades colectivas y, con ellas, el trabajo individual. *Los lectores y escritores también se forman a través y junto con los valores que constituyen los contextos de la cultura escrita.*

Estos valores se constatan en la experiencia con Mariel. Es una joven del grupo con condiciones familiares muy complicadas tanto por la escasez de recursos económicos como por su situación de género —no la dejarán seguir sus estudios por ser mujer y por falta de recursos— gusta mucho de la lectura no académica. La escuela le ha permitido este contacto con los libros de poesías y novelas, esta experiencia con la lectura le permite sacar a flote sus sentimientos, le ha dado la posibilidad de crear juicios de valor frente a los textos que se le presentan, calificó de "incoherentes" a las poesías de Mario Benedetti y de Jaime Sabines debido a que no encuentra en ellas la identificación con su manera de comprender el amor. Lo importante aquí es la propia posibilidad de esta jovencita de solicitar los materiales, leerlos, y emitir públicamente un juicio de valor propio, una postura que la lleva a elegir, nombrar, preferir, calificar y debatir sus argumentos con sus compañeros con la confianza de que no habrá burlas acerca de ellos. El acceso a la lectura y la escritura requiere de ambientes de interacción que favorezcan estas actividades, a la par relaciones sociales respetuosas.

Esta descripción de la participación de Mariel permite la identificación del entrecruzamiento entre las posibilidades de las prácticas lectoras y el tratamiento de las temáticas con las formas de interacción juvenil en el aula. Estas situaciones constituyen los referentes contextuales de las prácticas de lectura y escritura e impactan de manera significativa las posibilidades de trabajo colectivo útiles cuando se trata de desarrollar actividades basadas en la idea de *colaboración, compartir, debatir, argumentar, defender* y *comparar* como acciones intrínsecas de la cultura escrita. De esta manera, no sólo se trata de favorecer el uso de las reglas, sino de mejorar los ambientes contextuales como recursos significativos para el mejor acceso a estas prácticas en el medio escolar.

REFLEXIÓN FINAL

Hacer de los espacios educativos contextos donde la lectura y la escritura sean prácticas *vivas y vitales* (Lerner, 2001), supone reposicionar al sujeto de los aprendizajes, re-conocer que sus lógicas de apropiación de la lengua pasan por sus propios contextos, necesidades e intereses, y asumir que esta apropiación sucede en interacción. Implica por ello explicitar la concepción de juventud, no sólo desde la condición etaria sino desde su construcción social, económica y cultural.

Asimismo, sugiere enfatizar que el acceso a la lectura y la escritura es un derecho social que hay que ejercer y que los espacios educativos públicos estatales deben garantizar. Esto atraviesa también la dimensión del trato a los jóvenes como sujetos de derecho, lo que implica reconocer sus estancias en los espacios educativos como el ejercicio social de un derecho a la educación.

Finalmente, es necesario reconocer que estas prácticas juveniles de la cultura escrita se incorporan de manera constitutiva al quehacer pedagógico, tanto en la educación de personas jóvenes y adultas como en las escuelas regulares, no son de uso exclusivo de los entornos educativos escolarizados o abiertos. Es necesario también reconocer que juegan un rol en las formas en que los jóvenes se sitúan frente a nuevos conocimientos y a las demandas educativas de prácticas de alfabetización. Que a partir de ellas y de los conocimientos que producen en la vida de estos jóvenes en condición de pobreza, puede apoyar en gran medida no sólo el logro de mejores aprendizajes, sino también mejores interacciones en los espacios educativos. Incorporar a la juventud en la propia denominación de la educación de adultos implica una responsabilidad social y epistemológica que va más allá de una mera enunciación, implica la atención de la juventud como sujeto de la alfabetización y el imperativo de democratizar el uso de la lengua escrita.

REFERENCIAS

Abreu, M. (2002), "¿Qué y por qué están leyendo los niños y jóvenes de hoy? El lector en el libro: algunas ideas en torno a cuatro metáforas de lector y lectura en los libros para niños y jóvenes", en A. Arenzana (ed.), *Lecturas Sobre Lecturas*, vol. 4, pp. 9-26, México, Conaculta.

Bourdieu, P. (1990), *Sociología y cultura*, México, Grijalbo/Consejo Nacional para la Cultura y las Artes.

Castrillón, S. (2004), *El derecho a leer y escribir*, México, Conaculta.

CEPAL (2000), *Juventud, población y desarrollo en América Latina y el Caribe*, México, CEPAL.

De Certeau, M. (2000), *La invención de lo cotidiano. 12 Artes de hacer*, México, Universidad Iberoamericana/Instituto Tecnológico y de Estudios Superiores de Occidente.

Di Pierro, M. C. (2006), "Notas sobre la trayectoria de la educación de jóvenes y adultos en América Latina y el Caribe", trabajo presentado en la Cátedra Andrés Bello, CREFAL, Pátzcuaro.

Duschatzky, S. (1999), *La escuela como frontera. Reflexiones sobre la experiencia escolar de jóvenes de sectores populares*, Buenos Aires, Barcelona y México, Paidós.

Foro Iberoamérica en el Siglo XXI: La Alfabetización en el Contexto de la Continuidad Educativa, 2007, 4 y 5 de septiembre, México, Secretaría de Educación Pública.

Freire, P. (1989), *La importancia de leer y el proceso de liberación*, México, Siglo XXI.

Gatti, S. (2004), "Leer literatura en la escuela secundaria. La construcción de un concepto de escritura para el aula", en A. Arenzana (ed.), *Lecturas Sobre Lecturas*, vol. 12, pp. 9-16, México, Conaculta.

Giddens, A. (1998), *La constitución de la sociedad. Bases para la teoría de la estructuración*, Buenos Aires, Amorrortu.

Hall, S. (2000), "¿Quién necesita la "identidad?" en R. N. Buenfil (coord.), *En los márgenes de la educación. México a fines del milenio. Seminario de Análisis del Discurso educativo*, pp. 227-254, México, Plaza y Valdés.

Heath, S. B. y L. Mangiola (2001), *Children of promise: Literate activity in linguistically and culturally diverse classrooms*, Estados Unidos, National Association Center for the Study of Writing and Literacy, American Educational Research Association.

Hernández Flores, G. (2007), *Políticas educativas para población en estado de pobreza*, México, CREFAL.

—— G. (2008), *Cultura escrita y juventud en el contexto escolar*, México, Instituto Mexicano de la Juventud, SEP.

Hernández Zamora, G. (1996), "Concepciones y prácticas pedagógicas sobre la lengua escrita en secundarias urbanas del estado de México", en *Reportes de investigación educativa. Proyectos seleccionados 1994*, pp. 114-127, México, Secretaría de Educación Pública.

—— (2005), "Pobres pero leídos: La familia (marginada) y la lectura en México", en A. Arenzana (ed.), *Lecturas sobre lecturas*, vol. 14, pp. 35-51, México, Conaculta.

INEGI (2004), *El rezago educativo en la población mexicana*, México, INEGI.

Kalman, J. (2001), *¿Somos lectores o no? Una revisión histórica del concepto de alfabetización y sus consecuencias*, documento DIE 53, México, DIE, CINVESTAV.

—— (2003), El aprendizaje de la lectura y la escritura para su uso en la vida cotidiana, *Decisio. Saberes para la acción en educación de adultos*, 4, invierno, pp. 3-9.

—— (2007), *Alfabetización, diversidad y poder: Las lecturas y las escrituras*, México, Crefal.

Lerner, D. (2001), *Leer y escribir en la escuela. Lo posible, lo real y lo necesario*, México, Secretaría de Educación Pública.

Lluch, G. (2004), "La lectura juvenil para un lector audiovisual", en A. Arenzana (ed.), *Lecturas Sobre Lecturas*, vol. 9, pp. 23-43, México, Conaculta.

Medina Carrasco, G. (2000), "La vida se vive en todos lados. La apropiación juvenil de los espacios institucionales", en G. Medina (ed.), *Aproximaciones a la diversidad juvenil*, pp. 79-105, México, El Colegio de México.

Meek, M. (2004), *En torno a la cultura escrita*, México, Fondo de Cultura Económica.

Mèlich, J.C. (1996), *Antropología simbólica y acción educativa*, Barcelona, Paidós.

Petit, M. (1999), *Nuevos acercamientos a los jóvenes y la lectura*, México, Fondo de Cultura Económica.

—— (2001) *Lecturas: Del espacio íntimo al espacio público*, México, Fondo de Cultura Económica.

Reguillo, R. (2000), "Las culturas juveniles: Un campo de estudio. Breve agenda para la discusión", en G. Medina (ed.), *Aproximaciones a la diversidad juvenil*, pp. 19-43, México, El Colegio de México.

Rockwell, E. (2000), La otra diversidad: Historias múltiples de apropiación de la lengua escrita, versión electrónica, *DiversCité Langues. Revista electrónica de la Universidad de Québec; Montreal, Canadá*, vol. v, <http://www.teluq.uquebec.ca/diverscite>.

Ruiz, M. y G. Hernández (2005), "Cosas dichas en la prensa nacional sobre educación de jóvenes y adultos", en B. Teresina (ed.), *Anuario educativo mexicano. Visión retrospectiva*, México, Universidad Pedagógica Nacional.

Street, B. (1993), "Alfabetización y cultura", versión electrónica, *Boletín del Proyecto Principal núm. 32*, recuperado el 15 de agosto del 2007 de la página <www.unesco.cl/pdt/actyeven/ppe/boletin/artesp>.

CULTURA ESCRITA QUECHUA EN BOLIVIA: CONTRADICCIÓN EN LOS TIEMPOS DEL PODER

INGE SICHRA[1]

A MANERA DE INTRODUCCIÓN:
EL QUECHUA, LENGUA MAYORITARIA ENTRE LAS LENGUAS INDÍGENAS

El quechua no es "cualquier" lengua. Le asiste una historia de "lengua general" del imperio incaico y su impresionante expansión geográfica; ella se escribe por primera vez en el siglo XVI cuando, nuevamente, vive una difusión más allá de las fronteras del imperio invadido y más allá de sus usos orales y en libros de los invasores españoles. Se estudia desde entonces y por espacio de dos siglos en una cátedra en la Universidad de San Marcos en Lima (desde 1579) y también en Quito (desde 1581). Su histórica difusión durante el Tawantinsuyu y la Colonia ha significado un fuerte sustrato para el castellano de toda la región, generándose un así llamado *español andino*. El quechua es hablado tradicionalmente en Bolivia, Perú, Ecuador, norte de Argentina, suroeste de Colombia (incluso en Bogotá), en comunidades en Antofagasta (Chile), y en la región del Acre del Brasil. Sus hablantes se cuentan entre 8 y 12 millones en la región andina; pero también en bolsones de migración en ciudades capitales como Buenos Aires[2] y Lima, y en la región amazónica. El quechua ha incursionado con notoria vitalidad en ámbitos comerciales (ferias y mercados, cancha en Cochabamba), político-administrativos (en Cuzco), laborales (migrantes en Virginia), educativos (en Ecuador, Perú y Bolivia), y en medios de comunicación. Por si quedaran dudas, el quechua cumple funciones cotidianas comunitarias, domésticas o privadas; religiosas, rituales, musicales y literarias. Y volviendo a los espacios públicos formales, ha sido declarada como *lengua oficial* (Bolivia y Perú) o de *uso oficial*. De los múltiples alfabetos que se propusieron desde que empezó a escribirse, se avanzó en los años ochenta a decretar un alfabeto "normalizado" en Bolivia, Perú y "unificado" en el Ecuador.

Antes que nada, sin embargo, el quechua es una lengua indígena. Como tal, y bajo el nombre de *originaria*, en Bolivia simboliza la reivindicación política, territo-

---

[1] Integrante de la Fundación para la educación en contextos de multilingüismo y pluriculturalidad FUNPROEIB Andes.

[2] El testimonio de un migrante que vuelve anualmente de la Argentina a pasar el carnaval en su comunidad en el Departamento de Cochabamba es revelador: "Llevo 27 años en Buenos Aires... Allá uno está obligado a hablar quechua porque llegan paisanos que casi no hablan castellano. Así que entre quechua y vivir allá, uno termina hablando como argentino, pero en quechua" (Diario *Los Tiempos*, 3 de marzo de 2008).

rial, jurídica, organizativa y cultural del pueblo quechua. Al mismo tiempo, la convivencia con una lengua de poder, tradición escrita y vigencia internacional, como es el castellano, tiene efectos en la pervivencia del quechua, registrándose un cierto nivel de desplazamiento tanto en sus funciones sociales como en la transmisión generacional.

Esta tendencia generalizada en los países andinos adquiere un ritmo más pausado y pedregoso en Bolivia. Si antes la vitalidad de la lengua se aseguraba en el área rural (Sichra, 2003), actualmente el quechua ha ganado presencia importante entre la población boliviana asentada en áreas urbanas (62% del total). Por ejemplo, en Cochabamba, en el censo de 2001, la mitad de la población cochabambina declaró ser bilingüe, el 46% afirmó ser monolingüe castellano y el 2.5% monolingüe quechua o aimara; esta composición le imprime un carácter bilingüe por excelencia a esa ciudad.

Además de su presencia oral en los espacios públicos y en algunos medios de comunicación radial y televisiva en ciertas horas, el quechua ha ingresado a espacios formales como la *educación pública* y *privada* a través de la *educación intercultural bilingüe* en las modalidades establecidas por la Reforma Educativa, donde se han producido, publicado y difundido materiales didácticos y textos de tradición oral en quechua. Tímidamente, pero cada vez con más fuerza, esta lengua es enseñada y utilizada en forma oral y escrita en universidades públicas de Cochabamba y Chuquisaca, y también en universidades e instituciones privadas. El panorama ecológico del quechua,[3] como también del aimara, se ha enriquecido gracias a la nueva emergencia de la multietnicidad y su valor político en el nuevo escenario jurídico del país. En esta constelación, declararse como perteneciente a un pueblo indígena ha dejado de ser necesariamente un estigma. Hijos y nietos que no recibieron el quechua de sus padres y abuelos, lo buscan para volver a identificarse con su cultura quechua, silenciada pero no perdida.

Con movilizaciones y levantamientos en todo el país, las organizaciones indígenas y campesinas han sido protagonistas fundamentales de los cambios en Bolivia en los últimos cinco años, han logrado la renuncia de dos presidentes, las rescisiones de contratos con empresas transnacionales, y han impuesto una agenda política de refundación del país con la elección de Evo Morales como presidente. Desde enero de 2006, el Estado en Bolivia es gobernado por sectores adscritos a corrientes de izquierda, populistas y asistémicas que incluyen a "la otra Bolivia", la india, la subalterna, la mayoritaria e históricamente excluida del poder.

En el pasado reciente, el quechua era el rasgo distintivo del poblador rural que mantiene y nutre la cultura agrocéntrica a través de su estrecha relación con la tierra y la naturaleza; éste representaba a la Bolivia postergada, a la que debía ser incorporada por la vía de la educación intercultural bilingüe. Ahora, en contraste, los signos son distintos y la identificación con lo indígena —en nuestro caso, lo quechua (¡y también lo aimara!)— refleja una actitud de orgullo "originario" que

[3] 2 281 198 hablantes de quechua en el país (27.6% de la población total).

los no indígenas llegan a sentir como una afrenta.[4] ¿Cómo repercute esta constelación de fuerzas históricamente novedosa en el comportamiento lingüístico quechua en Bolivia? ¿Qué rol adquiere la *cultura escrita* en la reivindicación étnica y política de este empoderado sector poblacional?

En este trabajo busco aclarar varias ideas vagas que se tienen como verdades a partir de su confrontación con la realidad, y no de la teorización de esas ideas. La primera idea vaga fuertemente promocionada es que la escritura en lenguas indígenas no solamente es un derecho, sino un *sine qua non* para la pervivencia de las lenguas indígenas. Y por esta razón, hay que introducir ese derecho aunque sea a la fuerza, "convenciendo" a los pueblos indígenas de que deben escribir sus lenguas (¡por su bien!). Otra de esas ideas es que los derechos lingüísticos, de por sí, generan acciones lingüísticas de los mismos sujetos que pelearon por esos derechos. También me interesa detenerme en la práctica detrás de dos ideas que no son supuestas verdades, sino una especie de apuestas. Una es que la condición de *lengua minorizada* se desdibuja o se supera cuando sus hablantes dejan de ser una minoría (no en el sentido numérico sino en el sentido sociológico). Y relacionada con esto, la otra apuesta es las políticas lingüísticas y educativas demandadas por las organizaciones indígenas y populares están garantizadas y favorecen a las lenguas indígenas cuando el estado las asume.

CULTURA ESCRITA EN LENGUAS INDÍGENAS EN AMÉRICA LATINA Y NUEVOS ESTUDIOS DE LITERACIDAD

Encuentro apropiado el uso de la noción *cultura escrita* que utilizaré en este trabajo junto a la de *literacidad* con el significado de fenómeno social amplio no restringido a lo educativo. Los términos *escritura* y *alfabetización* están muy ligados a la escolarización, ya sea en el sistema educativo formal o en la educación alternativa de adultos. Refieren, además, al proceso más técnico de codificación y decodificación desligados del aspecto que rescata la corriente de los *Nuevos Estudios de Literacidad*: las *prácticas sociales situadas* de lectura y escritura (Vich y Zavala, 2004, p. 37). En este trabajo nos referimos a las *prácticas letradas* de indígenas en quechua, lengua indígena cuya característica primordial es la oralidad, como es el caso de todas las lenguas indígenas. Consideramos brindar un aporte a los estudios de *literacidades vernáculas* en América Latina (Zavala, Niño-Murcia y Ames, 2004), corriente que se centra en la *literacidad* desprovista de reglas formales y procedimientos de instituciones so-

---

[4] Las plenarias de la Asamblea Constituyente instalada en agosto del 2006 fueron un espacio privilegiado para recrear esta situación; por ejemplo, cuando una representante no indígena de Santa Cruz en la región de tierras bajas se indignó con la intervención en quechua de la constituyente Isabel Domínguez, dijo: "si quiere hablar, que aprenda a hablar en castellano". Más tarde, la indignada aclaró que ella fue malentendida y que en realidad se refería a la necesidad de intérpretes para poder entender a los constituyentes que hablaban sus idiomas originarios.

ciales dominantes (Vich y Zavala, 2004, p. 42), con el añadido de mirar de manera crítica lo que sucede cuando se promueven el uso de lengua indígena y *prácticas letradas* en lengua indígena desde instituciones estatales y desde instituciones propias o más cercanas a los participantes indígenas. Así podemos ver la incidencia de las ideologías que impulsan a las instituciones estatales a promover de forma explícita la *cultura escrita* en lenguas indígenas y el impacto de estas acciones en las ideologías para el fomento de la *literacidad*.

LA CULTURA ESCRITA QUECHUA EN BOLIVIA

La historia reciente de cultura escrita en lengua indígena en la Bolivia andina está íntimamente ligada a la *educación popular* y a la *educación intercultural bilingüe*. Ambas vertientes tuvieron su origen y su auge entre los años ochenta y noventa del siglo pasado, como espacio de lucha reivindicativa a favor de las lenguas y conocimientos indígenas que fueron recogidas por sendos gobiernos. Ambas han instrumentalizado cada una, con su propio objetivo, la *literacidad*; finalmente, ambas están fatalmente imbricadas por contradicciones propias de las políticas educativas nacionales que las acogieron e implementaron. Aquí conviene recordar que, desde el acoso del naciente estado liberal a las tierras comunales en el siglo XVIII y la expansión de la hacienda en el siglo XIX, fue imperativo protegerse y luchar por la propiedad tradicional. Aprender a leer y a escribir en castellano parecía ser el camino efectivo. La escuela indígena en castellano que reclamaban los indios en el siglo XIX representaba un medio para detener el despojo de las tierras ancestrales y lograr justicia social. Aparece, desde entonces, la identificación de la escuela con "aprender castellano" y su equivalencia con "aprender a leer y escribir". Esta doble ecuación imprimiría un sello inconfundible a la escuela boliviana a través de su historia.

LA CULTURA ESCRITA EN LENGUA INDÍGENA
COMO TRANSFORMACIÓN DE LAS RELACIONES SOCIALES

En Bolivia, entre los años cincuenta y setenta del siglo XX, sendos gobiernos de corte nacionalista (militares y civiles) competían en sus campañas de alfabetización recurriendo a brigadas estudiantiles o a apoyos extranjeros para fortalecer el estado homogéneo, creando el espíritu patrio mientras se superaba el analfabetismo... con cartillas en castellano. Este propósito no variaba, con la intervención del Instituto Lingüístico de Verano, que utilizaba un enfoque de educación bilingüe de transición. Alfabetización y castellanización eran elementos de una sola ecuación.

Fue a fines de los años setenta cuando, como instrumento de participación política, la corriente pedagógica de Freire (1970) ingresó a Bolivia posibilitando procesos de autoafirmación, mientras generaba la escritura en castellano y en lenguas indígenas a partir de la lectura de la realidad. La apuesta de la alfabetización, originalmente concebida en castellano, era desarrollar la conciencia de la condición subordinada de los sectores populares, ya que se trataba de población obrera y proletaria urbana. Desde varios escenarios y con el concurso de varios actores —ONG, intelectuales indígenas, organizaciones sindicales rurales y universidades—se fue desarrollado una rica veta de escritura en lenguas andinas en la línea de "leer la realidad para escribir la historia" (Peresson, Mariño y Cendales, 1983, p. 152). No es casual que la *historia oral* y las *historias de vida* resultaran cruciales para este proceso de instalar la *cultura escrita* durante las décadas de gobiernos de facto, opresión política y exclusión social. En esta línea de *investigación cualitativa*, podemos mencionar las transcripciones bilingües aimara-castellano de historia comunitaria, luchas indígenas y sindicales, testimonios de líderes y escuelas indígenas, memorias del movimiento cacical de principios del siglo XX, así como de *tradición oral* e historia de vida recogidas con métodos etnográficos y desde la concepción de autoría indígena. Con la participación de intelectuales aimaras y algunos descendientes de caciques apoderados, estas historias[5] fueron propiciadas y publicadas en La Paz por el Taller de Historia Oral Andina, la editorial Historia Social de Bolivia y la Carrera de Historia de la Universidad Mayor de San Andrés. Con un enfoque de investigación-acción, el Centro de Comunicación y Desarrollo Andino (CENDA) generó publicaciones bilingües quechua-castellano recopilando historia y *literatura oral* sobre las estrategias campesinas de sobrevivencia en temas de salud y medicina propia, sabiduría agrícola, liderazgo comunal, luchas sindicales. En ambos casos, los destinatarios de las publicaciones son tanto los protagonistas y autores indígenas, adultos y niños de zona rural, como lectores mestizos urbanos. Además, desde hace 20 años esta institución publica ininterrumpidamente un periódico bilingüe *Conosur Ñawpaqman*, con un tiraje de 5 mil ejemplares y de distribución en el área rural de la región quechua. Esta publicación privilegia el género testimonial con una perspectiva de *literacidad vernácula* cercana a la oralidad que permite plasmar la propia voz de individuos, comunidad y organización quechua (Garcés, 2007 y 2005; Sichra, 2005).

A nivel comunitario, la *cultura escrita* en lenguas andinas se instaló en las actas de asambleas sindicales, aunque subordinada al castellano. Más allá de la utilidad de la escritura en la gestión comunitaria, destaca la circulación de documentos escritos altamente simbólicos de derechos consuetudinarios ("usos y costumbres"), registros y mapas en crónicas o escritos judiciales, títulos comunales de demarcación y propiedad de tierras y otros documentos orales y escritos presentados por comunidades como evidencias históricas de su identidad colectiva y de los derechos que de ella se desprenden.

Al levantar la voz silenciada para narrar la historia desde lo testimonial no sola-

---

[5] Movimiento de reivindicación en Bolivia hacia fines del siglo XIX para recuperar y asegurar las tierras originarias de comunidad frente a los despojos estatales a través de la obtención de los antiguos títulos firmados por la Corona de España.

mente se actualiza la conciencia histórica, ésta "puede ejercer una función política en el sentido de querer influir sobre el presente, transformar el orden de las cosas y proyectar hacia un futuro diferente"[6] (Howard-Malverde, 1999, p. 341). Así, al cabo de sucesivos gobiernos militares y en plena reconstrucción democrática y despertar social, en 1983 el gobierno de la Unidad Democrática Popular crea el Servicio Nacional de Alfabetización y Educación Popular como entidad descentralizada del Ministerio de Educación. En respuesta a la demanda de la Confederación Sindical Única de Trabajadores Campesinos de Bolivia (CSUTCB) y de la Central Obrera Boliviana, y con su decidida participación, ejecuta el Plan Nacional de Alfabetización y Educación Popular "Prof. Elizardo Pérez" en quechua, aimara, guaraní y castellano popular. El Plan era una verdadera acción política, no solamente pedagógica, ya que consideraba que había que erradicar el analfabetismo como el producto de la situación económica, política y social del país, en estrecha y permanente vinculación con la transformación estructural de la realidad. "A partir de este momento (1983), los ideales de interculturalidad y bilingüismo y la temática indígena en general se instalan en el discurso pedagógico y político boliviano y se comienza a avizorar de una manera distinta la relación indígenas-no indígenas, fundamentalmente a partir de la esfera educativa" (López, 2005, p. 109).

Entre otras medidas a tomar de manera urgente para la implementación del Plan Nacional, pero con un espíritu por demás amplio y participativo, se definieron en 1983 los *alfabetos unificados* para el quechua y el aimara, oficializados un año después por Decreto Supremo.

En los últimos 13 años, la otrora *educación popular*[7] *ingresó como parte del sistema de educación alternativa por la Ley de Reforma Educativa, bajo el rótulo de educación de adultos.* Su estado de abandono es proverbial, su desatención de parte del Estado se atribuye a la focalización de los recursos públicos hacia la reestructuración de la educación primaria formal, "dejando descubiertos los demás niveles educativos. Es por ello que la educación alternativa de adultos está relegada a un segundo plano y la alfabetización de adultos, que es parte de ésta, resulta y se percibe como una responsabilidad de privados" (Carrarini, 2005, p. 4). En efecto, más de una decena de iniciativas cristianas evangélicas o católicas, así como de ONG y organismos de cooperación internacional se disputan el terreno: de las 13 iniciativas de alfabetización privadas, 7 utilizan enfoques bilingües tanto de transición (4) como de mantenimiento (3) (Carriani, 2005, p. 10).

Si bien en su concepción la alfabetización estatal está inserta en un plan global formal alternativo de Educación Primaria de Adultos (EPA) y no es concebida como

---

[6] "can also have a political role in the sense of wanting to influence on the present, transform the order of things, and project towards a different future" (traducción Inge Sichra).

[7] Es interesante que hasta el día de hoy, desde la derecha se sigue "denunciando" el impacto de la educación popular en las transformaciones sociales. En un artículo de editorial del 16 de marzo de 2008 en el diario *Los Tiempos* W. Peña Cazas escribe en un artículo titulado "La vulgarización de la política": "Las rutinas y los estilos políticos se han vulgarizado por diversos motivos: el voto universal, el fetichismo de la democracia, el desarrollo de la educación popular y la explosión demográfica provocaron el surgimiento de populismos con líderes de medio pelo…".

un programa que se ejecuta con campañas aisladas sino como fase inicial de una educación continua de adultos, "los adultos analfabetos no la consideran necesaria y no ven en los centros ofertados por la EPA unas instancias a donde acudir para alfabetizarse" (Carrarini, 2005, p. 10). Por otra parte, al no contar con suficiente financiamiento, los directores de los 500 centros de educación de adultos prefieren derivar sus recursos a los ciclos de Educación Secundaria de Adultos o a la Educación Técnica de Adultos, antes que ofertar el nivel primario. Por demás está decir que este sistema de educación se lleva a cabo en castellano aún siendo parte de la Reforma Educativa, como se vio arriba. No es atrevido concluir que el Estado asumió esta obligación desde una posición clásica de *castellanización* y enseñanza de lectura y escritura sin pretender alcanzar una conciencia de participación en la transformación de la realidad.

CULTURA ESCRITA EN LENGUA INDÍGENA
COMO RECREACIÓN DEL IDIOMA

En el despertar a la democracia, en la década de 1980, las organizaciones indígenas y de maestros rurales iniciaron el largo proceso de transformación de la visión de educación con sus demandas de cambios en la *educación castellanizante* y *asimiladora* que era ofertada por el Estado boliviano hasta entonces, y propusieron la *educación intercultural bilingüe*. Se genera una franca arremetida de organizaciones sindicales obreras y campesinas, movimientos y líderes políticos autóctonos —aún no se les llamaba indígenas— líderes del magisterio rural, universitarios y académicos para superar la exclusión del quechua y del aimara como lenguas y como culturas de la vida pública y de la educación, enmarcados en la educación popular.

La CSUTCB, máxima organización sindical, presentó en 1989 su propuesta educativa, partiendo de la constatación de que:

Ya no podemos seguir mirando así nomás cómo la escuela, hoy mismo, saca del campo a nuestros hijos e hijas, les muestra el espejo de la ciudad y les hace sentir vergüenza de su propia historia, lengua y cultura (CSUTCB, 1991, p. 4).

Con base en un amplio diagnóstico de la situación de la educación escolar básica, la Confederación propuso la Educación Intercultural Bilingüe (EIB) como modelo educativo apropiado para contribuir a mejorar la calidad de vida de los pueblos indígenas. En cuanto a la característica *bilingüe* de la educación, establece que se deberá garantizar la igualdad de oportunidades y uso del castellano y las lenguas originarias y "ninguna merecerá trato preferencial, lo que conducirá a que las lenguas maternas gocen el mismo status que el castellano" (CSUTCB, 1991, p. 20).

Respecto a la característica *intercultural* de la educación, establece un currículo intercultural para afirmar la cultura propia y la identidad, logrando "un individuo respetuoso y tolerante frente a las diferencias culturales y lingüísticas existentes en el país" (CSUTCB, 1991, p. 21).

En atención a las demandas de las organizaciones populares y gremiales de entonces, entre 1990 y 1995 Unicef y el Ministerio de Educación implementaron el proyecto de Educación Intercultural Bilingüe (EIB) a nivel experimental en las regiones quechua, aimara y guaraní. En este tiempo, a través de su Asamblea, el pueblo guaraní llevó adelante un singular proceso de "guaranización" para lograr la alfabetización en esta lengua entre todos los guaraní, hablantes de esta lengua o del castellano, embarcándose para este fin en una real planificación colectiva de *corpus* de la lengua guaraní. Los sindicatos campesino y de maestros rurales participaron en el diseño del proyecto EIB, eligieron a los maestros y profesionales que luego nombraría el Ministerio de Educación y ejercieron control sobre las actividades del gobierno y de los maestros en las comunidades donde se realizaba el proyecto. Cuando al cabo de cuatro años de diagnósticos y trabajos previos, y sobre la base del EIB, en 1994, durante el gobierno de Gonzalo Sánchez de Lozada, el Estado boliviano emprendió la Reforma Educativa vigente en la actualidad, "los líderes indígenas consideraron que habían ganado una de las batallas más importantes hacia el reconocimiento nacional de uno de sus derechos fundamentales" (López, 2006, p. 122).

La Reforma parte del reconocimiento de la heterogeneidad sociocultural del país con el fin de "fortalecer la identidad nacional, exaltando los valores históricos y culturales de la Nación Boliviana en su enorme y diversa riqueza multicultural y multirregional" (MECYD, 1998, p. 11). Se genera el discurso estatal de la *interculturalidad* bajo el supuesto de lograr una sociedad democrática anclada en equidad y respeto a todos los bolivianos. Como tal, estamos ante una de las "políticas de la diferencia" de la década de los noventa que pretendían superar los mecanismos de subordinación de lo indígena, de sus lenguas, conocimientos y culturas, con una *perspectiva multiculturalista*. La Reforma Educativa introdujo transformaciones, tanto curriculares como administrativas y·de gestión, en todo el sistema educativo. Se decretó la unificación del sistema educativo nacional con carácter intercultural para todo el país y bilingüe para las zonas donde predomina una lengua indígena, aunque en los hechos se reservó a los indígenas el tratamiento de interculturalidad y bilingüismo.

Se promovió un enfoque de mantenimiento y desarrollo de las lenguas indígenas en la educación para las poblaciones en donde predominan estos idiomas y se reglamentó la enseñanza de lenguas indígenas como segundas lenguas para población castellano hablante, que nunca se implementó. Con tal fin, se publicaron materiales educativos en quechua, aimara y guaraní, llamados *módulos de aprendizaje* para los dos primeros ciclos de los tres que comprende la primaria para el área de lenguaje (2 millones de ejemplares); y *módulos de aprendizaje bilingües* para matemática y ciencias de la vida para el segundo ciclo (700 mil ejemplares).[8] También se publicaron

---

[8] Un aspecto problemático fue la distribución y aceptación de los materiales en las escuelas de transformación que implementaban la EIB. Es así que los materiales en lengua originaria para el segundo ciclo no se habían distribuido aún en marzo de 2005 (López, 2005, p. 420).

textos de literatura oral, así como obras literarias en castellano para las bibliotecas escolares y de aula.

Si bien su efecto simbólico de valorización de lo nativo ha sido incuestionable —como lo reflejan las aceptaciones y rechazos de los maestros y directores, pero también en muchos casos de los padres de familia— la autoría y los propósitos de estos *módulos*, así como su afán normalizador, les imprimen un carácter especial de textos escritos en lengua indígena construidos en gabinete (de ministerio). Estos libros se apoyan en ejercicios recreativos de las lenguas indígenas, tienen un desarrollo lingüístico desde una perspectiva purista y énfasis en la escritura como objeto. Por su concepción de material de lectoescritura creado para uso escolar, subyace una instrumentalización de la cultura más bien esencialista y tradicional desprovista de la vivencia y recreación de procesos dinámicos y conflictivos de lo indígena frente a o en contacto con lo no indígena, lo que construye justamente la interculturalidad (Garcés, 2007).

Más cerca de una *cultura escrita* en lenguas originarias estuvo la labor de docentes de quechua y aimara y alumnos de diez institutos normales superiores de EIB, donde se produjo y publicó la serie *Chaski Aru*, que se compone de fascículos de diversos géneros textuales y contenido referido a lo indígena y a las lenguas indígenas. Aunque fueron el resultado de talleres de producción de textos en lengua originaria, con esta creación propia de docentes y futuros docentes de lenguas originarias y los módulos antes comentados podemos

observar un indiscutible avance en lo tocante a una forma distinta de escritura de las lenguas originarias que, quiérase o no, cobra paulatina fuerza en el país y nos sitúa ante un nuevo escenario en el cual *la discusión gira hoy en torno a cómo escribir* en estas lenguas y no, como antes, a si ellas deben o no escribirse (López, 2005, p. 420, cursivas nuestras).

Si bien no se objeta más la *escrituralización* del quechua y del aimara, el ejercicio de promover la práctica escrita en estas lenguas se ha circunscrito básicamente a la forma de hacerlo (textos *en* quechua y *en* aimara en vez de *textos quechuas* y *textos aimaras*) siendo aún difícil encontrar señales de desarrollo de *cultura escrita* más allá de las aulas.

CONSEJOS EDUCATIVOS DE PUEBLOS ORIGINARIOS (CEPO)
COMO ÓRGANOS DE PLANIFICACIÓN LINGÜÍSTICA

Con la política nacional de participación popular en educación desde el nivel local hasta el nivel nacional a través de juntas escolares, nucleares y consejos, en Bolivia se experimentó por primera vez en la educación pública la participación directa de las comunidades en procesos de planificación, gestión y fiscalización de la educación. Esta estructura de participación significó la creación por ley y organización de cuatro Consejos Nacionales de Educación de los Pueblos Indígenas, dos andinos (quechua y aimara), uno de la zona de Chaco (guaraní) y uno amazónico (multiétnico), responsables de ejercer control social sobre la implementación de las políticas educativas y lingüísticas nacionales. Los consejos indígenas son también producto de las demandas y reclamos indígenas; en 2005 fueron reconocidos tres nuevos consejos de la región de tierras bajas del oriente del país (moxeño, chiquitano y guarayo). La principal tarea de estos consejos se refiere a la aplicación de la EIB, para lo cual trabajan en asuntos de gestión de formación docente en los institutos normales superiores bilingües y en capacitación de juntas escolares. En la transición entre el gobierno anterior y el de Evo Morales, han tenido una destacada labor en la elaboración de la Propuesta de política lingüística nacional llevada hasta el Congreso Nacional en 2006 y distribuida a cada uno de los congresistas, como enfatiza el ex presidente del Consejo Educativo Aimara.

En su labor de difusión de la EIB y sus avances, utilizan medios orales como radio y televisión así como medios escritos. Aunque con fines educativos —en última instancia— impulsaron desde el ámbito extraescolar el desarrollo de la *cultura escrita* en lenguas originarias. Así fue que editaron durante cuatro años el suplemento *Kimsa Pacha/Ara Mboapi* en aimara, quechua y guaraní. Este suplemento fue distribuido con el diario *La Prensa* de cobertura nacional en un número de veinte mil ejemplares. En la sede del Consejo Educativo Aimara un equipo multilingüe *ad hoc* de profesionales indígenas redactaba noticias y artículos, a la vez que editaba y diagramaba este "vocero del involucramiento indígena en la EIB" (López, 2005, p. 447). Más allá de su función simbólica, por incorporar "también noticias de índole política y otras relacionadas con el avance el movimiento indígena y de la EIB" (López, 2005, p. 447), el suplemento también estaba pensado como material de lectura y de estudio para maestros y futuros maestros de EIB; de allí que tenía una perspectiva normativa aunque "más flexible y menos rígida que la del Ministerio de Educación" (López, 2005, p. 447).

Para los talleres de capacitación de padres de familia, autoridades y maestros, el Consejo quechua con sede en Sucre se propuso elaborar todos los materiales y folletos en esa lengua. Y, como último "detalle", estableció la norma de que sus miembros y toda la planta técnica, administrativa y logística solamente hablarían quechua en el trabajo, llegándose a proclamar esta determinación en avisos pegados en las puertas y paredes de las oficinas de técnicos.

La función de los consejos educativos de pueblos originarios en este "ejercicio de aplicación práctica de la escritura alfabética de las lenguas indígenas y de hacer de la escritura en estas lenguas un medio más de comunicación entre la población indígena, sobre todo de aquella que habita en el medio urbano" (López, 2005, p. 447) fue la de impulsar una labor de planificación lingüística de *corpus* y de estatus, equivalente a una *real* academia de lenguas indígenas, llevada adelante por hablantes nativos. Un órgano pensado para el tercer elemento de planificación lingüística, el de adquisición, propuesto por Cooper (1989), fue el Instituto de Lengua y Cultura Indígena en Sucre. Se estaba organizando en 2005 antes del cambio de gobierno. Ahí se empezaron a elaborar materiales de enseñanza a partir de manuscritos utilizados en los institutos docentes para la formación de maestros de lengua originaria, y a partir de creaciones propias. Como resultado de la negociación con el Ministerio de Educación, este instituto y los que se gestaban en los otros consejos originarios de educación (aimara, guaraní, multiétnico-amazónico y los tres nuevos consejos de tierras bajas mencionados anteriormente), ya contaban con su propuesta curricular. El objetivo era preparar a "profesionales habilitados para atender los nuevos requerimientos que, en materia de lengua y cultura indígena, surgen como resultado de la propia aplicación de la EIB en el país" (López, 2005, p. 464).

¿TRASCENDIÓ LA CULTURA ESCRITA EL ÁMBITO EDUCATIVO?

En las páginas anteriores se ha podido ver que las vetas clásicas de escritura de lenguas indígenas, es decir, la educación popular y la educación intercultural bilingüe, se desarrollaron con el concurso y empuje de las organizaciones indígenas que le confieren a lo escrito un claro sentido social y político. Estas demandas fueron cada una implementadas por los gobiernos de turno como política nacional educativa, en el marco de las cuales se crearon también espacios extraescolares de *cultura escrita* como los consejos educativos de pueblos originarios.

Por la estrecha vinculación entre la *escrituralidad* y la escuela, su principal motor, surgen dos contradicciones que obstaculizan el desarrollo de la *cultura escrita* indígena. La primera se refiere a la dificultad de revertir una larga y dolorosa historia de discriminación hacia todo lo indígena que caracterizó —y aún caracteriza— a la escuela pública encargada de "civilizar" a través de su labor de alfabetización en castellano (Arnold y Yapita, 2000; Oliart, 2004). La educación intercultural bilingüe ha tenido entre sus mayores opositores a padres de familia que deseaban para sus hijos un futuro menos doloroso que el que ellos vivieron a causa de la discriminación del mundo castellano no indígena. Sustentan su impugnación en la relación diglósica entre castellano y lenguas indígenas que prevalece en la sociedades andinas a pesar de los cambios constitucionales y políticos. Así puede verse que la racionalidad de la escritura como herramienta de poder sigue estando incuestionablemente atada al castellano. Es difícil imaginarse que alguien quisiera escribir en lengua indígena pensando en que confiere poder alguno. Actualmente, "escritura y literacidad están estrechamente asociadas con lengua hegemónica"[9] (López, 2001, p. 211).

La segunda contradicción que se genera por el impulso de la *cultura escrita* a través de la educación es la enorme importancia que se le sigue dando al proble-

---

[9] Nowadays "writing and literacy are closely associated with the hegemonic language" (traducción Inge Sichra).

ma de los alfabetos y las grafías de las lenguas indígenas y la nula consideración al problema de la escritura y literacidad. Probablemente, la lengua indígena escrita *en general* es en sí importante como muestra de su igualdad y de su posibilidad de uso complementario con la lengua dominante. Así lo expresaron las organizaciones indígenas al pedir el ingreso de las lenguas indígenas en la escuela. No obstante, y dada su condición minorizada, pueblos y organizaciones indígenas siguen mirando sus lenguas como un elemento importante de la propia cultura e identidad cultural, pero desde una perspectiva más simbólica que comunicativa propiamente dicha, en la cual se inscribe, por ejemplo, el afán de las organizaciones de tener aprobados y oficializados los alfabetos.

En añadidura, la política y la labor de la educación bilingüe pública ha difundido una noción normativa de la escritura que dificulta y aleja la práctica escrita de la cotidianeidad (Córdova, Zariquiey y Zavala, 2005; King, 2001). Esta tendencia se confirma fácilmente entre usuarios de lenguas indígenas como primera lengua, así como entre aprendices de lengua indígena como segunda lengua, con la postura de "no escribo porque es muy difícil, más fácil es en castellano". Por su parte, varios estudios han mostrado cómo el tratamiento de desarrollo y mantenimiento de la escritura de las lenguas indígenas, "aún" en la educación intercultural bilingüe sigue moldes del castellano como lengua dominante y de su propia *literacidad* para cumplir con los fines pedagógicos de la escuela, de modo que termina convirtiéndose en un nuevo (sutil o no tan sutil) mecanismo de subordinación (Garcés, 2007; Sichra, 2006; Vigil, 2004). Aquí también, como advierten Street y Street (2004, p. 185), "buena parte de lo que se relaciona con la literacidad escolarizada, antes que ser intrínseco a la literacidad misma, resulta ser el producto de las presunciones occidentales sobre la escolarización, el poder y el conocimiento".

Es así como, al propiciar la reforma la escritura y lectura en lengua indígena para su consolidación y desarrollo, el ministerio se erigió como ente que regulaba forma y contenido de materiales quechua y aimara, cerrándose a otras escrituras (alfabéticas, para nuestro caso) existentes en el entorno extraescolar, como los textos y periódicos antes mencionados, cercanos y respetuosos de la oralidad, que en su variación y contacto con el castellano hacían vitales a las lenguas y creativos a sus hablantes.

OTROS VIENTOS EN LA POLÍTICA LINGÜÍSTICA EN LOS TIEMPOS DEL PODER

Irónicamente, en el caso boliviano, los problemas que se detectan en la escritura en lenguas indígenas no se derivan de una falta de reconocimiento de las lenguas y culturas andinas, sino de concepciones ideológicas que se sitúan en el ámbito de la voluntad política de los gobiernos nacionales y autoridades locales para encarar la promoción de la escritura y la literacidad en lenguas indígenas como herramienta

de poder en su más amplio sentido. Veamos en seguida un ejemplo de máxima actualidad relacionado con política lingüística de facto.

ALFABETIZACIÓN EN CASTELLANO:
REPLICANDO LOS TIEMPOS DE NACIONALISMO

A través de los años, persiste el dogma generado por todo tipo de políticas internacionales y nacionales y que se resumen de la siguiente manera: la alfabetización en
castellano tiene un valor intrínseco por ser una herramienta de superación de la
pobreza, constituir un derecho inalienable de participación ciudadana y ser un requisito de democracia. La concreción de esta ideología de la escritura fuertemente
incorporada, y la consecuente diferenciación jerárquica entre los que saben escribir
y los que no saben escribir está bien documentada en diversas comunidades quechua hablantes (Hornberger y Kendall, 1996; Salomon, 2004; Zavala, 2002). Contradictoriamente, esta corriente se está extendiendo entre las mismas organizaciones
indígenas y es impulsada como política estatal por el nuevo gobierno boliviano de
explícita orientación popular. El ejemplo más vívido es la implementación del Programa Nacional de Alfabetización *Yo sí puedo*[10] a nivel nacional. Después de intentos
de traducir los módulos audiovisuales de este programa a las lenguas andinas y al
guaraní, el Director Nacional del *Yo sí puedo*, Pedro Quispe, declaró que no habrá
alfabetización bilingüe y que se hará en castellano, tal como se hizo en Cuba, en
donde resultó ser eficiente. Desde hace dos años miles de bolivianos en regiones
periurbanas y rurales monolingües en lenguas indígenas o bilingües son declarados
con pompa y sonaja alfabetizados después de la "capacitación" de diez a doce semanas de clases por parte de la policía y fuerzas armadas, con apoyo económico y
logístico de los gobiernos de Venezuela y Cuba. Tal situación ha sido utilizada como
símbolo de la determinación de erradicar el analfabetismo que impide el pleno
disfrute del derecho de ciudadanía.

En palabras del presidente Morales, esta visión "técnica" de la escritura, más bien
de la lectura,[11] lejos de acercarse a un plano de *cultura escrita* se mantiene en un
plano de alfabetización en la lengua dominante y es, para sorpresa de muchos, una
opción en esta nueva constelación de fuerzas de un gobierno emblemático, que se
adscribe ya no a la interculturalidad como política de multiculturalismo sino a la
descolonización y autodeterminación como expresión de la "toma del poder". La

[10] El Programa Nacional de Alfabetización busca erradicar del analfabetismo absoluto y funcional en
una población boliviana de 823 256 personas, pertenecientes a sectores marginados y excluidos del sistema educativo, aplicando el método *Yo sí puedo*, de origen cubano <http://www.minedu.gov.bo/minedu/
redirect.do?page=/pna/sis.html>. El *Yo sí puedo* funciona con programas televisivos y la identificación
numérica de las letras del alfabeto.

[11] El 13 de marzo de 2008, con ocasión de declarar el departamento de Oruro libre de analfabetismo,
"el presidente dijo que de aquí en adelante los campesinos que fueron alfabetizados no tendrán que con-
tratar a otras personas para que les lean sus documentos" (Diario *Los Tiempos*, 14 de marzo de 2008).

continuación del programa *Yo puedo seguir*[12] ya fue anunciada para llevar "a los recientes alfabetizados a salir bachilleres, no importa si son ancianos, con tal de que quieran seguir aprendiendo para mejorar el conocimiento en el país" (Diario *Los Tiempos*, 14 de marzo de 2008). Se busca encontrar la explicación para esta contradicción en los ejes de clase y etnia que atraviesan la misma práctica de colonización y, simultáneamente, descolonización. La política social expresada en el *Yo sí puedo* reflejaría la necesidad del fortalecimiento de un estado nacionalista contra el imperialismo. De allí la alianza con Cuba, aún a costa del fortalecimiento de lo étnico. El Estado que apunta a la soberanía indígena-originaria-campesina, con un presidente reconocido por el movimiento indígena continental como su líder y que es catapultado a la presidencia en pleno auge del movimiento étnico recurre al castellano como lengua de poder y como histórica herramienta de *nacionalismo* (convertido a *nacionalismo indígena*). Otra explicación mucho más prosaica para esta postura es el financiamiento que otorgan los creadores del regionalmente muy difundido programa de alfabetización para su implementación y promoción.

CAMBIOS EN LAS LEYES Y MARCO JURÍDICO

En el plano de política lingüística *de jure* encontramos otra postura, una que representa el "poder indígena" derivado del proyecto político indígena que, también esta vez, muestra su propia contradicción.

En la evaluación a diez años de implementación de las nuevas políticas educativas y lingüísticas que hicieron los consejos educativos de pueblos originarios institucionalizados por la reforma educativa reconocieron de que no bastaban leyes y normativas gubernamentales para transformar a la sociedad y volverla más justa y democrática. Quedó claro que no se habían superado aún el racismo y la exclusión social y económica ni las actitudes de incomunicación y desprecio en un país de característica colonial.

Justamente la superación de este estado de cosas es lo que el gobierno de Evo Morales busca lograr con su "revolución democrática". En cuanto a la política educativa, desde 2006 el Ministerio se ha concentrado en propiciar una "Nueva Ley de la Educación Boliviana Avelino Siñani y Elizardo Pérez", que en forma de anteproyecto de ley espera desde entonces hasta el día de hoy su tratamiento y aprobación en el parlamento. El anteproyecto incorpora casi en su totalidad la propuesta educativa "Por una educación indígena originaria. Hacia la autodeterminación ideológica, política, territorial y sociocultural", más conocida como "propuesta indígena" elaborada durante dos años por el Bloque Indígena conformado por los CEPO y todas las organizaciones indígenas nacionales. Una cita del ex ministro de Educa-

[12] Programa cubano de postalfabetización que se implementará en Bolivia a la conclusión del programa de alfabetización *Yo sí puedo*.

ción Félix Patzi sirve para entender el tenor de la construcción y fines de la política educativa en construcción:

Cuando hablamos de colonialidad o de la descolonización, ya estamos hablando de dos proyectos societales. En Bolivia se están proyectando estos dos proyectos. Un proyecto descolonizante, indígena, un proyecto societal totalmente distinto, que ahora cada vez más va tomando cuerpo, por un lado, y un proyecto societal eurocéntrico que ha tenido entre sus representantes a los herederos de los conquistadores y que se va derrumbando, por otro lado… Esto es la descolonización, descolonizar totalmente significa impulsar el proyecto societal indígena (Patzi, 2006, p. 130).

Como se puede apreciar, el término que ahora marca el terreno de la política educativa y fundamenta el cambio es "descolonización", noción más política que cultural, en la cual se contraponen dos proyectos de sociedad para que cese la hegemonía de uno de ellos (el eurocéntrico) sobre el otro (indígena). Estamos viendo en Bolivia el final de la vigencia de "interculturalidad" como desiderata y característica normativa de la transformación del sistema de educación y su suplantación por este concepto no tan reciente pero novedoso en una política educativa estatal.[13] Si en 1989 la COB contrapuso la educación colonizadora del Código de la Educación 1955 imperante en ese entonces, a la "educación intercultural bilingüe", abogando por la segunda, ahora se contrapone la educación intercultural bilingüe de la reforma educativa a la "educación descolonizadora".

Concebida, discutida y elaborada por los CEPO como propuesta del Bloque Indígena a ser presentada en el II Congreso Nacional de Educación que debía convocarse en marzo de 2005 y que se realizó finalmente en julio de 2006 con el nuevo gobierno, este proyecto de ley ha provocado muchas reacciones de la iglesia, las universidades, los colegios privados y, en general, por parte de los sectores de la población no indígena que se ven poco o mal representados.[14] La propuesta ha sido calificada como "de ruptura con la condición colonial y con la consecuente subordinación de los indígena a lo mestizo-occidentalizante que ha primado en el país" (López, 2005, p. 462).

[13] En la corriente de la *pedagogía crítica estadounidense*, por ejemplo, Chet Bowers propone con su texto *Hacia la descolonización de la educación* "emprender el difícil camino de la argumentación destinada a descolonizar la educación, núcleo fundamental del proyecto civilizatorio de Occidente *sobre el propio occidente y sobre el resto del mundo*" (Ramos, 2002, p. 13), proyecto que se lleva adelante con la globalización y procesos de ajustes estructurales. La ideología subyacente de la educación que aquí se denuncia es la del individualismo, antropocentrismo, innatismo de la inteligencia, determinismo cultural.

[14] Para referirse a aquellas personas, comunidades, territorios que *no* son "indígena originario campesinas", en la propuesta de *Nueva Constitución* y también en este proyecto de Nueva *Ley de Educación* se utiliza el término "intercultural". En realidad, están englobados allí, los monoculturales –mestizos, blancos y criollos. Como sostiene Albó (en prensa, p. 61) "aparece aquí, tal vez de una manera inconsciente, una inversión de lo que pasaba antes en la práctica, cuando de manera igualmente inconsciente sólo se hablaba de 'educación *intercultural* bilingüe' cuando se referían a un rasgo de la educación para indígenas".

Dando un salto al recientemente proclamado proyecto de Nueva Constitución Política del Estado, en cuya elaboración participaron 55% de constituyentes auto-identificados con un pueblo ordinario,[15] el ex presidente del CEA y constituyente aimara Walter Gutiérrez afirma que el asunto de las lenguas ha trascendido la educación para volverse política de Estado, al reconocerse como oficiales las 36 lenguas del país enumeradas con sus nombres en la propuesta de Nueva Constitución (comunicación personal con Walter Gutiérrez, 5 de marzo de 2008). Además, se norma el uso de las lenguas en la administración en el artículo 5: "Los gobiernos plurinacionales y los gobiernos departamentales deben utilizar al menos dos idiomas oficiales…" y en el artículo 235 inciso 7: "para acceder al desempeño de funciones públicas se requiere hablar al menos dos idiomas". Para W. Gutiérrez (comunicación personal con Walter Gutiérrez, 5 de marzo de 2008) esto sería un reflejo de "que los pueblos indígenas se estaban ya apropiando de las lenguas. Si quiero ser dirigente, tengo que saber hablar o aprender a hablar aimara. La norma desde arriba y la norma desde abajo, en las asambleas, van a hacer que sigan creciendo las lenguas". Como enfatiza W. Gutiérrez, este auge de desarrollo oral de las lenguas en la organización comunal tiene que ver con el retorno del *qamasa* u "orgullo indígena", ya que "ahora nos devuelven los discursos, la autoestima".

CAMBIOS EN LOS HECHOS: ESQUIZOFRENIA Y ANESTESIA

Satanizada la Ley de Reforma Educativa de 1565 "porque este instrumento legal era la expresión del sistema de economía de mercado (neoliberal) anti-indígena y antipopular" (Ministerio de Educación y Culturas, MEyC, 2006, p. 2) y parte de "la serie de medidas de ajuste estructural impuestas por el neoliberalismo" (MEyC, 2006, p. 14), se buscaría estructurar un modelo educativo con identidad nacional según lo declaró el ministro F. Patzi (Diario *La Razón*, 24 de enero de 2006). A juzgar por el documento difundido de la futura ley, la educación que se propone desde el Estado es ahora "descolonizadora", "comunitaria" y "productiva" (MEyC, 2006, p. 12).

Sin embargo, mientras esta propuesta de Ley de Educación permanece suspendida en el Congreso, sigue vigente la Reforma Educativa "desconocida" y dada "por muerta" en el discurso gubernamental y sobre todo del magisterio. Ante el vacío legal —de legitimidad, más bien— que se ha instalado en los hechos, las autoridades educativas, desde directores departamentales hasta maestros de aula, vuelven a recrear la gestión institucional y educativa de los tiempos de la prerreforma. Desde la gestión 2006 se recurre, primero veladamente y ahora de manera abierta, a

---

[15] De ellos, 31.8% quechuas, 16.9% aimaras y 7.1% de otros pueblos. Todos ellos saben castellano y la gran mayoría sabe también la lengua de su pueblo. Un 13.9% se identifica con algún pueblo originario sin saber la lengua y otro 8.4% habla la lengua sin considerarse miembro de alguno, situación más frecuente en el idioma quechua (Albó, 2008, pp. 55-56).

materiales,[16] a enfoques pedagógicos y contenidos curriculares propios del Código de la Educación de 1955, exclusivamente en castellano. Contradictoriamente, en los colegios particulares (asentados sobre todo en áreas urbanas) se generaliza la oferta del quechua como asignatura a cambio del francés; mientras que en universidades privadas se establece el quechua como materia entre las obligatorias de sus carreras. Dicho sea de paso, en los colegios particulares también se generaliza el enfoque constructivista que introdujo la Reforma en este país.

Los consejos educativos de pueblos originarios han perdido su rol estelar en la educación, su gestión hacia *afuera* ha estado dirigida a la legislación, no a la concreción o consecución de la EIB. Pero también han perdido su rol estelar como órganos de planificación lingüística. Los miembros del Consejo Educativo de la Nación Quechua, en su disminuida labor cotidiana, no escriben más ni hablan en quechua "ni siquiera con el chofer" (comunicación personal con Elizabeth Estrada, enero de 2008). Cuando preguntamos a los miembros de los actuales Consejo Educativo Aimara y Consejo Educativo de la Nación Quechua sobre la práctica escrita en su lengua surge la interesante diferenciación entre "nosotros los indígenas" y los "intelectuales indígenas". Los primeros tuvieron educación primaria, pasaron por programas de alfabetización de adultos como el *Yuyay jap'ina* de Unicef o tuvieron otras oportunidades de capacitación. Éstos no ven la necesidad de escribir en quechua o en aimara. Algunos no reconocen haber aprendido a escribir en sus lenguas, algo que los niños beneficiarios de la reforma educativa sí hicieron. El segundo grupo, según los consejeros, el de los "intelectuales indígenas", son universitarios que estudian e investigan las culturas y lenguas indígenas, de allí que tienen la posibilidad de escribirlas. Como consecuencia, según me informaron, las publicaciones y periódicos de los consejos no serían producción propia, ya que son "encargadas" a los intelectuales que las escriben para los consejos. Antes que generalizarse e instalarse en la cotidianeidad para permanecer, la *cultura escrita* indígena se ha vuelto, a lo sumo, un capital simbólico de diferenciación social entre los mismos indígenas.

El Instituto de Lengua y Cultura Quechua se transformó en un instituto privado de enseñanza de quechua apoyado por la cooperación bilateral. Al desaparecer de hecho la EIB como política de Estado que fue llevada adelante por los gobiernos anteriores, estos órganos creados para impulsar la EIB y la difusión de lenguas originarias han perdido no solamente su principal razón de ser, sino también su función de interlocución con los actores de la educación, tanto institucionales como comunales y familiares. Como lo explica Diego Pari, ex asesor en la Asamblea Constituyente, al verse comprometidas las organizaciones con la gestión de gobierno, descuidaron la relación con los sindicatos y las bases. Con la seguridad y convicción de la existencia de un movimiento indígena fuerte, "se ha descuidado el trabajo desde las comunidades. Ya tenemos presidente, él nos dará, hemos dicho" (comunicación personal con Diego Pari, 5 de marzo de 2008). El reconocimiento de esta tendencia de aco-

---

[16] Los módulos no distribuidos en 2005, además de seguir sin utilidad, habrían desaparecido de los almacenes del ministerio. Su desaparición física resulta conveniente con la desaparición que se propicia del término "interculturalidad", cuyo uso está prohibido en las oficinas gubernamentales responsables de la educación.

modo en el paternalismo, o bien, de delegación en el representante de un Estado que esta vez sí sería *de ellos* y *para ellos*, tiene un añadido por demás inmovilizador. Iván Ignacio en la revista *Pucara* (2008) resume este efecto: "el tener de gobernante a un indígena ha servido de anestesia el espíritu crítico [sic] de las organizaciones sociales y de los pueblos originarios".

Entre los propios miembros y ex miembros no pasa inadvertida la retirada de los consejos. En las palabras de Walter Gutiérrez (comunicación personal con Walter Gutiérrez, 5 de marzo de 2008): "Si la nueva constitución asume la educación, la interculturalidad a la forma de interpretar de los indígenas, no el concepto de Goni, será un instrumento de liberación". Sin embargo, la recurrencia a lo propio en esta nueva etapa política no se reduce con lo establecido en la ley; hay una tarea por delante: "otra vez nos van a domesticar si no lo hacemos nosotros". Recurriendo nuevamente a I. Ignacio, añadimos desde nuestra postura que es "momento de salir del chantaje de que la protesta hace el juego a la derecha y puede frustrar este proceso".

EPÍLOGO

Asistida por la historia de su uso escrito, su extensión geográfica y su difusión en centros urbanos, como lengua mayoritaria de las minorizadas, y promovida por políticas favorables, la lengua quechua conserva su vitalidad en Bolivia. La *cultura escrita* en quechua se impulsó desde la educación popular (ahora llamada *de adultos* o *alternativa*) y la *educación intercultural bilingüe*, instancias que recibieron su impronta ideológica de los gobiernos de turno y que tuvieron, por lo tanto, distintos puntos de partida.

Relacionada con la educación pero desde espacios extraescolares, la escritura en quechua se promovió y desarrolló por parte de los mismos quechuas alrededor del Consejo Educativo de la Nación Quechua, durante los satanizados gobiernos neoliberales entre 1992 y 2005. Esta especie de militancia o convicción lingüística de un consejo indígena puesta a prueba en la práctica, en la cotidianeidad, se debilita cuando se instala el gobierno popular de Evo Morales que debe su ascenso justamente al movimiento indígena. O, si se prefiere, se transforma en acción legislativa y política; pasa de la planificación a la política lingüística – en castellano.

La *cultura escrita en lenguas indígenas* no solamente tiene que vérselas con la oralidad y minorización de estos idiomas; también (o tal vez justamente por eso) está sujeta en su desarrollo a coyunturas políticas muy dinámicas, cuyos efectos inmediatos no son predecibles, independientemente de la ideología que subyace la política. Décadas de impulso a la escritura en lenguas indígenas de comprobada vitalidad y función social, como el quechua, no nos bastan para responder con certeza "para qué necesita quién una cultura escrita indígena", que trascienda lo meramente simbólico, y la satisfacción de tener el derecho de un alfabeto y el permiso de escribir.

En el caso de Bolivia, cuando todo parece estar "a pedir de boca" respecto a este derecho, cuando se han reducido las resistencias y se ha ganado el espacio político, a pesar del permiso por el auge de lo étnico, se impone la hegemonía estatal con racionalidad de clase que funciona en la lengua hegemónica del castellano.

Hasta ahora estamos encontrando pistas para saber quiénes, cómo y por qué la escritura *en* lengua indígena es impulsada desde la óptica del castellano, estrechamente relacionada con la escuela, sin poder todavía sustentar la existencia y racionalidad de la escritura indígena, aún en condiciones favorables a las culturas y lenguas indígenas.

Volviendo a las ideas iniciales, a la luz de la práctica no es posible sostener la imperiosa necesidad de escribir las lenguas indígenas para que pervivan. Hay fuerzas mucho más impactantes en el desarrollo de una lengua, que su práctica escrita. Vemos relativizada la apuesta de superación de la diglosia empoderando a sus hablantes. Se observa que el Estado aplica su propia lógica a las demandas que satisface. Y respecto a los derechos lingüísticos, se puede sostener que no se trata de que los hablantes de lenguas minorizadas *sean* sujetos de derecho; se trata de que sean *tratados* como sujetos de derecho... y ser los primeros en ejercer sus derechos lingüísticos como agentes de cambio en la práctica y en la planificación lingüística.

REFERENCIAS

Albó, X. (2008), "El perfil de los constituyentes", *T'inkazos. Revista Boliviana de Ciencias Sociales*, año 11 (23-24), pp. 49-64.
—— (en prensa), *Movimientos y poder indígena en Bolivia, Ecuador y Perú*, La Paz, PNUD/CIPCA.
Arnold, D. y J. de D. Yapita (2000), *El rincón de las cabezas. Luchas textuales, educación y tierras en los Andes*, La Paz, ILCA/Facultad de Humanidad y Ciencias de la Educación, UMSA.
Carrarini, G. (2005), *Iniciativas de alfabetización intercultural bilingüe: El rol de la sociedad civil en Bolivia desde la Reforma Educativa de 1994. Cuadernos de Investigación*, vol. 2, Cochabamba, PROEIB Andes.
Confederación Sindical Única de Trabajadores Campesinos de Bolivia, CSUTCB (1991), "Hacia una educación intercultural bilingüe", *Raymi*, 15.
Cooper, R. (1989), *La planificación lingüística y el cambio social*, Madrid, Cambridge University Press.
Córdova, G., R. Zariquiey y V. Zavala (2005), *¿Falacias en torno del desarrollo del quechua? Una reflexión desde la formación docente EBI*, Lima, Ministerio de Educación/DINFOCAD-PROEDUCA-GTZ.
Freire, P. (1970), *Pedagogía del oprimido*, México, Siglo XXI.
Garcés, F. (2005), *De la voz al papel. La escritura quechua del periódico CONOSUR Ñawpaqman*, La Paz, CENDA/Plural.
—— (2007), *Representaciones sobre el quechua y el conocimiento quechua en la Reforma Educativa Boliviana y en el periódico* Conosur Ñawpaqman *¿Colonialidad o interculturalidad?*, tesis doctoral, Universidad Andina Simón Bolivar, Quito.
Hornberger, N. y K. Kendall (1996), "Language revitalisation in the Andes: Can the schools reverse language shift?", *Journal of Multilingual and Multicultural Development*, 17 (6), pp. 427-441.

Howard-Malverde, R. (1999), "Pautas teóricas y metodológicas para el estudio de la historia oral andina contemporánea", en J. C. Godenzzi (ed.), *Tradición oral andina y amazónica. Métodos de análisis e interpretación de textos*, pp. 339-385, Cusco, Centro Bartolomé de las Casas.

King, L. (2001), *Language revitalization processes and prospects. Quichua in the Ecuadorian Andes*, Clevendon, Multilingual Matters.

López, L. E. (2001), "Literacy and intercultural bilingual education in the Andes", en D. Olson y N. Torrance (eds.), *The making of literate societies*, pp. 201-224, Oxford, Blackwell Publishers.

—— (2005), *De resquicios a boquerones. La educación intercultural bilingüe en Bolivia*, La Paz, PROEIB Andes/Plural.

—— (2006), "Diversidad cultural, multilingüismo y reinvención de la educación intercultural bilingüe en América Latina", *Universitas. Revista de la Universidad Politécnica Salesiana del Ecuador*, año V, NÚM. 7, pp. 103-144.

Ministerio de Educación, Cultura y Deportes (1998), *Compendio de legislación sobre la Reforma Educativa y leyes conexas*, La Paz, Serrano.

Ministerio de Educación y Culturas (2006), *Nueva Ley de la Educación Boliviana "Avelino Siñani y Elizardo Pérez"*, La Paz, MEYC.

Oliart, P. (2004), "Leer y escribir en un mundo sin letras. Reflexiones sobre la globalización y la educación en la sierra rural", en C. I. Degregori y G. Portocarrero (eds.), *Cultura y globalización*, pp. 203-223), Lima, Red para el Desarrollo de las Ciencias Sociales en el Perú.

Patzi, F. (2006), "Descolonizar la educación", *Archivos del Presente*, año 10, núm. 14, pp. 123-130, IESALC Unesco.

Peresson, M., G. Mariño y L. Cendales (1983), *Educación popular y alfabetización en América Latina*, Bogotá, Dimensión Educativa.

Ramos, G. (2002), "Presentación", en C. Bowers, *Detrás de la apariencia. Hacia la descolonización de la educación*, pp. 11-13, Lima, PRATEC.

Salomon, F. (2004), "Literacidades vernáculas en la provincia altiplánica de Azángaro", en V. Zavala, M. Niño-Murcia y P. Ames (eds.), *Escritura y sociedad. Nuevas perspectivas teóricas y etnográficas*, pp. 317-345, Lima, Red para el Desarrollo de las Ciencias Sociales en el Perú.

Sichra, I. (2003), *La vitalidad del quechua. Lengua y sociedad en dos provincias de Cochabamba*, La Paz, PROEIB Andes/Plural.

—— (2005), "Presentación", en F. Garcés, *De la voz al papel. La escritura quechua del periódico*, Conosur Ñawpaqman, pp. 11-18, La Paz, CENDA/Plural.

—— (2006), *Enseñanza de lengua indígena e interculturalidad: ¿Entre la realidad y el deseo? Investigación sobre la enseñanza del quechua en dos colegios particulares en Cochabamba. Cuadernos de Investigación*, vol. 1, Cochabamba, PROEIB Andes.

Street, J. y B. Street (2004), "La escolarización de la literacidad, en V. Zavala, M. Niño-Murcia y P. Ames (eds.), *Escritura y sociedad. Nuevas perspectivas teóricas y etnográficas*, pp. 181-210, Lima, Red para el Desarrollo de las Ciencias Sociales en el Perú.

Vich, V. y V. Zavala, V. (2004), *Oralidad y poder. Herramientas metodológicas*, Bogotá, Grupo Editorial Norma.

Vigil, N. (2004), "Pueblos indígenas y escritura", en C. G. Garbarini y M. Samaniego (eds.), *Rostros y fronteras de la identidad*, pp. 187-208, Temuco, Universidad Católica de Temuco/Ministerio de Educación de Chile.

Zavala, V. (2002), *(Des) encuentros con la escritura: Escuela y comunidad en los Andes peruanos*, Lima, Red para el Desarrollo de las Ciencias Sociales en el Perú.

Zavala, V., M. Niño-Murcia y P. Ames (eds.) (2004), *Escritura y sociedad. Nuevas perspectivas teóricas y etnográficas*, Lima, Red para el Desarrollo de las Ciencias Sociales en el Perú.

Notas de prensa

El indigenista habla de descolonizar la educación pública [versión electrónica (2006)]. *Periódico La Razón*, recuperado el 24 de enero de 2006 de <http://www.la-razon.com/versiones/20060124_005431/nota_244_241128.htm>.

Ignacio, Iván. ¿Cuál será el costo de nuestra pasividad y de nuestro silencio? [versión electrónica (2008)]. *Revista Pucara*, núm. 29, recuperado el 16 de marzo de 2009 de <http//www.periodicopukara.com/pasados/pukara-29-periodico.php>.

Diario *La Razón*, "El indigenista habla de descolonizar la educación pública", 24 de enero de 2006.

Diario *Los Tiempos*, "La alfabetización es vital para el cambio, asevera Evo Morales", 14 de marzo de 2008.

—— "La vulgarización de la política", 16 de marzo de 2008.

¿DEL CÁLCULO ORAL AL CÁLCULO ESCRITO? CONSTATACIONES A PARTIR DE UNA SITUACIÓN DE PROPORCIONALIDAD[1]

ALICIA AVILA[2]

Los términos *oralidad* y *escritura*, cuando se pronuncian en el ámbito de la educación matemática, refieren a dos espacios diferenciados a la vez que interconectados: el de la escuela y el de la vida. La relación entre estos dos mundos ha sido motivo de preocupación desde hace al menos un par de décadas. Es muy probable que el primer trabajo significativo en la problematización de este vínculo haya sido el titulado *Written and oral mathematics* (Carraher *et al.*, 1987; citado en Carraher, Carraher y Schliemann, 1991), en el que sus autores ponen énfasis en las diferencias de éxito en el *cálculo oral* (que consideran notable) y el *cálculo escrito escolar* (muy cercano al fracaso). A partir de entonces, numerosos trabajos se desarrollaron en América Latina con el fin de analizar los saberes construidos en la vida, dando en general un valor importante a estos saberes y cuestionando o desvalorizando los saberes que la escuela proporciona. En este trabajo abordo el vínculo entre uno y otro saber. En vez de sobrevalorar alguno de ellos, problematizo dicho vínculo y trato de mostrar la importancia del acceso a las formas de cálculo escolar, las cuales tienen un rasgo distintivo: su carácter abstracto, no local, que utiliza lenguajes específicos y se asocia a prácticas de escritura y a múltiples contextos. Empiezo por anotar algunos antecedentes al respecto.

En un trabajo previo analicé el proceso de tránsito del *cálculo oral* al *cálculo escrito*, utilizando como *saber matemático* de referencia el correspondiente a los problemas aditivos y como evidencia empírica el quehacer de un grupo de personas asistentes a un círculo de alfabetización (Avila, 2007). Las afirmaciones de ese trabajo que me interesa destacar —por resultar pertinentes en esta nueva aproximación— son las siguientes:

- No obstante que la investigación sobre el tema ha reconocido poco el valor del lenguaje matemático convencional, o las ventajas que éste puede ofrecer a las personas, en la escolarización básica de los jóvenes y adultos un objetivo central es lograr un buen manejo de las formas convencionales de cálculo escrito, basadas precisamente en la manipulación de símbolos.

---

[1] Este trabajo forma parte de otro muy ambicioso que analiza los aprendizajes matemáticos que se obtienen en la educación básica de jóvenes y adultos, así como las condiciones en que se dan dichos aprendizajes, realizado con la participación de Daniel Eudave, José Luis Estrada y Efraín Alcalá.

[2] Universidad Pedagógica Nacional, México.

- Identificamos la dificultad de conservar en mente el significado de los datos a los que refieren los problemas cuando se transita al cálculo escrito.
- El desafío que implica dotar de significado a la matemática escrita se acrecienta cuando quienes intentan aprenderla tienen un sistema de cálculo estructurado y estable (por lo general no escrito) y con base en él se acercan a las escrituras y procedimientos.
- Las estrategias propias del cálculo oral persisten en el pensamiento de las personas durante el proceso de adquisición de la matemática escrita.
- El proceso que lleva a un cierto manejo de los cálculos con lápiz y papel es complejo; no obstante las dificultades inherentes, es posible el tránsito de la oralidad a la escritura.

En este escrito retomo estas cuestiones desde una perspectiva y un objetivo diferentes: indagar si los trayectos escolares recorridos durante la educación básica de jóvenes y adultos influyen, modifican o potencian las formas de enfrentar situaciones problemáticas que implican la noción de proporcionalidad. No lo hago desde una perspectiva experimental y controlada, sino con el fin de examinar el problema a partir de lo que ofrece el servicio educativo al que acude este sector de población. La cuestión tiene sentido porque, supuestamente, la educación de jóvenes y adultos orienta sus esfuerzos a la adquisición y manejo de la matemática escrita como instrumento potenciador del cálculo que las personas realizan cotidianamente.

¿POR QUÉ LA PROPORCIONALIDAD?

Desarrollar la capacidad de resolver problemas de proporcionalidad es uno de los objetivos tradicionalmente incorporados en la educación básica de niños y de adultos. Esta incorporación obedece al menos a dos distintas razones señaladas reiteradamente por diversos investigadores (Avila *et al.*, 1994; Hart, 1981; Soto y Rouche, 1995): la primera, a la utilidad de la proporcionalidad en la vida cotidiana, ámbito en el que se encuentran innumerables aplicaciones de esta noción; la segunda, a su importancia en el edificio conceptual de la disciplina matemática y la física.

Nosotros incorporamos la temática como parte de nuestra indagación considerándola con este doble valor y también porque, sobre el supuesto de su utilidad cotidiana, consideramos que las personas habrían desarrollado —en distintos grados— habilidades espontáneas para lidiar con problemas de este tipo, motivo por el cual sería posible contrastar el *saber de la experiencia* con el *saber formal,* cuya adquisición se vería favorecida por la asistencia al servicio educativo.

Debido a su importancia como herramienta de resolución de problemas y como concepto clave en una estructura disciplinaria, son diversos los estudios en los que se ha abordado el tema de la proporcionalidad desde el punto de vista de su aprendizaje y su enseñanza. Sin embargo, casi todos estos estudios refieren a los procesos de comprensión del concepto por parte de niños o jóvenes que han cursado la escuela en edad temprana. Uno de los primeros estudios realizados al respecto es el del Concepts in Secondary Mathematics and Science Team (CSMS),[3] en Inglaterra, y que fue reportado por K. Hart en 1981. Según K. Hart, la mayoría de los estudiantes no logran resolver problemas en los cuales ya no es posible construir soluciones mediante estrategias espontáneas: *doblando, sacando mitad* o utilizando los *dobles* y las *mitades de los valores conocidos*. Es decir, que las estrategias escolares (escritas) son poco funcionales a la mayoría de los estudiantes para resolver problemas de proporcionalidad.

Más cercanos a la cuestión que aquí queremos abordar son los estudios realizados para analizar los saberes desarrollados fuera de la escuela, como resultado de la actividad económica y laboral que realizan las personas. Uno de ellos es el de I. Soto y N. Rouche (1995), quienes encontraron "un muy buen dominio de la proporcionalidad entre campesinos [chilenos], así como también la utilización de procedimientos de resolución de problemas bastante alejados de los que habitualmente se utilizan en la escuela" (p. 78).

El estudio de Soto y Rouche se hizo con 18 campesinos —hombres y mujeres, poco escolarizados o analfabetos— habitantes de dos comunidades rurales de Chile. Las características de uno y otro grupo son diferentes: unos comercializan sus cosechas en grandes cantidades, mientras que los otros sólo trabajan y producen para la subsistencia. En el estudio, se les pidió a los campesinos relatar las actividades que realizan cotidianamente y en este contexto se registraron las situaciones y problemas de tipo matemático que manejan, así como la forma en que las solucionan.

En sus conclusiones, Soto y Rouche (1995) afirman que los procedimientos utilizados por los campesinos se encuentran bastante alejados de los algoritmos convencionales formales; mediante estos procedimientos buscan simplificar las operaciones necesarias para resolverlos.

Por nuestra parte, y como uno de nuestros primeros acercamientos a esta temática, hace tiempo hicimos un estudio exploratorio con 36 adultos analfabetos o con escasa escolaridad, en el que aproximadamente la mitad tenían la primera condición y el resto había cursado entre tres y cinco años de educación primaria (Avila *et al.*, 1994).[4] Las conclusiones del estudio que me interesa resaltar son las siguientes:

a] En general, las personas entrevistadas mostraron haber desarrollado habilidades y procedimientos para resolver los problemas de proporcionalidad que se les presentaron; algunas de ellas, empero, vieron desdibujadas sus incipientes habilidades al enfrentarse a problemas donde era necesario obtener el valor unitario para resolverlos.

b] Con base en las soluciones y estrategias de solución observadas, conformamos cuatro grupos de personas, caracterizados por:

---

[3] CSMS: Programa de investigación Concepts in Secondary Mathematics and Science.
[4] En el anexo 1 se pueden ver los problemas que en ese entonces planteamos a las personas.

- *resolución de todas las situaciones planteadas*, gracias a que se cuenta con una estrategia eficaz para hacerlo: el cálculo del valor unitario;
- *uso predominante de aproximaciones*; la estrategia fundamental es la duplicación (o la obtención de mitades) de los valores conocidos, pero los resultados no se obtienen con exactitud;
- *manejo inconsistente de la proporcionalidad*; las personas resuelven algunos de los problemas planteados pero no muestran contar con estrategias ni acercamientos sistemáticos para hacerlo; se observa incluso incomprensión de algunos problemas, principalmente de los que involucran números que no se prestan a cálculo mental.

Se observó también que la asistencia a un sistema escolar no influye de manera significativa en el manejo de la proporcionalidad. En general, las personas tienen destrezas más o menos desarrolladas para resolver problemas de este tipo, independientemente de su nivel de escolaridad (Avila *et al.,* 1994, p. 93).

De esta breve revisión puede derivarse la afirmación de que los procedimientos escolares no son los más utilizados, y que los espontáneos constituyen un herramental que tarde o temprano encuentra límites, porque hay problemas cuya solución hace indispensable el cálculo del valor unitario o el uso de la regla de tres, procedimientos generales escritos cuya potencia radica en la posibilidad de resolver cualquier problema. Y es que, como señala Knijnik (2006) citando a Houaiss (2004), la matemática escolar "trasciende la naturaleza física de las cosas", el aquí y ahora de la matemática oral. En la vida cotidiana y en educación básica de jóvenes y adultos (EBPJA), la proporcionalidad ocupa un lugar importante. El conocimiento que ésta implica se desarrolla en un caso con las reglas de la oralidad, en el otro, con las reglas de la matemática escrita. Cobran entonces relevancia, en relación con dicho tema, las preguntas siguientes:

- ¿Se adquieren en la EBPJA las herramientas que constituyen los procedimientos expertos y generales propios de la matemática escrita convencional?
- ¿Se utilizan las herramientas escolares para resolver los problemas que las personas enfrentan?
- ¿La eventual posesión de dichas herramientas mejora la capacidad de resolver problemas?

NUESTRO OBJETIVO

En concordancia con las anteriores preguntas, nos interesamos en conocer qué conocimientos y herramientas aporta la EBPJA a las personas en el desarrollo de su capacidad de resolver problemas de proporcionalidad en un contexto comercial, independientemente de la actividad laboral que realizan.

En la perspectiva que sostenemos, postulamos que la adquisición de procedimientos escritos escolares potenciaría la capacidad de resolver este tipo de problemas, puesto que algunos de ellos tienen como única vía de solución los procedimientos generales que la escuela proporciona.

Para hacer la indagación se escogió el contexto comercial, porque según otros estudios (por ejemplo Mariño, 1983 y 1997; Avila, 1990 y 2007), es común para la gran mayoría de las personas adultas que en general desarrollan alguna actividad económica o laboral vinculada —así sea marginalmente— al manejo del dinero y al pago o cobro de servicios y mercancías. Con base en la perspectiva asumida, evaluamos las eventuales aportaciones de la EBPJA al manejo de la proporcionalidad en diversos sentidos que involucran aspectos propios de la *matemática escolar*:

a] La comprensión de situaciones planteadas por escrito y la capacidad de producir respuestas a las mismas.
b] La decisión de utilizar procedimientos escolares escritos: por ejemplo la regla de tres y la búsqueda del valor unitario.
c] La capacidad de lidiar matemáticamente con problemas manejables sólo mediante estos procedimientos (la regla de tres o el cálculo del valor unitario).
d] La utilización de la escritura y la simbolización matemática como herramientas de resolución de los problemas.

LA SITUACIÓN PLANTEADA

Para lograr el fin anteriormente expuesto, se planteó una situación de proporcionalidad en la que era necesario resolver seis problemas de diversa dificultad, consistentes en calcular el precio de otros tantos trozos de ate (o cajeta) de membrillo de distinto peso (véanse anexos).[5] Asimismo, se planteó un problema que implicaba comparar el precio del producto en dos establecimientos diferentes. Los seis primeros eran del tipo *valor faltante* y el último de *comparación de razones*. Este problema no será analizado en el presente escrito.

Para la resolución de los problemas se tenía como referencia la relación siguiente:

500 gramos de cajeta cuestan $30.00

Ésta es una relación entre los dos tipos de cantidades involucradas en la situación: *gramos* y *precio,* e implica una razón entre $30.00 y 500 gramos ($.06 por gramo). Todos los problemas podían resolverse utilizando esta relación. Pero también

---

[5] Cabe señalar que los términos *cajeta* y *ate* son equivalentes según las regiones en que se realizó la investigación, por lo que se empleó uno u otro, dependiendo del centro escolar de que se tratase.

pueden resolverse sin hacer uso de ella, fijando la atención en las relaciones al interior de un tipo de cantidades (los pesos de los distintos trozos de ate) y luego reproduciendo esas relaciones en el otro tipo (los distintos precios mencionados en el problema). Por ejemplo, observar que 250 gramos es la mitad de 500 gramos, permite concluir que el precio de 250 gramos será también la mitad del precio de 500 gramos, es decir, el precio será: la mitad de $30.00 ($15.00).[6] De forma similar, al ser el kilo el doble de 500 gramos, su precio será también el doble de $30.00 es decir, $60.00.

La situación se planteó por escrito y se solicitaba a las personas leerla cuantas veces requirieran para alcanzar su comprensión; sólo en caso de ser necesario —porque el entrevistado lo pedía, o porque las dificultades de lectura eran notorias— se ayudaba al entrevistado "releyendo con él" o "leyendo para él" el problema en voz alta.

SUPUESTOS DE LA INVESTIGACIÓN

Según nuestros supuestos, además de una eventual utilización de los procedimientos escolares escritos (el cálculo del valor unitario y la regla de tres), los problemas planteados se resolvían mediante estrategias de resolución no convencionales construidas en la experiencia cotidiana, tales como la duplicación o la obtención de mitades comentadas anteriormente.

Otro de nuestros supuestos era que quienes no habían desarrollado un buen manejo escolar de la proporcionalidad no podrían resolver, o resolverían por estimación, al menos los problemas 5, 6 y 7 (véase anexo 2), puesto que el precio de 965 gramos (y probablemente también el de 800 gramos) en nuestras previsiones, obligarían a calcular el valor unitario (o a utilizar la regla de tres).

Asimismo supusimos que las estrategias escolares escritas serían utilizadas con mayor frecuencia por las personas que habían alcanzado una mayor escolaridad, es decir, quienes cursaban o estaban por concluir la secundaria.

REALIZACIÓN DEL ESTUDIO

El estudio que realizamos —del cual el análisis de la proporcionalidad es apenas una pequeña parte— se sustentó en entrevistas a 28 personas que trataban de estudiar o certificar la educación básica (primaria o secundaria) en alguna modalidad

---

[6] A las relaciones que existen entre los datos de un mismo tipo, se les ha llamado "razones internas", en contraposición a la relaciones entre los dos tipos de cantidades (peso-precio en este caso) a las que se han denominado razones externas.

de EBPJA en México.[7] En el cuadro 1 se presentan los datos sobre el grado de avance en el sistema educativo de los entrevistados. Dieciocho de ellos cursaban la secundaria y diez asistían a la primaria.

CUADRO 1. Número de asistentes a la EBPJA entrevistados durante el estudio

Centro	Jóvenes		Adultos		
	Primaria	Secundaria	Primaria	Secundaria	
INEPJA semirrural (1)		3		2	
INEPJA urbano (2)		1	1	2	
INEPJA rural (3)		2	1	3	
INEPJA rural (4)	1		1	1	
Centro adjunto a universidad estatal		3	1	1	
Primaria nocturna en el D. F.			5		
Totales	1	9	9	9	/28/

RESULTADOS

¿Qué tan competentes son las personas que cursan la EBPJA al resolver los problemas de proporcionalidad en un contexto de pesos y precios? Una primera afirmación que derivo de nuestra indagación es que:

La cantidad de respuestas *correctas* que recibimos es menor que la esperable, puesto que la proporcionalidad es un tema que se trata en la educación primaria para jóvenes y adultos y se repite en la secundaria, cualquiera que sea el currículum de referencia. Pero hay discordancia entre los aprendizajes supuestos y lo observado durante la investigación:

a] la mayoría de los entrevistados no resolvió con exactitud los problemas planteados; hacerlo implicaba el manejo de herramientas escolares supuestamente disponibles en el conjunto de entrevistados;

b] en lugar de ello, se utilizan estrategias propias del cálculo oral, a lo sumo acompañadas de anotaciones de apoyo;

c] no se observan diferencias en el manejo de la proporcionalidad entre quienes cursan la secundaria y quienes cursan la primaria.

[7] Sistema INEA (Instituto Nacional para la Educación de los Adultos), Sistema de Escuelas Nocturnas para Trabajadores, centro escolar adjunto a una universidad estatal.

Si el referente es el currículum de la educación básica formal —correspondiente al plan de estudios del INEA, de las escuelas nocturnas o del centro adjunto a una universidad— se esperaría que todas las personas que cursan el último tramo de la primaria o la secundaria contaran con el herramental procedimental y simbólico del que en principio dota la escuela para resolver problemas de proporcionalidad.[8]

Pero los datos no hablan en tal sentido. La mayoría de los entrevistados únicamente dio las respuestas que es posible obtener mediante estrategias propias del *cálculo oral*: duplicando u obteniendo la mitad del valor conocido —el precio de 1 kilo y el de 250 gramos— puesto que el valor conocido era el precio de 500 gramos.

En estos dos casos, el porcentaje de respuestas *exactas* sobrepasa el 80%, y el desempeño de los estudiantes de primaria es muy similar al de los que cursan secundaria. En cambio en el resto de los problemas, que implicarían o bien estrategias espontáneas más elaboradas, o bien estrategias escolares de resolución, los porcentajes de respuestas exactas oscilan entre el 38 y el 19 por ciento.

ESTRATEGIAS UTILIZADAS Y HABILIDAD
PARA RESOLVER PROBLEMAS DE PROPORCIONALIDAD

Como ya se mencionó, nuestro supuesto era que a mayor escolaridad habría un uso más frecuente de estrategias escolares y que, utilizándolas, las personas estarían en posibilidad de resolver los problemas en que las estrategias no escolares encontraban su límite. Pero esta hipótesis no encontró sustento empírico: las personas —aun las que están por concluir la secundaria— no recurren a las estrategias escolares escritas ni en los problemas en que éstas se hacen indispensables para calcular el precio exacto. Ahora bien, si no se utilizan las estrategias escolares escritas, ¿de cuáles se sirven las personas para enfrentar los problemas de proporcionalidad? De eso se habla a continuación.

Sin estrategias para enfrentar problemas de proporcionalidad

Tres mujeres asistentes al tramo final de la primaria no proporcionaron ninguna respuesta correcta en los problemas de proporcionalidad. Dos de estas mujeres hicieron intentos por resolverlos, pero terminaron por no responder ninguna de nuestras preguntas sobre el tema. Al parecer no han desarrollado suficientes habilidades para resolver problemas de proporcionalidad.

---

[8] Al respecto conviene señalar que, a excepción de una entrevistada que cursaba el segundo ciclo de la primaria, el resto de los participantes cursaba el tramo final de este nivel educativo, o la secundaria, lo cual, en principio, aseguraría el estudio escolar del tema que nos ocupa.

Isabel, de 15 años y que vive en una comunidad rural, dice: "En las tiendas tienen su báscula y uno ni le entiende a esas cosas."

Lupita, por su parte, comenta: "Es que yo no hago las cuentas, voy al súper y ahí ya vienen los precios."

Es probable que, entre otros factores que inciden en esta insuficiente habilidad, se cuente el hecho de que la experiencia de vida no ha obligado a resolver problemas de este tipo, porque otras personas calculan o pesan por quienes lo necesitan. Adicionalmente, la tecnología utilizada para pesar y cobrar los productos en los almacenes modernos parece actuar en una doble vía en cuanto al desarrollo de las capacidades de cálculo: por una parte facilita e incorpora precisión en la tarea cotidiana de hacer cuentas; por otra parte, al volverlas innecesarias, inhibe el desarrollo de estrategias personales para calcular. Por supuesto, las mujeres arriba mencionadas tampoco se han apropiado de las estrategias escolares para resolver problemas de proporcionalidad.

Duplicación y mitad del valor conocido

Hubo quienes dieron respuestas exactas sólo a los problemas más sencillos que planteamos: cuando el resultado se obtenía mediante duplicación o mitad del valor conocido; en el caso de nuestro estudio el precio de 250 gramos y 1 kilo. En el diálogo con Mercedes (y con muchos otros) afloró este acercamiento:

E: [...] Si tú ya sabes que 500 gramos te lo dan a 30 pesos, éste de 250 gramos ¿cuánto crees que te lo van a dar?

M. Mmm, la mitad, ¿no?

E: ¿Y cuánto sería la mitad?

M. 15 pesos.

[...]

E. Ahora dime: ¿cuánto costará un trozo de cajeta que pese un kilo?

M. (Piensa) ¿Cien gramos es un kilo?

E. No, un kilo son mil gramos.

M. Ah... ¡¿Un kilo son mil gramos?! (sorprendida)

E. Sí.

M. (Se ríe).

E. Sí, y si el kilo son mil gramos, ¿cuánto valdrá el kilo?

M. (Pensativa, luego dice): Ah, entonces aquí sí vendrían siendo los 60 (anteriormente había dicho que 800 gramos cuestan $60.00), porque son 500 gramos, más otros 500 gramos, serían mil.

E. Entonces, ¿cuánto valdría el kilo?

M. Mmm, a 60.

[...]

Ésta es una estrategia muy utilizada en la vida diaria, que permite obtener los precios sobre la base de la duplicación u obtención de la mitad de los valores conocidos en los casos más simples y sin recurrir al lápiz y el papel. Muchos de nuestros entrevistados recurrieron a ella. Sin embargo, esta forma de proceder no basta para obtener respuestas exactas o aproximaciones aceptables en problemas más complejos (por ejemplo, el cálculo de 800 y 965 gramos). Veamos de nuevo el diálogo con Mercedes:

E. Y ahora, ¿qué pasa con éste de 800?, ¿sí vale 60? (recuérdese que inicialmente comentó que los 800 gramos valían $60.00).

M. ¡No!

E. No, ¿verdad?, ¿como cuánto crees que puede valer?

M. (Piensa, no hace nada.)

E. ¿Más de 60 o menos de 60?

M. Menos.

E. Menos, ¿como cuánto?

M. (Se queda pensativa).

E. ¿Cuánto menos, Mercedes, *más o menos*? (esta última frase indica que haga una estimación, aunque no obtenga un resultado exacto)

M. (Continúa en silencio, finalmente dice): Como 50, ¿no?

E. Apúntale, y ¿me puedes decir por favor cómo calculaste los 50?

M. Bueno, si aquí son 500 gramos, y aquí son 800 gramos, eso es lo que sale: 50

Llama la atención que un número importante de nuestros entrevistados resolvió de esta forma y sólo estos problemas, dejando sin resolver los más complejos, como si la asistencia al servicio educativo no hubiese aportado ningún elemento adicional a la forma de abordar las situaciones de proporcionalidad en la vida cotidiana.

Sumas (o restas) de duplicaciones (o mitades) sucesivas

También se construyeron respuestas mediante sumas o restas de los valores conocidos y/o mitades y dobles sucesivos de los mismos. Según esta forma de operar, la estrategia para calcular el precio de 375 gramos, conociendo la relación 500 gramos = $30.00, se traduce en cálculos como el que se esquematiza en la figura 1.

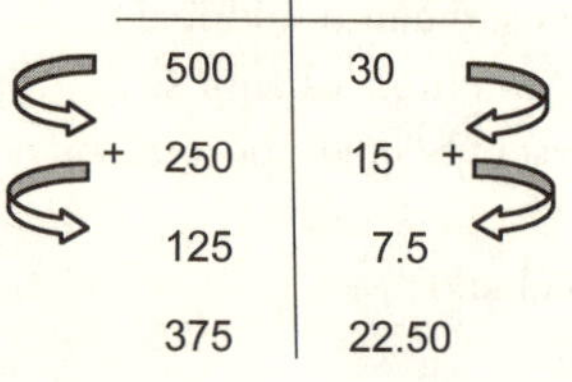

Peso	Precio
500	30
250	15
125	7.5
375	22.50

Figura 1. Resolución mediante suma de mitades sucesivas del valor conocido.

Esta estrategia se complica al calcular otros valores —por ejemplo el precio de 800 o 965 gramos— pues las composiciones necesarias son más largas y no necesariamente llevan a resultados exactos. Por ejemplo, no es posible obtener con exactitud el costo de 965 gramos con esta estrategia, tampoco el de 800 gramos, pues por más duplicaciones y mitades que se obtengan, su adición o sustracción no conducirá al resultado preciso. Seguramente por eso hay quienes han ideado otra estrategia que aproxima al *valor de la unidad.*

Uso de una unidad distinta de uno

Tres entrevistados[9] pusieron en marcha una estrategia que aproxima a la conceptuación del valor unitario como herramienta para resolver problemas de proporcionalidad; sólo que la *unidad* es 100 gramos, o 50 gramos. Adicionalmente, es posible subdividir la unidad y utilizar *media unidad* (por ejemplo 25 gramos) para obtener resultados bastante cercanos al precio exacto del producto; con esta forma de operar es posible resolver casi todos los problemas propuestos. Por ejemplo, el precio de 800 gramos, considerados 100 gramos como unidad, puede calcularse de la manera siguiente:

En el peso:

$$(100 \times 5) + (100 \times 3) = (100 \times 8) = 800,$$

que corresponde al cálculo paralelo:

En el precio:

$$(6 \times 5) + (6 \times 3) = (6 \times 8) = 48$$

y que permite obtener el precio:

$$800 \text{ gramos} = \$48$$

La estrategia basada en un valor no unitario, no permite obtener con exactitud el precio de 965 gramos; éste se mantiene sólo en una aproximación bastante buena —el precio de 975 gramos— que es resultado de calcular tomando como *unidad* el precio de 50 gramos e incorporando, en su momento, la mitad de dicha *unidad* (25 gramos).

Los cálculos paralelos a que da lugar esta estrategia son los siguientes:

[9] Formado por dos asistentes a primaria y una a secundaria.

En el peso:

$$(50 \times 16)^{10} + (50 \times 2) + 50 = 800 + 100 + 50 = 950$$
$$950 + (½ \; 50) = 950 + 25 = 975$$

En el precio:

$$(3 \times 16) + (3 \times 2) + 3 = 48 + 6 + 3 = 57$$
$$57 + (½ \; 3) = 57 + 1.50 = 58.50$$
$$975 \text{ g} = 58.50$$

Esta estrategia, aunque bastante potente, no es una estrategia general que posibilite la obtención de resultados exactos en todos los casos. Otra cuestión para hacer notar es que al tratar de calcular el valor de 800 y 965 gramos, algunos entrevistados necesitaron escribir, de tal suerte que usaron registros personales como apoyo de su cálculo mental. No obstante el apoyo de la escritura, no obtuvieron las soluciones exactas.

Las personas que cuentan con una estrategia útil para obtener cualquier precio en la situación planteada son las que utilizan la estrategia que explicamos en seguida. De nuevo se trata de una estrategia no escolar.

Manejo de la proporcionalidad mediante la regla de tres situada

El procedimiento que he llamado *regla de tres situada* consiste en lo siguiente: *Multiplicar el peso del producto solicitado por el precio del kilo del mismo, para luego colocar el punto decimal en el lugar que los indicadores del contexto señalan como pertinente.*

El término *situada* refiere precisamente al hecho de que el conocimiento y uso del procedimiento tienen una amplia dependencia del contexto. De hecho, su aprendizaje deriva de las exigencias del ámbito en que se aplica cotidianamente: el comercio de frutas, verduras y otros productos alimenticios que es necesario pesar para cobrar correctamente (proporcionalmente) conforme a dicho peso.

Los cálculos implicados en esta estrategia corresponden a los que permiten resolver mediante la *regla de tres convencional*. Ignacio comentó que el dueño de la verdulería donde se contrató como empleado por un tiempo, le dijo: "Aquí se trabaja así: se multiplica el peso (del producto) por el precio (del kilo)."

La estrategia, que parece incompleta según las palabras de Ignacio, se complementa con la "colocación del punto" (resultante de la división involucrada en la regla de tres) en el lugar que la realidad indica como razonable. La resolución en

---

[10] La relación "50 cabe 16 veces en 800" se obtuvo en el problema anterior.

el cuaderno de Ignacio, quien tiene notablemente automatizada la estrategia, permitirá comprenderla mejor:

Ignacio lee en voz baja el problema, luego dice: "Aquí es de sacar el precio" y se pone a resolver, los cálculos y resultados que va anotando son:

$$
\begin{array}{r}
375 \text{ gramos} \\
\times\, 6 \\
\hline
2\,250 \qquad 22.50
\end{array}
$$

$$
\begin{array}{r}
800 \\
\times\, 6 \\
\hline
4\,800 \qquad 48.00
\end{array}
$$

$$
\begin{array}{r}
965 \\
\times\, 6 \\
\hline
5\,790 \qquad 57.90
\end{array}
$$

$$
\begin{array}{r}
250 \\
\times\, 6 \\
\hline
1\,500 \qquad 15.00
\end{array}
$$

$$
\begin{array}{r}
50 \\
\times 6 \\
\hline
300 \qquad 3.00
\end{array}
$$

E. [...] Dime cómo sacaste, por ejemplo... El [precio de] de 50 gramos

I. Multipliqué 50 por 6.

E. ¿Por 6?, ¿por qué por 6?

I. Porque, podría multiplicar por 60, bueno, en este caso por 6.

E. ¿Por qué por 6?

I. Porque por ejemplo, un kilo de jitomate cuesta... digamos que 60, es un decir, supongamos que un kilo de jitomate cuesta 60, se multiplican los gramos por lo que cuesta, por 60, pero para no hacer tanto número, tanto cero, le quito el cero y multiplico por 6, ya al final de las cuentas le pongo los ceros que le faltan...

E. ¿Y cómo hiciste, por ejemplo, en el de 250 gramos?

I. Igual, todos fueron de la misma forma, porque en todos la cajeta vale lo mismo, lo único que varía son las cantidades, los trozos, que unos son grandes y otros pequeños; pero como tiene el mismo precio se multiplica el 6, y el cero se pone ya al final, porque, es un decir, entre comillas, que el cero no tiene valor, es al final de cuentas donde se le ve.

Es decir, que en la *regla de tres situada* se combina una estrategia parcialmente incomprensible (no necesariamente se tiene una explicación de por qué se multiplica y se divide lo que se multiplica y se divide), con el buen juicio de la experiencia cotidiana. De la conjunción de ambos elementos deriva una habilidad importante para resolver los problemas de proporcionalidad de tipo *valor faltante*. La habilidad para resolver de este modo se potencia con los registros escritos o el uso de la calculadora, auxiliar que parece ser bien apreciado por las personas dedicadas al comercio.

Los datos recabados apuntan a que es en el contexto de la actividad laboral y comercial en donde se desarrolla dicho conocimiento, puesto que cuatro de las personas que utilizan la estrategia (a la quinta no se le preguntó) afirmaron trabajar o haber trabajado un tiempo largo en una tienda de abarrotes o en una frutería. En estos establecimientos comerciales —según el decir de los entrevistados— se hace necesario pesar y calcular el precio de algunos de los productos en venta, por ejemplo la fruta, la verdura, el café o los frijoles. La capacidad de resolver de este modo los problemas de proporcionalidad, en principio hace necesaria la escritura, pero la exigencia cotidiana de atender con prontitud a los compradores, obliga a buscar estrategias que permitan calcular más rápidamente, como el uso de la calculadora. Algunos de nuestros entrevistados la usaron espontáneamente.

CONCLUSIONES

En este escrito examiné el manejo de la proporcionalidad en contexto de pesos y precios con un grupo de asistentes a la EBJA. En particular me interesó analizar la incorporación de los procedimientos y simbolismos escolares en la resolución de problemas de tipo *valor faltante*. Es decir, me interesó indagar —a partir de dicho contenido— la apropiación de la matemática escrita y el conjunto de reglas que permiten utilizarla. Conforme a la postura asumida, postulé una relación entre el manejo de procedimientos escritos y generales de cálculo y la capacidad de resolver cierto tipo de problemas de proporcionalidad. De acuerdo con los datos recabados:

• No hay relación entre el nivel de escolaridad y las habilidades que las personas muestran para resolver los problemas de proporcionalidad en contexto de pesos y precios.
• Las personas no utilizan los procedimientos propios de la matemática escolar que la EBPJA supone comunicar para resolver dichos problemas, *ni aún cuando la determinación de precios exactos hace indispensable dicho uso*. Llama la atención que ninguna persona —ni aún las que están por concluir la secundaria— utilizó la *regla de tres convencional* o la *búsqueda del valor unitario*, procedimientos escritos que supuestamente se comunican en el sistema educativo.

Al contrario, hay un predominio de estrategias espontáneas propias del cálculo oral al resolver problemas de proporcionalidad. Este resultado coincide con los de otras investigaciones previas sobre el tema. La relevancia de los datos, en este caso, radica en que según nuestros estudios previos las cuestiones de dinero —como por ejemplo fijar precios— impactan en la economía de las personas, por lo que obligan a la búsqueda de exactitud. Pero al parecer estas personas no tienen disponibles las estrategias escritas que supuestamente se adquirirían en la escuela y que permitirían fijar los precios con exactitud.

Es decir, que aunque los saberes de la experiencia encuentran su límite en los problemas donde es necesario conocer el *valor unitario*, la pérdida de eficacia no lleva a movilizar estrategias escritas escolares. Es en este punto donde mostraría su valor la acción de la escuela. Empero, quienes saben calcular precios exactos cuando los procedimientos espontáneos ven su límite, son quienes lo han aprendido en el trabajo. En efecto, sólo quienes utilizan la *regla de tres situada* —utilizada por los comerciantes— resuelven con exactitud todos los problemas de proporcionalidad que les planteamos.

La *regla de tres situada*, en palabras de Ignacio, consiste en: "Multiplicar el peso (del producto) por el precio (del kilo)", *para luego anotar el punto decimal en el lugar que indicadores del contexto señalen como pertinente.*

Éste es un aprendizaje de la experiencia laboral, no de la escuela, que en parte es trasmitido ("el dueño me dijo: aquí se calcula así"), y en parte es validado mediante el buen juicio producto de la experiencia. Este procedimiento sirve para resolver un cierto tipo de problemas, los de valor faltante; queda por indagar si, para problemas de proporcionalidad con una estructura distinta (como los de comparación de razones), las personas tienen también estrategias de resolución disponibles.

Estos resultados llaman a destacar dos cuestiones vinculadas:

a] La función de la EBPJA en el desarrollo de herramientas simbólicas que permitirían potenciar las habilidades de cálculo desarrolladas en la vida y facilitarlas mediante la incorporación de estrategias generales de resolución.

b] La importancia de los procedimientos generales, los que "separan al que sabe de lo sabido" (Ong, 1996, p. 51), los que permiten tomar distancia y utilizar los conocimientos en otras situaciones o, como dijera G. Brousseau: "hacer del conocimiento algo universal, reutilizable" (1986).

A juzgar por los resultados obtenidos en relación con la proporcionalidad, la EPBJA parece no estar cumpliendo una tarea fundamental que la escolarización tiene comprometida: dotar de herramientas simbólicas que potencien las habilidades y destrezas que las personas han desarrollado en su experiencia de vida.

Cobran entonces relevancia otras preguntas: ¿Por qué en la EBPJA no se adquieren los procedimientos expertos y generales útiles para enfrentar problemas donde la proporcionalidad está implicada? Adelanto varias tentativas de respuesta:

a] porque las personas no interactuaron, durante la escolaridad básica, con los procedimientos escritos vinculados a la proporcionalidad;

b] porque los acercamientos no fueron significativos y por ello se mantienen las estrategias construidas en la experiencia de vida, predominantemente orales;

c] porque quienes fungen como educadores no tienen las habilidades necesarias para hacer transitar, significativamente, de una a otra forma de operar;

d] porque el tránsito de la oralidad a la escritura es más complejo de lo que hasta ahora hemos querido suponer.

En una investigación previa, en la cual nuestro referente fueron los problemas aditivos y los procedimientos de cálculo correlativos, constatamos que el tránsito significativo y funcional del cálculo oral al escrito es un proceso complejo (Avila, 2007). Hacerlo posible implica un conocimiento importante de los saberes previos y procesos cognitivos de los estudiantes de la EBPJA; implica también una voluntad explícita de lograr dicho tránsito. Es poco probable que ambos elementos se conjuguen en el contexto en que se desarrolla la educación de jóvenes y adultos en México y en otros países latinoamericanos; y sin embargo el tránsito es necesario. Sobre este punto anoto una última reflexión.

La educación matemática, dice Knijnik, es "un terreno en el que determinados grupos acaban por imponer su modo de razonar como la única racionalidad posible" (Knijnik, 2006, p. 152). Mi interés por la matemática escrita no es expresión de una postura proclive a la escolarización, al formalismo, o a la dominación intelectual. Se trata más bien de una postura que reconoce el valor de las herramientas simbólicas de las que puede dotar la escuela porque, como constaté ya en otra parte (Avila, 2007) —y como creo haber mostrado aquí— la capacidad de registrar mediante símbolos el pensamiento y de elaborar con dichos símbolos modelos generales reutilizables en otras situaciones, se traduce en un poderoso amplificador de la capacidad operatoria. No me queda duda de que es compromiso ineludible de la escuela potenciar las capacidades de quienes asisten a ella. Cumplir tal compromiso hace necesario comprender los conocimientos y formas de hacer de las personas y luego traducirlos en una didáctica incluyente.

ANEXO 1
Situación de proporcionalidad propuesta en este estudio

En la tienda de don Fernando empacan trozos de cajeta de membrillo de distinto peso. Ya pusieron la etiqueta a un paquete. Fíjese en el precio y complete las etiquetas que faltan.

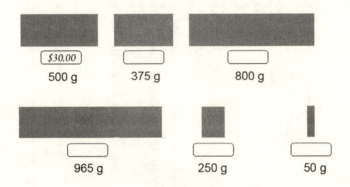

¿Cuánto costaría el trozo de un kilo de cajeta de membrillo?

En la tienda de don Andrés un trozo de 750 gramos de cajeta de membrillo cuesta $50.00. ¿En dónde es más barata la cajeta de membrillo?

ANEXO 2
Situación ates de membrillo

Situación problemática	Respuesta	Estrategia supuesta	Razón o propiedad utilizada
1] 250 gramos	$15.00	Obtener mitad	Razón interna
2] 1 kilo	$60.00	Duplicar	Razón interna
3] 50 gramos	$50.00	División entre 10	Razón interna
4] 375 gramos	$22.50	Obtención y suma de mitades sucesivas	Razón interna; suma de imágenes
5] 800 gramos	$48.00	(búsqueda de valor unitario o regla de tres)	Razón externa
6] 965 gramos	$57.90	(búsqueda de valor unitario o regla de tres)	Razón externa
7] ¿Qué es más caro: 750 gramos a $50.00 o al precio que lo da don Fernando?	Al precio que lo da don Fernando	Búsqueda de valores unitarios y comparación de los mismos	Razones externas, y comparación de dichas razones

REFERENCIAS

Avila, A. (1990), "El saber matemático de los analfabetos. Origen y desarrollo de sus estrategias de cálculo", *Revista Latinoamericana de Estudios Educativos*. CEE, 20 (3), pp. 55-95.

—— (2007), "Del cálculo oral al cálculo escrito: Reelaborar para acceder a una nueva significación", *Recherches en Didactique des mathématiques*, 27 (3), pp. 313-347.

Avila, A., J. L. Cortina, L. Nakamura y V. Salgado (1994), *Conceptualizaciones sobre las fracciones, los decimales y la proporcionalidad*, reporte de investigación inédito, México, INEA.

Brousseau, G. (1986), *Théorisation des phénomenes d'enseignement des mathématiques*, tesis doctoral, Universidad de Burdeos I, Burdeos.

Carraher, T. N., D. Carraher y A. Schliemann (1991), "Matemáticas escritas versus matemáticas orales", en *En la vida diez, en la escuela cero*, pp. 48.71, México, Siglo XXI Editores.

Hart, K. M. (1981), "Ratio and proportion", en K. M. Hart. (ed.), *Children's understanding of mathematics: 11-16*, vols. 88-101, Chippenham, Antony Rowe Publishing Services.

Houaiss, A. (ed.) (2004), *Dicionário eletrônico da lingua portuguesa*, versión en CD-ROM, São Paulo, Editora Objetiva.

Knijnik, G. (2006), "La oralidad y la escritura en la educación matemática. Reflexiones sobre el tema", *Educación Matemática*, vol. 18, núm. 2, pp. 149-165.

Mariño, G. (1983), *¿Cómo opera matemáticamente el adulto del sector popular? Constataciones y propuestas*, Bogotá, Dimensión Educativa.

—— (1997), "Los saberes matemáticos previos de jóvenes y adultos: Alcances y desafíos", en U. D'Ambrosio, O. Jóia, G. Knijnik, N. Duarte, D. L. de Carvalho, G. Mariño, A. Alicia *et al.* (eds.), *Conocimiento matemático en la educación de jóvenes y adultos*, pp. 77-100, Santiago de Chile, Unesco.

Ong, W. J. (1996), *Oralidad y escritura. Tecnologías de la palabra*, México, Fondo de Cultura Económica.

Soto, I. y N. Rouche (1995), "Problemas de proporcionalidad resueltos por campesinos chilenos", *Educación Matemática*, 7 (1), pp. 77-96.

PRÁCTICAS MATEMÁTICAS EN ORGANIZACIONES PRODUCTIVAS DE MUJERES CON BAJA ESCOLARIDAD: CONSTRUIR UNA MIRADA QUE CIMIENTE PROPUESTAS DE ENSEÑANZA

IRMA ROSA FUENLABRADA VELÁZQUEZ[1]
MARÍA FERNANDA DELPRATO[2]

Esta presentación procura dar cuenta del proceso analítico implementado con algunos hallazgos del proyecto "Conocimientos aritméticos cotidianos y prácticas sociales y productivas";[3] las preguntas que lo orientan son *¿Qué tipos de problemas de numeración y de cálculo plantea a estas organizaciones su inserción social y productiva?* y *¿Cuáles son las preocupaciones sociales que respaldan las estrategias de resolución de problemas aritméticos?* El referente empírico se construye a través de la mirada de dos mujeres que lideran respectivamente dos organizaciones productivas en México y en Argentina de autogestión, vinculadas a la producción artesanal.

Particularmente interesa aquí dar cuenta del proceso subyacente a algunos avances analíticos referidos a México (comunidad indígena p'urhépecha), para someter a discusión la conveniencia del proceso seguido para el propósito final de este estudio: incidir en propuestas de enseñanza de la matemática a adultos que dialoguen con sus saberes.

Asimismo consideramos pertinente explicitar, y así posibilitar su debate, las opciones seguidas en este proceso analítico para inscribir *numeracy events* en *numeracy practices*. Cabe anticipar que en dicho proceso hemos recurrido a las nociones de disponibilidad y acceso como vías analíticas de superación de miradas inmediatistas del análisis de las interacciones en términos de relaciones de poder; así como vías analíticas para reconstruir las interacciones entre contextos locales y otros contextos de uso y constitutivos de prácticas de numeración escrita socialmente conside-

[1] DIE-CINVESTAV, México, D.F.

[2] CIFFYH-UNC, Córdoba, Argentina. Integrante del proyecto "Jóvenes y Adultos en Espacios Sociales Urbanos y Rurales: Contextos de Cultura Escrita, Alfabetización y Conocimientos", dirigido por la doctora Elisa Cragnolino y codirigido por la licenciada María del Carmen Lorenzatti, Centro de Investigaciones de la Facultad de Filosofía y Humanidades (CIFFYH) de la Universidad Nacional de Córdoba (UNC).

[3] La investigación se realizó bajo la responsabilidad de Irma Fuenlabrada del Departamento de Investigaciones Educativas (DIE) del Centro de Investigación y de Estudios Avanzados - Instituto Politécnico Nacional (CINVESTAV), México, y de María Fernanda Delprato del CIFFYH-UNC, Argentina. El trabajo de campo (2005-2006) se realizó durante la estadía académica de Delprato en el Centro de Cooperación Regional para la Educación de Adultos en América Latina y el Caribe (CREFAL).

radas valiosas. Consideramos que la peculiaridad de los resultados de este proceso se relaciona con la inserción de esta indagación en el ámbito latinoamericano, cuya matriz social primigenia se asienta en criterios sociales distintivos que se evidencian en algunos de los resultados aquí presentados.

ACERCA DE LA INDAGACIÓN

La experiencia de indagación fue realizada con líderes de organizaciones artesanales indígenas, posición peculiar desde la que se intermedia entre *el afuera* y *el adentro* de la organización y así se vislumbra el saber ajeno que regula los intercambios y el saber comunitario desvalorizado. Es decir, se percibe lo que resulta ineludible para incluirse en el afuera y lo idiosincrásico para sostener la pertenencia comunitaria.

Las lideresas fueron contactadas en sus comunidades de origen en el estado de Michoacán (México) y la provincia de Jujuy (Argentina) y seleccionadas como informantes idóneas para los propósitos del proyecto; ambas son mujeres y forman parte de organizaciones productivas autogestionadas vinculadas a la producción artesanal (textil o alfarera), Para dar cuenta de la modalidad del análisis expondremos aquí algunos avances analíticos referidos a la pesquisa en México; en este caso, la lideresa es la presidenta de la organización productiva de autogestión de la comunidad indígena p'urhépecha, integrada por mujeres, que se dedica a la producción de ollas y comales de uso doméstico, y a la confección y bordado de blusas y de mandiles.

Como señalamos antes, la problemática explorada fue ¿qué tipos de problemas de numeración y de cálculo plantea a estas organizaciones su inserción social y productiva? El interés en la elección del contexto —organización colectiva de producción autogestionada— obedece al supuesto de que en la conformación de una organización productiva que trascienda el ámbito familiar se desencadenan procesos que instauran la necesidad de nuevas herramientas matemáticas. Pero a su vez, estos procesos se entretejen con prácticas comunitarias y saberes culturales; por ello, otra pregunta que articuló la investigación fue: ¿Cuáles son las preocupaciones sociales que respaldan las estrategias de resolución de problemas aritméticos? Esta articulación de la indagación de procedimientos y de representaciones procura profundizar la mirada sobre el espacio extraescolar como un espacio de producción y de apropiación. Esta concepción supone entonces una visión más amplia de las matemáticas que

[...] considera que éstas están sustentadas culturalmente, y que además todas las culturas generan conocimiento matemático para resolver problemas y para imponer un orden en sus vidas; este autor (refiere a Millroy, 1992) afirma también que las matemáticas son socialmente construidas en el contexto de una comunidad, en la que los significados se negocian y las convenciones se dialogan y acuerdan entre sus miembros. La palabra que se usa para expresar este proceso activo, creador y de uso de ideas y herramientas matemáticas es "matematizar", y se refiere a la experiencia de crear y usar ideas matemáticas [...] Las matemáticas no constituyen un saber dado sino una actividad y un proceso comunitario. Todo grupo matematiza en su vida cotidiana para enfrentar y resolver problemas relativos, por ejemplo, a la administración de sus recursos, a sus relaciones productivas y de comercio, a los tiempos, al conteo, cálculo y medición (Agüero, 2006, p. 46).

URDIMBRE DEL PROCESO ANALÍTICO

La indagación fue realizada mediante entrevistas y observaciones de situaciones de venta en ferias que se llevan a cabo en poblaciones cercanas a las comunidades de origen (Pátzcuaro y Humahuaca, en el estado de Michoacán y la provincia de Jujuy respectivamente), para conformar así el referente empírico. Entrevistar y observar nos permitió documentar los sentidos y significados del hacer de estas mujeres líderes desde una perspectiva interpretativa. En este capítulo, serán objeto de discusión los análisis referidos a la organización mexicana.

Esta opción metodológica posibilitó inicialmente reconocer una doble estructura de la organización: una temporal y otra de organización interna. El entrecruzamiento de esta doble estructura permitió reconocer actividades de carácter rutinario involucradas en la producción, distribuidas en una secuencia temporal y entre los lugares ocupados al interior de la organización.

Las actividades respetan una distribución en el tiempo que distinguimos recuperando como criterio un momento crucial: la venta en ferias. Así advertimos que para reconocer una distribución temporal de la actividad es necesario identificar algún momento central de la producción que se erija en referente temporal de la misma, en este caso el momento de venta. Usando este criterio identificamos actividades de preventa, de la venta misma y de posventa. La importancia de este momento (la feria) en una organización productiva podría parecer paradójico, pero su relevancia se evidencia en el origen mismo de la organización; su motivo de constitución no fue producir colectivamente sino comercializar de modo colectivo y en forma directa para enfrentar el circuito de la venta a través de intermediarios ajenos a la comunidad, que impactaba negativamente en las ganancias obtenidas por las artesanas.

Es decir, el origen mismo de la organización como modo de comercialización directa ya la sitúa en el marco de la disputa y de la conciencia del poder que ejerce quien comercializa la producción. Desde esta experiencia, la de haber sido víctimas de los abusos de este poder, es que se organizan para disputarlo. Pero al no existir un acceso igualitario a la comercialización de la producción fuera de la comunidad, la organización se ve atravesada por esta disparidad (quienes producen y se quedan; quienes producen y salen a vender) y gran parte de los modos de resolución de las actividades que reconstruiremos están sustentados en la búsqueda de su enfrentamiento.

Actividades de preventa. Son aquellas que la organización asume con el propósito de garantizar la producción y de acordar condiciones de comercialización, actividades conducentes a disponer de productos y con un precio justo de venta.

La producción de mercancía para la venta está sujeta a la dinámica de la misma. Ésta se realiza fundamentalmente no de modo sostenido, sino ligada a momentos específicos del año: las ferias. Estas ferias suelen estar asociadas a festividades religiosas (Domingo de ramos, Día de muertos). Ocasionalmente se presentan también pedidos especiales para exposiciones. La venta fundamentalmente mediante ferias requiere de grandes producciones para esos momentos escasos. Para ello, se necesita una fuerte inversión en materia prima (telas, arena, etc.) que la organización ha resuelto a través de la gestión de créditos para su compra, dado que en una organización de subsistencia no existe un excedente que pueda ser acumulado y reinvertido. En esta gestión tiene un papel central la presidenta de la organización —quien es el vínculo con los organismos de crédito— y la secretaria, por su posibilidad de registro de datos importantes para el cumplimiento de los compromisos asumidos (vencimientos, montos cancelados).

Asimismo, dado que la razón constitutiva de la organización es comercializar a un precio justo lo producido, otra actividad previa al momento de venta es la fijación de precios, donde las artesanas deciden cuál es el valor que compensa algunos componentes que deben ser valuados (mano de obra y materiales). En la decisión del monto final del precio inciden las artesanas que salen de la comunidad a vender considerando su viabilidad (competitividad, impacto en la complejidad del cálculo, etcétera), criterio acuñado en la experiencia de venta (Fuenlabrada y Delprato, 2007).

Actividades de venta. La comercialización fuera de la comunidad (en la feria) demanda la permanencia por periodos prolongados fuera del hogar, posibilidad que no es accesible a todas las artesanas por sus sujeciones al espacio doméstico. Esto ha generado que las mujeres que pueden concurrir a las ferias lleven producción ajena (productos textiles o para su participación y venta en el espacio del concurso de artesanías) y sean intermediarias en las ventas, o que compren piezas de alfarería (a las otras artesanas) para su reventa. Ambas formas de venta (reventa o por intermediación) conllevan exigencias dispares en términos de la rendición de lo vendido, ya que sólo cuando existe una intermediación en la venta su resultado afectará al productor. Esta disparidad tiene impacto en acciones adicionales demandadas al vendedor. Así, en una venta realizada por reventa, la artesana vendedora debe calcular el total de cada venta, considerando y controlando el *regateo*, y simultáneamente verificando y controlando las ganancias. En cambio, en la intermediación debe además retener con algún recurso los precios asignados a la producción ajena y las ventas realizadas. Esta retención para resguardar el valor de una producción ajena (intermediación) y para comunicar el resultado de la venta, aparece así como el espacio de aparición de la escritura numérica (de precio fijado, de precio al que fue vendido). Nuevamente estas actividades son asumidas de modo dispar entre productoras y vendedoras, las productoras al estar excluidas del espacio de venta también están al margen de las demandas de este espacio.

Actividades de posventa. Luego de acontecida la venta es necesario distribuir con dos sentidos dispares, para reparar y para compartir. Así, las vendedoras deben retener y comunicar información sobre gastos ocasionados por la venta por intermediación, por si eventualmente las productoras deciden alguna distribución de costos para compensar esos gastos, así como para la distribución de los premios obtenidos por algunas artesanas en el concurso de artesanías (que se organiza en la feria), distribución que considera que este mérito se otorga en calidad de miembro de la organización, por lo cual la organización en su conjunto debe ser también beneficiaria. La retención de los gastos para su comunicación recupera nuevamente la escritura numérica, en este caso no producida por las vendedoras, sino que se encuentra presente en recibos o boletas efectuadas por los prestadores de algún servicio (por ejemplo, comprobantes de llamadas en la caseta telefónica de la comunidad).

En la primera identificación de este conjunto de actividades rutinarias y secuenciadas, procuramos reconstruir los procedimientos desarrollados por los individuos responsables de su resolución o los acordados comunitariamente. Luego de esta descripción inicial, recuperamos las reiteraciones presentes entre modalidades asumidas por los diversos procedimientos; por ejemplo: rango numérico empleado para la fijación de precios y para los descuentos; descuentos aplicados a cada pieza y no al total, y distribución inmediata de ventas entre las vendedoras del puesto.[4] A partir de estas recurrencias pudimos ir develando estrategias consolidadas que atravesaban procedimientos empleados para resolver diferentes tareas; en el caso analizado, la reducción de la complejidad del cálculo mediante el uso del número 5 como referente del cálculo, y mediante la individualización de descuentos y de ganancias que evita la posterior distribución.

La presencia de estas estrategias nos interpelaba con su existencia misma respecto de la razón detrás de la reiteración, ¿cuál es la motivación de acciones no erráticas sino consistentes? Por ello, recuperamos la otra pregunta inicial buscando superar la mera descripción con una interpretación del vínculo de estas estrategias basada en criterios que regulan el funcionamiento mismo de la organización. Así pudimos reconocer que estos *criterios sociales* operan sobre dos espacios sociales diferentes: las relaciones internas de la organización y su vínculo con "los otros". En estos dos espacios diferentes las relaciones están atravesadas por preocupaciones también distintas: en el interno, en torno al poder (en palabras de las artesanas: *el poder bonito*); y en el vínculo con "los otros", respecto de la defensa (lo que hemos denominado: *enfrentar el afuera*) de la organización. En definitiva, en ambas preocupaciones subyace la toma de conciencia de la desigualdad de poder (entre autoridades de la organización y los otros miembros; entre aquellas mujeres que salen de la comunidad y las productoras que no pueden hacerlo; entre los saberes propios y los ajenos) pero se intercambian las posiciones, dejando de ser la "poderosa" comunita-

---

[4] La lideresa de la organización es quien asume la actividad de venta tanto de la alfarería propia como la de las otras vendedoras.

ria para ser la "dominada" en el vínculo con el afuera. Por ende, la posición asimétrica en una relación reconocida como desigual demanda preocupaciones también diversas: reparar el privilegio del poderoso —un concepto difícil de comprender en nuestro mundo capitalista—, defenderse del poder del extraño o de la gente que no es *de la raza*. Esta constatación es coherente con la concepción de la matemática como práctica social. La asunción de esta perspectiva impone reconocer y reconstruir las dimensiones sociales, de poder, de creencias, de valores, implicadas en las actividades matemáticas (Baker, Street y Tomlin, 2003).

A MODO DE EJEMPLO DEL PROCESO ANALÍTICO

En una organización productiva que regula de modo colectivo sólo la comercialización de lo producido de modo individual o familiar, las decisiones de la organización pueden afectar el objeto de la actividad colectiva: la comercialización y, específicamente, la ganancia obtenida con la venta de la producción. Por ello, como detallaremos a continuación, reparar el poder desigual al interior de la organización conlleva compensar las ganancias dispares y, asimismo, defenderse del exterior supone resguardar el margen de ganancia defendiendo —en el marco de la situación de *regateo* que efectiviza la venta— el valor monetario de la producción de las artesanas.

COMPENSACIÓN DE GANANCIAS

> *…para que no haiga jaloneo, para que somos parejos…*

La búsqueda de *equidad* al interior de la organización se evidencia en la reparación de ganancias dispares ocasionadas por eventualidades - -como el ganar un premio en el concurso de artesanías— o por las posiciones ocupadas en la organización (mujer productora *vs.* mujer vendedora o autoridad de la organización).

Esta equidad cimienta la perdurabilidad de la organización y el *poder bonito* que buscan ejercer sus autoridades. Su "belleza" radica, según las preocupaciones de la lideresa de la organización, en su modo de propender a la administración de justicia. El *poder bonito*, en tanto poder justo, se construye así tomando conciencia sobre las desigualdades al interior de la organización y buscando compensarlas mediante la *equidad*, como principio que regula las distribuciones que impactan sobre los niveles de participación en las ganancias; y procurando repararlas a través del *don de dar*, como modo de constitución del prestigio comunitario que conlleva nuevamente la redistribución de beneficios individuales (vinculados fundamentalmente a las posiciones diversas en la organización y a la ocasional distinción de ser ganador de un concurso). Pero también el poder justo pareciera ser aquel que restringe la posibilidad de sus abusos al instalar una preocupación por la *transparencia*.

La combinación de estos criterios sociales que regulan el uso del poder al interior de la organización (*equidad, don de dar* y *transparencia*) impactan sobre las estrategias sostenidas de distribución de las ganancias dispares regidas por esta preocupación por la compensación.

Así, los premios obtenidos en los concursos de artesanías que se organizan en las ferias dejan de ser un beneficio individual. La presencia de mecanismos de "distribución" de premios ya presupone una ruptura con la lógica de los mismos que adhiere a la idea del mérito individual.[5] La organización ha decidido participar en los concursos porque éstos le permiten absorber costos de la venta, le generan una visibilidad de la producción y, por ende, le dan mayores posibilidades de gestión de recursos diversos (participación de proyectos especiales, préstamos, etcétera). Sin embargo, las artesanas han generado mecanismos para adoptar estas posibilidades que brinda el premio sin desconocer que son integrantes de una organización. Por ello, han acordado distribuir el premio para evitar tensiones al interior de la misma y quizás fomentar el interés en la participación en los concursos. Estas preocupaciones subyacen en el relato que hace la lideresa, de cómo se originó esta decisión de repartir el premio entre el ganador y el resto de los participantes del concurso:

Y cuando se le dieron… cuando ella [se refiere a Rosario, la primera ganadora de la organización] fue como ganadora ese veinte pesos me dice: "Elvia" [lideresa y presidenta de la organización]. Le digo: "¿Qué?" "Pues yo creo que yo no me quedo solita con esto. Esto lo vamos a repartir. Yo me quedo con los diez pesos y en diez pesos que se reparte de los que vinieron a acompañar, a participar [en el concurso]." Porque [dice Elvia] más antes nos íbamos directamente cada quien. Y dijo [Rosario]: "Para que no haiga problemas, para que no haiga jaloneo, para que somos parejos y el día que gane el otro fulana lo vuelve a hacer lo mismo y esto así se va a quedar." Y así, hasta por ahorita.

El proceso que sigue esta distribución evidencia numerosos mecanismos adicionales de compensación pero también preocupaciones porque el proceso mismo tenga rasgos que lo constituyan como un proceso transparente, sin sospecha de abusos.

Por ello, la distribución se realiza por rubros y de modo colectivo. Es decir, sólo deciden las beneficiarias de esta distribución. Es así como las productoras de textiles que han participado del concurso se distribuyen entre sí los premios de textiles y las alfareras hacen lo propio con los premios obtenidos en alfarería. La transparencia del mecanismo está garantizada por la presencia de todas las beneficiarias que son las que deciden la distribución de los premios.

---

[5] "Los estímulos económicos a través de los concursos en los que participan las alfareras, han jugado un papel singular al interior del grupo y de la comunidad. No sólo han sido estímulos en cuanto a mejorar la calidad alfarera y la innovación en el diseño y la creatividad expresiva, sino que también han permitido la recreación de principios de distribución y reciprocidad étnica" (Torres, 1995, p. 51).

No obstante que está instaurado el acuerdo general de repartir por la mitad entre el ganador y el resto de las participantes, este acuerdo es flexibilizado en función de la búsqueda de algunas compensaciones. La presencia de estas excepciones nace de la idea misma de la equidad, es decir, del principio de que la universalidad es un modo incompleto de administrar justicia. La estrategia matemática que emplean para cumplir este propósito es el uso de una resolución por etapas de las distribuciones de costos y de premios. La preocupación por la desigualdad genera que inicialmente la discusión se centre en equilibrarla, poniendo a los sujetos desiguales en igualdad de condiciones mediante una distribución diferenciada o la entrega de "compensaciones". Una vez reparada esta desigualdad, recién se realiza una distribución igualitaria. Por lo tanto, la distribución del premio es diferenciada si el ganador ha vendido su pieza más barata que los otros (en el puesto y no en la exposición del concurso), en vez de darle la mitad del premio le dan un importe mayor. Por ejemplo, frente a un premio de $2 200, la investigadora comenta: "dijiste que le dieron mil doscientos en vez de (mil cien)… mil doscientos no es la mitad", Elvia interrumpe para aclarar lo siguiente:

No, porque como de ella también la pieza… como no se había vendido… Allí (*en la exposición de piezas de concurso*). Porque las piezas cuando se venden ahí, es mejor pagado. Y así va mejor al artesano. Y nosotros también eso vamos tomando. Y como yo lo vendí la pieza ahí (*la que ganó se vendió en la exposición*), a mí me fue bien. Por eso…

El monto restante también puede sufrir otra operación en búsqueda de otras compensaciones antes de ser distribuido, las beneficiarias pueden decidir compensar parte de los costos asumidos por las vendedoras que han llevado las piezas al concurso:

[…] Primero, se junta los premios, ahí, de todo lo que vamos regresando para los participantes… Primero, ellos me preguntan: "Cuánto te costó del camión". "¿En qué te podemos ayudar?" O: "¿Quieres que te ayudamos este… de la plaza?". Y yo les digo: "A voluntad", lo que ellos quieren… apoyar.

Pero, como se expresa en la cita anterior, a diferencia de la compensación al ganador según el monto de venta de su pieza, esta compensación tiene un carácter de colaboración: "…eso es de una voluntad de ellos". La idea de colaboración, en vez de retribución por la intermediación de la venta de piezas, es nuevamente otra expresión de la compensación de desigualdades internas: "Ellos deciden, porque nosotros venimos sacando más porque llevamos a vender (la producción propia y la comprada —reventa—). No es que yo les digo: 'Tú tienes que dar esto'." La colaboración adhiere al principio de que los gastos de la compra y reventa sólo son asumidos inicialmente por las revendedoras para compensar las posibilidades de ganancia (supuestamente mayores) que genera la posibilidad de acceso a la compra y reventa: "…nosotros hacemos más dinero y ellos hacen menos". Cabe advertir que otro rasgo de este procedimiento es que la decisión del monto de la colaboración es tomada antes de efectuar la distribución de las ganancias, evitando así la necesidad del cálculo también de la distribución de los costos compensados.

Todos estos mecanismos de compensación buscan una distribución, desde la lógica de la equidad, que preserve una cierta igualdad de la posibilidad de participación de las ganancias obtenidas con la comercialización. Esto supone una toma de conciencia de que en la organización no existen oportunidades de concurrir a los espacios de venta fuera de la comunidad igualmente distribuidas, y de que las leyes del mercado no son justas, pues no todos acceden a las mismas oportunidades de venta. No todas pueden vender sus piezas en los espacios en los que se las pagan más caras (en la exposición). La dificultad del "salir" de la comunidad genera un doble mecanismo de compensación: las vendedoras (que simultáneamente son vendedoras, revendedoras e intermediarias) no exigen un pago por su tarea y asumen los costos de la misma pero, a la vez, la organización reconoce esta tarea otorgando compensaciones parciales de estos costos.

A su vez, si recuperamos este proceso de distribución, ya no desde sus preocupaciones y criterios sociales subyacentes, sino desde el procedimiento de cálculo involucrado, se evidencia una estrategia recurrente: la "individualización" como estrategia de resolución. Denominamos "individualización" a la transformación de situaciones que implican el control de varios datos que precisarían de registro (y por tanto de un cálculo escrito desconocido), en varias situaciones parciales que refieren a pocos datos y a un cálculo susceptible de hacerse mentalmente. Es como si se intentara "individualizar" el problema matemático que se enfrenta, que en la distribución de premios se muestra como un proceso de resolución que permite operar sobre el resto cada vez y no sobre la totalidad.

El procedimiento consiste en primero resolver la distribución "por la mitad", ganador por ganador. El ganador puede recibir un poco más de la mitad del premio (si su pieza no se vendió en la exposición de la feria). Pero ¿cuánto más?, lo "razonablemente" necesario para que el resto se pueda repartir fácilmente (números redondos —terminados en cero) entre las susceptibles del beneficio. Asimismo, si la comunidad decide contribuir para enfrentar los gastos de traslado de piezas a la feria, antes de hacer la distribución del premio se toma una parte del mismo y se entrega a las artesanas que llevaron las piezas, luego éstas se lo distribuyen igualitariamente. Aquí se mantiene el criterio de números redondos, al que se adiciona la elección de un monto "fácil" de repartir entre el número de vendedoras.

Pero si el poder justo es también transparente, frente a la posibilidad de compensación de costos de las revendedoras existe además otra exigencia: la credibilidad de esos costos. Para ello, la organización implementa algunos mecanismos de comunicación y rendición de cuentas, algunos de los cuales han sido adoptados de las nuevas experiencias que conlleva la gestión de créditos para la compra de materia prima. Es decir, se recurre a mecanismos de retención que socializan los costos asumidos para la venta en la feria mediante la memorización con un par (función desempeñada por la tesorera de la organización) y el uso de recibos como documentos. La memorización con un par es así un recurso alternativo para enfrentar los límites de la memoria individual y las situaciones de comunicación o rendición de cuentas. Los recibos son otro recurso de apoyo que acreditan algunos de los gastos realizados, como el de las llamadas telefónicas: "Porque yo voy guardando allá (en la caseta telefónica de la comunidad). Le digo a la señora (se refiere a la operadora) que me va guardando los recibos. Y ya ellos (las artesanas de la organización sólo productoras) se encargan de ir a sacar el recibo." Esta práctica de uso de documentos muy posiblemente es una estrategia adoptada del mecanismo asociado a la rendición de créditos: la presentación de recibos como constatación de gastos.

O sea que la transparencia está sustentada en el resguardo de la memoria; una alternativa previsible es la optimización de la memorización de la lideresa mediante una retención socializada con otra persona de la organización que dé fe, con su palabra, de la veracidad de lo comunicado a los miembros restantes de la organización. Por ende, la función de esta persona es "nomás estar presente"... "y ella también ve en memoria"... La presidenta (la lideresa) y la secretaria son quienes fundamentalmente se ocupan de la relatoría de las acciones que afectan a la organización para la salvaguarda de la comunicación al interior de la misma.

Por otro lado, la escritura se ha gestado también emparentada con este propósito de transparencia. Por ello, decidimos explorar los modos alternativos de resolución de esta demanda por parte de una organización conformada predominantemente por personas que, desde una apreciación convencional, serían consideradas como analfabetas.

La necesidad de un testimonio sobre lo sucedido a veces también es cubierta con el uso de recibos. Probablemente este valor testimonial de lo escrito haya sido incorporado por la organización al apropiarse del uso social de la escritura como documento, pues este uso no se encuentra disponible en el entorno inmediato de la comunidad. A través de este vínculo con el afuera, particularmente con los organismos de crédito, han accedido a nuevos contenidos de la escritura, así como a ciertas creencias sobre la misma. Así, acceden a la práctica en la cual la documentación escrita impone su valor sobre el uso de la palabra como testimonio (creencia que se encuentra extendida entre las *culturas populares ágrafas*). Incluso se adhieren a este valor a pesar de la imposibilidad de gestionar estos recibos en la comunidad, dado que su uso no es una práctica que regule los intercambios comerciales comunitarios. Por ello, deben recurrir a intermediarios letrados no pertenecientes a la comunidad que elaboren estos recibos, lo cual es una evidencia de que: "El empleo de la lengua escrita en la sociedad nunca ha dependido de que la población en general fuera capaz de utilizarla en lo individual, sino sólo de su capacidad para responder a él y reconocer su valor, su uso y su autoridad" (Kalman, 2003, p. 36).

Cabe señalar que, junto con la posición de presidenta de la organización, se obtiene un vínculo con "el afuera" de los organismos de crédito, uno de los contextos hasta entonces desconocidos por las artesanas. No obstante los beneficios que conlleva este vínculo, inscribe a la organización en la lógica del crédito, con su demanda de rendición de cuentas del uso de los recursos otorgados a través de comprobantes escritos que den fe del uso de dichos recursos. Esta posición de líder genera así un acceso con "el afuera" de la comunidad como entorno regido prioritariamente por la escritura. Como ya hemos reportado anteriormente (Delprato y Fuenlabrada, 2008) en ese espacio externo a la comunidad la lideresa gestiona, para toda la organización, recibos para hacer la rendición de cuentas del uso del crédito, socializando su posibilidad de *acceso a intermediarios letrados*. La recuperación de estos vínculos que genera la presidenta en sus salidas es una evidencia de la socialización de beneficios vinculados a la posición y, a la vez, del uso de la intermediación en la escritura como alternativa frente al analfabetismo:

Históricamente, esta contradicción entre el escaso acceso y los elevados requerimientos ha sido resuelta por intermediarios que mediaron las demandas sociales del uso de la lengua escrita para otras personas. A medida que se difundían las prácticas de lectura y escritura y se multiplicaban los materiales escritos e impresos, la lectura y la escritura eran muchas veces esfuerzos colectivos y en colaboración (Kalman, 2003, p. 37, citado en Delprato y Fuenlabrada, 2008).

Así, el reconocimiento de este valor y de esta autoridad de la palabra escrita genera la recuperación de los recibos como un uso de la escritura que, en tanto documento, regula disputas, pues provee evidencia cierta de gastos comunes. Es decir, para los miembros de la organización el registro numérico (los recibos, entre otros) se constituye en un documento que resguarda la verdad del paso del tiempo, cuando la memoria pierde confiabilidad, incluso al margen de que los involucrados puedan o no interpretarlo.

La dinámica de este aprendizaje propicia varias reflexiones. La más evidente quizás es que las culturas populares se constituyen no sólo de modo autónomo, sino también de modo relacional por su subordinación a las legítimas. Así, la documentación escrita se impone al valor de la palabra en las culturas populares.

RESGUARDAR EL VALOR DE LA PRODUCCIÓN

… yo sé que cuesta tanto trabajo para hacerla…

El origen de esta organización estuvo signado por la búsqueda de condiciones más justas de comercialización de la producción artesanal frente a experiencias previas de intermediación en la venta, en las cuales los compradores ofrecían precios bajos.

Esta búsqueda se expresa tanto en momentos previos a la situación de venta (actividades de preventa) como durante la venta misma. Antes de llevar la producción para la venta, una decisión importante es el precio fijado para su comercialización. El criterio prevaleciente es que *este precio sea justo*. Su carácter de *justo* estaría dado por su compensación tanto de la materia prima como de la mano de obra invertida en su producción. Esto requiere cuantificar ambos componentes del precio, posibilidad que está ausente en la organización debido a tres razones: a la carencia de una estimación de costos de materia prima por pieza, al uso de materia prima que es extraída del entorno (el barro) y a la invisibilidad de la duración de la jornada laboral por su coexistencia con las tareas domésticas. Esta ausencia, sumada a la injerencia en la definición del precio de las mujeres que salen de la comunidad, conlleva que el carácter de *justo* es complementado con la viabilidad de los precios, que tiene que ver con su competitividad en el mercado. Los precios competitivos deben además mostrar la preocupación porque sean *justos*, expresándose esto más que en la cuantificación de un precio determinado, en el ordenamiento relativo de los precios de distintas piezas. Así, las piezas con "mayor trabajo" (en tanto indicador de las horas invertidas) valen más: "Aquellos [los mandiles más caros] tienen la puntada más chica." Así como las piezas con mayor costo de materia prima son más caras: "la más chica lleva otro precio, la más grande lleva otro precio...son de diferentes precios"; y las piezas que requieren la compra de materia prima son más costosas que las que se fabrican con insumos de los cuales pueden autoabastecerse.

A su vez, llama la atención que todos los precios escogidos por las artesanas que venden fuera de la comunidad sean múltiplos de cinco, respondiendo a una preocupación adicional por facilitar los cálculos que hay que realizar en la situación de venta (del total de la venta, de su precio final luego de aplicarles descuentos). Así, hay ollas de \$10, \$15, \$20, \$35, \$40, \$50, \$60, \$70, \$80, \$100, \$200 y \$350. Las blusas pueden ser de \$300 o \$370 según el tiempo de trabajo que requieren para su elaboración. Los mandiles cuestan \$1 900, \$800 y \$400, según tengan un dibujo más pequeño o mayor y según la calidad de la puntada. Los mantelitos individuales pueden costar \$50 o \$60, en función de si sólo tienen el bordado o incorporan además el deshilado.

En el momento de la venta misma existe nuevamente la preocupación por resguardar el margen de ganancia, pero ya no en el marco de una decisión previa de precios ajustados y competitivos, sino en el seno de una situación que ya no está regulada por el consenso sino por la negociación: el *regateo*. La posibilidad de dominio de esta situación incierta supone nuevos criterios para regular de modo anticipado las decisiones signadas por la inmediatez del *regateo*. Estos criterios asumen la necesidad de defensa frente al riesgo de perder la ganancia. Para ello, nuevamente el "universo" numérico escogido para los descuentos son múltiplos de cinco, en coincidencia con el universo de los precios. Esto reduce la complejidad de un cálculo que debe ser controlado para tener dominio sobre el curso y el margen de la negociación con el cliente.

Esta preocupación por el riesgo de pérdida de ganancias se evidencia en otros procedimientos del descuento. El uso de una escala de 5 en 5 para los descuentos sobre precios bajos, como los de las piezas de alfarería, conllevaría la posibilidad de una inmediata pérdida del valor, equivalente a una de las piezas vendidas en el marco del *regateo*. Este riesgo disminuye haciendo uso de otro procedimiento complementario: los descuentos no son aplicados a un tipo de pieza, sino que, a veces se aplica a un intervalo de precios: en las ollas de $35 y $20, se descuenta 5 pesos; y en las de $60, $50 y $40, 10 pesos. En otras, en cambio, el monto del descuento se aplica a un solo precio, no a un rango; por esta razón se descuentan 15 pesos en una olla de $70, y 20 pesos en una de $350. Asimismo, se fija una cantidad mínima de piezas que puede ser objeto de descuento: "*Y lo rebajamos, descuento, cuando compra unas tres ollas, unas dos blusas. Y así.*" Finalmente, otro modo de control del riesgo de pérdida es la individualización del descuento que opera sobre los precios de cada pieza y no sobre el total de la venta. Así, por ejemplo, si se venden varias piezas (dos de $15 y una de $35) a una de ellas se le aplica un descuento: "Te la voy a dejar a esa [señala la más grande] a treinta"; o a cada una se le aplican descuentos diferenciados: "Y si llevarías de esos precios [$100, $70 y $40], te lo dejaría en noventa el de a cien; y te lo dejaría a la que era de a setenta, te lo dejaría este... en sesenta y cinco; la que es de a cuarenta te lo dejaría en treinta."

No obstante, esta estrategia tiene como límite justamente la pérdida de control del monto total del descuento realizado en una venta, como puede observarse en el ejemplo siguiente en el cual se están dando cuatro piezas de $20 al precio de tres: "... si llevaría unas cuatro ollas, [descontaría] de a cinco pesos. Y si lleva tres no rebajamos nada." Cuando este límite se explicita en el intercambio con la entrevistadora "estás descontando veinte pesos en total, o sea que estás regalando una", Elvia busca compensar localmente operando con el mismo procedimiento rectificado: "casi 5", apelando así a un descuento individual pero de un monto inferior; sin embargo, en ninguna situación de venta se observó que Elvia aplicase un descuento de "casi 5".

Detrás de esta lógica de descuento individual o por pieza, quizás haya una preocupación: diferenciar el monto del descuento según el valor de la pieza, desde el supuesto de que si se va a recibir "más" dinero es necesario asegurar la venta haciendo una rebaja más atractiva: "Depende del tamaño, del tamaño. Porque uno está más grande, otro está más mediano, luego más chica. Y si es... precio alto, pos según el precio, el alto, el bajo."

En la reconstrucción precedente se percibe que las decisiones y, por ende, los saberes matemáticos adquieren la connotación de *defensa*[6] ante la cual los sujetos diseñan estrategias para moldear (en lo posible) las situaciones a la medida de los saberes de los que disponen. En esta búsqueda de control de las situaciones subyace la necesidad de Elvia de resguardar frente a los otros sus limitaciones, dado que el vínculo ya no está regido por el acuerdo, por el consenso, sino que los intercambios están mediados por demandas de cálculos exactos. Las estrategias de control de las situaciones buscan garantizar condiciones justas de negociación para las vendedoras. Para ello, inicialmente existe una preocupación respecto a la fijación de un precio de la mercancía que sea justo para el que vende. A la vez, estos precios son fijados con un criterio complementario: su impacto sobre la complejidad del cálculo. A

---

[6] "Para la población que lucha por hacerse de un modo de subsistir, aprender matemáticas es ante todo adquirir 'poder', como mecanismo de defensa, es decir, para no ser engañados y explotados, como una manifestación de autoafirmación" (Agüero, 2006, p. 47).

partir de esta preocupación tanto los precios como sus descuentos son múltiplos de cinco, lo cual restringe el tipo de números involucrados en las situaciones de cálculo inmediato. No obstante, la inmediatez de esta situación y la ausencia de modos de registro de los precios acordados en el marco del *regateo* ocasionan a veces una (evitada) pérdida de control, ante lo cual la alternativa es *confiarle* al cliente la resolución del cálculo del total de la venta.

ANÁLISIS E INTERVENCIÓN

El esquema analítico presentado —identificación de tareas y metas que sustentan estrategias consolidadas—, ha posibilitado identificar contextos (actividades) y caracterizar problemáticas (preocupaciones que articulan estrategias). Como señalamos, muchas de estas problemáticas exceden una mirada matemática tradicional, dado que las problemáticas que se enfrentan no son sólo la resolución de las actividades mencionadas, sino fundamentalmente resoluciones que respondan a las preocupaciones sociales asociadas al poder dentro de la agrupación. Dado que la organización es de comercialización, lo que puede ser objeto de disputa es el producto de esta actividad colectiva: la ganancia (dispar para los distintos miembros de la organización en función de su posición, y en riesgo en situaciones de venta reguladas por el *regateo*).

Sostenemos que estos resultados del proceso analítico permitirían diseñar una propuesta de enseñanza contextualizada en necesidades vitales que no sólo retome contextos importantes, sino que ofrezca la optimización de estrategias para responder a problemáticas sentidas en dichos contextos. A continuación, retomaremos algunas posibilidades y criterios de diseño, recuperando de los resultados detallados el segundo contexto analizado: el *regateo*.

DEFENDERSE DE LA INCERTIDUMBRE

Recordemos que en la situación de *regateo* el propósito es concretar la venta y, a la vez, defender un precio justo para la producción comunitaria controlando el impacto en la ganancia final.

En los descuentos fijos que la lideresa (Elvia) efectúa en el *regateo* ocurren pérdidas de ingresos posibles que no sucederían si ella pudiera, al menos, aplicar el mismo descuento porcentual a todas las piezas independientemente de su valor, conservando el criterio de hacer un descuento a partir de la venta de cierto número de piezas (venta de "mayoreo"). Recordemos que el procedimiento de descuentos fijos es manifestación de esta necesidad de actuar sobre lo "individual", estrategia instalada para hacer fácil el cálculo y no perder el control sobre el mismo.

Esta situación subyacente en el *regateo* se resuelve convencionalmente con la noción de proporcionalidad. La lideresa, en cambio, la remedia priorizando a veces preservar la relación cualitativa de orden entre los datos: "a mayor rango de precio, mayor descuento" ($400, $100 y $70). Pero la presencia de rangos de precios a los que se aplica un mismo descuento (se descuenta $10 sobre una pieza de $100, $60 y $40) o incluso la aplicación de descuentos dispares a un mismo precio (por ejemplo se descuentan $10 o $5 sobre una pieza de $40) supone contradicciones con la preservación de esta relación de orden. Pareciera que, cuando la lideresa debe cuantificar esta relación de orden, recurre a una progresión asentada en una escala conocida: los múltiplos de 5, en vez de recurrir a las relaciones proporcionales. Como se ha señalado, este rango de números conlleva procedimientos suplementarios para controlar el impacto del descuento en la pérdida del valor de la pieza: la determinación de un número y de un valor mínimo de piezas al que se aplican descuentos; el uso de rangos a los que se aplica un mismo descuento.

Estos procedimientos afectan el beneficio económico que la venta de productos artesanales puede ofrecer a las mujeres participantes en ese proceso. Esto se manifiesta en el desconcierto de Elvia frente a la evidencia de que en la venta de cuatro ollas de $20 al descontar $5 a cada una de ellas está "regalando" la cuarta olla.

Así se anticipa como un posible e interesante contexto de la propuesta de enseñanza[7] el diálogo de los sujetos de aprendizaje sobre: "¿cuánto debo descontar a cada olla para regalar una?" Esta pregunta se podría reformular con el fin de implicar a los sujetos en la búsqueda de una mejor estrategia de resolución. Para ello, consideramos que es necesario recuperar del recorrido analítico esbozado no sólo este contexto problemático, sino también las preocupaciones que subyacen a las estrategias de resolución. Como señalamos previamente, existen estrategias y compensaciones destinadas a controlar el impacto del descuento en la pérdida del valor de la pieza. Por lo que hemos considerado que la pregunta (equivalente a la anterior) que podría resultar más sugerente a los sujetos es: "¿en qué momento estoy dispuesta a perder una vasija, en la venta de la cuarta olla, la quinta… la décima?".

Es decir, consideramos que la situación de búsqueda estaría enmarcada en generar una estrategia de control eficaz para disminuir el riesgo de pérdida. Este diálogo quizá pueda realizarse con apoyo de un gráfico que ponga en evidencia las relaciones de proporcionalidad subyacentes a esas preguntas.

Por ejemplo, si consideramos el descuento que aplica Elvia de $5 (25% = 1/4) a cada vasija de $20, podría "visualizar" que al realizarlo con la cuarta vasija, estaría vendiendo 4 vasijas por el precio de tres; es decir "estaría regalando la cuarta vasija" (véase p. siguiente, esquema superior).

El recurso gráfico puede suplantar el uso de simbolización que dificulte la comprensión y puede ser un contexto fértil que posibilite la manipulación de diversos

---

[7] No se está obviando en la propuesta de enseñanza (contemplada), la necesaria ampliación de competencia numérica de las artesanas, sólo que para los fines de esta presentación no es necesario ahondar en ello.

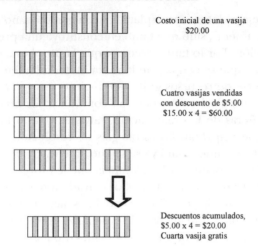

imporтes de descuentos y de validación de su impacto en la pérdida. Así, de considerarse un descuento de $4 en cada vasija (20% = 1/5). Elvia podría constatar que en este caso, estaría "regalando" la quinta vasija. Análogamente un descuento de $2 representaría el 10% = 1/10 que correspondería a la pérdida de la décima vasija.

A partir de ese esquema gráfico también sería posible razonar sobre la equivalencia entre adicionar los descuentos aplicados a cada olla (procedimiento utilizado por Elvia) y aplicar el descuento al total de la venta:

$$[25\% \ (20) + 25\% \ (20) + 25\% \ (20) + 25\% \ (20) = 25\% \ (80)]$$

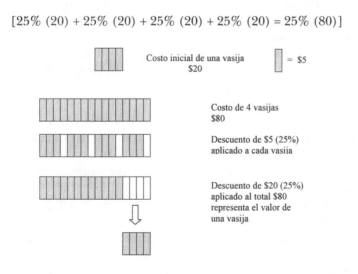

La asunción de esta equivalencia reduciría drásticamente el recorrido del cálculo de la venta, sobre todo cuando éste está mediado por descuentos, posibilitando preservar el difícil control del impacto sobre la ganancia.

No obstante, además debe contemplarse que la ganancia no sólo es tematizada en vínculos con "el afuera", sino que también constituye una preocupación al interior de la organización. Por lo tanto, creemos que la propuesta de enseñanza para las mujeres artesanas que se ocupan de la venta ineludiblemente debe resolver, la posibilidad de hacerse de recursos gráficos e incluso pictográficos para representar los datos y su manipulación. Así podrían comunicar los procesos involucrados frente a las compañeras de la organización, salvaguardando los criterios sociales de transparencia que respaldan las estrategias de resolución de problemas. Esta preocupación obedece a que, como ya se señaló, la eficacia de los procedimientos de resolución no debe desconocer la relevancia que le otorga la organización a los criterios sociales de transparencia. Por ello, consideramos que esta estrategia de comunicación gráfica que ilustra el impacto del descuento sobre la pérdida, puede convertirse tanto en una estrategia para la enseñanza como para la comunicación, y así llevar a la instauración de un nuevo conocimiento matemático al servicio de e inmerso en las prácticas y lógicas comunitarias.

ALGUNAS REFLEXIONES FINALES

…y ya después cuando ya sabía algo yo me enfrentaba con ellos…

Como puede vislumbrarse en este recorrido, la virtud de un análisis emparentado con algunos aportes de *numeracy* como campo de producción teórica, deviene centralmente de lo que es objeto de reconstrucción en esta presentación: la inscripción de *numeracy events* en *numeracy practices*.

A continuación, intentaremos rescatar algunas cuestiones centrales recuperadas para dicha inscripción, así como su relevancia para el diseño de propuestas educativas que permitan enfrentar la incertidumbre que conlleva la inmediatez de la enseñanza.

El primer señalamiento proviene de la distinción misma entre *numeracy events* y *numeracy practices*. El evento es un episodio observable pero de carácter situacional, imbricado con un contexto social. En cambio, las *numeracy practices* no constituyen unidades de comportamiento observables, dado que son más abstractas y conllevan también valores, actitudes, sentimientos y relaciones sociales. Pero pueden ser inferidas de actividades en las que *numeracy* cumple un papel, los *numeracy events*, eventos mediados por la numeración escrita.[8]

Así, esta distinción entre eventos y prácticas conlleva la inclusión en el análisis de cuestiones que exceden el mero comportamiento observable. Entonces, sostenemos que esta distinción analítica conlleva una indagación en la que inicialmente se cons-

---

[8] Véase Barton y Hamilton (2004) para la distinción entre eventos y prácticas letradas, usada como referencia de este análisis.

taten eventos, en tanto observables, para luego ser objeto de la reconstrucción de sus sentidos, inscribiéndolos en prácticas más amplias. Concebir a la matemática como práctica social impone reconocer y reconstruir las dimensiones sociales, de poder, de creencias, de valores implicadas en las actividades matemáticas (Baker *et al.*, 2003).

Esta opción teórica y analítica supuso la reconstrucción de las motivaciones o preocupaciones locales implicadas en las estrategias reiteradas de resolución de las actividades rutinarias reportadas de esta organización de comercialización: la compensación de ganancias dispares y el resguardo del valor de la producción en situaciones de venta mediadas por el *regateo*. Asimismo, implicó el análisis de estas preocupaciones en el marco de las relaciones sociales de poder locales en que se desarrollan: la constitución de la organización colectiva como alternativa y disputa al abuso de poder de los intermediarios de venta; la desigualdad —también constitutiva y riesgosa— entre las productoras que salen de la comunidad a vender y las que no pueden salir, que conlleva nuevos modos de intermediación de la venta, con sus riesgos asociados.

Creemos que este modo de análisis, como señalamos en el apartado anterior, constituye una opción que cimenta propuestas relevantes de enseñanza, dado que posibilita identificar no sólo contextos de enseñanza (actividades reconstruidas) sino también preocupaciones sociales que pueden constituirse en disparadores de situaciones de búsqueda que den sentido al aprendizaje de nuevas nociones matemáticas.

Esta posibilidad se constituye en central cuando enfrentamos la tarea de pensar modos de abordaje del conocimiento matemático con poblaciones, como las de esta organización, que son contactadas en sus lugares de trabajo y cuyo interés prioritario, más que el retorno al sistema educativo formal, es mejorar sus recursos de cálculo que sustentan sus posibilidades de subsistencia. Este contexto específico debe ser reconstruido y tensionado desde una propuesta de enseñanza, propiciando reflexiones sobre alcances y límites de las estrategias comunitarias de resolución. Esto conllevaría la necesidad de réplica de estudios, como el aquí reportado, para ser usados como insumos en el diseño de propuestas de enseñanza.

A su vez, para desentrañar las demandas de actividades matemáticas de estos contextos específicos y las preocupaciones que las articulan, es necesario analizar las trayectorias implicadas en dicho contexto y sus vínculos con otros contextos no locales.

Por ejemplo, en relación con las trayectorias en que se ve implicado el contexto local, en esta organización fue decisivo entender la inscripción de los usos de la numeración en el marco de dinámicas que inaugura la producción colectiva como contexto específico dispar, en relación con la producción individual o familiar precedente. También fue crucial develar que estas dinámicas no afectan de modo equivalente a quienes ocupan distintas posiciones al interior de la organización. El reconocimiento de las dinámicas que inaugura la producción colectiva y el liderazgo de la misma, posibilitó historizar las relaciones sociales, tematizando modos de acceso, lógicas sociales de construcción y de distribución de saberes y prácticas matemáticas:

Así, se podría dar cuenta del interjuego entre el contexto local de la práctica de la organización y otros contextos no locales que atraviesan las prácticas de la organización privilegiando ciertas estrategias de resolución de tareas matematizables de la producción por su autoridad y poder en el espacio productivo (por ejemplo, las adopciones/imposiciones de modos de rendición de cuentas de organismos crediticios, de modos de delimitación de la tierra de organismos que regulan los títulos de propiedad). Estas ampliaciones de sentido podrían ya dar cuenta de que los modos de resolución de las tareas enfrentadas por la organización no están meramente regulados por condiciones de la tarea sino también por pugnas sociales sobre "la verdad" matemática que se da entre los diversos ámbitos de inscripción de esas prácticas sociales (el burocrático, el familiar, el local, el escolar) que no son meramente diversos sino también desiguales en sus posibilidades de incidencia sobre "lo legítimo" (Delprato, 2008, p. 11).

Además, para una intervención educativa es pertinente reconocer que la disparidad en la distribución de saberes matemáticos también está vinculada a la posición que se ocupa al interior de la organización. Las nociones de *disponibilidad* y *acceso*[9] posibilitarían reconstruir y detectar en las trayectorias de los sujetos puntos de inflexión que conllevan *nuevas prácticas comunicativas, nuevos contenidos de la escritura* y el acceso a *creencias relacionadas con lo escrito* que regulan estas nuevas prácticas y contenidos y las *vías de acceso* que inauguran los nuevos espacios sociales que demandan estas nuevas inserciones (Delprato y Fuenlabrada, 2008). Reconocer esa diversidad de disponibilidad de saberes matemáticos al interior de la organización, y los modos de acceso a los mismos, constituyen otro eje de análisis importante para diseñar propuestas de enseñanza emparentadas con necesidades sentidas por los sujetos. Desde esta perspectiva, una primera constatación importante es explicitar las necesidades dispares vinculadas con las posiciones desiguales.

---

[9] Se utilizan los términos disponibilidad y acceso para distinguir la diseminación de los materiales de la lengua escrita de los procesos sociales subyacentes a su distribución y uso. Disponibilidad denota la presencia física de los materiales impresos y la infraestructura para su distribución (biblioteca, puntos de venta de libros, revistas, diarios, servicios de correo, etcétera), mientras que acceso se refiere a las oportunidades para participar en eventos de lengua escrita, situaciones en las cuales el sujeto se posiciona vis-à-vis con otros lectores y escritores, así como a las oportunidades y las modalidades para aprender a leer y escribir (Kalman, 1996). "Acceso es una categoría analítica que permite identificar cómo en la interacción entre participantes, en los eventos comunicativos, se despliegan conocimientos, prácticas lectoras y escritoras, conceptualizaciones y usos; abarca dos aspectos fundamentales, las vías de acceso (las relaciones con otros lectores y escritores, con los textos, con el conocimiento de la cultura escrita y los propósitos y consecuencias de su uso) y las modalidades de apropiación (los aspectos específicos de las prácticas de lengua escrita, sus contenidos, formas, convenciones; sus procesos de significación y procedimientos de uso)" (Kalman, 2004, p. 26).

REFERENCIAS

Agüero, M. (2006), *El pensamiento práctico de una cuadrilla de pintores. Estrategias para la solución de problemas en situaciones matematizables de la vida cotidiana*, Pátzcuaro, CREFAL/Universidad Iberoamericana.

Baker, D., B. Street y A. Tomlin (2003), "Mathematics as social: Understanding relationships between home and school numeracy practices", *For the Learning of Mathematics*, 23 (3), pp. 11-15.

Barton, D. y M. Hamilton (2004), "La literacidad entendida como práctica social", en V. Zavala, M. Niño-Murcia y P. Ames (eds.), *Escritura y sociedad. Nuevas perspectivas teóricas y etnográficas*, pp. 108-139, Lima, Red para el Desarrollo de las Ciencias Sociales en el Perú.

Delprato, M. F. (2008), "Construyendo un objeto: Opciones teórico-metodológicas de indagación de conocimientos matemáticos de organizaciones campesinas", en IX Congreso Argentino de Antropología Social: Fronteras de la Antropología, Universidad Nacional de Misiones, CD-ROM, Misiones, Universidad Nacional de Misiones.

Delprato, M. F. e I. Fuenlabrada (2008), "Así le hacemos nosotros: Prácticas de numeración escrita en organizaciones productivas de mujeres con baja escolaridad", *Revista del Área de Educación del Centro de Investigaciones de la Facultad de Filosofía y Humanidades de la Universidad Nacional de Córdoba*, núm. 6, año VI, julio, pp. 337-354.

Fuenlabrada, I. y M. F. Delprato (2007), "Por los caminos de la feria", en E. Mancera y C. A. Pérez (eds.), *Historia prospectiva de la educación matemática. Memorias de la XII Conferencia Interamericana de Educación Matemática*, vol. *Historia prospectiva de la educación matemática*, pp. 109-114, México, Comité Interamericano de Educación Matemática y Edebé Ediciones Internacionales.

Kalman, J. (2003), *Escribir en la plaza*, México, Fondo de Cultura Económica.

—— (2004), *Saber lo que es la letra. Una experiencia de lectoescritura con mujeres de Mixquic*, México, Siglo XXI Editores/Instituto de Educación de Unesco.

Torres, N. (1995), Alfarería, organización de mujeres indígenas y aprendizajes, México, CREFAL-PEMT-OEA.

CULTURA ESCRITA Y MATEMÁTICAS
EN LA EDUCACIÓN:
PERSPECTIVAS INTERNACIONALES

USAR LA ARENA PARA CONTAR SU NÚMERO: DESARROLLAR LA SENSIBILIDAD CULTURAL Y SOCIAL DE LOS MAESTROS

DAVE BAKER[1]

En un taller[2] de LETTER[3] realizado en Etiopía en enero de 2008, hubo un hecho que pareció sintetizar muchas de las ideas que quiero plantear en este artículo. Con el fin de preparar a los participantes para que fuesen al pueblo de Bahir Dah a buscar información sobre las prácticas de *numeracy*[4] y literacidad, presenté el taller con algunas fotos de acontecimientos e incidentes de la estación de tren de Brighton, en el Reino Unido. Se les pidió a los participantes que identificasen eventos o prácticas de *numeracy* (estos términos se definirán más adelante). Una foto mostraba un puesto de venta de café con los precios a la vista. Uno de los participantes del taller sugirió que dar y recibir cambio al comprar algo de beber sería un evento de *numeracy*. Sin duda, este evento sería reconocido en numerosos lugares del mundo. A menudo se considera que es un evento de *numeracy* "cotidiano", para distinguirlo de las matemáticas formales del salón de clases.[5] Como se trataba de un taller de educación, la tentación al ver estas prácticas era buscar formas en que las experiencias de los adultos de dar y recibir cambio pudiesen llevarse a las clases formales de matemáticas: es decir, buscar vínculos entre las experiencias de los educandos con las matemáticas cotidianas y las matemáticas del aula formal, para construir luego el aprendizaje de las matemáticas formales en su práctica cotidiana. En los salones de clase (no pretendo afirmar que en todos) la implementación de lo anterior ha consistido en abstraer el evento de compra de aquello que se considera como las habilidades y comprensiones matemáticas relevantes que sirven para poder actuar de manera eficaz en esta situación financiera. Una de las habilidades matemáticas que tal vez pueda abstraerse del evento de dar cambio con mayor facilidad es la resta, porque se puede usar para

---

[1] London Institute of Education.

[2] En este taller he trabajado en conjunto con los profesores Brian Street, Kings College, Londres, y Alan Rogers, University of East Anglia y Uppingham Seminars. Este artículo se basa en proyectos que llevamos a cabo juntos y sin su aporte, ayuda y apoyo ni el trabajo ni este artículo hubiesen sido posibles.

[3] LETTER (*Learning for Empowerment Through Training in Ethnographic Research* [Aprender para Empoderar Mediante la Formación en Investigación Etnográfica]) es un proyecto de los Uppingham Seminars in Development (Reino Unido), organización de formación que trabaja sobre educación no formal y para adultos en numerosos países. Fue desarrollado por el profesor Alan Rogers, el profesor Brian Street (Kings College, Londres) y Dave Baker, Londres (London Institute of Education).

[4] Una traducción aproximada de *numeracy* es cultura matemática, en el mismo sentido que *literacy* se traduce como cultura escrita.

[5] Hay disputas en torno al uso del término "cotidiano" en las que no quiero entrar aquí (cf. Tomlin, 2002).

calcular el cambio. Existen otras situaciones que se pueden estudiar, como la adición complementaria, por citar un caso. Así, por ejemplo, si yo comprara un café en el Reino Unido por 1.45 libras, el cambio de 2 libras que recibiría sería de 55 peniques. Un enfoque que usa la adición complementaria y que es muy común en la práctica de las matemáticas de las compras trataría de averiguar cuánto hay que agregarle a 1.45 para llegar a 2 libras; es decir, 55 peniques, viendo tal vez el cálculo como una suma: $1.45 + 0.55 = 2.00$. En una representación abstracta propia del aula, esta resta podría representarse como

$$2.00 - 1.45 = 0.55.$$

En mi opinión, hacerlo así implica varios problemas. Aquí me gustaría concentrarme en tres de ellos. El primero, es que al pasar de las prácticas de dar cambio a procedimientos matemáticos formales del aula, como la resta, el centro de la atención lo ocupan los procedimientos de resta, más que los significados y usos individuales que se dan cuando se trata del cambio. En ese sentido, privilegiamos los procedimientos de matemáticas del salón de clases formal y no somos sensibles a las experiencias y habilidades de los educandos. Además, existe un supuesto oculto de que en cierto sentido el aula se ocupa de las matemáticas descontextualizadas, en lugar de reconocer que es un contexto especial, con prácticas, valores y relaciones sociales particulares. El segundo, al buscar un procedimiento genérico ignoramos la diversidad de enfoques posibles que las personas pueden asumir, incluidos los métodos mixtos que son efímeros, personales, idiosincrásicos, pero eficaces y útiles. En tercer lugar, deberíamos recordar que al tratar de alejar a los educandos de sus prácticas cotidianas para llevarlos hacia las formales estamos sugiriendo que aquéllas tienen algún déficit. En los casos en los que pueden dar cambio pero no hacer restas formales, nuestra concentración en la resta los coloca en déficit, con lo cual no estamos utilizando sus fondos de conocimiento para las matemáticas (Baker, 2005). La práctica en la clase de matemáticas muchas veces consiste en identificar cuáles son los procedimientos formales que los educandos no pueden llevar a cabo y enseñárselos directamente.

Esta descripción de las estrategias para incorporar las costumbres cotidianas de compra en contextos educativos formales requiere un análisis minucioso para revelar las tensiones potencialmente contrastantes y problemáticas que se dan entre las prácticas cotidianas y las formales para algunos educandos. Sugiere que si los maestros de matemáticas para adultos quieren ser cultural, social y económicamente sensibles con sus estudiantes necesitan mayor comprensión de las formas de analizar los contrastes entre las prácticas diarias y las de la educación formal. También tendrán, en ese caso, muchas más formas de buscar vínculos entre lo que los educandos pueden hacer y lo que los maestros pueden querer que hagan en el aula. El presente enfoque se interesa por tales vínculos, más que por privilegiar cualquiera de esos dominios.

En este artículo quiero detenerme primero en la necesidad de modificar los enfoques de la enseñanza de matemáticas a los adultos. Pasaré después a considerar algunas de las posturas conceptuales y teóricas que subyacen a mi propia postura respecto a los temas mencionados. Luego, me basaré en parte del trabajo que he venido realizando en relación con este campo; y por último, plantearé conclusiones respecto a ese trabajo en términos de investigación, teoría, acciones posibles y práctica. La descripción, junto con las posturas teóricas, se elabora además para sugerir directrices de políticas y prácticas sobre la instrucción de matemáticas de los adultos que, según sostengo, serán importantes para quienes trabajan esos temas en el contexto latinoamericano, según lo indican los capítulos de Irma Fuenlabrada y Alicia Avila, en este volumen. Ahora se requiere más investigación transcultural para afinar la teoría esbozada en este trabajo y considerar otras implicaciones potenciales de la política y la práctica en la enseñanza de las matemáticas a estudiantes adultos en diversos contextos internacionales.

A lo largo de este artículo me he inclinado por emplear el término "matemáticas", pero en ocasiones usé la palabra "*numeracy*" para reflejar vínculos con la cultura escrita (*literacy*). Igual que muchos otros de los que trabajan en este campo, creo que *numeracy* y matemáticas son sinónimos, y escojo cualquiera de ambos términos que encaje mejor en un momento dado.

ANTECEDENTES

Antes de continuar podría resultar útil explicar los antecedentes de LETTER. Se trata de un proyecto de los *Uppingham Seminars on Development* (Reino Unido), una pequeña organización de capacitación que se dedica a la educación de adultos y la educación no formal en varios países. Reúne la educación para adultos, en especial el aprendizaje de las matemáticas y de la cultura escrita, con la etnografía. Se propone ayudar a los formadores de adultos y organizadores de cursos para que obtengan experiencia de primera mano con los enfoques de tipo etnográfico de las prácticas locales de lectura, escritura y matemáticas con la finalidad de apoyar el aprendizaje y la enseñanza. El proyecto comienza trabajando con los capacitadores de las personas que enseñan en programas de educación para adultos y educación no formal —los facilitadores y maestros— con el fin de lograr que los instructores puedan preparar a los maestros para que adapten estos enfoques a sus respectivas situaciones locales. LETTER ve este acercamiento como una manera de enfrentarse a las cuestiones sustantivas de la equidad y la justicia social en la educación para adultos, lo que discuto a continuación.

A partir de investigaciones sobre los logros de adultos en matemáticas resulta evidente que hay problemas considerables con una diversidad de asuntos en lo referente a la educación matemática. Por ejemplo, el informe Moser (DfES, 1999) calculaba que hasta el 40 por ciento de la población adulta del Reino Unido tiene muy bajas aptitudes de matemáticas, y que muchos carecen de las habilidades básicas para moverse en el mundo contemporáneo del trabajo. Esto se sustenta en una

encuesta realizada en el Reino Unido (DfES, 2003) que sugirió que "15 millones de
adultos (47%) de Inglaterra" tenían bajos niveles en matemáticas, y eso a pesar de
la existencia de la educación primaria universal en el Reino Unido desde 1870. Además, otras encuestas británicas han demostrado que tanto hombres como mujeres
con escasas habilidades numéricas tienen más probabilidades de estar desemplea-
dos al principio de su carrera laboral, o bien, de participar en trabajos manuales no
calificados, sin adiestramiento (Bynner y Parsons, 2006).

Hay también considerables problemas vigentes y paralelos relacionados con el
aprendizaje de las matemáticas para niños en las escuelas (OECD, 2004). El problema de las escuelas se ha dado a pesar de los grandes esfuerzos e inversiones de
tiempo y dinero en la enseñanza; por ejemplo en la *UK National Numeracy Strategy*
[Estrategia Nacional de Numeracy del Reino Unido] (DfES, 1999). Se han planteado asimismo otras inquietudes respecto a la enseñanza y el aprendizaje de las matemáticas. Una de las que resultan más relevantes para este capítulo es la larga lista de
escasos logros y de formas en las que puede verse que las matemáticas contribuyen
a las cuestiones de exclusión/inclusión social y económica (OECD, 2004; Feinstein,
2003; Burton, 2003; Black, 2005). Además, el informe Smith (2004) aseveró que
muchos estudiantes del Reino Unido encuentran que la enseñanza de las matemáticas es "aburrida e irrelevante". Lo que me preocupa es que las dificultades de los
educandos pueden perdurar, a menos que se realicen cambios significativos en las
maneras en que enseñamos matemáticas. Me pregunto si basarse más en lo que saben los estudiantes y en sus prácticas de matemáticas, tanto dentro como fuera del
aula, podría ayudarnos a enfrentar las cuestiones que se plantearon más arriba.

La respuesta dominante a las preocupaciones relativas a la educación de los adultos en el Reino Unido ha consistido en buscar cómo ampliar los enfoques de la enseñanza en el aula para que incluyan discusiones sustanciales y aprendizaje basado
en actividades. Por ejemplo, la opinión vigente acerca de la enseñanza eficaz de
matemáticas a los adultos en el Reino Unido se observa en un proyecto de matemáticas sobre "aprendizaje activo", tal como se describe en Swan (2005), donde se
sugiere que:

La enseñanza es más efectiva cuando:

Construye a partir del conocimiento que ya tienen los educandos. Esto implica desarrollar técnicas de evaluación formativa y adaptar nuestra enseñanza para abrir el paso para las
necesidades individuales de aprendizaje.

Usa trabajo cooperativo en grupos pequeños. Las actividades son más eficaces cuando
promueven la discusión crítica constructiva antes que la argumentación o la aceptación acrítica. Las metas comunes y la rendición de cuentas del grupo son importantes.

Crea conexiones entre temas. Muchas veces a los educandos les resulta difícil generalizar
y transferir su aprendizaje a otros temas y contextos. Los temas relacionados (como división,
fracciones y razones) siguen estando desconectados. Los maestros eficaces construyen puen-
tes entre las ideas (Swan, 2005, p. 2).

Muchas de estas ideas han recibido el apoyo total de las unidades educativas oficiales del Reino Unido, que las consideran enfoques ejemplares de la enseñanza de adultos. El papel de la discusión y la conversación por medio del cuestionamiento y la colaboración es muy destacado. Aquí nos resulta interesante observar que el concepto de matemáticas que subyace a estas aproximaciones es el de una materia académica basada en el salón de clases. El documento señala la importancia de las interconexiones entre contenidos específicos, como fracciones y razones. En ningún momento cuestiona la naturaleza de las matemáticas que se pretende que aprendan los educandos. De hecho, construir "a partir del conocimiento que ya tienen los educandos" se entiende como una referencia al conocimiento de los educandos acerca del contenido abstracto formal del programa de matemáticas para el salón de clases, el cual es posible encontrar mediante "técnicas de evaluación" de aula. Este modelo para enseñar conceptos matemáticos específicos requiere partir de otros conceptualmente anteriores; es decir, se trata de un modelo de desarrollo lineal. En ese sentido estricto, lo que saben los educandos se refiere a aptitudes y conceptos particulares del programa formal de matemáticas. Al parecer se basa en lo que Freire (1972) denominó modelo bancario de la educación; es decir, se trata de añadir más aptitudes "matemáticas formales" a las que ya se poseen. Lo que quiero sugerir es que es una forma excesivamente restringida de ver "lo que saben los estudiantes"; en cambio, sostendré que para contribuir con el aprendizaje de conceptos, los maestros tienen que construir a partir de lo que los educandos saben en sentido amplio; que no hay necesidad de concientizar a los maestros y de desarrollar un "despertar de la conciencia crítica" (Freire, 1976, p. 19). En la siguiente sección analizaré qué significa este sentido amplio [de lo que los educandos saben].

En el siguiente extracto de un sitio web de consejos para los maestros de matemáticas para adultos (sitio *Skills 4 Life Improvement Programme UK 2007*), es posible encontrar más evidencias del vínculo entre los acercamientos actuales a la enseñanza y una visión autónoma de las matemáticas (véase Street, Baker y Tomlin, 2005). En la sección 3.2.2 hay una actividad llamada "Comparar métodos de cálculo". Dice:

Métodos alternativos de cálculo

1. Responda la pregunta que aparece a continuación. Use el método que quiera pero muestre su desarrollo 45 × 127.

2. Encuentre a alguien del salón que haya respondido la misma pregunta pero utilizando un método diferente. Escriba ese método a continuación 45 × 127.

3. Responda la siguiente pregunta empleando el método nuevo 95 x 83.

4. Piense en la experiencia de usar métodos diferentes del que suele emplear. ¿Cómo se sintió? ¿Cuáles son las implicaciones para la enseñanza? ¿Qué método es más apropiado para usarlo con los alumnos?

<http://www.cfbt.com/sflip/PDF/D1-7%20Numeracy%20Materials%20AM%20Day%203.pdf>.

Esta actividad también se basa en un modelo de matemáticas como algo autónomo; es decir, ha ubicado firmemente la actividad dentro de las prácticas educativas formales de las matemáticas. Se propone su realización de manera descontextualizada y abstracta. Se espera que los educandos aprendan las habilidades en este contexto formal abstracto y la expectativa es que serán capaces de transferir o aplicar las habilidades y conceptos en otro contexto. Los autores del documento han extraído las habilidades de cualquier práctica cotidiana que los alumnos puedan haber experimentado, de manera similar a la extracción de la resta del acto de dar cambio que comentamos más arriba. Resulta interesante que esta actividad ya no considere a las matemáticas como algo unitario, puesto que acepta e incluso estimula una diversidad de procedimientos diferentes para hacer cálculos formales. En ese sentido puede tratarse, en efecto, de un acercamiento más eficaz a la enseñanza de las matemáticas formales. No obstante, las matemáticas a las que se dirigen aquí son vistas implícitamente como habilidades y procedimientos "descontextualizados", alejados de las prácticas que se dan fuera del aula. No se ha hecho intento alguno por justificarlos. El hecho de que, desde esta postura, no haya necesidad de hacerlo refleja la posición dominante de la educación formal de las matemáticas para adultos.

Lo que aquí quiero afirmar es que la respuesta dominante a las preocupaciones en relación con el escaso logro en matemáticas en la educación para adultos ha consistido en sugerir ciertas modificaciones a los enfoques didácticos, pero conservando tanto un modelo restringido de enseñanza como una visión "descontextualizada" autónoma de las matemáticas en el programa escolar. Esta respuesta parece ser inadecuada, en vista de la naturaleza sustancial y difícil de abordar de estos problemas. En este artículo esbozo cuestionamientos sobre tales posiciones. Sugiero más bien extensiones a las prácticas actuales en materia de matemáticas para los adultos con el fin de lograr que sean más eficaces e incluyentes. En la siguiente sección bosquejaré las dos posiciones teóricas interrelacionadas que han surgido en este trabajo y sobre las cuales se basa el proyecto LETTER. Estas dos posiciones son: las matemáticas como práctica social y los maestros como etnógrafos. Ambas extienden y amplían los modelos de enseñanza y la visión de las matemáticas en el currículum.

POSICIONES CONCEPTUALES Y TEÓRICAS

Las dos posiciones clave que procedo a esbozar ahora son:

a] comprensiones que se desprenden de considerar las matemáticas como una práctica social;

b] los usos, por parte de los maestros, de investigación de estilo etnográfico para poder ser cultural, social y económicamente sensibles con sus educandos.

a] A qué me refiero al sugerir que las matemáticas son una práctica social

He escrito de manera amplia al respecto (cf. Baker, 1998; Street, Baker y Tomlin, 2005; Baker, Street y Tomlin, 2006). Para explicar brevemente: al adoptar este punto de vista entiendo que las matemáticas son un poderoso conjunto de herramientas simbólicas, conceptos, representaciones y formas de pensar que pueden usarse para cumplir varios propósitos. Trabajo también a partir del supuesto de que las ideas matemáticas están sujetas tanto a los enfoques interpretativos en materia de ideología, instituciones, relaciones sociales y valores, como a los demás sistemas de significado y comunicación que han sido tema de las ciencias sociales interpretativas más en general. El hecho de que las herramientas y los conceptos de las matemáticas son "universales" y "libres de valores" es una apreciación tan falsa como cuando se trata del estudio de la alfabetización. La afirmación de que las matemáticas están libres de valores, son culturalmente neutrales y universales es lo que, siguiendo el trabajo de Brian Street en los *New Literacy Studies* (Nuevos Estudios de Cultura Escrita) (Street, 1984; Street, 2003), se ha denominado un modelo autónomo de las matemáticas. El modelo autónomo subyace a los extractos que incluimos antes, en los cuales las ideas se veían de una manera descontextualizada y libre de valores. Este modelo no proporciona suficiente comprensión de las inquietudes respecto a ciertos grupos de educandos que logran escasos progresos en matemáticas. Desde otra perspectiva, en contraste con la anterior, el modelo de la práctica social ve a las matemáticas ideológicamente y reconoce la centralidad del contexto, los valores y las relaciones sociales en cualquier evento matemático. Sugiero que este último modelo nos permitirá ampliar nuestras comprensiones y análisis de estas cuestiones de equidad en la educación matemática.

Desde esta perspectiva, las relaciones sociales se refieren a posiciones, roles e identidades de individuos en relación con otros, en términos de las matemáticas. Las instituciones y los procedimientos sociales se aprecian aquí como constituyentes de control, legitimidad, estatus y privilegian ciertas prácticas matemáticas por encima de otras, como resulta evidente a través de paradigmas y procedimientos aceptados y dominantes relacionados con la manera en que se implantan y se conceptualizan las matemáticas. Al adaptar los nuevos estudios de cultura escrita al terreno de las matemáticas, deseo identificar y utilizar ese modelo porque puede revelar complejidades que en la actualidad están ocultas, sobre todo por lo que se refiere al contexto y las relaciones de poder. Estos conjuntos, reunidos, brindan una forma alternativa de ver las prácticas matemáticas, o sea, un modelo alterno, lo que nos permite, además, reconocer y explicitar la pluralidad de prácticas matemáticas. Eso es lo que quiero decir cuando hablo de ver las matemáticas como prácticas sociales: estar siempre consciente de que las matemáticas tienen lugar en contextos específicos con valores, creencias y relaciones sociales.

Para que esto resulte operativo y para hacerlo más explícito he usado, siguiendo a Street en relación con las culturas escritas (Street, 2000, 2003, 2005), el término "eventos matemáticos" (Baker, 1998). Los eventos matemáticos son instancias en las que tienen lugar las matemáticas y que pueden ser vistas por un observador, al grado que pueden ser fotografiadas. Para volver al evento que se describió en el inicio de este artículo, recibir el cambio en una tienda sería un ejemplo de evento doméstico de matemáticas. Que el maestro pregunte en el aula cuánto cambio se recibe de una moneda plástica de diez peniques si se compra un objeto que cuesta cuatro, sería un ejemplo de evento matemático en el salón de clases. No obstante, los significados de esos eventos matemáticos no pueden ser plenamente entendidos por la simple observación, o por la fotografía; según postula la teoría, son parte de conjuntos de prácticas que forman patrones y conceptualizaciones, a los que denomino "prácticas matemáticas/de *numeracy*" (Baker, 1998: Street, Baker y Tomlin, 2005). Las prácticas matemáticas se refieren a los usos y significados pautados de las matemáticas en diferentes contextos y entornos. Las prácticas matemáticas del aula pretenden cumplir propósitos educativos, y el maestro, con su conocimiento y experiencia, es quien tiene el control. Por ejemplo, el maestro selecciona y asigna tareas para estimular el aprendizaje y la consolidación de una habilidad determinada, como calcular el cambio que debe recibirse al pagar objetos hipotéticos de diferentes precios con diez peniques. Las prácticas matemáticas domésticas suelen tener un propósito doméstico, en el cual la persona que aprende tiene un nivel de involucramiento o de control. Un evento que involucra la adquisición de objetos al ir de compras podría verse como un ejemplo de práctica matemática doméstica en la cual, una vez más, el control está situado en un agente diferente, en este caso tal vez podría ser el tendero. Lo que se ve como importante difiere entre el aula, el hogar y el mercado. En el salón de clases conocer y recordar el cambio de diez peniques es, en sí misma, una habilidad importante. El maestro conoce la respuesta y plantea las preguntas que no forman parte, inherentemente, del manejo del dinero. Los procesos de enseñar el dinero o los números en el aula tienen ciertos valores, contextos, relaciones sociales e institucionales, que considero prácticas matemáticas del aula. Sin embargo, si un alumno fuese de compras a adquirir un objeto, el intercambio de dinero podría involucrar dar o recibir cambio, lo que sería parte de la administración del hogar y no una habilidad educativamente determinada y fija. Eso también sería parte de las prácticas matemáticas domésticas o de compra, con sus propios valores, contextos y relaciones sociales.

La segunda vertiente de lo que entiendo por matemáticas como prácticas sociales se asocia con el concepto de enseñanza constructivista de edificar a partir de lo que saben los educandos. El modelo de práctica social tiene una visión amplia del fondo de conocimientos de los educandos para las matemáticas, y por lo tanto requiere una intervención abierta pero estructurada para descubrir lo que saben aquéllos. Esto significa que tenemos que partir de la premisa de que los educandos tienen un fondo sustancial y válido de conocimientos para las matemáticas. Comentaré esto a continuación y analizaré formas eficientes de identificar sus fondos de conocimientos mediante una investigación de tipo etnográfico.

Fondos de conocimiento y prácticas para las matemáticas

Los *fondos de conocimiento* representan una visión positiva y realista de que las unidades domésticas contienen amplios recursos culturales y cognoscitivos con un gran potencial de utilidad para los salones de clase (Moll, Amanti, Neff y González, 1992, p. 134),

y

Para la numeracidad podríamos decir que se refiere a nuestros educandos en cuanto a:
- Conocimientos, experiencias, historias, identidades y las imágenes de ellos mismos;
- Actitudes, disposiciones, deseos, valores y creencias, así como relaciones sociales y culturales;
- Relaciones con el aprendizaje, con los maestros y con las matemáticas mismas;
- Prácticas de numeracidad fuera del aula (Baker, 2005; Street, Baker y Tomlin, 2005).

La concentración en los *fondos de conocimiento* de los estudiantes (González, Moll y Amanti, 2004; Moll, Amanti, Neff y González, 1992; Baker, 2005) traslada nuestra atención como maestros a lo que los educandos traen a nuestras clases cuando, junto con ellos, procuramos reconstruir su conocimiento, sus actitudes y sus comprensiones, así como lo que pueden hacer como personas, en lugar de sobreponer una habilidad nueva encima de una vieja. Nos pone sobre aviso, como maestros, acerca de cuestiones de preocupación sobre nuestros alumnos de modo que ellos, y no el contenido de lo que estamos enseñando, pasan a ocupar un lugar más central en nuestro pensamiento. Los "fondos de conocimiento", en el sentido en que Moll usa la expresión, son, entonces, más que el conocimiento de los hechos y habilidades matemáticas; se refieren a procesos de involucrarse con las matemáticas, a relaciones entre personas y las relaciones entre éstas y sus prácticas matemáticas.

b] El uso de aproximaciones de estilo etnográfico para averiguar lo que saben

A lo largo de los años, quienes trabajan en las áreas de matemáticas, cultura escrita y desarrollo han dedicado una gran cantidad de energía y de recursos a tratar de mejorar las prácticas matemáticas y lectoescritoras de las personas marginadas para contribuir al aprovechamiento de sus facultades en distintos planos: legal, social, económico y político. Esto ha adoptado, en general, la forma de programas diseñados por individuos que cuentan con educación formal y que tienen una muy escasa percepción de cómo es la vida real de las personas que buscan ayudar. Esos programas regularmente se orientan de arriba hacia abajo y se enfocan en las habilidades; con mucha frecuencia no son todo lo viables o relevantes que podrían ser para la vida de los educandos (cf. el sitio web *Skills 4 Life Improvement Programme UK 2007* que se mencionó más arriba). Por el contrario, las herramientas y aproximaciones de la etnografía brindan un enfoque fincado más en aspectos sociales humanistas.

Adoptar una perspectiva etnográfica (Green y Bloome, 1997; Heath y Street, 2008) en relación con el desarrollo de la cultura escrita y las matemáticas implica averiguar qué es lo que ya sabe la gente, determinar cuáles son sus prácticas matemáticas y lectoescritoras vigentes y construir a partir de ello, más que asumir que los educandos no llevan nada consigo al aula y que es necesario "darles" todo. Implica alejarse de la alfabetización y las matemáticas como conjuntos de habilidades aisladas y autónomas, y observarlas como prácticas sociales que permean el entorno y la vida de aquellas personas para las cuales se diseñan los programas de lectura, escritura y matemáticas. En sí mismos, esos programas "autónomos" involucran también prácticas matemáticas —relaciones sociales e ideológicas entre los participantes—, y no simplemente "habilidades", y también están sujetos a la indagación etnográfica, como lo ilustran algunos de los capítulos de este volumen (Avila). Una perspectiva etnográfica significa observar los usos y comprensiones de las prácticas que tiene la gente y mostrarse sensible a la diversidad de enfoques y usos diferentes en los que pueden involucrarse. Como enfoque etnográfico no bastaría aplicar un examen o hacer una entrevista formal, en parte porque la gente misma puede no ser consciente de lo que hace y lo que sabe; por lo tanto, es poco probable que revele los significados y usos que las personas dan a sus prácticas.

TRABAJAR CON ESTAS IDEAS

En la siguiente sección observaré datos tomados de ejemplos en los cuales se utilizaron los enfoques que se describen aquí. Hay tres ejemplos. El primero es un taller de LETTER impartido en el sur de Asia (Delhi); el segundo es otro taller de LETTER que se llevó a cabo en Etiopía, y el tercero se basa en trabajo realizado en el campo de la educación para adultos en el Reino Unido. Observaré las formas en que los enfoques que se describen en este trabajo pueden arrojar luz sobre la educación de adultos y proporcionar maneras positivas para utilizar el fondo de conocimientos de matemáticas de los educandos, lo que evidentemente también tiene implicaciones para el trabajo que se desarrolla en América Latina en este campo. Todos los nombres que se utilizan son seudónimos.

Taller del sur de Asia

Una descripción completa de los talleres impartidos en Delhi puede encontrarse en Nirantar (2007), así como en Baker, Street y Rogers (2007). Como parte del taller se solicitó a los miembros del grupo que diseñasen un proyecto de investigación para estudiar prácticas de matemáticas o de cultura escrita en un entorno cercano a su

Figura 1. Una balanza para medir el peso de objetos de metal en Mehrone, Uttar Pradesh.

sitio de trabajo. Un ejemplo de ese diseño de investigación fue proporcionado por los participantes de Nirantar, una ONG de capacitación para mujeres con base en Delhi. Ellos se dedicaron a estudiar las prácticas de matemáticas de las mujeres *dalit* (intocables) de una aldea campesina que participaban en una clase de educación para adultos cerca de Lalitpur, en Uttar Pradesh, India. Junto con algunas integrantes de Nirantar observé eventos matemáticos en la aldea. Uno de ellos consistía en pesar pequeñas y grandes cantidades de metal (figura 1). El instrumento que empleaban estaba tan bien balanceado y diseñado que registraba incluso la colocación de un billete de cinco rupias en una de las bandejas. Al parecer había sido diseñado y fabricado en la aldea y lo utilizaban unos comerciantes que en gran medida se consideraban a sí mismos iletrados e ignorantes de la numeración; sus prácticas matemáticas para medir, sin embargo, eran sustantivas, efectivas y confiables. Los aldeanos estaban extremadamente dotados en esas prácticas, aunque no poseían ninguna práctica matemática formal del aula.

Un segundo evento de matemáticas fue observar a unas mujeres midiendo los productos que llevarían a los tenderos de la aldea para vendérselos. Éstos sólo manejaban unidades de peso estándar, como kilos, pero las mujeres usaban su propio recipiente local llamado *barajja* (en el que entra alrededor de un kilo de agua), y un *paili* (que contiene entre nueve y once kilos, aproximadamente) para medir una diversidad de productos, entre ellos mantequilla clarificada, trigo y semillas de ajonjolí (figura 2). Todas tenían sus *barajjas* y *pailis*. Conceptualmente, estos recipientes son medidas de capacidad, pero en las aldeas se usan para pesar los productos. El peso del ajonjolí y de la mantequilla clarificada que cabe en las vasijas es diferente, ya que no tienen la misma densidad. Las prácticas de matemáticas agrícolas de las mujeres parecen implicar que se mueven entre sus propias medidas y las estándar, entre los

Figura 2. Una mujer de Uttar Pradesh, India, que muestra su *barajja*, recipiente para medir las cosechas.

conceptos de capacidad y de peso, y entre los pesos de diferentes productos, mientras negocian para venderlos (cf. Saraswathi, inédito). En vista de las diferencias en los antecedentes sociales y culturales, no resulta sorprendente que las instructoras de Nirantar no siempre conociesen esas prácticas, que eran locales, bien establecidas y muy refinadas. Las prácticas formaban parte del "fondo de conocimientos" de estas mujeres para las matemáticas (González, Moll y Amanti, 2004; Moll, Amanti, Neff y González, 1992; Baker, 2005). Sin embargo, esas prácticas matemáticas tenían el potencial para contribuir positivamente a las clases a las que concurrían las mujeres. También quedaba claro que tales prácticas no incluían registros escritos. También diferían de muchas prácticas matemáticas usuales en el aula, en las que se daba preeminencia a diferentes medidas estándar, diferentes herramientas, diferentes modos (escritos) y diferentes relaciones sociales. Las prácticas de las mujeres no tenían vigencia en el salón de clases. No obstante, una parte importante del taller consistía en verificar si los maestros estaban al tanto del ejercicio matemático de las mujeres *dalit* y con cuanta profundidad; así como saber si al cabo de cierto tiempo lograron familiarizarse con tales prácticas matemáticas para tomarlas como punto de partida de cara a una enseñanza matemática constructiva para adultos.

Taller en Bahir Dah, Etiopía

Un segundo proyecto de LETTER se llevó a cabo en Etiopía en 2007-2008, con un taller en septiembre de 2007 y otros en 2008. Uno de los participantes del taller de LETTER en Bahir Dah, Etiopía, en enero de 2008, fue Kebede Jobir, del *Arbaminch*

College of Teacher Education. Como parte del programa, él y sus colegas del Arbaminch College investigaron el uso de una aproximación de estilo etnográfico para comprender las prácticas matemáticas de mujeres que trabajaban en proyectos de microfinanciamiento en pequeña escala en la ciudad de Arbaminch. Observaron a las mujeres mientras trabajaban y hablaron después con un pequeño grupo de nueve mujeres de las áreas de Limat, Konso y Menoriasefer respecto a las formas en que lo hacían. Cuando se les preguntó de qué manera les sería de ayuda el programa de microfinanciamiento las entrevistadas respondieron:

Soñamos con mejorar el bienestar económico de nuestras familias, desarrollar nuestros propios proyectos para generar ingresos, encaminar a nuestros hijos, sobre todo a las niñas, en la senda hacia una vida mejor a través de la escuela, cosa que nosotras nunca tuvimos.

Kebede y sus colegas observaron con gran cuidado las prácticas de varias de esas mujeres. En este trabajo he seleccionado, para su análisis, sólo una de ellas. Se trata de Matale Masalo, de Konsosefer. Había pedido un préstamo de 1600 *birr* (alrededor de 150 dólares). Lo usó para producir *cheka*, una bebida local de Konso. Con eso y con las ovejas que alimentaba con subproductos de la *cheka*, ella y su hija obtuvieron una cantidad importante de dinero, parte del cual mantuvieron en secreto para que el marido de Matale no se los quitase. Comentó: "Ganamos dinero vendiendo *cheka* y ovejas al menudeo." Cuando se le preguntó cómo calculaba sus utilidades, respondió que "una taza de *cheka* se vende a 0.40 centavos, y con los 50 kilos de grano que compré tenía una utilidad de unas 70 a 80 tazas, que son casi 28 *birr*".

Cuando Kebede le preguntó cuándo y cómo devolvió el préstamo al proyecto, Matale contestó lo que sigue:

Pagué 40 *birr* mensuales por un periodo de 40 meses; para eso conté 40 granos (de maíz) y los guardé en un lugar seguro; cada grano era 40 *birr*, así que cada vez que pagaba 40 *birr* sacaba un grano, y así seguía (figura 3).

Al preguntársele de dónde había sacado esa experiencia, dijo:

Oí cuando mi padre Masalo hablaba de su padre, es decir mi abuelo, que murió antes de que yo naciera. ¿Qué te dijo? —le pregunté—. No, no es para mí —contestó ella.

Mi padre le habló a nuestra familia sobre mi abuelo. Oí a mi padre decir que su padre tenía tantas ovejas que para contar su número usaba arena; cuando había un nuevo nacimiento agregaba un grano de arena; si mataban una, quitaba un granito, y así. Me asombró el conocimiento de mi abuelo en el momento en que oí hablar de su labor, así que pienso que es la experiencia de mi padre que se transfirió a mí y que me ayuda a calcular la devolución del préstamo.

Kebede reportó durante su observación que: "había 26 granos". Cuando le preguntamos cuántos se habían pagado y cuántos faltaban, contestó automáticamente:

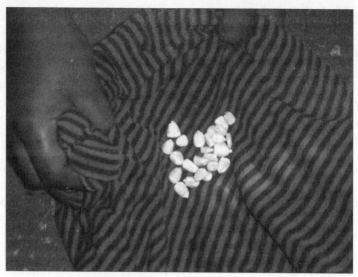

Figura 3. Matale, una mujer de Konsosefer, muestra cómo usa granos para llevar su registro: "cada grano era 40 *birr*".

"He pagado 560 *birr* y me faltan 1040", lo cual era correcto. También informó de la siguiente conversación que tuvo con ella:

—¿Los miembros de tu familia saben dónde guardas esos granos? —le pregunté.

—No —dijo—. Porque mi marido siempre me pide dinero para comprar bebida. Yo me niego a dárselo y se enoja y nos peleamos. Él cree que tengo más dinero y está desempleado, decía, así que tengo miedo de que si lo sabe pueda robar y tirar mis granos para hacerme enojar.

Le pregunté:

—¿Y si te pasa algo cuando no estás en tu casa? ¿O si hay un incendio, por ejemplo, y tu casa se quema?

Sonrió y dijo:

—No te preocupes. No soy una madre que le deja problemas a su familia. Toda la información de esto la sabe mi madre. Se lo conté y ella lo sabe; también guardo parte del dinero en su casa, porque tengo miedo de que mi marido pueda robarlo cuando yo no estoy.

Estos datos, compilados con métodos etnográficos, revelan muchas cosas. Muestran algunos de los fondos de conocimiento y métodos usados por adultos a los que se considera *innumerados* para manejar airosamente sus finanzas en el contexto de sus prácticas matemáticas financieras. Esos métodos no serán iguales a algunas de las técnicas de contabilidad del aula, pero son poderosos y eficaces. Además, hay también relaciones sociales que tienen que ver especialmente con el género y con las prácticas históricas y culturales en las que se sitúan esas técnicas, que no son iguales a las que hay en el salón de clases. De hecho, uno de los aspectos sorprendentes que surgieron en Etiopía fue el valor que en opinión de algunas mujeres tenía no contar con registros escritos de sus transacciones. Sentían que los registros escritos harían más vulnerable su dinero frente sus esposos. Se ha encontrado evidencia similar de esta cuestión relacionada con formas escritas de llevar las cuentas en Bangladesh (Alan Rogers, correo electrónico del 29 de febrero de 2008). No deseo sugerir que estas prácticas matemáticas deban verse como complicadas en relación con las matemáticas occidentales formales. Lo que digo es que incluso las personas a las que se considera iletradas e *innumeradas* tienen prácticas matemáticas efectivas, poderosas herramientas para la solución de problemas, a partir de las cuales se podría trabajar si las mujeres quisieran desarrollar sus prácticas educativas matemáticas formales, así es como los investigadores de los *New Literacy Studies* (Nuevos Estudios de Cultura Escrita) han descubierto las prácticas de alfabetización de muchas personas consideradas analfabetas (cf. Nabi, Rogers y Street, en prensa). Estas prácticas, tanto de matemáticas como de cultura escrita, están insertas en contextos, valores y relaciones sociales. Sin embargo, eliminar las técnicas de manejo de las finanzas de las prácticas en las que tienen lugar y son usadas por los adultos, para desarrollar un currículum y una pedagogía para un aula de matemáticas para adultos, podría no representar una manera eficaz o útil de construir a partir de lo que ellos saben para poder enseñarles. Además, sin enfoques culturalmente sensibles (como la investigación de tipo etnográfico) para revelar las complejidades y detalles de esas prácticas, los maestros, que tienen antecedentes y experiencias muy diferentes, con su propio fondo de conocimientos y de prácticas, no serían conscientes de los ricos recursos, circunstancias, habilidades, comprensiones y usos que sus estudiantes adultos pueden llevar consigo a las clases.

El trabajo con adultos en el Reino Unido

En 2006-2007 se llevó a cabo en el Reino Unido un proyecto de investigación que observaba hasta qué punto los maestros de matemáticas para adultos usaban los fondos de conocimiento de matemáticas de sus alumnos. El proyecto (Baker y Rhodes, 2008) encontró que los maestros tratan de construir a partir de lo que los educandos saben en un sentido restringido con relación al tema que se enseña en sus aulas, pero no eran sensibles al amplio fondo de conocimiento de matemáticas de sus alumnos, y no lo tomaban en cuenta en forma positiva. El proyecto observó tensiones entre lo que sabían los estudiantes de matemáticas y lo que sus maestros lograban utilizar en el salón de clases.

Un ejemplo de esto, tomado del proyecto, provino de una de las maestras, Katrina, del Burstead College de Educación Continua. Dijo que los alumnos tenían problemas para manejar el sistema métrico. No estaban familiarizados con las unidades métricas, ya que no las usan en su vida cotidiana. Ni siquiera conocen su propia estatura y peso en unidades métricas. Ese tema es parte del examen formal y del currículum y necesitan conocer el sistema métrico para aprobar su examen de matemáticas como adultos. Sin embargo, no forma parte de sus antecedentes ni de sus prácticas actuales en matemáticas informales. Esto se daba especialmente entre los adultos más ancianos, que crecieron con el sistema de unidades denominado imperial [sistema inglés de pesos y medidas]. Katrina acepta el lugar que el sistema ocupa en el currículum formal de matemáticas para adultos, pero le queda claro que muchos de sus educandos de más edad parecen debatirse inútilmente contra él. No es parte de sus experiencias previas de medición, y para ellos no está situado en entornos auténticos. Eso, por lo tanto, tiene el potencial de entrar en conflicto con lo que saben los educandos fuera del salón de clases y, sobre todo, con sus prácticas matemáticas informales cotidianas. En realidad, lo que se advierte rápidamente es que algunos de los alumnos luchan con las unidades métricas porque sus experiencias fuera del aula y sus antecedentes estaban vinculados casi exclusivamente con las unidades del imperio. Dice Katrina:

Y si una persona ha estado hablando en pies y pulgadas durante toda su vida, y nunca ha visto una regla de 30 centímetros, no vas a transformar su comprensión de lo métrico en ese tiempo. Y casi se vuelve… Es un tema, es algo que tienes que aprender, ten una lista de hechos, ve y apréndetela. Se vuelve muy difícil hacer que se vuelva más relevante en su vida. Porque van a salir del aula y no van a usar centímetros. Ni pensarán repentinamente en su viaje al instituto en kilómetros en lugar de en millas. En ese sentido es un tema difícil. Bueno, es una forma en la que creo que realmente el currículum está desvinculado de la sociedad. Es como todo lo que hay ahora en las tiendas, se vende en unidades métricas, ¿no? Pero incluida yo misma, tal vez tú, quizá todos los que conoces, ¿quién entra y pide medio kilo de aceitunas, o algo así? El uso del sistema métrico no forma parte de nuestra conciencia social… Sí, en otras palabras, el currículum está en conflicto con eso, lo que resulta interesante. No nos veo llegar a la etapa en que eso ya no ocurra. Lo cual es muy extraño cuando se piensa cuánto tiempo hace que existe el sistema métrico, porque obviamente se tiene que enseñar en las escuelas, pero a juzgar por mi experiencia los niños siguen aprendiendo un montón de esa terminología cuando hablan con sus padres. Porque les he dado clases a chicos de 16 años, educados totalmente con el sistema métrico. Y si les digo: ¿cuánto mides?, me dicen, ah, cinco pies ocho pulgadas (entrevista de diciembre de 2006) (Baker y Rhodes, 2008).

Este último punto demuestra lo profundamente arraigados que pueden estar los fondos de conocimiento y lo significativas que son las experiencias fuera del aula. Tenemos que aceptar que los fondos de conocimiento no se derivan exclusivamente de contextos educativos, como se asume a veces en el salón de clases. Los antecedentes del hogar pueden resultar más significativos que las experiencias de la educación formal, y también pueden desempeñar un papel más sustantivo en el aprendizaje de lo que solía asumirse. Demuestra, asimismo, que las prácticas matemáticas "caseras" informales pueden diferir mucho de las formales, y que los educandos necesitan contar con ayuda explícita para pasar de unas a otras (Street, Baker y Tomlin, 2005). No pretendo decir que los educandos no deban aprender las unidades métricas, sino que los maestros tienen que mostrarse sensibles a las experiencias de sus educandos. Sobre todo los de más edad, que previamente tuvieron una amplia práctica con las unidades de medida del imperio, lo que significa que carecen de las experiencias a partir de las cuales se construye el conocimiento relacionado con las unidades métricas. Esto parece inhibir e interferir con el aprendizaje de las unidades métricas. El conflicto que se presenta aquí entre las unidades métricas del currículum formal y las unidades inglesas del fondo de conocimientos de los educandos destaca la importancia de esta cuestión, especialmente para alumnos de más edad que se esfuerzan por aprobar sus exámenes formales de adultos. Aquí hay evidencias de un sesgo en contra de los educandos ancianos en la educación de los adultos y, por ende, una falta de equidad.

CONCLUSIONES

La intención del trabajo descrito en este artículo fue la de comprender cuestiones que subyacen a la manera de promover que los maestros de matemáticas para adultos sean social, cultural y económicamente más sensibles a sus educandos. Las experiencias y datos de campo sugieren que las preocupaciones respecto a la enseñanza y el aprendizaje de las matemáticas eran complejas y difíciles de tratar, y que con excesiva frecuencia los maestros no eran conscientes de los fondos de conocimientos y prácticas que los alumnos adultos aportan a sus sesiones. Para manejar esas cuestiones basé mi trabajo en dos pilares teóricos: las matemáticas como práctica social y los maestros como etnógrafos. Diseñé con cierto detalle la comprensión de esos dos conceptos. Después del trabajo que llevé a cabo en el Reino Unido, Etiopía y el sur de Asia, me queda claro que las prácticas basadas en esos conceptos tienen mucho que ofrecer, tanto teórica como prácticamente, a quienes intervienen en la educación para adultos en otros contextos internacionales, incluyendo la situación latinoamericana que describen otros autores de este volumen. En términos de teoría, las matemáticas como prácticas sociales nos brindan una lente a través de la cual podemos ver y comprender algunas de las ricas experiencias, costumbres e ideas en las que intervienen los alumnos adultos. Las matemáticas como prácticas sociales nos presentan los conocimientos de los alumnos y desplazan nuestra atención de los aspectos que no pueden realizar hacia aquellos que pueden desempeñar. Mientras tanto, la investigación de estilo etnográfico de las costumbres adultas nos proporciona una manera de aproximarnos lo más posible a los usos y comprensiones que los adultos tienen de estos hábitos, y a los fondos de conocimiento y prácticas que los adultos pueden aportar a las sesiones. La situación es aún compleja y en este trabajo no se sugiere que este enfoque, por sí mismo, haya resuelto los muchos problemas de la enseñanza y el aprendizaje de las matemáticas para los adultos. Es necesaria mucha más información para refinar y ampliar estos procesos, enfoques y comprensiones, pero yo sugeriría que el trabajo descrito aquí ha dado inicio al proceso de formar a los maestros para que sean cultural, social y económicamente sensibles a sus estudiantes, de tal manera que resultará satisfactorio verlos en acción en otros contextos de todo el mundo.

Al mismo tiempo, algunas de las ideas que han surgido sugieren que, para que los maestros puedan ser cultural y socialmente sensibles a sus alumnos, tiene que haber una ampliación importante de las prácticas y políticas educativas actuales en relación con la enseñanza de las matemáticas, a fin de que *vayan más allá de*:

• Enseñar habilidades autónomas y contenidos matemáticos dirigidos a las prácticas; es decir, que enseñen por medio de eventos y prácticas, y que utilicen los fondos de conocimiento de sus alumnos, entre ellos, sus prácticas de matemáticas, y estimulen explícitamente que alternen entre las prácticas formales y las informales.
• Una concentración que se limite a los números e incluyan también conceptos de forma, espacio, datos, patrones, maneras de pensar, etcétera.
• Enseñar insertando habilidades matemáticas en contextos educativos; es decir, pasando de contextos descontextualizados e incrustados en el escenario educativo hacia contextos "reales" y que cumplan un propósito para los educandos, como es el caso de dar cambio al hacer las compras.
• Una concentración restrictiva en aspectos cognoscitivos de la enseñanza y el aprendizaje de las matemáticas, como las habilidades abstractas desarrolladas de manera lineal, y se aproximen al desarrollo de prácticas matemáticas social, cultural y emocionalmente contextualizadas.
• El cumplimiento de rutinas matemáticas, como la resta formal, para acercarse a una posición crítica, es decir, tener conciencia, enfrentar y ampliar las posiciones epistemológicas de las prácticas formales de las matemáticas.
• Enseñar las matemáticas como un conjunto de habilidades y que se acerquen a las complejidades y el potencial de enseñarla como prácticas sociales.
• Modelos deficitarios y una visión estrecha de los fondos de conocimiento que llevan los educandos consigo a las clases, y se aproximen a construir de forma positiva a partir del amplio conjunto de conocimiento y prácticas matemáticas con los que cuentan los educandos; es decir, mediante aproximaciones etnográficas para garantizar que los maestros sean cultural, económica y socialmente sensibles a las creencias, valores, diversidad y fondos de conocimientos de los estudiantes, además de ser conscientes de las complejas cuestiones de relaciones sociales y de poder dentro de la educación.

Recibí con regocijo la oportunidad de compartir las ideas y descripciones que se bosquejan en este artículo en el emocionante Seminario Internacional de Alfabetización y Cultura Escrita (*Latin American Literacy Studies*) que se celebró en Pátzcuaro, México, en 2008. El próximo paso consistirá en identificar, ampliar e investigar maneras de poner en práctica y refinar las ideas y enfoques derivados tanto de las matemáticas como de la práctica social donde los maestros ejerzan como etnógrafos en el aula, así como de la formación de maestros en otros países, incluyendo los de América Latina, donde colegas de México y de Perú han expresado ya su interés por realizar talleres de LETTER. Sería un placer interactuar con quienes estén dispuestos a llevar estas ideas un paso más allá.

REFERENCIAS

Baker, D. A. (1998), "Numeracy as social practice; and adult education context in South -Africa", *Journal of Literacy and Numeracy Studies*, 8(1), pp. 37-50.
—— (2005), "Funds of knowledge and numeracy", *Reflect: Journal of NRDC*, Londres, Institute of Education/NRDC.
Baker, D. A. y V. Rhodes (2008), *Research Report. Making use of learner's funds of knowledge for mathematics and numeracy: Improving teaching and learning of mathematics and numeracy in adult education*, Londres, NRDC <http://www.maths4life.org/content.asp?CategoryID=858>.
Baker, D. A., B. Street y A. Rogers (2007), "Training teachers to teach in culturally socially and economically sensitive ways: Report on a development project for adults in South Asia", *The International Journal of Learning*, 14 (6), pp. 1-8, Melbourne, Common Ground, <www. learning-journal.com>.
Baker, D. A., B. V. Street, con A. Tomlin (2006), "Navigating schooled numeracies: Explanations from the UK for the low achievement in math of children from a low SES background", número especial del *International Journal of Mathematical Thinking and Learning on Parents' Perceptions of their Children's Mathematics Education: Considerations of Race, Class, Equity, and Social Justice*, 8 (3), pp. 287-307.
Black, S. (2005), *Whose economic wellbeing? A challenge to dominant discourses on the relationships between literacy and numeracy skills and (un)employment*, Nueva Gales del Sur, University of Technology, disponible en <http://www.staff.vu.edu.au/alnarc/onlineforum/AL_pap_ black_htm>.
Burton, L. (2003), *Which way social justice in mathematics education?*, Westport, Praeger/Greenwood Press.
Bynner, J. y S. Parsons (2006), *Numeracy matters more*, Londres, NRDC.
DfES (1999), The national numeracy strategy, Sudbury, DfES.
—— (2003), *Skills for life. The national strategy for improving adult literacy and numeracy skills*, Londres, DfES.
Feinstein, L. (2003), "Inequality in the early cognitive development of British children in the 1970 cohort", *Economica*, 70 (277), pp. 73-107.
Freire, P. (1972), *Pedagogy of the oppressed*, Harmondsworth, Penguin [*Pedagogía del oprimido*, México, Siglo XXI, 55a. edición, 2005].
—— (1976), *Education: The practice of freedom*, traducido por M. Bergman Ramos, Londres, Writers and Readers, citado en D. Coben, J. O'Donoghue y G. FitzSimons (eds.), *Perspectives on adults learning mathematics* (2000), Dordrecht, Kluwer Academic Publishers.
González, N. E., L Moll y C. Amanti (2004) (eds.), *Funds of knowledge: Theorizing practices in households and classrooms*, Mahwah, Lawrence Erlbaum.
Green, J. y D. Bloome (1997), "Ethnography and ethnographers of and in education: A situated perspective", en J. Flood, S. Heath, y D. Lapp (eds.), *A handbook of research on teaching literacy through the communicative and visual arts*, pp. 181-202, Nueva York, Simon and Schuster Macmillan.
Heath, S. B. y B. Street (2008), *Ethnography: Approaches to language and literacy research*, Nueva York, NCRLL, Teachers College.

Moll, L., C. Amanti, D. Neff y N. González (1992), "Funds of knowledge for teaching: Using a qualitative approach to connect homes and classrooms", *Theory into Practice*, XXXI (2), primavera, pp. 131-141.

Nabi, R., A. Rogers y B. Street (en prensa), *Hidden literacies*.

Nirantar (2007), *Exploring the everyday: Ethnographic approaches to literacy and numeracy*, Delhi, Nirantar ASPBAE.

OECD (2004), *Learning for tomorrow's world: First results from PISA*, París, OECD.

Saraswathi, L. S. (inédito), *Practices in enumeration by counting and computation of sets of objects in rural Tamil Nadu: Implications for adult education programmes*, disponible en <d.baker@ioe.ac.uk>.

Smith, A. (2004), *Making maths count: The report of professor Adrian Smith's inquiry into post-14 mathematics education*, Londres, DfES.

Street, B. (1984), *Literacy in theory and practice*, Cambridge, Cambridge University Press.

—— (2000), "Literacy events and literacy practices", en K. J. M. Martin-Jones (ed.), *Multilingual literacies: Comparative perspectives on research and practice*, pp. 17-29, Amsterdam, Jason Benjamin's.

—— (2003), "What's 'new' in new literacy studies? Critical approaches to literacy in theory and practice", *Current Issues in Comparative Education*, 5(2), pp. 1-11.

Street, B. (ed.) (2005), *Literacies across educational contexts*, Filadelfia, Caslon Press.

Street, B., D. A. Baker y A. Tomlin (2005), *Navigating numeracies. Numeracy Practices at home and at school*, Dordrecht, Kluwer/Springer.

Swan, M. (2005), "Active learning", *Reflect: Journal of NRDC*, Londres, Institute of Education/NRDC.

Tomlin, A. (2002), "'Real life' in everyday and academic maths", en P. Valero y O. Skovsmose (eds.) *Proceedings of the 3rd International MES Conference*, pp. 1-9, Copenhague, Centre for Research in Learning Mathematics.

Sitios web

Maths for Life within NRDC for reports and research on adult numeracy in the UK, <http://www.maths4life.org/>.

National Institute for Continuing Education in the UK, <http://www.niace.org.uk>.

National Research and Development Centre for reports on research on Adult Education in the UK, <http://www.nrdc.org.uk>.

Skills 4 Life Improvement Programme UK 2007, <http://www.cfbt.com/sflip/PDF/D1-7%20Numeracy%20Materials%20AM%20Day%203.pdf>.

GITANOS Y VIAJANTES:
INVOLUCRAMIENTO CON LA AUTORIDAD,
CULTURA ESCRITA, DISCURSO Y PRÁCTICA COMUNICATIVA

JULIET MCCAFFERY[1]

En este trabajo se analizan el uso de la cultura escrita y de las prácticas comunicativas por parte de los *gitanos* ingleses y los *viajantes* irlandeses en relación con el sentido de agencia, la conservación cultural y la autodeterminación. La investigación que se llevó a cabo para este capítulo sugiere que la tradición de los nuevos estudios de cultura escrita (*New Literacy Studies* —NLS) y el concepto de multimodalidad contribuyen a conceptualizar estas cuestiones desde un punto de vista tanto teórico como empírico.

En el contexto de NLS y *numeracy*[2] en América Latina, esta descripción de los *gitanos* ingleses y los *viajantes* irlandeses como miembros de la diáspora rom puede despertar, en relación con las comunidades rom en esa región, preguntas que requieren respuesta. En 1574 el primer *gitano* que llegó a Brasil fue llevado a la fuerza después de ser perseguido por la Inquisición, que consideraba a los *gitanos* como herejes y hechiceros indeseables. También había *gitanos* entre los primeros *bandeirantes* que se internaban en el territorio para buscar oro y piedras preciosas. En la actualidad hay alrededor de 60 mil *gitanos* en Brasil y grandes comunidades en por lo menos cuatro grandes ciudades, incluyendo Río de Janeiro.[3] Más recientemente llegaron a Argentina procedentes de Europa oriental y en Chile hay una población considerable. Los romaníes llegaron a América del Norte durante el periodo colonial y a finales del siglo XIX, procedentes de Rusia y de los Balcanes. Mantuvieron su estilo de vida itinerante hasta la depresión de los treinta, cuando la mayoría de ellos se establecieron en ciudades grandes.

Este capítulo se concentra en los *gitanos* y los *viajantes* en Inglaterra e Irlanda como base para realizar estudios comparativos en otros lugares del mundo, incluida América Latina. Me he basado en mi propia experiencia etnográfica, en los registros históricos a los que tuve acceso, así como en los registros gubernamentales y oficiales contemporáneos, pese a que en Inglaterra e Irlanda hay una significativa falta de datos sobre estos grupos. Esta información limitada es, en sí misma, un ejemplo de su marginalización extrema, evidencia de la forma en que el sistema educativo y los medios de comunicación de masas del Reino Unido, al igual que

---

[1] University of Sussex.

[2] Una traducción aproximada de *numeracy* es cultura matemática, en el mismo sentido que *literacy* se traduce como cultura escrita.

[3] <www.geocities.com/~Patrin/brazil>.

organizaciones similares de países de todo el mundo, los califican como deficitarios debido a sus estilos de vida, y ponen en práctica medidas dirigidas al sedentarismo y a la integración. El grado en que esas relaciones de poder resultan evidentes en la calificación de los pueblos marginales de América Latina es un tema del cual se han ocupado muchos de los capítulos de este libro. Al presentar datos de la experiencia de *viajantes* y *gitanos* en el Reino Unido, con especial atención a sus prácticas letradas y sus relaciones con el gobierno respecto a alfabetización y políticas, este capítulo brinda una perspectiva comparativa que puede llamar la atención sobre la situación de los rom y de otros pueblos marginados y nómadas de América Latina, así como destacar características del panorama de cultura escrita en esta región que no resultan obvias de otra manera.

Los *gitanos* y los *viajantes* son dos de los muchos grupos de pueblos marginados y nómadas cuyas aspiraciones y necesidades tienen poco peso en las decisiones políticas. Los informes de monitoreo global [*Global Monitoring Report*] de Educación para Todos, de la UNESCO, para 2005 y 2007, *Literacy for life 2006* (UNESCO, 2005, p. 177) y *Education for all by 2015. Will we make it?* (UNESCO, 2007, p. 120), comentan la significativa disparidad en los niveles de alfabetización entre pueblos no indígenas, pueblos nómadas y poblaciones indígenas, y detallan esas diferencias en todo el mundo, incluyendo Bangladesh, Nepal, Australia, Nueva Zelanda, Nigeria, Namibia, Etiopía, Ecuador, México y Guatemala. Los *gitanos* y los *viajantes* se identifican como el grupo más vulnerable a la discriminación en los estados miembros de la Unión Europea.[4]

En el Reino Unido los *gitanos* y los *viajantes* han sido marginados. Es posible describirlos como grupos excluidos, "expulsados" del grueso de la población; es decir, están excluidos de una participación significativa en la sociedad mayoritaria debido a las estructuras de poder dominantes (Young, 2000; Mulally, 2007). También puede considerarse que están automarginados, que se instalan "en el borde" de la sociedad, que viven apartados y que prefieren no interactuar con la sociedad sedentaria predominante. Muchas de las cuestiones de las que me ocupo en esta investigación pueden ser aplicables a grupos de otros lugares del mundo, en particular las que se refieren a la variación cultural e histórica no reconocida entre pueblos a los que con frecuencia las organizaciones estatales y las poblaciones dominantes consideran un grupo uniforme. La situación de los *gitanos* y los *viajantes* en Inglaterra e Irlanda, muchos de los cuales aún conservan un estilo de vida itinerante, refleja, entonces, las cuestiones globales más amplias de la discriminación.

Este capítulo ofrece información acerca de los orígenes históricos de los *gitanos* y los *viajantes* en Inglaterra e Irlanda y describe sus principales características culturales, religiosas y lingüísticas. Demuestra la hostilidad, extrema en ocasiones, de las comunidades establecidas; advierte la política educativa dirigida a niños y adultos; explora la experiencia y el uso de la cultura escrita; sugiere que los conceptos teó-

---

[4] European Monitoring Centre on Racism and Zenophobia, 2006a, citado en EFA, GMR, *Education for all by 2015. Will we make it?*, p. 120.

ricos de los nuevos estudios de cultura escrita (Street, 1984; 2001), multimodalidad (Kress, 2005) y los discursos del poder (Bourdieu, 1991) ayudan a entender las prácticas comunicativas de *gitanos* y *viajantes,* sobre todo en relación con el sentido de agencia y la autodeterminación.

Mi interés por esta investigación se derivó del trabajo con pastores nómadas fulani en el noreste de Nigeria, sobre cultura escrita en Irlanda y cuestiones relativas a la obtención de paraderos para *gitanos* y *viajantes* en Inglaterra. La investigación en la que se basan los hallazgos para el Reino Unido se llevó a cabo a lo largo de un periodo de cuatro años, entre 2004 y 2008. Se usó un enfoque abierto, exploratorio e iterativo, empleando métodos etnográficos en conjunto con aspectos de *grounded theory.* Durante ese lapso acudí a muchas reuniones locales, nacionales y regionales, a veces como participante para representar a una organización local de apoyo a *gitanos* y *viajantes,* y otras como consejera electa con un mandato de igualdad. Visité ocho paraderos y mantuve discusiones informales, así como entrevistas semiestructuradas, con *gitanos* y con *viajantes,* al igual que con profesionales involucrados con la educación, la administración del paradero y las organizaciones de apoyo. No es fácil obtener acceso a la comunidad (Okeley, 1983; Levinson, 1996; 2007) y requirió considerable paciencia a lo largo de cuatro años. Implicó convertirme en activista y defensora, asistir a reuniones y conferencias, llegar a conocer mejor y a ser conocida como simpatizante. Esto permitió que "la gente del campo me ubicase y me localizase dentro de su experiencia" (Hammersley y Atkinson, 1996, p. 83).

CULTURA E IDENTIDAD

Para entender las prácticas letradas de los *gitanos* y los *viajantes,* así como su involucramiento y actitudes en relación con la educación y la formación, se necesita comprender un poco de su historia, cultura e identidad, y también conocer la hostilidad que reciben de parte de algunos sectores de la población establecida. Abajo se esbozan elementos clave de la situación en el Reino Unido; Clark y Greenfields (2006) proporcionan una descripción completa.

Los *gitanos* y los *viajantes* de las islas británicas no son homogéneos. Comprenden cinco grupos: los romaníes o "romany chals"[5] de Inglaterra y Gales del Sur, llamados con frecuencia *gitanos* ingleses,[6] los kales de Gales del Norte, que tienen orígenes ligeramente diferentes, al igual que los *viajantes* escoceses y los *viajantes* irlandeses; el quinto grupo son los rom, que ascienden a unos dos mil integrantes, y que llegaron de Europa en la década de 1930, de Hungría a partir de 1956, y se vieron fortalecidos por rom de los nuevos miembros de la Unión Europea, cuyos habitantes tienen ahora derecho de ingreso al Reino Unido. Los rom de Europa no emplean

---

[5] También "romanichels", "romanichals".

[6] En este trabajo se usa el término "viajantes ingleses" para referirse a este grupo.

el término "gitano", que consideran peyorativo. Los grupos tienen historias diferentes y distintas tradiciones culturales y lenguas. De los cinco, cuatro son de origen romaní. Aunque es posible que los *viajantes* irlandeses también sean romaníes, sus orígenes son más oscuros. Las características comunes de los romaníes son una cultura compartida y un dialecto originario del norte de India, que puede remontarse a pueblos que salieron de India hace más de mil años y que viajaron por Europa en pequeños grupos, algunos de los cuales pasaron por Egipto, de donde se deriva el término inglés para denominarlos, *gypsies*. Hay más de cien grupos en todo el mundo que forman parte de una población romaní de, por lo menos, doce millones de personas (Hancock, 2003, citado en Parry *et al.*, 2004).

Los cálculos sobre la población de *gitanos* y *viajantes* en Inglaterra, Gales y Escocia varían muchísimo y con frecuencia son cuestionados. Las estimaciones actuales son de más de 300 mil[7] para el Reino Unido. Los *gitanos* ingleses son, por mucho, el grupo más grande; y los de Gales del Norte, el más pequeño.

Los *gitanos* ingleses (romaníes ingleses/*romany chals*) son de origen romaní, parte de la migración del norte de India. El primer caso de su presencia autentificada en Inglaterra fue en Lambeth en 1517 (Kendrick y Clark, 1996). Su idioma muestra antiguas raíces romaníes y tiene muchas semejanzas léxicas con los dialectos sinti y también con el romaní español. Los *gitanos* ingleses son llamados ocasionalmente *viajantes*, pero a finales del decenio de 1980 y principios del de 1990, algunos prefirieron ser denominados *gitanos* para distinguirse de los *viajantes* (viajeros) *new age*, y recientemente hay algunos que se refieren a sí mismos como *romaníes ingleses*. Alrededor de mil *gitanos* de Gales son descendientes de familia (incluida la familia Woods) que migraron desde el occidente de Inglaterra, y hasta hace poco seguían hablando romaní con acento.

Según el censo de 2003, en Irlanda hay 24 mil *viajantes* que solían hablar con un vocabulario especial conocido como cant, gammon o shelta (Kendrick, 1998). Además hay alrededor de 15 mil *viajantes* irlandeses en Inglaterra, Escocia y Gales, y unos dos mil más en Irlanda del Norte (Kendrick y Clark, 1996). También pudieron haber formado parte de la migración del norte de India hacia Occidente. No obstante, hay evidencias históricas y lingüísticas que permiten ubicar su origen como un grupo étnico separado muy anterior, incluso previo a la llegada de los celtas (Okely, 1983; Worrall, 1979; Ni Shuinear, 1994). Algunos autores sugieren que es posible rastrearlos hasta el año 600 d. C., cuando los trabajadores del metal recorrían el país. En el siglo XVII, los primeros *viajantes* de Irlanda pueden haberse reunido con personas desposeídas de tierras que se convirtieron en comerciantes itinerantes después de la invasión de Cromwell y más tarde, tras las hambrunas del siglo XIX. Hay quienes afirman que "no son verdaderos *gitanos*",[8] sino "personas de asentamiento fallido", y les niegan así la identidad étnica al mismo tiempo que repudian las acusaciones de discriminaciones por razones de racismo, cuestión que

---

[7] ODPM, citado en Gypsies and travellers: The facts, <www.cre.gov.ukuk.gdpract/>.
[8] Comunicación personal, diciembre de 2005, Dublín.

podría compararse con el tratamiento que reciben los grupos migrantes en el contexto latinoamericano, sobre todo en la zona del Amazonas (cf. Aikman, 1999). Los *viajantes* irlandeses llegaron a Inglaterra en el siglo XIX, así como en los años cuarenta y cincuenta, después de la segunda guerra mundial (Kendrick y Clark, 1996). Muchos aún conservan el acento irlandés, incluso cuando nacieron en Inglaterra. Otro grupo son los *viajantes* irlandeses q :e acuden periódicamente a Inglaterra, sobre todo durante los meses de verano. *Pikey*, un término peyorativo que se aplica a cualquier *viajante* irlandés, es un insulto.

La primera fecha registrada respecto a *viajantes* en Escocia es 1505. Los *viajantes* escoceses vivían a ambos lados de la frontera con Inglaterra, y son descendientes de matrimonios mixtos y de la integración social entre artesanos nómadas locales e inmigrantes romaníes, en especial de Francia y España.

Además de los orígenes, la religión y la tradición también difieren entre los grupos. Misioneros evangélicos y bautistas han predicado entre los romaníes ingleses; los *viajantes* irlandeses son predominantemente católicos, y esta diferencia religiosa causa tensión. En general los dos grupos no se mezclan y evitan compartir los paraderos. El matrimonio entre ellos no es común, pero llega a suceder. Un *gitano* o un *viajante* puede casarse con un gorgio[9] pero, aunque se le acepta en la comunidad, sigue siendo gorgio, es decir, no *gitano*.[10] Los hijos de esos matrimonios son considerados *gitanos* o *viajantes*.

Todos los grupos hacen hincapié en la importancia de las reglas de pureza y contaminación [de la raza]. Las casas rodantes están impecables. Los utensilios para cocinar y para lavar se mantienen separados. El interior y el exterior deben separarse firmemente y las reglas de pureza y suciedad difieren para cada grupo (Douglas, 1986; Okely, 1983). Baños y lavatorios no deben compartirse con los gorgios.

Los principios clave del nomadismo son el autoempleo, la adaptabilidad, la flexibilidad y el conocimiento de multitud de oficios (Okely, 1983, Kendrick y Clark, 1996). Tradicionalmente, la unidad económica es la familia, que raras veces emplea a otras personas. Los *gitanos* y los *viajantes* también evitan ser empleados, aunque la pobreza o la riqueza pueden producir excepciones. La fortaleza de los *gitanos* y *viajantes* ha radicado en la diversidad y la multiplicidad de las ocupaciones, pero las ventajas económicas de la movilidad y el empleo se ven contrarrestadas por las restricciones políticas y legales a la vida en casas rodantes y el movimiento de las mismas (Okely, 1983; Clark y Greenfields, 2006). La tensión que ha ido creciendo en las últimas décadas se ha debido en parte a la creciente industrialización, a medida que ha ido cambiando la economía rural. La recolección de fruta y el trabajo agrícola estacional han declinado, por lo que deben trasladarse a áreas urbanas para conseguir trabajo. Los oficios actuales son la obtención de brea, la recolección de residuos metálicos, la tala y las "visitas", es decir, las ventas de puerta en puerta,

---

[9] "Gorgio" es la forma de escribirlo que suele usarse en el Reino Unido, pero también puede aparecer como "gaujo" o "gadje". Entre los gitanos españoles el término es "payo".

[10] Destacado en Kilroy-Silke: A week with the Gypsies, ITV, 4 de abril de 2005.

aunque las aspiraciones pueden estar en transición , porque algunos miembros jóvenes aspiran a tener alguna profesión. Hasta hace poco, raras veces recurrían al Estado y preferían "cuidar a los suyos", aunque ahora muchos de los que viven en paraderos oficiales obtienen beneficios sociales.[11]

Los *gitanos* y los *viajantes* son el grupo con los índices más bajos en materia de salud y educación en el Reino Unido. Tienen una incidencia más alta de enfermedades prolongadas, una cifra significativamente superior de abortos espontáneos y una mayor mortandad infantil. La falta de paraderos adecuados, el apiñamiento y la carencia de condiciones básicas de higiene han provocado mala salud; sin embargo, las estadísticas muestran tasas más altas de enfermedad entre los *gitanos* y los *viajantes* que viven en casas, que entre quienes lo hacen en los paraderos (Parry *et al.*, 2004). En Irlanda, la expectativa de vida de las mujeres es 11.9 años más baja que el promedio, y para los hombres es de 9.9 años menos (Barry, Herity y Solan, 1987).

Un quinto grupo nómada es el de los "viajeros *new age*", fenómeno comparativamente nuevo, que no es aceptado por los grupos tradicionales pese a que algunos de ellos han viajado durante veinte años, tienen hijos nacidos en los caminos y se enfrentan a prejuicios similares. Los *gitanos* consideran que los viajeros *new age* han escogido su estilo de vida y que, a diferencia de ellos mismos, pueden elegir ser absorbidos nuevamente en la comunidad establecida. El antagonismo también se debe a la introducción de la Ley de Orden Público de 1986 como resultado directo de que grandes grupos de vehículos de viajeros *new age* recorrieran el país en los años ochenta, y de la consiguiente "batalla de Beanfield" en 1984 (Worthington, 2005). Unos pocos ex viajeros *new age* se han convertido en defensores clave de los *gitanos* y los *viajantes*, quienes lo reconocen y lo agradecen.

IDENTIDAD Y DEFINICIONES

Para comprender la cultura gitana resulta esencial el tema de la definición de su identidad. H, un *gitano* que habló en un encuentro público, señaló: "No somos extranjeros. Por eso no podemos invadir. Somos de aquí" (2005).[12] Si bien no se ven como una raza separada, se consideran un grupo étnico y son vistos como tal por muchos teóricos y algunos investigadores (Okely, 1983). Otros consideran que los *gitanos* y los *viajantes* son al mismo tiempo una construcción social y una identidad genética y biológica. La cuestión, tanto de la identidad como de las definiciones legales, ha sido acaloradamente discutida en las últimas cuatro décadas.

El Acta de Caravanas de 1960 definió a los *gitanos* como "un grupo social con una forma de vida nómada". El Acta de Paraderos para Caravanas de 1968 los transformó en "alguien con un estilo de vida nómada, cualquiera que sea su raza o su ori-

---

[11] Forrest Transcript 07.05-04.
[12] Presentador gitano en un festival cultural, agosto de 2004.

gen". El Acta de Relaciones Raciales de 1976 definió a los romaníes como un grupo étnico dentro de la comunidad gitana. La cuestión de la identidad no sólo tiene importancia social y psicológica, sino también consecuencias cotidianas. Una familia que vivía en Kent perdió su apelación relacionada con derechos sobre tierra porque se determinó que ya no viajaba y que, por lo tanto, no eran *gitanos* y no tenían derecho a una "consideración especial", como establecen las leyes de planificación.[13] El hombre, su esposa, hijos y nietos fueron expulsados de su propia tierra. En 2006 (§ 15, circular 1/2006) se amplió la definición legal para incluir a personas que ya no viajaban debido a enfermedad, vejez o necesidades educativas de sus hijos, quienes habían sido nómadas previamente.

En 1979 las Naciones Unidas (ONU) reconocieron a los romaníes como grupo étnico distinto.[14]

La definición para la Evaluación de Instalación de *gitanos* y *viajantes* de 2006 fue más amplia aún y abarca tanto a las personas de origen étnico como a los que viajan: "Personas con una tradición cultural de vida en casas móviles que residen en instalaciones de tabique y cemento."[15]

En 2006, en respuesta a notorias tensiones comunitarias relacionadas con los paraderos de Inglaterra, el gobierno asignó a los Concejos la tarea de identificar terrenos para establecer paraderos destinados a *gitanos* y *viajantes*. Esto ha hecho surgir nuevamente la cuestión de la identidad: ¿para quién había que encontrar tierra? La definición implica a los "viajeros *New Age*", aunque:

...debería haber alguna conexión reconocible entre los que se desplazan o viajan y los medios por los cuales las personas involucradas se ganan o procuran ganarse la vida (Johnson y Willers, 2004, p. 16).[16]

Esto implica que, de acuerdo con sus nuevas responsabilidades, los Concejos deben proporcionar paraderos para este grupo, así como para los *gitanos* y los *viajantes* tradicionales.

UN LUGAR DONDE DETENERSE

El estilo de vida nómada ha sido la característica de los *gitanos* y los *viajantes* en las islas británicas desde hace siglos y, como se señaló, está íntimamente relacionado con su identidad. Es posible que el movimiento de un lugar a otro y los campa-

---

[13] En 2004 la Oficina del Delegado del Primer Ministro recomendó que se analizara cuidadosamente la Ley de Derechos Humanos en relación con la igualdad entre las comunidades asentadas y las viajeras.

[14] <http://Encarta/msn.com, acceso el 17/7/08>.

[15] Comentario del 15/02/08 de la Community Law Partnership sobre la asignación de la Evaluación de Instalación.

[16] South Hams District Council, Devon, 1992.

mentos transitorios sea lo que más los distinguió de las comunidades establecidas.

Un estilo de vida nómada raras veces facilita el acceso a la educación organizada, por lo cual ejerce un grave impacto sobre la alfabetización y los niveles de logro educativo. En Inglaterra, la necesidad de una ubicación segura dominó todas las entrevistas y discusiones, dejando la educación en segundo lugar. Por lo tanto, esbozamos aquí la situación actual acerca de la ubicación y el otorgamiento de sitios.

Los *gitanos* y los *viajantes* viven en situaciones diferentes. La imagen tradicional y romántica de una carreta a caballo que se detiene en los acotamientos del camino se ha transformado en una casa rodante unida a un vehículo moderno, muchas veces con tracción en las cuatro ruedas, y que con frecuencia acampa en lugares muy poco apropiados. Esto ha generado un enorme malestar en la comunidad establecida y es una cuestión de gran tensión y discusión. Como consecuencia de las actuales medidas gubernamentales tanto en Inglaterra como en Irlanda, se ha incrementado el asentamiento o semi-asentamiento de diferentes tipos en sitios especialmente desarrollados, en casas o departamentos.

En Inglaterra, en 1959, un Acta de Autopistas declaraba delito vivir en el camino o vender productos a la vera de los caminos. En 1968 el Acta de Paraderos para Caravanas les impuso a los Concejos el deber de proporcionar sitios para los *gitanos* y los *viajantes*. Varias autoridades locales cumplieron con ese deber y 75 por ciento de los *gitanos* y los *viajantes* están ahora en paraderos privados o autorizados (circular ODPM, 01/2006). Muchas autoridades locales simplemente ignoraron la instrucción.

En 1994 el Acta de Justicia Criminal y Orden Público revocó la de 1968 y se recomendó que *gitanos* y *viajantes* tomasen sus propias medidas, cosa que muchos hicieron. Sin embargo, muchos compraron tierras para las cuales se requerían permisos de planificación, que les fueron rechazados.[17] Muchas veces las apelaciones fracasaban. Algunas familias recibieron permisos para erigir estructuras, pero muchas fueron desalojadas y tuvieron que acampar a la vera de los caminos, en basureros y, a veces, en parques o campos de juegos.

Las directrices gubernamentales actuales estipulan que los *gitanos* y los *viajantes* pueden ser trasladados si en otro lugar se han establecido espacios para ellos, pero se calcula que el 25 por ciento del total de los mismos, 75 mil, no tienen ningún lugar legal para detenerse.

Esta escasez de paraderos ha provocado una enorme tensión entre las comunidades establecidas y los *viajantes*, lo cual, combinado con incidentes desagradables y con desahucios muy publicitados, ha hecho que el gobierno requiriese en 2006 a todas las autoridades locales que emprendiesen una Evaluación de Instalación de *gitanos* y *viajantes*. Pese a las controversias respecto a los hallazgos y a la cantidad de tiendas que se permitiría levantar, la Evaluación ha representado un punto de

---

[17] En 1991 la Corte Europea de Derechos Humanos (Champan *vs* el Reino Unido) demostró que, mientras que 80 por ciento de las solicitudes de planificación presentadas por personas asentadas tenían éxito, 90 por ciento de las que hacían los gitanos eran rechazadas.

referencia, y en el momento de escribirla las autoridades federales han requerido a autoridades locales identificar tierras adecuadas para paraderos ya sea por organizaciones privadas u organizaciones sin fines de lucro. Es probable que la ubicación de tales sitios llegue a ser materia de grandes disputas.

En Irlanda, la independencia absoluta de los ingleses condujo a cambios políticos y sociales, a una revaloración de la identidad irlandesa y al desarrollo de estrategias para crear una Irlanda moderna. Los *viajantes*, que eran en ese momento la única minoría, se volvieron centro de atención y se desarrollaron medidas para reducir las que se consideraban desventajas de una vida itinerante con el fin de absorberlos, mediante el asentamiento, en la comunidad general. En 1963, el gobierno estableció la Comisión sobre Itinerancia, cuyo propósito era "solucionar el problema de la itinerancia" (Ni Shuinear, 1999, p. 40), y a la que daba validez una tesis sobre *Itinerancy and poverty* [*Itinerancia y pobreza*] (McCarthy, 1972). La comisión se transformó en el Consejo Nacional Para el Pueblo Viajante. En 1983 el *Informe del Consejo de Revisión del Pueblo Viajante* sugirió que "el concepto de absorción es inaceptable... es mejor pensar en términos de integración" (McCarthy, 1972, p. 46). Cuando Irlanda se incorporó a la Unión Europea, el ascenso de la industrialización y la mecanización de la agricultura aumentaron la presión sobre las formas de vida tradicionales. Detenerse junto a un camino se convirtió en un acto criminal. En 1993 el gobierno creó un Contingente para el Pueblo Viajante (*Task Force on Travelling People*), y en 1996 planeó una Estrategia Nacional para la Ubicación de los Viajantes. El censo nacional de 2002 mostró que el 90 por ciento de los viajantes habían vivido en la misma ubicación permanente durante un año. Las estadísticas no indican cuál era esa ubicación ni el tiempo que pasaban viajando.

LA HOSTILIDAD DE LA COMUNIDAD ESTABLECIDA

En ambos países la hostilidad expresada por muchas personas establecidas, entre ellas algunas con influencia en la toma de decisiones, como concejeros locales y miembros del parlamento, inhiben gravemente el desarrollo de posibles políticas de equidad.

Este antagonismo profundamente arraigado y en ocasiones virulento es, según propone McVeigh, antinomadismo y sedentarismo, para distinguirlo del racismo, aunque se traslapan. Sugiere que lo provocan el miedo, por un lado, y el resentimiento ante una aparente libertad, por el otro. Si bien algunos pueblos nómadas pueden sentirse antagónicos en relación con las personas establecidas, las relaciones de poder son asimétricas, y McVeigh señala "la incapacidad del nómada de poner en práctica cualquier prejuicio antisedentario que pueda experimentar" (McVeigh, 1997, p. 12). Sostiene que la negación de la identidad étnica, tal como se expresa ocasionalmente cuando se dice que "no es un verdadero romaní", ubica a los *gitanos* y los *viajantes* en la categoría de vagabundos, "personas refractarias al trabajo, irresponsables y posiblemente peligrosas". Esta negación de la etnicidad sirve para justificar la hostilidad como no racista.

Ni Shuinear (1997) sugiere que en Irlanda la independencia marcó una diferencia significativa en las actitudes de los irlandeses hacia los *viajantes*. Los ingleses habían sido los enemigos comunes, y existía un sentimiento de "nosotros" contra ellos. Cuando los enemigos se fueron, los *viajantes* empezaron a ser vistos como atrasados, sucios y pobres, e incluso como genéticamente inferiores (Ni Shuinear, 1997).

En la discusión de Bourdieu sobre la afirmación de la autoridad nacional por medio de la violencia simbólica, él sostiene que una condición de su éxito es que los que están sujetos a ella creen en su legitimidad (1991, p. 23). La decisión de mantenerse separados de muchas maneras de la sociedad en su conjunto sugiere que los *gitanos* y los *viajantes* se resisten a reconocer la legitimidad de la autoridad del estado y la violencia simbólica con la cual procura ejercerla.

Esta hostilidad se expresa abiertamente en los dos países, como puede verse en esta campaña en los periódicos:

SELLO DE APROBACIÓN A LOS CAMPAMENTOS

El delegado del primer ministro ha ordenado que los concejos locales no usen violencia contra los campamentos de viajantes y que se hagan de la vista gorda ante los impactantes problemas que crean. Pero *The Sun*, en nombre de sus diez millones de lectores, está decidido a luchar sin cesar (Periódico *The Sun*, 9 de marzo de 2005).

El primer comentario que apareció en el sitio web del periódico tenía todas las características de la hostilidad descrita por McVeigh:

Sucios... apiñados... antihigiénicos y un espectáculo desagradable... les conceden inmunidad y hasta les dan privilegios... El imperio de la ley es desafiado a diario por personas que no pagan impuestos, no le dan nada a la sociedad, y sin embargo, esperan ser tratadas como invulnerables... esta gente está muy lejos del tradicional pueblo romaní, con su admirable código moral.[18]

---

[18] <ww.thesun.co.uk/sol/homepage/news/article 104007>.

En el momento de escribir esto se había concedido el permiso de planificación pero el concejo estaba gastando 16 mil libras esterlinas en una nueva apelación.

En octubre de 2003 un modelo de casa móvil, en el que se habían pintado mujeres y niños en la ventana, y con el peyorativo *pikey* escrito en la parte posterior, fue quemado en el festival anual de Guy Fawkes en Firle, al este de Sussex.[19] No sólo participaron concejeros locales sino que, pese a que hubo una investigación policial, no se presentó ninguna acusación de racismo.

El 8 de mayo de 2003 Johnny Delaney, un joven *viajante* de 15 años, murió debido al ataque racista de dos chicos de 16 años. Después de pisotearle la cabeza con ambos pies, uno de los atacantes le dijo a una testigo que "Se lo merecía, no es más que un *gitano* de mierda."[20]

En Irlanda un granjero, Padraig Nailly, fue indultado después de pasar seis años en prisión por el homicidio de John Ward en octubre de 2004 (rte news 15/12/06).[21]

Estos casos dan sensacionalismo y al mismo tiempo no muestran más que la punta del iceberg. Los encabezados reflejan el apoyo o la indiferencia de la mayoría de la población establecida. Comentarios de bajo nivel, anti-*gitanos* y anti-*viajantes*, son frecuentes en las conversaciones, noticias, películas y artículos periodísticos. Esta hostilidad retrasa la obtención de espacios seguros para instalarse y, como consecuencia, el acceso a la escuela y a la educación. El temor a la hostilidad dirigida en forma personal desalienta también en gran medida la educación tanto para niños como para adultos.

CULTURA ESCRITA Y EDUCACIÓN

Adquisición de habilidades letradas

Existe una notable falta de datos estadísticos en todos los niveles del sistema educativo, situación que fue reconocida por la Unión Europea (Commission of the European Union, 2006, p. 6). En Inglaterra no se reconocen de manera generalizada los bajos niveles de logro de *gitanos* y *viajantes* en el sistema escolar formal y el escaso nivel de involucramiento con la cultura escrita basada en textos, pero tanto en conversaciones como en entrevistas, varios *gitanos* y *viajantes* calcularon que entre 70 y 80 por ciento de los adultos de sus comunidades no sabían leer ni escribir. Los administradores de sitios y el personal del Servicio Inglés de Educación para *viajantes* ofrecieron cálculos similares. En Inglaterra, el DCFS (Departamento para Niños, Escuelas y Familias), antes DFES, proporciona algunos datos, pero es necesario tomar esas estadísticas con precaución. Pese al reciente compromiso gubernamental con

---

[19] <http://archive.theargus.co.uk/2003/10/29/123401.html>.
[20] <http://www.kirkbytimes.co.uk/news_items/2003_news/justice_for_johnny_delaney.html>.
[21] <www.rte.ie.news/2006/1215/nallyp>.

la educación escolar, los *gitanos* y los *viajantes* tienen menor asistencia a la escuela y niveles de alfabetización más bajos que el promedio nacional e inferiores a los de cualquier otro grupo minoritario del Reino Unido (Parry *et al.*, 2004).

Apenas desde mediados del decenio de 1960 se ha hecho algún intento serio por incluir a los niños *gitanos* y *viajantes* en el sistema educativo de cualquiera de los dos países. En 1963, se inauguró en Dublín St. Cristopher la primera escuela para niños *viajantes* (Kendrick, 1998), y la última que había en la República de Irlanda se cerró en abril de 2006. En Inglaterra, tras intentos iniciales por parte de organizaciones de voluntarios, el gobierno promovió y apoyó a los niños para que concurriesen a las escuelas regulares. Este apoyo lo brinda el Servicio de Educación para *viajantes* (Ofstead, 2003). Por consiguiente, sólo unos pocos adultos *gitanos* o *viajantes* de más de 40 años han tenido acceso a algún tipo de educación formal. Una persona, representativa de este grupo, señaló: "He tenido problemas con la alfabetización, la escuela de la vida, aprendí en el camino y esas cosas."

Niveles formales de alfabetización

La evidencia de cifras limitadas sobre la educación secundaria completa, tanto en Inglaterra como en Irlanda, sugiere que en la actualidad muy pocos *viajantes* han alcanzado los niveles más altos de las pruebas estandarizadas de logro educativo. Las observaciones, las entrevistas y las discusiones *in situ* en torno a la experiencia de la escuela y de la educación para adultos corroboran los datos disponibles y sugieren que muchas personas tienen dificultades cuando se relacionan con textos escritos. De catorce *gitanos* o *viajantes* que he entrevistado o con los que he conversado, siete estaban en un nivel ligeramente inferior que el del certificado inglés general de educación secundaria; seis sabían leer y escribir un poco y uno no se involucraba en absoluto con los textos escritos. Además era evidente que la mayoría de las mujeres con las que hablé en las visitas a los paraderos tenían habilidades muy limitadas de lectoescritura.

La experiencia de enseñar y de aprender

Entre los que eran razonablemente aptos, la mayoría había recibido alguna educación formal. En este fragmento de una entrevista, CC,[22] un expresivo *gitano* inglés, explica cómo aprendió a leer en el ejército a cambio de jugar fútbol para el batallón.

J: ¿Ellos [el ejército] le enseñaron a leer después de la guerra, no durante la misma?

CC: Ah, caray, no durante la guerra, claro que no, en esa época yo luchaba contra Hitler,

---

[22] Como el simple cambio de nombre puede no ser suficiente para garantizar el anonimato, he optado por usar iniciales.

pero déjeme decirle que después de que terminó la guerra… volvimos a los centros de entrenamiento… dijeron que si me quedaba y jugaba para el batallón, entonces fue un acuerdo con un medio coronel [risas]… todos se entrevistaron… Revisó todo y las actividades deportivas. Bueno, le dije, "Pues vuelvo. No tengo otra cosa que hacer, así que vuelvo." Ya sabe, de cualquier manera casi no había empleos.

    J: ¿Y no fue a la escuela de chico?

    CC: No, no.

Otros pueden haber ido un tiempo a la escuela, lo que puede o no haber contribuido a que aprendiesen. JS, un *gitano* inglés, comentó que en la escuela de los hermanos cristianos a la que concurrió, "si no te golpeaban, abusaban de ti".

Al discutir la educación y el valor de la capacidad de leer, varios *gitanos* y *viajantes* mencionaron la dislexia. Un ejemplo notorio, fue una joven de unos 20 años que dijo que, en una familia de ocho miembros, sólo ella y su madre podrían leer y escribir. Describió la experiencia de un hermano:

Iba a la escuela todos los días y se esforzaba. Pero igual no le enseñaban. Ahora está haciendo un curso de plomería. Para eso es muy bueno. Puede hacer todas las cosas prácticas, pero tiene que ir a dos clases de alfabetización por semana y eso no lo está aprendiendo. Fui al colegio y les pregunté si tenía que hacerlo. "¿No puede hacer sólo la plomería?", y me dijeron que no. Así que ahora lo dejó. De verdad se esforzaba (noviembre de 2007).

Estas experiencias no se limitan a los estudiantes *gitanos* y *viajantes*, pero son más patéticas, ya que muy pocos llegan a la educación terciaria. La joven estaba enojada con un sistema con el cual su hermano, a diferencia de muchos de sus contemporáneos, se había comprometido. Por lo que sabía, no le habían hecho estudios para determinar si tenía dislexia o alguna otra dificultad específica para la lectura.

En cambio JS describió cómo él y su familia habían manejado las dificultades de su hijo para la lectura:

Mi hijo es disléxico. Yo también, un poco. Él casi no puede leer ni escribir; ahora es electricista y gasista plenamente calificado… lo que hicimos fue apoyarlo de todas las maneras posibles. Aprendió por sí mismo, por ejemplo, cuántos amperes a 100 metros, y tuvo que aprender diferentes cosas. Hizo un intento con una computadora. Hizo que su hija le enseñara en la computadora. Le enseñó con el corrector ortográfico (JS, abril de 2008).

Al hablar de sí mismo, JS dijo:

A veces [el corrector ortográfico] no lo encuentra porque lo escribí mal, como "votar"-"botar", o "cocer"-"coser".

De acuerdo con un funcionario vinculado con los *viajantes* hay ciertos indicios de que existe un elevado nivel de dislexia —específicamente de dificultad con la lectura— en la población de *gitanos* y *viajantes*, que no se debe simplemente a la falta de oportunidades educativas.

Después de los 16/Educación para adultos

En Inglaterra no hay ningún registro del número de *gitanos* y *viajantes* que reciben educación y formación especial para personas de más de 16 años, y los documentos de lineamientos como *Further education: Raising skills, improving life chances* [*Más educación: Aumentar las habilidades, mejorar las oportunidades de vida*] (DES, 2006), o la publicación del *Learning and Skills Council* [*Consejo de Aprendizaje y Habilidades*], *Government investment strategy 2009-10* [*Estrategia de inversión gubernamental, 2009-2010*] no dicen nada al respecto. En Inglaterra no existe una estrategia para elevar los niveles de alfabetización o de habilidades de los *gitanos* y los *viajantes* adultos.

En Irlanda, los documentos de lineamientos les dan a los *viajantes* una prioridad significativamente mayor. Se les identifica de manera específica en varios documentos gubernamentales, incluyendo el *White paper on adult education: Learning for life 2000* [*Libro blanco sobre educación para adultos: Aprender para la vida 2000*], que recomienda estrategias para

programas de educación para adultos de la población mayoritaria con discapacidades, viajantes, refugiados y personas que solicitan asilo, y para resolver las barreras de las áreas rurales (Government of Ireland, 2000, p. 20).

También pueden tener patrones culturales distintos, que deben tomarse en cuenta en un contexto educativo (Government of Ireland, 2000, p. 50, § 1.82).

Esta visibilidad ha dado por resultado una diversidad de planes dirigidos a ellos, que incluyen centros de formación para *viajantes* de la tercera edad, distintos programas diseñados para mejorar la capacitación de la fuerza de trabajo irlandesa, y clases de alfabetización y matemáticas para los *viajantes*, impartidas por los consejos educativos vocacionales. A los *viajantes* se les da una suma de dinero para que puedan acudir. Entre esos planes pueden encontrarse excelentes ejemplos de cultura escrita relacionada con el contexto y de cultura escrita social.

Percepciones de la cultura escrita

A pesar de la educación escolar limitada y que en Inglaterra casi no existan planes para los adultos, las discusiones informales, las visitas a los sitios, las evidencias de pequeños proyectos[23] y la participación en reuniones locales y nacionales, sugieren que, no obstante la escasa evidencia de una mejoría significativa de los niveles de

---

[23] ASP Change Up 2005-6, Purple Bus Project, ASP West Sussex, marzo-abril de 2008.

lectura y escritura de los adultos, la comprensión de los discursos sobre cultura escrita y la utilización de una diversidad de prácticas comunicativas están contribuyendo a la creciente acción de los grupos de *gitanos* y *viajantes* en respuesta a la hostilidad y las restricciones burocráticas a las que se enfrentan.

Desde el decenio de 1960 surgieron en Inglaterra líderes *gitanos*; en 1966 su activismo y el de sus seguidores instigaron la formación del Consejo Gitano y dieron inicio a las campañas para lograr paraderos autorizados y obtener educación. En los últimos años algunos *gitanos* y *viajantes*, estimulados por los desahucios y los crecientes asedios en los caminos, se han ido politizando cada vez más y han cobrado mayor conciencia sobre la importancia de hablar en nombre de su comunidad, aunque algunos todavía sólo lo hacen por su familia inmediata. Muchos líderes *gitanos* y *viajantes* expresan sus inquietudes claramente y con dignidad, muchas veces sin usar notas ni apuntes. Algunos viven en casas establecidas, otros en los caminos, y otros están en el proceso de apelar contra el desalojo de las tierras que compraron. Algunos recibieron una educación considerable, otros ninguna.

Aunque reconocen la falta de habilidades técnicas de lectura, las cuales pueden tener graves consecuencias, muchos *gitanos* y *viajantes* parecen entender el término "alfabetización" en el sentido amplio de la capacidad de usar el lenguaje para interactuar con otros. Cuando se le preguntó por qué no se había dado cuenta de que la tierra que compró no tenía permiso de construcción, JS admitió sus dificultades.

Estás viendo gente como yo, que no está educada… nos dijeron que podíamos comprar nuestra tierra sin que les costase nada a los contribuyentes (2008).

Tuvo suerte, y en un principio obtuvo permiso para construir viviendas, pero no había entendido el acuerdo 106: las condiciones bajo las cuales un concejo otorga los permisos. Pensó que poner en práctica las condiciones era cosa que le correspondía a él, no al concejo. Esto hizo que le retiraran el permiso y que tuviese que presentar numerosas apelaciones.

Sin embargo, rechazó el concepto de "no alfabetizado" como "no educado" y, por lo tanto, como ignorante, añadiendo:

Todo es oral. Encuentre a unos que dicen que son ignorantes, pero son muy expresivos; somos un pueblo muy expresivo, nos expresamos muy bien y tenemos buena memoria.

Cuando se le preguntó si la falta de educación había afectado la capacidad de los *gitanos* para comunicarse, CC contestó:

Honestamente pienso que tenemos una ventaja sobre los gorgios. Seamos francos, durante la guerra las únicas personas sanas eran los *gitanos*, que podían vivir de la tierra. Los gorgios mendigaban, pedían prestado y robaban cosas, mientras que nosotros conseguíamos todo lo que queríamos.

No obstante lo anterior, se cercioró de que todos sus hijos y nietos fuesen a la escuela.

CC había trabajado en un puesto que entrañaba contacto cotidiano con las autoridades locales, y comprendía la especificidad del discurso. Al comienzo de la entrevista le dio unas palmaditas a un gran libro que tenía junto a la máquina de escribir (no le gustaban las computadoras), y dijo:

CC: De ahí viene mi cerebro… un diccionario universal, de ahí es de donde viene mi cerebro…

J: ¿Por qué viene de ahí su cerebro?

CC: No tengo muy buena ortografía. Sé cómo suena una palabra, así que para saber cómo escribirla, la busco en el diccionario.

J: Pero para poder buscarlas en el diccionario tiene que saber cómo se escriben.

CC: Perdón, sí, sé escribir algunas palabras, pero hay montones que vienen con algunas de estas cosas —las circulares, quiero decir— y no estoy muy seguro de lo que significa una palabra, entonces la busco en el diccionario.

CC comprendía el discurso de la burocracia y había desarrollado las habilidades requeridas; su concepto de cultura escrita iba más allá de la adquisición de habilidades técnicas. Veía la cultura escrita como una práctica comunicativa, una práctica con modos especiales de expresión, con reglas y reglamentaciones.

Esta relación con el discurso burocrático se vincula con el concepto de *habitus* de Bourdieu: cómo nuestro lenguaje se forma a través de nuestra cultura y nuestra historia, y cómo la autoridad lo utiliza para conservar esa autoridad. La capacidad de algunos *gitanos* y *viajantes* de adoptar el lenguaje de la autoridad para ser escuchados, para "sintonizar" el discurso burocrático, se manifestaba de distintas maneras. Cuando se establecieron las reuniones regulares de un foro de *viajantes* al que concurrían funcionarios del concejo, concejeros y organizaciones de apoyo a *gitanos* y *viajantes*, participaban poquísimos activistas *gitanos*. A lo largo de los cuatro años de mi investigación, el número de *gitanos* y *viajantes* que concurrían a las reuniones fue aumentando gradualmente. Los *gitanos* de paraderos cercanos, algunos de los cuales decían que no sabían leer, solían plantear problemas propios, como el drenaje o la necesidad de hacer reparaciones, sobre los cuales la reunión no tenía autoridad, mientras que los activistas de mayor experiencia de involucramiento con la autoridad planteaban mejor las cuestiones. Los siguientes comentarios, que tuvieron lugar en reuniones de un foro entre abril y octubre de 2008, dan ciertas indicaciones de las distintas capacidades de participación en el entorno formal de esos encuentros.

Esta discusión se produjo al comentar un punto del orden del día sobre atención social:

Trabajador social: Tenemos personas para explicarles [a los *gitanos* y los *viajantes*] el acceso al servicio. Nos gustaría trabajar con la red regional.

Gitano local: ¿Van a venir a conversar sobre el otorgamiento de paraderos?

Trabajador social: (*ignorando la interrupción*) Un resultado es que las formas han mejorado...

La preocupación más apremiante para el *gitano* que interrumpió era el estado del sitio en el que vivía, por lo cual quería que el trabajador social visitase el paradero y hablase de las medidas al respecto. El trabajador social, que tal vez simpatizaba con sus problemas, pudo haberlo ignorado por una diversidad de razones: porque interrumpió y no acató las convenciones de la reunión, porque pensó que sus preguntas no se relacionaban con el acceso a los servicios de atención social, o porque pensó que visitar el sitio no era parte de sus tareas.

Ignorar lo que trataban de decir los *gitanos* locales aumentó su frustración y su postura que argumentaba que ir a las reuniones no tenía resultados benéficos. Como lo afirma Bourdieu: "Los hablantes que carecen de la competencia legítima son excluidos *de facto*... o condenados al silencio" (1991, p. 55).

Una manera de contrarrestar ese silencio fue pedirle a un gorgio que hablara en su representación respecto al plan de un paradero:

Los *viajantes* del paradero X me han pedido que hablase en su nombre. El plan [para las nuevas tiendas] no está grabado en piedra. Las áreas infantiles no están en una ubicación adecuada en términos de seguridad, ya que están cerca del camino...

Otro método es pedir ayuda con algo específico. Yo le ayudé a un *viajante* a hacer una corrección a las actas, que luego presentó ante la reunión.

La importancia de conocer el discurso y las modalidades del involucramiento se fue reconociendo cada vez más como estrategia poderosa. Un activista *gitano* empezaba siempre diciendo, con la mayor cortesía: "Con todo respeto, señora presidenta de la mesa...", y se ganaba de inmediato la atención tanto de quienes presidían la reunión como de los asistentes. En esta ocasión continuó:

¿Podríamos solicitar que a las organizaciones gitanas se les informase formalmente [respecto al nuevo cálculo del número de tiendas requeridas]? Ahora sólo lo sabemos cuando acudimos a estas reuniones. Si pudiésemos, es poca cosa, pero para nosotros es muy importante, para que lo sepamos antes de venir a la reunión.

Otro activista expresó la idea de una meta común, apelando también al sentimiento de orgullo de los funcionarios del concejo y a su deseo de ser vistos como líderes:

No vamos a llegar a la meta para 2011, y será como volver a 1968... Tenemos que hacerlo aquí mismo. Podemos servir de modelo para eso... Necesitamos tener un modelo que el resto del país pueda seguir; hagámoslo ahora.

En una reunión de una asociación nacional gitana, el mismo activista señaló:

Tenemos que ser capaces de conversar en forma política para exigir nuestros derechos, hacerlo en una postura política y llegar a la política local... tenemos que hacer que la gente aguante las críticas y responda de manera democrática; necesitamos que la gente sea capaz de conversar.

La comprensión de las reglas se usó también para cuestionar y desvanecer una situación. En una reunión de una organización nacional gitana un miembro gorgio expresó muy directamente una enorme frustración ante la falta de respuesta de los miembros respecto a un punto determinado. Un *gitano* le señaló que su lenguaje era inadecuado para una reunión pública. Esto tuvo el efecto de desviar la crítica.

Utilizar el formato del discurso público ha permitido que algunos de los miembros se enfrenten y respondan a públicos sumamente hostiles con inmensa habilidad y excelente efecto, que puede resultar muy impresionante.[24]

Los ejemplos que se citan aquí no son comentarios aislados, sino que reflejan una tendencia general a ver la alfabetización no como el *alphabetisme* francés o el "reconocimiento de letras" chino (Kress, 2005, p. 22), sino como el conocimiento de prácticas comunicativas, incluidas la lectura y la escritura, que remita al concepto de alfabetización de los Nuevos Estudios de Cultura Escrita (Street, 1984; Street, 1993; Barton y Hamilton, 1998; Papen, 2005, etcétera). Dichos estudios teorizan en torno a la cultura escrita como una actividad amplia, que abarca todo un repertorio de prácticas y discursos comunicativos apropiados para diferentes circunstancias (Street, 2001; Barton e Ivanic, 1991). El modelo social de alfabetización de esta escuela cuestiona directamente el concepto de alfabetización como un conjunto de habilidades técnicas de decodificación o como habilidades cognoscitivas abstractas. Esta concentración en los aspectos sociales de la alfabetización, a su vez, ha sido criticada por subvaluar los aspectos cognoscitivos y las habilidades técnicas requeridas (Hull y Schulz, 2001, p. 588; Shiohata, 2006). Evidentemente este debate tiene consecuencias considerables para las medidas a seguir y para la producción de materiales educativos, y adquiere una importancia especial cuando se aplica a grupos minoritarios como los *viajeros* y los *gitanos*, ya que éstos suelen estar en peor posición que otros para participar sobre bases igualitarias en un debate público de ese tipo.

Los esfuerzos de los *gitanos* y los *viajantes* por aprender a leer y escribir sugieren que, si bien se desea la habilidad técnica, se valora de igual manera la capacidad de comprender y utilizar las prácticas comunicativas del "otro", de los gorgios, para involucrarse en un diálogo significativo. En ese sentido, los *gitanos* y los *viajantes* son altamente letrados.

---

[24] Notas de campo, julio de 2005, marzo de 2006, febrero de 2008.

PRÁCTICAS COMUNICATIVAS

Los muy difundidos desahucios y la necesidad de que los líderes hablen en nombre de las comunidades, pueden haber llevado a que hubiese una mejor comunicación entre los diferentes grupos. Sin duda, parece que no se sostiene ya la afirmación que hizo un viajante, en una reunión de 2004, cuando dijo: "Yo sólo puedo hablar por mi familia." Dos casos que se produjeron en la reunión del foro en el mes de abril demuestran el cambio de actitud:

No queremos que nos dejen de lado, queremos trabajar juntos. Ahora hemos formado organizaciones de *gitanos* y *viajantes* que están trabajando juntas...

Lo que necesitamos es una verdadera asociación y [tenemos] que dar un paso al frente y asumir nuestras facultades (foro, febrero de 2008).

En el curso de los cuatro años que duraron mi observación y mi interacción, se desarrollaron una variedad de técnicas de comunicación imaginativas, que incorporan tanto las tecnologías viejas como las nuevas. Entre ellas están los teléfonos celulares y el correo electrónico para comunicarse rápidamente. La radio y los sitios web ofrecen antecedentes e información del momento, hay DVD y videos, ferias culturales, exposiciones y eventos que comunican tanto sus preocupaciones más sentidas como la cultura viajante a la población global de los gorgios.

Rocker Radio, una estación creada por una compañía gitana de medios, transmite los domingos por la tarde. Da información regular sobre amenazas de expulsión, noticias, entrevistas e información importante para la comunidad.

Al igual que la población en general, los *gitanos* y los *viajantes* usan cada vez más las computadoras. Las entrevistas a 108 *gitanos* en paraderos autorizados y no autorizados de un condado rural, en 2005-2006, revelaron que un tercio de ellos tenía acceso a una computadora (Forrest y McCaffery, inédito). Un grupo estable de discusión por correo electrónico, cuyos miembros incluyen a *gitanos* y *viajantes*, académicos y miembros de organizaciones de apoyo, representa un vehículo para la información, las opiniones y el debate.

Los sitios web ofrecen información sobre contactos, acerca de una variedad de organizaciones y una diversidad de acontecimientos. El sitio del primer Mes de Historia de los *gitanos* romaníes y los *viajantes*, en 2008, incluía información sobre un centro de vida rural en Surrey, un grupo de teatro que puso en escena *Big Foot by the sea,* así como talleres de teatro en escuelas secundarias, películas comerciales como *Latcho Drom* y *Pave Lackeen* [*La chica viajante*], el Día del Centro de la Vida Romaní, que incluía un breve video que subieron al sitio web , y en el cual un *gitano* describía su vida en el camino.[25]

Muchos sitios, como *Savvy Chavvy*, dirigido a los jóvenes, son dinámicos e interactivos. Este sitio es:

[25] <www.grthm.co.uk/furtherinfo>.

Un espacio cultural en línea con más de 1250 miembros que da voz a los jóvenes *viajantes*.

Savvy Chavvy, que combina el propósito social y la vida social, invita a sus miembros a ver a los medios como una forma democrática de autoexpresión por medio de los cuales pueden controlar la forma en que es percibida su comunidad: <www.savvychavvy.com>.

Los sitios también llaman la atención sobre un número creciente de películas, videos y DVD para y acerca de los *gitanos* y los *viajantes*.

La herencia oculta de la principal minoría étnica de Surrey se ha revelado en un DVD que involucra a jóvenes y ancianos *gitanos* y *viajantes*. El disco The Travellers' Tales [Las historias de los viajantes] <www.grtleeds.co.uk>.

Se ha organizado una cantidad de eventos culturales para llegar a la comunidad más amplia.

Una división juvenil de un grupo *gitano* produjo un DVD de una Feria de Conciencia Cultural.[26] El propósito de esta feria relativamente pequeña era "hacer que se reuniesen todos, incluyendo a los romaníes, y que se pusiesen a hablar", y demostrar su cultura a los miembros más jóvenes de su propia comunidad por medio de actividades como hacer flores de madera y de papel, preparar alimentos tradicionales y las tradicionales carretas con techo en forma de media barrica.

Este inicio de la comunicación y el uso de las nuevas tecnologías son ejemplos de lo que Kress denomina el desafío al dominio de la escritura. Afirma que:

El difundido movimiento que se aleja del predominio de siglos de la escritura y se aproxima al nuevo dominio de la imagen y, por otro lado, el paso del predominio del medio del libro al del medio de la pantalla, están produciendo una revolución en los usos y efectos de la cultura escrita y los medios asociados de representación y comunicación en todos los niveles (Kress, 2005, p. 1).

Tanto los *gitanos* como los *viajantes* han usado lo mismo la pantalla que la imagen, con buenos resultados. Como sostiene Kress, la cultura escrita basada en textos puede no ser tan necesaria para la comunicación como se pensaba antes. Además, las nuevas tecnologías permiten sostener un diálogo con una variedad de públicos:

---

[26] Canterbury Support Group, Youth Division, 22 de agosto de 2007, "Old ways, new ways".

las nuevas tecnologías me permiten "a mí" escribir en respuesta... las nuevas tecnologías han transformado la unidireccionalidad en bidireccionalidad... el cambio del poder del autor trae consigo una consecuente reducción de la autoridad del autor o del texto (Kress, 2005, p. 6).

Los *gitanos* y los *viajantes*, grupos antes marginados del acceso al texto, al cual siguen teniendo un acceso limitado, no sólo han incorporado la forma y el discurso en su diálogo con los funcionarios, sino que han adoptado los nuevos medios para lograr mayor contacto con sus propias comunidades y con el público general de los gorgios.

El uso de las nuevas tecnologías no está restringido al Reino Unido. Una búsqueda en Internet revela complejas prácticas comunicativas, que incluyen sitios web en varios países. Por ejemplo, un proyecto europeo ha estado trabajando con activistas romaníes para utilizar mejor la tecnología de la información, y en Argentina, un programa de radio transmite historia, así como noticias y contactos romaníes internacionales.[27]

REFLEXIONES

Antes eran necesarias la educación y la capacidad de leer y escribir para tener acceso al conocimiento más allá de los límites de la comunidad inmediata. La tensión entre la educación para la población general y la autodeterminación y supervivencia cultural de las minorías, no se resuelve fácilmente. El acceso a todos los niveles educativos sigue siendo un tema de importancia para los *gitanos* y los *viajantes*. La UNESCO advierte que el costo de la educación formal para los niños nómadas y pastores ha llevado a muchos países "a usar la educación como medio de sedentarización y asentamiento" (EFA GMR 2005, citando a Krati, 2000). La UNESCO reconoce también que los asuntos culturales pueden perderse a través de los programas educativos.

Sin embargo, la falta de medidas dirigidas a los *gitanos* y *viajantes* adultos en Inglaterra podría producir que se prolongasen la invisibilidad y la marginación. El aumento de las oportunidades educativas podría ayudar a muchos adultos a obtener la confianza necesaria para participar en un diálogo con la autoridad. Este dilema de usar el sistema educativo para adquirir las habilidades y discursos necesarios, y correr el riesgo de asimilarse, se refleja en la situación de otros grupos nómadas, seminómadas y culturalmente marginados, incluyendo los de América Latina, donde la necesidad de adoptar comportamientos sociales para adaptarse a las normas generales a expensas de sus propias prácticas locales ha modificado los estilos de vida, muchas veces con consecuencias desastrosas (cf. en este volumen Rockwell; Kalman) (cf. Aikman, 1999).

---

[27] <http://www.romnews.com.community>.

No obstante, un modelo social de medidas de alfabetización para *gitanos* y *viajantes* adultos, similares a las que ponen en práctica algunos programas en Irlanda, podría producir una mayor articulación e involucramiento en la toma de decisiones.

Mientras tanto, el éxito de algunos activistas *gitanos* y *viajantes* en la adopción de los discursos requeridos con el fin de intervenir de manera más eficaz con la autoridad (Bourdieu, 1991), y su mayor uso de prácticas comunicativas multimodales (Kress, 2005), está aumentando hasta cierto punto su capacidad de influir sobre el futuro y contribuir así a una "armonización", no una asimilación.

REFERENCIAS

Aikman, S. (1999), *Intercultural education and literacy: An Ethnographic study of indigenous knowledge and learning in the Peruvian Amazon*, Amsterdam, Benjamins.

Barton, D. y M. Hamilton (1998), *Reading and writing in one community*, Londres, Routledge.

Barton, D. y R. Ivanic (eds.) (1991), *Writing in the community*, Londres, Sage.

Barry, J., B. Herity y J. Solan (1987), *"The Travellers" Health status study. Vital statistics of travelling people 1987*, Dublín, Health Research Board.

Bourdieu, P. (1991), *Language and symbolic power*, Cambridge, Polity Press.

Central Statistics Office (2002), Census of Population volume 8 – Irish Traveller Community, disponible en <www.cso.ie/newsevents/pr_cen_02vol8>.

Clark, C. y M. Greenfields (2006), *Here to stay: The Gypsies And Travellers Of Britain*, Hatfield, University of Hertfordshire Press.

Commission of the European Union (2006), *Roma and Travellers in public education: An overview of the situation in member states*, Viena, EUMC.

Department for Education and Skills (DES) (2006), *Further education: Raising skills, improving life chances*, TSO, Londres y Manchester, disponible en <www.eumc.eu.int/eumc/material/pub/Roma>.

Derrington, C. y S. Kendall (2004), *Gypsy Traveller students in secondary school*, Stoke-on-Trent, Stirling, Trentham Books.

Douglas, M. (1986), *Purity and danger*, disponible en <http://www.idi.ntnu.no/~ericm/subm.htm>.

Forrest, S. y J. McCaffery (inédito), *Survey of Gypsies and Travellers to, and use of services*, West Sussex, ASP.

Government of Ireland (2000), *White Paper on Adult Education – Learning for Life* (2000), disponible en <www.education.ie/servlet/blobservlet/fe_adulted_wp.pdf>.

Hammersley, M. y P. Atkinson (1996), *Ethnography, principles in practice*, Londres y Nueva York, Routledge.

Hancock, I. (2002), *We are the Romani people*, Hertford, University of Hertfordshire Press.

Hull, G. y K. Shultz (2001), "Literacy and learning out of school. A review of theory and research", *Review of Educational Research*, 71 (4), pp. 575-611.

Johnson, C. y M. Willers (2004), *Gypsy and Traveller law*, Londres, Legal Action Group, Education and Service Trust Ltd. Commission for Racial Equality.

Kendrick, D. (1998), "The Travellers of Ireland", en el *Patron Web Journal*, disponible en <www.geocities.com/~Patrin/brazil>.

Kendrick, D. y C. Clark (1996), *Moving on: The Gypsies and Travellers of Britain*, Hertford, Hertford, University of Hertfordshire Press.

Kress, G. (2005), *Literacy in the new media age*, Londres, Routledge.

Learning and Skills Council (2008), *Government Investment Strategy 2009-10, LSC Grant Letter and Statement of Priorities*, disponible en <http:// reading room/ l.s.cgov.uk/lsc/National/ nat-SoPaccessible-nov08.pdf>.

Levinson, M. (1996), "Researching groups that are hidden and/or marginalised", *Research Intelligence*, British Educational Research Association, disponible en <http://www.google. co.uk/search?hl=en&q=Gypsies+and+Travellers+marginalization&btnG=Google+Search &meta=>.

—— (2007), "Literacy in English Gypsy communities: Cultural capital manifested as negative assets", *American Educational Research Journal*, vol. 44, núm. 1, pp. 5-39.

McCarthy, P. (1972), *Itinerancy and poverty*, tesis de maestría, University College, Dublín.

McVeigh, R. (1997), "Theorising sedentarianism: The roots of anti nomadism", en A. Thomas (ed.), *Gypsy politics and Traveller identity*, Hatfield, University of Hertfordshire Press.

Mullaly, B. (2007), Oppression: The focus of structural social work, en B. Mullaly, *The new structural social work*, pp. 252-286, Don Mills, Oxford University Press.

Ni Shuinear, S. (1994), "Irish Travellers, ethnicity and the origins question", en M. McCann, S. O'Siochain y J. Ruane (eds.), *Irish Travellers, culture and ethnicity*, pp. 36-78, Belfast, Queen's University Belfast, the Institute of Irish Studies.

—— (1997) "Why do Gaujos hate Gypsies so much, anyway? Case study", en Thomas Acton (ed.), *Gypsy politics and Traveller identity*, Hatfield, University of Hertfordshire Press.

Office of the Deputy Prime Minister (ODPM) (2006), *Planning for Gypsy and Traveller caravan sites*, circular 01/2006, Londres, ODPM.

Ofsted (2003), *Provision and support for Traveller pupils*, Londres, Ofsted.

Okely, J. (1983), *The Traveller Gypsies*, Cambridge, Cambridge University Press.

Papen, U. (2005), *Adult literacy as social practice, more than skills*, Londres, Routledge.

Parry, G. *et al.* (2004), *The health status of Gypsies and Travellers in England: Summary of a report to the Department of Health*, Sheffield, University of Sheffield.

Shiohata, M. (2006), *Exploring the literacy environment in two Sengalese urban communities*, tesis doctoral, University of Sussex.

Street, B. V. (1984), *Literacy in theory and practice*, Cambridge, Cambridge University Press.

—— (2001), *Literacy and development: Ethnographic perspectives*, Londres, Routledge.

Street, B. V. (ed.) (1993), *Cross cultural approaches to literacy*, Cambridge, Cambridge University Press.

UNESCO (2007), *Global Monitoring Report 2008, "Education for all by 2015 — Will we make it?"*, París, UNESCO, disponible en <http://portal.unesco.org/education/en>.

UNESCO EFA (2005), *Global Monitoring Report 2006, "Literacy for Life"*, París, UNESCO, disponible en http://portal.unesco.org/education/en. Worrall, D. (1979), *Gypsy education: A study of provision in England and Wales*, Walsall, Walsall Council for Community Relations.

Worthington, A. (2005), *The Battle of the Beanfield*, Lyme Regis, Enabler Publication.

Young, I. M. (2000), "Five aces of oppression", en M. Adams (ed.), *Readings for diversity and social justice*, pp. 35-49, Nueva York, Routledge.

LA ESCOLARIZACIÓN DEL FRANCÉS ESCRITO

ELSIE ROCKWELL[1]

La oportunidad de realizar trabajo de campo etnográfico en escuelas primarias de París[2] me permitió observar prácticas de escritura muy diferentes de las que había estudiado a lo largo de años en las escuelas mexicanas. Aunque en un principio me interesaba la dinámica de la diversidad lingüística dentro de un sistema escolar en el cual se usa exclusivamente la lengua oficial, el francés en este caso, descubrí que esta problemática estaba subordinada a la profunda brecha ideológica entre lengua oral y escrita que permea toda la enseñanza. Esta distinción tiene raíces en la historia de la educación escolar en Francia: el francés escrito se había convertido en norma y medio de instrucción durante el siglo xix, cuando la mayor parte del país todavía hablaba una lengua o una variante del francés diferente al dialecto parisino dominante (Chervel, 2006). La mayoría de las escuelas primarias de Francia, incluidas las que visité, siguen esta premisa, considerando el dominio del francés escrito como un vía para "integrar" a los hijos de inmigrantes al país, mientras configuran una relación con la lengua escrita que afecta a todos los niños. Las formas específicas en las que se escolarizaba la escritura en las escuelas francesas permitía suponer que existen múltiples tradiciones de escritura escolar, y no una sola "cultura escrita escolar" (*schooled literacy*) (Cook-Gumperz, 1986; Street y Street, 1991).

En este capítulo presento algunos aspectos de este proceso a partir de las observaciones que hice en una clase CM2 (el último grado de primaria) que incluía a 26 niños, todos *issus de l'immigration* (hijos de inmigrantes), cuyos padres o abuelos (y en algunos casos ellos mismos), habían llegado a Francia sobre todo desde las antiguas colonias francesas. Algunos alumnos tenían padres profesionales o comerciantes, pero la mayoría eran hijos de trabajadores de diversas ramas. La escuela se ubicaba en el 18º *arrondisement* del norte de París, en un barrio habitado tradicionalmente por inmigrantes que llegaron a la ciudad en el siglo xix procedentes de las zonas mineras de Francia y otras regiones de Europa. Tras la primera guerra mundial llegaron al barrio miles de argelinos, considerados como trabajadores legales con derecho a la nacionalidad francesa pero sin ciudadanía plena; en el curso de las tres últimas décadas han llegado nuevos inmigrantes, muchos de ellos de los países subsaharianos.

---

[1] Centro de Investigación y Estudios Avanzados, Instituto Politécnico Nacional, México.

[2] Si bien el acceso de investigadores a las escuelas francesas suele estar restringido, en este caso el trabajo de campo se vio facilitado gracias a la intermediación del Institut National de Recherche Pédagogique; los directores y maestros se mostraron dispuestos a hacer a un lado los requisitos burocráticos, y me invitaron a acompañar las clases. También pude pasar algunos días en otras primarias, desde una escuela para niños de clase obrera en Lille hasta una rural unidocente en los Alpes franceses. Las traducciones de textos y transcripciones del francés corrieron por mi cuenta.

La escuela se ubicaba en el nivel ZEP (*zone d'éducation prioritaire*) más bajo, dado el nivel socioeconómico y de aprovechamiento, por lo cual le correspondían recursos y atención adicionales. Aunque evidentemente se situaba en la base de un sistema estratificado, en ese momento (2005-2006) era también una escuela relativamente privilegiada, con un equipo de maestros con experiencia y un director comprometido. La maestra del salón CM2, Chantal, una joven que había estudiado literatura europea, estaba interesada en demostrar que los niños franco-africanos podían desempeñarse tan bien como cualquier otro.[3] Sus formas de enseñar lectura y escritura, aunque inscritas en un proyecto escolar novedoso, reflejaban muchas de las prácticas tradicionales que observé en otros salones de clase y que encontré en estudios sobre la educación escolar en Francia. En este caso, como en otros, se hacía evidente la distinción entre lengua oral y escrita propia de la tradición escolar francesa, sobre todo en el enorme esfuerzo invertido en enseñarles a los niños a *escribir* correctamente el idioma francés.

Al buscar apoyos conceptuales para examinar este proceso, releí las obras clásicas de la sociología de la educación. Desde hacía años, consideraba que la teoría francesa sobre la escolarización, si bien en su momento aportó una visión crítica importante de la ideología liberal de la educación como proceso meritocrático, no ofrecía una explicación adecuada de la práctica escolar cotidiana, por lo menos tal como la había observado en México. Sin embargo, durante mis visitas a diversas escuelas de Francia me pareció que era posible releer algunos tratados como una etnografía de las escuelas francesas, y no como la teoría universal de la educación que pretendía ser.[4] Aunque esta tradición sociológica a menudo se expone como teoría general, de hecho se basa en la experiencia histórica francesa. En particular, el pensamiento de Bourdieu y Passeron, tal como se lo elaboró en *La reproducción: Elementos para una teoría del sistema de enseñanza* (1981) iba adquiriendo sentido a la luz del esfuerzo que implicaba para los alumnos aprender a redactar correctamente en francés en la primaria.[5] La lengua escrita dominante, como núcleo duro de capital simbólico, parecía constituir una sólida barrera a la que no sólo se enfrentaban los niños cuya primera lengua era distinta al francés, sino también muchos hablantes "nativos" del francés. La explicación clásica que ofrecen estos autores se centra en la socialización en el *habitus* de clase dominante, como mecanismo que produce las disposiciones necesarias para adquirir mayor capital social en la escuela. No obstante, este esquema no explica las prácticas reales en las clases ni las estrategias

---

[3] Utilizo seudónimos en éste y otros casos. A diferencia de lo que ocurre con muchos maestros principiantes asignados a escuelas "difíciles", Chantal había elegido trabajar en escuelas ZEP. Estaba muy enterada de los diversos antecedentes culturales de sus alumnos y había viajado por África, sin embargo consideraba que sus estudiantes tenían derecho a sobrevivir en Francia y defendía así la tradición educativa francesa.

[4] Entre otros, han sido importantes los trabajos de Durkheim, Baudelot y Establet, Bourdieu y Passeron, Vincent, Lahire y Thin. Se ha hecho relativamente poca investigación etnográfica de las escuelas de Francia (véanse Anderson-Levitt, Reed-Danahay, van Zanten, Sirota, Vázquez, de Brito, Lahire, Canut).

[5] Aunque algunas prácticas eran similares a las de los salones de clases mexicanos, había una diferencia significativa en la atención que se concedía a los ejercicios de redacción.

de los niños para manejar la cultura escrita. Para abordar estas prácticas, considero necesario revisar al análisis sociolingüístico y sociocultural de la interacción en la clase,[6] incluyendo algunas aportaciones de la corriente conocida como *New Literacy Studies* (NSL),[7] a fin de analizar de qué manera los niños utilizan su conocimiento de los aspectos pragmáticos de la lengua oral para desentrañar los misterios del código escrito.

En este análisis propongo que estos dos enfoques teóricos conducen a descripciones y comprensiones diferentes del proceso de enseñanza de la lengua escrita. El primero considera la tesis de Bourdieu y Passeron, según la cual los estudiantes de las clases trabajadoras tienen limitaciones para adquirir conocimiento escolar dada su socialización en un *habitus* que difiere radicalmente de la cultura que proporcionan las escuelas. En Francia la discusión posterior sobre esta tesis en relación con la cultura escrita debe mucho al sociólogo Bernard Lahire (1993, 2002, 2008). Este investigador, siguiendo la teoría general de Bourdieu (1991), sugiere que la adquisición del francés escrito implica una ruptura profunda con el conocimiento cotidiano, es decir con el *sens pratique* ("sentido práctico" o "lógica de la práctica") de la lengua oral. No obstante, para Lahire, la distancia entre el sentido práctico asociado con la oralidad y lo que llama el "modo escritural-escolar" no es resultado sólo de diferencias en la socialización primaria de los niños educados en diferentes clases sociales, como sostenía Bourdieu, sino que se produce en gran medida por la acción pedagógica a largo plazo de la educación formal. Lahire (1993, 2008) le da sustento empírico a su postura mediante una caracterización de la lengua escrita en las clases, señalando prácticas que tienden a alejar la producción de la lengua escrita de la lengua oral cotidiana. Más adelante revisaré su posición a la luz de mis propias observaciones.

En la segunda sección me dedico a un análisis de la interacción oral en torno a las actividades de escritura en clase. Si bien mucha de la investigación sobre la lengua escrita y la interacción en clase ha enfatizado los *contrastes* entre los usos cotidianos de la lengua, por una parte, y la cultura escolar vinculada a la escritura, por otra (por ejemplo Heath, 1983), los enfoques sociolingüísticos y socioculturales proporcionan herramientas conceptuales para mostrar *continuidades* entre estos dos contextos y para comprender las estrategias de los niños. Mi análisis en esa dirección revela una dinámica en la cual los alumnos procuran utilizar su conocimiento cotidiano del lenguaje oral para descifrar los embrollos del francés escrito. Examinar la interacción en torno a la palabra escrita desde este punto de vista sugiere que las ambigüedades inherentes a la lengua escrita que encuentran los niños en el salón de clases ponen en movimiento recursos del propio "sentido práctico" asociado con la lengua oral que se supone deben abandonar, según la interpretación de Lahire, mientras desarrollan una relación escritural-escolar con la lengua.

---

[6] Representada por autores tales como Cazden (2001), Collins (1996), Cook-Gumperz (1986, 2006), Erickson (2004), Hicks (1996), John-Steiner, Panofsky y Smith (1994), Varenne y McDermott (1998).
[7] Incluidas las obras de Heath (1983), Street (1995), Barton, Hamilton e Ivanic (2000), Collins y Blot (2003), Hornberger (2003).

Al advertir ciertos contrastes entre estos dos enfoques —uno plantea una ruptura radical entre lo oral y lo escrito, mientras que el otro subraya la tensión y el interjuego— sostengo que las relaciones con la escritura se moldean en la escuela no sólo a través de las características de la lengua escrita tal como la producen y reproducen los maestros, sino también mediante procesos de co-construcción cotidiana. Propongo que los alumnos utilizan una variedad de recursos culturales y lingüísticos para comprender y realizar las tareas escritas que les plantean los maestros.

EL CONTEXTO LINGÜÍSTICO

La escuela que observé en París tenía un grupo diverso de estudiantes. La clase CM2 reunía por lo menos doce idiomas, además del francés, incluyendo árabe, hindi, chino, filipino, español, bambara y varias lenguas africanas. Casi todos los niños del salón eran por lo menos bilingües, y muchos hablaban tres o más idiomas (una niña de Sri Lanka hablaba cinco). Nunca detecté el uso oral de ningún idioma aparte del francés en las actividades normales de salón, aunque tal vez se emplearan algunos en los recreos, y se utilizaban mucho en los hogares y en los numerosos lugares públicos del vecindario orientados hacia la vida comercial, social y cultural de la población local. Una vez un niño ecuatoriano me dijo abiertamente algo en español, pero sus compañeros se rieron, con lo cual inhibieron su posterior uso de esa lengua en el aula. Aunque la maestra atenuó esta respuesta haciendo referencia a la importancia de otros idiomas, el ambiente general del salón de clase sólo admitía el francés.[8]

Todos los niños del CM2, con sus diversas historias lingüísticas, habían llegado al quinto grado con una fluidez completa en francés. Algunos la habían adquirido en la infancia, mientras que otros lo habían aprendido por inmersión en la escuela en Francia o en el África francófona.[9] Chantal, la maestra, afirmaba que no detectaba variación alguna en la forma en que usaban el francés que pudiera atribuirse a su lengua original. Mis propias limitaciones en el francés oral no me permitían detectar diferencias lingüísticas sutiles entre los niños y la maestra, pero desde luego no había nada que pudiera considerarse como un "dialecto" distinto del francés, por ejemplo algo equivalente al llamado inglés vernáculo afroamericano (*Afro-American Vernacular English*). La percepción de la maestra se confirma por los investigadores franceses, en el sentido de que generalmente es imposible detectar diferencias de etnicidad, raza o nacionalidad de los alumnos a partir de las grabaciones del habla realizadas en las clases. La maestra usaba la misma variedad popular del francés parisino, con amplio uso de palabras o frases coloquiales (*polar, boulot, bouquin, bac,*

---

[8] Durante algunas clases esporádicas había también una repetición escolar pautada de diálogos y canciones en inglés.

[9] El niño de Ecuador, por ejemplo, había "sufrido", según su madre, cuando entró a segundo grado, aunque para el quinto los maestros lo presumían como prueba del método de "el que nada, nada, y el que no se ahoga".

stop) e incluso se permitía emplear expresiones y regaños que en el habla de los docentes mexicanos parecerían incorrectos. El habla en el salón manifestaba asimismo las típicas elisiones del francés hablado ("*shui*" por "*je suis*") y la omisión de elementos que son obligatorios en el francés escrito, como el "*ne*" antes del verbo en las construcciones negativas. La maestra sólo censuraba algunas palabras más fuertes cuando los niños se insultaban, o cuando las proponían como respuestas en los ejercicios de vocabulario. No observé ningún caso de "corrección de dialecto" (Collins, 1996; Temple Adger, 1998) por parte de la maestra durante los comentarios de la clase (lo cual es usual en las clases norteamericanas), sino que manifestaba bastante tolerancia frente a la variación en la expresión oral.[10] Esta actitud general hacia el francés hablado contrastaba marcadamente con la relación con el francés escrito. El trabajo relacionado con escritura ocupaba la mayor parte del tiempo efectivo de enseñanza, y abarcaba los trabajos escritos no sólo durante las clases de lengua, sino también los de otras materias. En las entrevistas Chantal me comentó que su objetivo era hacer volcar (*basculer*) a los niños hacia la escritura.

LAS TRADICIONES EN LA ENSEÑANZA DEL FRANCÉS ESCRITO

A medida que iba leyendo investigaciones históricas sobre la educación elemental en Francia (Chervel, 1998, 2006; Chartier, 2007), llegué a comprender que las prácticas actuales responden al énfasis que la escolarización ha dado, a lo largo de los dos últimos siglos, al dominio del francés escrito. Chervel señala: "La instrucción en traducción del latín [al francés] estaba... en el centro de la preparación lingüística de los estudiantes del siglo XIX" (1998, p. 92). Lo que más importaba era que los alumnos vertieran los textos clásicos a un francés escrito correcto, con un estilo y una sintaxis adecuados. Progresivamente se fueron introduciendo otros ejercicios de redacción, incluyendo síntesis, disertaciones, composiciones, "*explication d'auteurs*" así como el dictado de textos y palabras. Esta última práctica se convirtió en el medio preferido para evaluar los progresos. A medida que se iban abandonando paulatinamente las lenguas clásicas en la secundaria (quedaban como materias optativas de prestigio en los liceos), fueron remplazadas por un conjunto equivalente de obras literarias francesas, con autores como Ronsard, La Fontaine, Molière, Chateaubriand, Voltaire y Hugo, creando un canon escolar de prosa francesa. En los manuales para la escuela primaria se introdujeron fragmentos de este *corpus* como modelos para enseñar a los niños a redactar en francés.

El historiador André Chervel (2006) ha demostrado que el francés escrito, tal como se conoce actualmente, en especial su gramática y ortografía, se construyó específicamente como objeto escolar durante la primera mitad del siglo XIX, y su

---

[10] Esto contrasta con los datos que proporciona Lahire (1993), que muestran que los maestros corregían las expresiones orales solicitando que los alumnos enunciasen "oraciones completas" por lo menos al responder preguntas formales.

predominio se estableció por medio de una serie de exámenes y mecanismos curriculares nacionales. A partir de este momento, la norma escolar permeó la sociedad y la cultura francesas. Esta variante del francés, heredera del dialecto parisino, fue impuesta a través de la escuela a niños que hablaban variantes diferentes del francés (denominadas *patois*) o incluso idiomas distintos (como el bretón). Esta lengua escrita escolar se ha mostrado sumamente resistente al cambio, pese a las actuales modificaciones de la lengua como sistema oral.[11] El sistema de ortografía que se enseñaba en la escuela se fijó entre 1833 y 1859, y desde entonces ha logrado sobrevivir a varios intentos de reforma. La ortografía tradicional ha seguido siendo el criterio del francés correcto y el eje central del debate público respecto a las culturas y las crisis de la escuela, a pesar de repetidas solicitudes de algunos educadores para que se reduzca su importancia (Chervel, 1998, pp. 125-139).

En vista de esta historia, muchos docentes sostienen que el francés oral es muy diferente del francés escrito, y en ocasiones llegan a considerar que son "lenguas distintas". No obstante, los lingüistas aducen que ese discurso común exagera la distancia que hay entre el francés oral y el escrito. Claire-Blanche Benveniste (2000) ha demostrado que muchas diferencias no son estructurales, sino más bien resultado de las convenciones de la ortografía. En la producción real hay muchas más semejanzas que diferencias sintácticas entre la versión oral del francés y la escrita. No obstante, el dominio de la ortografía suele verse como señal de un complejo conjunto de habilidades y disposiciones sociales asociadas con el manejo del francés escrito, incluyendo el pensamiento racional y reflexivo. Esto nos remonta a la tesis de la "mente alfabética" que sigue reproduciéndose en muchos discursos públicos y académicos, tanto en Francia como en otros lugares. "Somos herederos de una larga línea de pensamiento, que culmina en la Ilustración europea, que asumía que la comunicación escrita era el sello de la racionalidad y, más aún, que el alfabeto era la precondición de una sociedad 'civil', es decir, democrática" (Collins y Blot, 2003, p. 161, traducción de la autora).

A pesar de las realidades lingüísticas, la práctica en los salones de clase en Francia suele enfatizar la diferencia entre el francés oral y el escrito mediante una serie de mecanismos, a manera de andamios, que van guiando la escritura desde las primeras versiones producidas por los niños, con frecuencia de manera oral, hasta la versión final corregida por el docente que los alumnos luego deben copiar en un cuaderno especial o en una hoja limpia. La serie de pasos marca distintos grados de separación con respecto a la producción oral. El progreso desde la producción oral hasta la versión escrita se ve como un claro cambio que marca el discurso utilizado en clase. El texto se vuelve altamente visible, y en el proceso se hacen comentarios sobre características textuales, así como sobre problemas estilísticos y ortográficos específicos.

Aunque en muchas lenguas pueden encontrarse dificultades ortográficas (notablemente en inglés), el francés tiene una particularidad que complica las cosas. En el sistema escrito los elementos no fonéticos se relacionan en gran medida con in-

---

[11] Aunque la ortografía también ha influido en la pronunciación (véase Gadet, 1996).

flexiones y concordancias gramaticales, como son los morfemas de persona-modo-tiempo verbal en los verbos y los de género-número en los sustantivos, adjetivos y participios; por ejemplo, en "*Ces filles, il les avait vues hier*", *vues* (con *es* muda) tiene que concordar con su objeto antecedente, *les*, que se refiere a *filles* y, por lo tanto, es femenino y plural. Debido a esta característica, aprender ortografía francesa requiere el dominio de las categorías gramaticales y las reglas de conjugación y concordancia propias del francés escrito pero cuyas formas no siempre se distinguen en el oral. Por ejemplo, las formas verbales homófonas *aimais, aimait, aimez, aimaient, aimé* y *aimée*, o *c'est, s'est, sais* y *sait*, tienen todas significados distintos. El dominio de ciertas características de este código escrito se vigila por medio de mecanismos de evaluación en diferentes puntos de la estructura escolar y social. La ortografía correcta señala al individuo bien educado y culto.[12]

Si bien, en años recientes, el *corpus* escolar de los clásicos franceses en gran medida ha sido remplazado en las primarias por literatura para niños, en las escuelas francesas la tendencia a basar toda la enseñanza de lengua en textos literarios sigue predominando. Los textos seleccionados se fotocopian y reparten a todos los niños de la clase, ya que no es habitual formar grupos de lectura de distinto nivel de competencia lectora, como en Estados Unidos. Siguiendo los modelos tradicionales, se utilizan estos textos para enseñar los aspectos del lenguaje que se presentan como materias separadas en los programas: lectura de comprensión, memorización y recitado de poesía, vocabulario, caligrafía, redacción y análisis de distintos géneros y, en años recientes, análisis literario en un nivel bastante sofisticado.[13]

Mientras observaba la clase CM2 en París, pude seguir un desarrollo particular de esta tradición que se oponía deliberadamente a la literatura francesa "patrimonial" de los siglos XVIII y XIX, pero mantenía al mismo tiempo el papel central de las obras literarias en la enseñanza de las artes del lenguaje. El grupo CM2 estaba inscrito en un programa llamado Tatoulu[14] (juego con la versión fonética de *T'as tous lu?*), que distribuye una selección de libros infantiles a las escuelas participantes. Hacia finales de cada año escolar se organiza una serie de debates para que los representantes de cada grupo puedan votar por su libro favorito; el autor ganador de cada categoría recibe el premio anual Tatoulu. Chantal destacó el hecho de que con este programa los niños se exponían a obras íntegras, no a fragmentos, escritos por autores contemporáneos de Francia y otros países (en traducciones al francés), y se familiarizaban con una gama más amplia de términos y géneros literarios. De todas maneras, también introducía textos de Ronsard y poemas de Hugo, al igual que algunos de poetas modernos, como Prévert.

En sus clases, al igual que en otras que observé en París, seguían poniéndose en

[12] Esto desde luego sucede en muchos lugares, en parte debido a la amplia influencia de la cultura francesa en la educación en to lo el mundo.

[13] Debido a la influencia del estructuralismo, recientemente el estudio de las características estilísticas o estructurales de los textos literarios se ha integrado a los programas de primaria y secundaria. No obstante, la atención que se presta a los textos literarios también depende en gran medida del interés de cada maestro por la literatura, según me lo explicó una docente.

[14] Una asociación autónoma de educadores y autores organiza el programa y los premios anuales.

práctica, en formas renovadas, muchas de las técnicas tradicionales (*dispositifs*) desarrolladas por la pedagogía francesa en el curso de los dos últimos siglos para garantizar el éxito de la "entrada a la escritura". Por ejemplo, los estudiantes siempre tenían que pasar en limpio (*passer au net*) sus borradores (*brouillons*) de las tareas escritas. En Francia los niños tienen un cuaderno especial para hacer sus borradores, llamado a veces "cuaderno de investigación" (*cahier de recherches*), y otro cuaderno (*cahier du jour*) o carpeta para los trabajos pasados en limpio. Esta distinción es una parte tan institucionalizada de la enseñanza francesa que muchas veces los cuadernos se venden o se imprimen por parte del sistema escolar con esos títulos. Algunos maestros repartían hojas blancas para algunas fases del proceso de escritura, particularmente para los ejercicios de dictado. Muchos docentes adaptaban ejercicios de vocabulario y de gramática, y sobre todo de redacción, similares a los que se encuentran en los libros de texto tradicionales, a las nuevas obras de literatura infantil.

La observación de clases mostró la enorme cantidad de trabajo pedagógico que involucra la enseñanza del lenguaje francés escrito. Por lo general se lo considera prioritaria y ocupa mucho tiempo tanto de los maestros como de los alumnos. En el grupo de CM2 los libros de Tatoulu se convirtieron en base para la mayoría de los ejercicios. Muchas tareas requerían que los estudiantes escribieran algo relacionado con el libro que estaban leyendo: por ejemplo, Chantal les pidió ubicarse *a sí mismos* en una historia, para establecer un diálogo imaginario con uno de los personajes, y luego redactarlo. También tuvieron que inventar "un cuento fantástico" que siguiera la estructura del *roman fantastique* que acababan de leer. Otros ejercicios destacaban estilos o géneros determinados, descripciones, opiniones o diálogos telefónicos, en los cuales el texto original servía de punto de partida, más que de modelo a copiar.

Normalmente los niños escribían el primer borrador de sus tareas formales durante la clase. Algunos se quedaban en el salón durante el recreo para terminar. Chantal permanecía cerca mientras hacían el ejercicio, y revisaba los avances del trabajo a medida que diferentes niños se le acercaban para mostrarle sus textos, le hacían preguntas y le explicaban sus ideas. Intermitentemente pedía silencio durante los ejercicios escritos, insistiendo en que era una condición para poder concentrarse en redactar; sin embargo la mayor parte del tiempo toleraba un nivel de interacción audible entre los chicos y aceptaba las preguntas espontáneas que le dirigían. Leía lo que le llevaban (fuese una parte o el trabajo completo) y marcaba los errores de ortografía y gramática; ocasionalmente pedía alguna aclaración. Los alumnos que terminaban la tarea se dedicaban entonces a pasarla en limpio, añadiendo todas las correcciones que había detectado la maestra. La versión final, que con frecuencia se hacía en la casa, se guardaba cuidadosamente en la carpeta y jamás se volvía a leer.

En otros momentos la redacción se convertía en un acto colectivo. Los niños proponían posibles formulaciones de un texto que la maestra apuntaba en el pizarrón. Este texto se copiaba después en una página en blanco del cuaderno correspondiente, como versión final. A veces se trataba de resúmenes de clases de historia o de reflexiones colectivas sobre obras literarias. Una de esas tareas, que presento más adelante, involucraba elaborar una serie de preguntas que se le plantearían al autor de uno de los libros que habían leído, que visitaría al grupo. Estos ejercicios permitieron tener una visión especial de la transformación de la expresión oral en francés escrito, proceso estrictamente mediado por la maestra pero que también involucraba la creciente conciencia que tenían los niños de las reglas que rigen la lengua escrita.

A continuación presento ejemplos del proceso de enseñarles a los niños la relación con la lengua escrita, en el caso observado, y su vinculación con las dos perspectivas teóricas que se esbozaron más arriba.

PRIMER ÁNGULO: ROMPER CON EL "SENS PRATIQUE"
PARA APRENDER LA RELACIÓN "ESCRITURAL-ESCOLAR"
("SCRIPTURAL-SCOLAIRE") CON LA LENGUA

Bernard Lahire (1993, 2001, 2008) propone que la adquisición de una relación escritural-escolar con la lengua escrita y con el conocimiento escolar en general, requiere una ruptura efectiva con el sentido práctico que es usual fuera del contexto escolar. A diferencia de Bourdieu, quien atribuye esa posibilidad a la libertad de necesidades económicas, asociados con las clases más altas (2001, p. 194), Lahire destaca que sólo es en largo proceso de escolarización "*où s'opère … la rupture avec le sens pratique linguistique*" (es donde se opera… una ruptura con el sentido práctico lingüístico) (2001, p. 177). Este proceso implica "*aussi et surtout un travail spécifique sur le langage en tant que tel, travail historiquement rendu possible par l'invention de l'écriture et les multiples déploiements cognitifs des savoirs scripturaux*" ("también, sobre todo, un trabajo específico sobre el lenguaje como tal, tarea que se volvió posible, históricamente, por la invención de la escritura y las múltiples expresiones cognitivas de los conocimientos representados por escrito") (2001, p. 195). Desde su visión, tanto la escritura como la educación escolar son necesarias para producir la racionalidad asociada con el dominio de la escritura, o, en palabras del autor, una relación metalingüística o reflexiva con el lenguaje: "*Voila donc ce que sont les conditions indissociablement sociales et intellectuelles de la construction d'un rapport réflexif au langage*" ("Éstas son, entonces, las condiciones inseparablemente sociales e intelectuales de la construcción de una relación reflexiva con el lenguaje") (2001, p. 194).

Lahire sostiene que la cultura de la escuela se centra en la enseñanza, no del lenguaje, sino de la "*langue*", en la *lengua* en el sentido abstracto y descontextualizado que formalizó De Saussure (1959) en su fundamentación teórica de la lingüística estructuralista. Si bien acepta las críticas bajtinianas de la teoría lingüística abstracta (2008, pp. 63-67), Lahire sostiene que la concepción saussuriana refleja la fuerte influencia del objeto que se enseñaba efectivamente en el sistema escolar francés. Por lo tanto, señala, la lingüística saussuriana sigue siendo una herramienta conceptual válida para analizar qué pasa en las clases, puesto que se basa en la realidad social de la relación "escritural-escolar" con el lenguaje.[15] En ese proceso Lahire asume una visión evolucionista de los sistemas de escritura y acepta que: "*L'écriture alphabétique... a rien d'un double naturel de la parole mais est bien un instrument d'objectivation du langage et la base de sa maîtrise symbolique*" ("La escritura alfabética... no es un doble natural del habla sino, más bien, un instrumento de objetivización del lenguaje y base de su dominio simbólico") (2001, p. 194). Propone que escribir hace posible la reflexión metalingüística sobre el lenguaje mismo, al volverlo "visible"; no obstante, insiste en el papel mediador de la escolaridad formal, del trabajo específico que llevan a cabo las escuelas para alejar a los alumnos de los usos comunicativos del lenguaje e inculcar en ellos el dominio del mismo como sistema abstracto y formal, de manera similar a la descripción de *langue* que hace De Saussure. Además, el acceso a esta relación escritural con el lenguaje, y con el mundo, es privilegio de las clases dominantes y una herramienta de su dominio sobre quienes sólo tienen una relación oral-práctica con el lenguaje. En palabras de Lahire:

Tout se passe comme si, en apprenant à raisonner leurs pratiques langagières, certains élèves se rendaient objectivement maîtres du langage des autres, à savoir ceux qui le pratiquent sans le raisonner. Opposition entre maîtrise pratique et maîtrise symbolique, entre pre-réflexif et réflexif, entre rapport oral-pratique au monde et rapport scriptural au monde a un sens politique dans le sens ou, qui maîtrise le langage consciemment, réflexivement est en position de dominer celui qui ne le maîtrise que pratiquement et ce, dans de multiples univers sociaux qui composent nos formations sociales marquées pour la prédominance du mode scolaire de socialisation.

[Todo ocurre como si al aprender a razonar sus prácticas lingüísticas ciertos alumnos se volviesen objetivamente maestros del lenguaje de otros. La oposición entre la maestría práctica y la simbólica, entre lo prerreflexivo y lo reflexivo, entre una relación oral práctica con el mundo y una relación escritural con el mismo tuviese un significado político, en el sentido de que quienes dominan el lenguaje consciente, reflexivamente, están en posición de dominar a quienes sólo lo dominan prácticamente, y eso en los múltiples universos sociales que componen nuestras formaciones sociales marcadas por el predominio del modo escolarizado de la socialización] (Lahire, 2001, p. 191).

En el programa formal de lengua de las escuelas francesas hay mucho que va en apoyo de la tesis de Lahire, como la atención a la ortografía, la clasificación de palabras, la morfología, el análisis estructural. Sin embargo, mantener esta posición requiere examinar las prácticas escolares reales. Lahire (1993) lo ha hecho por medio del análisis de textos para niños y observación de clases, y ha identificado el tipo de actividades de lenguaje que asocia con el logro de dominio de la *langue*. Presento sus puntos principales (Lahire, 2001, pp. 184-187; 2008, cap. 4), y señalo ejemplos de mis propias observaciones que los ratifican:

---

[15] Un problema con esta elección es que parece pasar por alto la diferencia entre la gramática normativa-prescriptiva que se enseña en las escuelas y la intención descriptiva de la lingüística estructuralista.

- Lahire sostiene que aprender la escritura alfabética implica la capacidad de segmentar cadena sonora en fonemas aislados que corresponden a grafemas, atendiendo al nivel fonológico sin reparar en el significado. Señala las dificultades que tienen los alumnos para descifrar y separar correctamente las palabras durante los ejercicios, como escribir *ils s'ont mi* en lugar de *ils ont mis*, o *dincou* en vez de *d'un coup* (2008, p. 83). En la clase CM2 observé que los niños hacían preguntas constantes sobre ortografía durante los ejercicios escritos, y la maestra optaba por deletrear (*épeler*) la palabra, destacando las letras problemáticas, o por pedirle a otro alumno que lo hiciera. Cuando un estudiante le pregunta cómo se escribe *"coup de fil"* (forma coloquial de decir "llamada telefónica", donde la "p" es muda), por ejemplo, ella pronuncia *c... o... u... p* y se detiene. Muchas veces esas peticiones involucraban ortografías que no resultan evidentes a partir del "sonido" de la palabra, y la maestra hacía preguntas para resolver posibles ambigüedades debidas a los numerosos homófonos, sobre todo en las formas verbales.

- Lahire destaca un rasgo que es especialmente fuerte en el francés escrito: las reglas ortográficas vinculadas con la gramática. La falta de dominio del aspecto sintáctico produce los numerosos errores ortográficos. Este problema explicaba la mayoría de los errores que la maestra marcaba en los primeros borradores de los niños de la clase CM2. Éstos incluyen, como en el texto que aparece más adelante, la falta de concordancia entre género y número cuando éstos no se evidencian oralmente (un final "mudo" o similar, *était* por *étaient*) y la falta de concordancia de número, tiempo o modo verbal entre sujeto y verbo (*tu a* en lugar de *tu as*). Resultan especialmente difíciles las reglas de concordancia de número y género entre sujetos u objetos y participios verbales (*je l'ai embrassée*, donde *ée* tiene que concordar con la *l'* que se refiere a *amie* en una oración anterior, en el texto que aparece adelante). El trabajo sobre este aspecto no sólo implicaba corregir este tipo de errores en los trabajos escritos, sino que se convertía también en "tema de instrucción" por parte de la maestra, que se expresaba por lo general durante el tiempo dedicado a producir un texto escrito, aunque ocasionalmente también se reforzaba mediante ejercicios de conjugación en otra hora.

- Un tercer mecanismo propuesto por Lahire es el entrenamiento en la capacidad de producir "enunciados completos", es decir, oraciones que incluyan un sujeto explícito y un verbo conjugado; muchas de esas construcciones no son obligatorias en la cadena comunicativa del francés oral. Por escrito se las indica —siguiendo las convenciones actuales— con una mayúscula al principio y un punto al final, pero también tienen otros marcadores. En los datos de Lahire los maestros solicitaban frecuentemente a los niños que produjesen "enunciados completos", incluso cuando la situación comunicativa no lo requería: *Que mange le chien? Le chien mange un os* (¿Qué come el perro? El perro come un hueso) (2008, p. 89). Otro ejemplo habitual es la frase requerida *est ce que* o la inversión del sujeto y el verbo (*est-t-il arrivé?*) para formular preguntas, en lugar de la típica interrogación oral que se realiza sólo mediante la entonación. Dada la dificultad de los niños para cumplir con este criterio, Lahire argumenta que aprender a escribir en francés involucra una ruptura radical con la lógica del habla cotidiana. En la clase CM2 que observé la maestra les recordaba a veces a los alumnos que hacían tareas escritas que compusieran *"phrases complètes"*, oraciones completas. Cuando les revisaba el trabajo escrito marcaba las mayúsculas y los puntos, y verificaba que estuvieran presentes el sujeto explícito y los verbos conjugados, aunque no era tan estricta como sugiere Lahire como para pedirles que elaboraran oraciones parecidas en sus respuestas orales.

Lahire identifica también preguntas correctivas y ejercicios que involucran reflexionar sobre aspectos formales de la lengua escrita, así como el predominio del análisis sintáctico sobre la reflexión semántica o pragmática, como rasgos característicos de la relación escritural-escolar con el lenguaje. Sus ejemplos subrayan la dificultad de los niños para prestar una atención estrictamente a la gramática, sin considerar el significado del enunciado. Por ejemplo, ante la tarea de distinguir un sujeto explícito de uno pronominal en el par *La pluie ne tombe pas violemment/Elle ne tombe pas violemment* (La lluvia no cae con violencia/No cae con violencia), cuando el docente elimina la primera oración, los niños insisten en que en el segundo caso sabemos que "cae" se refiere a la lluvia, y explican cómo es posible saber con cuánta fuerza caen las gotas (Lahire, 2008, p. 94). En mis observaciones, como en las de Lahire, la maestra usaba el *remplacement,* ejercicios de sustitución que sólo pueden resolverse en términos de sintaxis, no de significado, sobre todo cuando formulaba texto escrito en el pizarrón (véase más adelante).

Por último, Lahire señala la demanda clásica de producción de textos explícitos y coherentes, en oposición a la tendencia, asociada frecuentemente con la lengua oral, de yuxtaponer oraciones o frases con pocas cláusulas conectivas o relativas, estructura que los niños suelen transferir a sus textos escritos. Este aspecto puede verse claramente en las correcciones marcadas en las tareas escritas de los alumnos, y en general se constata en los textos que reuní. Estaba presente también durante los ejercicios colectivos de escritura. Por ejemplo, Chantal muchas veces añadía, y enfatizaba oralmente, una frase condicional inicial, como *Lorsqu'il est arrivé* (a su llegada), a fin de transformar una oración inconexa en parte de un texto coherente.

En los dos ejemplos siguientes, tomados de mis datos, son evidentes algunas características de la relación escritural-escolar hacia el lenguaje tal como la describe Lahire. El primero es un ejemplo representativo, corregido en rojo por la maestra. En la versión transcrita puse sus correcciones entre paréntesis y taché los errores que ella no había marcado ni cambiado.

... manger moi et mon cop(a)in de cha(m)bres. Dans Les chambres il n(')y avait personnes ils etait(ent) tous alle(és) manger. Arrivé au réfectoir, La lumi(è)re était etaeiente. Quant on est rentré à L'interieur on ne vo(yai)ient rien, avant tout à qu'où on entendit –Joyeux anniversaire Antoine, tu a(s) 11 ans aujourd'hui. (T)oute(s) mes copine(s) était(ent) là. Au

Fond, j'apperscevais Lola(,) ma petite copine que j'aime ~~temps~~ (tant!) J'ai couru vers elle (,)
je l(')es (ai) embra(s)se(ée.) (T)out le monde (a) crie(é) "ouuuuu!"

En este ejemplo Chantal marcó unos errores sencillos de ortografía, como la
c en lugar de la *s* en *apercevais,* el acento en *lumière,* aunque pasó por alto otros
(*réfectoir(e), int(é)rieur*). Algunos de los errores son problemas clásicos con los homófonos franceses, como *temps* en lugar de *tant.* Esta clase de equivocación se da
especialmente con las terminaciones verbales y su concordancia con el sujeto o el
objeto, todas las cuales se marcaron en el texto: *allés, étainte, voyait, tu as, étaient,
embrassée, l'ai.* Las formas erróneas usadas por el alumno en estos casos "suenan"
igual que las correctas: *étai* y *étaint* son homófonas, y lo mismo ocurre con *les* y *l'ai.*
Escribir correctamente en esos casos implica un dominio de la ortografía y de las
significaciones de las conjugaciones verbales y las concordancias gramaticales. Lo
mismo se aplica a la pluralización de *toute(s) mes copine(s),* donde la *s* final es muda.
La mayúscula inicial y el punto final que marcan un "enunciado completo" se indican también en las dos últimas oraciones, y se agregan algunas comas, aunque la
maestra parece pasar por alto las mayúsculas que aparecen dentro de las oraciones,
en *Les chambres, Fond, La lumi(è)re.*

No obstante, el mismo ejemplo demuestra que los niños de esta clase CM2 habían llegado progresivamente a comprender muchas maneras implícitas de manejar el francés escrito, y podían expresar relaciones bastante complejas en sus propias
palabras. El autor respetó la concordancia correcta y la elección de *que,* en lugar de
qui, como en "*ma petite copine que j'aime*", así como el "*ne*" obligatorio que con tanta

frecuencia se omite al hablar. Este texto incluía ciertas expresiones que raras veces se encuentran en el francés hablado, como la del comienzo: "*Arrivé au réfectoire*", e incluso un pasado imperfecto: *entendit*. Su autor generalmente usó correctamente los signos de puntuación, incluyendo el guión largo que indica el diálogo. La estructura narrativa del texto refleja asimismo el trabajo de los alumnos con los textos literarios. En este ejemplo, como en muchos otros, quedó claro que los estudiantes se habían apropiado de muchas reglas del sistema escrito y podían funcionar dentro del mismo. Estaban aprendiendo a mantener separada la lógica que regula el texto escrito de su propio *sens pratique* de usar el lenguaje para comunicarse oralmente.

En el siguiente ejemplo el patrón que sigue Chantal cuando revisa las respuestas de sus alumnos a un conjunto de preguntas de comprensión sobre el capítulo de un libro corrobora las afirmaciones de Lahire por lo que toca a la atención a las características formales del francés escrito, que no son evidentes en el discurso oral.

Un alumno lee en voz alta la tercera pregunta: "*Donne un exemple de rêves que fait Julien*" ("Da un ejemplo de los sueños que tuvo Julien").

Chantal les pide a varios estudiantes que lean las respuestas que escribieron en el cuaderno. Algunas son:

E1: "*il a rêvé de Suzanne et qu'il la sauve*" ("soñó con Suzanne y que la salvaba").
E2: "*il rêve qu'il la sauve dans un lac*" ("sueña que la salvaba en un lago").
E3: "*il rêve de Suzanne...*" ("sueña con Suzanne...").

Chantal interrumpe: "*chaque fois il rêve à Suzanne, mais je veux des détails*" ("siempre sueña con Suzanne, pero quiero detalles").

E4: "*il la sauve de la noyade*" ("la salva de ahogarse").

Chantal borra parte del pizarrón y escribe la respuesta, combinando las sugerencias de los alumnos.

Il rêve que Suzanne se noie et qu'il la sauve de la noyade (Sueña que Suzanne se está ahogando y que él la salva de ahogarse).

Luego Chantal lo señala y pregunta: "*pourquoi on met qu'il là? il est qu'il, c'est-à-dire que il, qu'il peut se remplacer par que je*" ("¿por qué ponemos *qu'il* aquí? es *qu'il*, es decir *que il*, *qu'il* puede sustituirse con *que je*").

Escribe *que je* encima de *qu'il*, y explica que *que* puede elidirse con *il*, pero no *qui*. Pregunta cuál debe ser el signo de puntuación.

Un alumno contesta "*l'apostrophe*".

En este tipo de intercambios, que eran bastante frecuentes, la atención pasa del contenido del texto que se ha leído y comentado en la clase a la formulación correcta de una respuesta escrita. En este y otros ejercicios escritos en el pizarrón, Chantal ponía cuidado en colocar un sujeto explícito en las oraciones, para lo cual muchas veces repetía partes de la pregunta que los alumnos no habían incluido en sus versiones, y señalaba construcciones especiales y su ortografía, como, en este caso, *qu'il*. Por lo general los estudiantes daban respuestas aceptables, pero la estrategia de la maestra consistía en combinar las frases para formar oraciones más complejas, que los alumnos debían copiar. Algunos de ellos pudieron aportar los términos formales que ella solicitaba en diversos momentos; otros tal vez sólo advertían la ortografía específica, añadiendo a su repertorio nuevas fórmulas que usar por escrito.

Aunque encontré mucha evidencia para sustentar la posición de Lahire, también observé procesos contradictorios. Algunos son bastante obvios, como los errores comunes de escribir "*mamer*" por "*ma mère*", que Lahire usa como evidencia de la falta de capacidad de distinguir relaciones entre fonemas y grafemas. La mayoría de los problemas ortográficos en francés se relaciona con palabras que no presentan una clara *correspondencia* entre grafemas y fonemas en escritura del francés. La regla escolar de establecer una correspondencia entre grafema y fonema, aparte de asumir que los fonemas pueden aislarse fácilmente en la cadena sonora,[16] contraviene la presencia de numerosas formas no fonéticas en el sistema escrito, sobre todo aquellas que establecen relaciones gramaticales. De hecho las dificultades enfrentadas por los niños se deben a que *tratan* de lograr una versión fonética del francés oral y, al hacerlo, incurren en errores ortográficos. De hecho, el dominio del lenguaje francés escrito implica *romper con el supuesto explícito del sistema escrito escolar alfabético* (correspondencia entre grafema y fonema), y aprender a manejar la ortografía de las palabras sobre la base del significado semántico o gramatical, y no de una relación uno a uno con la cadena sonora. Parece que los niños llegaron finalmente a captar este principio no gracias a una "mente alfabética", sino más bien aplicando su *sens pratique* a las tareas planteadas por la maestra y tomando nota de las correcciones de sus trabajos escritos, que continuamente contradecían el supuesto implícito de que "las letras representan sonidos". Las dudas de los alumnos tenían que ver con formas escritas que no resultaban ser evidentes a partir del sonido de las palabras o frases; entre ellos comentaban posibles soluciones haciendo referencia al significado de las palabras. Cuando corregía, Chantal interpretaba por el contexto lo que había intentado escribir el niño, como en el caso de *temps* y *tant* que vimos antes. En general, para resolver los problemas ortográficos, el significado resultaba ser más importante que la forma.

En muchas situaciones se daba menos atención a los aspectos formales del lenguaje que al significado y al uso. Por ejemplo, mientras escribía textos en el pizarrón Chantal no siempre usaba reglas explícitas, y muchas veces buscaba, con ayuda de los alumnos, ciertos giros propios de un lenguaje más literario. En ocasiones, respondía a preguntas de vocabulario por medio de una acción, como cuando explicó "*negligence*" con un gesto, "accidentalmente" tirando un libro de su escritorio. A

---

[16] E. Ferreiro sostiene que los fonemas son producto de la adquisición del sistema escrito, y no un elemento inherente del lenguaje oral, accesible a través de la "conciencia fonológica".

diferencia de los ejemplos que destaca Lahire, en los cuales la atención a la forma desplaza al significado, yo advertí un estrecho interjuego entre estos aspectos. La maestra, mientras interactuaba con los niños al revisar sus trabajos escritos, solía plantear preguntas respecto al significado de las formulaciones que habían tratado de plasmar y después modificaba el texto oralmente, añadiendo: "¿Eso querías decir?" De manera similar, solía mezclar la reflexión sobre la sintaxis con la reflexión sobre la pragmática del lenguaje, como en el caso del uso de *tu* o *vous,* en el que se plantean cuestiones relacionadas con la edad del hablante y del interlocutor, así como de familiaridad y cortesía. También se ocupaba de muchos aspectos específicos del género de los textos. Una sesión especialmente interesante se dedicó al análisis de un correo electrónico que le mandó a la clase el autor de uno de los libros de Tatoulu, disculpándose por no ir en la fecha prevista.

(encabezado del correo electrónico)
Chers amis de CM2,
   Les polars, c'est plein d'imprévus et de rendez-vous manqués… Je n'ai pas failli à la règle. Mais, au bout du compte, l'action rebondit toujours et ce qui doit arriver finit par arriver! J'arriverai donc bientôt jusqu'à vous […] Mais quel est donc "le mystère Cavé"?… Ravi de vous rencontrer prochainement pour débrouiller avec vous cet imbroglio. Jacques Asklund.
   [Los *polars* [coloquial para novelas policiales] están llenos de imprevistos y de citas no cumplidas… No he fallado a esa regla. Pero, al final, la acción siempre rebota y lo que tenía que llegar, llega. Así que pronto llegaré con ustedes… ¿Pero cuál es el "misterio de Cavé"?… Emocionado de verlos pronto para desentrañar con ustedes este embrollo, Jacques Asklund.]

   Las discusiones en clase se centraron en muchos aspectos: el proceso mismo de los mensajes de correo electrónico y su pragmática (por qué fue dirigido a la clase si le fue enviado a Chantal), las semejanzas y diferencias entre una carta y un correo electrónico, y por último la cuestión de si un mensaje escrito por un autor famoso podría considerarse, o no, "literatura". Esta pregunta condujo a una discusión apasionada entre los alumnos, quienes daban evidencia estilística para argumentar sus respuestas, y finalmente buscaron la propia definición de literatura que daba Asklund en el libro que habían leído. Chantal la escribió en el pizarrón: *Écrire c'est donner de la vie grâce a la puissance de mots* [Escribir es dar vida gracias al poder de las palabras]. En este análisis, se le prestó poca atención a la sintaxis, pese a que en este aspecto el mensaje difería, en ciertas formas, de la redacción formal del francés.
   Aunque algunas de mis reservas en relación con el argumento de Lahire pueden deberse a la maestra específica a la que acompañé, otras toman en cuenta las tradiciones más generales de la escuela francesa. Una primera consideración se encuentra en el trabajo de los lingüistas que cuestionan la visión prevaleciente de que el francés oral y el escrito son dos sistemas distintos (Benveniste, 2000; Gadet, 1996; Canut y Vertalier, 2002). Si bien la ideología de la enseñanza de la lengua en las escuelas francesas reafirma constantemente la distancia entre el francés escrito

y el oral, los especialistas han demostrado que las estructuras fundamentales son las mismas, y que en el discurso oral se encuentran aspectos tales como las oraciones complejas y la subordinación de cláusulas, consideradas propias del francés escrito. Desde este punto de vista, podríamos examinar las continuidades entre la conciencia lingüística que tienen los alumnos como hablantes y su adquisición de un sistema de escritura, en lugar de plantear una profunda brecha entre ambos.

También propongo considerar el uso prevaleciente de textos literarios como base para la enseñanza de la lengua en la mayoría de las escuelas francesas.[17] Aparentemente, aunque en las primarias se ha abandonado el uso tradicional de extractos de los autores clásicos franceses, buena parte de la enseñanza de la lengua en todos los grados se basa en la lectura de libros apropiados para el grupo de edad correspondiente, compartidos por todos los niños del grupo. Los textos literarios encarnan modelos de francés escrito correcto, pero también abren una dimensión de interpretación de significado que suele dejarse de lado en la tradición de análisis formal de la lengua, y en consecuencia, en los análisis que ofrece Lahire. Si bien es posible eliminar ciertos aspectos del lenguaje literario de la pragmática de la comunicación cotidiana (por ejemplo el uso del *passé simple*), en las clases observé muchas veces a los niños discutir largamente sobre el significado y el estilo de un texto literario. El trabajo con textos leídos o producidos por los alumnos podía evolucionar fácilmente hacia otros aspectos, en especial hacia discusiones sobre la validez de las afirmaciones y la verosimilitud de las descripciones que contenían, y conectar a los alumnos con lo que leían en un nivel tanto afectivo como cognitivo. El entrelazamiento de consideraciones de significado y de forma al tratar con este tipo de textos, así como al producir trabajos derivados de su lectura, parecía contradecir la concentración exclusiva en los *aspectos formales del lenguaje* que Lahire identifica con la escolarización, en correspondencia con el modelo saussuriano que ha adoptado.[18]

Finalmente, del hecho de que las tareas de escritura estuvieran inmersas en oralidad e insertas en las intensas interacciones verbales que los niños experimentan constantemente en clase se derivan otras consideraciones. Mientras que Lahire desecha la crítica bajtiniana del análisis lingüístico, de hecho Bajtín nos advierte que si uno "arranca los enunciados del suelo en el que se nutren" (la interacción social), se pierde "la clave... para comprender su forma y su significado" (el original está citado en Lahire, 2008, p. 64). Esto también es válido en el contexto del lenguaje escolar. En la sección siguiente examino este aspecto para llegar a conclusiones que apuntan en una dirección diferente.

[17] En Francia hay una antigua discusión relativa al uso de la literatura, de las formas específicas en que se la usa para enseñar aspectos no literarios del lenguaje, así como sobre la conveniencia de prestar atención a los aspectos afectivos, formales y genéricos de esas obras con niños de primaria, de manera que la práctica varía considerablemente. Con el paso de los años algunos textos y educadores han auspiciado el uso de textos no literarios como modelos de otros géneros; sin embargo esto parecía llevarse a la práctica en forma más esporádica, mientras que el uso del texto literario era generalizado.

[18] La crítica hacia la lingüística estructuralista y el análisis del lugar del significado y el uso en el lenguaje constituyen un eje importante de la teoría sociolingüística. Véanse por ejemplo Hymes (1966a y b) y Gumperz (1982).

SEGUNDO ÁNGULO: UNA COMPRENSIÓN SOCIOCULTURAL
DE LA INTERACCIÓN EN EL AULA EN TORNO AL FRANCÉS ESCRITO

Con la observación etnográfica de la vida en las aulas resulta evidente que, si bien la teoría saussuriana puede explicar algunos aspectos del "objeto de instrucción",[19] resulta notablemente inadecuada para la descripción y comprensión de la interacción en clase. El ejemplo que ofrezco no sigue las convenciones estrictas del análisis del discurso, sin embargo se nutre de una larga cadena de investigaciones basadas en la sociolingüística y el análisis de la conversación.[20] El salón de clases puede verse, no como un sitio "descontextualizado" destinado a alejar a los alumnos de su *sens pratique,* sino, simplemente, como otro contexto en el cual los niños utilizan todos los recursos que tienen a su disposición en su vida práctica a fin de encontrarle sentido y sobrevivir a las actividades que ocurren "en tiempo real" (Erickson, 2004) durante la clase. De esta forma las complejidades de la interacción del aula en torno a la escritura no pueden entenderse exclusivamente como una encarnación u objetivización de la teoría de De Saussure.

Pese al lugar evidentemente central que ocupa la lengua escrita en el currículum oficial y real de la escuela, el acceso al conocimiento de la escritura está mediado por una intensa interacción oral entre maestros y alumnos. Intentaré argumentar que si bien algunas características formales del objeto de instrucción guardan poca relación con la comunicación verbal tal como se da fuera de la escuela, la competencia lingüística que los niños desarrollan en su experiencia cotidiana contribuye a su comprensión de las reglas de la lengua escrita formal que se les presenta en las clases.[21] Si bien la tradición escolar francesa tiende a reproducir una marcada dicotomía entre el plano oral y el escrito, la evidencia clave tiene que buscarse en la intersección de esos planos, en la complicada pragmática de ir de lo oral a lo escrito, y de lo escrito a lo oral, durante los ejercicios con los textos.[22]

En el ejemplo siguiente, tomado de una sesión en la cual Chantal les pide a los alumnos de CM2 que escriban posibles preguntas para Asklund, el autor de *Crime d'auteur,* la novela policial que se leyó en la clase, podemos ver algunas muestras de cómo se produce esta intersección. Ese ejercicio se realizó en preparación para la visita pendiente de Asklund a la escuela, durante la cual a los niños se les permitiría plantearle las preguntas. En este caso la escritura de las preguntas se convertía en un acto *previo* a su producción oral. La maestra comienza por escribir en el pizarrón cuatro frases, que presenta como "dominios", para pensar y clasificar las posibles preguntas:[23]

---

[19] Término utilizado en la didáctica francesa, distinto del "objeto de conocimiento" (Chevallard, 1985).

[20] Incluyendo, por ejemplo, a Bloome, Carter, Christian, Otto y Shuart-Faris (2005), Cazden (2001), Edwards y Mercer (1987), Erickson (2004), Hicks (1996), Varenne y McDermott (1998).

[21] Y, desde luego, por medio de procesos cognitivos que no estoy calificada para tratar. Véase Ferreiro, 2007.

[22] Los planos de interacción de la lengua escrita y el oral son tema de mucha investigación en la investigación reciente, como por ejemplo en Barton, Hamilton e Ivanic (2000) y Street (1995).

[23] No incluyo una transcripción de la secuencia, que es bastante larga, sino más bien una selección de intervenciones intermitentes de parte de una alumna que muestran la complejidad del proceso.

1] *Jacques Asklund, qui êtes vous?* [Jacques Asklund, ¿quién es usted?]

2] *Être auteur, c'est quoi?* [¿Ser autor, es qué?]

3] "Crime d'auteur", *quelles questiones* [*Crime d'auteur*, qué preguntas?]

4] *Un auteur, c'ést quel genre de lecteur?* [¿Qué género de lector es un autor?]

Estas frases distan mucho de ser enunciados completos o versiones explícitas de las intenciones de la maestra; son más bien una especie de taquigrafía para un conjunto complejo de preguntas posibles. En realidad no representan del todo la formulación clásica de un enunciado en francés escrito. Contienen frases coloquiales como *"cést quoi"*, así como más formales como: *"c'ést quel genre de lecteur?"* No era raro encontrar esta clase de anotaciones en los pizarrones de las aulas francesas, excepto cuando los maestros estaban redactando deliberadamente un resumen para que los alumnos lo copiaran. Las ambigüedades de estas muestras del francés escrito provocaron una serie de reacciones de parte de los niños a medida que iban copiando las frases y procedían a generar preguntas correspondientes a cada grupo. Las siguientes son reacciones de una niña francoafricana del grupo, que forman parte de secuencias de interacción más largas entre los alumnos y la maestra a lo largo de unos quince minutos.

Aya, que se sentaba en un lugar de privilegio en la parte delantera de la clase, cerca de la maestra, solía expresar verbalmente las dudas que quizá muchos otros niños sentían.[24] Después de leer y copiar el primer dominio en su cuaderno disparó: *"Pourquoi, qui êtes vous?"* [¿Por qué: quién es usted?] La pregunta *qui êtes vous?* podía implicar la interacción oral con una segunda persona. Pero en términos pragmáticos no tenía mucho sentido, ya que normalmente implicaría preguntar el nombre de una persona, lo cual en este caso ya se sabía. La maestra lo aclara indirectamente con un ejemplo: *"avez-vous une femme, des enfants...?"* [¿tiene mujer, hijos?]. Esta respuesta está lejos de ser explícita, y tiene más bien una relación indirecta con el contenido propositivo de la pregunta, del tipo frecuente en las conversaciones. Aya capta el sentido y responde: *"questions de sa vie?"* [¿preguntas sobre su vida?], haciendo una glosa más general (del tipo esperable en un discurso escolar) del ejemplo que ha sugerido la maestra. Ésta acepta y corrige: *"Oui... ce sont des questions qu'on peut poseer à n'importe quelle personne"* ["Sí, son preguntas que pueden hacérsele a cualquier persona"]. Una vez más, su comentario requiere asociaciones implícitas que vinculen la frase escrita inicial con la tarea a realizar. Continúa la clase mientras los niños copian las frases del pizarrón e intermitentemente piden ayuda a sus compañeros o a la maestra.

Poco después (al escuchar otros comentarios de sus compañeros), Aya vuelve a intervenir, ya que el segundo dominio no le queda claro. Esta vez se limita a repetir la pregunta escrita en el pizarrón en tono interrogativo, convirtiéndola en objeto de reflexión: *"être un auteur... c'est quoi?"* La maestra interpreta esta repetición como

---

[24] Aya era una estudiante "problemática", pero muy expresiva, y recibía una atención especial por parte de la maestra. Yo me sentaba muy cerca de ella, por lo que podía registrar sus acciones, así como obtener un registro grabado claro.

pedido de aclaración y explica: "*c'est trop ouvert... c'est tout un champ... vouz devez dé-plier ça*" ["es muy amplio... es todo un campo... debes desplegarlo"]. Aya acepta la respuesta y procede a redactar preguntas pertinentes; por lo tanto debe de haber inferido que el uso de "*ce*" por parte de la maestra no se refiere a "un autor" sino más bien a la pregunta misma, y que la categoría general "ser un autor" ("*ça*") es la que tiene que desplegarse. Aya puede haber interpretado también los términos "dominio" y "campo" en este contexto comunicativo. La comprensión, no sólo de las frases escritas en el pizarrón sino también de la tarea misma de redacción involu-cra niveles pragmáticos y semánticos bastante complejos implícitos en la interacción verbal, que requieren tanto un *sens pratique* cotidiano como una comprensión de las características formales de la *langue*.

Después, cuando termina de copiar las cuatro categorías, Aya sigue participando: "*j'ai pas compris le numéro trois*" ["no entiendo la número tres"]. La maestra atiende a otros niños y luego, pacientemente, amplía para todo el grupo la tercera frase que anotó: "*sur le livre* Crime d'auteur, *poser des questions*" ["sobre el libro *Crime d'auteur*, plantear preguntas"]. Otros niños ofrecen ejemplos directamente, esperando la aprobación de la maestra, y entonces Aya aprovecha esos indicios y pone a prueba su comprensión del dominio al proporcionar su propio ejemplo: "*pourquoi ça se passe dans un école?*" ["por qué ocurre en una escuela?"]. Aquí Aya no está buscando respuesta a su pregunta explícita sino más bien preguntándole a la maestra si ésa es una pregunta válida para ese dominio. Chantal comprende este sentido prag-mático y le hace un gesto de aprobación a Aya, con lo que se cierra la secuencia de interacción.

Los niños siguen interactuando entre sí y con la maestra, dando ejemplos y pro-bando su comprensión de la tarea. Después de considerar el cuarto dominio, "*Un auteur, c'ést quel genre de lecteur?*", Aya no manifiesta dudas; está preparada para dar un ejemplo: "*qu'est-ce qu'il lit?*" ["¿qué lee?"]. Para ese momento ya parece estar cla-ro que Aya ha captado las reglas implícitas de la participación que se construye en esta situación comunicativa específica y comprende su relación con la tarea escrita. Pero al hacerlo ha seguido una serie de pistas de contextualización y actos de habla indirectos, usando su percepción pragmática para dar con el tipo de preguntas co-rrespondientes a los ejemplos que dan la maestra y otros alumnos. Aya también ha compensado las escuetas formulaciones que la maestra apuntó rápidamente en el pizarrón aportando sus propias asociaciones lógicas, que hace explícitas sólo algu-nas veces, como cuando sintetiza el primer dominio diciendo "*questions de sa vie*".

Después de esta secuencia inicial los niños empiezan a escribir preguntas, y si-guen leyendo algunas a la maestra, que las "clasifica" oralmente en uno de los cua-tro dominios. Mientras eso ocurre Aya sugirió: "*comment il pouvait devenir auteur?*" ["¿cómo pudo convertirse en autor?"], sin conseguir la atención de la maestra. Se produce entonces una discusión al margen entre Aya y otras niñas respecto a lo que se requiere para llegar a ser autor y si alguien puede decidir serlo. Logré captar fragmentos, como la afirmación: "*et ça peut arriver*" ["y eso podría pasar"]. La aten-ción de las niñas se ha trasladado de los aspectos formales de la tarea al contenido sustantivo de la pregunta propuesta. Entonces la maestra calma a los alumnos y les pide que terminen de escribir y clasificar sus propuestas; por su parte, se va a un escritorio al fondo del aula y les anuncia que revisará los trabajos a medida que se los lleven y que sólo contestará preguntas importantes.

Al cabo de unos minutos Aya replantea su pregunta, que refleja una preocupación que va más allá de simplemente resolver la tarea que tiene que hacer en ese momento. Levanta la mano: *"maîtresse!"*, e insiste en que su pregunta "es importante". La maestra, que está revisando el trabajo de otro niño, voltea y le presta atención. Aya pregunta por *"la différence entre pourquoi et comment... est tu devenue auter"* ["la diferencia entre cómo y por qué... te convertiste en autor"], ya que trata de decidir qué frase usar. La maestra le devuelve la pregunta, concentrándose en el significado de los términos: *"comment et pourquoi, c'est la même chose?"* ["¿son lo mismo cómo y por qué?"]. Aya dice que no, así que la maestra prosigue: *"non, donc... ces sont pas la même question"* ["no, así que no son la misma pregunta"]. Aya recibe una respuesta formal, pero no logra mayor comprensión sobre su inquietud subyacente (finalmente escribe ambas preguntas). La discusión paralela entre Aya y las otras niñas sobre el trabajo de ser autor continúa. Discuten cuántos borradores tienen que hacer los autores antes de terminar su texto. En este caso Chantal percibe esa aparente distracción, lo considera pertinente y permite una digresión de la tarea. Invita a los alumnos a discutir temas como lo que significa terminar un libro, si el autor tiene derecho a dejar una historia inconclusa, si el lector puede completarla y otros temas complejos que habían aprendido a manejar gracias a su trabajo sobre literatura infantil.

En este ejemplo hay múltiples formas en que el análisis formal de la lengua escrita se entrelaza con el sentido práctico de la conversación oral, con preocupaciones más profundas acerca del significado de la tarea y con soluciones pragmáticas para lograr la atención de la maestra y cumplir con la tarea. Esta clase de intersección de los planos oral y escrito ocurren tanto en el diálogo oficial con la maestra como en el "tercer espacio" en el cual los alumnos impugnan, reformulan, negocian y elaboran el conocimiento escolar (Gutiérrez, Rymes y Larson, 1995; Haan, 2005). Chantal no es para nada consistente al producir la relación "escritural-escolar" con el lenguaje. De hecho, si así lo hiciera su enseñanza probablemente sería poco efectiva. Por otro lado Aya, si bien se basa en su aguda percepción metalingüística de los intercambios con la maestra, también ha aprendido algunas cosas respecto a lo que la escuela espera como corrección en el francés escrito. Hacia el final de esta clase, cuando la maestra está escribiendo las preguntas propuestas en el pizarrón, es Aya la que detecta un "error". La maestra ha aceptado *"vous fait qoui?"* como pregunta, y Aya lo señala y propone una versión más cercana al estilo literario: *"que faites vous?"*. La maestra la felicita y hace el cambio en el pizarrón.[25]

---

[25] El trabajo sobre las preguntas continuó durante varias sesiones más, cada una de las cuales consistía en seguir transformando las preguntas propuestas hasta llegar a una forma escrita aceptable, que se suponía los niños iban a plantearle verbalmente al autor cuando los visitara. Desgraciadamente, no pude observar la entrevista con el autor.

Cuando la interacción en el salón de clases se examina a estos niveles de complejidad, las distinciones entre el plano oral y el escrito no son para nada tajantes, y las reglas de la *langue* no bastan para realizar el análisis. Si se observan no sólo las dificultades de los niños para dominar las reglas explícitas, sino también las estrategias precisas que les permiten resolver los ejercicios escolares formales diseñados para enseñarles una relación reflexiva con el lenguaje, puede obtenerse una comprensión diferente del proceso de aprender a escribir. Si no fuera porque prestan atención a las complejas pistas y a los significados pragmáticos de los actos de habla en clase, los alumnos no serían capaces de comprender las reglas del "juego del lenguaje" saussuriano (Lahire, 2008) que se supone deben aprender. Al usar esta perspectiva en el análisis de la interacción tal vez podamos identificar algunas de las contradicciones reales que ocurren en ese proceso.

Esta perspectiva sugiere que los niños entran a la escuela con habilidades comunicativas desarrolladas en su casa pero también en una diversidad de contextos paralelos a la escuela (cf. Heath, 1983; Lahire, 2008). En clase se enfrentan a un contexto diferente, con otro conjunto de géneros específicos y maneras de hablar y de escribir. Sin embargo, pueden ser capaces de aprender las formas escolares de manejar la lengua, incluso si éstas a menudo carecen de todo sentido fuera del aula. Al aprender las nuevas lógicas discursivas relacionadas con el uso particular del francés escrito que hace la escuela, ponen en práctica su competencia comunicativa normal, incluyendo la reflexión metalingüística relacionada con la lengua oral. Más que romper con todo lo que habían aprendido de antemano, como sugeriría el análisis de Lahire, recurren implícitamente a ello para resolver problemas que requieren un conocimiento comunicativo previo. Además, aunque no tengo manera de demostrarlo, sugiero que la conciencia lingüística propia de hablantes multilingües (Jessner, 2008) como los niños que participaban en la clase CM2 que observé, les brindaba habilidades adicionales que aprovechaban durante las tareas que involucraban el manejo del francés escrito.

Otros especialistas han advertido complejidades similares al explicar la interacción en clase. El reciente libro de Erickson (2004) ha enmarcado claramente el dilema y propone una "teoría más práctica de las prácticas del habla". Análisis similares de interacción, en los cuales los niños recurren a estrategias que alteran, de hecho, los patrones escolares establecidos, se encuentran, por ejemplo, en Candela (1998), Gutiérrez, Rymes y Larson (1995), Haan (2005), Maybin (2006) y Lee (2000). Emerge así una comprensión alternativa del discurso en el aula, basada en diversas herramientas conceptuales, incluyendo la rica tradición de la pragmática, el desarrollo reciente de la investigación multimodal, además del marco teórico de la investigación sociocultural vygotskiana, la teoría de la actividad y la teoría histórico-cultural de Bajtín.[26] Las percepciones de Michel de Certeau (1984) sobre las tácticas cotidianas utilizadas al manejar la lengua escrita, me parecen de especial

---

[26] Entre los autores que han contribuido a este enfoque sobre la escritura en las clases, aparte de los que se involucran con los *New Literacy Studies*, figuran Moll (1990), Collins (1996), Hicks (1996 y 2001), John-Steiner, Panofsky y Smith (1994), Kress, Jewitt, Bourne, Franks, Hardcastle, Jones y Reid (2004), Lee (2000).

importancia para esta perspectiva de investigación sobre la forma en que los niños aprenden a escribir en clase. Desde esta perspectiva, es posible suponer que los niños se enfrentan en la escuela al reto de hallarle sentido a una versión bastante arbitraria de la lengua y se ven obligados a hacer ajustes entre los supuestos explícitos del sistema de enseñanza, su racionalidad o lógica particular, y su propia comprensión del funcionamiento del lenguaje tanto oral como escrito dentro y fuera de las escuelas.

REFLEXIONES FINALES

En este capítulo he sostenido que así como hay múltiples culturas escritas (*literacies*), múltiples tradiciones culturales de manejar la escritura, también puede haber múltiples tradiciones culturales en el manejo escolar de la escritura. Las formas precisas en las que se enseña la lengua escrita en cada sociedad, tal vez incluso en cada escuela, no sólo se relacionan con las características específicas de los sistemas de lenguaje y de escritura, sino también con esferas más amplias de la cultura, la política educativa y la ideología, en la medida en que éstas afectan el proceso escolar. Aunque se requiere mayor investigación comparativa, sostengo que cada tradición educativa favorece ciertas prácticas particulares. La investigación sobre la lengua escrita en escuelas en otros países sugiere algunas diferencias. Por ejemplo, en Estados Unidos parecen prevalecer la formación de grupos estratificados de lectura dentro de cada clase y la corrección dialectal (Collins, 1996, y otros), mientras que en Gran Bretaña la enseñanza de la lengua escrita parece tener un claro contenido moral (Kress, Jewitt, Bourne, Franks, Hardcastle, Jones y Reid, 2004). En México mis propios estudios (Rockwell, 1995, 2000, 2006, 2007) subrayan la fuerza del discurso oral en la mediación docente del conocimiento contenido en los libros de texto. En el caso de Francia la cultura escrita tiene un fuerte vínculo con la construcción del pensamiento racional y con una esfera pública que se supone incluyente. En este caso, se destacan los aspectos formales del francés escrito, reforzados por la importancia ideológica de una distinción escolar entre la lengua oral y la escrita, aunque también cobra importancia la tradición literaria francesa en sus dimensiones interpretativas y aun emotivas.

En este capítulo he mostrado algunas de las consecuencias de analizar esta tradición francesa desde dos posiciones teóricas. La primera se expuso en términos del uso que hace Lahire de la teoría del sentido práctico de Bourdieu y de la lingüística saussuriana como marco de referencia para estudiar la enseñanza escolar del francés escrito. En la práctica cotidiana de la escuela francesa observé muchas acciones que apoyan la insistencia de Lahire en el papel activo de la escolaridad prolongada para consolidar una ruptura con el sentido práctico y en consecuencia, reproducir la distribución desigual del capital cultural. Sin embargo esta perspectiva no explica las estrategias y tácticas reales que utilizan los alumnos con antecedentes de clase trabajadora inmigrante para desentrañar los misterios del francés escrito. Para poder interpretar cómo ellos manejan la información a menudo ambigua y contradictoria del entorno escrito de la enseñanza escolar, se requiere una perspectiva diferente, basada en teorías sociolingüísticas y socioculturales del análisis de la interacción. Al examinar la actividad del salón de clase a través de esta lente, se observa que los niños despliegan formas de manejar la escritura que encuentran en la clase, estrategias particulares para aprender y tratar de encontrarle sentido a lo que se les enseña, así como para defenderse al ser constantemente puestos a prueba en la escuela.

La pregunta que planteo es si estos niños realmente deben romper con el sentido práctico para adquirir una relación "escritural-escolar" con la lengua escrita o si más bien se basan en procesos metalingüísticos e interpretativos, no necesariamente escolarizados, que les permiten salvar la brecha entre su conocimiento intuitivo del lenguaje y las tareas escritas a las que se enfrentan en clase. Esta segunda perspectiva trasladaría la carga de la responsabilidad por los resultados escolares a determinadas prácticas de enseñanza, y su distribución desigual. Nos obligaría a fijar la atención en las estructuras y mecanismos del sistema escolar que destinan a los niños de clase trabajadora a una relación diferente, en general más restringida, con la lengua escrita (cf. Collins, 1996; Varenne y McDermott, 1998). Es posible que algunas prácticas docentes, como las que presencié en la escuela que observé, les concedan a los niños márgenes más amplios para construir una relación "semántica", y no sólo instrumental, con los textos escritos (Collins, 1996). Por otro lado, tal vez la mayor flexibilidad que ciertos maestros, como Chantal, les brindan a los alumnos para que expresen en sus propios términos sus dudas en torno a la escritura, simplemente vuelve más visibles los procesos cognitivos continuos que todos los alumnos generan cuando manejan las tareas escritas en clase.

En el sistema escolar francés, que es bastante selectivo y competitivo, no cabe duda de que la mayoría de los niños del salón CM2 que acompañé, incluyendo a Aya, serán canalizados, con el tiempo, a las escuelas secundarias destinadas para los inmigrantes de clase trabajadora y que pocos, si acaso, lograrán cursar una educación universitaria o conseguir un empleo estable. En ese trayecto tendrán que enfrentarse a muchas prácticas discriminatorias e injustas. Pero lo que parece poco probable es que sus eventuales trayectorias puedan explicarse por la presunta incapacidad de establecer una relación "escritural-escolar" con la lengua en la escuela primaria, y no por los sistemas de evaluación, así como por la fuerte desigualdad de clase y la discriminación racial que permean la sociedad francesa. Por lo menos durante ese año que pasaron en CM2, la mayoría de estos niños pudieron adentrarse a ejercicios sumamente sofisticados con los textos escritos, y hacerlo con los recursos lingüísticos que tenían a su alcance como hablantes de múltiples lenguas, así como con el conocimiento adquirido tras años de escolarización en la tradición francesa.

REFERENCIAS

Barton, D., M. Hamilton y R. Ivanic (eds.) (2000), *Situated literacies*, Londres, Routledge.

Benveniste, C. B. (2000), *Approches de la langue parlée en français*, París, Ophrys.

Bloome, D., S. Carter, B. Christian, S. Otto y N. Shuart-Faris (2005), *Discourse analysis and the study of classroom language and literacy events*, Mahwah, Lawrence Erlbaum.

Bourdieu, P. (1991), *El sentido práctico*, Madrid, Taurus [original en francés *Le sens pratique*, París, Minuit, 1980].

Bourdieu, P. y J. C. Passeron (1981), *La reproducción, elementos para una teoría del sistema de enseñanza*, Barcelona, Laia [original en francés, *La reproduction*, París, Minuit, 1970].

Candela, A. (1998), "Student's power in classroom discourse", *Linguistics and Education*, 10 (2), pp. 1-25.

Canut, E. y M. Vertalier (2002), "Programmes d'enseignement de l'école primaire 2002. Un grand absent: L'accès á l'écrit a partir de l'oral", *l'acquisition du langage oral et écrit*, (48), pp. 21-29.

Cazden, C. (2001), *Classroom discourse: The language of teaching and learning*, Porstmouth, Heinemann, 2a. edición.

Certeau, M. de (1984), *The practice of everyday life*, Berkeley, University of California Press.

Chartier, A. M. (2007), *L'école et la lecture obligatoire*, París, Retz.

Chervel, A. (1998), *La culture scolaire: Une approche historique*, París, Belin.

—— A. (2006), *Histoire de l'enseignement du français du XVII au XX siècle*, París, Retz.

Chevallard, Y. (1985), *La transposition didactique*, Grenoble, La Pensée Sauvage Éditions.

Collins, J. (1996), "Socialization to text: Structure and contradiction in schooled literacy", en M. Silverstein y G. Urban (eds.), *The natural history of discourse*, Chicago, University of Chicago Press.

Collins, J. y R. Blot (2003), *Literacy and literacies. Texts, power, and identity*, Cambridge, Cambridge University Press.

Cook-Gumperz, J. (1986), "Literacy and schooling: An unchanging equation?, J. Cook-Gumperz (ed.), *The social construction of literacy*, pp. 16-44, Cambridge, Cambridge University Press.

Edwards, D. y N. Mercer (1987), *Common knowledge: The development of understanding in the classroom*, Londres, Routledge and Kegan Paul.

Erickson, F. (2004), *Talk and social theory*, Cambridge, Polity Press.

Ferreiro, E. (2007), "Apuntes sobre alfabetización, oralidad y escritura", en E. Ferreiro, *Alfabetización de niños y adultos. Textos escogidos*, Pátzcuaro, Crefal-Paideia Latinoamericana.

Gadet, F. (1996), "Une distinction bien fragile: Oral/écrit", *Travaux Neuchâtelois de Linguistique*, 25, pp. 13-27.

Gutiérrez, K., B. Rymes y J. Larson (1995), "Scripts, counterscripts, and underlife in the classroom: James Brown *versus* 'Brown v. Board of Education'", *Harvard Educational Review*, 65 (3), pp. 445-471.

Gumperz, J. (1982), *Discourse strategies*, Cambridge, Cambridge University Press.

Haan, M. de (2005), "The authoring of school. Between the official and unofficial discourse", *Culture and Psychology*, 11 (3), pp. 267-285.

Heath, S. B. (1983), *Ways with words*, Cambridge, Cambridge University Press.

Hicks, D. (ed.) (1996), *Discourse, learning and schooling*, Cambridge, Cambridge University Press.

Hornberger, N. (ed.), (2003), *Continua of biliteracy. An ecological framework for educational policy, research and practice in multilingual settings*, Clevedon, Multilingual Matters.

Hymes, D. (1996a), "Report from an underdeveloped country: Toward linguistic competence in The United States", en R. Singh (ed.), *Towards a critical sociolinguistics*, pp. 150-195, Filadelfia, John Benjamins.

Hicks, D. (2001), *Reading lives. Working-class children and literacy learning*, Nueva York, Teacher's College Press.

Hymes, Dell (1996b), *Ethnography, linguistics, narrative inequality: Toward An understanding of voice*, Londres, Taylor and Francis.

Jessner, U. (2008), "Language awareness in multilinguals: Theoretical trends", en N. Hornberger (ed.), *Enciclopedia of Language and Education*, pp. 357-369, Nueva York, Springer.

John-Steiner, V., C. Panofsky y L. Smith (1994), "Introduction", en V. John-Steiner, C. Panofsky y L. Smith (eds.), *Sociocultural approaches to language and literacy*, Cambridge, Cambridge University Press.

Kress, G., C. Jewitt, J. Bourne, A. Franks, J. Hardcastle, K. Jones, E. Reid (2004), *English in urban classrooms: A multimodal perspective on teaching and learning*, Londres, Routledge.

Lahire, B. (1993), *Culture écrite et inégalités scolaires. Sociologie de l'échec scolaire a l'école primaire*, Lyon, Presses Universitaires de Lyon.

—— (2001), "École, action et langage", en B. Lahire, *L'homme pluriel. Les ressorts de l'action*, París, Armand Colin/Nathan.

—— (2008), *La raison scolaire. École et pratiques d'écriture, entre savoir et pouvoir*, Rennes, Presses Universitaires de Rennes.

Lee, C. D. (2000), "Signifying in the zone of proximal development", en C. D. Lee y P. Smagorinsky (eds.), *Vygotskian perspectives on literacy research*, Nueva York, Cambridge University Press.

Maybin, J. (2006), *Children's voices: Talk, knowledge and identity*, Basingstoke, Palgrave Macmillan.

Moll, L. (ed.) (1990), *Vygotsky and education*, Cambridge, Cambridge University Press.

Rockwell, E. (1995), "En torno al texto: Tradiciones docentes y prácticas cotidianas", en E. Rockwell (ed.), *La escuela cotidiana*, pp. 198-222, México, Fondo de Cultura Económica.

—— (2000), "Teaching genres: A Bakhtinian approach", *Anthropology and Education Quarterly*, 31 (3), pp. 260-282.

—— (2006), "La lecture en tant que pratique culturelle: Concepts pour l'étude des livres scolaires", *Éducation et Sociétés*, (17), pp. 29-48.

—— (2007), "Huellas del pasado en las culturas escolares", *Revista de Antropología Social*, núm. 16, pp. 175-212.

Saussure, F. de (1959), *Course in general linguistics*, Nueva York, The Philosophical Library.

Street, B. (1995), *Social literacies*, Londres, Longman.

Street, B. y J. Street (1991), "The schooling of literacy", en D. Barton y R. Ivanic (eds.), *Writing in the community*, pp. 143-166, Londres, Sage Publications.

Temple Adger, C. (1998), "Register shifting with dialect resources in instructional discourse", en S. M. Hoyle y C. Temple Adger (eds.), *Kids talk. Strategic language use in later childhood*, pp. 151-169, Oxford, Oxford University Press.

Varenne, H. y R. McDermott (1998), *Successful failure. The school America builds*, Boulder, Westview Press.

PRÁCTICAS ALFABETIZADORAS,
¿DESDE LA ESCUELA?

ILEANA SEDA SANTANA[1]

> *Se dice que las cosas comienzan a existir cuando son nombradas.*
> *Una palabra no es sólo una secuencia de letras y sonidos.*
> *Una palabra es recuerdo, evocación, significado.*
> INSTITUTO MEXICANO DE LA RADIO, 2006

¿A qué nos referimos con prácticas? Los sinónimos para el término *praxis*, tan común en el campo educativo son: *práctica, actividades, acciones, actos, pragmatismo, practicidad*. Mientras que los de *práctica*, término por el cual comúnmente se sustituye, son: *experiencia, destreza, habilidad, pericia, industria, conocimiento, maña* y *facilidad*. Cuando el tema es la educación formal, al referirnos a la práctica o a la praxis, hablamos principalmente de los enseñantes y menos de los aprendices o de las situaciones de aprendizaje. Lankshear y Lawler (1987) mencionan que la praxis humana requiere unidad de concepción y de ejecución, acción y reflexión, conciencia y expresión de esa conciencia en acción.

En el presente trabajo, pretendo analizar algunos procesos a través de los cuales en las propuestas de los programas educativos se tratan de promover usos específicos de la lectura y la escritura y algunas de las dificultades con las que se enfrentan. Como marco de referencia tomaré la Reforma de la Educación Secundaria en México, en específico para la asignatura de español (SEP, 2006b). En la misma, se plantea un giro hacia las prácticas sociales del lenguaje, lo que implica prácticas para la vida y requiere cambios de fondo en las prácticas docentes (SEP, 2006b). Cabe señalar que cada reforma curricular (primaria y preescolar) parece estar orientada a que las prácticas de lenguaje en las aulas se acerquen a los usos y funciones sociales del lenguaje en los ámbitos naturales de uso, normalmente los que existen fuera de la escuela.

Tradicionalmente, la escuela como ente del mundo moderno, opera bajo varios supuestos importantes. Uno, es que el aprendizaje es privativo de la escuela; el otro, de que el aprendizaje ciertamente ocurre en la escuela con poca o ninguna valorización del aprendizaje fuera de la escuela. Se habla más de experiencia, muchas veces minimizando la importancia de éstas. Sin embargo, los principales aprendizajes deben ser en y para la vida, esto es, que la escuela debe ser funcional para la vida. Pero la relación no es recíproca y poco se habla de las experiencias de la vida llevadas a la escuela en los programas oficiales de diferentes países (Nee-Benham y Cooper,

---

[1] Universidad Nacional Autónoma de México.

2000). En un estudio sobre maestros de apoyo de educación especial y de maestros de aula en México, se concluye que existe

una tendencia general a conceptuar a la escuela como una instancia proveedora y al alumno como el receptor de lo que la escuela provee. Esta creencia más acentuada en los maestros de aula que en los de apoyo representa un motivo de reflexión dada su implicación para la actividad de enseñanza propiamente dicha (Macotela, Flores y Seda, 2001, p. 18).

La escuela se ha convertido en una institución tan particular y especializada que ha adquirido su propia franquicia de lo que llamamos aprendizaje. Las sociedades, por su parte, han asumido a la escuela como algo tan natural que es importante destacarla como artefacto de un tipo específico de aprendizaje (Hull y Schultz, 2001). En México, Rockwell (1991) en un estudio de la enseñanza concluyó que la mayoría de las tareas que se realizan en la escuela son funcionales únicamente en y para la escuela y que, específicamente en lectura y escritura, los alumnos se apropian de las habilidades necesarias a pesar de la enseñanza. Si bien, posteriores al trabajo de Rockwell han pasado varias reformas educativas para la educación básica (desde preescolar hasta secundaria). Las investigaciones internacionales sobre la docencia, indican que los procesos de cambio en la acción educativa, en la praxis en su sentido profundo, son graduales y no pueden ocurrir únicamente porque cambien los programas oficiales.

En la Fundamentación Curricular para la asignatura de español de la Reforma de Educación Secundaria, se plantea en su apartado 3.4 *Prácticas sociales del lenguaje como objeto de enseñanza y aprendizaje*, que:

Con base en las aportaciones de la historia de la cultura, la antropología, lingüística y la sociolingüística, las prácticas sociales del lenguaje se conceptualizan como pautas o modos de interacción que enmarcan la producción e interpretación de los textos orales y escritos, que comprenden los diferentes modos de leer, interpretar, estudiar y compartir los textos, de aproximarse a su escritura y de participar en los intercambios orales y analizarlos. Además, se asume que participando en las prácticas de lenguaje es como los individuos aprenden a interactuar con los textos y con otros individuos a propósito de ellos. Es ésta la perspectiva que guió la elaboración de los programas de español 2006 (SEP, 2006b, p. 16).

Sin embargo, independientemente de cómo se nombre un programa o del enfoque declarado, la praxis educativa necesariamente está mediada por los actores educativos y la acción en el aula la guían los docentes. Al respecto, Goldrine (2008), en una investigación sobre docentes de escuela primaria participantes en una innovación educativa, destaca lo siguiente:

A modo de implicancia derivada de la presente investigación, se puede señalar que es necesario considerar, en la puesta en marcha de innovaciones educativas y el perfeccionamiento docente, la distinción entre teorías que apoyan la acción y las teorías en uso. Esta distinción avala la necesidad de que las actividades de perfeccionamiento e implementación de innovaciones, consideren no sólo el aprendizaje declarativo de las estrategias de enseñanza, sino que, principalmente exista la posibilidad de ejercitar dichas estrategias, para que los profesores puedan apreciar "in situ" la efectividad de las propuestas de las innovaciones educativas. La idea es poder generar espacios que permitan tanto la práctica como la reflexión, para que los docentes puedan elaborar una mayor coherencia entre las teorías que apoyan la acción y las teorías en uso. Y de este modo, comprender por qué algunas metodologías o estrategias de enseñanza son más idóneas que otras para potenciar el aprendizaje de los estudiantes (p. 132).

El estudio de Goldrine resalta la importancia de la formación, capacitación, acción y reflexión de los docentes para facilitar la unidad de concepción y de ejecución que les permita realizar los cambios en la práctica docente que requieren los nuevos programas.

LA SITUACIÓN ACTUAL

En el caso de la asignatura de español para la educación secundaria (al igual que para la educación primaria), la Secretaría de Educación Pública realiza esfuerzos importantes para que existan procesos graduales de implantación. Éstos incluyen investigar el proceso y establecer estructuras de apoyo a los maestros participantes. Los resultados, si bien alentadores, arrojan datos importantes que ameritan análisis y que pueden informar reformas curriculares subsiguientes, tanto en México como en otros países de América Latina, al tomar decisiones que implican cambios curriculares de gran envergadura.

Igualmente hay que destacar que las reformas curriculares representan esfuerzos encomiables e importantes de cada país para mejorar sus respectivos sistemas educativos. En el caso del programa de secundaria de 2006 en México, *Español, Programa de Estudio 2006* (SEP, 2006a), es probable que al someterse a un análisis informado lleve a la conclusión general de que responde a los avances teóricos y metodológicos actuales sobre lenguaje en sus diversas formas, usos y funciones. Sin embargo, las principales dificultades estriban en la interpretación del mismo para "traducir" el enfoque, la fundamentación y sugerencias de acción, en prácticas docentes concordantes con el programa. Dicho programa, que dicho sea de paso ha generado mucha controversia, demanda que los docentes generen teorías específicas que apoyen la acción y teorías en uso al ejecutar acciones diferentes a aquellas con las que han operado anteriormente. En síntesis, que las principales dificultades se encuentran en las interpretaciones para la práctica educativa, en las controversias sociales y políticas generadas por las mismas y en los recursos necesarios para hacer realidad un programa educativo (Lerner, 2001).

Parte de las dificultades reside en el hecho de que los procesos de cambio generan resistencia la cual, en la cultura escolar, se considera como deliberada, malintencionada y de poco o ningún deseo de mejorar. Los estudios sobre la transformación de las escuelas y de las creencias de los docentes sugieren un panorama más amplio y complejo, que los proponentes y hacedores de los cambios no deben ignorar (Richardson, 1990). Parte de ese panorama está relacionado con las creencias de los docentes las cuales pueden definirse como,

[…] representaciones mentales compuestas de proposiciones conscientes o inconscientes que se expresan por lo que dicen las personas para describir o explicar "algo" a fin de comprenderse a sí mismos y su ambiente, influyendo en su comportamiento… Igualmente, […] existen creencias de sentido común que conceptualizan de manera deformada o ingenua a la realidad estableciéndose en las personas como un estereotipo socialmente aceptado y que pueden influir en los saberes que van adquiriendo los docentes durante su formación profesional con derivaciones hacia su práctica educativa (Gómez Patiño y Seda Santana, 2008, p. 34).

Los procesos de cambio implican nuevos conocimientos y por lo tanto cambios en los conocimientos, en las creencias y en las formas de hacer (acción). Los estudios sobre aprendizaje reiteran que los procesos de aprendizaje y el desarrollo de conocimientos especializados son procesos graduales (Bransford, Brown y Cocking, 2000). Los nuevos planteamientos en los programas educativos de 2006 y, en el caso que nos ocupa, de la asignatura de español, le han apostado a que, con algunos apoyos y cursos informativos, los docentes lograrán la consolidación teórica y práctica necesaria para llevar a cabo los cambios requeridos. No obstante, los sistemas educativos, parecen no contemplar los tiempos para la formación y actualización de los docentes en la acción y en el servicio con el fin de llevar a término exitoso las reformas educativas.

Consideremos lo planteado por Bransford, Brown y Cocking (2000) y tomemos los programas como un conocimiento a adquirir y sobre el cual los docentes deben desarrollar procedimientos para actuar en las aulas. Entonces, como proceso de aprendizaje, nos enfrentamos a dificultades no atribuibles a las capacidades de los docentes como aprendices, sino a la falta de nuevos conocimientos especializados. En general los aprendices, como novatos en la materia, no siempre establecen la relación entre los conocimientos que tienen con las demandas de una nueva tarea, a pesar de la relevancia de esos conocimientos. Más bien mantienen una separación (*desconexión*) entre los conocimientos adquiridos y la demanda de la nueva tarea. Esto es, los novatos poseen conocimientos menos organizados que tienden a mantenerse *inertes* y que difieren cualitativamente del conocimiento utilizable que han desarrollado los expertos en la materia, que son quienes elaboran los programas educativos.

Una forma importante en que el conocimiento influye en el desempeño de los individuos es la manera en que representan los problemas y las situaciones. Diferentes representaciones pueden hacer el mismo problema fácil, difícil o imposible de solucionar. La representación sofisticada de problemas por parte de los expertos es el resultado de estructuras de conocimiento bien organizadas, que han desarrollado de manera gradual. Los expertos saben cuáles son las condiciones de aplicabilidad de determinado conocimiento y son capaces de acceder al conocimiento relevante con facilidad, algo que se les dificulta a los novatos. Por otro lado, diferentes áreas o dominios de conocimiento (lenguaje, matemáticas, historia, etc.) tienen propiedades particulares en su organización. En consecuencia, para tener un entendimiento profundo de esas áreas se requieren conocimientos tanto de los contenidos de la materia como de las estructuras organizativas de la misma (Bransford, Brown y Cocking, 2000). Aquí entran en juego los cambios en los programas educativos. Las reformas implican cambios tanto en las estructuras organizativas como en el uso, la praxis y los diferentes conocimientos que los docentes han desarrollado a través de su experiencia.

Un ejemplo de lo anterior son los contenidos gramaticales. En el nuevo programa de secundaria se plantea que los contenidos gramaticales no se abordarán como contenidos aislados. Es decir, no se estudiarán en sí mismos sino por sus usos y funciones. Tal planteamiento implica un cambio conceptual de fondo tanto en la conceptualización de lo gramatical como en la manera de enseñarla. El estudio de contenidos gramaticales aislados partía del supuesto de que dichos conocimientos eran un fundamento previo para las buenas prácticas de lenguaje. Los alumnos que conocían las reglas gramaticales, las emplearían para comunicarse correcta y efectivamente. El estudio de los contenidos gramaticales en sus contextos de usos y funciones parte del supuesto de que las buenas prácticas de lenguaje se aprenden a través de su uso, y para lograrlo los alumnos tendrán que participar en situaciones de uso y función. Es posible que cometan errores, los que a su vez superarán al intentar comunicarse de manera efectiva por medio de los mismos usos y funciones, además de la retroalimentación comunicativa en las interacciones con otros usuarios del lenguaje.

Curricularmente, la estructura organizativa implica cambios de fondo en cuanto a la manera de trabajar un contenido que se mantiene en el currículo, pero que requiere una nueva forma de abordaje. La distribución de contenidos no se reduce simplemente a un reordenamiento de los componentes curriculares y los contenidos gramaticales son un ejemplo que permiten resaltar la estructura organizativa y su importancia en cuanto los cambios requeridos para la enseñanza.

LO QUE EXPRESAN LOS DOCENTES

La transición de los docentes en un proceso de cambio la ilustran los propios docentes en sus expresiones respecto a los nuevos programas. Los participantes en la PEI[2] y los registros de observación de sus asesores o acompañantes académicos, re-

---

[2] Primera Etapa de Implementación (PEI) de la Reforma de la Educación Secundaria para la asignatura de español.

flejan lo planteado.[3] Dos profesoras, en este caso mujeres, con 2 y 8 años de experiencia respectivamente, de un mismo estado de la República y que comparten asesores serán ejemplos a analizar. La selección tuvo la intención de tener cierta consistencia en cuanto a las experiencias en la PEI y por contar con información completa para cada una. Cabe señalar que los datos a los que se tuvo acceso para analizar fueron diseñados para la PEI y recabados por los asesores académicos. Si bien no hay información precisa de las condiciones en que se recabaron, los cuestionarios y los formatos de registro fueron los mismos para todos los estados de la República Mexicana.

Los datos considerados fueron: 1] las respuestas a preguntas de una primera entrevista; 2] los registros de observación de una secuencia didáctica, 3] las respuestas a preguntas de una entrevista al final de las observaciones realizadas por los asesores. Se tomaron respuestas que aportaron al análisis, por lo que no son las mismas para cada caso que presenta.

MAESTRA 1: 2 años de experiencia
Entrevista 1

1. ¿Qué opina usted de la organización del programa, los propósitos, contenidos y aprendizajes esperados?

En general todo está muy bien estructurado, solamente hace falta que el docente y los alumnos permanezcan con el mismo interés para desarrollar las actividades y así lograr obtener los aprendizajes esperados.

2. ¿Considera pertinentes los contenidos del programa para el primer grado? ¿Por qué?

Sí, porque los jóvenes tienen la oportunidad de realizar prácticas sociales y participar de manera más eficiente en la vida escolar y extraescolar.

7. ¿Cuál ha sido la reacción de sus alumnos respecto al trabajo con la asignatura a lo largo de este año? ¿Por qué?

Que algunos jóvenes aún no han entendido cuál es la forma de trabajar, están acostumbrados a que el maestro sea quien explique las clase y ellos sólo escuchar; algunos no quieren participar pero ya están interactuando más.

8. ¿Qué dificultades han encontrado al aplicar el programa?

La falta de un libro de texto, así como un aula de medios para que el joven se auxilie con Internet y poder enriquecer sus conocimientos, además no se cuenta con la biblioteca de aula; los libros están almacenados en la biblioteca escolar.

De las respuestas de la maestra 1 se puede deducir que considera que el éxito del programa de estudios se basa en el interés tanto de alumnos como de los docentes. No menciona aspectos relacionados con las características propias del programa y de lo que implica para su praxis educativa. Por otro lado, en su discurso (respuesta a la pregunta 2) emplea términos prácticamente textuales del programa. Sin embargo no hace referencia a otros aspectos como son los funda-

---

[3] Agradezco a la Dirección General de Desarrollo Curricular de la Subsecretaría de Educación Básica de la Secretaría de Educación Pública por permitirme el acceso a la información de la Primera Etapa de Implementación (PEI) de la Reforma de la Educación Secundaria para la asignatura de español.

mentos, la organización de los contenidos y de las implicaciones para la docencia.

Otro aspecto de importancia es que la maestra adjudica las dificultades para llevar a la práctica el programa a los alumnos y a la falta de recursos. Si bien la necesidad de recursos para hacer realidad el programa es un tema recurrente entre los participantes de la PEI en toda la República Mexicana, adjudicar las dificultades a los alumnos es congruente con otras investigaciones sobre docencia. Los docentes consideran que las dificultades inherentes a la enseñanza y al logro de aprendizajes deseados son externos a ellos, casi siempre los relacionan con las características de los alumnos y con problemas de la sociedad (Aguirre Alquicira, 2002; Macotela, Flores y Seda, 2001).

Lo anterior ilustra lo planteado por Goldrine (2008) sobre las teorías que apoyan la acción y las teorías en uso, considerando la necesidad de que los docentes ejerciten las nuevas estrategias para apreciar la efectividad de las propuestas de cambio educativo. Los registros de una secuencia didáctica sirven de ejemplo para abundar en esa reflexión.

Grupo observado: 1° "A"

Fecha: 16 de febrero

Núm. de observación: 1

Contenidos o temas desarrollados: Leer, escuchar y comentar poemas de la lírica tradicional o movimientos de vanguardia del siglo xx.

Las indicaciones dadas por la maestra fueron claras…

Las dudas manifestadas por los alumnos fueron atendidas, promovió la participación de todos los alumnos con diferentes preguntas que motivaban a la reflexión, cabe aclarar que es muy complejo trabajar con un grupo de 40 alumnos en un salón de clase reducido, escasa iluminación y con escasos 45 minutos disponibles.

Los alumnos leen los poemas, escriben, determinan la versificación y comparten algunas ideas respecto del contenido.

Grupo observado: 1° "A"

Fecha: 20 de febrero

Núm. de observación: 3

♦ Anote los contenidos o temas de la clase:

El contenido a tratar era continuación del anterior. Es de señalar que la docente atendió con mucho énfasis el contenido del vanguardismo analizando diferentes tendencias, tales como: el futurismo, el surrealismo, etc., sus representantes y algunos de los poemas destacados; nuestra intervención le aclaró que no era ése el propósito fundamental del contenido, se le proporcionó una cantidad considerable de poemas tanto de la lírica tradicional como algunos vanguardistas para que los alumnos compartieran su lectura y realizaran el intercambio respectivo de impresiones y se procurara disfrutar su rima, ritmo y observar la aliteración.

Grupo observado: 1° "A"

Fecha: 21 febrero

Núm. de observación: 4

♦ Describa las actividades realizadas:
- Inicialmente la maestra colocó en el pizarrón láminas con los conceptos de rima, ritmo, aliteración, métrica, estrofa y verso, dio lectura e hizo una breve explicación.
- La maestra dio indicaciones al grupo de que se integraran en equipos como se habían organizado desde las clases anteriores para continuar el tema que están tratando, les entregó las láminas en las que plasmaron los poemas seleccionados, precedieron a su lectura y la localización de la rima, el ritmo y la aliteración en su caso; cada equipo presentó su trabajo observándose que la mayoría había captado lo propuesto.

Los alumnos revisaron los escritos, algunos de ellos, leyeron y comentaron sus observaciones de lo explicado por la maestra. Fue notable en muchos casos la comprensión del tema, aunque consideramos que el propósito de compartir las impresiones causadas por los poemas y el intercambio de ello no se logró del todo.

Los registros acerca de las acciones de la docente apuntan hacia una intención de cumplir con los requisitos del programa, pero con una discrepancia entre los contenidos y el marco conceptual del mismo. Si bien las descripciones no son lo suficientemente detalladas para tener una imagen completa de lo ocurrido, la información incluida lleva a varias conjeturas. Por un lado, permite observar la integración de las actividades para lograr una meta particular, como es el que los alumnos revisaran sus escritos según las explicaciones de la maestra. No queda claro cuál es el proyecto que se desarrolla, aunque los contenidos curriculares sí. Esto puede deberse precisamente a que la maestra 1 aborda el programa como una serie de contenidos, y no como un marco conceptual de *prácticas sociales del lenguaje* en las cuales el proyecto y los contenidos son un pretexto para el aprendizaje de dichas prácticas. Lo anterior puede ser el resultado de las acciones y de las prácticas docentes previas, que requieren de un proceso gradual de reflexión y acción para modificarse.

Entrevista 2
Propósito: Identificar la interpretación y aplicación que hace el maestro de un bloque en particular del programa.

1. ¿Cuál es el propósito fundamental del bloque que está trabajando?

Que el joven aprenda a redactar textos literarios y de información científica; además que aprendan a interpretar o a dar su opinión en cuanto a la información que dan los medios de comunicación.

2. ¿Qué estrategias didácticas empleó para abordar el bloque? ¿Por qué?

Analizar los objetivos que vienen señalados en el bloque y los aprendizajes esperados y sobre eso se organizó la forma de trabajar.

3. ¿De qué manera realizó su planeación? ¿Qué elementos tomó en cuenta?

Se elaboró un proyecto por cada ámbito tomando en cuenta el interés del maestro y el alumno para desarrollar el proyecto.

4. ¿Relacionó el trabajo del bloque anterior con el presente? ¿Cómo?

Sí, en el ámbito de estudio fue la elaboración de resúmenes como apoyo a un trabajo de investigación; en cuanto a la ortografía en todos los bloques se está viendo.

7. ¿Qué comentarios y sugerencias didácticas de las señaladas en el programa han sido de utilidad? ¿Por qué? ¿Necesita alguna otra orientación?

Primero se revisan las sugerencias que nos señalan en el programa, sobre eso se seleccionan las que son de interés para el grupo.

9. ¿Qué utilidad tuvieron para usted los aprendizajes esperados? ¿Por qué? ¿Los tomó en cuenta como parte de su evaluación? ¿De qué manera?

Elaboraron monografías, descripciones, resúmenes que son de utilidad para la formación de los alumnos, todo se toma en cuenta para la evaluación.

10. ¿Qué aspectos tomó en cuenta para evaluar el bimestre? ¿Qué instrumentos utilizó? ¿Por qué?

El interés y la participación de los jóvenes para desarrollar los trabajos tanto individuales como en equipo, además disciplina, exámenes, tareas.

Las respuestas a la entrevista 2 ilustran los aspectos detectados anteriormente. Uno de ellos es la referencia constante al programa tal cual está planteado. La respuesta a la pregunta 2 sobre las estrategias didácticas es un ejemplo de ello. En primer lugar no responde a la pregunta y en segundo lugar no precisa estrategias, más bien se refiere a que consulta el programa. En ese mismo tenor fueron las respuestas a las preguntas 3, 4, 7, 9, 10.

Por otro lado, resalta la necesidad de recursos, tal cual se plantean en el programa. Como guía para realizar el trabajo educativo, el programa requiere mucho más de lo que se plantea en palabras. Requiere una comprensión de experto para lograr una práctica educativa donde exista congruencia entre el pensamiento y la acción, de manera que la acción sea consciente, propositiva y reflexiva como plantean Lankshear y Lawler (1987). La maestra 1 parece esforzarse por cumplir con lo que el programa le solicita en cuanto a contenidos. Toma en cuenta en la evaluación el interés y la motivación de los alumnos lo que coincide con lo que ella considera fundamental para el éxito del programa. Esto es, existe congruencia entre la acción y el pensamiento de la docente.

Por otro lado, el cambio que requiere la nueva propuesta implica nuevos conocimientos, acción y reflexión sobre esas acciones. Igualmente requiere apoyo para la reflexión y la acción, de manera que ambas se vayan acercando gradualmente y la práctica de los docentes sea congruente con el enfoque de la propuesta.

Siguiendo con el mismo procedimiento, a continuación se presentan los datos de la maestra 2.

MAESTRA 2: con 8 años de experiencia
Entrevista 1

1. ¿Qué opina usted de la organización del programa, los propósitos, contenidos y aprendizajes esperados?

Tienen bien definida la estructura del programa, está sustentado, la idea principal, los propósitos me gustan así como los contenidos y el aprendizaje esperado; pero hay cosas dentro de ellos que redefinir, corregir y mejorar todavía más.

2. ¿Considera pertinentes los contenidos del programa para el primer grado? ¿Por qué?

El primer y segundo bloques me parecen muy bien, los jóvenes razonan, piensan, reflexionan, leen, aprenden a mejorar y perfeccionar las habilidades que ya tienen; el bloque 3, en el ámbito de participación ciudadana no me gusta porque parece ámbito de estudio, hay una desvinculación, se pierde lo principal. La de ampliar espacios de incidencia de los jóvenes y favorecer el desarrollo de otras formas de comprender el mundo y el actuar en él. Se me hace un tema tan amplio…

En el bloque 3 se me hace pesado el ámbito literario, con trabajos estamos enseñando a leer cuando les metemos temas agobiantes como la poesía concreta, futurista, surrealista; son niños de primer grado de secundaria apenas los estamos enseñando a razonar y meterlos con algo complicado.

Hay que ver la literatura pero hay que enseñarla como algo rico, sabroso, de una forma apetitosa, eso hay que cambiarlo, por favor, más sencillo; eso se puede hacer pero más ligero.

7. ¿Cuál ha sido la reacción de sus alumnos respecto al trabajo con la asignatura a lo largo de este año? ¿Por qué?

Son más reflexivos, no sólo están aprendiendo a leer sino también a escribir, a corregir sus propias producciones y las de los demás; expresan mejor sus ideas y los productos que hacen cada día los mejoran.

En sus respuestas, la maestra 2 refleja una visión crítica, integrada y a la vez flexible del programa. Si bien, aparentemente considera que es por el propio programa que los alumnos "razonan, piensan, reflexionan, leen, aprenden a mejorar y perfeccionar las habilidades que ya tienen" parece reflejar que lleva a cabo el programa y es por eso que se logran aprendizajes deseables. Por otro lado, por su crítica a los ámbitos y los bloques contenidos en el programa, pareciera que considera que los alumnos no tienen las capacidades para realizarlos, pero mantiene una visión integral del mismo… "se puede hacer, pero más ligero".

Los registros de observación sirven para ilustrar. Parece ser que la maestra 2 por conocimientos y experiencia toma en cuenta los contenidos utilizables del programa con flexibilidad, lo que le permite lograr los objetivos mediante vías alternas que se ajusten a las capacidades e intereses de los alumnos.

Grupo observado: 1° "B"
Fecha: 9 de febrero
Núm. de observación: 1

Contenidos o temas desarrollados: *La exposición*

♦ Describa cómo el docente da inicio al tratamiento de los contenidos:
- Dio lectura a la letra de una canción que previamente traía anotada en una lámina, con letra grande, legible, bien presentada en sus versos y estrofas.
- Preguntó cómo expresan ellos sus sentimientos a los demás.
- Después de comentarla determinaron que la canción encierra un mensaje de amor, la entonaron con el auxilio de un reproductor de CD.

- Plantea la problemática de realizar una investigación acerca del amor, en el marco del día de San Valentín, 14 de febrero.
◆ Condujo su clase con esta temática.
- Se observó que los alumnos se motivaron ante las preguntas que la maestra les hizo respecto al día de San Valentín, su origen, historia, etc.
◆ Anote los contenidos o temas de la clase:

El tema era nuevo, no hubo tareas o trabajos previos por lo que fue muy motivante y causó expectación en los muchachos el hecho de que la maestra les presentara una canción muy romántica, actual y que se observó la aceptación de ello que para el tratamiento de la investigación hacia la exposición resultó muy efectivo.

En esta clase los alumnos leyeron, analizaron el contenido de la canción.

La maestra les indicó que en la próxima clase expondrían lo investigado, que utilizaran Internet, buscaran en libros o revistas.

Grupo observado: 1° "B"
Fecha: 16 de febrero
Núm de bservación: 2

◆ Describa las actividades que el docente realiza antes de iniciar la clase.

- Habiendo integrado equipos de 5 integrantes para esta actividad y ya con la investigación realizada procedieron a la exposición; los alumnos elaboraron láminas, colocándolas en el pizarrón donde plasmaron algunos aspectos tales como: el origen de la festividad del día de San Valentín y algunos conceptos sobre el amor y la amistad.

- Se promovió la participación de todos, hubo respeto en las intervenciones, la maestra condujo con fluidez la clase.

- La clase concluyó con las aclaraciones de la maestra en el sentido de que al participar no sólo deberían de estar leyendo los textos de las láminas sino que deberían de apoyarse en los guiones que redactaron. Con la aclaración de que en la próxima continuarían los alumnos que quedaron pendientes con su exposición.

Grupo observado: 1° "B"
Fecha: 17 de febrero
Núm. de observación: 3

◆ Describa las actividades que el docente realiza antes de iniciar la clase.

- Un equipo del primero "A" hizo su exposición para ser evaluado ya que en la clase de ellos no la habían podido realizar.

- Los alumnos participaron con preguntas hacia los exponentes, fue una actividad más o menos interactiva, la maestra participó haciendo algunas precisiones.

- Parte de la evaluación fue el registro de las conclusiones que obtuvieran de todo lo expuesto.

- La clase concluyó con la tarea de escribir lo indicado sobre conclusiones.

Si bien nuevamente no hay detalles precisos en los registros, la descripción es sugerente. En las acciones de la maestra 2 aparentemente se refleja integración de acciones intencionadas para lograr metas determinadas. Hay un sustento y dirección en cuanto a lo que se espera lograr. Las respuestas de la entrevista 2 permiten ampliar. En respuesta a la pregunta 3, la maestra menciona el interés de los alumnos para su planeación, lo que sugiere que es un elemento importante, que contribuye al logro de los objetivos, pero no es todo lo que se requiere para ello. La maestra no alude a la acción y a los conocimientos que, como docente, requiere para tomar las decisiones adecuadas y lograr tanto la motivación como el aprendizaje de sus alumnos.

Entrevista 2

1. ¿Cuál es el propósito fundamental del bloque que está trabajando?

Participar en exposiciones. Introducirlos a la literatura mediante la lectura y declamación de poemas. Conocer sobre la cultura de los pueblos indígenas de México.

2. ¿Qué estrategias didácticas empleó para abordar el bloque? ¿Por qué?

Como es el mes del amor y la amistad y hay gusto por esta celebración lo usamos como tema de exposición (y de investigación). La poesía es afín con esta celebración, además que hemos usado canciones, películas alusivas a la fecha y a los objetivos porque están muy interesados y se trabaja con mayor facilidad.

3. ¿De qué manera realizó su planeación? ¿Qué elementos tomó en cuenta?

A partir del interés de los alumnos y de ahí todo lo demás es sencillo.

4. ¿Relacionó el trabajo del bloque anterior con el presente? ¿Cómo?

El ámbito de estudio lleva secuencia, es un trabajo pesado para los chicos pero primero lo descubrieron, lo comprendieron y lo están haciendo.

5. ¿Qué contenidos del bloque le han resultado familiares? ¿Cuáles le resultan novedosos? ¿Cómo ha enfrentado esa situación?

Los ámbitos de estudio se repiten en cada bloque pero en el tercero lo han trabajado de manera colectiva; los de participación ciudadana consultamos y discutimos con los compañeros de la asignatura, asesores e investigamos más.

7. ¿Qué comentarios y sugerencias didácticas de las señaladas en el programa han sido de utilidad? ¿Por qué?

Ha sido de muchísima utilidad porque hay cosas que no las usaba y que ahora resulta ser primordiales y otras que sí con la importancia que hoy se les está dando.

¿Necesita alguna otra orientación?

Sí, hay temas de reflexión que necesito tener mayor dominio y requiero material o cursos para capacitarme.

9. ¿Qué utilidad tuvieron para usted los aprendizajes esperados? ¿Por qué? ¿Los tomó en cuenta como parte de su evaluación? ¿De qué manera?

El aprendizaje esperado ha sido gradual y si es satisfactorio porque estoy viendo la transformación de mis alumnos; claro que los he tomado como parte de su evaluación en la manera de que han perfeccionado sus trabajos.

10. ¿Qué aspectos tomó en cuenta para evaluar el bimestre? ¿Qué instrumentos utilizó? ¿Por qué?

Información recopilada, preguntas y respuestas, mapa conceptual, resumen, material de exposición; en el ámbito literario participación y trabajos de clase que permitieron distinguir ritmo, aliteración, versos, estrofas. Participación ciudadana no la he concluido.

Las acciones reportadas y las respuestas a las preguntas de las entrevistas permiten conjeturar que la maestra 2 tiene una visión bastante integrada de los componentes del programa. Conoce la organización en tres ámbitos, que pueden considerarse temáticos: Literatura, Estudio y Participación ciudadana, a través de los cuales se deben abordar las *prácticas sociales de lenguaje*. En ese sentido las respuestas de la maestra, como las de la pregunta 7, reflejan sus conocimientos y la forma de organizarlos y emplearlos. Del mismo modo, los usa para determinar sus propias necesidades, como cuando menciona temas de reflexión [sobre la lengua], que se refieren a los aspectos gramaticales. La maestra hace referencias al aprendizaje gradual de los alumnos y a la transformación y perfeccionamiento de sus trabajos, los cuales reflejan comprensión profunda de los procesos de aprendizaje, al tratarse de desempeños y no de reproducir información.

Cabe reiterar que la selección de estas maestras fue fortuita y de ninguna manera con intención de compararlas. Más bien el interés se centró en mostrar los diferentes momentos de comprensión y análisis que un nuevo programa representa para los docentes. Si bien los años de experiencia pueden representar una ventaja para la maestra 2, de la misma manera el tener menos años de edad podrían serlo para la maestra 1, que inicia un nuevo programa con menos "vicios" y con conocimientos más actuales que favorecerían su comprensión y acción para la realización de prácticas sociales a través de la enseñanza. Lo que es evidente es que los docentes, como aprendices de nuevos fundamentos y enfoques para hacer realidad un programa, requieren insertarse en procesos de cambio graduales para apropiarse de las características particulares de los mismos a través de sus acciones y de la reflexión, a la vez que monitorean sus acciones.

Al respecto, Bransford, Brown y Cocking (2000) señalan que los aprendices competentes y los solucionadores de problemas monitorean y regulan sus propios procesos y cambian las estrategias según sea necesario. Son capaces de hacer estimados y conjeturas informadas (*educated guesses*) y aventurar acciones que monitorean para determinar si avanzan de manera adecuada o si es necesario hacer ajustes en el camino. Acciones de este tipo se manifiestan en la maestra 2 en el momento en que se recabaron los datos.

Es importante señalar que, si bien los datos en cuestión generan dudas respecto a la consistencia para recabarlos, se trató de atenuar esa limitación al seleccionar los de dos maestras de un mismo estado de la República Mexicana y un mismo asesor académico. Sin embargo, un análisis amplio de los datos de diferentes estados arrojó resultados coincidentes, lo cual permite considerar que los hallazgos acerca de las dos docentes no son particulares a ellas.

El presente análisis, cuestionando las prácticas alfabetizadoras desde la escuela, sugiere que si bien las prácticas alfabetizadoras *de* la escuela y *desde* la escuela se pueden transformar, dicha transformación sólo puede hacerse realidad con los docentes, considerando su *praxis* y los procesos de apropiación de un nuevo enfoque. Sugiere además que cualquier innovación o reforma curricular requiere formación gradual y actualización sostenida a los docentes, con acompañamiento en la acción y en la reflexión. De esa manera será posible que, ante un nuevo enfoque, los docentes desarrollen las nuevas estructuras y organización cognoscitivas apropiadas para emplear sus conocimientos de forma congruente y pertinente con las creencias que su experiencia les dicta a través de una praxis consciente, propositiva y reflexiva.

REFERENCIAS

Aguirre Alquicira, N. A. (2002), *Las creencias de los maestros de educación primaria respecto a la lectura en comparación con las de sus alumnos*, tesis de maestría, Universidad de Las Américas, Puebla.

Bransford, J. D., A. L. Brown y R. R. Cocking (2000), *How people learn: Brain, mind, experience and school*, Washington, D. C., National Academy Press.

Goldrine, T. C. (2008), *Pensamiento y práctica del docente en una innovación educativa: estudios de caso de dos maestras de primaria*, tesis doctoral, Universidad Nacional Autónoma de México, México.

Gómez Patiño, R. e I. Seda Santana (2008), "Las creencias de las educadoras acerca de la evaluación de sus alumnos preescolares", *Perfiles educativos*, xxx (119), pp. 33-54.

Hull, G. y K. Schultz (2001), "Literacy and learning out of school, A review of theory and research", *Review of educational research*, vol. 71, núm. 4, invierno, pp. 575-611.

Lankshear, C. y M. Lawler (1987), *Literacy, schooling and revolution*, Nueva York, The Falmer Press.

Lerner, D. (2001), *Leer y escribir en la escuela: Lo real, lo posible y lo necesario*, México, Secretaría de Educación Pública/Fondo de Cultura Económica.

Macotela, S., R. del C. Flores e I. Seda (2001), "Las creencias de docentes mexicanos sobre el papel de la escuela y del maestro", *Revista Iberoamericana de Educación*, <htpp://wwwoei.es/buscador.htm, 15/03/2008>.

Nee-Benham, M. K. P. y J. E. Cooper (eds.) (2000), *Indigenous education models for contemporary practice: In our mother's voice*, Mahwah, Lawrence Earlbaum.

Richardson, V. (1990), "Significant and worthwhile change in teaching practice", *Educational Researcher*, 19(7), pp. 10-18.

Rockwell, E. (1991), "Los usos escolares de la lengua escrita", en E. Ferreiro y M. Gómez-Palacio (eds.), *Nuevas perspectivas sobre los procesos de la lecto-escritura*, pp. 296-320, México, Siglo XXI.

Secretaría de Educación Pública (SEP) (2006a), *Español, secundaria, programas de estudio 2006*, México, Secretaría de Educación Pública.

—— (2006b), *Reforma de educación secundaria, fundamentación curricular, español*, México, Secretaría de Educación Pública.

"¿QUIÉN ESTÁ DICIENDO ESO?" LITERACIDAD ACADÉMICA, IDENTIDAD Y PODER EN LA EDUCACIÓN SUPERIOR

VIRGINIA ZAVALA[1]

> Es como que me zambullo en algo que tengo que escribir de esa manera y pensar de esa manera y después me salgo de eso y nuevamente estoy en mi forma de redactar a mi manera, de escribir mis cosas. Es que son formas distintas donde tengo que entrar del todo, más o menos como decir ahora voy a nadar en río, ahora voy a nadar en piscina.
>
> PAULA

Cuando los medios de comunicación en el Perú discuten la crisis de la "comprensión lectora" en la sociedad peruana, el énfasis se coloca en las necesidades de los niños para acceder a la educación básica o en los adultos analfabetos que están aprendiendo a leer y a escribir. Sin embargo, nada se dice sobre los retos que involucra la educación superior para la población estudiantil tan diversa que en estos tiempos ingresa a las universidades y a los institutos superiores pedagógicos.

De hecho, por lo general se asume que los estudiantes en la educación superior ingresan a estas instituciones listos para responder a las demandas de literacidad que les exige este nivel. No obstante, con la masificación de la educación superior en el país —y con el ingreso de personas de contextos indígenas y campesinos— no hay ninguna garantía de que los estudiantes lleguen preparados para lidiar con la literacidad de tipo académico que se requiere de ellos en estas instituciones (Hirst *et al.*, 2004). Y es que, mientras en el pasado la educación superior estaba reservada para los miembros de una élite que habían sido preparados para las experiencias universitarias en escuelas que no diferían tanto de las universidades, y cuyos integrantes fueron atendidos en hogares que no diferían tanto de aquellos de sus profesores, ahora la masificación de la educación terciaria en el Perú ha congregado diferentes maneras de pensar, actuar, valorar y hablar que entran en conflicto entre sí. En este trabajo me gustaría mostrar que los problemas relacionados con la producción y recepción de textos académicos no se reducen a aspectos puramente lingüísticos (Boughey, 2000). Una serie de entrevistas exploratorias con una estudiante universitaria de origen quechua revelan que sus problemas con la escritura en la universidad se derivan básicamente de su falta de familiaridad con discursos académicos, a pesar de que maneja el castellano de una forma totalmente fluida. El modelo sociocultural de Gee (1996) para abor-

---

[1] Pontificia Universidad Católica del Perú.

dar el lenguaje muestra que el uso lingüístico constituye sólo una parte de algo más amplio —que él llama *Discurso* con D mayúscula— y que también involucra pensar, sentir, valorar y actuar de una forma determinada. Desde este marco, el concepto de literacidad involucra saber cómo hablar y actuar en un Discurso, y la *literacidad académica*, cómo hablar y actuar en *Discursos académicos*. Esto significa que la literacidad no es algo que se puede enseñar formalmente en una serie de sesiones introductorias. Y esto se debe a que la gente se vuelve letrada observando e interactuando con otros miembros del Discurso hasta que las formas de hablar, actuar, pensar, sentir y valorar comunes a ese Discurso se vuelven naturales a ellos. A través de este trabajo, veremos que hay diferencias importantes entre las formas de pensar, actuar, valorar y hablar que algunos estudiantes de *cultura no hegemónica* traen de sus contextos y aquellas que deben adquirir para volverse "miembros" de los Discursos académicos.

LA LITERACIDAD ACADÉMICA EN EL MARCO
DE LOS NUEVOS ESTUDIOS DE LITERACIDAD (NEL)

Desde la perspectiva interdisciplinaria de los NEL la lectura y la escritura se conciben como sistemas simbólicos enraizados en la práctica social, que no pueden desligarse de valores sociales y culturales, y no como habilidades descontextualizadas y neutrales para la codificación y decodificación de símbolos gráficos. Por lo tanto, la *literacidad* —conceptualizada como formas de usar el lenguaje— siempre se desarrolla en el marco de aprendizajes culturales y se adquiere como parte de la identidad de la gente (Gee, 2004). Dentro de esta mirada, la *literacidad escolar* es sólo una forma de usar el lenguaje como parte de una práctica social que ha ganado legitimidad por razones ideológicas que se enmarcan en relaciones de poder. Como consecuencia, los niños de contextos no hegemónicos, que han aprendido a usar el lenguaje de maneras diferentes a aquellas que se imparten en la escuela, están en desventaja cuando deben adquirir el tipo de discurso expositivo y ensayístico que caracteriza la *literacidad escolar*. Recientes aplicaciones de los NEL a contextos educativos (Bloome *et al.*, 2004; Mahiri, 2004; Pahl y Rowsell, 2005; Street, 2004) han mostrado resultados importantes con relación a la promoción de mayor equidad en la educación.

Dentro de los NEL, se viene desarrollando un área de investigación sobre *literacidad académica* que se dedica al estudio de la educación superior (Hirst *et al.*, 2004; Haggis, 2003; Boughey, 2000; Hendricks y Quinn, 2000; Lillis, 2003; Turner, 2003; Ivanic, 1998). Al analizar las *prácticas letradas académicas*, los investigadores han coincidido en mostrar que es falso asumir la literacidad como un medio neutral y transparente, que a su vez se utiliza para aprender un mensaje epistemológicamente transparente. En efecto, a pesar de que la literacidad académica existe desde hace mucho tiempo, se ha ocultado en un *discurso de transparencia* (Turner,

2003) que constituye un efecto de la conceptualización del lenguaje dentro de la tradición intelectual de occidente. El pensamiento académico, atado a nociones de racionalidad y lógica como parte de una epistemología objetivante, asume la absoluta claridad de la representación del conocimiento como el vehículo de una mente racional y científica. Sin embargo, los investigadores de la literacidad académica argumentan que se necesita algo más que habilidades para resolver algunos de los problemas que los estudiantes encaran en la lectura y la escritura académicas.

Como lo señala Ivanic (1998), muchos estudiantes conciben esta literacidad académica como una especie de "juego" en el que se les pide que asuman una identidad que "no soy yo" y que no refleja la imagen que tienen de sí mismos. Por lo tanto, los conflictos y malentendidos que emergen entre estudiantes y tutores en relación con el tema de la literacidad académica no se restringen simplemente a la técnica de escritura, las habilidades o la gramática, sino a aspectos que están relacionados con la identidad y la epistemología.

PAULA EN LA UNIVERSIDAD

Paula es una mujer de alrededor de cuarenta y cinco años que nació en una comunidad campesina quechuahablante en los Andes peruanos. Cuando terminó su educación secundaria en el pueblo más cercano de su comunidad, se fue a la ciudad de Andahuaylas para ingresar a un instituto superior pedagógico, en donde estudió para ser maestra de lengua y literatura de educación secundaria. Luego de trabajar diez años en un programa de Educación Intercultural Bilingüe dirigido por una organización no gubernamental belga en esta misma ciudad, hace cinco años migró a Lima para trabajar en el programa de educación de una agencia de cooperación internacional. Hace dos años obtuvo una beca para minorías culturales a través de la Fundación Ford, para realizar una maestría en antropología en la universidad donde yo enseño. Ahora que ha estado en la universidad durante dos años, es consciente de que hay "dos formas con palabras" en su repertorio ("ahora sale de dos maneras", dice) y, en la medida en que su estudio progresa, se vuelve más y más consciente de la necesidad de dominar ambas (Heath, 1983). Como apreciaremos a lo largo de este trabajo, Paula reconoce que la escritura no es sólo una técnica, sino también una forma de mirar el mundo.

Los datos presentados en este trabajo fueron recogidos a lo largo de varias conversaciones con Paula en entrevistas a profundidad semi estructuradas, que suman aproximadamente ocho horas de grabaciones. Además de las entrevistas, pude revisar algunos escritos que Paula produjo como requerimientos de la universidad y también para proyectos personales. Quiero recalcar que mi punto de partida para la realización de este capítulo ha sido un estudio de caso que no necesariamente es representativo de la mayoría de estudiantes quechuahablantes que acceden al nivel universitario. El caso de Paula representa, más bien, lo que desearíamos percibir en estudiantes que se encuentran colonizados por un discurso académico que termina desempoderándolos. Paula despliega una conciencia crítica poco común sobre la literacidad académica, que no es fácil de desarrollar y que en parte se explica por las experiencias de su vida, su trabajo con la educación intercultural bilingüe en los Andes peruanos y su tendencia a autoafirmar su identidad cultural. Mi experiencia con estudiantes quechuahablantes jóvenes que recientemente acceden a la educación superior en universidades del interior del país revela que muchos de ellos no logran adoptar una perspectiva crítica con relación a la literacidad académica. Por el contrario, el que la universidad no sea explícita en torno a sus convenciones, las asuma como neutrales y desacredite formas alternativas de lectura y escritura, les provoca muchísima confusión.[2]

Por lo tanto, la importancia de este trabajo radica en que se rescata la voz de una persona que ofrece un testimonio revelador —y bastante desgarrador— de cómo la literacidad académica constituye un discurso construido históricamente con claros efectos ideológicos. De hecho, los desencuentros de Paula con la literacidad académica pueden representar los desencuentros de muchos estudiantes de educación superior. Sin embargo, y desafortunadamente, son pocos los que logran *deconstruir* la literacidad académica de la forma en que ella lo hace.

MÁS ALLÁ DE LA TÉCNICA, LAS HABILIDADES Y LA GRAMÁTICA

A partir de las entrevistas que realicé, discutiré la literacidad académica en tres de sus aspectos: epistemología, identidad y poder.

Epistemología

Como Boughey (2000) señala, producir un texto académico es como cantar una canción con un coro detrás. La necesidad de tener esas otras voces para cantar en armonía o en oposición a ellas es una especie de regla sobre la forma en la que se construye el conocimiento académico. El académico no puede cantar solo, porque las otras voces deben proveer un soporte para lo que está cantando. Por lo tanto, un texto académico contiene muchas voces: "contiene las voces de las autoridades que el autor cita y también contiene la voz del autor que aparece en relación con estas otras voces, como un *solo* que está respaldado por un coro" (Boughey, 2000, p. 283, traducción mía). La comprensión de esto constituye un proceso a largo plazo que involucra formas "académicas" de conocer y mirar el mundo, y que a su vez pueden estar en conflicto con las formas de construir conocimiento de algunas personas. Por ejemplo, Paula asevera que esta práctica resulta completamente nueva para ella:

[2] Esto es parte de una investigación en curso.

Yo pensaba: ¿en qué medida las formas naturales [refiriéndose a *su* forma de escribir] no considera eso? [cantar como parte de un coro]. Es como las tierras, las usas y la tierra es [en] el momento tuyo y cuando la dejas ya no te importa de quién fue. No es que faltamos respeto a los derechos de otras personas. Sino que pensamos que es natural que yo estoy pensando también como alguien que pensó pero que yo no estoy obligada para citarlo…. es mío desde el momento que lo asumo.

Ahora que ya sabe que tiene que citar a otros autores al escribir sus ensayos, está constantemente preocupada porque cree que quizás alguien ya ha dicho lo que ella quiere decir. Antes de ingresar al mundo académico, Paula creía que cualquier cosa que ella escribiera debía empezar desde cero, mientras que ahora sabe que debe investigar lo que otros han hecho antes con el fin de "añadir una pequeña piedra en la construcción que ya está ahí". Incluso, cuando quiere usar ciertos términos conceptuales (como el de "identidad", por ejemplo), ahora es más cuidadosa porque ha aprendido que "detrás de muchos términos hay una teoría o pensamiento". Sin embargo, nos cuenta que antes de entrar a la universidad "las palabras no representaban eso para mí". Aunque trata de lidiar con esta nueva forma de construir conocimiento, el que tenga que basar sus ideas en los argumentos de otras personas todavía la decepciona: "A veces uno siente que es la gran voz y que puede cantar solo y te das cuenta que atrás están todas las voces y que lo tuyo es algo que se pierde ahí no más y te desengañas."

Pero lo que es nuevo para ella no es sólo la necesidad de construir conocimiento a partir de evidencia presentada por otros autores, sino también el hecho de que su voz como autora tiene que ser una voz impersonal distante de los escritos que produce. Como lo plantea Paula, no se puede decir quién está escribiendo un texto académico:

En el discurso que considero naturalmente que he aprendido y que es más ligado a la forma de ser que tengo y de la forma como practicamos es siempre incluyéndonos en ese grupo y es siempre con bastante carga afectiva. Incluyéndonos es diciendo siempre desde nosotros, para nosotros, con nosotros o nuestras cosas, así, aparece siempre, ¿no? O yo o para él o para ti aparece siempre la persona que está hablando, escribiendo. En cambio, en la otra manera, más académico, ahí es anónimo, ahí no puedo descubrir quién lo escribe, en qué persona está, quién es el que aparece, y nunca es nosotros. ¿Quién está diciendo eso?

Como parte de su estudio del imaginario científico de la cartografía europea del siglo XVI Mignolo (1995) argumenta que una de las características de lo que se conoce como la *colonialidad del poder* es la generación de conocimiento que se proclama como objetivo, científico y universal. Un tipo de conocimiento que no está influido por la "carga afectiva" que menciona Paula. Esta forma de conocimiento humano da por sentado que el observador no es parte de lo observado, que puede ver sin ser visto y que puede observar el mundo sin tener que cuestionar —ni siquiera para él mismo— la legitimidad de esa observación. Esta perspectiva hegemónica en la producción del conocimiento —esta *hybris del punto cero,* como lo apunta Castro Gómez (2005)— es algo de lo que Paula ha tomado conciencia al asumir una voz académica. Siente que surge una contradicción cuando un autor cuestiona con convicción una serie de aspectos y al mismo tiempo se posiciona a una cierta distancia de lo que está señalando:

La escritura académica es nadie. ¿Cómo se puede ser ese nadie? Ese nadie a veces indolente pero mirando un tema, ese nadie a veces "no me meto" pero estoy hablando sobre tal cosa, estoy cuestionando pero estoy lejos. ¿Cómo se puede ser ese nadie y conscientemente? Me gusta todo su planteamiento pero qué pena me da que toma distancia. "Yo no me meto pero yo cuestiono", eso son los textos académicos. Cómo me gustaría sentir que [el autor] también está ahí. Cómo podemos hablar de pasar el río y preocuparnos porque los otros se mojen o no se mojen pero yo no estoy en ninguna de las posibilidades, ni en mojarme ni en no mojarme. Pero estoy discutiendo el tema, cómo van a pasar. No es el sujeto que se mete en eso.

Cuando Paula asevera que "la escritura académica es nadie", se está refiriendo a este *modelo epistémico/moderno/colonial* en el que la certeza del conocimiento sólo es posible dado que se basa en un lugar de observación que no puede ser observado. Como Dios, el observador observa el mundo desde una plataforma de observación no observada con el fin de generar una observación verdadera. Al decir de Castro Gómez (2007). Entre 1492 y 1700 la visión orgánica del mundo —en la que la naturaleza, el hombre y el conocimiento eran parte de un todo interrelacionado— fue remplazada por la idea de que producir conocimiento es ejercer un control racional sobre el mundo. Por lo tanto, mientras mayor sea la distancia creada entre el sujeto que conoce y el objeto conocido, mayor sera la objetividad obtenida ("no es el sujeto que se mete en eso", dice Paula).

Además de lo anterior, Paula reconoce que la literacidad académica enfatiza un recuento lógico del conocimiento que "es muy organizado, clasificado; todo tiene que estar en su sitio". Afirma que su socialización la llevó a construir conocimiento desde una perspectiva más holística y que esto "no sólo tiene que ver con la literacidad sino con una forma de ver el mundo". Desde su mirada, todo está también en su lugar pero "para nosotros ésta es la forma en que todo está en su lugar":

Yo estilaba a escribir párrafos grandes, porque en la forma del quechua como se habla, el *hinaptin,* el *chaymanta,* y después estas cosas, hacen que se siga alargando grande, grande, grande, como la estructura de la palabra quechua, ahí mismo crece, crece, crece. En cambio, en el castellano me he dado cuenta que las ideas van cortando, entonces hay una especie de que le buscas conexiones como nudos, como articulaciones que van a hacer como que en algún momento tú puedas doblar esas articulaciones. En cambio en el quechua no, es como una chacra grande que crece con todo diversificado pero... Puede haber un montón de ideas pero está grande, como un sembrío diversificado y no como un sembrío clasificado, ¿no? Racionalmente dicen por esta parcela va a ser quinua, por acá habas, en cambio nosotros cuando sembramos diversificado, ponemos una línea de quinua, otra melguita de maíz, por acá las habas, habas con maíz juntos, las calabazas adentro, los frejoles también.

Este recuento lógico —que Paula compara con un sembrío *clasificado,* en contraposición a uno *diversificado*— pone de manifiesto el uso de conectores, elementos que han llamado tremendamente la atención de Paula porque no había sido consciente de ellos ni en la educación básica ni en la educación superior, cuando estudiaba para ser maestra: "No era consciente . . . de por qué habían esas palabras, simplemente pensaba yo que eran como piezas que no las puedes mover porque corresponde al documento, que son sus partes, como las partes de algo, como que los botones de una chompa le corresponde ahí donde están los huequitos." Este requerimiento tiene que ver con el hecho de que el discurso académico concibe al lenguaje como un objeto en el que los nexos entre proposiciones tienen que ser altamente explícitos. Street y Street (1991) ya han establecido la objetivización del lenguaje como una característica importante de este tipo de textos. Por ejemplo, en las escuelas se trata al lenguaje como si fuera una "cosa" distanciada de los sujetos y se imponen reglas y requisitos externos a los sujetos como si éstos fueran solamente recipientes pasivos. El uso de "conexiones como nudos" —en palabras de Paula— responde precisamente a esta necesidad de desarrollar el pensamiento "lógico" y "racional" en el ámbito académico.

Hasta ahora hemos visto que la literacidad académica no es sólo una técnica de la que las personas se pueden apropiar a través de recursos mecánicos, sino un fenómeno que está entrelazado con aspectos epistemológicos, es decir, con formas de construir conocimiento. Las formas de escritura van de la mano con formas de pensar y las operaciones cognitivas involucradas son, a su vez, inseparables de la comprensión subjetiva y contextualizada que la persona hace del mundo.

Identidad

La adquisición de la literacidad constituye la apropiación de prácticas discursivas orales y escritas que se desarrolla como parte del sentido que las personas dan a su experiencia en el proceso de socialización. Por lo tanto, en la adquisición de prácticas discursivas, los niños adquieren ciertas habilidades y también ciertos valores, actitudes, motivaciones, perspectivas y maneras de interactuar; todas las cuales —de acuerdo con lo señalado por Gee— terminan siendo más importantes que las habilidades para obtener logros en la escuela posteriormente. Ésta es la razón por la cual la literacidad no sólo está vinculada a formas de pensar sino también a formas de sentir y valorar en relación con uno mismo. De hecho, a través de la socialización temprana que se desarrolla con ciertas "formas con palabras" dentro de la familia, los niños proyectan identidades que propician el sentido de pertenencia a determinados grupos y también les permiten evaluar "lo que hace gente como yo" y "cómo habla gente como yo" (Gee, 2004).

Ahora bien, como consecuencia de lo anterior "las personas que aprenden [la literacidad académica] pueden resistir o pueden no comprometerse con lo que la educación superior asume, por razones que tienen que ver con un sentido de alienación, riesgo o costo personal o una perspectiva filosófica o cultural contraria" (Haggis, 2003, p. 98, traducción mía).

Esto ocurre precisamente en el caso de Paula pues, aunque se siente satisfecha de estar aprendiendo la forma académica, no se siente ella misma cuando produce un ensayo de este tipo. En sus palabras, "siento que tengo un tornillo ajeno a mí":

Me doy cuenta que me resisto mucho a escribir de la forma académica, no me resisto sino que aprendo y veo que esa forma no entra en el engranaje conmigo, no es parte de mis tornillos y entonces siento que tengo un tornillo ajeno a mí. Yo podría escribir un texto en la forma impersonal pero siempre que leo o pongo mi idea me quedo incómoda porque estoy diciendo no de la forma como siento comodidad de decirle a la gente con quien estoy vinculada pero sí siento comodidad de decirle a la gente con quien no tengo tanto vínculo ni cultural ni económico. Yo siento que mis profesores van a estar cómodos porque yo ya estoy en esa onda pero no me siento tan cómoda porque quisiera que mis profesores aprendan la otra forma como voy a decir.

Paula continúa luchando con el proceso de apropiarse del discurso académico, pero a veces se siente "incómoda" cuando escribe un texto académico cuyo contenido ha sido pensando para "la gente con quien estoy vinculada". Esto muestra que el texto académico no es neutral sino que viene asociado a un tipo de identidad, a una forma de ser que va más allá del aspecto técnico de leer o escribir. En un extracto anterior, Paula posicionaba al académico como un ser indolente, que toma distancia y que decide "no meterse" en lo que dice; una persona indiferente y apática que no se compromete suficientemente con lo que plantea en su texto expositivo y argumentativo. Esto es lo que está en el imaginario de Paula.

Por un lado, el hecho de que Paula sí se sienta cómoda de escribir este tipo de textos para gente que se identifica con este Discurso, muestra que la identidad no se constituye de una esencia cerrada y estática, sino que existe la posibilidad de performar múltiples identidades de acuerdo con las circunstancias (Niño-Murcia y Rothman, 2008); de hecho, Paula desea apropiarse de la literacidad académica y se siente cómoda al escribir de esa manera para algunas ocasiones. Por otro lado, sin embargo, este uso de ambas formas le produce un constante conflicto. En el siguiente testimonio Paula afirma que le gustaría poder regresar a como era antes de entrar a la academia, recordándonos la asociación que postula Gee entre *formas de hablar* y *formas de sentir y pensar*: "Quiero hablar, comportarme y ser la misma que antes y pensar de la manera que ellos piensan":

Siento que lo que puedo aportar con investigaciones, con trabajo es poquito, entonces el aporte mayor que puedo dar, la devolución, la gratitud que puedo hacer es no dejar de ser lo que yo fui, quiero seguir siendo yo misma. De poder trabajar, hacer actividades con otros instrumentos que no han sido los propios, con solvencia o con cierta capacidad pero también no tener ningún prejuicio, no ya quedarme en las nubes donde uno a veces suele alcanzar y volver con cierta facilidad a lo que fui, y hablar y comportarse y ser lo mismo y pensar igual que ellos también. ¿Por qué no volver a pensar como uno piensa lo que cree no más y sin explicaciones, por qué no? ¿Por qué quedarme ya con raciocinio y explicación?, ah eso te voy a explicar porque eso era así pero nosotros creíamos que eso era así no más. Muchas cosas piensa mi abuela, mi familia sin más explicaciones allá. Y cuando tú piensas lo mismo que ellos eres parte de ellos mismos, no le cuestionas muchas cosas.

Como lo muestra el testimonio, Paula es consciente de que la literacidad académica involucra un conocimiento de tipo académico (racionalidad y explicación) y que su abuela y su familia piensan "de otra manera" (sólo *creen*: sin explicaciones). Sabe que el conocimiento común no puede contar como conocimiento académico porque en él, el cantante no puede cantar solo. Pero esta forma de hablar, escribir y pensar tiene una dimensión cognitiva además de una que involucra aspectos de identidad y afecto. Ésta es la razón por la cual Paula establece que "cuando piensas igual que ellos, eres parte de ellos". A través de su experiencia en la universidad, Paula resiste constantemente la apropiación total de la literacidad académica: señala que todo el tiempo tiene que estar alerta para no perder la forma en que era antes de entrar a la institución:

Alguna parte mía dice "no voy a hacer tanto esfuerzo por dejarlo" [su forma de escribir], si por sí solo viene va pegando y, es más, me voy a cuidar cuánto está pegando y cuánto está cambiando mi panorama [la literacidad académica]. Debo de estar consciente de eso. Cuando de pronto ya no me doy cuenta en qué momento perdí, en qué momento ya no fui, sino tengo que estar alerta, volteando siempre atrás. Porque yo siento que no me debo aumentar en el grupo más homogéneo sino seguir siendo parte del grupo más diferente. Siento que debo aprender a ser como el grupo homogéneo pero en el mismo grupo del diverso.

Pero ¿por qué le produce tanto *conflicto identitario* la apropiación de la literacidad académica en la universidad? ¿Acaso no puede desarrollar formas alternativas de escritura de acuerdo con la circunstancia en que se encuentre? ¿Por qué tiene que "cuidar cuánto está pegando [la literacidad académica]" y tiene que "estar alerta" constantemente en el espacio universitario?

Paula argumenta que en el proceso de apropiarse de la literacidad académica con cierto placer, está implícito el riesgo de empezar a mirar *sus formas* con cierta distancia. Como apreciaremos en la siguiente sección, esto no sólo significa dejar atrás estas formas, sino devaluarlas respecto a las formas académicas, de la misma manera como "se siente verguenza de tu madre porque es campesina cuando te conviertes en un profesional" (Paula). Esta resistencia desplegada en la apropiación de la literacidad académica y la búsqueda de legitimidad de sus formas de escritura se explica por el hecho de que las literacidades que Paula maneja no son igualmente valoradas. En el siguiente apartado veremos que las relaciones de poder están en el corazón de estos desencuentros vividos por Paula.

Poder

Examinar cómo los diferentes grupos lingüísticos y culturales construyen diversos textos en circunstancias diferenciadas, no es suficiente. Tampoco se trata de asumir que diferentes textos son "apropiados" para diferentes dominios sociolingüísticos, como si las convenciones lingüísticas utilizadas en estos espacios fueran dispositivos "naturales" intrínsecamente ligados a sus contextos de uso (Fairclough, 1995). Es importante situar la producción de la literacidad académica en el marco de las relaciones geopolíticas y reconocer que las *formas dominantes de construcción de conocimiento* se vinculan con ciertos grupos sociales que funcionan como "guardianes" del conocimiento en el mundo académico (Canagarajah, 2002). Esto puede apreciarse, por ejemplo, en la "guardianía" para la producción de conocimiento que ejercen los evaluadores de las revistas arbitradas de diferentes disciplinas. Si la convención constituye el trabajo que hace el poder en el tiempo, entonces hablar de usos lingüísticos que son "apropiados" o no para ciertos contextos no hace sino esconder las relaciones de poder que han producido esas convenciones.

La pedagogía crítica y los enfoques políticos sobre la educación (Apple, 1982; Bourdieu y Passeron, 2003; Giroux, 1992) establecen que las prácticas de la escuela reproducen ideologías y relaciones sociales de grupos dominantes en áreas relacionadas con el currículo, la pedagogía y los materiales de enseñanza. Además, la teoría poscolonial —y de manera específica el trabajo realizado por investigadores poscoloniales de América Latina (Castro Gómez, 2005; Lander, 2000; Walsh, 2005)— ha reconocido la dimensión cultural y epistémica del colonialismo sobre la base del trabajo de Foucault (1972) sobre *saber y poder* y de Said (1978) en torno al concepto de *Orientalismo*. Es importante notar, no obstante, que ninguno de estos paradigmas explora las formas en que la dominación euroamericana sobre la pesquisa intelectual se sostiene y se reproduce en el ámbito de la literacidad y de la publicación académica (Canagarajah, 2002).

Ya he mencionado que la racionalidad científica de la modernidad europea ha desplegado la idea dominante de que el científico puede trascender los condicionantes sociales y políticos del mundo en el que vive, con el objetivo de captar la verdad que es inherente al objeto que estudia. Ahora bien, mientras que occidente ha estado caracterizado como racional, abstracto y disciplinado, otras culturas han sido vistas como prerracionales, empíricas, espontáneas, imitativas y, además, dominadas por el mito y la superstición (Castro Gómez, 2005). De esta manera, los discursos de las ciencias humanas que han construido una imagen triunfalista del "progreso histórico" se han sostenido sobre una maquinaria geopolítica de saber/poder que proclama la ilegitimidad de diferentes voces culturales simultáneas y formas alternativas de producción de conocimientos (Said, 1978).

Paula es muy consciente de las relaciones de poder involucradas en la literacidad académica. En el siguiente testimonio refiere la indignación que siente cuando se da cuenta de que las voces que siempre son escuchadas no son las que reflejan su perspectiva, y de que las voces que vienen de su perspectiva son marginadas por la tradición letrada hegemónica:

Sí, siento mucho conflicto porque además yo siento que las voces que ya existen no son desde mi perspectiva. Son voces que son hechas desde otra perspectiva, desde otro plano pero mirando lo que yo estoy mirando. Tantas veces me fortalece pero tantas veces me hace sentir indignación. Es más, siento que, por qué no hemos sido capaces de ser esas voces desde antes. La gran dificultad era pasar esa barrera, de incursionar, de producir escritos que tengan validez para publicar, que las formas de escribir que tenemos que son distantes a la escritura académica no sirven para este plano. Ésta es la muestra de no comprender lo diverso, de no comprender que hay baches enormes en la sociedad y que siempre hay una tendencia de uniformizar.

Desde su posición de maestra de escuela y a partir de su vasta experiencia con otros maestros de escuela en los Andes, Paula señala que los textos académicos "no calan" en los profesores de las provincias del país. Al decir de Paula, si ella hubiera creado textos para profesores en el marco de esta perspectiva académica, no les habrían resultado útiles: "los maestros los admirarían pero éstos no contribuirían a ellos". Básicamente porque "no entra a ser parte de ti":

Es como algo que no pega, que ya se siente distinto. Los textos académicos tienen contenidos muy interesantes que nos impresiona pero luego de la lectura no pegó, no dejó huellas, no te dejó aprendizajes, no dejó de ser algo lindo. Porque es otra manera, que está bien estructurado, por eso mismo es diferente a ellos, a su manera de entender, a su manera de leer y pega más un texto hecho a la otra manera que un profesional me lo tacharía un montón porque entra en su salsa, está como en esta chacra diversificada a su manera, entonces sí le encuentra cosas. Es algo como que no cala en ti, no entra a ser parte de ti. Se tiene respeto pero respeto de distancia.

Es interesante descubrir cómo en el imaginario de Paula los profesores de escuela conforman un grupo que está muy distante de la comunidad académica: "se tiene respeto [a la literacidad académica] pero respeto *de distancia*". Aunque se necesita realizar mucha más investigación que pueda sustentar estas ideas, a diferencia de otros contextos del primer mundo, en el Perú los maestros de escuela no representan la voz de la literacidad escolar, sino que más bien *suelen conflictuarse con lo que se les impone desde la oficialidad*. Por lo tanto, en las escuelas no sólo se produce un desencuentro entre los propósitos de la literacidad de los profesores y los de los estudiantes, sino también entre los de los profesores y los del Ministerio de Educación. Es importante saber que los textos académicos no "pegan" en los maestros de escuela, pero sobre todo llama la atención que —según Paula— estas formas alternativas de producción de conocimientos sí "trascienden en profesores, en el pueblo, en las comunidades". Vale decir que —aunque no reconocidas— estas otras voces sí logran tener impacto en grupos no académicos:

Como cuando yo tuve que entrar a la escuela tuvieron que cortarme el pelo porque así tenía que parecerme a una niña escolar. Como vas entrando en ese grupo, como vas homogenizándote. Siento que cada vez que uno logra homogeneizar vas entrando en lo válido, en el patrón válido y que sirve para trascender más. Y no considero que el otro no trasciende. Trasciende también pero no es reconocido. No significa que los textos que se escriben de manera natural no trascienden en profesores, en el pueblo, en las comunidades, en la forma como hablamos, como escribimos nuestras cosas, trasciende, tiene gran efecto pero no está reconocido.

A pesar de la indignación, Paula también se ha fortalecido al haber sido reconocida por un texto que escribió "a su manera". Cuando migró a Lima, Paula tuvo la oportunidad de escribir un texto largo para CLASPO (Center for Latin American Social Policy), cuyo título era: "No le enseñan las cosas para pasar la vida, sólo le enseñan a leer y a escribir. Reflexiones sobre la escuela". Viajó a La Paz (Bolivia) y luego a Austin (Texas) para presentar el texto y además le pagaron por hacerlo. La producción de este texto —en el que discute la problemática de la educación peruana con base en su experiencia de vida— constituyó una experiencia catártica luego de haber migrado a Lima. Como ella lo plantea, "escribí para curarme", pues quería lidiar con la añoranza que sentía durante su estancia en la capital: "Narré lo que había vivido y lo que eran mis preocupaciones. No cité a nadie. Eso es un texto que sale desde adentro y que es mi manera de poder decir." Mientras que en la Universidad ese texto habría sido descalificado por sus profesores, con esta experiencia sintió que había "saltado una pared", puesto que le hizo darse cuenta de que "todo lo que hemos vivido se puede escribir y puede servir". Luego de dos años en el programa de maestría de la Universidad, Paula siente que "ya me viene la razón para decir algo" y que "corro el riesgo de racionalizar lo que fluye normalmente".

Está claro, entonces, que el poder está en el centro de la problemática de la literacidad académica y que el espacio educativo sostiene un orden social inequitativo al servir a los intereses de grupos e instituciones dominantes. Al mismo tiempo, las comunidades estudiantiles marginadas pueden resistir estos dispositivos ideológicos y además desarrollar su agencia para crear mecanismos alternativos de creación de significados. Todo esto corrobora que las prácticas letradas son complejas, específicas, dependientes del contexto y desafiantes.

LO QUE LA LITERACIDAD ACADÉMICA DA POR SENTADO

Muchos estudios han sostenido que la educación superior carece de una explicación manifiesta sobre las asunciones subyacentes a la literacidad académica. Por ejemplo, conceptos fundamentales como *argumento, crítica, estructura* y *evidencia* son, por lo general, bastante opacos para los estudiantes, y los profesores no los hacen explícitos (Haggis, 2003). Más aún, Ivanic (1998) ha sugerido que hay un desencuentro entre los propósitos de la literacidad tal como los define la comunidad académica, los propósitos de la literacidad para los estudiantes tal como los define la institución educativa y los propósitos de la literacidad para los estudiantes tal como los definen ellos mismos. Como resultado, el aprendiz puede experimentar una dificultad tremenda ante normas y valores no explicados. Por ejemplo, Paula señala que sus profesores en la Universidad asumen que ella es capaz de lidiar con la literacidad académica simplemente porque está desarrollando estudios de posgrado: "No piensan que se trata de una diferencia sustancial… 'no es muy difícil, vas a conseguirlo, pero es algo que tú tienes que lograr, estás en proceso' te dicen. No ven la dimensión del asunto". Incluso los profesores del instituto en el que estudió en Andahuaylas para ser maestra "nunca me dieron una explicación. Sólo tachaban mis escritos y me decían que tenía que mejorar mis ensayos". Como se demuestra con este tipo de conducta, no suele reconocerse que los propios académicos han tardado muchísimos años en adquirir las actitudes y valores que se asocian con el modelo del aprendiz ideal (Haggis, 2003).

Los profesores no son conscientes de que la evolución de la escritura académica, en el marco de una tradición intelectual y cultural dominante, coloca obstáculos en la vida académica de estudiantes no hegemónicos. Además, como resultado de concebir la literacidad académica solamente como una habilidad, usualmente caracterizan a sus estudiantes a partir de discursos de déficit y conciben la literacidad académica como una habilidad que juega un rol remedial en la educación superior. Precisamente esto es lo que Paula reconoce cuando afirma que:

Siempre te hacen comprender como que estás desarrollando desde una perspectiva evolutiva. Como que estás dejando, estás dejando lo malo. Me gustaría que dijeran que estás incursionando pero que es interesante lo que tienes; que no se aprendiera en desmedro del otro.

Por lo tanto, los profesores piensan que sus alumnos adquirirán la literacidad académica durante los años de sus estudios de pregrado. El "buen estudiante" es el que ya es capaz de desempeñarse de la manera esperada o por lo menos de moverse en esta dirección cuando ingresa a la institución; los otros son "patologizados" en cuanto se les compara con la formulación normativa. Más aún, el hecho de que los profesores asuman que los deseos de los estudiantes son o pueden ser los mismos que los suyos muestra que la institución construye su objetivo institucional sobre la propia imagen de los académicos, en lugar de posicionarse a sí misma como representativa de los objetivos de un rango amplio de estudiantes. Todo esto no hace sino remover a los individuos de su rico y complejo contexto, anular las experiencias que ellos traen consigo a la educación superior y reducir la lectura y escritura a una técnica que se adquiere rápidamente, si es que existe voluntad para hacerlo.

CONCLUSIONES

Reconocer la literacidad de los estudiantes como una práctica discursiva, social y situada que está inscrita ideológicamente (Lillis, 2003) nos ayuda a colocar sobre la mesa múltiples dimensiones que previamente habían quedado invisibles: la centralidad de la identidad en los textos escritos por los estudiantes; la escritura académica como una forma de construir conocimiento, y el impacto de las relaciones de poder en la literacidad académica. En un sistema masivo que, ahora más que nunca, tiene que dar cabida a un amplio rango de estudiantes, es necesario investigar —y además hacer explícitos— los fines y procesos que en el pasado se han dado por sentados.

La literacidad académica debería jugar un rol crítico —y no remedial— en la educación superior; y la formación de los estudiantes a través de *discursos de déficit* sobre la lógica y la racionalidad debería ser remplazada por una conciencia crítica de la literacidad. Necesitamos cambiar una visión del logro/fracaso basada en "habilidad" e "instrucción", a una que considere el estudio en este nivel como un aprendizaje de nuevas formas de pensamiento y de expresión para los estudiantes. Esta concepción sugiere que estas nuevas formas de expresión toman un número de años en desarrollarse y que necesitan ser enseñadas de manera mucho más explícita de lo que suele hacerse (Haggis, 2003).

Lillis (2003) argumenta que es importante hacer un cambio en la educación superior que vaya de *objetivos monológicos* a *dialógicos*. Estos objetivos pueden ser descritos como *monológicos* cuando las prácticas institucionales y pedagógicas se orientan a la reproducción de discursos oficiales en torno al conocimiento. En contraste, los objetivos de la educación superior pueden ser descritos como *dialógicos* cuando las prácticas pedagógicas se orientan a hacer visibles el discurso oficial y el no oficial, a desafiarlos y a "jugar" con ellos. Los objetivos de la perspectiva monológica se inscriben en una concepción de la educación superior como una comunidad escencialmente homogénea; mientras que los objetivos de la perspectiva dialógica reconocen la noción de una comunidad hegerogénea de participantes. Sobre lo postulado por Bajtín, Lillis busca ir más allá de la propuesta de conciencia lingüística crítica (Fairclough, 1995) y propone una perspectiva dialógica de creación de significado como el encuentro permanente con la diferencia. En la práctica, esto significa retroalimentar los textos de los estudiantes y responder a ellos; apoyarlos y no controlar su creación de significado:

Retroalimentar usualmente tiene las siguientes características: el foco en el texto escrito del estudiante como producto, una tendencia hacia el comentario cerrado, incluyendo el lenguaje evaluativo como "bueno", "débil", etc. En contraste, responder involucra enfocarse en el texto del estudiante como proceso, reconocer la naturaleza parcial de cualquier texto y por lo tanto el rango de significados posibles, intentar abrir el espacio para que el estudiante pueda decir lo que le gusta y lo que no le gusta de su escrito (Lillis 2003, p. 204, traducción mía).

En un sistema de educación superior que busca ensanchar el acceso y promover la diversidad, es necesario hacer del dominio educativo un espacio más
democrático. En términos de los *teóricos poscoloniales latinoamericanos*, se trata de
pensar cómo *decolonizar* la universidad. Estos investigadores mencionan la importancia de ampliar el campo de la ciencia moderna occidental para permitir el
ingreso de dominios prohibidos como el de las emociones, la intimidad, el sentido común, el conocimiento ancestral y la corporalidad. Considero que la teoría
poscolonial latinoamericana debería establecer un diálogo más productivo con el
campo de la literacidad académica, con el fin de reexaminar lo que cuenta como
conocimiento relevante, dentro y a través de las disciplinas, para lograr la apertura
de las convenciones de la escritura académica a nuevas formas de significar. De
manera similar a Paula, otros sujetos de investigación han expresado su deseo de
"producir significado a través de la lógica y la emoción, el argumento y la poesía,
las construcciones textuales impersonales y personales" (Lillis, 2003). Después de
todo, la perspectiva de la literacidad como práctica social constituye una teoría
de un nivel *meso*, que se sitúa cerca de los datos y que necesita de otras teorías interdisciplinarias para poder "levantar el vuelo" (Barton, comunicación personal,
abril de 2008). Y aunque no se haya explicitado aún, los NEL podrían considerarse
una *teoría poscolonial*.

Necesitamos explorar formas en las que la escuela pueda validar el conocimiento de las minorías, empoderarlas y educarlas para la transformación crítica de la
sociedad. Pero como Paula nos lo recuerda a través de sus testimonios, sólo será
posible hablar de una real transformación social en el campo educativo si conse-
guimos cambios en el grupo dominante: "Quisiera que mis profesores aprendan la
otra forma como voy a decir" y "me gustaría que dijeran que estás incursionando
[en la literacidad académica] pero que es interesante lo que tienes".

REFERENCIAS

Apple, M. W. (1982), *Education and power*, Boston, Routledge & Kegan Paul.
Bloome, D., S. Power Carter, B. Christian, S. Otto y N. Shuart-Faris (2004), *Discourse Analysis
    and the study of classroom language and literacy events: A microethnographic perspective*, Mahwah,
    Erlbaum.
Boughey, C. (2000), "Multiple metaphors in an understanding of academic literacy", *Teachers
    and Teaching: Theory and Practice*, 6 (3), pp. 279-290.
Bourdieu, P., y J. C. Passeron (2003), *Los herederos. Los estudiantes y la cultura*, Buenos Aires,
    Siglo XXI.
Canagarajah, S. (2002), *A geopolitics of academic writing*, Pittsburgh, University of Pittsburgh
    Press.
Castro Gómez, S. (2005), *La poscolonialidad explicada a los niños*, Popayán, Universidad del
    Cauca/Instituto Pensar.
Castro Gómez, S. (2007), "Decolonizar la universidad. La hybris del punto cero y el diálogo
    de saberes", en J. L. Saavedra (ed.), *Educación superior, interculturalidad y descolonización*, pp.

291-307, La Paz, Programa de Investigación Estratégica en Bolivia/Comité Ejecutivo de la Universidad Boliviana.

Fairclough, N. (1995), "Critical language awareness", en *Critical discourse analysis. The critical study of language*, pp. 215-252, Londres, Longman.

Foucault, M. (1972), *The archaeology of knowledge*, Londres, Routledge [*La arqueología del saber*, México, Siglo XXI, 1970].

Gee, J. P. (1996), *Social linguistics and literacies. Ideology in discourses*, Londres, Taylor & Francis, 2a. edición.

—— (2004), *Situated language and learning. A critique of traditional schooling*, Londres, Routledge.

Giroux, H. (1992), *Teoría y resistencia en educación*, México, Siglo XXI.

Haggis, T. (2003), "Constructing images of ourselves? A critical investigation into 'approaches to learning' research in higher education", *British Educational Research Journal*, 29 (1), pp. 89-104.

Heath, S. B. (1983), *Ways with words: Language, life and work in communities and classrooms*, Cambridge, Cambridge University Press.

Hendricks, M. y Q. Lynn (2000), "Teaching referencing as an introduction to epistemological empowerment", *Teacher in Higher Education*, 5 (4), pp. 447-457.

Hirst, E., R. Henderson, M. Allan, J. Bode y K. Mehtap (2004), "Repositioning academic literacy: Charting the emergence of a community of practice", *Australian Journal of Language and Literacy*, 27 (1), pp. 66-80.

Ivanic, R. (1998), *Writing and identity: The discoursal construction of identity in academic writing*, Filadelfia, John Benjamins.

Lander, E. (ed.) (2000), *La colonialidad del saber: Eurocentrismo y ciencias sociales. Perspectivas latinoamericanas*, Buenos Aires, CLACSO.

Lillis, T. (2003), "Student writing as 'academic literacies': Drawing on Bakhtin to move from critique to design, *Language and Education*, 17 (3), pp. 192-207.

Mahiri, J. (ed.) (2004), *What they don't learn in school: Literacy in the lives of urban youth*, Nueva York, Peter Lang.

Mignolo, W. (1995), *The darker side of the Renaissance. Literacy, Territoriality and colonization*, Ann Arbor, University of Michigan Press.

Niño-Murcia, M. y J. Rotham (2008), "Spanish contact bilingualism and identity", en M. Niño-Murcia (ed.), *Bilingualism and identity. Spanish at the crossroads with other languages*, pp. 11-32, Filadelfia, John Benjamins.

Pahl, K. y J. Rowsell (2005), *Literacy and Education. Understanding the new literacy studies in the classroom*, Londres, Sage.

Said, E. (1978), *Orientalism*, Nueva York, Random House.

Street, B. (ed.), (2004), *Literacies Across Educational Contexts: Mediating Learning and Teaching*, Filadelfia, Caslon.

Street, B. y J. Street (1991), "The schooling of literacy", en D. Barton y R. Ivanic (eds.), *Writing in the community*, pp.143-166, Londres, Sage.

Turner, J. (2003), "Academic literacy in post-colonial times: Hegemonic norms and transcultural possibilities", *Language and Intercultural Communication*, 3 (3), pp. 187-197.

Walsh, C. (ed.) (2005), *Pensamiento crítico y matriz (de) colonial. Reflexiones latinoamericanas*, Quito, Universidad Andina Simón Bolívar/Abya-Yala.

SITUAR LAS PRÁCTICAS:
NUEVOS ESTUDIOS DE CULTURA ESCRITA
Y ESTUDIOS ETNOGRÁFICOS DE SUDÁFRICA

CATHERINE KELL[1]

Este capítulo se ocupa de la construcción teórica de las prácticas de cultura escrita, herramienta conceptual fundamental de los Nuevos Estudios de Cultura Escrita (*New Literacy Studies* [NLS por sus siglas en inglés]), en la que se basan en buena medida los colaboradores de este libro. Esta perspectiva (NLS) fue el pilar de los estudios etnográficos que he realizado en Sudáfrica desde los años noventa, y me permitió situar dichos estudios en los principales debates que tuvieron lugar en el mismo periodo. El capítulo aporta una perspectiva desde el sur, desde la tensión que surge cuando se trabaja con teorías que "han venido" de "otro lado". La idea de *situar* es un tema clave del capítulo. Se explora en relación con las maneras en las que enmarcamos algo mientras lo situamos; en el nivel de la teoría académica y en un eco del principio fundamental de los Nuevos Estudios de Cultura Escrita: que al estudiar la cultura escrita debemos entenderla tal como se ubica siempre, viéndola en contexto y en la práctica social. Este capítulo utiliza los datos etnográficos de cada uno de los tres proyectos y transita entre ellos para reflexionar y explorar los constructos teóricos que contribuyeron a enmarcar, desde el inicio, la recolección de esos datos.

El concepto de prácticas de cultura escrita ha sido muy usado desde que Street lo acuñó a principios de los ochenta. Como se explica en otros capítulos de este libro, Street (1988) amplió la identificación que hiciera Heath (1983) de "eventos de cultura escrita" a "prácticas de cultura escrita", con lo que permitió la descripción y el análisis de tales eventos en un "nivel de abstracción más elevado" (Street, 1995, p. 2) en relación con las prácticas sociales, concepciones y modelos de lectura y escritura, y con los patrones de actividad que rodean a la cultura escrita y que la vinculan con cuestiones culturales y sociales más amplias, así como con temas ligados con las pedagogías. La asociación de ambos conceptos desempeñó un importante papel en el desarrollo de los Nuevos Estudios de Cultura Escrita en el curso de los siguientes veinte años, aproximadamente, y el concepto de evento se colocó firmemente en el dominio de los momentos cotidianos, observables, posibles de ser estudiados por la etnografía. Las prácticas de cultura escrita, por otro lado, se estudian como patrones de comportamiento observables entre eventos, o que pueden inferirse en el nivel de aspectos ideológicos por medio de datos más vastos de observación y de

---

[1] School of Languages and Social Sciences, Auckland University of Technology.

entrevistas que tomen en cuenta los propios modelos de prácticas de los participantes de la descripción, así como los que infiera el observador (Maybin, citado en Street, 2000, p. 23).

Este par de constructos surgió en lo que se ha denominado la "primera generación" de estudios etnográficos de cultura escrita (de acuerdo con Baynham esto incluye a Heath, 1983; Scribner y Cole, 1981; Street, 1984, entre otros). Éstos, a su vez, desempeñaron un papel central para configurar los estudios de investigación que se han denominado "de segunda generación" en la tradición de los Nuevos Estudios de Cultura Escrita (véase Baynham, 2004), que a los investigadores les permitieron generar una amplia gama de descripciones rigurosas de los usos y significados de cultura escrita en lugares y momentos específicos. En muchos de estos estudios, esos dos constructos condujeron a la identificación de múltiples culturas escritas, lo que coincide con el "modelo ideológico" de Street. Juntos, esos conceptos han formado un marco teórico elegante y económico para el estudio de la cultura escrita, con un gran poder explicativo, válido para las exploraciones de cultura escrita en diferentes tiempos (Baynahm y Prinsloo, en prensa), en distintos lenguajes y contextos multilingües (Martin-Jones y Jones, 2000), así como con referencia a la cultura matemática (Street, Baker y Tomlin, 2005).

Más recientemente se han planteado preguntas en relación con este marco teórico de referencia, sobre todo por lo que toca a su relación con eventos, prácticas y contexto (Bloome, Carter, Christian, Otto y Shuart-Faris, 2005; Brandt y Clinton, 2002; Collins y Blot, 2003; Kell, 2009; Reder y Dávila, 2005).

El primer conjunto de preguntas se relaciona con cuestiones de agencia. En el nivel macro, los Nuevos Estudios de Cultura Escrita han proporcionado poderosas descripciones de las formas en las que la "apropiación" de la lengua escrita por parte de la gente, en un nivel micro, ha exigido un cambio de foco o nuevos constructos para permitir un análisis detallado de las formas en las cuales las personas, junto con los recursos letrados que tienen, transforman "las prácticas sociales y culturales vigentes dentro de una escena social determinada" (Bloome, Carter, Christian, Otto y Shuart-Faris, 2005, p. 6). Esto ha llevado a estos autores a sostener que si los eventos se tratan como el "espacio empírico" dentro del cual las prácticas entran en acción entre sí, y las personas son conceptualizadas como agentes de las mismas, también son, por lo tanto, "capturadas por esas prácticas de cultura escrita y por los discursos dentro de los cuales están inmersas" (p. 7). Sugieren una teorización alternativa de los eventos como espacios en los cuales la gente actúa de acuerdo con sus circunstancias, donde la cultura escrita no se concibe como alguna abstracción de fondo o un modelo cognoscitivamente compartido, "sino en sus hechos, entonces se conceptualiza a las personas como creadores y actores" (p. 7).

El segundo conjunto de interrogantes está estrechamente relacionado. Se pregunta si el marco de referencia toma en cuenta la naturaleza transcontextual de la cultura escrita, y cómo le hace, además de analizar si se puede ofrecer una explicación adecuada de los usos y valoraciones de la cultura escrita en un mundo globalizado a la par de un análisis circunscrito sólo a contextos locales (Brandt y Clinton, 2002; Kell, 2006b). Reder y Dávila (2005, p. 175) identifican el problema con mayor precisión: "Al construir teorías basadas en un examen cercano y un análisis de las prácticas locales, los Nuevos Estudios de Cultura Escrita no se han ocupado sistemáticamente de identificar qué vuelve 'local' a un contexto." No obstante, en Kell (2006a) afirmé, con referencia a la etnografía, que "nunca podremos decir definitivamente qué es global, pero tal vez podamos decir qué es 'no local' cuando comprendemos y exponemos el punto de vista de lo 'local'".

Esta línea de argumentación también hace surgir preguntas acerca del poder y la desigualdad. Por ejemplo, Collins y Blot (2003) afirman que las consideraciones de poder han estado ausentes, en gran medida, de la mayoría de las etnografías de cultura escrita que están circunscritas por su marco "local". Blommaert (2005) añade una dimensión adicional a los debates con su discusión de la desigualdad en términos de espacio y geografía, desde una perspectiva de los sistemas del mundo. Sostiene la importancia de ver cualquier texto escrito en relación con la "economía de los recursos lingüísticos en la cual la asignación del valor de la función, la estratificación y la determinación representan operadores poderosos" (p. 646), y que "cualquier movimiento en el espacio es también un movimiento que recorre diferentes economías de cultura escrita" (p. 661). Al elaborar explicaciones para esos movimientos y su valoración diferencial, es necesario tomar en cuenta el tema de la escala (Blommaert, Collins y Slembrouck, 2005; Kell, 2009).

Un tercer conjunto de preguntas plantea la manera en que el marco de referencia de los Nuevos Estudios de Cultura Escrita toma en cuenta los modos de comunicación que no son lingüísticos (Kell, 2006a; Pahl y Rowsell, 2006; Street, 2003; Kress y Street, 2006). Cuando hablamos de una comunicación desde lo visual, lo gestual o lo corporal, lo auditivo, el espacio, o una combinación, por ejemplo, ¿nos sirven los términos "eventos" y "prácticas" letrados al responder a la pregunta etnográfica "qué está pasando aquí?"

En el curso de los años recientes, y al mismo tiempo en el que tales debates se llevaban a cabo, el concepto de prácticas letradas fue difundido de manera generalizada por investigadores, maestros y los responsables de la elaboración de políticas, junto con la idea de alfabetizaciones múltiples (sobre todo en referencia a la alfabetización digital, son los que se conocen ahora como nuevas alfabetizaciones, prácticas digitales y así sucesivamente). Los conceptos se han convertido en términos clave que indican el rechazo del modelo autónomo de cultura escrita y afirman que ésta siempre debe verse exclusivamente en contexto. No obstante, a veces el concepto "mismo" de cultura escrita parece ser casi sinónimo de *educación*, como si la educación no tuviese especificidad más allá de las prácticas de cultura escrita de los que participan en ella (Street y Street, 1991). Y a veces los términos se emplean sin referencia a la tradición de estudio en la cual surgió el concepto y a su reiteración en la especificidad del dominio de la práctica, más que en el canal de comunicación; los términos también se emplean con escasa referencia a los eventos de cultura escrita, el sustrato etnográfico a partir del cual pueden hacerse aseveraciones sólidas con respecto a las prácticas.

En mi opinión, los debates y las tendencias surgen de una tensión en el constructo de las prácticas letradas. Si los investigadores se basan en ellas como una categoría de uso, se refiere a patrones regulares y recurrentes en los diferentes eventos que arrojan luz sobre los usos y valoraciones de la cultura escrita en distintos momentos y lugares. Si los investigadores se basan en ellas como una categoría de análisis, se refiere a modelos e ideologías en torno a la cultura escrita que, como no pueden observarse directamente en los eventos, tienen que inferirse a partir de otros datos, como entrevistas y análisis documental. En ambos casos cabe preguntarse acerca de las metodologías que se fundamentan en el movimiento analítico desde la observación de los eventos hasta la descripción de las prácticas. Con el problema de divorciar el concepto de prácticas del estudio de los eventos que comentamos antes, resulta muy fácil hacer aseveraciones *a priori* acerca de lo que son las prácticas de cultura escrita para determinados grupos, y optar por afirmarlo, más que por demostrarlo. De modo que resulta simple, después, hacer una identificación *a priori* de las "alfabetizaciones".

En la siguiente sección sostendré que se requieren conceptos teóricos de mediano alcance entre los constructos de los eventos de cultura escrita y de las prácticas de cultura escrita. Primero explicaré cómo la necesidad de tener conceptos teóricos cobró cierta relevancia en mis propios estudios etnográficos, y luego presentaré algunas maneras posibles para superar las tensiones que se dan entre los constructos.

PRÁCTICAS LETRADAS EN UN ASENTAMIENTO INFORMAL A PRINCIPIOS DE LOS NOVENTA

A partir del encuadre en un "lugar", que sirvió como contexto para estudiar la cultura escrita, empecé mis investigaciones a principios del decenio de 1990, cuando hice una etnografía de las prácticas de cultura escrita en una ciudad perdida (Shanty town) cerca de Ciudad del Cabo, llamada Masiphumelele. Este sitio es un asentamiento de unas tres mil personas que fue formalizado y reconocido en 1990 (durante la era del *apartheid*), tras años de lucha de sus residentes "negros" por obtener el derecho a vivir en lo que era entonces un "área para el grupo blanco". Combiné las descripciones de los eventos y las prácticas de cultura escrita en diversos dominios (el dominio del desarrollo, la escuela nocturna de alfabetización para adultos y el vecindario), y seguí los movimientos de una mujer en particular, Winnie Tsotso, en su paso por las instituciones y las organizaciones de cada dominio. Por medio de las descripciones y comparaciones generadas demostré (Kell, 1996) que la cultura escrita desempeñaba un papel importante en la rápida estratificación social que tenía lugar a medida que Masiphumelele se incorporaba a las estructuras más formales del gobierno local, lo que conducía a cambios en el estilo y el contenido de las estructuras básicas de liderazgo, y Winnie había sido marginada. Además, demostré que no era posible que las clases y el programa de alfabetización para adultos, tal como estaban diseñados en esa época, pudiesen proporcionar a personas como ella lo que necesitaban para manejar los cambios mediados por textos en los que participaban.

En muchos sentidos se trató de un clásico trabajo de la "segunda generación" de los Nuevos Estudios de Cultura Escrita, que se basó en los constructos clave y simples de los eventos y las prácticas de cultura escrita. Seguía la tradición etnográfica que estaba volviéndose el sello característico de los estudios, que involucraba: poder tener acceso a grupos sociales específicos, muchas veces delimitados; la observación de eventos de cultura escrita combinados con entrevistas y recopilación de textos; la comparación y confrontación entre dominios, y el involucramiento con la teoría del discurso. Los datos obtenidos llevaron después a hacer aseveraciones acerca de las prácticas de cultura escrita.

Con el paso de los años, reflexionando acerca de este estudio, percibí que habían dos cuestiones importantes que requerían mayor exploración. Ambas se relacionaban con la idea de "situar" (en términos de enmarcar y encontrar fronteras), y ambas giraban en torno al concepto de prácticas de cultura escrita en relación con la investigación y con la enseñanza. La interrogante teórica se preguntaba cómo estudiamos la relación entre eventos y prácticas de cultura escrita, cómo hacemos afirmaciones respecto a las prácticas a partir de las observaciones de eventos. La pregunta pedagógica se refería a la brecha entre las prácticas cotidianas y las del aula de alfabetización.

Las comunicaciones escritas entre los tres foros de mi periodo de observación pueden representarse así:

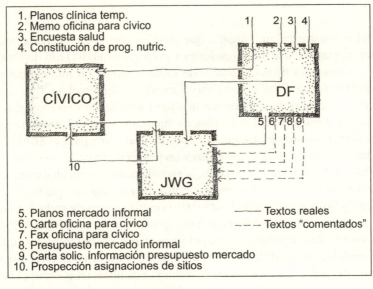

Diagrama 1.

Un conjunto de datos ilustra la cuestión teórica. Observé eventos de cultura escrita y el flujo de textos en reuniones de tres organizaciones en el dominio del desarrollo. Fueron, primero, la Asociación Cívica (la organización local de oposición, electa democráticamente en el asentamiento informal); segundo, el *Joint Working Group*, grupo de negociación que reunía a funcionarios locales del gobierno (era 1993 y se trataba todavía del gobierno del *apartheid*) con miembros de la Asociación Cívica y otros interesados; y tercero, el Foro de Desarrollo, que incluía habitantes de Masiphumelele, individuos del área geográfica más amplia y miembros de organizaciones no gubernamentales que habían apoyado el establecimiento de Masiphumelele. Le seguí la pista a un conjunto de micro-interacciones que con el tiempo circulaban entre las tres organizaciones, en lo que denominé "cortes a través de la historia de vida de los temas de agenda". Se trataba de cuestiones como "establecer una oficina para la Asociación Cívica", "organizar resguardo para la escuela primaria", y "mandar diseñar planos para un mercado informal". Dibujé un diagrama para capturar este flujo en el espacio y en el tiempo al que denominé "direccionalidad de los textos en las instituciones de desarrollo". Es el diagrama 1, tal como lo tracé en 1994; los cuadrados representan las tres diferentes organizaciones y los edificios que las albergaban en el asentamiento informal.

Este trazado del flujo de los eventos en el tiempo y en el espacio se aclaró con el diagrama, que ayudó a visualizar el flujo de los textos en relación con cuestiones de poder y control. Lo que reveló el diagrama en el nivel micro fue el problema de estudiar el carácter ideológico y la dependencia contextual de la cultura escrita dentro de contextos separados o delimitados. Mostró además que estas dos características resaltaban cuando los procesos de creación de significado transitaban de un contexto a otro. En el nivel micro, se trataba de procesos transcontextuales de creación de significado que tenían lugar dentro de los límites del mismo Masiphumelele (el contexto de estudio que yo había delineado para mí misma). Sin embargo, cada organización tenía prácticas discursivas muy específicas que cobraban forma en el espacio físico de cada edificio y entre cada grupo de participantes, algunos de los cuales eran residentes de Masiphumelele y otros no. De modo que las cuestiones de desarrollo que se mencionaron antes fueron llevadas a cabo y mediadas entre estos tres lugares por personas que provenían de los marcos de referencia participantes a través de prácticas sociales, tales como los procedimientos para las reuniones y el trabajo con agendas, así como mediante textos materiales, como listas, agendas y planos. Parecía haber un conjunto de procesos sociales emergentes, y que el constructo de las prácticas de cultura escrita me hubiese dejado una forma incompleta de comprender las relaciones sociales, los textos materiales y las formas multimodales de comunicación que eran parte de lograr progresos (como poner oficinas o resguardar una escuela).

La cuestión pedagógica se desprendió de mis observaciones de la enseñanza de la lengua escrita en la escuela nocturna de Masiphumelele, lo que me brindó la oportunidad de ver este movimiento de significados entre diversos contextos. En la clase de alfabetización (a la que concurrían mujeres "negras" de edad mediana que habían recibido una mínima educación escolar en la infancia), se usaban materiales escritos por alumnos adultos de otras clases, como base para las tareas de aprendizaje. Por ejemplo, una clase se centró en un relato titulado "La historia de Betty". Se pensaba que el estilo, el tono y el tema del texto lo harían accesible a los educandos. No obstante, aunque las relaciones entre los enunciados no eran típicamente lógicas, se les pidió a los alumnos que llevasen a cabo tareas lógicas, rigurosas y analíticas acerca del texto. Este ejercicio les resultó sumamente difícil a los alumnos que no parecían poder reconocer la naturaleza de las tareas (preguntas típicas de comprensión escolarizada y de ejercicios tipo *cloze*), ni darse cuenta de lo que esas tareas requerían (Bernstein, 1996). Con base en Bernstein, sostuve que mucho de lo que estaba ocurriendo en las clases implicaba la recontextualización de lo que, según se suponía, eran tareas y textos cotidianos de las prácticas escolares de alfabetización del programa. En ese análisis adopté el concepto de recontextualización de Bernstein (1996), relacionado con la transformación de discursos y textos que comprenden seleccionar, relacionar, ordenar y cumplir una serie de pasos. Como esta transformación se produce cuando los textos se mueven o cambian de un contexto a otro, surgen identidades especializadas, que son reconocidas y llevadas a cabo (por ejemplo elaboradores de currículum, maestros y educandos). Según Bernstein, en el espacio creado por este cambio o movimiento se da el juego de la ideología, así como el ejercicio del poder y el control.

Estas observaciones en Masiphumelele tenían lugar en una época en la cual la educación para los adultos en Sudáfrica estaba experimentando un cambio importante: de los acercamientos localizados, responsivos, de orientación freireana, a un sistema formalizado, orientado hacia la calificación. La rápida "escolarización de la alfabetización" para adultos era notoria en ese momento, y tenía la imprevista consecuencia de infantilizar a los adultos a los cuales se dirigía; las experiencias de Winnie Tsotso proporcionaron un ejemplo muy claro de ello.

CULTURA ESCRITA ADULTA DENTRO Y FUERA DEL SALÓN
A MEDIADOS DE LOS NOVENTA: PRÁCTICAS Y CONTEXTOS

Entre mediados y finales del decenio de 1990 apliqué el concepto de recontextualización al estudio de las pedagogías de la alfabetización de adultos en Sudáfrica, en una época de grandes cambios en el sistema de educación para los adultos (Kell, 1996; 1998; 2000). Compilé datos sobre las clases de enseñanza de la lengua y de sus maestros como parte de la evaluación de una innovadora certificación nacional en educación y formación básica para adultos que ofrecía el sector de educación y formación continua de Sudáfrica, con el fin de profesionalizar y acreditar su servicio de formación de maestros para adultos en consonancia con el nuevo sistema de calificaciones. Este sistema se había elaborado en los años inmediatamente posteriores al final del *apartheid,* con el propósito de brindar acceso a una "segunda oportunidad" de educarse para quienes habían sido privados de ella anteriormente. La evaluación tuvo lugar en una coyuntura bastante crítica (1996), un poco después del estudio de Masiphumelele, y cuando el efecto de las nuevas medidas apenas podía advertirse en la enseñanza de la lengua escrita. En esa evaluación adopté un enfoque etnográfico para la recolección de los datos.

Un conjunto de observaciones sobre la redacción de cartas personales, era importante para explorar el concepto de recontextualización. Las observaciones en el salón de clases y las entrevistas en torno a la enseñanza de la redacción de cartas demostraron que el foco de las clases de alfabetización se encontraba en lo que se llamaban los elementos de la carta (que siempre eran cartas personales de nivel 1 y 2), como la "dirección", el "saludo", la "oración inicial", el "reconocimiento" y demás. En términos pedagógicos, estos elementos parecían ser verdaderos fetiches para los maestros, y las observaciones demostraron que los patrones de comunicación establecidos eran exagerados por formas occidentales estandarizadas, sobre todo en lo relativo a la expresión de afecto. Lo que uno de los maestros de lengua escrita entrevistados denominó "formas antiguas" era considerado deficiente; la nueva forma estaba naturalizada como lo que un entrevistado llamó "el estándar". En ese proceso el énfasis recaía en el aprendizaje de los procedimientos (los elementos de la carta), y éstos parecían sustituir el contenido o incluso la creación de significado.

En otro estudio (Kell, 2000) comparé esta redacción escolar de cartas con las prácticas de escritura de cartas de trabajadores migrantes que no habían ido a la escuela y que se comunicaban por correo con sus familias, que vivían a mil kilómetros de distancia. Surgió un panorama muy distinto del que habían pintado los maestros de alfabetización, una imagen de personas con recursos que no parecían ver ningún estigma en su falta individual de habilidades, que se basaban en redes sociales complejas y entrelazadas en distintos niveles para lograr la comunicación entre las áreas urbanas y las rurales. Las habilidades letradas estaban distribuidas a través de esas redes. La redacción de cartas ocupaba un lugar central en esta comunicación, incluso entre los que nunca habían ido a una escuela, quienes intercambiaban por lo menos cuatro cartas al mes con los miembros de su familia. Muy poca de esa correspondencia pasaba por el Servicio Postal Sudafricano. Los trabajadores explicaban que preferían mandar las cartas por medio de los autobuses que iban todas las semanas desde Ciudad del Cabo hasta sus hogares en las áreas rurales, ya que los consideraban absolutamente confiables. Pese a la insistencia de los maestros de alfabetización en que se cumpliese con los elementos de la carta, como la dirección, la fecha, el saludo inicial, el reconocimiento y el saludo final, ninguna de las cartas que me mostraron los obreros cumplía con las convenciones del género, y habían sólidas razones por las cuales esos elementos no resultaban necesarios.

Sostuve que en la recontextualización de un dominio de la práctica al dominio de la clase, las prácticas cotidianas pierden su especificidad, su ubicación en marcos de referencia participativos determinados y su significado social. Este problema se complicaba aún más por los que diseñaban los programas de estudio y los maestros que llevaban a cabo la recontextualización, ya que trataban de aislar, simplificar y secuenciar elementos de la práctica en las habilidades letradas. En Sudáfrica, en el momento de ese estudio, la consecuencia imprevista era que a los alumnos adultos se les veía como "ya competentes" cuando se trataba de comprender la naturaleza de estas prácticas pedagogizadas (no podían conocerlas ya que no habían ido a la escuela). Además, la recontextualización de las tareas cotidianas los pintaba como incompetentes en relación con sus prácticas cotidianas. Estas dos tendencias interactuaban para hacer que la alfabetización destinada a los adultos cayera exactamente entre dos espacios, el formal y el informal, el vertical y el horizontal. Los alumnos no se volvían más aptos (o eficientes) en las tareas diarias y las clases simplemente confirmaban el déficit y violentaban las prácticas cotidianas de los educandos al pedagogizarlas de manera espuria. Además, los estudiantes no tenían acceso a las estructuras formales de conocimiento asociadas con la segunda oportunidad de escolaridad a la que el sistema apuntaba.

La versión de alfabetización en el emergente sistema formal era la de tabiques de construcción fundamentales, necesarios para que sucediera el aprendizaje ulterior. En Kell (2001a; 2001b) lo llamé *dominio uno*, en el cual la alfabetización se convertía en una especie de imagen virtual (creada por medio de los procedimientos estandarizadores para fijar niveles, escribir unidades estándar y determinar criterios de desempeño), que se proyectaba en el Marco Nacional de Calificaciones, donde se ubicaba como un fenómeno unidimensional, autónomo, al que se le acreditaba el poder de efectuar cambios en la vida de la gente. Sin embargo, había millones de personas que continuaban con su vida y que habían optado por no involucrarse con este sistema. Resultó posible, entonces, describir otro dominio discursivo (*dominio dos*), en el cual las personas formaban parte de las prácticas de cultura escrita cotidianas (en horizontal); donde funcionaban poderosas redes distributivas para contrarrestar los problemas de cultura escrita, y donde la gente sin educación escolar alcanzaba metas importantes para su vida.

Afirmé que, potencialmente, existía un espacio entre ambos dominios discursivos o que los traslapaba, y que podría brindar un contexto para los alumnos y los maestros de alfabetización, que podrían apropiarse de cada dominio. Maestros y educandos podrían apropiarse de cada dominio, moviéndose cuidadosa y conscientemente entre ambos, cambiando de prácticas y sabiendo cómo se había construido ese espacio y cuáles eran sus límites. Pero lo que parecía ocurrir en Sudáfrica era un fenómeno que denominé "alfabetización como signo" ("*literacy as sign*"), interpuesto entre ambos dominios, que creaba una barrera al surgimiento de ese espacio. Por lo tanto, el dominio

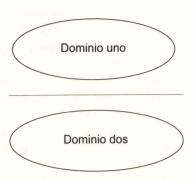

Figura 1. Dos dominios de literacidad en Sudáfrica.

uno estaba caracterizado por una alfabetización hiperpedagogizada, combinada con la eliminación de contenido. Mis observaciones sobre lo que estaba ocurriendo en las clases, al yuxtaponerse con los datos etnográficos que había reunido sobre las prácticas de cultura escrita fuera del aula, me llevaron a aseverar que en ese momento, en Sudáfrica, había poco traslape o continuidad entre esos dos dominios.

No estoy afirmando que se trate de dos culturas escritas; el dominio uno consiste en las "culturas escritas vernáculas" y el dominio dos en la "cultura escrita dominante". Más bien sostengo que las prácticas pedagógicas y regulatorias del dominio dos están construidas y configuradas por los valores, creencias e ideologías del modelo autónomo de cultura escrita. Se trata del modelo que tiene validez en los sistemas educativos, que se asocia con formas de capital y está regulado por el estado, y fue el que iba ganando importancia entre la mayoría de quienes en esa época, en Sudáfrica, estaban involucrados con la educación de los adultos. Las razones que lo explican quedan fuera del alcance de este capítulo, pero puede decirse que la atracción hacia ese enfoque se debía a factores como: su validez, su promesa de capital, su compromiso con el nuevo estado democrático de Sudáfrica, y su promesa de profesionalización y reconocimiento a los educadores para adultos, antes marginados. No son factores que deban tomarse a la ligera: en Sudáfrica implicaban cuestiones de acceso, igualdad y esperanza.

DE REGRESO A LAS RAÍCES...

En textos entregados al gobierno en torno a las políticas de educación para adultos, sostuve que una de las vías para una estrategia de alfabetización de adultos podría requerir la promoción de la cultura escrita como parte del trabajo de desarrollo básico. Era lo que hacía mientras trabajaba en un proyecto etnográfico con un componente de intervención, entre 1998 y 2006. El sitio era una iniciativa participativa de desarrollo (al que he denominado Khayalethu), en el cual 240 familias hablantes de xhosa, que vivían en chozas erigidas en terrenos baldíos, se reunieron en clubes de ahorro y obtuvieron un subsidio gubernamental para levantar casas de ladrillo. La actividad en Khayalethu tuvo lugar en el contexto organizacional más amplio de una asociación de vivienda (HASSOC) y con el apoyo de una organización de servicio (SO), cuyos miembros hablaban una gran diversidad de lenguas. Los clubes, las organizaciones de servicios y la asociación nacional iniciaron la interacción con arquitectos, ingenieros, funcionarios del concejo municipal, el Consejo de Vivienda Nacional y el Departamento de Tierras. En Khayalethu, los miembros circulaban entre el sitio de la construcción, los bancos y los negocios de artículos de construcción.

En el proceso de construcción de casas observé eventos de cultura escrita, pero se hicieron muy evidentes las tensiones identificadas más arriba en este capítulo, relacionadas con el paso de los eventos a las prácticas de cultura escrita. No pude identificar patrones de comportamiento observables entre diversos eventos (ya que éstos eran caóticos y no seguían pautas), ni logré inferir ideologías y modelos más generales en torno a la cultura escrita que pudiesen llevarme a hacer aseveraciones sobre las prácticas. Igual que en el caso del diagrama de la etnografía de Masiphumelele, hallaba que los eventos se vinculaban con otros eventos (muchos de los cuales no incluían en absoluto la lectura y la escritura impresas), pero que los participantes de estos eventos no siempre se proyectaban uno a uno. Las secuencias de eventos giraban a través del tiempo y el espacio, como un tul que se despliega al mismo tiempo que constituye una red de significados. Un conjunto de eventos, en particular, arrojó luz sobre el conjunto de cuestiones planteadas más arriba. Primero, lanzó preguntas en torno a la cuestión de la agencia; segundo, acerca de cómo se conceptualiza lo local y cómo se relaciona esto con asuntos de contexto, espacio y poder; y tercero, hizo surgir interrogantes en torno al marco de referencia de los Nuevos Estudios de Cultura Escrita y la multimodalidad (véanse también Kell, 2006a, 2006b). Brevemente, el conjunto de eventos se produjo como sigue (puede encontrarse una descripción más detallada en Kell, 2006a, 2006b).

Nomathamsanqa era una integrante de la comunidad que, como resultado de su discapacidad, había recibido una casa, en lugar de tener que construirla ella misma. La casa tenía serios problemas y Noma intentó que se resolvieran. En numerosas ocasiones planteó verbalmente sus problemas en las reuniones comunitarias sin obtener ningún éxito. En ese momento escribió una narración de sus experiencias en un cuaderno escolar infantil (como parte de un proyecto de escritura que yo había echado a andar en la comunidad). Esa "historia" se convirtió en el centro de una tremenda atención en la comunidad y mucho más allá, y se decidió que ella tenía que llevársela y leerla en voz alta en una reunión de la organización nacional en un área adyacente. Primero Noma leyó la historia en una reunión a nivel de estructura provincial, después volvió a presentarla verbalmente en la reunión nacional. De inmediato se decidió hacer una colecta general para conseguir nuevos materiales y un constructor que arreglase su casa. El proceso se inició cuando ella se mudó a la casa problemática y concluyó cuando volvió a instalarse en la vivienda reconstruida, aunque le llevó seis meses y pasó por diversas estructuras organizativas, grupos participativos, vecindarios y construcciones.

En relación con el conjunto de preguntas mencionadas, diré que: primero, si alguno de los momentos distintos de comunicación de esa secuencia hubiese sido enmarcado para su estudio, el significado total de dicha secuencia se hubiera perdido y la acción de Noma se hubiese interpretado de manera muy diferente. Segundo, mi trabajo etnográfico tenía que seguir a Noma por contextos y momentos, no quedarse en lo "local" que inicialmente me había planteado. Tercero, si me limitaba al estudio de los eventos y prácticas de cultura escrita, hubiese pasado por alto el importante cambio en los esfuerzos de Noma para transitar de lo verbal a lo escrito.

Al moverme con los participantes por el tiempo y el espacio observé eventos situacionales que se sumaban para formar procesos (Burawoy, 1998). Me percaté de que en el trabajo que había desarrollado hasta ese momento, me había concentrado en gran medida en la producción de significados dentro de ciertos contextos, y que los conceptos de eventos y prácticas letradas me lo habían posibilitado. Por lo que, a partir de esta nueva reflexión, necesitaba encontrar un método que permitiese concentrarme en la proyección de significado a través de los contextos, antes de poder llegar a hacer afirmaciones respecto a las prácticas de cultura escrita.

DEFINIR UNA UNIDAD DE ANÁLISIS

Definir una unidad de análisis que abriera el paso para la incorporación de los procesos (que implicaba movimiento en el tiempo y el espacio) requería alejarse del enfoque etnográfico y del énfasis en los eventos y prácticas letrados con los que estaba familiarizada. Esos cambios requerían ocuparse de tres inquietudes. Las esbozaré brevemente y volveré a relacionarlas con el conjunto de preguntas identificadas con anterioridad.

Primero, debía concentrarme en el flujo de los eventos (o secuencias de eventos), en oposición a los eventos individuales. Aunque realizaba una etnografía en un sitio delimitado, en lo que me concentraba era en los flujos de creación de significado que atravesaban y rebasaban ese sitio. Los identifiqué conforme se integraban en procesos. Segundo, tenía que encontrar formas para delimitar el contexto y las dificultades que éste presentaba para hacer inferencias acerca de las prácticas. En investigaciones previas me había enfrentado al problema de la "regresión infinita" cuando se trataba de definir qué contaba como contexto. Cada vez que procuraba delinear la relación entre el evento letrado y el contexto más amplio para poder precisar la noción de práctica, me enfrentaba a la cuestión de los límites. Si no quería sacrificar el principio de *situacionalidad* de los Nuevos Estudios de Cultura Escrita, ¿cómo podía concebir el contexto, si estaba estudiando el movimiento entre contextos? Tercero, tenía que dar un paso conceptual desde la lingüística hacia la multimodalidad, moverme de un marco de análisis lingüístico para aproximarme a formas de comunicación multimodales ya que los textos escritos no eran más que una parte de esos procesos. El acarreo de significados a través de contextos podía lograrse por medio de diversos modos de comunicación, aunque los textos escritos solían ser los medios más visibles para ello.

También me pregunté si las inferencias que había estado haciendo acerca de las prácticas me daban una seguridad aceptable para hacer afirmaciones respecto a la cultura escrita, el poder y la estructura social. Lo anterior lleva un paso más allá el problema identificado en el segundo punto, y considera cómo se llevan a cabo los movimientos analíticos entre evento, práctica y estructura. Me debatí contra lo que se me había presentado como una especie de "voluntarismo" implícito en la forma en la que trabajaba con el concepto de "práctica" y sus implicaciones de regularidad y elección. A juzgar por lo que observaba y empezaba a analizar, parecía que cada vez que una persona participaba en un evento de una secuencia mayor de eventos, que se basaba en las prácticas disponibles, su participación se veía al mismo tiempo facilitada y restringida por su propia historia personal y las historias de su comunidad en cuanto al acceso diferencial a esas prácticas; así como por la legitimidad, competencia y valoración diferencial que se les atribuía a las mismas (Bauman y Briggs, 1990, p. 76).

En las primeras etnografías me concentré en el concepto de recontextualización y comenzaba a pensar en las secuencias de eventos que había observado como recontextualizaciones múltiples de significados. En el estudio de la recontextualización, Linell (1998, p. 149) esboza dos acercamientos: primero, estudiar la "mezcla de múltiples voces" dentro de textos individuales y, segundo, estudiar las cadenas intertextuales (véase también Fairclough, 1992).

Algunas investigaciones previas habían rastreado procesos que atraviesan contextos, tanto como la entextualización y recontextualización que tienen lugar en cada uno de esos cruces (Mehan, 1996; Berkenkotter y Tavatos, 1998, entre otros). Se les conocía como "trayectorias de textos" (Silverstein y Urban, 1996; Blommaert, 2001, 2005). Blommaert (2001) ofrece un ejemplo claro al narrar un procedimiento de solicitud de asilo en el cual un funcionario entrevista al solicitante y registra su historia acerca de la necesidad de huir de su país natal. Esa historia se lleva después a niveles más altos de la burocracia, donde es valorada por diversos grupos de personas (profesionales, autoridades) las cuales escriben informes, recomendaciones y demás, hasta que finalmente se decide el estatus de la solicitud y se sella el destino del individuo.

Volvamos a la secuencia de eventos que llevaron a la reconstrucción de la casa de Noma: la identificación de los problemas con la casa no parecía ser una trayectoria de texto, ya que la secuencia íntegra de los eventos no necesariamente se llevó a cabo con textos materiales/escritos. Desde un punto de vista émico, se trataba del significado de Noma que trazaba una trayectoria, en la cual estaban produciéndose todo tipo de entextualizaciones y recontextualizaciones. Durante el desarrollo de esta trayectoria, Noma, como agente de la misma, tenía que ser situada en el centro. Mientras iba yo estudiando los movimientos en el tiempo y en el espacio me di cuenta que podían hacerse ciertas afirmaciones respecto a la cultura escrita y la estructura social, cosa que se hizo en el plano ético. Sólo más tarde, cuando esta trayectoria fue comparada con otras, fue posible hacer afirmaciones generales respecto a las prácticas de cultura escrita en el sitio. De modo que estaba derivando una comprensión de las prácticas a través de formas de análisis basadas en principios entre lo émico y lo ético. Esta forma de análisis involucraba el desarrollo de un lenguaje de descripción para traducir entre el plano émico y el ético.

Después de desarrollar un método sistemático para definir y reconstruir la trayectoria de la práctica de Noma, a partir de los datos etnográficos se redefinieron otras cuatro "trayectorias creadoras de significado". Éstas eran:

• ordenar materiales de construcción;
• hacer espacio para una casa muy grande;

- registrar el "activismo" de los miembros para demostrar que calificaban para recibir sitios de construcción;
- tratar de establecer una oficina para la Asociación Cívica.

Al ocuparme de la primera inquietud que identifiqué antes, necesitaba encontrar una manera de conceptualizar la creación de significado que fuese más allá del caso único, que relacionara los eventos entre sí. La unidad de análisis se definió como una trayectoria de creación de significado-cambiante a través del marco participante o el espacio y el tiempo, el nuevo "contexto" que emergía (en el sentido interactivo, más que el espacial) se denominaba segmento.[2] Un segmento consistiría en una secuencia de eventos separados en el tiempo, siempre que el marco de referencia participante y el espacio en el que tienen lugar permaneciesen constantes. Los límites de un segmento se alcanzarían cuando nuevos participantes entrasen o saliesen del espacio, o cuando la reunión en su conjunto tuviese lugar en un nuevo espacio o tiempo.

Muchos de los segmentos consistían en conversaciones personales inmediatas, pero a medida que el proceso de creación de significado se trasladaba en el espacio y en el tiempo, las personas y sus textos materiales en ocasiones se movían literalmente por toda la ciudad. Nomathamsanqa llevó físicamente el cuaderno con su relato a la reunión nacional que se celebró en el área adyacente. Deborah, la ingeniera, se llevó el plano en el que había bosquejado la casa sobredimensionada de regreso a su oficina en el centro de la ciudad, donde reelaboró todo el plano después de varias reuniones efectuadas en diferentes partes de la ciudad. Durante este proceso estuvo involucrado el texto del conjunto de normas nacionales de construcción, y los conflictos locales de Khayalethu en relación con el ancho de los caminos se hicieron evidentes en los eventos reales de la trayectoria. Con frecuencia hubo textos materiales que actuaban como lo que he llamado (siguiendo a Smith, 1999) "conectores", debido a que ocurrían recontextualizaciones que llevaban el significado y, a la vez, eran transformadas.

La segunda inquietud involucraba definir los límites del "contexto". Cada una de las trayectorias fue emprendida por un actor diferente, ya fuese un individuo o un grupo. Los actores realizaban actividades de creación de significado con nuevos propósitos en grupos más amplios (tal como se describe en la teoría sociocultural de la actividad). Esto se modelaba éticamente y en el nivel de cada segmento como un marco de referencia participante, que se conceptualizaba en términos de la teoría sociocultural como un sistema de actividad. En los sistemas de actividad:

[2] Al elegir este término me basé en el trabajo de Goffman (1981, p. 10), pero difiero también de la forma en que define y emplea el término como "cualquier corte o sección arbitraria de la corriente de actividad en proceso... vista desde la perspectiva de quienes están subjetivamente involucrados en mantener un interés en ellos. Un segmento no pretende reflejar una división natural hecha por los sujetos de investigación ni una división analítica realizada por el estudioso que investiga". Como se explica más adelante, mi uso del término es ético. No sostengo que los segmentos que identifico sean percibidos desde la perspectiva de quienes están involucrados en la corriente de actividad, sino que uso el término como una herramienta heurística para demarcar cortes con fines de análisis dentro de la corriente de actividad.

...los contextos no son receptáculos ni espacios experienciales creados de manera situacional. Los contextos son sistemas de actividad. Un sistema de actividad integra el sujeto, el objeto y los instrumentos (herramientas materiales así como signos y símbolos) en un todo unificado (Engestrom, citado en Chaiklin y Lave, 1996, p. 67).

La idea de sistema de actividad es una herramienta heurística para comprender esta integración. Un sistema de actividad es una herramienta en proceso, dirigida al objeto, mediada por la interacción humana que está condicionada históricamente. Las herramientas discursivas al igual que los artefactos materiales, median entre los actores/agentes, el motivo o dirección de la actividad y el objeto de la misma (su resultado). El valor de este enfoque consiste en que el interés central de un sistema de actividad es el sujeto/agente/actor que emprende una acción para alcanzar un propósito u objeto. La heurística del sistema de actividad se aplica en el nivel micro y el foco se maneja en el nivel de los segmentos.

Engestrom (1999) ha añadido tres elementos más a la conceptualización original de los sistemas de actividad en la teoría de la actividad: reglas, comunidad y división del trabajo. Su uso del término "comunidad" fue sustituido por el de "otros participantes" con los cuales se involucraba el actor dentro de un marco de referencia participante (Goodwin, 1990), y esto se modeló dentro del sistema de actividad. Por lo tanto, el marco de referencia participante está mediado (por el uso de herramientas y recursos, dentro de contextos históricos y discursivos específicos).

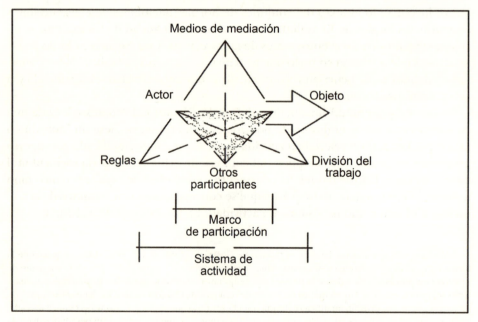

Figura 2. Los actores actúan dentro de un marco de referencia participante mediado (un sistema de actividad).

La tercera preocupación tenía que ver con el paso de marcos de referencia lingüísticos a la semiótica o a la multimodalidad, que se modelaban como *"medios de mediación"* (*mediational means*) dentro del sistema de actividad. Engestrom, Miettinen y Punamaki (1999, p. 29), llaman la atención sobre la importancia de las herramientas y los artefactos en el desarrollo de la comprensión acerca de los procesos de control. Al concentrarse en los *medios de mediación* necesarios para que los individuos desarrollen control, siguiendo a Vygotsky, "la perspectiva es… una invitación al estudio serio de los artefactos como componentes integrales e inseparables del funcionamiento humano" (Engestrom, Miettinen y Punamaki, 1999, p. 29). En toda interacción los artefactos son considerados como los mediadores del pensamiento entre el sujeto (y yo sostendría que los sujetos) y el contexto. Afirmo que los recursos semióticos deberían verse como *medios de mediación* en los sistemas de actividad. La cultura escrita es uno de esos conjuntos de recursos semióticos.

El actor, al basarse en recursos semióticos, actúa en condiciones de elección y restricción, que están históricamente condicionadas, más que determinadas. La importancia de estudiar los *medios de mediación* como elementos de los sistemas de actividad radica en que no son herramientas a menos que se les haya dado algún uso, y que los usos de un único objeto material pueden diferir con el tiempo y en distintos contextos.

El concepto de *medios de mediación* brinda un marco de referencia más amplio que el de cultura escrita y marca el paso de los marcos de referencia lingüísticos a los multimodales y semióticos.[3] Afirmo que los recursos semióticos (como subgrupo de los *medios de mediación*) pueden definirse como:

- Capacidades, ya sean individuales o distribuidas en diversos individuos; y sobre todo en el caso de la cultura escrita, que involucran dimensiones de codificación, pragmáticas, semánticas y críticas (Lo Bianco y Freebody, 1997, entre otros). La capacidad de "codificación", y hasta cierto punto la gramática y la semántica, son las que se miden más tradicionalmente en los individuos para definir las tasas de alfabetismo.
- Tecnologías, por ejemplo, en el caso de la cultura escrita, un lápiz o una computadora.
- Artefactos, por ejemplo, categorías conceptuales o clasificaciones; en el caso de la cultura escrita, géneros reconocidos o simples trocitos de papel con notas (para su realización esos artefactos dependen tanto de las habilidades como de las tecnologías).

Cada uno adopta formas diferentes en distintos modos semióticos, como el modo lingüístico del habla o la escritura, y los modos visual, auditivo, gestual o espacial (que, en esta etapa, no están tan bien teorizados). ¿Qué tiene el contexto de un

---

[3] También abarca artefactos y herramientas materiales (como materiales de construcción y mezcladoras de cemento), no sólo discursivos.

evento comunicativo cualquiera que hace que un modo semiótico resulte más apropiado en términos de coincidencia entre función y forma? Existen dos maneras en las que deben considerarse los modos y recursos semióticos. La primera es el nivel en el que están o no disponibles en un contexto dado como resultado de fuerzas históricas; y la segunda, el grado en el que están o no disponibles.

La historia de Nomathamsanqa demuestra que las personas pueden basarse en muchos modos de creación de significado. Mientras el modo hablado no alcanzó los fines de Nomathamsanqa en los eventos previos, la redacción de su relato definitivamente lo hizo.[4] Pero Noma sólo vio esta oportunidad después de que el grupo que yo había iniciado discutió la idea de escribir historias. El nivel en el cual estaban disponibles los recursos escritos en el área más amplia se relacionaba con el hecho de que su historia se vio de una forma tan poderosa, lo que contrastaba con lo que me había cuestionado a mí misma como "demasiada participación" en el proyecto y no suficiente "entextualización". La entextualización de Noma tuvo peso debido a esa historia.

El texto de Noma se proyectó deliberadamente por la mediación de los desilusionados miembros del MC que vieron las oportunidades que brindaba para expresar agravios, además de ocuparse del problema de Noma. La "producción" de significado "dentro" de un contexto puede ser mucho menos efectiva que la "proyección" de significados "a través" de contextos (Rampton, 2000).

"PROYECTAR UN MENSAJE" Y OBTENER UN RESULTADO

Cada segmento, por lo tanto, puede verse como un sistema de actividad,[5] asociado con espacios y marcos de referencia participantes específicos. Cuando la creación de significado cambia de espacio o de marco de referencia participante, mientras se despliega en el tiempo, el actor va en pos de su objeto con un nuevo sistema de actividad, que implica una relación diferente entre los elementos del sistema.

En la figura 3, elaborada para escribir una trayectoria errónea, cada evento observado está representado por una letra (de la A a la S). Una cantidad de eventos que tienen lugar dentro del mismo lugar y marco de referencia participante (pero que obviamente están en secuencia en el tiempo) se agrupan en un segmento que corresponde con dicho marco. Cuando el evento cambia y la actividad se traslada a un nuevo entorno, se inicia un nuevo segmento. Los movimientos verticales de las flechas sugieren que el actor es capaz de proyectar la trayectoria de actividad a través de contextos más amplios, que ya no son locales. El momento que hay entre cada segmento es el momento en el cual el significado gira y se recontextualiza en

---

[4] Esto está en contraste directo con la trayectoria de la oficina, donde un texto que se había escrito con un propósito específico fue totalmente ignorado en favor de un conjunto alternativo de explicaciones verbales.

[5] Por lo tanto estoy aplicando la heurística de Engestrom en un nivel micro.

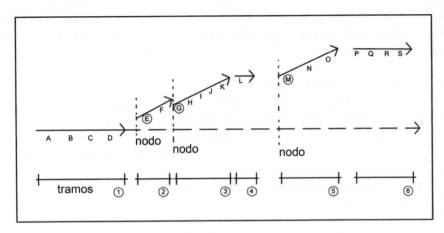

Figura 3. Nodos en los que cambia la dirección de la trayectoria.

un nuevo segmento. Ese momento puede funcionar como nodo para reconfigurar la dirección de la trayectoria y dar inicio a una nueva dinámica, con sus implicaciones para el estudio del poder. Con frecuencia, en esos puntos se usan nuevos *medios de mediación,* que muchas veces son diferentes de los que están disponibles en el nivel "local" en los segmentos iniciales.[6]

Un ejemplo puede verse en un segmento temprano de la trayectoria 3: "Hacer espacio para una casa muy grande." En esta trayectoria se cometió un error en el sitio, y una mujer (Veliswa) construyó parte de su vivienda sobre el límite del sitio, de manera que se extendía hacia el espacio reservado para el camino. El camino aún no se había trazado en tierra pero ya estaba diseñado en los planos. La ampliación se convirtió en un punto contencioso para los miembros de la organización que querían resistirse a construir las pequeñas viviendas de 40 metros cuadrados. La trayectoria se trazó a través de una cantidad de reuniones en Khayalethu, encuentros con funcionarios del concejo municipal, el arquitecto y la organización no gubernamental que les daba su apoyo. Finalmente la ingeniera volvió a trazar todo el plano para hacerle lugar a su casa. La siguiente conversación se produjo en un segmento temprano de esta trayectoria, cuando Hans (el arquitecto) acudió a una

---

[6] Éstos se parecen bastante a lo que Brandt y Clinton (2002, p. 348) llamaron "conectores globalizadores". Es posible ver una versión más modesta en el momento en el que los contadores firmaron el cheque para que MamaSolani se lo llevase a la tienda de artículos para la construcción y encargase sus materiales. La cantidad indicada en el cheque indexaba interminables procesos previos en relación con la determinación de niveles de subsidio; esos contadores habían sido designados para sustituir a otros, acusados de corrupción, el cheque mismo indexaba el banco nacional, el nombre de la asociación nacional (HASSOC) en el cheque, y así sucesivamente. En ese punto el texto material (el cheque) actuaba como un indicador de supuestos previos, en el que se representaba lo que MamaSolani podría hacer en la tienda. En el segmento posterior actuaba como un indicador de propiedad, ya que se veía que ella venía de HASSOC y, por lo tanto, se confiaba en el cheque.

reunión en el taller mecánico, sacó el plano y todos se congregaron a su alrededor. (Khaya estaba empleado como asistente técnico por el so.) Hans señaló la casa de Veliswa en el plano:

Hans: Dije que tienes que derribar esta esquina.

    MamaToleni: (en xhosa) Se lo dije a la dueña, pero está muy frustrada.

    Khaya: ¿No podríamos hacer que esto pasase con la diferencia de 1.2 m?

    MamaToleni: ¿Cuánto mide aquí el sitio de ancho?

    Uta: (no le responde a MamaToleni) Vamos a tener que mirar el otro plano porque he estado haciendo ajustes…

    Hans: …La primera decisión es que hay que derribar esta esquina.

    Todos: *Haai!* (¡No!)

    MamaToleni: …se lo he dicho, pero no sé muy bien si (incomprensible)

De modo que al construirse la ampliación de Veliswa se había desarrollado un nodo crucial. Fue hecha con materiales muy duraderos (los bloques de concreto y las láminas del techo) que le daban forma a su expresión. Veliswa creó significado, al hacer una "afirmación", ya que había desafiado el "mantra" de los cuarenta metros cuadrados al insistir en su ampliación y no derribarla cuando se le indicó. Hasta ese momento Veliswa había construido una trayectoria cuyos segmentos pueden conceptualizarse horizontalmente.

Veliswa actuó para crear significado. El significado que deseaba expresar era tal vez algo más o menos así: había vivido en una choza durante muchos años, ahora tenía acceso a recursos que podían cambiar las condiciones en que vivía, y estaba dispuesta a construir algo que expresase su fuerza y su individualidad. Los recursos utilizados para construir la ampliación eran parte de los *medios de mediación* disponibles en el sistema de actividad, en este caso las sustancias muy materiales de los bloques de concreto y las láminas para techar. Había una contradicción en las reglas discursivas: Veliswa había emprendido una acción que coincidía con los discursos sobre los cuales se había fundado Khayalethu (el rechazo a las casitas idénticas hechas por fraccionadores, la idea de la casa de los sueños y la idea de que la gente tomase el control de su propia vida). Al mismo tiempo su acción cuestionaba discursos más recientes que surgían en torno a la necesidad de trabajar juntos por el bien de todos, y de no emprender acciones que pusiesen en riesgo el desarrollo. Por último, la división del trabajo en el momento del nodo hizo posible su significado emergente, o sea, los constructores no cuestionaron su decisión de construir la ampliación.

En un segmento posterior, y después de muchos eventos y luchas, Deborah, la ingeniera, se llevó los bocetos (en los que se mostraba la casa de mayor tamaño) y, con el uso de su computadora y un programa de diseño digital, redibujó junto con los arquitectos todo el plano, para darle cabida a la ampliación. Me explicó:

Al principio pensamos que la mujer iba a tener que derribarla. Ya sabes, la cosa es que no puedes ir a decirle a uno de los más pobres de los pobres que tiene que deshacer su casa…

¿Sabes lo que hicieron? (Toma un trozo de papel y comienza a hacer un boceto.) Teníamos una manzana que se veía así y otra manzana que estaba así, y después esta manzana tenía los terrenos así. Creo que la dama en cuestión construyó así y esta dama también construyó de esa manera, así que lo que hicimos fue, mhhh (dibuja en el diagrama), y aquí está la línea central (traza una línea puntada) del camino, y aquí está la línea central del camino que viene así, de manera que no afectó a ese camino. Así que lo que hicimos, y ahí no había casa, había una casa aquí que ya existía (señala el dibujo). Entonces lo que hicimos fue esto (dibuja con líneas de puntos para mostrar cómo se movieron los espacios destinados para los caminos y a la última fila de lotes le recortaron un metro). Muy bien, y entonces hicimos esto (hace una línea de puntos con cada oración), así que en otras palabras, ahora estaba bien (usa la pluma para señalar el sitio marcado en el boceto), ése estaba bien, sólo se movieron estos tamaños (señala con la pluma la manzana atravesada por la línea punteada), esto no...

La visibilidad y durabilidad de la ampliación, por lo tanto, transformó la direccionalidad de la trayectoria en un conjunto de sistemas de actividad diferentes. Sugiero que lo anterior puede conceptualizarse como una proyección vertical sobre un conjunto de trayectorias paralelas que atraviesan otros sistemas de actividad. En una proyección tal se requiere un esfuerzo considerable, que básicamente atraviesa mundos. La casa se convirtió en un problema dentro de los sistemas de actividad fuera de Khayalethu y contiguos, los no locales; los arquitectos y sus procesos de planificación, los ingenieros y el tamaño de sus caminos, el concejo municipal y sus reglamentos de construcción.

La reorientación de la dirección de la trayectoria en un periodo de algunos meses fue acompañada por grandes inversiones de energía y emoción; hubo ira, desilusión, tristeza, frustración, arrepentimiento. Pero al final se produjo un arreglo. Tal como en el caso de la trayectoria de Noma, sugiero que es posible ver que estas inversiones materializan el proceso de creación de significado, y le añaden peso a la recontextualización que tuvo lugar. Ambos ejemplos demuestran cómo la proyección de lo local en lo no-local terminó por facultar a los actores, a "los más pobres de entre los pobres", y que la mediación de las proyecciones fue posibilitada por las organizaciones establecidas en mayor escala para colaborar con ese proceso de empoderamiento. Mientras que los miembros se encontraban sujetos a restricciones extremas, presiones y, a veces, humillaciones, en un nivel muy local, en el nivel no local en ocasiones eran tomados en cuenta. Lo que hace eco de la aseveración de Haarstad y Floysand (2007) que dice que el poder "es un efecto relacional de la interacción social, espacialmente mediado".

CONCLUSIÓN

El método aquí presentado para el análisis de la creación de significado mientras se cruzan contextos muestra una manera de conceptualizar el flujo de los eventos en el tiempo y en el espacio, más que dentro de unidades delimitadas, y de comprender la naturaleza del poder en tales relaciones sociales. Posteriormente, es posible hacer afirmaciones sobre las prácticas de cultura escrita, como la que menciona que siempre están insertas en relaciones de poder, y no limitarse a las descripciones técnicas de los usos de la lectura y la escritura. Además, la concentración en la creación de significado como acción deliberada de individuos o grupos permite concentrarse en la acción y demuestra que ésta es variable en diversos contextos y está vinculada con el nivel y el grado de los *medios de mediación* de que se dispone. Es así como las prácticas de cultura escrita pueden llegar a ser vistas como *situadas*.

No obstante, la recontextualización y proyección de significados no requiere individuos letrados, ni precisa siempre textos que puedan leerse o escribirse; podría lograrse en grupos en los cuales la cultura escrita se viese como una capacidad distribuida, o podría ser mediada cuidadosamente por trabajadores del desarrollo que se concentrasen en las capacidades, antes que en los déficits;[7] podría basarse en una mayor variedad de *medios de mediación*, como ocupaciones físicas de sitios, o construcción de ampliaciones.

En este trabajo me he concentrado en el estudio del movimiento de los significados a través de distintos contextos, y lo que pueden aportar al concepto de prácticas de cultura escrita y su inserción en las relaciones de poder. He esbozado las dudas que tuve acerca de pasar directamente de las observaciones de los eventos de cultura escrita a la descripción y elaboración de aseveraciones sobre las prácticas de cultura escrita. Creo que es importante hacer afirmaciones en relación con las prácticas de cultura escrita, pero que las mismas deben ser probadas, no asumidas. A fin de probarlas, se requiere una detallada labor analítica que permita distinguir entre los datos sobre los eventos que se compilan en el plano émico y el refinamiento teórico que se necesita para hacer aseveraciones en el plano ético. En el caso de mis propios estudios etnográficos, este trabajo analítico involucró el desarrollo de un lenguaje de descripción para traducir entre esos dos niveles.

REFERENCIAS

Bauman, R. y C. Briggs (1990), "Poetics and performance as critical perspectives on language and social life", *Annual Review of Anthropology*, 19, pp. 59-88.
Baynham, M. (2004), "Ethnographies of literacy: An introduction", *Language and Education*, 18 (4), pp. 285-290.
Baynham, M. y M. Prinsloo (en prensa), *The futures of literacy studies*, Nueva York, Palgrave.
Berkenkotter, C. y D. Ravatos (1998), "Voices in the text: Varieties of reported speech in psychotherapists initial assessments", *Text*, 18, (2), pp. 211-239.
Bernstein, B. (1996), *Pedagogy, symbolic control and identity: Theory, research, critique*, Londres, Taylor and Francis.

---

[7] Capacidades antes que déficits.

Blommaert, J. (2001), "Investigating narrative inequality: African asylum seekers' stories in Belgium", *Discourse and Society*, 12 (4), pp. 413-449.

—— (2005), *Discourse: A critical introduction*, Cambridge, Cambridge University Press.

Blommaert, J., J. Collins y S. Slembrouck (2005), "Spaces of multilingualism", *Language and Communication*, 25, pp. 197-216.

Bloome, D., S. Carter, B. Christian, S. Otto y N. Shuart-Faris (2005), *Discourse analysis and the study of classroom language and literacy events: A micro-ethnographic perspective*, Mahwah, Nueva Jersey y Londres, Lawrence Erlbaum.

Brandt, D. y K. Clinton (2002), "Limits of the local: Expanding perspectives on literacy as a social practice", *Journal of Literacy Research*, 34 (3), pp. 337-356.

Burawoy, M. (1998), "The extended case method", *Sociological Theory*, 16 (1), pp. 4-33.

Chaiklin, S. y J. Lave (1996), *Understanding practice: Perspectives on activity and context*, Cambridge, Cambridge University Press.

Collins, J. y R. Blot (2003), *Literacy and literacies: Texts, power and identity*, Cambridge y Nueva York, Cambridge University Press.

Engestrom, Y. (1999), "Innovative learning in work teams: analyzing cycles of knowledge creation in practice", en Y. Engestrom *et al.* (eds.), *Perspectives on activity theory*, Cambridge, Cambridge University Press.

Engestrom, Y., R. Miettinen y R. Punamaki (eds.) (1999), *Perspectives on activity theory*, Cambridge, Cambridge University Press.

Fairclough, N. (1992), *Discourse and social change*, Malden, Blackwell.

Goffman, E. (1981), *Frame analysis*, Oxford, Blackwell.

Goodwin, M. (1990), *He-said-she-said: Talk as social organisation among black children*, Bloomington, Indiana University Press.

Haarstad, H. y A. Floysand (2007), "Globalisation and the power of rescaled narratives: A case of opposition to mining in Tambogrande, Perú", *Political Geography*, 26, pp. 289-308.

Heath, S. B. (1983), *Ways with words: Language, life and work in communities and classrooms*, Cambridge, Cambridge University Press.

Kell, C. (1996), "Literacy practices in an informal settlement in the Cape Peninsula", en M. Prinsloo y M. Breier (eds.), *The social uses of literacy*, pp. 235-255, Ciudad del Cabo y Amsterdam, Sached Books/John Benjamin Publishers.

—— (1998), "Living with the literacy line: A response to Peter Freebody", *Literacy and Numeracy Studies*, 8 (2), pp. 79-89.

—— (2000), "Teaching letters: The recontextualisation of letter-writing practices in adult literacy classes in South Africa", en D. Barton y N. Hall (eds.), *Letter writing as social practice*, pp. 209-232, Amsterdam, John Benjamin Publishers.

—— (2001a), "Literacy, literacies and ABET in South Africa: On a knife-edge, new cutting edge or thin end of the wedge?", en J. Crowther, M. Hamilton y L. Tett (eds.), *Powerful literacies*, pp 69-83, Leicester, NIACE.

—— (2001b), "Ciphers and currencies: Shifting knowledges and literacy dilemmas", *Language and Education*, 15 (2 y 3), pp. 197-211.

—— (2006a), "Crossing the margins: Literacy, semiotics and the recontextualisation of meanings", en K. Pahl y J. Rowsell (eds.), *Travel notes from the new literacy studies*, pp. 147-169, Clevedon, Buffalo y Toronto, Multilingual Matters.

—— (2006b), *Moment to moment: Contexts and crossings in the study of literacy in social practice*, tesis doctoral, Open University, Milton Keynes.

—— (2009), "Weighing the scales: Recontextualisation as horizontal scaling", en J. Collins, M. Baynham y S. Slembrouck (eds.), *Globalisation and language contact: Spatiotemporal scales, migration flows, and communicative practices*, Nueva York, Continuum.

Kress, G. y B. Street (2006), "Foreword", en K. Pahl y J. Rowsell (eds.), *Travel notes from the new literacy studies*, pp. vii-x, Clevedon, Buffalo y Toronto, Multilingual Matters.

Linell, P. (1998), *Approaching dialogue: Talk, interaction and contexts in dialogical perspectives*, Filadelfia/Amsterdam, John Benjamins.

Lo Bianco, J. y P. Freebody (1997), *Australian literacies: Informing national policy on literacy education*, Language Australia and the National Languages and Literacy Institute of Australia.

Martin-Jones, M. y K. Jones (2000), *Multilingual literacies: Reading and Writing different worlds*, Amsterdam, John Benjamins.

Mehan, H. (1996), "Beneath the skin and the ears: A case study in the politics of representation", en S. Chaiklin y J. Lave (eds.), *Understanding practice: Perspectives on activity and context*, pp. 241-268, Cambridge, Cambridge University Press.

Pahl, K. y J. Rowsell (eds.) (2006), *Travel notes from the new literacy studies*, Clevedon, Buffalo y Toronto, Multilingual Matters.

Rampton, B. (2000), "Continuity and change in views of society in applied linguistics", en H. Trappes-Lomax (ed.), *Change and continuity in applied linguistics*, pp. 97-114, Clevedon, Multilingual Matters.

Reder, S. y E. Dávila (2005), "Context and literacy practices", *Annual Review of Applied Linguistics*, (25), pp. 170-187.

Russell, D., M. Lea, J. Parker, B. Street y T. Donahue (en prensa), "Exploring notions of genre in 'academic literacies' and 'writing across the curriculum': Approaches across countries and contexts", *The SIGET IV panel on genre in writing across the curriculum (WAC) and 'academic literacies' (ACLITS)*, Brasil, 2007.

Scribner, S. y M. Cole (1981), *The psychology of literacy*, Cambridge, Harvard University Press.

Silverstein, M. y G. Urban (eds.) (1996), *Natural histories of discourse*, Chicago, University of Chicago Press.

Smith, D. (1999), *Writing the social: Critique, theory and investigations*, Toronto, University of Toronto Press.

Street, B. (1988), "Literacy practices and literacy myths", en Roger Säljö (ed.), *The written word: Studies in literate thought and action*, vol. 23, Heidelberg, Springer-Verlag.

—— (1995), *Social literacies: Critical approaches to literacy in development, ethnography and education*, Londres y Nueva York, Longman.

—— (2000), "Literacy events and literacy practices", en K. Jones y M. Martin-Jones (eds.), *Multilingual literacies: Comparative perspectives on research and practice*, pp. 17-29, Amsterdam, John Benjamins.

—— (2003), "The limits of the local — Autonomous or disembedding?, *International Journal of Learning*, (10), pp. 2825-2830.

Street, B. y J. Street (1991), "The schooling of literacy", en D. Barton y R. Ivanic (eds.), *Literacy in the community*, Londres, Sage, pp. 143-166.

Street, B., D. Baker y A. Tomlin (2005), *Navigating numeracies: Home/school numeracy practices*, Dordrecht, Springer.

Wilson, A. (2000), "There is no escape from third space theory", en D. Barton, M. Hamilton y R. Ivanic (eds.), *Situated literacies: Reading and writing in context*, Nueva York, Routledge.

EPÍLOGO
ESCRITURA, HEGEMONÍA Y SUBALTERNIDAD:
DE LOS *NEW LITERACY STUDIES* (NLS)
A LOS *LATIN AMERICAN LITERACY STUDIES* (LALS), *AND BACK*

JOSÉ RAMÓN JOUVE-MARTÍN

En su introducción al presente volumen, los editores comienzan señalando lo que se puede considerar una realidad sobre los estudios en torno a la escritura en América Latina (*Latin American Literacy Studies* o LALS, por sus siglas en inglés). Los LALS, dicen Kalman y Street, "son casi desconocidos en otros lugares del mundo. Para muchos la primera y quizás única referencia es Paulo Freire, cuyas importantes contribuciones a este campo tuvieron lugar sobre todo en las décadas de 1970 a 1990." El que esto sea así, y no hay duda de que lo es, constituye hasta cierto punto una sorpresa teniendo en cuenta que, tanto desde un punto de vista pedagógico como político y "civilizatorio", el problema de la escritura, de su práctica y teorización, ha estado íntimamente ligado a la historia del continente en los últimos 500 años (Mignolo, 1995; Gruzinski, 2004). De hecho, lo que hoy conocemos como Latinoamérica constituyó la primera región del mundo en tener un proceso de alfabetización y reeducación masivos que supuso para muchos de sus habitantes el contacto en distintas formas y niveles con la cultura letrada como parte de su integración en el proyecto colonial occidental (Mannheim, 1991; Lockhart, 1992; Restall, 1997; Terraciano, 2001). La importancia de la reflexión otorgada a la escritura para dicho proyecto queda reflejada en las proféticas y frecuentemente citadas palabras de Antonio de Nebrija, quien en 1492, en vísperas del descubrimiento, presentó a la reina Isabel la Católica la primera gramática de una lengua romance recordándole en su dedicatoria que "siempre la lengua fue compañera del imperio; y de tal manera lo siguió, que juntamente comenzaron, crecieron y florecieron, y después junta fue la caída de entrambos" (Nebrija, 1984 [1492], p. 97). Su gramática encontraría el campo de aplicación más adecuado en la lengua escrita, a la que era necesario reglar y uniformizar como herramienta fundamental en la que en última instancia se asentaba la ordenación política y administrativa del imperio español. Más allá de Nebrija, cronistas del siglo XVI como Bernardino de Sahagún o Cieza de León fueron los primeros en describir para Europa las prácticas escritas de las culturas americanas, tales como códices y quipus, reflexionando no sólo sobre la naturaleza de estos diferentes sistemas de escritura, sino también sobre los usos sociales y simbólicos a los que estaban asociados (Baird, 1993; Restall, 1997; Millones Figueroa, 2001; Urton, 2003), algo que resuena profundamente en las discusiones actuales de los *New Literacy Studies* (NLS). A lo largo de los siglos XVI y XVII, la creación de escuelas destinadas a la nobleza indígena y las campañas de evangelización tanto de nativos como africanos llevaron no sólo a la publicación de algunos de los primeros diccionarios entre lenguas europeas y americanas, sino a discusiones sobre la forma en la que se debería llevar a cabo la enseñanza de poblaciones no occidentales y a tomar sorprendentemente en cuenta, aunque fuera mayormente con un interés proselitista, el mundo espiritual, social y cultural de aquellos que se buscaba convertir e integrar en la cultura del libro (Itier, 1995; Mannheim, 2002; Jouve-Martín, 2005; Durston, 2007). Fruto de ello fue la adaptación a un sistema de escritura alfabética de idiomas como el quechua o el náhuatl. Las reformas borbónicas del siglo XVIII, con su espíritu ilustrado, así como la llegada de las independencias en el siglo XIX, con su fe en el progreso, constituyeron momentos fundamentales en el rechazo de dichas lenguas y, por extensión, de su escritura. Condujeron a la imposición de un modelo de alfabetización que consideraba al español no sólo una lengua mucho más "sofisticada" conceptual, estética y técnicamente que las indígenas, sino un instrumento esencial en la unificación política y económica de las distintas regiones y países de América Latina. La discusión sobre la alfabetización de campesinos e indígenas habría de prolongarse en eventos clave del siglo XX como la Revolución mexicana o la Revolución cubana (Meneses Morales, 1986; Newland, 1991; Ares, 2000; Acevedo-Rodrigo, 2008). Sin embargo, la entrada de buena parte de Latinoamérica en una situación neocolonial respecto a Estados Unidos a lo largo de este periodo unido al surgimiento de nuevas instituciones y organizaciones internacionales particularmente a partir de la segunda guerra mundial hizo que esta rica historia propia de reflexión y práctica sobre la lengua y la escritura fuera aparcada y desplazada por las reflexiones, prácticas y políticas que, sobre escritura y alfabetización (así como sobre economía y en general todos los aspectos de la vida social), tenían países y organizaciones en su mayoría anclados en la tradición anglosajona, cuya influencia sobre el desarrollo del continente en general perdura hasta el día de hoy.

La importancia de esta historia intelectual y de las relaciones de subordinación que la acompañan se pone de manifiesto a la hora de entender uno de los aspectos que surge repetidamente en el campo de los LALS y, en concreto, en los artículos escritos en español y portugués de este libro: la dificultad de traducir el término *literacy* y las formas en como es apropiado para la investigación social, cultural y lingüística en América Latina. Esta dificultad no responde a una supuesta, y simplista, inconmensurabilidad entre lenguas en la línea de las tesis de Sapir-Whorf sobre la naturaleza del lenguaje, sino que es sobre todo un problema que refleja algo que está a la base misma de los NLS: dónde, cómo y por qué se produce el conocimiento (o la escritura), quiénes lo (la) organizan y qué individuos o grupos han sido excluidos de él (ella) debido a su "deficiente" conocimiento de sus reglas o medios de expresión. Y es que investigar o reflexionar sobre *literacy* en Latinoamérica no es simplemente describir prácticas o eventos letrados; es también reflexionar sobre la forma en cómo históricamente se ha pensado sobre la escritura y cómo esa historia determina la forma en la que dichos eventos y prácticas son conceptualizados. Así pues, la discusión intelectual en LALS no sólo gira en torno a las nuevas propuestas conceptuales que surgen en el campo de los NLS, sino en cómo adaptar esas propuestas a una historia conceptual y lingüística que en última instancia no es la de la tradición anglosajona en la que surge el término *literacy*. En este sentido es reveladora la discusión que lleva a cabo Marildes Marinho en este volumen sobre la utilización del término *letramento* en Brasil, sus diferencias y solapamientos conceptuales con otros más establecidos como *alfabetização* y *cultura escrita*, los ámbitos donde se utilizan unos y otros, los actores que lo hacen y el intento por dominar "el latifundio del saber". La dificultad de encontrar un término en español que subsuma los matices del original inglés (y que logre reconciliar las dos historias conceptuales) ha llevado a algunos autores y traductores a utilizar el neologismo "literacidad" (véase Vich y Zavala, 2004; así como las contribuciones en esta antología de Zavala; Hornberger; y Niño-Murcia). En otras ocasiones, y a veces de manera paralela, se utilizan como sinónimos de *literacy* los términos "alfabetización", "cultura escrita" o "cultura letrada", algo que es particularmente claro en el caso de los términos compuestos *literacy events* y *literacy practices* traducidos frecuentemente, ante la imposibilidad de crear un adjetivo del término "literacidad", como "eventos escritos" (o "letrados") y "prácticas escritas" (o "letradas" e, incluso, "alfabetizadoras", como hace Seda Santana en este volumen; para una discusión de estas posibilidades véase también el artículo de Marcia Farr). El resultado de todo ello, sin embargo, es que los términos y herramientas conceptuales básicos de los LALS no son exactamente los de los NLS, sino un discurso híbrido fruto del encuentro no sólo de dos lenguas en diálogo (el inglés y el español) y de los neologismos creados de su encuentro, sino de dos tradiciones conceptuales que, si bien no son completamente ajenas (como ilustra, entre otras cosas, la genealogía latina del término "*literacy*"), sí que han tenido desarrollos diferentes. Ahora bien, el problema a la hora de establecer un "diálogo" real no es esta "hibridación", que es parte de la forma en que viven las lenguas y los discursos, ni siquiera el hecho de que haya estructuras de desigualdad en como esas lenguas y discursos interaccionan. El problema es la "traducción inversa"; es decir, cómo retraducir ese lenguaje necesariamente híbrido de los LALS al lenguaje de la cultura/tradición intelectual de los NLS en tanto que cultura/tradición/lengua dominante y emisora. La dificultad de traducir ese discurso que, si bien tiene "un aire de familia", no se expresa (no sabe expresarse o no sabe ser escrito) exactamente en la lengua y términos hegemónicos es lo que hace que el diálogo se convierta en monólogo y se rompa la comunicación, lo que ayuda a explicar a su vez que los LALS sean, por volver al principio, "casi desconocidos en otros lugares del mundo". Esta compilación de ensayos, que busca acercar el mundo latinoamericano y el anglosajón, y que será publicado tanto en español como en inglés, es un intento de romper este círculo y acercar en última instancia los golfos que separan tradiciones académicas e intelectuales diferentes incluso cuando éstas aparentemente comparten los mismos paradigmas y temas de estudio.

Más allá de la discusión sobre el término *literacy*, y lo que ello indica sobre el hecho de hacer NLS "desde el sur, desde la tensión que surge cuando se trabaja con teorías que 'han venido' de 'otro lado'". como dice Catherine Kell en el último artículo de esta antología, el presente libro ofrece toda una serie de exploraciones y propuestas teóricas destinadas a enriquecer el sistema epistemológico establecido por y a partir de los NLS. En consonancia con dicho sistema, los autores comparten su oposición al modelo autónomo de la alfabetización/literacidad (*autonomous model of literacy*) según el cual la adquisición y práctica de las habilidades de lectura y escritura responden a principios cognitivos que son objetivos e independientes de otros factores culturales, lo cual permite el diseño de políticas y programas de alfabetización generales y universales. Por el contrario, los diferentes artículos de este libro se acogen a lo que Street (1984) denomina el modelo ideológico de la alfabetización/literacidad (*ideological model of literacy*) para el que la adquisición y práctica de las habilidades de lectura y escritura varían de cultura a cultura e incluso dependiendo de la posición de los individuos dentro del entramado social de cada una de ellas. Este modelo ve la lectura y la escritura como ineludiblemente unida a prácticas, valores y discursos que están siempre mediados por relaciones de poder entre individuos, grupos e instituciones. Dentro de este paradigma, un gran número de autores de esta antología contribuyen a la extensión teórica y el refinamiento del lenguaje de descripción de lo que Baynham (2004) llama, por diferenciarlos de los trabajos iniciales de autores como Scribner y Cole (1981), Heath (1983) y Street (1984), *second generation* NLS y en los que conceptos como "voz", "multimodalidad" y "contexto" han sido sometidos a un escrutinio crítico mayor particularmente en relación con la noción de "evento". Así, por ejemplo, Nancy H. Hornberger reflexiona en su artículo sobre los conceptos de "voz" y "biliteracidad" para analizar las situaciones y contextos en donde la comunicación en torno a un texto escrito se desarrolla en dos o más lenguas. Gunter Kress y Jeff Bezemer ligan NLS y semiótica en su concepción de la "multimodalidad" señalando la necesidad de cambios "de enfoque, de metáforas y de 'orientación'", por ejemplo, pasar de *escribir* a *componer textos*; de *formación* a *diseño* y de (adhesión a la) *convención* a *retórica*, así como la pertinencia de ver la escritura siempre en relación a los medios específicos en los que se difunde a la hora de ofrecer "una versión más completa, perceptiva y plausible del lugar, los usos y las funciones de la escritura en el siglo XXI". Judith Kalman presta particular atención a la noción de "contexto" y "situación", central para una teoría como la de los NLS que considera a la escritura y la lectura como una acción situada siempre dentro de "eventos" y "prácticas" específicas. "Los contextos —dice Kalman en su relación de las prácticas letradas que rodean la devoción a San Antonio y sus poderes celestinescos en el Rincón de las Solteronas—, no son constructos singulares sino que son múltiples, en formas que se asemejan a las prácticas literarias, los modos de representación, la simbolización y la intertextualidad, y en el sentido en el que cualquier situación dada se ubica muchas veces en la encrucijada de varios dominios relacionados con campos sociales simultáneos." En última instancia, dichos contextos no son inseparables de la percepción del sujeto, pues como continúa señalando Kalman, "La cultura escrita parece estar más vinculada con la ubicación del yo del escritor." Catherine Kell, por su parte, explora los límites de la noción de "evento" y la necesidad de tomar en cuenta las de "proceso" y "trayectoria" a la hora de entender relaciones con la escritura y la lectura que se prolongan en el tiempo e implican la intersección de sucesiva de diferentes espacios, individuos y modos textuales.

La presente antología también desarrolla nuevas perspectivas sobre la utilización de conocimientos matemáticos y su pedagogía (*numeracy* en inglés) que se ajustan a los presupuestos de los NLS descritos arriba y a la distinción entre el modelo autónomo y el ideológico propuesto por Street, y que vienen a sumarse a una bibliografía creciente en este tema (véase, entre otros, Street, Baker y Tomlin, 2005; Parsons y Bynner, 2006; Tett, Hamilton y Hillier, 2006). Así, Dave Baker sugiere en su artículo que ver las matemáticas como una práctica social "un contexto especial, con prácticas, valores y relaciones sociales particulares" y que "los educandos tienen un haber sustancial y válido de conocimientos para las matemáticas". Mientras que Baker sustenta esta posición en el marco de su investigación sobre las prácticas matemáticas de mujeres pertenecientes a la casta "dalit" en una pequeña población cercana a Lalitpur (Uttar Pradesh, India), Alicia Avila por su parte utiliza una perspectiva parecida a la hora de conceptualizar la manera en cómo diferentes estrategias de proporcionalidad "espontáneas" y alejadas de los procedimientos escolares comunes son utilizadas en la resolución de problemas matemáticos incluso por jóvenes y adultos que cursan estudios de primaria y secundaria en México. Más que interpretar estas estrategias como "déficit", de lo que se trata es de comprender, como dice la autora, "los conocimientos y formas de hacer de las personas y luego traducirlos en una didáctica incluyente". Una concepción semejante, es decir, la de "incidir en las propuestas de enseñanza de la matemática a adultos que dialoguen con sus saberes", es la que subyace al estudio que llevan a cabo Irma Rosa Fuenlabrada Velázquez y María Fernanda Delprato sobre los razonamientos aritméticos y distributivos de líderes de organizaciones artesanales indígenas en México, en el cual muestran cómo dichos razonamientos han de ser contextualizados, por un lado, en relación con los conocimientos y prácticas sociales de la comunidad y, por otro, tomando en cuenta la posición de individuo perteneciente a estas asociaciones *vis-à-vis* el mundo "exterior" de la economía de mercado y su forma de conceptualizar los intercambios económicos que tienen lugar en ese mundo. A través del estudio y descripción de eventos y prácticas matemáticas tal y como tienen lugar en la realidad cotidiana, y no como burócratas, pedagogos e investigadores desearían que fueran, estos artículos muestran no sólo la importancia de esos fondos de conocimiento para la pedagogía de las matemáticas (para el uso del término "fondo de conocimiento" véase Moll, Amanti, Neff y González, 1992), sino —algo que merece la pena destacar— la necesidad de tomar en cuenta esas prácticas y saberes a la hora de entender los razonamientos económicos de poblaciones que a menudo son objeto no sólo de campañas de alfabetización, sino también de políticas que asumen acríticamente la existencia de un único *homo economicus/mathematicus*, así como un único modelo de desarrollo.

Y es que, contrariamente a una visión exclusivamente teórica o descriptiva de los eventos y prácticas letrados, la reflexión teórica en NLS y LALS a menudo viene acompañada de una profunda reflexión política. Tomada colectivamente, esta antología muestra no sólo las limitaciones del actual "modelo autónomo" a la hora de conseguir los objetivos sociales y pedagógicos que dicho modelo se propone, entre los que figura de manera preponderante la reducción de la desigualdad social, sino que también discute la forma en como las posiciones de ese modelo, ampliamente compartidas por gobiernos, instituciones internacionales y sistemas educativos, pueden llegar a contribuir a la multiplicación de dicha desigualdad tanto en la implementación de políticas concretas como en su uso de los términos "alfabetizado" (*literate*) / "analfabeto" (*illiterate*), algo que resume Street en su artículo cuando señala que "el poder de nombrar y definir constituye un componente crucial de la desigualdad". Un artículo como el de Elisa Cragnolino ejemplifica esta observación al discutir cómo los medios de comunicación de masas retratan aquellos que son caracterizados como "analfabetos" o "iletrados" a través del caso concreto de un reportaje sobre expropiación de tierras aparecido en el periódico *La Voz del Interior* de la ciudad de Córdoba (Argentina). Su artículo muestra cómo la asunción acrítica de una concepción de la escritura como una destreza objetiva, individual e independiente de cualquier contexto puede dar lugar a discursos que no toman en cuenta formas subalternas de cultura letrada y a "planteamientos en los que subyace la imputación a los mismos pobres de la responsabilidad por la situación en la que se encuentran" legitimando y perpetuando así la marginalidad. A menudo, dichos discursos, producidos desde los centros hegemónicos de producción del capital político y simbólico de la nación, obvian el hecho de que la interacción con la cultura letrada de individuos clasificados como "analfabetos" o "deficientemente" alfabetizados puede ser mucho más rica y compleja de lo que podría parecer a simple vista. Mercedes Niño-Murcia resalta precisamente esto en su análisis sobre el español andino de los textos escritos en la comunidad de Tupicocha situada en los Andes peruanos. Niño-Murcia contextualiza su "literacidad vernacular" dentro la combinación de prácticas letradas que se remontan al pasado precolombino y a la época colonial, por un lado, y al impacto de materiales, revistas y modelos contemporáneos, por otro. En esta misma línea, si bien en un entorno urbano, se mueve el ensayo de María del Carmen Lorenzatti en el que expone la historia personal de una mujer boliviana emigrada a Argentina y su diferente relación con la escritura en el contexto cotidiano, donde a pesar de sus limitadas habilidades de decodificación muestra una gran habilidad para actuar en un entorno letrado, y en la escuela de adultos donde asiste por la noche, en la cual la escritura se presenta de manera abstracta y descontextualizada, dificultando su capacidad de interacción con ella. Estos argumentos son resumidos por Marcía Farr en su análisis sobre comunidades mexicanas "transnacionales" en Chicago y Michoacán (México) al resaltar "el contraste entre las ideologías sobre alfabetización prevalecientes y las considerables habilidades letradas de personas a las que con frecuencia se clasifica como analfabetas" y señalar que "Los comentarios de estos mismos individuos indican la fuerza hegemónica de las ideologías preponderantes, pero expresan asimismo concepciones contrahegemónicas de la alfabetización —en tanto habilidades lingüísticas, no cognoscitivas— que les permiten leer y escribir de forma funcional en su propia vida." Si esto es así dentro y fuera de América Latina, las preguntas que de manera lógica surgen son las que se hace Rafat Nabi y que hace suyas Street: "¿Cómo puede desarrollarse un curso de literacidad teniendo presentes el conocimiento y las prácticas locales? ¿Es posible que haya un tipo de literacidad eficaz para toda la nación? ¿Cómo pueden los cursos de literacidad conservar el conocimiento indígena y transferirlo a la siguiente generación?" Estas preguntas son particularmente relevantes a la hora de discutir el bilingüismo, las políticas educativas y las campañas de alfabetización en Latinoamérica y, en concreto, en países con una población indígena importante o mayoritaria, y ponen de manifiesto al mismo tiempo la pertinencia del enfoque de los NLS a la hora de analizar la evolución histórica de estas políticas y señalar las frecuentes contradicciones de los procesos en los que estas sociedades están inmersas (véanse, entre otros, Coronado Suzán, 1989; Escobar, 1990; Francis, 1997; Mohr, 1998; King, 2001; Sichra, 2006). En este sentido, es esclarecedora la discusión de Inge Sichra sobre la historia de la educación/alfabetización bilingüe en Bolivia: desde los programas de alfabetización en castellano promovidos por los gobiernos nacionalistas, tanto civiles como militares, entre los años cincuenta y setenta pasando por el desarrollo e implementación del proyecto de Educación Intercultural Bilingüe a partir de 1990 y su adaptación en la reforma educativa de 1994 hasta los intentos actuales por reformar la Ley de Educación; una ley todavía no aprobada cuyo anteproyecto aboga "por una educación indígena originaria" que sustituya en palabras del ex ministro de Educación Félix Patzi, el "proyecto societal eurocéntrico que ha tenido entre sus representantes a los herederos de los conquistadores y que se va derrumbando" (Patzi, 2006, 130; citado por Sichra en este volumen). No obstante estos aparentes avances, Sichra muestra las contradicciones con las que se encuentra el modelo de educación boliviano y la escritura en lenguas indígenas, incapaces de superar el ámbito educativo en una sociedad donde "escritura y literacidad están estrechamente asociadas con la lengua hegemónica" (López, 2001, 211; citado por Sichra en este volumen). Es más, la autora denuncia lo que denomina "la replicación de los tiempos del nacionalismo", es decir, el hecho de que la alfabetización en castellano "se esté extendiendo entre las mismas organizaciones indígenas y sea impulsada como política estatal por el nuevo gobierno boliviano de explícita orientación popular" como ejemplifica el Programa Nacional de Alfabetización *Yo sí puedo,* un programa que muestra cómo "el estado que apunta a la soberanía indígena-originaria-campesina, con un presidente reconocido por el movimiento indígena continental como su líder y que es catapultado a la presidencia en pleno auge del movimiento étnico recurre al castellano como lengua de poder y como histórica herramienta de nacionalismo (convertido a nacionalismo indígena)". Esta "esquizofrenia y anestesia" respecto a la política lingüística, que lleva incluso a la involución de algunos de los logros de la reforma educativa de 1994, conduce a que la escritura en lenguas nativas termine separada de la población en general y siendo considerada función propia de "intelectuales indígenas", es decir, de "universitarios que estudian e investigan las culturas y lenguas indígenas, de allí que tienen la posibilidad de escribirlas" (Sichra, en este volumen).

La aparición del "intelectual indígena", o de lo que se podría denominar en términos generales el "intelectual subalterno", en tanto que figura claramente distinguible tanto en la forma de sus discursos como en la lengua en la que se expresa de los tradicionales detentadores del poder simbólico de la "ciudad letrada" (Rama, 1984), lleva aparejada la discusión de la participación de dichos sujetos en el ámbito de la educación superior y su relación con las formas de exposición escrita dominantes en la academia (véanse Fischer y McKenna Brown, 1996; Morales Urra, 1997; Beverley, 1999; Thurner y Guerrero, 2003; Rappaport, 2005; Didou Aupetit y Remedi, 2006; Zapata y Ancarán Jara, 2007). El artículo de Virginia Zavala sobre la experiencia de estudiantes universitarios quechua-hablantes en Perú y la reflexión que algunos de ellos llevan a cabo sobre su encuentro con la escritura académica nos ayuda a vislumbrar a través de las palabras de "otro" algo que habitualmente se da por sabido, pero que rara vez lleva a actuar en consecuencia, esto es: que los discursos académicos están determinados por estructuras de hegemonía (cuál es la manera correcta de hacer una exposición, qué palabras se pueden utilizar, en qué lengua se produce, quiénes tienen recursos para la investigación, qué cuenta como conocimiento y qué como experiencia privada, etc.). Presenta también el desafío de buscar la manera en que "otros discursos" entren a formar parte legítima del repertorio de las humanidades y las ciencias sociales teniendo en cuenta que están ligados, como los nuestros, "a un tipo de identidad, a una forma de ser que va más allá del aspecto técnico de leer o escribir" (Zavala, en este volumen). "Otros discursos" que no siempre están tan alejados de los nuestros, pero cuyo habitual rechazo contribuye al mantenimiento de estructuras de desigualdad y marginación dentro y fuera de Latinoamérica como muestran los artículos de Juliet McCaffery sobre gitanos y viajantes en el Reino Unido o el de Elsie Rockwell sobre la escritura en una escuela elemental francesa con mayoría de niños inmigrantes. La conclusión de Rockwell sobre el futuro de esos niños en contraste con sus verdaderas habilidades es desoladora: "Pero lo que parece poco probable es que sus eventuales trayectorias puedan explicarse por la presunta incapacidad de establecer una relación 'escritural-escolar' con la lengua en la escuela primaria, y no por los sistemas de evaluación, así como por la fuerte desigualdad de clase y la discriminación racial que permean la sociedad francesa. Por lo menos durante ese año que pasaron en CM2, la mayoría de estos niños pudieron adentrarse a ejercicios sumamente sofisticados con los textos escritos, y hacerlo con los recursos lingüísticos que tenían a su alcance como hablantes de múltiples lenguas, así como con el conocimiento adquirido tras años de escolarización en la tradición francesa." Del corazón de los Andes al corazón de Europa, esta antología ilustra que el desafío de los NLS tanto en Latinoamérica como en otras partes del mundo es el desarrollo tanto de un lenguaje de descripción adecuado a la realidad de los eventos y prácticas donde la escritura y la lectura están presentes, como de modelos que conviertan los resultados de esas investigaciones y conceptos en pedagogías y políticas concretas capaces de desbancar a las existentes tanto en el nivel local como en el supralocal. Como señala Street en este libro, "el poder de definir y nombrar lo que cuenta como alfabetismo y analfabetismo conduce también al poder de determinar las políticas a seguir, de financiar y desarrollar programas de alfabetización en contextos internacionales, de prescribir formas de enseñar, de desarrollar materiales educativos, libros de texto, evaluaciones, etc." Un modelo a partir del cual explorar esta vía son los talleres LETTER (*Learning Empowerment through Training in Ethnographic Research*) propuestos por el propio Street y Alan Rogers y cuyo objetivo es "brindar apoyo a los facilitadores para su trabajo con adultos a fin de desarrollar un programa y una pedagogía que ayudase a los estudiantes a adquirir las literacidades específicas que necesitaban en contextos culturales dados. Sin embargo, la tarea es de grandes dimensiones. Es necesario, como arguye Ileana Seda Santana en su estudio "Prácticas alfabetizadoras, ¿desde la escuela?", no sólo tomar en cuenta el "haber de conocimiento" que los alumnos traen consigo, sino también cambiar la concepciones profundamente arraigadas de la escritura, reformar y reeducar al propio profesorado en nuevas técnicas de enseñanza, cambiar sistemas escolares que, ya estén localizados en un pueblo de México o en un suburbio de París, están fuera de contacto con la realidad social de los alumnos contribuyendo a perpetuar su situación de marginación. Es más, si las observaciones empíricas de los NLS y las pedagogías basadas en ellas han de convertirse en modelo de políticas educativas para la "alfabetización" de Latinoamérica y otras partes del mundo es necesario en última instancia demostrar no sólo epistemológica, sino estadística, económica y políticamente que son herramientas más efectivas que los modelos actuales a la hora de fomentar el desarrollo y reducir la desigualdad.

En conclusión, a lo largo de este epílogo he utilizado términos como "hibridación", "subalternidad", "hegemonía", etc., términos que no suelen figurar de manera prominente en el aparato conceptual de la sociolingüística. Y sin embargo todos ellos aparecen, a veces de manera solapada, otras de manera más explícita, en los artículos que forman parte de este libro. La razón por la que algunos autores recurren a ellos es que los NLS en general y los LALS en particular no son únicamente un intento "científico" de describir un fenómeno cultural como la escritura. Una vez que se adopta un "modelo ideológico" como el propuesto por Street y otros desde los años ochenta, el estudio de la escritura es prácticamente inseparable del estudio de la desigualdad y de las relaciones de poder que se establecen en distintos discursos y prácticas sociales. En este sentido, los ensayos de este volumen muestran que los LALS no sólo constituyen una manera de catalogar eventos letrados concretos dentro de prácticas de escritura específicas, sino que forman parte de un movimiento intelectual más amplio que critica los modelos que han guiado el desarrollo intelectual, económico y político del continente. Al adoptar éste y otros vocabularios, los LALS no necesitan dejar de ser parte de los NLS ni abandonar el rigor metodológico que ha caracterizado a esta corriente en tanto que parte de la etnografía y la sociolingüística, pero sí tomar conciencia plena de su profunda intersección con otras disciplinas en el campo de los estudios latinoamericanos como son los estudios poscoloniales, la economía, las ciencias políticas y las políticas de desarrollo, pues una gran parte de lo que se dice en estos artículos, incluso en aquellos en apariencia más descriptivos, va dirigido a modificar políticas y desigualdades que en última instancia son una herencia colonial y poscolonial. Y dado que toda escritura, incluida la académica, está necesariamente "situada" dentro de esas herencias, es necesario, como señalaba al principio, tomar en cuenta la historia de las diferentes tradiciones intelectuales si es que ha de haber un verdadero diálogo entre los NLS y los LALS, *and back.*

REFERENCIAS

Acevedo-Rodrigo, A. (2008), "Ritual literacy: The simulation of reading in rural Indian Mexico, 1870-1930", *Paedagogica Historica: International Journal of the History of Education*, 44 (1-2), pp. 49-65.

Ares, G. (2000), *Alfabetización en Cuba: Historia y testimonios*, La Habana, Editora Política.

Baird, E. T. (1993), *The drawings of Sahagún's Primeros Memoriales: Structure and style*, Norman, Oklahoma University Press.

Baynham, M. (2004), "Ethnographies of literacy: An introduction", *Language and Education*, 18, (4), pp. 285-290.

Beverley, J. (1999), *Subalternity and representation: Arguments in cultural theory*, Durham, Duke University Press.

Coronado Suzán, G. (1989), *De la realidad al deseo, hacia un plurilingüismo viable*, México, Centro de Investigaciones y Estudios Superiores en Antropología Social (CIESAS).

Didou Aupetit, S. y E. Remedi (2006), *Pathways to higher education: Una oportunidad de educación superior para jóvenes indígenas en México*, México, ANUIES.

Durston, A., *Pastoral Quechua: The history of Christian translation in colonial Peru, 1550-1650*, Notre Dame, University of Notre Dame Press.

Escobar, A. M. (1990), *Los bilingües y el castellano en el Perú*, Lima, Instituto de Estudios Peruanos.

Fischer, E. F. y R. McKenna Brown (eds.) (1996), *Maya cultural activism in Guatemala*, Austin, University of Texas Press, Institute of Latin American Studies.

Francis, N.(1997), *Malintzin: Bilingüismo y alfabetización en la sierra de Tlaxcala (México)*, Quito, Ediciones Abya-Yala.

Gruzinski, S. (2004), *La colonizacion de lo imaginario: Sociedades indígenas y occidentalizacion en el México español, siglos XVI-XVIII*, México, Fondo de Cultura Económica.

Heath, S. B. (1983), *Ways with words: Language, life and work in communities and classrooms*, Cambridge, Cambridge University Press.

Itier, C. (1995), "Quechua y cultura en el Cuzco del siglo XVIII: De la 'lengua general' al 'idioma del imperio de los incas'", en César Itier (ed.), *Del siglo de oro al siglo de las luces: Lenguaje y sociedad en los Andes del siglo XVIII*, pp. 89-111, Cuzco, Centro de Estudios Regionales Andinos "Bartolomé de Las Casas".

Jouve-Martín, José Ramón (2005), *Esclavos de la ciudad letrada: Esclavitud, escritura y colonialismo en Lima (1650-1700)*, Lima, Instituto de Estudios Peruanos.

King, K. A. (2001), *Language revitalization processes and prospects: Quichua in the Ecuadorian Andes*, Clevedon y Buffalo, Multilingual Matters.

Lockhart, J. (1992), *The Nahuas after the conquest: A social and cultural history of the Indians of Central Mexico, sixteenth through eighteenth centuries*, Stanford, Stanford University Press.

López, L. E. (2001), "Literacy and intercultural bilingual education in the Andes", en *The making of literate societies*, D. Olson y N. Torrance (eds.), pp. 201-224, Oxford, Blackwell.

Mannheim, B. (1991), *The language of the Inka since the European invasion*, Austin, University of Texas Press.

—— (2002), "Gramática colonial, contexto religioso", en Jean-Jacques Decoster (ed.), *Incas e indios cristianos: Élites indígenas e identidades cristianas en los Andes coloniales*, pp. 209-220, Cuzco, Centro de Estudios Regionales Andinos "Bartolomé de Las Casas".

Meneses Morales, E. (1986), *Tendencias educativas oficiales en México, 1911-1934: La problemática de la educación mexicana durante la Revolución y los primeros lustros de la época posrevolucionaria*, México, Centro de Estudios Educativos.

Mignolo, W. (1995), *The darker side of the Renaissance: Literacy, territoriality, and colonization*, Ann Arbor, University of Michigan Press.

Millones Figueroa, L. (2001), *Pedro Cieza de León y su Crónica de Indias: La entrada de los incas en la historia universal*, Lima, Instituto Francés de Estudios Andinos/Pontificia Universidad Católica del Perú.

Mohr, E. V. (1998), *English versus Spanish in Puerto Rico*, San Germán, Universidad Interamericana de Puerto Rico, Recinto de San Germán.

Moll, L., C. Amanti, D. Neff y N. González (1992), "Funds of knowledge for teaching: Using a Qualitative approach to connect homes and classrooms", *Theory Into Practice*, 31 (2), pp. 3-9.

Morales Urra, R. (1997), *Universidad y pueblos indígenas*, Temuco, Instituto de Estudios Indígenas, Universidad de la Frontera.

Nebrija, Antonio de (1984 [1492]), *Gramática de la lengua castellana*, Madrid, Editora Nacional.

Newland, C. (1991), "La educación elemental en Hispanoamérica: Desde la independencia hasta la centralización de los sistemas educativos nacionales", *The Hispanic American Historical Review*, 71 (2), pp. 335-364.

Parsons, S. y J. Bynner (2006), *Does Numeracy Matters More? An NRDC Report*, Londres, NRDC.

Patzi, F. (2006), "Descolonizar la educación", *Archivos del Presente*, 10 (14), IESALC Unesco, pp. 123-130.

Rama, Á. (1984), *La ciudad letrada*, Hanover, Ediciones del Norte.

Rappaport, J. (2005), *Intercultural utopias: Public intellectuals, cultural experimentation, and ethnic pluralism in Colombia*, Durham, Duke University Press.

Restall, M. (1997), *The Maya world: Yucatec culture and society, 1550-1800*, Stanford, Stanford University Press.

—— (1997), "Heirs To The hieroglyphs: Indigenous writing in colonial Mesoamerica", *The Americas*, 54 (2), pp. 239-267.

Salomon, F. (2004), *The cord keepers: Khipus and cultural life in a Peruvian village*, Durham, Duke University Press.

Scribner, S. y M. Cole (1981), *The psychology of literacy*, Cambridge, Harvard University Press.

Sichra, I. (2006), *Enseñanza de lengua indígena e interculturalidad, ¿entre la realidad y el deseo?: Investigación sobre la enseñanza del quechua en dos colegios particulares en Cochabamba*, Cochabamba, Programa de Formación en Educación Intercultural Bilingüe para los Países Andinos.

Street, B. (1984), *Literacy in theory and practice*, Cambridge, Cambridge University Press.

Street, B., D. Baker y A. Tomlin (2005), *Navigating numeracies: Home/school numeracy practices*, Dordrecht, Springer.

Terraciano, K. (2001), *The Mixtecs of colonial Oaxaca: Nudzahui history, sixteenth through eighteenth centuries*, Stanford, Stanford University Press.

Tett, L., M. Hamilton e Y. Hillier (2006), *Adult literacy, numeracy & language: Policy, practice & research*, Maidenhead, Open University Press.

Thurner, M. y A. Guerrero (eds.) (2003), *After Spanish rule: Postcolonial predicaments of the Americas*, Durham, Duke University Press.

Urton, G. (2003), *Signs of the Inka khipu: Binary coding in the Andean knotted-string records*, Austin, University of Texas Press.

Vich, V. y V. Zavala (2004), *Oralidad y poder. Herramientas metodológicas*, Bogotá, Norma.

Zapata, C. y J. Ancarán Jara (2007), *Intelectuales indígenas piensan América Latina*, Quito, Universidad Andina Simón Bolívar.

LISTA DE AUTORES

ALICIA AVILA.   Universidad Pedagógica Nacional, México.

DAVE BAKER.   London Institute of Education, Reino Unido.

JEFF BEZEMER.   Centre for Multimodal Research. Faculty of Culture and Pedagogy, Institute of Education, University of London, Reino Unido.

ELISA CRAGNOLINO.   Centro de Investigaciones de la Facultad de Filosofía y Humanidades y Centro de Estudios Avanzados, Universidad Nacional de Córdoba. Argentina.

MARÍA FERNANDA.   DELPRATO Facultad de Filosofía y Humanidades, Universidad Nacional de Córdoba, Argentina.

MARCIA FARR.   Ohio State University, Estados Unidos de Norteamérica.

IRMA FUENLABRADA.   Departamento de Investigaciones Educativas, Centro de Investigación y Estudios Avanzados. México.

GLORIA HERNÁNDEZ.   Instituto Superior de Ciencias Educativas del Estado de México (ISCEEM), México.

NANCY HORNBERGER.   Universidad de Pensilvania, Estados Unidos de Norteamérica.

JOSÉ RAMON JOUVE-MARTÍN.   McGill University, Canadá.

JUDITH KALMAN.   Departamento de Investigaciones Educativas, Centro de Investigación y Estudios Avanzados. México.

CATHERINE KELL.   School of Languages and Social Sciences, Auckland University of Technology. Nueva Zelanda.

GUNTHER KRESS.   Centre for Multimodal Research, Faculty of Culture and Pedagogy. Institute of Education, University of London, Reino Unido.

MARÍA DEL CARMEN. LORENZATTI   Facultad de Filosofía y Humanidades, Universidad Nacional de Córdoba, Argentina.

MARILDES MARINHO.   Centro de Alfabetização, Leitura e Escrita da Universidade Federal de Minas Gerais, Brasil.

JULIET MCCAFFERY.   University of Sussex, Reino Unido.

MERCEDES NIÑO-MURCIA.   University of Iowa, Estados Unidos de Norteamérica.

ELSIE ROCKWELL.   Departamento de Investigaciones Educativas, Centro de Investigación y Estudios Avanzados, México.

ILEANA SEDA.   Universidad Nacional Autónoma de México, México.

INGE SICHRA.   Fundación para la Educación en Contextos de Multilingüismo y Pluriculturalidad FUNPROEIB, Bolivia.

BRIAN V. STREET.   King's College, Reino Unido.

VIRGINIA ZAVALA.   Pontificia Universidad Católica del Perú, Perú.

ÍNDICE ONOMÁSTICO

Abreu, M., 188, 199
Acevedo-Rodrigo, A., 388, 396
Achilli, E., 174, 184
Adger, C., 110, 312
Agüero, M., 244, 254, 261
Aguirre Alquicira, N.A., 340, 347
Aikman, S., 86, 97, 289, 305, 306
Alber-Llorca, M., 142, 154
Albó, X., 216, 217, 220
Alcock, S.E., 136, 154
Allan, M., 363
Álvares, M., 52, 62
Amanti, C., 92, 98, 273, 276, 283, 284, 391, 397
Ames, P., 129, 204, 221, 261
Ancarán Jara, J., 398
Anderson, L., 309
Apple, M.W., 357, 362
Ares, G., 388, 396
Arnold, D., 110, 212, 220
Ashton-Warner, S., 35, 36, 38
Atkinson, P., 287, 306
Avila, A., 17, 223, 224, 225, 226, 227, 238, 241, 267, 270, 391, 399
Ayoungman, V., 30, 38

Baird, E.T., 387, 396
Bajtín, M., 11, 12, 26, 31, 32, 33, 34, 35, 38, 49, 50, 61, 130, 154, 324, 329, 361, 363
Baker, D., 11, 17, 18, 93, 98, 247, 259, 261, 265, 266, 269, 271, 272, 273, 274, 276, 280, 283, 284, 365, 386, 391
Baldauf, R.B., 27, 39
Barragán, L.E., 105, 110
Barthes, R., 64, 82
Bartlett, L., 138, 139
Barton, D., 14, 21, 50, 61, 119, 128, 129, 131, 150, 151, 153, 154, 162, 169, 173, 178, 182, 184, 258, 261, 302, 306, 310, 325, 332, 333, 362, 363, 385, 386
Bauman, R., 376, 384
Bautista-Morente, M., 134, 154
Baynham, M., 365, 384, 385, 390, 396

Becker, G., 164, 169
Benedetti, M., 198
Benveniste, C.B., 313, 323, 332
Berkenkotter, C., 376, 384
Bernstein, B., 370, 384
Bernstein, H., 147, 154
Besnier, N., 86, 87
Beverley, J., 396
Bezemer, J., 12, 16, 150, 154, 390, 399
Black, S., 268, 283
Blommaert, J., 136, 137, 138, 154, 366, 376, 385
Bloome, D., 93, 97, 274, 283, 325, 332, 340, 362, 365, 385
Blot, R., 51, 61, 99, 111, 310, 313, 332, 385
Bode, J., 363
Bonfil Batalla, G., 105, 110
Boudon, R., 1634, 169
Boughey, C., 348, 349, 351, 362
Bourdieu, P., 163, 164, 165, 166, 168, 169, 170, 190, 200, 287, 294, 300, 301, 306, 309, 310, 316, 330, 332, 357, 362
Bourne, J., 329, 330, 333
Boutet, J., 49, 61
Brandt, D., 84, 97, 130, 154, 184, 365, 381, 385
Brandt, E.A., 30, 38
Bransford, J.D., 337, 338, 346, 347
Breier, M., 86, 98, 385
Briggs, C., 376, 384
Brindle, K., 79, 82
Brissaud, C., 41, 61, 62
Brousseau, G., 237, 241
Brown, A.L., 337, 338, 346, 347
Brown, R. Mc., 394, 396
Burawoy, M., 374, 385
Burke, L., 115
Burke, P., 115, 129
Burton, L., 268, 283
Bynner, J., 268, 283, 391, 397

Cajahuaringa, I., 125, 129
Cajahuaringa, S., 125, 129

Cajahuaringa, T., 125, 129
Campbell, P., 95, 97
Canagarajah, S., 357, 362
Candela, A., 329, 332
Canut, E., 309, 323, 332
Carraher, T.N., 223, 241
Carrarini, G., 207, 208, 220
Carrington, V., 136, 155
Carter, S., 325, 332, 362, 365, 385
Castilho, A.T. de, 50, 61
Castrillón, S., 188, 200
Castro Gómez, S., 353, 357, 362
Cazden, C., 310, 325, 332
Cendales, L., 206, 221
Certeau, M. de, 190, 200, 329, 332
Chaiklin, S., 378, 385, 386
Chartier, A.M., 163, 312, 332
Chartier, R., 118, 119, 129, 169, 183, 184
Chervel, A., 308, 312, 313, 332
Chevallard, Y., 325, 332
Chiss, J.L., 41, 61
Choi, J.K., 26, 38
Christian, D., 110, 325, 332, 362, 385, 396
Cirlot, E., 141, 154
Clanchy, M., 101, 110
Clark, C., 287, 288, 289, 306
Clinton, K., 84, 97, 130, 154, 184, 365, 381, 385
Cocking, R.R., 337, 338, 346, 347
Coffield, F., 92, 97
Cole, G., 95
Cole, M., 150, 155, 386, 390, 397
Collins, J., 51, 61, 86, 97, 99, 111, 310, 312, 313, 329, 330, 331, 332, 365, 366, 385
Cook-Gumperz, J., 308, 310, 332
Cooper, J.E., 334, 347
Cooper, R., 211, 220
Córdova, G., 213, 220
Coronado Suzán, G., 393, 396
Corvalán, G., 26, 38
Costa, V.A., 61
Cragnolino, E., 15, 16, 158, 163, 164, 168, 169, 171, 242, 392, 399
Crowther, J., 385

Dallen, T., 133, 154
Dávila, E., 365, 386
Delprato, M.F., 17, 242, 245, 252, 260, 261, 391, 399

Derrington, C., 306
Didou Aupetit, S., 394, 396
Di Pierro, M.C., 48, 61, 200
Donahue, T., 386
Douglas, M., 289, 306
Duranti, M.A., 137, 154
Durie, A., 27, 38
Durston, A., 388, 396
Duschatzky, S., 190, 200
Dyson, A., 187

Edith, C., 184
Edwards, D., 325
Edwards, J., 30, 38, 325, 332
Engestrom, Y., 378, 379, 380, 385
Eraut, M., 92, 97
Erickson, F., 195, 310, 325, 329, 392
Escobar, A.M., 393, 396

Fabre, D., 49, 53, 61, 62, 154
Fairbrother, F., 72, 82
Fairclough, N., 357, 361, 363, 376, 385
Farr, M., 10, 14, 100, 102, 104, 105, 106, 111, 389, 392, 399
Feinstein, L., 268, 283
Fellman, J., 30, 38
Ferdman, B., 131, 154
Ferreiro, E., 322, 325, 332, 347
Fijalkow, J., 43, 62
Fijalkow, Y., 62
Finnegan, R., 103, 111
Fischer, E.F., 394, 396
Fishman, J.A., 26, 30, 34, 38, 39
Flores, R. del C., 186, 188, 190, 200, 335, 340, 347
Floysand, A., 383, 385
Forrest, S., 290, 303, 306
Foucault, M., 357, 363
Fraenkel, B., 49, 61, 62
Franchi, C., 50, 61
Francis, N., 393, 396
Franks, A., 329, 330, 333
Freebody, P., 379, 385, 386
Freeman, R.D., 37, 38
Freire, P., 9, 45, 188, 200, 206, 220, 269, 283, 370, 387
Frye, D., 105, 111
Fuenlabrada, I., 17, 242, 245, 252, 260, 261, 267, 391, 399

Gadet, F., 313, 323, 332
Galt, J., 154
Garcés, F., 206, 210, 213, 220, 221
Gatti, S., 188, 200
Gee, J., 102, 111, 152, 154, 173, 184, 348, 349, 354, 355, 363
Geraldi, J.W., 50, 62
Gerken, C.H., 52, 53, 62
Giampani, L., 184
Giddens, A., 191, 200
Giroux, H., 36, 357, 363
Godenzzi, J.C., 121, 129, 221
Goffman, E., 377, 385
Goldrine, T.C., 335, 336, 340, 347
Gomes, A.M.R., 40, 52, 62
Gómez Patiño, R., 337, 347
González, N., 98, 273, 283, 391, 397
Goodwin, C., 137, 154, 378, 385
Goody, J., 10, 21, 40, 62
Graff, H., 101, 110, 111
Greenfields, M., 287, 289, 306
Green, J., 93, 97, 274, 283
Gruzinski, S., 387, 396
Guerrero, A., 398
Gumperz, J., 137, 154, 310, 324, 332
Gutiérrez, A., 164, 170
Gutiérrez, K., 328, 329, 332
Gutiérrez, W., 217, 219
Gynan, S.N., 26, 38

Haan, M. de, 328, 329, 332
Haarstad, H., 383, 385
Hager, P., 92, 97
Haggis, T., 349, 355, 360, 361, 363
Hall, D.D., 115, 129
Hall, N., 385
Hall, S., 191, 200
Halliday, M.A.K., 75, 79, 80, 195
Hamilton, M., 14, 21, 35, 50, 61, 119, 128, 131, 150, 151, 153, 154, 162, 169, 173, 178 182, 184, 258, 261, 302, 306, 310, 325, 332, 385, 386, 391, 398
Hammersley, M., 287, 306
Hancock, I., 288, 306
Hardcastle, J., 329, 330, 333
Hart, K.M., 224, 225, 241
Hasan, R., 79, 80, 83
Haugen, E., 11, 21, 27, 36, 38
Heath, S.B., 50, 51, 57, 60, 61, 62, 91, 97, 99,

100, 111, 138, 139, 150, 152, 154, 196, 197, 200, 274, 283, 310, 329, 332, 350, 363, 364, 365, 390, 396
Henderson, R., 363
Hendricks, M., 349, 363
Hernández Flores, G., 186, 188, 190, 200
Hernández, G., 16, 201, 399
Hernández Zamora, G., 188, 189, 191, 200
Hicks, D., 310, 325, 329, 332, 333
Hillier, Y., 391, 398
Hill, J., 108, 111
Hill, K., 108, 111,
Hirst, E., 348, 349, 363
Hocsman, L., 158, 170
Hodge, R., 64, 83
Holland, D., 31, 38, 138, 139
Holquist, M., 31, 38
Hornberger, N., 11, 26, 27, 28, 29, 30, 31, 38, 39, 86, 97, 98, 214, 220, 310, 332, 333, 389, 390, 399
Houaiss, A., 43, 62, 226, 241
Howard-Malverde, J., 207, 221
Hull, G., 302, 306, 335, 347
Hymes, D., 50, 62, 137, 154, 324, 332, 333

Itier, C., 388, 396
Ivanic, R., 50, 61, 121, 151, 162, 169, 173, 184, 302, 306, 310, 325, 332, 333, 340, 350, 360, 363, 386

Jaffré, J.P., 41, 62
Jaume, F., 161, 170
Jessner, U., 329, 333
Jewitt, C., 329, 330, 333
Johnson, C., 291, 306
John-Steiner, V., 310, 329, 333
Jones, K., 284, 329, 330, 333, 365, 386
Jouve-Martín, J.R., 21, 388, 396, 399

Kalman, J., 10, 13, 15, 16, 21, 86, 97, 107, 111, 130, 136, 154, 162, 163, 170, 173, 174, 184, 187, 188, 195, 200, 251, 252, 260, 261, 305, 387, 390, 399
Kaplan, R.B., 27, 38, 39, 65, 83
Kato, M., 42, 43, 62
Keane, W., 142, 143, 149, 153, 154
Kell, C., 21, 365, 366, 367, 370, 371, 372, 374, 385, 390, 399
Kendall, K., 214, 220

Kendall, S., 306
Kendrick, D., 288, 289, 296, 306
King, K.A., 30, 31, 39, 393, 396
King, L., 98, 221
Kingston, M.H., 36, 37, 39
Kleiman, A.B., 42, 46, 62
Knijnik, G., 226, 328, 238, 341
Kress, G., 12, 16, 46, 62, 64, 68, 74, 83, 130, 136, 150, 151, 152, 153, 154, 155, 287, 302, 304, 305, 306, 307, 329, 330, 333, 366, 386, 390, 399
Kroskrity, P., 99, 102, 111
Küper, W., 26, 39

Lahire, B., 49, 62, 309, 310, 312, 316, 317, 318, 319, 321, 322, 323, 324, 329, 330, 333
Lander, E., 357, 363
Lankshear, C., 334, 342, 347
Larson, J., 328, 329, 332
Lave, J., 31, 38, 378, 385, 386
Lawler, M., 334, 342, 347
Lea, M., 386
Leclerq, V., 62
Lee, C.D., 329, 333
Leontiev, A.N., 173, 184
Lerner, D., 188, 189, 199, 200, 336, 347
Levinson, M., 307
Lillis, T., 349, 361, 362
Linell, P., 376, 386
Lluch, G., 188, 200
Lo Bianco, J., 379, 386
Lockhart, J., 387, 397
López, L.E., 26, 39, 133, 207, 209, 210, 211, 212, 216, 221, 393, 397
Lorenzatti, M. de C., 13, 15, 16, 168, 178, 185, 242, 392, 399
Luke, A., 136, 155
Lynn, Q. 363

Machin, R., 79, 82
Macotela, S., 335, 340, 347
Maddox, B., 13, 84, 86, 93, 94, 95, 96, 98
Mahiri, J., 349, 363
Mamour, A., 83
Mangiola, L., 196, 197, 200
Mannheim, B., 387, 388, 397
Marinho, M., 12, 47, 50, 51, 53, 60, 61, 62, 63, 389, 399

Mariño, G., 206, 221, 227, 241
Martin-Jones, M., 284, 365, 386
Masagao, V., 173, 185
Maybin, J., 329, 333, 365
May, S., 27, 35, 38, 39
McCaffery, J., 18, 303, 306, 394, 399
McCarthy, P., 293, 307
McCarty, T.L., 36, 39
McDermott, R., 310, 325, 331, 333
McVeigh, R., 293, 294, 307
Medina Carrasco, G., 200
Meek, M., 191, 196, 200
Mehan, H., 376, 386
Mehtap, K., 363
Mèlich, J.C., 191, 201
Meneses Morales, E., 388, 397
Mercer, N., 325, 332
Miettinen, R., 379, 385
Mignolo, W., 352, 363, 387, 397
Millones Figueroa, L., 387, 397
Millroy, W.L., 243
Milroy, J., 108, 111
Milroy, L., 108, 111
Mitchell, J., 97, 98
Mohr, E.V., 393, 397
Moll, L., 92, 98, 273, 276, 283, 284, 329, 333, 391, 397
Morales, E., 203, 211, 215, 219, 222
Morales Urra, R., 397
Mühlhaüsler, P., 27, 39
Mullaly, B., 307
Murra, J.V., 118, 129
Murta, S.F., 51, 63

Nabi, R., 88, 89, 90, 92, 95, 96, 98, 279, 284, 393
Nee-Benham, M.K.P., 334, 347
Neff, D., 92, 98, 273, 276, 284, 391, 397
Nemcovsky, M., 184
Newland, C., 388, 397
Ni Shuinear, S., 288, 293, 294, 307
Nightingale, E., 72, 82
Niño-Murcia, M., 14, 116, 119, 121, 125, 129, 204, 221, 261, 355, 363, 389, 392, 399
Nussbaum, M., 13, 84, 91, 93, 95, 96, 98

Okely, J., 288, 289, 290, 307
Oliart, P., 212, 221
Olivas, O., 135, 155

Oliven, R., 160, 170
Olsen, D., 133, 154
Olson, D., 40, 63, 221, 397
Ong, W.J., 94, 237, 241
Osborne, R., 136, 154
Otto, S., 325, 332, 362, 365, 385

Pahl, K., 349, 363, 366, 385, 386
Panofsky, C., 310, 329, 333
Papen, U., 93, 98, 302, 307
Parker, J., 386
Parkin, D., 86, 98
Parry, G., 288, 290, 296, 307
Parsons, S., 268, 283, 391, 397
Pasa, L., 43, 62
Passeron, J.C., 309, 310, 332, 357, 362
Patzi, F., 96, 216, 217, 221, 393, 397
Peresson, M., 206, 221
Pérez-Reverte, A., 133, 155
Petit, M., 188, 191, 193, 194, 201
Phillipson, R., 27, 39
Postman, N., 65, 83
Pozzi-Escot, I., 121, 129
Preda, G., 158, 170
Prinsloo, M., 86, 98, 365, 384, 385
Pulgram, E., 134, 155
Punamaki, R., 379, 385

Rama, A., 115, 129, 394, 397
Ramírez, A., 154
Ramos, G., 122, 126, 216, 221, 283
Rampton, B, 380, 386
Rappaport, J., 394, 397
Ravatos, D., 384
Reder, S., 365, 366, 386
Reguillo, R., 192, 201
Reid, E., 329, 330, 333
Remedi, E., 394, 396
Restall, M., 387, 397
Rhodes, V., 279, 280, 283
Ribeiro, M., 61
Ricento, T., 27, 39
Richardson, V., 337, 347
Rispail, M., 41, 61, 62
Robinson-Pant, A., 98
Rockwell, E., 19, 163, 170, 188, 201, 305, 330, 333, 335, 347, 394, 399
Rogers, A., 88, 91, 92, 93, 98, 265, 274, 279, 283, 284, 395

Romano, M., 158, 170
Rose-Marie, W., 154
Rotham, J., 363
Rothman, J., 121, 129, 355
Rouche, N., 224, 225, 241
Rowsell, J., 349, 363, 366, 385, 386
Ruiz, M., 187, 201
Ruiz, R., 37, 39
Russell, D., 386
Rymes, B., 328, 329, 332

Sabines, J., 198
Said, E., 357, 363
Salomon, F., 116, 117, 118, 129, 214, 221, 397
Sánchez, S., 184
Saraswathi, L.S., 276, 284
Saussure, F. de, 316, 317, 325, 333
Saville-Troike, M., 137, 155
Schieffelin, B., 99, 111
Schliemann, A., 223, 241
Schultz, K., 335, 347
Scribner, S., 95, 150, 155, 365, 386, 390, 397
Seda, I., 19, 20, 335, 337, 340, 347, 389, 395, 399
Sen, A.K., 13, 91, 93, 94, 95, 96, 98
Shapiro, J., 184
Shiohata, M., 302, 307
Shuart-Faris, N., 325, 332, 362, 365, 385
Shultz, K., 306
Sichra, I., 16, 203, 206, 207, 212, 213, 221, 393, 394, 397, 399
Silva, G.M., 47, 53, 63
Silverstein, M., 332, 376, 386
Skilton-Sylvester, E., 30, 39
Skutnabb-Kangas, T., 27, 39
Slembrouck, S., 366, 385
Smith, A., 268, 284, 310, 329, 377
Smith, D., 386
Smith, L., 333
Soares, M.B., 42, 43, 44, 45, 46, 50, 63
Soto, I., 224, 225, 241
Spolsky, B., 27, 39
Stewart, W., 30, 39
Stock, B., 115, 129
Street, B.V., 10, 13, 14, 18, 40, 50, 60, 63, 84, 86, 87, 88, 91-94, 97, 98, 99, 111, 128, 129, 130, 131, 138, 139, 150, 154, 155, 162, 170-174, 182, 183, 185, 188, 194, 196, 201, 213, 221, 247, 261, 265, 269, 271, 272,

273, 274, 279, 280, 283, 284, 287, 302,
307, 308, 310, 325, 333, 349, 354, 363,
364, 365, 366, 386, 387, 390, 391, 392,
393, 395, 397, 399
Street, J., 128, 129, 213, 221, 308, 354, 366
Stromquist, N.P., 41, 63
Swan, M., 268, 284
Szwed, J., 99, 111

Temple Adger, C., 312, 333
Terraciano, K., 387, 397
Tett, L., 385, 391, 398
Tfouni, L.V., 43, 63
Thomas, P., 79, 82, 307
Thornton, R., 86, 98
Thurner, M., 394, 398
Tomlin, A., 247, 261, 265, 269, 271, 272, 273,
280, 283, 284, 365, 386, 391, 397
Torrance, N., 40, 63, 221, 397
Torres, N., 261
Tuman, M., 65, 83
Turner, J., 349, 363

Urban, G., 332, 376, 386
Uriarte, A., 135, 155
Urton, G., 387, 398

Valentine, C., 160, 170

Varenne, H., 310, 325, 331, 333
Vásquez, O., 102, 111
Vertalier, M., 323, 332
Vich, V., 204, 205, 221, 389, 398
Vigil, N., 213, 221
Villar, M.S., 62
Vogler, J., 62
Vygotsky, L., 173, 182, 185, 333, 379

Wagner, D., 86, 98
Walsh, C., 357, 363
Waquet, F., 115, 129
Watt, I., 10, 21, 40, 62
Willers, M., 291, 306
Wilson, A., 386
Wolfram, W., 110
Woolard, K., 99, 100, 102, 103, 110, 111
Worthington, A., 290, 307
Wyeth, F.J., 72, 82

Yapita, J. de Y., 212, 220
Young, I.M., 286, 307

Zapata, C., 398
Zariquiey, R., 213, 220
Zavala, V., 20, 50, 63, 128, 129, 160, 162, 170,
173, 182, 185, 204, 205, 213, 214, 220,
221, 261, 389, 394, 398, 399

ÍNDICE TEMÁTICO

acceso a la cultura, 15, 156, 160, 162, 163, 165, 168, 174, 177
acceso a la educación, 370
acceso, cuestiones de, 373
acciones, 16, 44, 48, 52, 54, 55, 56, 59, 74, 75, 136, 161, 164, 167, 174, 175, 176, 177, 178, 180, 182, 190, 191, 196, 199, 204, 205, 245, 246, 251, 267, 326, 330, 334, 336, 341, 342, 345, 346, 382
actitudes, 34, 50, 105, 196, 197, 215, 258, 273, 287, 294, 354, 360
actores, 76,163, 164, 166, 168, 174, 183, 206, 218, 335, 365, 377, 378, 383, 389
adición, 233, 266
alfabetismo universal, 124
alfabeto, 15, 33, 34, 101, 104, 109, 116, 117, 118, 128, 161, 162, 187, 212, 213, 214, 219, 313
alfabetização, 40, 41, 63, 389
alfabetización, 10, 11, 13, 14, 15, 17, 18, 21, 40, 42-49, 55, 56, 58, 60, 84-91, 95, 96, 97, 99-110, 117, 128, 131, 160-169, 171, 173, 174, 179, 182, 187, 189, 194, 195, 196, 197, 199, 200, 204-222, 223, 271, 274, 279, 286, 292, 296-299, 302, 306, 332, 336, 367-373, 388-396
alfabetizaciones, 40-63, 99, 101, 131, 162, 366, 367
alfabetizados, 34, 40, 60, 63, 110, 124, 214, 215, 392
allyu, 35, 117, 118, 119, 122, 123, 125, 126, 127, 128
ambientes, 27, 167, 198, 199
ámbito escolar, 128, 194
ámbitos, 117, 133, 136, 151, 163, 165, 169, 170, 174, 202, 260, 334, 343, 345, 346, 389
analfabetismo, 15, 40, 58, 86, 87, 102, 103, 104, 128, 156, 157, 161, 167, 169, 187, 205, 207, 214, 252, 305
analfabetos, 40, 48, 58, 60, 88, 89, 90, 100, 103, 108, 156, 160, 161, 167, 171, 208, 225, 241, 348, 392

andamiaje pedagógico, 194
Andes, los, 11, 14, 26, 63, 115, 116, 124, 129, 170, 185, 220, 221, 350, 351, 358, 392, 394, 396, 397
anuncio, 68, 69, 147, 148, 149, 152, 153, 175, 177
apartheid, 367, 369, 370
aprendices, 172, 213, 334, 337, 346
aprendizaje, 12, 20, 26, 29, 32, 37, 42, 49, 68, 71, 74-77, 81, 85, 89, 92, 93, 106, 107, 108, 110, 153, 178, 183, 190, 200, 209, 224, 234, 237, 252, 256, 259, 265-269, 272, 273, 280, 281, 282, 334-337, 341-346, 361, 370, 371, 372
apropiación, 15, 44, 47, 156, 163, 165, 166, 168, 169, 170, 173, 183, 184, 189, 192, 195, 196, 199, 200, 201, 236, 243, 260, 347, 354, 356, 365
argumentos, 44, 87, 110, 159, 198, 352, 392
artefactos culturales, 139
artesanías, 140, 245, 246, 247, 248
autodeterminación, 18, 36, 214, 215, 285, 287, 305
autodidacta, 107, 123, 126
autogestión, 51, 242, 243
autonomous model, 40, 390
autoría, 31, 32, 53, 54, 70, 71, 81, 122, 206, 210

back to phonics, 44, 45
beneficio económico, 176, 259
biblioteca, 33, 260, 339
biliteracidad, 11, 12, 20, 26, 27, 28, 29, 30, 32, 33, 34, 35, 390
biografías, 195
boletas, 177, 246
bolígrafos, 52
brecha ideológica, 19, 308

cálculos, 59, 224, 232, 233, 234, 235, 253, 254, 270, 288, 295
cambio, 12, 17, 36, 55, 66, 70, 71, 77, 103, 142, 148, 152, 156, 160, 162, 176, 187, 190,

195, 212, 216, 218, 220, 222, 230, 245, 254,
256, 258, 265, 266, 269, 270, 272, 282, 296,
297, 303, 305, 313, 328, 335-338, 340, 342,
346, 352, 353, 361, 365, 370, 374

campos, 10, 15, 20, 43, 46, 61, 131, 136, 151,
165, 166, 168, 292, 390

canciones, 193, 311, 345

capacidades, 13, 17, 43, 48, 49, 60, 84, 93, 94,
95, 96, 231, 238, 300, 337, 343, 384

capitales culturales objetivados, 165

carácter compensatorio, 186

cárceles, 123

cartas, 15, 52, 107, 108, 125, 131, 132, 133,
137, 138, 139, 140, 142, 143, 144, 145,
148, 149, 150, 151, 152, 153, 193, 371,

carteles, 176, 177, 179

cartillas en castellano, 205

castellanización, 205, 208

castellano popular, 207

catolicismo, 134, 135

celtas, 288

centralidad de la identidad, 361

Center for Latin American Social Policy
(CLAPSO), 359

Central Obrera Boliviana (COB), 207

Central Statistics Office, 306

CEPAL, 200

Centro de Comunicación y Desarrollo Andino (CENDA), 206

certificado médico, 177

chismógrafo, 194

ciencia(s), 27, 34, 45, 85, 86, 71, 74, 101, 164,
209, 271, 357, 362, 394, 396

clandestinidad, 194

código(s), 31, 45, 157, 162, 167, 310, 314,
188, 189, 192, 294

Código de la Educación, 216, 218

colaboración, 47, 199, 133, 249, 252, 269

Colonia, 14, 34, 117, 118, 120, 126, 128, 134,
135, 202, 215, 216, 357, 362, 392, 396

comercialización, 131, 244, 245, 247, 250,
252, 255, 259

Commission of the European Union, 295,
306

compensación(es), 247-252, 256, 259

competencias, 48, 49, 51

competitividad, 245, 253

componentes curriculares, 339

comportamientos letrados, 100, 102, 197

composición, 12, 64, 65, 66, 69-71, 109, 203

comprender en conjunto, 198

comprensión lectora, 348

comunicación, 11, 12, 13, 14, 17, 28, 43, 46,
48, 50, 51, 52, 55, 56, 59, 67, 68, 70, 80, 81,
82, 115, 145, 172, 173, 186, 188, 192, 197,
198, 202, 203, 211, 246, 250, 251, 258,
270, 288, 303, 304, 313, 324, 325, 362,
366, 369, 371, 374, 375, 389, 390

comunidades, 14, 18, 25, 34, 36, 42, 52, 47-
51, 56, 57, 58, 60, 61, 67, 92, 93, 115, 116,
117, 123, 124, 128, 131, 202, 206, 209,
210, 214, 216, 218, 225, 243, 244, 286,
292, 295, 303, 305, 359

comunidades indígenas, 14, 25-39, 53, 55,
58, 116, 134, 152, 203, 217, 242, 243, 286,
345, 391

comunidades romaníes, 19, 285

comunidades mexicanas, 392

comunidades lectoras, 53

comunitario, 58, 59, 109, 117, 168, 206, 243,
244, 247, 251

concepción utilitarista de la lectura y escritura, 196

conciencia, 20, 44, 66, 95, 184, 190, 191, 196,
206, 207, 208, 244, 246, 247, 250, 269,
280, 282, 299, 316, 322, 324, 329, 334,
351, 353, 361, 395

condiciones de producción, 12, 15, 42, 43,
45, 47, 51, 55, 59, 94, 173, 174, 175, 177,
181, 186, 192, 194, 198, 220, 223, 245, 249,
253, 255, 261, 290, 298, 299, 316, 338

condiciones sociales, 15, 156-170, 171

conectividad, 70

conectores, 354, 376, 380

Confederación Sindical Única de Trabajadores Campesinos de Bolivia (CSUTCB), 207,
208, 209, 220

configuraciones modales, 71

conflicto identitario, 356

conocimiento(s), 7, 10, 14, 17, 30, 35, 43, 46,
47, 48, 51, 52-60, 69, 78, 81, 82, 89, 90, 92,
93, 97, 101, 102, 117, 130, 137, 141, 143,
150, 152, 156, 159, 161, 165, 166, 167,
172-184, 186, 188, 190, 195, 196, 199, 205,
209, 213, 215, 218, 226, 234-238, 242, 243,
252, 258-261, 266-282, 289, 302, 305, 310,
316, 325, 328-331, 334, 337-339, 342, 345-
347, 350-362, 371-373, 388, 391-395

Consejos Educativos de Pueblos Originarios (CEPO), 210-212, 215, 216
construcción de textos propios, 195
constructivista(s), 44, 218, 272
contenido(s), 15, 29-33, 56, 70, 102, 135, 160, 183, 194, 251, 260, 269, 282, 338-345, 358
contexto(s), 9, 11, 13, 14, 15, 18, 20, 25-37, 44, 46, 47, 48, 56, 84, 85, 86, 87, 91, 93, 94, 96, 97, 99, 100, 109, 130, 131, 136, 150, 152, 153, 162, 168, 169, 172, 173, 174, 176, 178, 182, 183, 184, 187, 188, 190, 192, 194, 196, 198, 199, 202, 223, 242, 251, 255, 259, 260, 267, 268, 271, 272, 279, 280, 281, 282, 310, 329, 338, 348, 349, 357, 358, 365, 369, 370, 374, 375, 376, 378, 379, 380, 383, 384, 390, 395
contrato sociocomunicativo, 54
convenciones, 14, 17, 20, 69, 79, 82, 136, 142, 152, 163, 172, 195, 197, 223, 225, 226, 228, 234, 236, 243, 251, 256, 260, 301, 313, 318, 325, 351, 357, 362, 371
conventos, 123
convergencia, 70
creación de significado, 12, 64, 66, 130, 134, 359, 361, 369, 371, 375, 377, 380, 383, 384
creadores de signo, 66, 68
costos, 104, 246, 248, 249, 250, 251, 253
creencias, 65, 87, 104, 134, 135, 145, 147, 151, 193, 247, 251, 259, 260, 271, 273, 282, 337, 347, 373
criterios sociales, 243, 246, 248, 250, 258
crítica, 20, 60, 94, 99, 100, 101, 102, 186, 205, 268, 282, 302, 309, 316, 324, 343, 351, 357, 360, 361, 362, 371, 379, 392
cuadernos, 52, 127, 180, 315
cuentos, 107, 193
cuestiones educativas, 157
cultura escrita, 9, 10, 11, 12, 13, 14, 15, 16, 17, 18, 19, 21, 40, 43, 45, 56, 47, 51, 52, 53, 60, 61, 62, 84-98 99, 101, 105, 110, 113, 117, 118, 123, 124, 128, 130, 131, 133, 136, 138, 139, 150, 151, 151, 153, 154, 156-170, 171-185, 186-201, 204, 205, 206, 208, 210, 211, 212, 214, 218, 219, 260, 263, 265, 267, 271, 273, 274, 279, 285-307, 302, 304, 308, 310, 330, 364-386, 389, 390; "oculta", 88-91
culturas, 10, 12, 13, 19, 85, 86, 88, 91, 99, 101, 103, 110, 130, 134, 150, 152, 190, 208, 209,
213, 218, 220, 243, 253, 270, 313, 330, 357, 365, 373, 387, 394
currículum, 69, 81, 153, 154, 229, 230, 270, 279, 280, 281, 370

deconstruir, 350
defensa, 246, 253, 254
déficit, 20, 85, 87, 90, 156, 169, 190, 266, 360, 361, 372, 384, 391
derechos, 36, 84, 94, 118, 153, 159, 160, 175, 183, 186, 205, 206, 209, 220, 291, 302, 352
desalfabetizado, 171
desarrollo, 10, 12, 14, 17, 28, 29, 30, 32, 34, 41, 52, 64, 90, 93, 94, 96, 102, 115, 119, 139, 153, 162, 164, 167, 186, 188, 195, 197, 207-213, 217, 219, 231, 269, 273, 274, 282, 293, 314, 329, 337, 343, 364, 367, 369, 373, 382, 384, 391, 395, 396
descolonización, 214, 215, 216
desconexión, 337
descuentos, 246, 253, 254, 255, 256, 257
Department for Education and Skills (DES), 306
desempeño, 65, 69, 95, 217, 230, 337, 346, 364, 372
desempleo, 95, 180
desigualdad social, 84, 187, 190, 192, 392
destreza, 34, 123, 125, 162, 226, 237, 334, 392
diagramación, 139, 150
dialógica, 32, 130, 361
dialogismo, 31, 32, 37
dictado de palabras, 182
didáctica incluyente, 238, 391
dificultad individual, 156
dificultades de lectura, 227
discurso(s), 20, 31, 33, 37, 40, 42, 44, 46, 49, 92, 130, 136, 151, 152, 191, 217, 287, 299, 302, 305, 306, 313, 348, 349, 357, 360, 361, 365, 370, 382, 389, 390, 392, 394, 395
discusión, 9, 10, 25-39, 40-63, 64-83, 84-98, 99-110, 119, 188, 189, 195, 210, 242, 244, 249, 268, 269, 287, 292, 294, 296, 298, 300, 303, 310, 323, 324, 327, 328, 366, 387, 388, 389, 393, 394
diseñador, 66, 67, 68, 71, 74, 76, 77, 78
distribución, 15, 30, 47, 65, 66, 67, 68, 70, 71, 78, 79, 80, 95, 163, 176, 183, 206, 209, 244, 246, 248, 249, 250, 259, 260, 330, 330, 331, 338

diversidad, 14, 16, 19, 42, 46, 48, 67, 97, 140,
   143, 151, 153, 162, 178, 188, 190, 191,
   192, 194, 195, 206, 266, 267, 270, 274,
   275, 282, 289, 298, 299, 301, 303, 308,
   329, 362, 373
docente(s), 21, 156, 172, 178, 179, 182, 184,
   194, 197, 210, 211, 212, 308, 312, 313, 315,
   319, 330, 331, 333, 335, 336, 337, 338-347
documento(s), 16, 18, 52, 116, 117, 119, 122,
   123, 126, 127, 136, 139, 152, 157, 158, 159,
   177, 186, 206, 214, 250, 251, 298
dominación, 238, 357
dominio(s), 15, 43, 45, 48, 70, 82, 115, 120,
   128, 130-154, 158, 165, 225, 236, 253, 266,
   304, 308, 312-320, 322, 325-327, 338, 345,
   357, 362, 364-373, 390
dudas ortográficas, 181, 182

ecología de lenguaje, 27, 30
educación de jóvenes y adultos (EJA), 49
educación escolar, 17, 38, 106, 208, 296, 298,
   308, 309, 316, 370, 372
Educación Intercultural Bilingüe (EIB), 26,
   27, 32, 39, 203, 205, 208, 209, 210, 211,
   212, 213, 216, 218, 219, 220, 221, 351,
   393
educación primaria, 207, 208, 225, 229, 268,
   336
Educación Primaria de Adultos (EPA), 207
educador(es), 13, 40, 41, 85, 86, 91, 92, 110,
   154, 238, 313, 324, 373
educated guesses, 346
ejercicios escolares, 180, 329
ejército, 123, 296
e-mail, 52
empleada doméstica, 171, 175
empleo informal, 193
empoderamiento, 36, 65, 383
enfoque(s), 9, 11, 12, 13, 14, 20, 26, 27, 34,
   35, 65, 84, 87, 87, 91, 92, 93-96, 153, 156,
   160, 161, 162, 169, 172, 173, 174, 184, 190,
   205, 206, 207, 209, 218, 266, 267, 268, 269,
   270, 271, 274-283, 287, 310, 311, 342, 346,
   347, 357, 371, 373, 375, 378, 390
enseñantes, 334
enseñanza, 17, 18, 20, 26, 28, 32, 33, 34, 37,
   42, 44, 47, 51, 69, 71, 123, 153, 180, 183,
   184, 190, 197, 208, 209, 212, 218, 224,
   242, 255, 256, 258, 259, 260, 266, 267,

   269, 272, 281, 308, 309, 310, 312, 314,
   315, 323, 324, 328, 330, 335, 336, 338,
   340, 346, 368, 369, 388, 391, 395
entextualización, 376, 380
entidad(es), 67, 75, 77, 78, 79, 80
entorno(s), 11, 16, 27, 30, 31, 32, 66, 67, 76,
   81, 82, 87, 120, 131, 138, 139, 148, 150,
   151, 152, 157, 195, 199, 213, 251, 252, 253,
   272, 274, 280, 300, 331, 380, 392
equidad, 209, 247, 248, 249, 250, 267, 271,
   281, 293, 349
escolaridad, 14, 48, 106, 128, 158, 171, 175,
   178, 225, 226, 228, 230, 236, 237, 242-260,
   317, 330, 372
escolarización, 308-331
escribir, 10, 13, 15, 16, 53, 55, 57, 64-82, 88,
   90, 107, 108, 115, 126, 133, 134, 145, 150,
   153, 157, 171-185, 193, 197, 204, 212, 214,
   218-220, 234, 295, 300, 305, 309, 317-325,
   327-330, 352, 356-359, 372, 380, 390
escrituralidad, 212
escrituralización, 210
escuela(s), 16, 19, 20, 25, 26, 27, 31, 32, 34,
   35, 37, 44, 47, 48, 49, 51, 52, 60, 71, 81, 82,
   88, 103, 105, 106, 108, 109, 110, 115, 118,
   123, 124, 125, 153, 159, 160, 163, 167,
   171, 172, 175, 179, 180-182, 187-199, 208,
   209, 212, 213, 220, 223, 225, 227, 230,
   237, 238, 268, 277, 280, 295, 296, 297,
   300, 302, 303, 308-331, 334-347, 348, 350,
   354, 357, 358, 359, 362, 367, 369, 371,
   372, 388, 394, 395; de adultos, 180-182,
   183, 392; indígenas, 205, 206
espacio(s), 17, 28, 49, 165, 182, 186, 190,
   192, 195, 199, 212, 223, 246, 250, 292, 295,
   336, 343, 357, 365, 372, 380, 383, 391; públicos, 17, 29, 192, 202, 203; rurales, 156,
   161; sociales, 15, 47, 133, 135, 137, 168,
   171-184, 246, 260
español andino, 122, 123, 202, 392
español antiguo, 125
estrategia(s), 15, 17, 52, 53, 54, 56, 60, 163,
   206, 224, 225, 226, 228, 229, 230, 231,
   236, 237, 242, 243, 246, 253, 255, 256,
   258, 259, 260, 293, 298, 309, 310, 329,
   330, 331, 336, 340, 342, 345, 346, 391
Estrategias de Reproducción Social (ERS),
   164-167, 168
estratos urbanos marginales, 187

estructura(s), 10, 17, 18, 25, 29, 54, 58, 59, 70, 79, 81, 139, 144, 153, 157, 158, 161-168, 183, 188, 195, 207, 210-211, 217, 224, 237, 244, 286, 292, 315, 319, 321, 324, 331, 336, 338, 342, 347, 360, 367, 372, 374, 375, 376, 389, 394

estudiantes, 12, 16, 20, 33, 36, 53, 66, 68, 73, 74, 78, 81, 90-93, 101, 121, 153, 172, 178, 179, 80, 182, 188, 189, 191, 192, 194, 197, 225, 230, 238, 266, 267, 268, 269, 273, 279, 282, 297, 309-312, 315, 318, 321, 322, 326, 336, 348-351, 358, 360, 372, 394, 395

ética, 71, 194, 346, 377, 384

evento(s), 12, 15, 16, 18, 40, 50-51, 52, 57, 86, 96, 97, 99, 119, 121, 130, 136,137, 139, 150, 153, 172, 178, 183, 184, 258, 259, 260, 265, 271, 272, 275, 282, 303, 304, 364, 365-369, 373-377, 380, 382, 384, 388-395

evidencia, 95, 117-118, 131, 135, 143, 146, 154, 166-167, 175, 192, 206, 223, 251, 252, 256, 269, 279, 281, 288-289, 296, 298-299, 322, 323, 325, 352, 360

exclusión, 12, 37, 40-61, 161, 186, 187, 190, 206, 208

experiencia, 14, 16, 17, 20, 30, 53, 54, 60, 86, 89, 90, 92, 93, 101, 106, 130, 137, 167, 189, 190, 191, 194, 195, 196, 197, 198, 224, 228, 231, 235, 237, 238, 243, 244, 245, 250, 252, 265, 266, 267, 269, 272, 273, 277, 279-281, 285-287, 296, 297, 300, 309, 325, 334, 338, 339, 342, 346, 348, 351, 354, 356, 358, 359, 369, 374, 378, 394

exposición, 245, 249, 250, 303, 343, 344, 345, 346, 394

extinción del lenguaje, 27

facilidad, 265, 334, 337, 345, 356

familias, 105, 126, 193, 195, 277, 292, 371, 373; campesinas, 15, 156-169; mexicanas, 100, 104

fenómeno cultural, 44, 395

festividades religiosas, 245

fijación de precios, 245, 246

folleto, 69, 211

Fome Zero, 52, 53

fondo(s) de conocimiento, 92, 266, 272, 273-274, 278, 279, 280, 281, 282, 391

formación docente, 184, 211

formalismo, 238

formas; 11, 13, 17, 19, 21, 48, 49, 50, 51, 68-70, 81, 84, 87, 89, 97, 136, 137, 140, 145, 152, 162, 172, 183, 187-194, 199, 223, 238, 245, 260, 265, 266, 268, 271, 272, 274, 277, 293, 301, 308, 309, 314, 315, 318, 320, 322, 323, 324, 328, 329, 330, 336, 337, 343, 343, 348, 349, 351, 355, 362, 365, 371, 375, 387, 388, 390, 391, 395; culturales, 31, 76, 95, 392; de conocimiento, 93, 351, 354, 357, 358; de escritura, 118, 279, 322, 331, 352, 354, 356, 358, 394; de pensamiento, 102, 103, 104, 135, 349, 354, 361; lingüísticas, 11, 30, 349

formularios, 177

Foro de Desarrollo, 369

fortalecimiento de los sujetos, 189

fotocopia, 135, 179, 180, 314

fracaso, 44, 156, 162, 223, 361

fragmentación, 77-78, 79

francés escrito, 19, 308-333

francés oral, 19, 313, 318, 323

franqueza, 106

franquicia, 335

ganadería extensiva, 158

ganancias, 80, 244, 245, 246, 247-252, 253, 259

género, 9, 12, 55, 59, 65, 70, 103, 104, 105, 106, 121, 122, 173, 194, 198, 278, 314, 318, 371

géneros, 15, 30, 31, 32-33, 45, 49, 50, 51, 55, 56, 130-154, 206, 210, 314, 315, 323, 324, 326, 329, 379

gestión, 47, 51, 52, 54, 57, 60, 206, 209, 210, 211, 217, 218, 245, 248, 250

gitanos, 18, 285-307, 394

Global Monitoring Report, 91, 286

Government of Ireland, 298, 306

graffiti, 136, 192

gramática, 45, 59, 67, 78, 81, 312, 314, 315, 317, 318, 319, 320, 322, 338, 346, 350, 351-359, 379, 387

grounded theory, 287

grupo(s), 16, 31, 32, 36, 37, 41, 44, 45, 46, 47, 52-55, 58, 60, 71, 80, 81, 86, 91, 93, 100, 103, 104, 117-119, 123, 131, 153, 159, 178, 179, 186, 187, 189-194, 197, 198, 218, 223, 225, 236, 238, 244, 248, 268, 271, 274, 277, 285-307, 311, 314, -316, 324, 326, 327, 330,

338-347, 352, 354, 356-359, 362, 367, 368, 369, 374, 377, 379, 380, 384, 380, 390
guaraní, 11, 25-37, 207, 209, 211, 212, 214
guarayo, 211

habilidades, 13, 15, 17, 41, 43, 45, 48, 49, 53, 56, 60, 90, 92, 99, 100-103, 107, 108, 110, 123, 162, 165, 167, 187, 224, 225, 230, 236-238, 266-270, 274, 279, 282, 295, 296, 298, 299, 300, 302, 305, 313, 329, 335, 343, 349, 350, 351, 354, 371, 372, 379, 390, 392-394
habitus, 164, 166, 169, 300, 309, 310
habla(r), 13, 16, 19, 20, 25, 32, 36-37, 42, 50, 54, 57, 64, 65, 67, 73, 74-76, 85, 86, 101, 102, 105-109, 120, 123, 131, 137, 143, 149, 166, 176, 180, 181, 189, 191, 198, 202, 217, 218, 230, 277, 280, 288, 299, 303, 304, 311-312, 317, 319, 321, 327, 329, 334, 348, 349, 353, 355, 356, 357, 362, 379, 380
hablantes, 10, 16, 17, 20, 28, 30, 31, 35, 66, 68, 119, 120, 121, 122, 137, 150, 152, 202, 204, 209, 211, 213, 214, 220, 301, 309, 323, 324, 329, 331, 350, 373, 394
haciendas, 123
herramental procedimental y simbólico, 230
herramienta(s), 13, 17, 18, 41, 44, 50, 65, 81, 95, 157, 162, 168, 196, 197, 212, 213, 214, 215, 224, 226, 227, 229, 233, 237, 238, 243, 244, 271, 273, 276, 279, 310, 317, 329, 364, 377, 378, 379, 387, 389, 393, 395
heurística, 30, 377, 378, 380
hinaptin, 353
historia(s), 14, 19, 31, 42, 82, 85, 101, 126, 136, 137, 163, 164, 166, 171, 172, 191, 197, 202, 205, 206, 208, 212, 219, 273, 287, 288, 300, 303, 304, 305, 308, 311, 313, 315, 328, 335, 338, 369, 370, 374, 376, 380, 387, 388, 389, 392, 393, 396
histórico, 11, 1, 18, 27, 31, 40, 41, 42, 44, 56, 77, 99, 105, 125, 130, 137, 161, 162, 164, 165, 173, 182, 209
historizar las relaciones sociales, 259
Huamanga, 121
huicholes, 134
Humahuaca, 244

identidad(es), 16, 20, 31, 32, 33, 37, 48, 49, 53, 61, 103-105, 139, 150, 167, 175, 177,

206, 208, 209, 213, 217, 273, 287, 290-291, 293, 348-363, 370, 394; juveniles, 186-201
identificación de la letra, 181
identitario(s), 52, 194, 356
ideología, 14, 19, 31, 45, 87, 99-110, 124, 128, 151, 153, 205, 214, 216, 219, 271, 309, 323, 330, 357, 367, 370, 373, 374, 392
ideologías del lenguaje, 14, 99, 100-107, 153
ideological model, 40, 390
ignorante, 156, 157, 187, 275, 299
iletrado, 40, 43
illettrisme, 41
imagen, 58, 64, 66, 67, 68, 70, 71, 73, 74, 75, 76, 79, 80, 81, 130, 134, 135, 140, 144, 146, 150, 180, 192, 195, 240, 273, 292, 304, 341, 350, 357, 360, 371, 372
inclusión, 12, 33, 37, 40-61,134, 143, 187, 258, 268; educativa, 158
indígena(s), 11, 25-39, 47, 51-53, 56, 57, 105, 203, 204, 206, 207, 209, 215, 216, 218, 219, 388, 391, 393, 394
individualización, 246, 250, 254
industria(s), 49, 124, 146, 289, 293, 334
inestabilidad laboral, 180
influencia mediática, 194
inmigrantes, 11, 19, 26, 36, 37, 100, 120, 289, 308, 331, 394
innovaciones educativas, 335, 336
inserción, 60, 180, 242, 243, 260, 384
intelectual(es), 9, 47, 135, 206, 218, 238, 316, 350, 357, 360, 388, 389, 394, 395
intenciones retóricas, 68
interacción(es), 12, 30, 43, 46, 50, 51, 57, 58, 59, 60, 64, 79, 119, 121, 136, 137, 150, 152, 168, 172, 174, 177, 178, 192, 194, 195, 198, 199, 242, 260, 303, 310, 315, 324, 325, 326, 327, 329, 331, 335, 369, 373, 378, 379, 383, 389, 392
interés retórico, 82
intermediación, 245, 246, 249, 252, 259, 308
intermediarios, 105, 244, 251, 252, 259
Internet, 133, 135, 305, 339, 344
interpretación, 20, 52, 60, 74, 80, 83, 101, 120, 151, 153, 197, 246, 310, 324, 335, 336, 341
interpretativa, 244, 271, 330
intertextualidad, 15, 130, 131, 147, 390
investigación(es), 9-21, 25, 28, 30, 42, 43, 47, 49, 52, 53, 55, 91, 93, 97, 100, 110, 131,

144, 152, 157, 162, 165, 168, 169, 171, 172, 173, 174, 183, 187, 188, 206, 223, 228, 229, 236, 238, 243, 265, 267, 270, 272, 274, 275, 279, 281, 285, 286, 287, 295, 300, 310, 312, 315, 325, 329, 330, 335, 340, 344, 345, 349, 355, 358, 362, 365, 367, 368, 375, 376, 388, 391, 394

jóvenes, 16, 17, 40, 46-49, 70, 82, 87, 140, 172, 178, 179, 184, 186-201, 223-226, 299, 238, 242, 290, 303, 304, 339, 342, 343, 351, 391
juicios de valor, 198
juventud, 16, 118, 186-201

Latin American Literacy Studies (LALS), 282, 387-398
lazos de solidaridad social, 189
Learning and Skills Council, 298, 307
lección, 40, 41, 42, 43, 69, 89, 90
lectoescritura, 95, 101, 162, 210, 296
lectores mestizos urbanos, 206
lectura, 10, 15, 35, 42, 44, 45, 46, 49, 51, 52, 60, 70, 73-76, 79, 86, 89, 95, 99, 100, 101, 102, 107, 123, 124, 125, 128, 130, 131, 136, 139, 150, 156, 161-169, 171, 172, 173, 174, 177, 178, 183, 186-201, 204, 205, 206, 208, 212, 213, 214, 228, 252, 267, 274, 297, 299, 302, 309, 314, 324, 330, 334, 335, 340, 343, 345, 349, 350, 351, 358, 360, 364, 374, 384, 390, 391, 394
lectura y escritura, 16, 42, 44, 46, 49, 89, 101, 102, 123, 128, 130, 150, 156, 162, 163, 165, 167, 168, 172, 174, 183, 187, 188, 189, 190, 195, 196, 167, 198, 199, 204, 208, 252, 259, 302, 335, 351, 360, 364, 390
leer y escribir, 12, 43, 51, 88, 100, 101, 102, 106, 109, 110, 153, 171-185, 196, 205, 260, 295, 296, 297, 302, 305, 348, 355, 384, 393, 394
legislación dominial, 159
legitimidad, 57, 61, 217, 271, 294, 352, 356, 357
lengua, 11, 14, 17, 19, 40, 41, 42, 45, 50, 59, 104, 119, 120, 123, 159, 199, 202-222, 308-312, 314, 316-324, 329, 330, 331, 346, 350, 370, 373, 387, 388, 389, 390, 393, 394
lengua escrita, 10, 14, 19, 43, 44, 85, 93, 106-110, 162, 163, 168, 172, 173, 178, 180, 182, 183, 187-190, 194, 199, 251, 252, 260, 288, 309, 310, 311, 313, 316, 325, 328-331, 369, 371, 387
lenguaje, 11, 16, 19, 43, 46, 59, 60, 85, 86, 92, 93, 100, 101, 102, 103, 104-109, 110, 130, 134, 135, 136, 137, 142, 147, 148, 149, 152, 153, 172, 182, 183, 191, 192, 193, 196, 198, 223, 299, 300, 302, 310, 314, 328, 329, 334, 335, 336, 338, 349, 354, 361, 364, 376, 384, 388, 389, 390, 394
lenguaje escrito, 10, 16, 43, 76, 77, 99-104, 191, 192, 195, 197
lenguaje matemático convencional, 223
lenguajes minoritarios, 11
lenguas clásicas, 312
lenguas indígenas, 11, 16, 17, 20, 25-39, 202-222, 348, 394
letramento, 10, 12, 40, 41, 42, 43, 44, 45, 46, 47, 48, 49, 50, 51-52, 53, 57, 58, 60, 61, 62, 63, 173, 185, 389
LETTER, 13, 18, 91-93, 98, 265, 267, 270, 274, 276, 283, 385, 395
lexis, 67, 76, 139
libro(s), 36, 37, 44, 64, 69, 71, 77, 79, 79, 80, 87, 106, 118, 119, 122, 124, 126, 138, 139, 142, 165, 198, 202, 210, 260, 314, 315, 316, 323, 324, 330, 339, 344, 395
libros de texto, 64, 69, 71, 77, 78, 79, 80, 87, 139, 315, 330, 395,
liderazgo comunal, 206
líderes, 35, 52, 58, 125, 206, 207, 208, 209, 243, 244, 247, 248, 251, 252, 255, 257, 299, 301, 303, 391
límite(s), 48, 65, 75, 84, 89, 130, 131, 149, 174, 188, 226, 230, 237, 251, 254, 259, 282, 305, 369, 372, 375, 376, 377, 381, 390
literacidad(es), 10, 12, 14, 20, 30, 104-109, 117, 119, 120, 128, 173-174, 178, 182, 184, 204-205, 212, 213, 265, 348-362, 372, 389, 390, 392, 393, 395
literacy/literacies, 10, 11, 14, 38, 40, 41, 45, 50, 61, 62, 63, 89, 97, 98, 101, 102, 111, 129, 130, 154, 155, 170, 173, 184, 185, 212, 265, 267, 283, 284, 285, 306, 307, 308, 332, 333, 362, 363, 372, 384, 385, 386, 388, 389, 390, 396, 397, 398
literacy events, 40, 62, 332, 362, 385, 389
literatura, 34, 40, 102, 120, 136, 153, 309, 314, 315, 323, 328, 343, 345, 346, 350

literatura oral, 206, 210
littéracie/littératie/litéracie, 41, 43
lógica, 20, 43, 49, 54, 68, 73, 130, 164, 195, 199, 220, 248-258, 259, 310, 319, 321, 327, 329, 330, 350, 361, 362, 370, 393
lucha(s), 31, 32, 206, 382

maestra(o), 32, 35, 90, 106, 118, 125, 172, 176, 179, 180, 181, 182, 183, 184, 309, 311, 312, 315, 316, 318, 319, 320, 322, 323, 325, 326, 327, 328, 339-346, 350, 354, 358, 360
maestras(os), 18, 20, 32, 34, 35, 66, 81, 90, 91, 92, 93, 108, 116, 120, 121, 123, 126, 160, 178, 193, 208, 209, 210, 211, 212, 217, 265-283, 309, 311, 315, 317, 325, 331, 335, 336, 366, 370, 371
mala ortografía, 197
manejo del dinero, 171, 227, 272
manifestaciones rebeldes, 189
manipulación, 162, 223, 258
mano de obra, 41, 89, 245, 252
mantenimiento cultural, 18
manuscrito(s), 118, 119, 124, 146, 212
maña, 334
maorí, 11, 25-39
mapa conceptual, 346
marco de referencia, 12, 65, 330, 334, 365, 366, 374, 379; conceptual, 100; lingüístico, 65; participante, 377, 378, 380
masificación de la educación superior, 348
matemática(s), 9, 10, 14-18, 34, 74, 91, 93, 105, 106, 209, 223-241, 242-261, 265-284, 298, 338, 365, 391
matematizar, 244
materiales de lectura y escritura, 156, 165
matrimonio(s), 104, 117, 131, 133, 140, 144, 145, 146, 147, 149, 151, 152, 289
mayas, 134
mediación(es), 52, 54, 56, 66, 139, 168, 196, 245, 330, 379, 380, 381, 382, 383, 384
medios de comunicación, 153, 192, 202, 203, 285, 341, 348, 392
memoria individual, 251
memorización, 250, 251, 314
mente alfabética, 313, 322
mérito individual, 248
metodologías, 336, 367; de investigación, 93; para niños, 178

metodológico, 41, 43, 44, 46, 49, 164, 182, 184, 336, 395
Ministerio de Educación, Cultura y Deportes, 221
Ministerio de Educación y Culturas, 217, 221
minoría, 204, 293, 304, 305, 350, 362
minorías lingüísticas, 11, 26, 37
modelo(s), 11, 13, 14, 26, 28, 29, 30, 32, 33, 45, 57, 71, 86, 97, 117, 119, 120, 122, 123, 125, 128, 142, 150, 162, 174, 183, 208, 217, 238, 269, 270, 271, 272, 282, 295, 301, 302, 306, 312, 314, 315, 324, 348, 353, 360, 364, 365, 366, 367, 373, 374, 378, 388, 390-396
modelo autónomo, 40, 93, 94, 174, 271, 366, 373, 390, 391, 392
modelo ideológico, 14, 40, 86, 99, 174, 183, 365, 390, 395
modo(s), 15, 43, 44, 45, 47, 48, 48, 49, 51, 53, 54, 56, 59, 65, 66, 67-68, 69, 70, 74-76, 80-82, 87, 95, 104, 136, 137, 145, 150, 151
modelos de representación, 12, 15, 16, 64, 131
Movimento dos Sem Terra (MST), 45
mujer(es), 16, 17, 91, 95, 110, 117, 125, 126, 131, 133, 134, 141, 142, 145, 149, 150, 171, 175, 179, 183, 194, 198, 225, 230, 231, 242, 261, 268, 275, 276, 277, 279, 290, 295, 296, 326, 339, 350, 367, 369, 381, 382, 391, 392
multiculturalismo, 123, 124
multidominio y multimodal, 151
multietnicidad, 203
múltiples: alfabetizaciones, 162; contextos sociales, 172; espacios sociales, 168; oportunidades de interacción, 178
mundo social, 16, 110, 152, 172, 180, 187, 196
mundos figurados, 139

nacionalismo indígena, 215, 393
negociación, 43, 44, 51, 56, 149, 212, 253, 254, 369
New London Group, 64, 83
Nirantar (ONG), 91, 93, 98, 274, 275, 276, 284
nivel de escolaridad, 17, 156, 226, 236
nivel de secundaria, 186
niveles contextuales, 174, 183
niveles de participación en las ganancias, 247

norma(s), 19, 57, 59, 81, 118, 120-123, 194, 202, 211, 217, 305, 307, 313, 360, 377

nuevas tecnologías de la escritura, 45

Nuevos Estudios de Cultura Escrita (*New Literacy Studies*-NLS), 9, 13, 15, 16, 18, 20, 21, 45, 46, 63, 84, 85, 92, 95, 96, 99, 170, 271, 279, 285, 302, 310, 329, 364, 365, 366, 368, 374, 375, 387-398

numeracy(cies), 10, 11, 17, 258, 265, 267, 272, 285, 391

numeracy events, 242, 258

numeracy practices, 242, 258

números redondos, 250

objetivos dialógicos, 361

objetivos monológicos, 361

obligatoriedad escolar, 163

Office of the Deputy Prime Minister (ODPM), 307

oralidad, 17, 29, 30, 40, 46, 49, 51, 52, 56, 57, 60, 63, 102, 103, 162, 204, 206, 213, 219, 221-224, 226, 238, 241, 310, 324, 332, 398

organización(es), 217, 218, 219, 242-260, 265, 267, 286, 287, 293, 296, 300, 301, 302, 303, 338, 339, 340, 342, 346, 347, 350, 367, 369, 373, 374, 381, 383, 388, 391, 393

orgullo indígena, 217

orígenes sociales de los textos, 12, 64

ortografía, 109, 139, 140, 197, 300, 312, 313, 314, 315, 317, 318, 320, 322, 341

palabra como testimonio, 251

parole, 120, 317

parroquia católica, 179

participación, 7, 15, 17, 18, 25, 41, 52, 53, 70, 71, 95, 122, 150, 153, 165, 169, 172, 173, 178, 183, 186, 198, 205, 206, 207, 208, 210, 214, 223, 245, 247, 248, 250, 286, 298, 300, 327, 340, 342-346, 376, 380, 394

Pátzcuaro, 244

pedagogía, 13, 34, 74, 76, 81, 82, 91, 190, 216, 220, 279, 283, 315, 357, 364, 370, 391, 395

pensamiento, 45, 86, 94, 95, 100, 102, 103, 104, 162, 189, 191, 196, 224, 238, 261, 273, 309, 313, 330, 342, 347, 350, 352, 354, 361, 363, 379

perspectiva(s), 9-20, 27, 30, 33, 39, 43, 46, 49, 50, 52, 62, 65, 66, 68, 81, 84-98, 104, 156-170, 182, 183, 194, 196, 209-213, 224, 227, 244, 247, 260, 263, 271, 274, 286, 316, 329, 330, 331, 335, 348-363, 366, 377, 379, 391

pizarrón, 139, 179, 180, 315, 319, 321, 322, 323, 325, 326, 327, 328, 341, 344

población, 52, 116, 128, 135, 149, 175, 178, 186, 187, 200, 203, 206, 209, 211, 214, 216, 224, 251, 254, 267, 285, 286, 287, 288, 295, 298, 303, 305, 311, 348, 391, 393

pobladores rurales, 157, 161

pobreza, 16, 95, 156, 157, 158, 159, 161, 168, 169, 170, 175, 186, 187, 188, 189, 190, 191, 193, 194, 199, 200, 214, 289, 293

poder, 13, 15, 16, 20, 27, 29, 30, 45, 47, 48, 51, 53, 55, 57, 58 70, 82, 84-98, 101, 115, 118, 119, 124, 134, 137, 150, 158, 159, 163, 168, 171, 172, 173, 174, 177, 182, 184, 188, 189, 190, 192. 196, 200, 202-222, 242, 244, 246, 247, 248, 250, 254, 255, 259, 260, 265, 270, 271, 279, 282, 286, 287, 293, 300, 305, 315, 323, 331, 336, 339, 348-363, 365, 366, 369, 370, 372, 374, 375, 381, 383, 384, 390, 392, 393, 394, 395, 398

poemas, 193, 314, 340, 341, 345

posiciones, 82, 91, 100, 163, 164, 165, 166, 191, 246, 247, 259, 260, 270, 271, 282, 330, 392

postura activa, 31, 35, 37

potenciales semióticos, 65, 69

práctica(s), 9-21, 25, 29-35, 40-63, 64, 65, 66, 68, 71, 76, 81, 82, 84-97, 99-109, 117, 119-121, 123, 125-129, 130-154, 156-170, 172-184, 185-200, 204-220, 223, 242-261, 265-282, 285, 286, 287, 293, 297, 299, 300, 302, 303, 305, 306, 308-333, 334-347, 349, 351, 354, 357, 359, 361, 362, 364-385, 387-395

prácticas alfabetizadoras, 334-347

prácticas sociales del lenguaje, 334, 335, 341, 346

practicidad, 334

pragmatismo, 334

praxis, 334, 335, 338, 339, 347

precio, 33, 160, 228, 229, 231, 232, 236, 237, 245, 246, 252, 253, 254, 255, 256, 265, 272

prestigio comunitario, 247

problemática educativa, 156

procedimientos, 18, 157, 204, 224, 225-228, 236, 237, 238, 243, 253, 256, 258, 260,

266, 270, 271, 337, 369, 371, 372, 391

proceso(s), 12, 15, 17, 19, 27, 29-31, 40-63, 65, 66, 67, 70, 81, 82, 87, 101, 106, 107, 108, 116, 130, 131, 134, 137, 139, 151, 152, 153, 158, 163, 164, 166, 169, 171-185, 187-192, 200, 204, 206, 208, 209, 210, 216, 219, 223, 224, 238, 242-260, 272, 273, 281, 282, 299, 308-331, 334-347, 351, 354-356, 360, 361, 369-379, 381, 383, 387, 391, 393

producción, 12, 15, 20, 34, 40-59, 65, 66, 70, 71, 81, 82, 115, 116, 128, 152, 158, 180, 194, 195, 198, 210, 218, 242-260, 302, 309, 310, 313, 319, 325, 335, 343, 348, 353, 357, 358, 359, 375, 380, 392

productor, 66, 190, 192, 245, 246, 247, 248, 251, 259, 343

profano, 131, 136, 140, 142

proporcionalidad, 17, 223-241, 256, 391

propósitos retóricos, 67, 70

propuesta indígena, 215

propuestas de enseñanza, 17, 242, 259, 260, 391

pueblos indígenas, 14, 32, 54, 152, 204, 208, 211, 217, 221, 345, 397

purismo letrado, 108, 109

quechua, 11, 16, 17, 20, 25, 26, 32, 33, 38, 39, 117, 121, 123, 202, 203, 204, 205, 202-221, 348, 350, 351, 353, 388, 394, 396, 397

quipus, 387

rancheros, 105, 111

recontextualización, 370, 371, 372, 376, 377, 383, 384

recurso(s), 15, 16, 52, 53, 65-82, 106, 117, 119, 128, 130, 152, 157, 163, 165, 166, 174, 177, 178, 180, 182, 188, 195, 198, 199, 207, 208, 244, 248, 251, 258, 259, 273, 279, 309, 310, 311, 325, 331, 336, 340, 342, 354, 365, 366, 371, 378, 379, 380, 382, 394

redacción, 20, 131, 139, 309, 312, 314, 315, 323, 327, 371, 380

reforma(s), 19, 26, 32, 33, 34, 45, 47, 77, 128, 153, 178, 203, 207, 208, 209, 213-221, 313, 334-339, 347, 388, 393, 395

registro de datos, 245

registros audiovisuales, 57

registros personales, 234

regla de tres, 226-228, 234-237, 240

relaciones, 16, 45-60, 67, 68, 69, 70, 71, 76, 81, 100, 102, 103, 126, 130, 137, 139, 143, 149-152, 156, 161-169, 171-174, 180, 182, 184, 188, 193, 195, 198, 205, 228, 242, 244, 246, 256, 258, 259, 266, 271-279, 282, 286, 291, 293, 311, 320, 322, 349, 357, 358, 361, 369, 370, 384, 388, 390, 391, 395

relajo, 105

regateo, 245, 247, 253, 255, 256, 259

repertorios hablados, 194

representación, 12, 13, 15, 16, 21, 64, 66, 67, 70, 76, 81, 82, 102, 130, 131, 142, 149, 150, 165, 167, 186, 266, 301, 304, 337, 350, 390

representaciones mentales, 337

reproducción formal del grafema, 182

República de las letras, 115-117, 122, 124, 128

resignificaciones, 173

respeto, 56, 105, 149, 198, 209, 301, 344, 352, 358

resta, 232, 265, 266, 270, 282

resumen, 40, 49, 56, 214, 326, 346

retórica, 12, 65, 80, 390

retroalimentación comunicativa, 338

Reversing Language Shift (RLS), 26

revistas, 107, 126, 140, 147, 165, 344, 357, 392

rezago educativo, 187

rezago fresco, 187, 190, 191

rol de los docentes, 68

romaníes, 19, 285, 287, 288, 289, 291, 303, 304, 305

saber(es), 10, 21, 45, 47, 49, 55, 58, 59, 91, 92, 101, 106, 107, 109, 115, 123, 151, 153, 163, 167, 171, 172, 196, 217, 220, 223, 224, 225, 237, 238, 242, 243, 244, 246, 254, 259, 260, 276, 319, 337, 357, 389, 391

sabiduría agrícola, 206

sagrado, 131, 133, 134, 135, 136, 140, 142, 151

salto cognitivo, 162

Science Education Group, 72, 83

Secretaría de Educación Pública (SEP), 153, 187, 336

sectores populares, 206

secuencia didáctica, 339, 340

self, 194

semiótica, 12, 46, 64, 66, 67, 68, 70, 76, 78, 79, 81, 379, 390

sensibilidad, 13, 18, 82, 91, 265-283
Secretaría de Educación Pública, 153, 187, 339
sentido, 18, 31, 33, 34, 37, 40, 42, 46, 51, 60, 69, 89, 94, 115, 119, 132, 135, 149, 150, 166, 183, 187, 188, 189, 196, 198, 204, 227, 244, 246, 260, 265, 273, 285, 310, 316, 326, 327, 330, 337, 377
separaciones entre los padres, 195
sexualidad, 151, 194
significados situados, 152
signos, 66, 67, 68, 109, 177, 183, 193, 197, 198, 203, 321, 378
silencio, 36, 37, 67, 198, 232, 301, 315
simbolización, 15, 131, 149, 152, 227, 256, 390
situación de búsqueda, 256
situación de desigualdad, 186
situacionalidad, 375
socialización de beneficios, 252
sociedad rural mexicana, 105
sociocultural, 45, 46, 49, 58, 68, 104, 121, 169, 190, 191, 209, 215, 310, 325, 329, 331, 348, 377
sociohistórico, 16, 42, 50, 51
sociología de la educación, 309
solicitudes de trabajo, 193
solucionadores de problemas, 346
somos jóvenes, 195
subempleo, 193
subsidios monetarios, 159
sugerencias didácticas, 342, 345
sujeto(s), 15, 16, 31, 43, 49, 50, 51, 54, 57, 58, 60, 61, 90, 149, 162, 166, 172-174, 182, 186-192, 195-199, 204, 220, 249, 254, 256, 260, 294, 318-320, 353, 354, 362, 377, 378, 379, 383
superficie de escritura, 192
sustitución del documento escrito, 58

tareas domésticas, 253
técnicas de evaluación, 268, 259
tecnología cultural, 65
teoría poscolonial, 20, 357, 362
teórico-metodológico, 41, 43, 46, 49, 184, 336
teóricos poscoloniales latinoamericanos, 362
textos híbridos, 152
textos literarios, 125, 314, 321, 324, 341
TIMMS, 65
toma de conciencia, 190, 246, 250

toma de espacios públicos, 192
trabajo pedagógico, 187, 315
tradición escolar, 309, 325
tradición sociológica, 309
tradición literaria, 330
tradición popular, 132
traducciones, 11, 74
transcripción del fonema en grafema, 182
transcripciones bilingües, 206
transducciones, 74
transformaciones, 12, 74, 152, 158, 163, 165, 207, 209
transparencia, 20, 57, 248, 251, 258, 349
trayectorias, 15, 32, 165, 166, 169, 186, 259, 260, 331, 376, 377, 383, 394
Tupicocha, 14, 115-128, 392

ubicación, 75-80, 139, 147, 151, 153, 371, 390
UNESCO, 33, 84, 98, 201, 221, 241, 261, 286, 305, 307
unidad de conocimiento, 69
unidades de información, 79
universos culturales, 52
usurpación, 158

valor, 16, 17, 159, 161, 196, 203, 214, 223, 227, 233, 236, 297
valoración(es), 45, 68-81, 82, 139, 193, 365, 366, 367, 376
variables macroestructurales, 161
viajantes, 285-307
vías de acceso, 260
vida comunicativa y social, 172
vida cotidiana, 11, 17, 54, 60, 182, 224, 226, 232, 244, 279
violencia intrafamiliar, 195
virgen de Guadalupe, 134, 135
visión, 12, 16, 66, 84, 87, 89, 91, 93, 95, 96, 118, 137, 149, 162, 167, 172, 173, 180, 189, 208, 214, 243, 269, 270, 272, 273, 282, 309, 316, 317, 323, 343, 346, 361, 391-392
vitalidad de la lengua, 203
voces, 30, 31, 32, 33, 34, 171, 181, 351, 352, 357, 359, 376
voz indígena, 35, 36, 37

xacriabá, 47, 51, 52, 53, 55, 57

Yo sí puedo, 214, 215, 393

ÍNDICE

AGRADECIMIENTOS   7

INTRODUCCIÓN, *por* JUDITH KALMAN *y* BRIAN V. STREET   9

SECCIÓN 1. DISCUSIONES TEÓRICAS ACTUALES

VOZ Y BILITERACIDAD EN LA REVITALIZACIÓN DE LENGUAS INDÍGENAS:
PRÁCTICAS CONTENCIOSAS EN CONTEXTOS QUECHUA, GUARANÍ Y MAORÍ,
por NANCY H. HORNBERGER   25

NUEVAS ALFABETIZACIONES EN LOS PROCESOS SOCIALES DE INCLUSIÓN
Y EXCLUSIÓN, *por* MARILDES MARINHO   40

ESCRIBIR EN UN MUNDO DE REPRESENTACIÓN MULTIMODAL, *por* GUNTHER
KRESS *y* JEFF BEZEMER   64

PERSPECTIVAS ETNOGRÁFICAS Y POLÍTICAS SOBRE CULTURA ESCRITA: EL PODER
DE NOMBRAR Y DEFINIR, *por* BRIAN V. STREET   84

IDEOLOGÍAS DE LA ALFABETIZACIÓN: PRÁCTICAS LOCALES Y DEFINICIONES
CULTURALES, *por* MARCIA FARR   99

SECCIÓN 2. CULTURA ESCRITA Y MATEMÁTICAS COMO PRÁCTICAS SOCIALES: PERSPECTIVAS LATINOAMERICANAS

PRÁCTICAS LETRADAS EXUBERANTES EN LA PERIFERIA DE LA *REPÚBLICA DE
LAS LETRAS*, *por* MERCEDES NIÑO-MURCIA   115

SAN ANTONIO ¡ME URGE! PREGUNTAS SIN RESPUESTA ACERCA DE LA
ESPECIFICIDAD DE DOMINIO DE LOS GÉNEROS TEXTUALES Y LAS PRÁCTICAS
LETRADAS, *por* JUDITH KALMAN   130

CONDICIONES SOCIALES PARA LA APROPIACIÓN DE LA CULTURA ESCRITA
EN FAMILIAS CAMPESINAS, *por* ELISA CRAGNOLINO   156

¡¿QUÉ ME EMPIDE A MÍ NO SABER LEER Y ESCRIBIR?! PRÁCTICAS DE CULTURA
ESCRITA EN DISTINTOS ESPACIOS SOCIALES, *por* MARÍA DEL CARMEN LORENZATTI   171

IDENTIDADES JUVENILES Y CULTURA ESCRITA, *por* GLORIA HERNÁNDEZ   186

CULTURA ESCRITA QUECHUA EN BOLIVIA: CONTRADICCIÓN EN LOS TIEMPOS
DEL PODER, *por* INGE SICHRA   202

¿DEL CÁLCULO ORAL AL CÁLCULO ESCRITO? CONSTATACIONES A PARTIR DE UNA
SITUACIÓN DE PROPORCIONALIDAD, *por* ALICIA AVILA   223

PRÁCTICAS MATEMÁTICAS EN ORGANIZACIONES PRODUCTIVAS DE MUJERES CON
BAJA ESCOLARIDAD: CONSTRUIR UNA MIRADA QUE CIMIENTE PROPUESTAS DE
ENSEÑANZA, *por* IRMA ROSA FUENLABRADA VELÁZQUEZ y MARÍA FERNANDA DELPRATO   242

SECCIÓN 3. CULTURA ESCRITA Y MATEMÁTICAS EN LA EDUCACIÓN: PERSPECTIVAS INTERNACIONALES

USAR LA ARENA PARA CONTAR SU NÚMERO: DESARROLLAR LA SENSIBILIDAD
CULTURAL Y SOCIAL DE LOS MAESTROS, *por* DAVE BAKER   265

GITANOS Y *VIAJANTES*: INVOLUCRAMIENTO CON LA AUTORIDAD, CULTURA ESCRITA,
DISCURSO Y PRÁCTICA COMUNICATIVA, *por* JULIET MCCAFFERY   285

LA ESCOLARIZACIÓN DEL FRANCÉS ESCRITO, *por* ELSIE ROCKWELL   308

PRÁCTICAS ALFABETIZADORAS, ¿DESDE LA ESCUELA?, *por* ILEANA SEDA SANTANA   334

"¿QUIÉN ESTÁ DICIENDO ESO?" LITERACIDAD ACADÉMICA, IDENTIDAD Y PODER
EN LA EDUCACIÓN SUPERIOR, *por* VIRGINIA ZAVALA   348

SITUAR LAS PRÁCTICAS: NUEVOS ESTUDIOS DE CULTURA ESCRITA Y ESTUDIOS
ETNOGRÁFICOS DE SUDÁFRICA, *por* CATHERINE KELL   364

EPÍLOGO. ESCRITURA, HEGEMONÍA Y SUBALTERNIDAD: DE LOS *NEW LITERACY
STUDIES* (NLS) A LOS *LATIN AMERICAN LITERACY STUDIES* (LALS), *AND BACK,* *por* JOSÉ
RAMÓN JOUVE-MARTÍN   387

LISTA DE AUTORES   399

ÍNDICE ONOMÁSTICO   401

ÍNDICE TEMÁTICO   407